Kontaktadresse nach EU-Produktsicherheitsverordnung:
produktsicherheit@fischerverlage.de

In ihrer brillanten Studie untersucht Eva Horn anhand einer Fülle von Beispielen aus Literatur und Film die Struktur des geheimen Staatswissens. Statt jedoch Staatsgeheimnisse »aufdecken« zu wollen, stützt sie sich dabei absichtlich auf Fiktionen, weil diese die Logik des Geheimen nicht aufbrechen, sondern analysieren. Sichtbar wird dabei die diffizile Ökonomie von Präsentiertem und Verborgenem, die moderne Politik bis heute prägt. Nur Fiktion – so die Grundthese – ist in der Lage, das Rätsel in seiner Rätselhaftigkeit zu lesen zu geben und damit eine Einsicht in das Funktionieren des politischen Geheimnisses zu ermöglichen, ohne es gleich lösen zu wollen.

Eva Horn ist Literatur- und Kulturwissenschaftlerin und Professorin am Deutschen Seminar der Universität Basel. Von ihr erschienen sind u. a.: »Dark Powers. Conspiracy in History and Fiction«, Sonderheft New German Critique 2008 (hg. mit Anson Rabinbach), »Grenzverletzer« (hg. mit Stefan Kaufmann und Ulrich Bröckling), Berlin: Kadmos 2002.

Unsere Adressen im Internet: www.fischerverlage.de
www.hochschule.fischerverlage.de

Eva Horn
Der geheime Krieg

Verrat, Spionage und moderne Fiktion

Fischer Taschenbuch Verlag

2. Auflage

Originalausgabe

Hedderichstr. 114, 60596 Frankfurt am Main

Printed in Germany
ISBN 978-3-596-17707-3

Inhalt

Einleitung: Verrat, Geheimnis und Fiktion

In der Moderne ist das politische Geheimnis etwas Anrüchiges. Gehörten die heimlichen Künste des vorausschauenden Herrschers und geschickten Feldherrn jahrhundertelang zum Arsenal des Gebrauchs und Erhalts von Macht, so ist dem modernen Ideal politischer Transparenz jedes der öffentlichen Kontrolle entzogene Staatsgeheimnis suspekt. Was Regierungen geheim halten, steht immer unter dem Verdacht, etwas zu sein, das sich dem Urteil der Öffentlichkeit nicht stellen will, sich nicht legitimieren lässt und daher im Dunkel stattfinden muss. Die Geheimnisse des Staats sind die Verbrechen des Staats. Geheimdienste genießen noch immer den Ruf eines bestenfalls notwendigen Übels, sie gelten als undurchsichtige, sich über Bürgerrechte und Privatsphären hinwegsetzende, schlimmstenfalls gewalttätige Organisationen, die gleichsam die ›schmutzige Arbeit‹ staatlicher Macht erledigen. In einer demokratischen Kultur ist Geheimhaltung eine Pathologie des Politischen. Dennoch sind es moderne Demokratien, die im 20. Jahrhundert nicht nur riesige, hoch professionalisierte Geheimdienst-Administrationen aufbauen, sondern auch Spionage und Bespitzelung zu unverzichtbaren Mitteln ihrer Regierungstechniken, ihrer Kriegführung und ihrer außenpolitischen Informationsgewinnung gemacht haben. Moderne Macht beruht in fundamentaler Weise auf Geheimnissen und Geheimhaltung, auf Ausspähung, Täuschung, Desinformation und Verrat.

Wenn der Verrat zur Signatur des Politischen im 20. Jahrhundert geworden ist, dann deshalb, weil ihre Geheimnisstruktur die Macht »verratbar« macht. Aber anders als die vormodernen Regime, die in den *arcana imperii* eine legitime Dimension effizienten Regierens sahen, sind moderne Regierungen gehalten, ihre Angewiesenheit auf Geheimnisse selbst geheim zu halten. Wenn diese auffliegen oder verraten werden, dann stets im Modus des Skandals, einer fundamentalen Störung der politischen Ordnung. Pendant dieses gleichsam schamhaften Umgangs mit der Sphäre des politischen Geheimnisses ist darum eine Öffentlichkeit, die mit geradezu obsessivem Interesse versucht, diese Sphäre und das in ihr Verborgene auszuleuchten. Täglich erscheinen Bücher und Artikel, von der journalistischen Enthüllungsstory über die sorgfältige historische Rekonstruktion bis hin zu Insider-Memoiren – Texte, die es sich zur Aufgabe machen, die ›Wahrheit‹ hinter dem Schweigen der Geheimdienste, die ›wirklichen Ereignisse‹ hinter den Verlautbarungen der Regierungen offenzulegen. So legitim, so notwendig (und gelegentlich hysterisch) dieser aufklärerische Umgang mit dem politischen Geheimnis ist, so schlägt dieses Buch doch einen anderen Weg ein. Es zielt weder auf Enthüllung noch auf eine Kritik oder Apologie des Staatsgeheimnisses, sondern auf dessen Analytik.

Statt historische Geheimdienst-Affären oder spektakuläre Verratsfälle nachträglich in ihren Fakten zu erhellen, fragt dieses Buch nach der *Struktur* geheimen Staatswissens. Diese Struktur zu verstehen bedeutet einerseits, die Wissensproduktion moderner Geheimdienste zu analysieren: die Frage, wie sie Wissen von Spekulation, Theoriebildung von Paranoia unterscheiden, welches die inneren Zielsetzungen und Logiken geheimdienstlichen Wissens und militärischer Aufklärung sind. Und was es bedeutet, wenn die Geheimnisse des Staats in unkontrollierter Weise zirkulieren: durch Verrat, durch den Überlauf von Geheimnisträgern oder auch die Verschwörungsphantasien hoher Staatsbeamter. Aber es erfordert andererseits auch eine Untersuchung der Redeweisen über diese Dimension des politisch Geheimen. Denn Geheimnisse generieren Vermutungen, mehr noch: Erzählungen, die versuchen, das dem Wissen Entzogene in eine nachvollziehbare Abfolge von Ereignissen zu bringen. Gerade wenn man nicht wissen kann (oder soll), was ›wirklich geschehen‹ ist, bleibt nichts anderes, als möglichst plausible Versionen davon zu konstruieren.

Genau deshalb beschäftigt sich dieses Buch nicht so sehr mit Dokumenten, die eine endgültige Wahrheit über einen ›Fall‹ an den Tag bringen könnten, sondern mit Fiktionen: Literatur und Film. Fiktionen sind, das ist die Grundthese dieses Buches, die luzideste Möglichkeit, in der Moderne über das politische Geheimnis zu sprechen. Gerade weil Fiktion den Anspruch von Historikern oder Journalisten aufgibt, die *eine* historische Wahrheit über ein Ereignis vortragen zu können, ist sie besser als alle anderen Diskursformen geeignet, von Geheimnissen zu sprechen, ihre Form zu erläutern – ohne diese Geheimnisse endgültig lüften zu können und zu wollen. Sie exploriert mögliche Versionen eines Ereignisses, aber verfällt nicht der Illusion einer abschließenden Lösung. Fiktion analysiert Geheimnisse, sie ist fähig, ihre Struktur zu durchleuchten, gerade weil sie deren Logik, ihre diffizile und rätselhafte Ökonomie von Hell und Dunkel, Präsentiertem und Verborgenem nicht aufbricht, sondern nachvollzieht. Nicht zuletzt verstrickt sie sich darum auch nicht in jene Verbote, die das Staatsgeheimnis notwendig umgeben: Seien es die Schweigeverpflichtungen von Insidern oder die Klassifikation bestimmter Informationen. Literarisches Erzählen ist in der Lage, das Rätsel, um das die ganze Erzählung kreist, in seiner Rätselhaftigkeit zu lesen zu geben und genau damit eine Einsicht in das Funktionieren des Geheimnisses zu ermöglichen, ohne es zu lösen. Erst in einer solchen Lektüre erschließt sich die Struktur einer Wissensform, die Wissen und Unwissen, Wahrheit und Lüge in eine unauflösliche Verbindung bringt.

Was das konkret heißt, soll zunächst an einem eminenten Fall des Geheimnisverrats und seiner unzähligen Erzählungen erläutert werden. Es geht um die Geschichte von Judas, den archetypischen Fall eines Verrats. In diesem Verrat wird nicht nur deutlich, was Verrat als moralische und politische Tat ist, was ein »verratbares« Geheimnis eigentlich ausmacht und welche Folgen (historischer und historiographischer Natur) ein Verrat unweigerlich hat. An der Geschichte von Judas wird, schon in ihrer elementaren Form in den Evangelien, auch sichtbar, wie unlesbar, wie rätselhaft eigentlich alle Geschichten vom Verrat sind und notwendig sein müssen. Die Geschichte von Judas ist die Geschichte von Rätseln, sie bewahrt ihr eigenes, allen künftigen Lesern mit auf den Weg gegebenes Geheimnis, das sie, anders als Judas seinen Meister, eben gerade nicht preisgibt.

Die Rätsel des Judas

> Und sie sagen, dass der Verräter Judas diese Dinge sehr genau wusste, und mehr als die anderen habe er allein die Wahrheit gekannt und das Geheimnis des Verrats vollendet: Durch ihn, sagen sie, seien alle Dinge, irdische wie himmlische, in Auflösung gebracht worden. Und sie präsentieren eine Fälschung in diesem Sinne, die sie das Judas-Evangelium nennen.
>
> Irenäus: *Adversus Haereses*[1]

Die Geschichte, mit der die Geschichte des Christentums beginnt, ist sehr alt und scheinbar einfach: Eine Gruppe von Männern, ein charismatischer Anführer, einer aus der Gruppe, der ihn an den Feind ausliefert. Der Anführer wird zum Märtyrer, der Auslieferer ein Verräter, ein Judas, *der* Judas. Ob es sich um eine Gruppe von politischen Verschwörern oder um Jesus und seine Jünger handelt – immer ist der Verrat der Moment, wo ein Geheimnis gelüftet, die Pläne durchkreuzt, die Gruppe zersprengt und die Hoffnungen begraben werden, der Moment, wo der Held sein Leben verliert und ein anderer, der Verräter, seine Integrität. Er tut das Verächtlichste, was ein Mensch nur tun kann. »Der Menschensohn«, so heißt es im Evangelium nach Matthäus, »geht zwar hin, wie geschrieben steht von ihm, doch wehe jenem Menschen, durch den der Menschensohn verraten wird; besser wäre es für jenen Menschen, er wäre nie geboren.«[2] Der Verrat, so scheint es, ist gleichermaßen unvermeidlich und verwerflich, der Verräter notwendig, aber unerlösbar. Seine schiere Existenz ist nichtig, er hätte nie geboren werden sollen – und ist dennoch das Werkzeug zur Erfüllung dessen, was getan werden muss. Der Akt des Verrats ist das Rätsel einer vorbestimmten und doch kontingenten Handlung, eines vorhergesehenen *und* unabsehbaren historischen Ereignisses.

Die Geschichte von Judas, die die Evangelien erzählen und die im christlichen Abendland unendlich viele Male neu erzählt und neu gelesen wurde, ist nur auf den ersten Blick einfach, auf den zweiten dagegen vollkommen enigmatisch. Weder sind die Evangelien in einer einheitlichen Version zur Deckung zu bringen, noch ist jede einzelne Variante in sich plausibel. Die Geschichte dieses allerersten Verrats existiert nur in Versionen und Varianten, in einem narrativen Ringen um Stimmigkeit, die am Ende nicht zu haben ist. Denn Verrat ist eine Tat, die weder politisch noch psychologisch noch historisch letzthin aufzulösen ist in der Deutlichkeit von Motiven, Absichten, Machtgefügen und schließlich – schwierigste Kategorie – einem »historischen Sinn«. Aber in dieser Unauflösbarkeit fordert sie immer wieder neu eine solche Ausdeutung, eine Erzählung, die plausibel machen könnte, was ›wirklich geschehen‹ ist. Der Verrat verrät ein Geheimnis – aber mehr als diese »Auslieferung« eines geheimen Wissens ist er selbst ein Geheimnis, das durch die Vielfalt seiner Versionen als resistenter Rest und Kern hindurchschimmert. Er verweist auf etwas, das in der Geschichte nicht greifbar, aber wirksam ist, einen Rätselcharakter der Überlieferung selbst.

Schon die vergleichende Lektüre der Evangelien, mehr aber noch die rätselhaften Fragmente, welche die gnostische Tradition von Judas überliefert, legen den Eindruck nahe, »unseren neutestamentlichen Zeugnissen müsse eine ganz anders aussehende Judastradition und eine ganz anders geartete Realität vorausliegen.«[3] Die Evangelien – wie alle Versuche, vom Verrat zu erzählen – wären damit Restbestände, Deckerinnerungen. Genauer: Sie wären von bestimmten Darstellungsinteressen geleitete Versionen eines Geschehens, das in die Latenz einer Nicht-Rekonstruierbarkeit gefallen ist, ins Dunkel einer Geschichte, über die es nur noch Geschicht*en* gibt. Geschichten, die – wie der Verräter – ebensoviel verschweigen, wie sie verraten. Von Anfang, und das heißt: von der Geschichte des Judas an, stellt sich damit die Frage nach der Darstellbarkeit des Verrats und seines Geheimnisses. Verrat generiert ein Erzählen, das immer schon über die Brüche und Rätsel des Geschehens hinweg erzählen muss, ein doppelbödiges Narrativ, das in der Version, die es anbietet, stets eine andere, ebenso mögliche, verschweigt. Und genau dieses Verschweigen gilt es zu lesen. Geschichten vom Verrat sind mit Misstrauen zu behandeln, weil sie sich stets in einem Gefüge der Lüge und der Feindschaft situieren, weil sie von einem Ende aus erzählen, dessen Rechtmäßigkeit oder Unrechtmäßigkeit sie zu dekuvrieren vorgeben. Geschichten vom Verrat sind immer Geschichten von Opfern, die angeblich gebracht werden mussten – vor allem aber von Sünden, die man jemand anderem anlasten kann, dem Verräter. Sie sind immer schon politisch, insofern sie polemisch sind: interessierte Versionen, Waffen in einem Konflikt, den sie eher verschleiern als klarstellen.

So lässt sich auch das Passionsgeschehen auf einen verschwiegenen Untergrund hin lesen, auf ein heimliches Erzähl-Interesse hinter dem, was schließlich als verbindliche Überlieferung kanonisiert wurde. Nicht der erste, aber einer der scharfsichtigsten Leser in dieser Tradition ist Karl Kautsky. In einer Neuinterpretation der christlichen Ursprünge schlägt er eine radikale Relektüre der Passionsgeschichte als politisch tendenziösem, schriftstellerisch gänzlich ungereimtem Lügenmärchen vor. Er liest in ihren »Aufschneidereien«, »Umfärbungen« und »Ungereimtheiten« die Spuren einer interessierten Berichterstattung, der es in dezidiert politischer Absicht um die Annäherung des Christentums an Rom und um die Distanzierung vom Judentum geht.[4] Interessant für unseren Zusammenhang ist dabei nicht so sehr Kautskys eigene Version des Geschehens, die nicht weniger eine polemische Konstruktion ist, sondern sein Lektüreverfahren, das im biblischen Text das ihm eigene Darstellungsinteresse[5] freilegt, indem es den Text einer hochgradig misstrauischen Lektüre unterzieht. Inkonsistenzen, Lücken, aber auch allzu wohlgefügte Zusammenhänge sieht er als Indizien für eine Verfälschung des Geschehens. Kautskys entlarvende Lektüre verfällt zwar ihrerseits der Illusion zu wissen, wo die *eigentliche* Wahrheit zu suchen wäre, aber sie verweist, gerade durch ihren polemischen, den Text in jeder Hinsicht politisierenden Gestus auf die spezifische Struktur des Gegenstands: seine Rätselhaftigkeit. Es ist diese Rätselhaftigkeit des Passionsgeschehens, die die unendliche Kette von Exegesen und Fortschreibungen hervorgebracht hat und sich wie ein Modell der grundsätzlichen Rätselhaftigkeit des Verrats lesen lässt. In jedem Verrat kehrt die Rätselhaftigkeit des Judas wieder. Drei dieser Rätsel möchte ich kurz skizzieren, nicht um einen weiteren Vorschlag zur psychologischen, historischen, politischen oder theologischen Ausdeutung zu liefern, sondern um einige der Fragen aufzufinden, deren Antwort diese Deutungen sein wollen.[6] Denn die Rätsel des Judas, die Rätsel des Verrats nehmen *in nuce* die Strukturmomente des politischen Geheimnisses vorweg, um die es hier gehen soll: erstens als Rätsel des in die Arkana verstrickten Subjekts, zweitens als Rätsel der politischen Arkana selbst und drittens als Rätsel ihrer Darstellbarkeit und Erzählbarkeit.

Das Motiv

Erstes Problem: Was ist das Motiv des Verrats? Jene berühmten dreißig Silberlinge, die das Blutgeld des Verrats gewesen sein sollen, werden einzig von Matthäus erwähnt und unterstreichen durch die Geringfügigkeit des Werts gerade die Motivlosigkeit der Tat. Das niedrige Motiv der Geldgier macht die Sache nicht plausibler: Dreißig Silbermünzen sind ein geringer Lohn (etwa der Preis eines Sklaven), den Judas als Verwalter der Kasse nicht nötig hat und den er sofort nach vollzogener Tat den Auftraggebern wieder vor die Füße wirft. Lukas und Johannes dagegen verzeichnen, dass der Teufel in Judas gefahren sei. Das würde bedeuten, dass der Verrat keine freiwillige, vorsätzliche und gesteuerte Tat war, die man der Person Judas selbst zuschreiben könnte, sondern dass Judas als Besessener handelt. Er wäre dann nur der Träger, die körperliche Erscheinung eines Prinzips des Bösen, das durch ihn agiert.[7]

Die Unterbestimmtheit des Motivs, die herausgestrichene Grundlosigkeit der Tat öffnen den Verrat des Judas aber gerade für endlose psychologische, politische und theologische Lesarten. Lesarten, die Judas mal zum eifersüchtig Liebenden machen, der sich an Jesu Missachtung und der Verachtung der anderen Jünger wundreibt,[8] mal zum Revolutionär, der Jesus zu seiner politischen Mission als Anführer einer jüdischen Revolte zwingen will,[9] mal zum gottesfürchtigen Juden, der erkennt, dass es sich bei Jesus um einen falschen, selbst ernannten Messias handelt, mal zum Vertreter menschlicher Schwäche und Bosheit schlechthin.[10] Die ostentative Offenheit des Motivs wird zum Generator von Erzählungen, die die – ebenfalls kaum näher bestimmte – Figur des Judas selbst zum Ausgangspunkt des Verrats machen. Das Geheimnis des Verrats zu lösen, bedeutet in diesen Narrativen, die Gestalt des Judas mit der Tiefe eines Seelenlebens auszustatten und so den Verrat durch den Verräter zu erklären. Noch die modernen Versuche einer Soziologie oder Psychologie des Verräters, die sich an die säkularen Varianten des »Verrats im 20. Jahrhundert« (Margret Boveri) knüpfen, schlagen zielstrebig diesen Weg ein: Die inneren Konflikte, die Herkunft, die Tragik des Abtrünnigen sind das Geheimnis des Verrats. Die Psychologisierung des Verrats ist so eine – aber nicht die einzige – Möglichkeit, jene Leerstelle, die das Motiv und der Täter hinterlassen, mit einem plausibilisierenden Narrativ zu füllen. Peter Paul Rubens' Gemälde *Das letzte Abendmahl* (1632) [*Abb. 1*] bringt diese Sicht auf Judas als Person in eine intrikate Konstellation von Blicken: Während Christus, der das Brot segnet, ganz dem von oben einfallenden Licht und damit seinem göttlichen Auftrag zugewandt ist und die Jünger alle auf Christus schauen, wendet Judas der frommen Gemeinschaft den Rücken zu. Er sitzt zwar noch am Tisch mit den anderen, aber er wendet sich ab und indiziert damit seinen Grenzgang als Mitglied und Abtrünniger der Gemeinschaft. Offensichtlich ganz in die Gedanken an seine kommende Tat vertieft, blickt er aus dem Bild heraus – und trifft so exakt den Blick des Betrachters. Es ist dieser in die Augen des Betrachters – statt auf seinen Heiland – schauende Judas, der das Rätsel einer ›Psychologie‹ des Verräters gleichsam als Frage an den Schauenden weitergibt. Aber dieser Blick verweist noch auf etwas anderes: die Betrachtung und Darstellbarkeit des Verrats selbst. In die Augen des Judas zu schauen, verfängt den Betrachter in einer unheimlichen Ambivalenz von Komplizenschaft und Durchschauen des Verräters. Die Darstellung selbst wird vom Verrat ›getrübt‹ als etwas, von dem es keine unschuldige, keine harmlose Erzählung oder Abbildung geben kann. – Auf diesen Punkt ist zurückzukommen.

Die Alternative zur Psychologisierung des Verräters ist die Dämonisierung, wie sie Lukas und Johannes vorschlagen. Nicht nur die Motivlage, sondern auch die Ikonographie werden dadurch sehr viel

Abb. 1: Peter Paul Rubens: Das letzte Abendmahl (1632), Pinacoteca di Breda, Mailand.

einfacher: Judas ist in dieser Tradition kenntlich an einer schwarzen Aura (statt einer goldenen als Heiligenschein oder einem schattenhaften Teufel in seinem Rücken). Judas als vom Satan besessen zu denken hat dabei den scheinbaren Nachteil, sich ganz auf eine vormoderne und jenseitige Denkfigur berufen zu müssen. Liest man die Judas-Geschichte als Modell für eine moderne Theorie des politischen Geheimnisses und des Verrats, stellt sich die Frage, was das Pendant des theologischen Satans in einer säkularen Politik sein könnte. Als dezidiert anti-psychologisches Motiv lässt sich der Satan als Chiffre für etwas lesen, das vom Verräter verkörpert wird, ein Prinzip, das durch ihn in der Welt zur Geltung und Wirksamkeit gebracht wird, aber nicht Teil seiner Person ist. Die Säkularisierung des Satans ist der Feind, der Feind die irdische Version des großen Widersachers. Der Feind täuscht, verführt und verleitet zum Seitenwechsel, jener bösen *conversio* des Verrats. Und wie der Satan verbirgt er sich in scheinbar harmlosen Gestalten. In dieser Säkularisierung des Satan-Motivs im Verrat liegt der irreduzibel theologische Rest jeder politischen Abtrünnigkeit: Immer geht es um Abfall vom Glauben und von einer Gemeinschaft der Gläubigen. Die moderne und diesseitige Version der Dämonisierung wäre dann die Instanz jenes mächtigen »interessierten Dritten« (Rolf Schroers, Carl Schmitt), der im Verrat als Anstifter und Profiteur auftritt. Dies kann ein Staat sein, ein Prinzip, eine »Ideologie« (wie es in den politischen Verratsdiskursen des Kalten Krieges immer wieder heißt), ein Glaube (wie es in der gegenwärtigen Rede vom »Dschihad« gern wiederholt wird), eine Lebensform oder eine Gegen-Souveränität, die sich die Revolution der bestehenden Ordnung zum Ziel gesetzt hat. Immer geht es um ein Prinzip, das über die Person des Verräters hinausreicht – und doch seiner Tat erst den eigentlichen Bedeutungsrahmen verleiht. Die Frage nach dem Motiv des Verrats entfaltet sich so in einer Spannung, einer Antinomie von individueller Motivation und politisch-theologischem Sinn. Nach den individuellen Beweggründen des Verräters zu fragen, bedeutet, diese Antinomie der Motivation ebenso aufzulösen, wie umgekehrt, Judas als Verkörperung eines Prinzips des Bösen in der Welt zu betrachten, was etwa Carl Daub vorgeschlagen hat. Das erste Rätsel des Verrats aber besteht exakt in dieser zwiespältigen Unauflöslichkeit der Frage, wer verrät und in wessen Namen.

Das Geheimnis

Zweites Problem: Was genau ist der Gegenstand des Verrats? Was ist das Wissen, das im Verrat übertragen wird, welches das Geheimnis, das preisgegeben wird? Was ist der »Inhalt« politischer Geheimnisse? Jesus ist kurz vor dem Pessach-Fest in Jerusalem unter Beifall des jüdischen Volkes eingezogen; er provoziert die Hohepriester und Schriftgelehrten durch Streitgespräche im Tempel und durch die öffentliche Brechung der Reinheits- und Feiertagsgesetze; er attackiert die jüdischen Autoritäten, die den Tempel auch als Ort für Geschäfte nutzen. In der angespannten Lage zwischen einem unzufriedenen Volk, den politisch kollaborierenden Pharisäern und der römischen Besatzungsmacht verkörpert Jesus von Nazareth eine Störung, die das fragile Gleichgewicht zwischen Juden und Römern ebenso aus dem Lot bringt wie das zwischen Volk und Priesterschaft. Jesus erscheint als politischer Revolutionär *und* religiöser Erneuerer, seine politische Gefährlichkeit liegt in seiner schriftkundigen Überlegenheit und Respektlosigkeit gegenüber den Hohepriestern. Sein eigentliches Geheimnis aber besteht darin, dass niemand weiß, wer er eigentlich ist. Angesichts der Popularität Jesu kann die Tat des Judas demnach nicht im Verrat der Person liegen. Jesus selbst bemerkt es bei seiner Verhaftung (Mk 14, 48–49). Karl Kautsky hat in seiner verschwörungstheoretischen Relektüre des Passionsberichts den schönen Vergleich gemacht, das wäre ungefähr so, »als wenn die Berliner Polizei einen Spitzel besoldete, damit er die Person bezeichnete, die Bebel hieß«.[11]

Der Verrat, so heißt es im biblischen Text (Mt 10, 4; Mk 3, 19), liegt in der Auslieferung oder Übergabe. Es muss jemanden geben, der den Menschensohn ausliefert. Das im griechischen Text gebrauchte Verb παραδίδωμι heißt übergeben, überantworten, preisgeben, hingeben; nicht im engeren Sinne ›verraten‹ (προδίδωμι; so bei Lk 6,16).[12] Dieser Begriff wird auch verwendet, um den Akt Gottes zu bezeichnen, mit dem er seinen geliebten Sohn »hingibt« (Röm 8, 32; Röm 4, 25), oder den Akt des sich selbst Dahingebens (Jesaja 53, 12; Ephes 5, 2; Galat 2, 20).[13] In der Tat ist die Information, die die Hohepriester brauchen, nicht die Bezeichnung der Person Jesu, sondern der richtige Zeitpunkt, wo er ohne Zeugen diskret verhaftet werden kann. »Sie sagten nämlich: ›Nicht am Festtag, damit nicht etwa ein Aufruhr entstehe unter dem Volk‹.« (Mk 14, 2) So erscheint das, was Judas verrät, das Wissen, das er weitergibt, auf den ersten Blick als ein rein taktisches Wissen, nicht aber als die Preisgabe eines großen Geheimnisses. Gerade angesichts dessen aber verwundert die fast obszöne Geste des Judas, der Kuss und die Anrede »Rabbi« (in deutscher Übersetzung: »Meister«): »Da kam Judas, einer von den Zwölfen, und mit ihm eine große Schar mit Schwertern und Knütteln, ausgeschickt von den Hohenpriestern und Ältesten des Volkes. Sein Verräter hatte ihnen ein Zeichen gegeben und gesagt: ›Den ich küssen werde, der ist es, den ergreift.‹ Und sogleich trat er zu Jesus und sagte: ›Sei gegrüßt, Meister!‹ und küsste ihn. Jesus aber entgegnete ihm: ›Freund, bist Du dazu gekommen?‹« (Mt 26, 47–50). Die Freundschaftsgeste des Kusses als pervertiertes Zeichen und die respektvolle Anrede als Gipfel der Niedertracht sind von einer obszönen Theatralität, die für die bloße Verhaftung vollkommen unnötig ist. Von der taktischen Seite aus gesehen hat der Verrat des Judas die kühle Schärfe eines gelungenen Polizeicoups, aber darin scheint die Tat und ihr seltsames gestisches Beiwerk nicht aufzugehen. Der Verrat als Tat und als Geste schwankt so zwischen zwei Bedeutungspolen: einer rein taktischen Hilfestellung, die eine diskrete Verhaftung des populären Predigers Jesus von Nazareth ermöglicht – und einer Bloßstellung, die nicht auf die bloße Identität, sondern auf das verborgene ›Wesen‹ des Verratenen zielt. Das Geheimnis, das der Verrat verrät, ist immer zwiefach: einerseits ein einfaches Datum, andererseits ein auratisches Mysterium, das den historischen »Sinn« des Verrats ausmacht.

Die unbefriedigende Hypothese, im Verrat sei es nur, rein technisch und taktisch, um die Gelegenheit der Verhaftung gegangen, hat Albert Schweitzer zum Ausgangspunkt für eine andere Vermutung genommen. Schweitzers Hypothese stellt die spirituelle Existenz Jesu ins Zentrum des Geschehens und erklärt diese zur eigentlichen politischen Bedrohung für das jüdische Establishment und die römischen Besatzer. Das eigentliche Geheimnis Jesu besteht darin, dass er der Sohn Gottes und der Messias sei. Mehrfach mahnt Jesus seine Jünger, dieses Wissen nicht weiterzuverbreiten (Mt 16, 20; Mt 17, 9). »Im Verrat«, so Schweitzer, »ist ein Allgemeines, wodurch er [Judas] ihn in ihre Gewalt gibt, dass sie ihn verurteilen können, und etwas Spezielles, dass er sich anheischig macht, sie die nächste Gelegenheit wissen zu lassen, wo sie ihn unauffällig in der Einsamkeit verhaften können. Das Entscheidende ist aber die Preisgabe des Messianitätsgeheimnisses. Jesus starb, weil zwei seiner Jünger das Schweigegebot gebrochen hatten: Petrus, der das Messianitätsgeheimnis den Zwölfen zu Caesaraea Philippi kundtat; Judas Iskariot, der es dem Hohenpriester zu wissen gab.«[14] Schweitzer nimmt damit eine Einsicht vorweg, die das 2006 veröffentlichte apokryphe *Evangelium des Judas* ebenfalls stützt. In diesem gnostischen Text vermutlich aus dem zweiten Jahrhundert nach Christus wird Judas von Jesus als »dreizehnter Jünger« ausgesondert und zum Adressaten einer großen kosmologischen Vision. Judas zeichnet sich dadurch aus, dass er der einzige ist, der die göttliche Natur Christi erkennt und ausspricht: »Ich weiß, wer du bist und von welchem Ort du gekommen bist. Du bist aus dem unsterblichen Äon der Barbelo gekommen; und ich bin nicht würdig, den Namen dessen auszusprechen, der dich gesandt hat.« [Barbelo ist in der gnostischen Tradition die göttliche Mutter aller Dinge bzw. die Ankündigung (pronoia) des unendlichen Vaters. EH].[15]

Schweitzers Hinweis auf die Doppelnatur des Verrats – »etwas Allgemeines und etwas Spezielles« – trifft damit den Kern einer zweiten Antinomie des Verrats, welche die Natur des übertragenen und preisgegebenen Wissens betrifft. Das Geheimnis des Verrats bewegt sich in der Spannung zwischen einem rein technisch-taktischen Wissen und einem eschatologischen oder historischen Geheimnis, dem Wissen um das Wesen des Erlösers, dem Wissen um das, was die

Schrift der (Heils)geschichte vorschreibt. Wiederum umfasst der Verrat eine widersprüchliche Doppelung, diesmal die seines Gegenstands – und verweist damit auf eine wissenslogische oder epistemologische Seite jeden Geheimnisses. Das verratene Geheimnis ist einerseits die effiziente Kriegslist, die verborgene Information, ein endliches, im Handgemenge des Kampfes schnell verbrauchtes Gut – andererseits ein auratisches Wissen: das Mysterium des Glaubens oder der Souveränität. Es ist diese zweite Ebene, die das Geheimnis zum historischen Prinzip macht, zum Prinzip, das Geschichte organisiert und ihr Sinn verleiht. Und damit öffnet sich ein drittes Rätsel: das Rätsel seiner Erzählbarkeit.

Held und Verräter

Drittes Problem: Was ist das Verhältnis von Judas und Jesus, von Verräter und Verratenem? Und wie wird dieses Verhältnis narrativ organisiert? Wer weist die Plätze von »gut« und »böse«, »Held/Heiland« und »Verräter« an? Über Judas wird wenig mehr berichtet, als dass er Verwalter der gemeinsamen Kasse ist, abgesehen von jener bemerkenswerten Szene beim letzten Abendmahl. Mehrfach hatte Jesus angekündigt, dass er ausgeliefert und getötet werden würde. Beim Abendmahl mit den Jüngern wiederholt er diese Ankündigung: »Wahrlich ich sage Euch: Einer von Euch wird mich verraten. Da wurden sie sehr betrübt, und einer um den anderen fing an, ihn zu fragen: Bin ich es etwa, Herr? Er antwortete: Der, der die Hand mit mir in die Schüssel eintaucht, der wird mich verraten. [...] Judas aber, sein Verräter, fragte: ›Bin etwa ich es, Meister?‹ Und er antwortete: ›Du hast es gesagt.‹« (Mt 26, 21–25) Verräter und Verratener wissen beide um das, was geschehen wird; aber weder verhindert der Verratene die Tat noch lässt der Verräter ab von seinem Plan. Während die Synoptiker es bei dem Blickwechsel zwischen Jesus und Judas lassen, bietet Johannes eine noch irritierendere Version des Geschehens. Wiederum kündigt Jesus den Verrat an und wird von Johannes gefragt, wer es sei. »Jesus antwortete: ›Der ist es, dem ich den Bissen eintauchen und geben werde.‹ Und er tauchte den Bissen ein, nahm ihn und gab ihn dem Judas, dem Sohn des Simon Iskarioth. Und nach dem Bissen fuhr der Satan in ihn. Jesus aber sagte zu ihm: ›Was du tust, das tue bald!‹« (Joh 13, 26–27). Die Geste Jesu ist zutiefst zweideutig: Sie schwankt zwischen einer Entlarvung des Judas (›ich weiß, dass du es bist‹) – und einer Wahl, einem Auftrag (›du sollst es sein‹). Es scheint, als erwähle Jesus in dieser Szene Judas zum Verräter und beauftrage ihn nachdrücklich: »Was du tust, das tue bald!« Das Brotbrechen, die *communio* zwischen Jesus und seinem Jünger, wird hier prägnant als *excommunicatio*: Judas ist genau in dem Maße Mitglied der Gemeinschaft der Jünger, wie er die Funktion des Verräters, des Abtrünnigen und Ausgestoßenen übernimmt. Das *Evangelium des Judas* geht noch einen Schritt weiter: hier beauftragt Jesus Judas explizit, ihn zu verraten: »Du aber wirst sie alle übertreffen. Denn du wirst den Menschen opfern, der mich kleidet.«[16] Zwischen Judas und Jesus, Verräter und Verratenem, gibt es den Moment einer heimlichen Verständigung, wenn nicht eines »Einverständnisses«, das schließlich Brecht als ethisches Problem des Verrats aufwerfen wird (s. Kap. *Agenten der Weltrevolution*). Der Blickwechsel beim Abendmahl und der in der Ikonographie des Christentums notorische Kuss im Garten Gethsemane sind die Zeichen einer Verständigung, in der Freundschaft und Feindschaft ins Zwielicht ihrer Ununterscheidbarkeit treten. Der Verräter ist Freund und Feind gleichermaßen: engster Vertrauter und gefährlichster Feind. Nur als Freund kann der Verräter zum Feind werden; nur als Freund trifft er den empfindlichen Punkt und hat er das sorgsam gehütete Wissen. Die spezifische Verletzung, die der Verrat zufügt, kann nur ein Freund zufügen.[17] Und es ist noch nicht einmal klar, ob Judas wirklich zum Feind wird oder nicht vielmehr eine seltsame, perverse oder paradoxe Form von Treue zeigt. Denn Verrat impliziert eine Intimität, die Jesus und Judas bis zum letzten Moment nicht aufzugeben scheinen. Ausgehend vom rätselhaften Einverständnis zwischen Jesus und Judas öffnet sich die schwindelerregende Dialektik des Verrats: Vielleicht, so haben etliche literarische Spekulationen von Klopstock über Goethe und Hebbel bis Kazantzakis und Borges argumentiert, ist der Verrat des Judas nichts anderes als eine letzte, unmäßige, aufopferungsvolle Geste der Treue, ein Versuch, Jesus dazu zu zwingen, seinen Auftrag – als Messias oder als König der Juden – endlich zu erfüllen, um das Erlösungsgeschehen möglich zu machen. »Die Schrift muss erfüllt werden«, heißt es immer wieder in den Evangelien, und zweifellos ist Judas, ob willentlich, ob vom Satan besessen oder von Jesus selbst beauftragt, das unglückliche und verfluchte, aber notwendige Werkzeug des Heilsplans. Eine unter anderem von Goethe vorgeschlagene Variante macht Judas zu einem der Jünger, die in Jesus mehr den jüdischen Revolutionär als den spirituellen Erneuerer gesehen hätten. Judas, so die Version von Nicos Kazantzakis, sei der Mentor und die politisch treibende Kraft hinter Jesus gewesen. Aufgefordert von Jesus, ihn an die Autoritäten auszuliefern, habe er gehofft, durch die Verhaftung Jesu einen Aufstand auszulösen – ein Plan, der von Jesus selbst durchkreuzt wird. Es ist kein Zufall, dass Martin Scorseses Verfilmung von Kazantzakis' theologischer und historischer Spekulation, *The Last Temptation of Christ* (1988), dieser Version von einem zutiefst zwiespältigen Messias und Judas als seinem Beschützer, Ratgeber und Freund zu notorischer Aktualität verholfen hat. So ist es Judas, der den an sich zweifelnden Jesus beschützt und begleitet, und es ist Judas, der Jesus am Ende dazu bringt, seine Existenz als Messias anzunehmen und nicht der Versuchung eines irdischen Lebens zu verfallen.[18] – Andere Interpretationen sehen in Judas einen, der Jesus dazu zwingen will, seine Gottessohnschaft endlich zu enthüllen. Hebbel notiert für ein geplantes Christus-Drama: »Judas ist der Allergläubigste«.[19] Die Gnosis hat einen ähnlichen Vorschlag: Einzig und allein Judas habe gewusst, was Jesus meinte, als er den Jüngern ankündigte, dass er demnächst in einer anderen Gestalt erscheinen werde. Diese Erscheinung als Sohn Gottes habe Judas durch seinen Verrat hervorgetrieben und damit eine vollkommene Einsicht in das geheime Wesen Christi gezeigt.[20] In der gnostischen Tradition rückt Judas damit zum eigentlichen Agenten der Erlösung auf, zum Besitzer eines Wissens, das ihn unmittelbar an die Seite Jesu stellt. Jorge Luis Borges schließlich hat diese zwei Jahrtausende alte Tradition einer dialektischen Verklammerung von Jesus und Judas zu ihrer radikalsten Variante zugespitzt, indem er den Verräter als den wahren Erlöser deutet (s. Kap. *Poetologie des Verrats*).

Die dritte Antinomie des Verrats entfaltet sich also in der Spannung einer unauflöslichen Politik der Freund-/Feindschaft: Verrat ist eine ambivalente Geste, ein Akt der Feindschaft auf der Basis von Freundschaft, vielleicht aber auch – wie im Falle mancher moderner literarischer Judas-Auslegungen wie Kazantzakis/Scorsese – eine verkappte Form der Freundschaft.[21] Verrat erscheint so als eine moralische Selbstverletzung, eine Tat, die etwas gegen den eigenen Willen zu Ende bringt. Der Bruch von Loyalität und Vertrauen impliziert immer beides: Nähe und Distanz, Zugehörigkeit und Ausschluss. Genau darum steht der Verrat des Judas widersprüchlich zwischen Auftrag (»was du tust, das tue bald!«) und Verdammnis (»wehe jenem Menschen, durch den der Menschensohn verraten wird«). Der Verrat maskiert sich wie der Verräter, er maskiert sich in Freundschaft und Treue, um diese dann zu pervertieren und auszunutzen – oder aber er maskiert sich in Niedertracht und Treulosigkeit, während er in Wirklichkeit, in einem anderen Register der Lesbarkeit, eine undurchsichtige Form der Treue und Loyalität ist, eine kryptische Form des Gehorsams.[22]

Diese dritte Antinomie hat gleichermaßen historische und historiographische Folgen. Jesus und Judas, Held und Verräter sind Figuren, die in doppelter Weise aufeinander angewiesen sind, nicht nur in ihrem historischen Handeln, sondern vor allem im Hinblick auf die Erzählbarkeit dieses Handelns. Jedes Opfer, jede Heldentat braucht offenbar ihren Verräter in einer narrativen Ökonomie des Hell-Dunkel-Kontrasts. Jesus und Judas, Verratener und Verräter, sind ein Paar, sie verweisen aufeinander, der Held braucht den Verräter als Erfüllungsgehilfen und historisches Gegenbild, als seine negative Spiegelung. Sind es Offenheit, Eindeutigkeit und Erfüllung des Gesetzes, die das geschichtsmächtige Heldentum des Helden und die Erlösungskraft des Heilands ausmachen, so handelt der Verräter dagegen maskiert, uneindeutig, gesetzübertretend. Der Verräter besudelt sich in dem Maße mit Schmutz wie der Held als Inbild moralischer Integrität handelt, er ist die Figur des Schattens, die die Helligkeit des Heldentums überhaupt erst sichtbar werden lässt. Gemeinsam ist beiden, dass sie Geschichte *machen* – im Guten wie im Schlechten. Sie sind die Figurationen menschlicher Handlungs- und Entscheidungsfähigkeit. Beide finden sich an einem Wendepunkt der Geschichte – der Held oder Heiland als Retter oder Märtyrer, als eine gedächtnis- und identitätsstiftende Gestalt, um die sich Nationen oder Gemeinden, Mythologien und Religionen kristallisieren können. Sein Wirken ist exemplarisch, es kann erzählt, erinnert und gefeiert werden, und darum können sich Religionen und Nationen darauf gründen. Der Verräter dagegen ist die dunkle Seite der Geschichte, genau das, was nicht in den kanonischen Narrativen auftauchen soll – oder wenn nur als Verworfenes, als Feindgestalt, als Dämon. Nicht zuletzt belegen die ekelerregenden Details von Judas' Tod, dass er nur überzeichnet und ins Abjekte verbannt werden kann: Judas erhängt sich. Schon sein Körper ist Markstein des Verbrechens: Sein Leib platzt auf, wie ein Fresko von Giovanni Canavesio [*Abb.* 2] anschaulich zeigt, und seine Gedärme ergießen sich aus dem Körper (Mt 27, 3; Apg 1, 18). Der Teufel, der ihn bei Lukas und Johannes schon im Leben ergriffen hat, packt nun seine entweichende Seele. Das Wirken und die obszöne Existenz des Verräters verfallen so dem, was Jorge Luis Borges die »Schamhaftigkeit der Geschichte« nannte: ein internes Gesetz der Darstellbarkeit oder Nicht-Darstellbarkeit, das dazu führt, dass »ihre entscheidenden Daten [...] lange Zeit geheim bleiben können«.[23] Die Geschichte vom Verrat erzählt – und schweigt – von etwas, das, um der Möglichkeit von Geschichte willen, in seinen »entscheidenden Daten« nicht erzählt werden kann.

Politisches Geheimnis und Fiktion

An der Geschichte von Judas und den skizzierten drei Rätseln lassen sich die grundsätzlichen Fragestellungen entwickeln, um die es in diesem Buch gehen soll. Mit der Frage nach dem *Motiv* des Verrats

Abb. 2: Giovanni Canavesio: Judas Iskariot, Fresko in der Kapelle von Notre Dame des Fontaines, La Brigue, ca. 1492.

öffnet sich das Feld des Politischen und Ethischen, aber auch der Psychologie und Soziologie des Verräters: die Frage einerseits nach dem Subjekt, dessen Handeln einen Bruch der gegebenen Ordnung von Zugehörigkeit und Zuverlässigkeit darstellt, andererseits die Frage nach dem Gefüge von Freund- und Feindschaft, innerhalb dessen der Akt des Verrats überhaupt seine Wirksamkeit und seinen Sinn entfaltet. Wer ist der Verräter, der Abtrünnige? Welches sind die Prinzipien seines geheimen Handelns, welches seine Ziele? Wenn Verrat eine Entscheidung ist, stellt sich die Frage, was überhaupt die Optionen dieser Entscheidung sind und wie der Verräter sich im Feld des Politischen durch diese Entscheidung positioniert. Geht es um einen Seitenwechsel oder vielmehr um einen ›dritten Weg‹? Ist der Verräter ein Abtrünniger im Hinblick auf eine Gemeinschaft – oder ist es umgekehrt die Form der Macht, die unweigerlich jeden zum Verräter erklären kann? Es sind diese Fragen, die im Zentrum jener Zeitdiagnosen stehen, die das 20. Jahrhundert insgesamt zur »Epoche des Verrats« erklärt haben (s. Kap. *Verrat im 20. Jahrhundert*) oder – so beispielhaft im Amerika des Kalten Kriegs – überall Verschwörer und Verschwörung wittern (s. Kap. *Staatsparanoia*). Die Rede vom Verrat als Symptom beschwört eine Krise des Politischen als Zerfall von Loyalitätsbindungen zwischen Staatsbürgern und Souveränität – aber auch als unmöglich gewordene Zugehörigkeit. Die vielfältigen Treueverhältnisse, in die der Einzelne eingebunden ist, schließen sich gegenseitig aus und lassen so »Verrat« unvermeidlich werden. Der Verräter wird damit zur paradigmatischen Figur, in der sich die Störung moderner Gemeinschaften ebenso manifestiert wie die Verunklärung von Feindschaften. In seiner Spielart als ferngesteuerter Agent oder Attentäter wird er zum Emblem einer Gesellschaft, die ihre eigenen inneren Mechanismen – ihre Formen von Wissenszirkulation, ihren Mediengebrauch, ihre soziale und informationelle Vernetztheit – nur noch mit höchster Ambivalenz beobachten kann. Freunde und Feinde werden gleichermaßen unerkennbar, abstrakt und bedürfen ständig neuer, phantasmatischer Bestimmung. Damit tritt im Verräter ein Bereich des *Irregulären* im Verhältnis von Subjekt, Gemeinschaft und Souveränität hervor. Vom Subjekt aus betrachtet ist das die politische Unzuverlässigkeit des Einzelnen, aber auch seine soziale Verstellungs- oder Verführungskunst, die Fähigkeit oder Notwendigkeit des modernen Individuums, immer neue Identitäten vorzuführen oder zu verbergen. In seinen vielfältigen Erscheinungsformen im 20. Jahrhundert – als Abtrünniger, Partisan, Schläfer, Maulwurf, Agent, Saboteur, Überläufer oder Verschwörer – verkörpert er die Taktiken und Verhaltenslehren der Klandestinität; eine Klandestinität, die nicht nur Signatur irregulären politischen Agierens ist, sondern alles soziale Verhalten zu prägen scheint. Rollenspiel, Metamorphose und Seitenwechsel gehören nicht nur zu den sozialen Überlebenstechniken des Einzelnen, sondern auch zur Komödie der Geschlechter (s. Kap. *Spionin – Spion*).

Wendet man den Blick auf die Formen moderner Souveränität selbst, so stellt sich die Frage nach der politischen Form, die den Verrat geradezu unausweichlich werden lässt. Während das Ideal des Politischen in der Moderne auf Transparenz und Partizipation abgestellt ist, zeigt sich in der »Verratbarkeit« moderner Macht ihre unweigerliche Angewiesenheit auf einen Bereich, der dem Einblick und der Debatte entzogen ist. Dies sind die modernen *arcana imperii*: die Welt der Geheimdienste, die Geheimnisse des Militärs, gelegentlich auch der Polizei und Geheimpolizei, aber auch wissenschaftliches Wissen, das für Waffen- oder Medientechnologie – und damit für soziale Kontrolle und Manipulation – nutzbar ist. In einer Kultur der Öffentlichkeit aber sind diese Arkana ein im hohen Maße ambivalentes Element der Macht: einerseits schutzwürdiges Gut, andererseits ein potenziell rechtsfreier Raum jenseits aller öffentlichen Kontrolle. Zwar werden die modernen Staatsgeheimnisse zumeist legitimiert als »Betriebsgeheimnis« und defensive Notwendigkeit, aber ihre Geheimnishaftigkeit öffnet eine Sphäre permanenter Überwachung und unbeobachteter Gewalt (s. Kap. *Arcana imperii*). An diesem Bereich der aufgehobenen öffentlichen Kontrolle und Rechtlichkeit wird damit ein Grundzug moderner Macht manifest: Herrschaft nicht nur in Form von Gesetz und Strafe auszuüben, sondern auch in Form einer Aussetzung und Aufhebung des Rechtlichen. In dieser Perspektive sind die modernen Arkana die Sphäre eines heimlichen, aber auf Dauer gestellten Ausnahmezustands, die *irreguläre* Seite der Macht selbst. Die Frage nach dem Motiv des Verrats, die die Evangelien nur in der Überdetermination sich durchkreuzender Hypothesen beantworten konnten, führt so ins Dickicht nicht nur der individuellen Unzuverlässigkeit, sondern auch der Selbstwidersprüche des Politischen in der Moderne – eines Politischen, das offenbar nicht umhin kann, dem Verrat immer neue Motive zu liefern.

Mit der Frage danach, *was* Judas eigentlich verraten hat, welches die *Natur des Geheimnisses* war, das er ausgeliefert oder ausgeplaudert hatte, öffnet sich die epistemologische Dimension unseres Gegenstands. Welches ist die Form des Wissens, das im Geheimnis niedergelegt und im Verrat weitergegeben wird? Ist es ein einfaches Datum, ein taktisches oder technisches Geheimnis oder ist es vielmehr ein *mysterium* – das Geheimnis der Messianität, dessen Aufdeckung ebenso göttliche wie menschliche Verbote bricht? Die Spannung zwischen taktischer Information und heilsgeschichtlichem *mysterium* im Gegenstand des Verrats, die die Judas-Erzählung vorführt, verweist darauf, dass Wissen, welches im Aggregatzustand des Geheimen vorliegt, nicht primär durch seinen Inhalt bestimmt ist, sondern durch seine epistemologische Form, durch eine spezifische Ökonomie von Wissbarem und Nicht-Wissbarem, von Manifestem und Latentem. Die Analytik des politischen Geheimnisses erfordert eine politische Epistemologie, eine Theorie jenes Macht-Wissens, das gleichermaßen soziale Kontrolle wie militärischen Erfolg und politische Voraussicht garantieren soll. Es ist diese politische Epistemologie des arkanen Staatswissens, oder mit dem *terminus technicus*, der »Secret Intelligence«, die im Zentrum dieses Buches steht. Secret Intelligence ist ein Wissen, das nicht primär auf Wahrheit abzielt, sondern auf Wirksamkeit gegen einen Feind (s. Kap. *Secret Intelligence*). Der Feind ist Grundlage und Bedingung der Secret Intelligence – noch bevor er ihr Gegenstand wird. Ihre Wirksamkeit kann ebenso darin bestehen, wahre Informationen über diesen Feind zu sammeln wie Täuschung zu produzieren, Desinformation zu verbreiten und falsche Fährten zu legen. Secret Intelligence ist taktisches und strategisches Wissen, eine Waffe in gegebenen, noch kommenden oder auch nur imaginierten Kämpfen: die Exploration strategisch und taktisch wichtiger Räume, die Auskundschaftung des Feindes oder die Entlarvung unsichtbarer innerer Feinde. Wenn dieses Wissen aber notwendig geheim bleiben muss – und das heißt: im Geheimen erhoben, im Geheimen erfasst, ausgewertet und angewandt –, dann hat dies gravierende Folgen für seine epistemologische Struktur, d. h. für die Entscheidung über das, was in ihm als Datum auftauchen kann und was nicht. Was ist überhaupt das »Wissen« der Geheimdienste? Wie kommen sie vom Einzeldatum zur umfassenden Prognose? Wie können sie ihre Theorien überprüfen, wenn alles strengster Geheimhaltung unterliegt und damit ein zweiter Beobachter per definitionem ausgeschlossen ist? Mit der Frage nach der epistemologischen Struktur des geheimen Staatswissens stellt sich auch die nach der Dialektik von Blindheit und Luzidität dieses Wissens. Der Feind und die Einsichten oder Hypothesen über ihn suchen es heim als ein epistemologisch wirksames Phantasma, das immer schon darüber entscheidet, was gesucht und gefunden, gewusst und nicht gewusst werden kann. So unterschiedlich die Formen dieses Feind-Phantasmas sein können, so ist doch eines sicher: Der Feind ist – mit einer Formulierung, die Carl Schmitt in Umlauf gebracht hat – »unsere eigene Frage als Gestalt«.[24] Sei es als Spiegelbild einer hyperrationalistischen Supermacht wie im Kalten Krieg (s. Kap. *War Games*) oder als Zerrbild eines globalen, hochmedialisierten Netzwerks, wie es die Szenarien nach dem 11. September 2001 beschwören (s. Kap. *Die Zukunft der Feindschaft*) – im Phantasma des Feindes werden immer auch die Strukturen und Pathologien der eigenen Gesellschaft projiziert und bearbeitet. Entsprechend kann die Gewissheit, vom Feind getäuscht zu werden, entweder eine Rationalisierung von Methoden und Modellierungen vorantreiben (s. Kap. *War Games*) oder auch eine nicht mehr still zu stellende Dynamik des Misstrauens und der Paranoia hervorrufen (s. Kap. *Staatsparanoia*). Die Frage nach dem Wesen des geheimen politischen Wissens in der Moderne führt damit nicht nur in die Logik dieses Wissens, sondern immer auch in sein unvermeidliches Delirium.

Das dritte Rätsel der Judas-Erzählung, die uneingestandene Komplizenschaft zwischen Erlöser und Verräter und die Andeutung eines historischen Plans, der durch den Verrat erfüllt wird, zielt in den *poetologischen* Kern von Geheimnis und Verrat. Die Inkongruenz der Versionen in den Evangelien, ebenso wie die unendliche Zahl der Deutungen und Neuerzählungen verweisen auf die Notwendigkeit und Schwierigkeit, das, was geschehen ist, in eine kausal und chronologisch sinnvolle Ordnung zu bringen, ja überhaupt auszusagen, *was* genau geschehen ist. Die gegenseitige Verwiesenheit von Erlöser und Verräter, ihr darstellungstechnischer Kontrast von Licht und Schatten erzeugt eine Kippfigur, ein Vexierbild, in dem es nur eine Frage der erzählerischen Perspektive ist, was man gerade sieht: den Helden oder den Schurken. Aber gerade diese Ambiguität der Konstellation macht den Verrat zu dem, was Jorge Luis Borges in Anlehnung an die Musik ein »Thema« nannte: stabil in seiner Grundstruktur, aber unendlich variierbar in seinen Versionen, sodass es keine eigentliche, originale oder ›wahre‹ Version des Themas gibt. Der Verrat ist unendlich zu erzählen aufgegeben, ein Skandalon nicht nur des Politischen, sondern auch des historischen Narrativs. Was immer erzählt wird, verweist nicht nur auf andere Versionen, die es dementiert, sondern auf die Möglichkeit, dass die Erzählung selbst nichts anderes ist als eine Lüge, eine *cover story*, nur die ›halbe Wahrheit‹. In diesem Skandalon, das immer auch ein Skandalon des Erzählens oder Darstellens ist, liegt der Bezug des politischen Geheimnisses zur Fiktion.

Warum sollte man eine Geschichte des politischen Geheimnisses in der Moderne ausgerechnet anhand von Literatur und Filmen schreiben? Warum nicht einfach historische Fälle rekonstruieren, eine Soziologie des Verräters schreiben oder eine politische Theorie des modernen Staatsgeheimnisses versuchen? Angesichts der narrativen Schwierigkeiten im »Thema« des Verrats, angesichts der politischen Zweischneidigkeit des modernen Staatsgeheimnisses und der epistemologischen Doppelbödigkeit des geheimen Staatswissens hat Fiktion den Vorteil, diese Schwierigkeiten des Themas in der Form ihrer

Darstellung, ihrer narrativen Struktur mitzureflektieren. Nur der Modus des Fiktiven, nur Literatur kann *etwas erzählen* und zugleich *etwas anderes zu lesen geben*, mehr noch: den instabilen Grund der Erzählung selbst mit darstellen. Bei einem Gegenstand, der per definitionem vom Entzug der Wahrheit und der Undurchsichtigkeit der Positionen und Zugehörigkeiten lebt, ermöglichen *Fiktionen* – in einem Sinne, der noch zu klären sein wird – einen Blick durch das Dickicht einer unsicheren Faktenlage auf die unterliegenden Regeln der Sichtbarkeit oder Unsichtbarkeit, der Wissbarkeit oder Unwissbarkeit. Genau dies ist die epistemologische Luzidität von Literatur gegenüber allen Text- oder Erzähl-Genres, die den Anspruch erheben, einfach ›die Wahrheit‹ offenzulegen. Denn im Feld der Feindschaft und der Klandestinität liegt nichts als einfaches *factum brutum* vor, sondern immer nur als eine Version, die stumm oder explizit auf andere, sie konterkarierende Versionen bezogen ist. Romane, Theaterstücke, Filme, Autobiographien, aber auch die Kriegsspiele des Militärs oder die methodischen Selbstverständigungen von Geheimdienstmitarbeitern sind allesamt solche »Fiktionen«. Sie explorieren das Feld des politischen Geheimnisses mit dem Anspruch, eine Wahrheit zu finden, und zugleich mit dem Bewusstsein, dass diese Wahrheit nie etwas anderes ist als die bestenfalls plausibelste Version, die unendlich viele andere Versionen vorläufig aussticht. Es gibt keine Wahrheit des Verrats, vielmehr immer nur den expliziten oder verleugneten Verweis darauf, dass alles auch anders (gewesen) sein könnte, anders erzählt werden müsste und damit die Positionen von Erlöser und Verräter, Held und Schurken, Großtat und Verbrechen sich radikal umkehren würden. Im Reflex seiner Fiktionalisierungen wird damit das politische Geheimnis sichtbar als etwas, das in seinem Kern selbst fiktiv ist und nicht anders als im Modus des Fiktiven adäquat thematisiert werden kann.

Damit organisiert sich die traditionelle Gegenüberstellung von ›Fiktion‹ und historischer ›Wirklichkeit‹, von ›Literatur‹ und ›Politik‹ neu.[25] Literatur, wenn sie fiktional von Dingen spricht, von denen nicht gesprochen werden kann, ist immer schon involviert in jene Struktur des Politischen, die bestimmt, was öffentlich werden und was geheim bleiben muss. Die Fiktionen, von denen dieses Buch handelt, sind politisch, nicht, weil sie Politik oder Krieg, Verrat, Spionage oder Verschwörungen zum Thema machen, sondern weil sie in diese Ordnung des politischen Geheimnisses aktiv eingreifen. Diese Eingriffe können unterschiedlich ausfallen: So gibt es Fiktionen, die zukünftige Bedrohungen und Konfliktszenarien in Szene setzen, mit der impliziten oder expliziten Intention, auf eine Gefahr aufmerksam zu machen, ein mögliches Krisenszenario durchzuspielen oder einen neuen Typus von Abwehr zu entwerfen. Dabei geht es diesen Fiktionen um alles andere als unterhaltsamen Schauer, vielmehr zielen sie dezidiert auf eine politische Mobilisierung. Solche Fiktionen – sei es der Segler-Roman *The Riddle of the Sands*, der die Briten vor einem geheimen Überfall der Deutschen warnen will, sei es das vermeintliche Kinderbuch *Kim*, das einen völlig neuen Typus des Kolonial-Agenten entwirft, oder die Atomkriegs-Groteske *Dr. Strangelove*, ein Krisenszenario für den Dritten Weltkrieg – als bloße Unterhaltung zu verstehen, bedeutet, ihre politische Brisanz und ihre präzise Informiertheit über Spionagetechniken, Krisensimulation oder Agentenführung dramatisch zu unterschätzen. Die Art und Weise zu rekonstruieren, wie all diese Fiktionen in die aktuelle Wissensstruktur der Secret Intelligence verwoben sind, erfordert eine Lektüre, die nicht nur in literarischen Texten den jeweiligen Stand des geheimdienstlichen Wissens freilegt, sondern auch deren politischen Gestus rekonstruiert: als Warnung, als Rechtfertigung, als Analyse oder Rekonstruktion einer historischen Situation.

Zielen manche Formen politischer Fiktion auf potentielle und zukünftige Feinde, so unternehmen andere den Versuch, geheim gehaltene vergangene Ereignisse im Medium eines retrospektiven Narrativs hypothetisch zu rekonstruieren. Sie wollen das Rätsel nicht so sehr lösen, als sich ihm in verschiedenen Versionen annähern: Wie könnte es gewesen sein? Solche Fiktionen sind Formen einer Historiographie des politischen Arkanums. Die Geschichte von Judas, die die Evangelien erzählen, gehört ebenso dazu wie John Le Carrés *Tinker, Tailor, Soldier, Spy*, ein unendlich hintersinniger, geheimdienstlich außerordentlich präzise informierter Roman um das wohl größte Spionagefiasko des Kalten Krieges: den Fall des sowjetischen Maulwurfs Kim Philby im britischen MI6. Solche Texte unter der Gattung des populären Spionageromans abzuhandeln, verkennt deren Rolle als Reflexionen des Politischen – und als Eingriff ins Politische. Es ist kein Zufall und keine bloße Anekdote des amerikanischen Medienbetriebs, dass es Oliver Stones Film *JFK* war, der die vermutlich letzte staatliche Untersuchungskommission zur Ermordung John F. Kennedys provoziert hat. Fiktionen wie diese *sind* Politik, denn diese und *nur* diese Form ist oft die einzige Möglichkeit, in aller Öffentlichkeit und in aller Detailliertheit von dem zu sprechen, was das geheimste und gefährlichste Wissen des Staats ist. Fiktion ist darum nicht selten eine der effektivsten Tarnungen, die das politisch Unsagbare angenommen hat. Sie hat Teil an der Arkanstruktur moderner Macht *und* ist zugleich deren Kritik.

Aber der Eingriff des Fiktiven ins Politische geht noch über diese darstellende und explorierende Funktion hinaus. Fiktionen sind mehr als enkryptierte, ins scheinbar spielerisch Erfundene transponierte Politik. Vielmehr legen sie die Fiktionalität des Politischen selbst frei. Denn wenn moderne Staaten und moderne Kriege unweigerlich angewiesen sind auf eine Dimension des Geheimen, der Täuschung und Tarnung, dann sind sie immer schon involviert in Narrative der Plausibilisierung und Legitimierung, die genau jener Ökonomie des Licht und Dunkels, des Erzählbaren und Nicht-Erzählbaren verfallen, die sich an der Erzählung von Judas exemplarisch aufweisen lässt. Was als ›Politik‹ in den Raum der Öffentlichkeit, der Repräsentation und der Verhandelbarkeit tritt, ist immer schon Produkt dieser Ökonomie der Darstellung. Politik ist eine Fiktion in dem Sinne, dass ihre Verlautbarungen und Legitimationen, ihre Selbstpräsentationen und -verortungen immer nur die eine *präsentable* Variante unter mehreren plausiblen, ebenso möglichen aber vielleicht nicht so opportunen Versionen eines Geschehens ist. Politik ist eine Fiktion, sofern ihre sichtbare Seite immer mindestens so viel verdeckt, wie sie offen legt. Zwar lebt das Politische von Evidenzen, von offen zu Tage liegenden Freund-Feind-Verhältnissen – aber es *operiert* gerade im Unterlaufen dieser Evidenzen. Wenn Literatur als narratives Medium par excellence dazu geeignet ist, die Mechanismen des Erzählens und Verschweigens, des Zu-Lesen-Gebens und Unlesbar-Machens transparent werden zu lassen, dann ist sie das Medium, das die unausweichliche *Fiktionalität des Politischen* reflektieren kann. Insofern sie selbstreflexive Fiktion ist, kann sie das Geheimnis des Politischen ausleuchten: nicht in seinen – zumeist für immer dem Wissen entzogenen – Inhalten, aber in seiner Form und seiner Funktion.

Diese Reflexion der Fiktion auf die Struktur des modernen Staatsgeheimnisses hat ihre Theorie und ihre Geschichte. Meine Überlegungen beginnen darum mit einem Kapitel zu Jorge Luis Borges als jenem Autor, der nicht einen spezifischen historischen »Fall« von Verrat und Klandestinität zum Thema gemacht hat, sondern den Verrat als Struktur von universalhistorischer Ubiquität analysiert und damit eine grundlegende Theorie des Geheimnisses und seiner Erzählbarkeit vorlegt (s. Kap. *Poetologie des Verrats*). Borges ist der avancierteste literarische Theoretiker des Geheimnisses und seiner auf Freund-Feind-Konstellationen bezogenen, grundsätzlich ›politischen‹ Natur. Genau deshalb entwirft er einen Begriff von Fiktion, der aus der Notwendigkeit und Schwierigkeit erwächst, dieses prekäre Geheimnis ins Kontinuum eines Narrativs zu überführen. Borges und sein poetologischer Begriff der »Fiktion« (ficción), bzw. der »Verzweigung« (bifurcación) dienen so zur theoretischen Explikation jener Schwierigkeit, vom Geheimnis und vom Verrat zu erzählen, ohne immer schon und vielleicht sogar unwillentlich zu schönen, zu rechtfertigen, zu lügen und von gewissen Dingen zu schweigen.

Dieser theoretischen Skizze, vorgeführt an einem *close reading* von vier Erzählungen aus Borges' *Ficciones*, folgt eine Diskursgeschichte der Theorien vom politischen Geheimnis im 20. Jahrhundert (s. Kap. *Verrat und Geheimnis in der Moderne*). Zunächst tritt dabei die Selbstdiagnose des 20. Jahrhunderts als »Jahrhundert des Verrats« in den Blick, in deren Zentrum eine politische Anthropologie steht, der es um Formen der Abtrünnigkeit geht, um das Ausscheren Einzelner aus dem Gesamtgefüge des politisch Erlaubten und Regulären. Am Stichwort des »Verrats« entzündet sich eine Debatte um den politischen Alleingang, eine Theorie der politischen *Irregularität*, die schließlich in der Figur des Partisanen und Agenten ihre avancierteste Ausprägung findet (s. Kap. *Verrat im 20. Jahrhundert*). Thematisiert die Debatte um den Verrat vor allem die Störungen des Politischen, so hat die Theorie des Staatsgeheimnisses eine Tradition, die ursprünglich nicht auf Störung und Risiko, sondern auf Stabilität abgestellt war. Die antike und frühneuzeitliche Lehre von den *arcana imperii* und der *raison d'état* integriert das Geheimnis in eine Politik des Machterhalts, die überhaupt erst mit der Moderne und ihrem Ideal vollkommener Öffentlichkeit des Gemeinwohls anrüchig wird (s. Kap. *Arcana imperii*). Paradigma dieser Anrüchigkeit des politisch Geheimen sind die Geheimdienste – und genau darum werden ihre Strukturen wie ihr Wirken im Untergrund des öffentlich Sichtbaren zum bevorzugten Gegenstand einer politischen Phantasmatik. Diese Phantasmatik manifestiert sich einerseits in einer Produktion von Erzählungen – von der Gattung des Spionageromans und politischen Thrillers bis hin zum Enthüllungsjournalismus, historischen Rekonstruktionen und Memoiren von Geheimdienstmitarbeitern –, andererseits in der spezifischen Struktur des Wissens, das Geheimdienste erzeugen. Secret Intelligence, militärisch-politische Aufklärung, entstammt der Lehre von den Kriegslisten und Täuschungsmanövern, der heimlichen Ausspähung des Feindes und der geschickten Tarnung im Feld (s. Kap. *Secret Intelligence*). Geheimdienste institutionalisieren dieses kriegerische Wissen, verstricken sich aber auch in der taktisch notwendigen Geheimhaltung, der die Produktion und Anwendung dieses Wissens unterliegt. Die Epistemologie der Intelligence, die dieser dritte Teil der theoretischen Exposition skizziert, führt damit zurück auf die Frage nach der Wissensstruktur des politischen Geheimnisses und des »Verratbaren« und legt darin eine innere Dynamik frei, die das Fiktive im Inneren dieses Wissens und seiner politischen Umsetzungen verortet. Gefangen im Spiegelkabinett ihrer Geheimhaltung tendiert Intelligence dazu, nichts anderes als Hypothesen, Theorien, Wahrscheinlichkeiten und Verdachtsmomente zu produzieren –

schlimmstenfalls, wie 2003 in der Vorbereitung des Irak-Kriegs, auch opportune Lügen: Fiktionen, die gleichwohl in die blutige Wirklichkeit heimlicher Coups, verdeckter Operationen und gelegentlich auch ganz offen geführter Kriege umgesetzt werden.

Die Einzelstudien, die dieser Exposition folgen, verstehen sich als Fallstudien zu einem jeweiligen historischen Stand der Dinge. Diese Kapitel konzentrieren sich auf eine Epoche, einen Fall oder einen spezifischen Aspekt des politischen Geheimnisses in der Moderne. In ihren spezifischen Konstellationen geht es um eine Auslotung der wissenstheoretischen Struktur des politischen Geheimnisses im 20. Jahrhundert – aber im jeweiligen Reflex seiner diskursiven und imaginären Inszenierungen. Dabei tritt mit jedem historischen Szenario zugleich eine systematische Fragestellung in den Vordergrund, die sich durch alle historischen und lokalen Fallbeispiele hindurchzieht: Raumaufklärung, Kartographie und Geopolitik im Falle des British Empire (s. Kap. *The Great Game*), die Formen von Rollenspiel und Verstellung als Geschlechterspiel und Sozialtechnik der Moderne (s. Kap. *Spionin–Spion*), die Struktur moderner Souveränität und der Verhaltensregeln klandestiner Politik (s. Kap. *Agenten der Weltrevolution*), die spekuläre und spekulative Strukturierung der Feindschaft zwischen den Supermächten im Kalten Krieg (s. Kap. *Cold War*). Am Schluss stehen drei Kapitel zu den Phantasien über die Abgründe und Untiefen des politischen Geheimnisses im Nachkriegs-Amerika, von der McCarthy-Zeit bis nach 9/11. Die zweischneidige Struktur einer Staatsparanoia, die einerseits in jedem Bürger einen Feind, andererseits in der Regierung eine rechtsfreie Instanz willkürlicher Gewalt und Manipulation sieht, wird an zwei Fällen aus der McCarthy-Zeit untersucht: dem Fall der Atomspione und dem »Manchurian Candidate« (s. Kap. *Staatsparanoia*). Mit dem Attentat auf Präsident John F. Kennedy wird diese Paranoia zur Vorstellung einer »unsichtbaren Regierung«, in der die Mächte der Arkanpolitik die Souveränität selbst untergraben und aushebeln (s. Kap. *Invisible Government*). In der heute – nach dem 11. September 2001 – allgegenwärtigen Rede von »Terror-Netzwerken« wird es schließlich darum gehen zu fragen, was die epistemische und politische Struktur jener Entwürfe eines »zukünftigen Feindes« jenseits ideologischer und nationaler Affiliationen sein kann (s. Kap. *Nach »Nine Eleven«*).

Diese historischen Darstellungen und Lektüren erheben nicht den Anspruch, eine kontinuierliche Geschichte der Geheimdienste und ihrer Transformationen zu liefern. Was dieses Buch präsentiert, sind historische Eckpfeiler des großen Gebäudes der modernen *arcana imperii*, aber kein flächendeckender Aufriss des ganzen Baus. Einer literarischen Epistemologie des Staatsgeheimnisses geht es nicht um die Geschichte geheimdienstlicher Operationen und ihrer administrativen Reorganisationen, sondern um die interne Logik, die dieses Geheimnis in einem gegebenen historischen Augenblick organisiert hat. Und natürlich ist dies keine weitere Gattungsgeschichte des Spionageromans. Während Gattungsgeschichte sich auf eine scheinbar homogene Gruppe von Texten konzentriert und deren Genreregeln nachzeichnet, sind die Texte und Filme, die hier zur Explikation jener Logik des politischen Geheimnisses im 20. Jahrhundert dienen, keiner »Gattung« zuzuordnen. Es gibt Gedichte, Kurzgeschichten und Theaterstücke, Kriegsmemoiren und Agentenautobiographien, Techno-Thriller, Szenarien für Kriegsspiele, ein Kinder- und ein Seglerbuch, Romane und Filme unterschiedlichster Genres und schließlich die verstreuten Lebensspuren einer friesischen Nackttänzerin, deren Vita in ihrer minutiösen Inszeniertheit lesbar ist wie ein Roman. Einer Analytik der Konstellation von Feindschaft, Geheimnis und Verrat in diesen höchst unterschiedlichen Fiktionen kann es nur darum gehen, in einer genauen Lektüre deren eminent politischen Untergrund freizulegen. Fiktion erscheint dabei als Brennspiegel, ein Medium, in dem sich die politische Epistemologie des Geheimen in besonderer Prägnanz darstellt, weil sich in ihm die Zwiespältigkeit und Undarstellbarkeit des geheimen Staatswissens verdoppelt. Fiktion kann einerseits erzählen – und zugleich davon erzählen, dass und auf welche Weise bestimmte Dinge *nicht* erzählbar sind.

Anmerkungen

1 Irenaeus von Lyon: Adversus Haereses, Buch I, 31, 1, in: Ders.: Epideixis/Adversus Haereses, lat./dt., übers. von Norbert Brox, Freiburg: Herder 1993, S. 350. »Et haec Judam proditorem diligenter cognovisse dicunt, et solum prae caeteris cognoscentem veritatem, perficisse proditionis mysterium: per quem et terrena et coelestia omnia dissoluta dicunt. Et confinctionem adferunt huius modi, Iudae Evangelium illud vocantes.« Veränderte Übs. EH/Michèle Lowrie.

2 Mt 26, Vers 24. Nach: Die Heilige Schrift, Neues Testament übs. von Josef Kürzinger, Aschaffenburg: Pattloch 1962.

3 Hans-Josef Klauck: Judas – ein Jünger des Herrn, Freiburg: Herder 1987, S. 144. Klauck liefert einen knappen, aber brauchbaren Überblick über die neueren Judas-Interpretationen.

4 Karl Kautsky: Der Ursprung des Christentums, 10. Aufl., Berlin/Bonn: Dietz Verlag 1920, Nachdruck 1977, S. 420 f.

5 Das ist für Kautsky einerseits die »friedliche Unterwerfung« des Christentums unter Rom und die forcierte Ablösung von der jüdischen Kultur und Tradition, andererseits die Eskamotierung des Klassengegensatzes innerhalb des Judentums.

6 Einen neueren Überblick über die wichtigsten Aspekte liefert William Klassen in seiner Textkritik der Evangelien und der wichtigsten Interpretationsansätze. William Klassen: Judas. Betrayer or Friend of Jesus? Minneapolis: Fortress Press 1999.

7 Dazu Carl Daub: Judas Iskarioth oder das Böse im Verhältnis zum Guten, 2 Bde, Heidelberg: Mohr und Winter 1816–1818.

8 Leonid Andrejew: Judas Ischarioth [1907], in: Ders.: Judas Ischariot. Erzählungen, Berlin: Aufbau, 1989, S. 5–85.

9 So schon bei Thomas De Quincey. »Judas Iscariot«, in: Ders.: Theological Essays and Other Papers, Boston: James R. Osgood Co. 1873, S. 115–153, wieder aufgegriffen bei Nicos Kazantzakis: Die letzte Versuchung [1952], übs. von Werner Kerbs, München: Ullstein 2001.

10 Einen strukturierten Überblick über die Fülle der Interpretationen und Bearbeitungen bietet Kim Pfaffenroth: Judas. Images of the Lost Disciple, Louisville/London: Westminster John Knox Press 2001.

11 Kautsky: Der Ursprung des Christentums, a.a.O., S. 388.

12 Beide Wörter stammen allerdings aus der gleichen Wurzel. Dazu auch Klauck: Judas – ein Jünger des Herrn, a.a.O., S. 45.

13 Karl Barth bemerkt, dass damit »Gott so gehandelt wie Judas gehandelt hat«, bzw. umgekehrt damit Judas die Geste Gottes, seinen Sohn dahinzugeben,

wiederholt und verdoppelt. Karl Barth: Kirchliche Dogmatik II/2: Die Lehre von Gott, Zürich: Evangelischer Verlag AG Zollikon 1942, S. 543.

14 Albert Schweitzer: Geschichte der Leben-Jesu-Forschung, 2. Aufl., Tübingen: J. C. B. Mohr 1913, S. 442.

15 Das Evangelium des Judas, aus dem Codex Tchacos, hg. von Rodolphe Kasser, Marvin Meyer, Gregor Wurst, Wiesbaden: White Star 2006, S. 22 und Fußnote 22. Das *Evangelium des Judas* ist Teil des *Codex Tchacos,* der in den siebziger Jahren des 20. Jhds. in Mittelägypten gefunden wurde. Der Text ist in Koptisch überliefert, aber offenbar eine Übersetzung aus dem Griechischen. Da sich Irenäus in *Adversus Haereses* (um 180 n. Chr.) auf den Glauben an Judas als Vertrautem Jesu bezieht, kann man vermuten, dass der Text vor 180 n. Chr. abgefasst wurde. Das fragmentierte Papyrus wurde zwischen 2001 und 2005 von Rodolphe Kasser, Marvin Meyer, Gregor Wurst und François Gaudard rekonstruiert und übersetzt.

16 Evangelium des Judas, a.a.O., S. 43.

17 Diese »furchtbare Gemeinschaft« betont eine Predigt von Dietrich Bonhoeffer vom 14. 3. 1937, Bonhoeffers Emphase auf der Gemeinschaft von Jesus und Judas zielt untergründig auf die Gemeinschaft von Juden und Christen, die er als Ursprung des Christentums aufruft. In: Dietrich Bonhoeffer: Auslegungen – Predigten 1933–1944, IV. Band, München: Chr. Kaiser Verlag 1961, S. 406–413, hier: 412.

18 Martin Scorsese: The Last Temptation of Christ, Drehbuch: Paul Schrader, mit Willem Dafoe, Harvey Keitel, Barbary Hershey, Harry Dean Stanton, David Bowie, 1988, 156 Min. Farbe, Universal Pictures.

19 Zitiert nach Karol Sauerland: »Hebbel als Schlüsselfigur für Irzykowski und Lukácz zu Beginn des 20. Jahrhunderts«, in: Hebbeljahrbuch 1992, S. 105–115 – Zu diesem Komplex siehe auch: Ders.: Dreißig Silberlinge. Denunziation: Gegenwart und Geschichte, Berlin: Volk&Welt 2000, S. 293–299.

20 So referiert Irenaeus den Glauben der Kainiten (Adversus Haereses, Buch 2, Abschnitt 6), dass Judas um das Wohl der Menschen willen diesen ausgeliefert habe, um die Erlösung der Menschen gleichsam zu beschleunigen: » …quia potestates huius mundi nolebant pati Christum, ne humano genere per mortem ipsius salus pararetur, saluti consulens generis humani tradidit Christum, ut salus, quae impediebatur per virtutes, quae obsistebant, ne pateretur Christus, impediri omnino non posset et ideo per passionem Christi non posset salus humani generis retardari. / Weil die Mächte dieser Welt nicht wollten, dass Christus litte, damit nicht dem menschlichen Geschlecht durch seinen Tod Heil bereitet würde, hat er Christus, um die Rettung des Menschengeschlechts besorgt, verraten, damit die Rettung, welche durch die Mächte, die dem Leiden Christi entgegen waren, verhindert werden sollte, nicht gehindert werden könnte und somit durch das Leiden Christi die Rettung des Menschengeschlechtes nicht verzögert werden könnte.« (Übersetzung EH).

21 So bei Kazantzakis: Die letzte Versuchung, a.a.O.

22 Vgl. dazu Eva Horn: »›Versinke in Schmutz‹. Ein Rückblick auf das Jahrhundert des Verrats«, in: Michael Jäger (Hg.), Religion und Politik, Berlin: Edition Freitag 2003, S. 106–113.

23 Jorge Luis Borges: »El pudor de la historia«, in: Otras inquisitiones, Obras completas Bd. II, Barcelona: Emecé 1996, S. 132, »Die Schamhaftigkeit der Geschichte«, in: Inquisitionen, Frankfurt am Main: Fischer 1992, S. 179.

24 Carl Schmitt: Theorie des Partisanen. Zwischenbemerkung zum Begriff des Politischen, Berlin: Duncker&Humblot 1995, S. 87.

25 Es geht dabei nicht um die – zu einfache – Vorstellung, dass es in der populären Literatur um Darstellung des historischen »Zeitgeists« gehe. Von dieser Prämisse geht Hans-Peter Schwarz in seiner Geschichte der modernen Spionageliteratur aus: Hans-Peter Schwarz: Phantastische Wirklichkeit. Das 20. Jahrhundert im Spiegel des Polit-Thrillers, München: DVA 2006, S. 11.

I. Poetologie des Verrats: Borges

Fiktionen

Der Titel, unter dem Jorge Luis Borges seine erste größere Sammlung von Erzählungen, zugleich seine wichtigste und berühmteste, im Dezember 1944 herausbrachte, war gleichermaßen unspezifisch und programmatisch: *Ficciones*. Fiktionen sind es, erfundene Geschichten, aber es sind auch Geschichten über das Erfinden, Metafiktionen, in sich selbst zurücklaufende Texte über Texte. Der Erzählband enthält eigentlich zwei Sammlungen, eine erste, die schon 1941 als *El jardín de senderos que se bifurcan* erschienene Ausgabe von acht Geschichten, und die im Verlauf des Jahres 1944 vorab in *Sur* veröffentlichten Erzählungen der Sammlung *Artificios*.[1] Während die berühmten Texte der ersten kleinen Sammlung wie *Tlön, Uqbar, Orbis Tertius, Las ruinas circulares, La bibliotheca de Babel* und *Pierre Ménard* ein Kaleidoskop imaginärer Welten entwerfen, Traumwelten, Bibliotheksphantasien und erfundene Autorschaften, so treten die Texte der *Artificios* dezidiert in die Welt der Geschichte ein und sind in einer schwer zu entziffernden Weise ›krypto-politisch‹: Ihre Plots und Protagonisten sind in historischen Szenarien und Orten lokalisiert, und die Borgesianischen Helden verwickeln sich in die Zweikämpfe politischer oder theologischer Parteien, um am Ende darin unterzugehen. Genau um diese krypto-politische Seite von Borges' Erzählungen soll es hier gehen. Denn in der Weise, wie sie Verhältnisse von Freund und Feind in ihren Handlungen erzählen und durchleuchten, sind sie immer schon getränkt von der Essenz dessen, was Carl Schmitt als »das Politische« bestimmte; mehr noch: sie entwickeln in ihrem Erzählen eine intrikate Theorie dessen, was es heißen kann, von diesen Dingen des Politischen zu sprechen. Borges' Begriff der »Fiktion«, der hier entwickelt werden soll, steht im Zentrum einer Reflexion auf die Möglichkeit und Unmöglichkeit, vom politischen Geheimnis, ja eigentlich vom Politischen selbst je zu erzählen – wenn nicht im Medium der Fiktion.

Dabei enthält sich Borges jeden Kommentars zur zeitgenössischen Tagespolitik. Weder die politischen Wirren Argentiniens der Jahre 1941 bis 1944, die Instabilität der argentinischen Regierung, noch der Aufstieg des Borges verhassten Juan Domingo Perón gehen explizit in Borges' frühe Erzählungen ein. Aber nicht wenige der Texte tragen einen unverkennbaren Reflex des Politischen, versteckt in historisch und geographisch fernen Szenarien wie dem irischen Befreiungskrieg, dem Ersten Weltkrieg oder der Passionsgeschichte. Das Politische, versteht man es elementar als Widerstreit von Parteiungen und Positionen, schlägt sich in diesen Erzählungen in Form und unter der Bedingung einer Verdecktheit, einer Geheimnisstruktur nieder: nicht als etwas, das dargestellt oder erzählt würde, sondern als etwas, das Darstellen und Erzählen als solche in Frage stellt. Im Sinne des programmatischen Titels der *Ficciones* aber und im Umkreis von Texten, die sich mit den Möglichkeitsbedingungen und Formen des Erfindens und Imaginierens, der Autorschaft, des Erinnerns und der Kombinatorik von Zeichen beschäftigen, kondensiert diese Frage nach dem zum Geheimnis gewordenen Politischen in einem »Thema«: dem Thema des Verrats. Der Verrat ist für Borges mehr als ein bloßes Motiv, er ist die Verknüpfung eines poetologischen Interesses, das sich im Begriff der »Fiktion« verdichtet, mit einem Blick auf die Geschichte als Ort des Geheimnisses. »Verrat« ist ein Thema wie eine wiederkehrende Tonfolge in der Musik, ein Thema, das Borges immer wieder an verschiedensten Orten und zu verschiedensten Zeiten aufsucht, das er universalgeschichtlich permutiert und transformiert, eine Obsession wie jene unzähligen Zweikämpfe, die er zwischen Gauchos, Gelehrten, Malerinnen und Messern in immer neuen Variationen durchspielt. In der Weise, wie Borges den Verrat zum Exempel einer unlösbaren Verkoppelung von Geheimnis und Narrativ macht, liefert er das Paradigma der literarischen Struktur, die das Geheimnis und sein Verrat konstituieren.

Borges ist derjenige moderne Autor, der den Verrat selbst zum Modell macht, zum universalhistorischen Element, an dem er die Möglichkeitsbedingungen der Konstruktion von Geschichte und Geschichtsschreibung auslotet. Seine Obsession für das »Thema« des Verrats und des Geheimnisses hat mit jener grundsätzlichen Doppelung zu tun, die er mit dem Titel *Thema vom Verräter und vom Helden* (*Tema del traidor y del héroe*) auf die knappste Formel bringt: Verräter *und* Held, untrennbar aufeinander bezogen. Im Blick auf diese elementare Konstellation des Verrats dient Borges hier vor allem der theoretischen Explikation. Seine Erzählungen haben den Vorzug, die Fragen von Geheimnis und Verrat, Erzähl- und Lesbarkeit, Fiktion und historischem Rahmen auf kleinstem Raum verdichtet zu entfalten. Denn die poetologische Problematik ist hier nicht als abstrakte Erzähltheorie, sondern nur am Fall und im Lesen dieses Falles zu leisten. Borges' Fiktionen liefern eine Poetik des Verrats, aber sie liefern sie nicht explizit und explikativ, sondern in der Verschlüsselung eines um ein Geheimnis herum organisierten Narrativs, das vorsichtig und misstrauisch gelesen werden muss.

»Ich bin Vincent Moon. Verachten Sie mich jetzt«, sagt der wohl jämmerlichste aller Borgesianischen Verräter zu seinem Zuhörer, nachdem er ihm die Geschichte seiner Schande erzählt hat, die auch die Geschichte seiner Narbe ist.[2] Die Verachtung, zu der der Verräter seinen Zuhörer auffordert, ist die unwillkürliche und unüberbrückbare Distanz, die Kluft, die sich zwischen dem auftut, der an einem Geschehen beteiligt war, und dem, der mit dieser Geschichte als Zuhörer oder Erzähler, jedenfalls im Modus der Nachträglichkeit, zu tun bekommt. Jede Erzählung vom Verrat geht über diese Kluft hinweg, eine Kluft nicht nur der Missbilligung, sondern auch des Unverständnisses – und sie scheint eigentlich nur möglich, wenn Erzähler und Zuhörer dabei auf der gleichen Seite zu stehen kommen: der der Helden, des Heilands, der Verratenen – aber nicht der des Verräters. Die sichere Erwartung dieser Verachtung ist es darum, die den Protagonisten der Erzählung *Die Narbe* (*La forma de la espada*) zu jenem Kunstgriff Zuflucht suchen lässt, der die eigentliche Pointe seines Berichts ist: Er erzählt die ganze Geschichte seines Verrats aus der Perspektive des Verratenen, des Helden. Dieser hatte das Leben des armseligen, »unheilbar feigen« Moon gerettet, nur um von ihm für einen »Judaslohn« an die feindlichen Häscher ausgeliefert zu werden. Die Erzählung, wie so oft bei Borges eigentlich die Erzählung einer Erzählung (der Ich-Erzähler hört sich die Geschichte Moons an, ohne zu wissen, dass es Moon ist, der erzählt), ist die Geschichte von einem Verrat, die zugleich davon kündet, dass die Tat, die der Verrat ist, jene verworrene Konstellation zwischen »Verräter und Helden«, eigentlich nicht erzählbar ist. Die Erzählung vom Verrat erfordert immer eine Verschiebung wie die Moons, der sich zugleich offenbart und verbirgt mit seiner Konfession, die eben doch keine Beichte ist, weil sie kein Moment der Reue enthält und erst am Ende ein Moment des Sich-Bekennens: »Ich bin Vincent Moon. Verachten Sie mich.« Borges bemerkt an anderer Stelle, etwas zu gestehen heißt, »daß man die Urheberschaft aufgibt, um Zeuge zu werden, um jemand zu werden, der zuschaut und erzählt und nicht mehr der ist, der es ausgeführt hat«.[3] Moon erzählt mit genau dieser Distanzierung, genauer noch: mit der präzisen Vertauschung jener zwei Positionen, die jeder Verrat erfordert: Verräter und Held.

Nicht Beichte und nicht Lüge, und doch auch ein wenig beides, vor allem eine winzige, aber entscheidende Verschiebung der Perspektive – das scheint die Bedingung der Möglichkeit zu sein, vom Verrat zu erzählen. Es ist dies die Keimzelle jener Fiktion, die Borges im Titel *Ficciones* seiner Erzählsammlung zum Programm gemacht hat. Dieser Borgesianische Begriff der Fiktion, der für den Zusammenhang dieses Buches zentral sein wird, führt in den Kern jener Crux, den Verrat zu erzählen, d. h. preiszugeben, wie ein Geheimnis preisgegeben wurde. Es geht um die Möglichkeit oder Unmöglichkeit, ein Wissen offenzulegen, das mit einem Verbot belegt ist, und eine Tat zu berichten, die die Bedingungen ihrer eigenen Erzählbarkeit unterläuft. Fiktion ist hier durchaus nicht einfach das Erfundene, Erdachte, das Produkt einer schöpferischen Einbildungskraft, sondern das Moment einer Abweichung.[4] Es ist nicht die Abweichung zwischen einem Erdachten und einer Wirklichkeit oder der Grad an Unbestimmtheit dieses Erdachten, sondern die präzise Abweichung zwischen zwei aufeinander bezogenen und doch divergierenden Versionen eines Geschehens, die Abweichung zwischen zwei möglichen Wirklichkeiten. Im Falle des Verrats erweist es sich als die Abweichung zweier einander ausschließender Wahrheiten. Denn Moons »Fiktion« ist im emphatischen Sinn auf eine Wahrheit bezogen genau in dem Maße, wie sie von ihr abweicht. Diese Abweichung aber wird in der Fiktion, welche die Erzählung *Die Narbe* ist, durchsichtig gemacht. Borges' Erzählung liefert beides: die Wahrheit *und* ihre Variante, aber diese Wahrheit – dass der Retter und Freund Moons durch ebendiesen verraten wurde – ist nur im Medium ihrer Verzerrung zu haben.

Fiktion in Borges' Sinne markiert also den Abstand, den Möglichkeitsraum zwischen zwei (oder mehreren) Varianten oder »Versionen« eines Geschehens, Versionen, deren Verhältnis allerdings keines der pluralen Beliebigkeit ist. Vielmehr sind sie bezogen auf eine Wahrheit, ein Ereignis oder ein Ergebnis, das sie trotz ihrer ausgestellten Kontingenz doch an einer bestimmten Stelle auf ein Eigentliches, »Reales« verweist: die Wahrheit hinter der Lüge, die Lösung des Rätsels. »Fiktion« im Sinne von Borges meint so den ursprünglichen Sinn des Wortes *fingere*, das nicht nur *erfinden, erschaffen, formen* heißt, sondern eben auch *vorspiegeln, erlügen, vortäuschen*. Was Moon erzählt, ist in diesem Sinne Fiktion, weil es zwar eine »falsche« Version ist, aber in dieser »Falschheit« stets bezogen auf eine »Wahrheit«, in diesem Fall eine Identität, die sich vielleicht nicht einmal erschöpft in dem finalen Geständnis »ich bin Vincent Moon«.

Die kleine Erzählung von und über Vincent Moon reflektiert modellhaft das Erzählen von Geheimnis und Verrat, sie bricht die Unmöglichkeit, den Verrat zu verraten, in der erzählerischen Verschiebung. Hätte der »Inglés de la Colorada«, der Engländer von La Colorada, wie der Protagonist (bevor er sich als der Ire Moon zu erkennen gibt) zu Anfang genannt wird, geschwiegen, wäre er niemals als Ire, niemals als Moon, niemals als Verräter erkannt worden. Erzählen ist damit ein Sich-Verraten, aber durchaus kein Offenlegen eines Klartexts, sondern die Markierung eben jener Fiktion und Verschiebung, die der Preis des Verratens von Geheimnissen zu sein scheint. Signatur der Wahrheit, die »der Engländer« erzählt und nicht erzählt, ist jene Narbe, mit der die Erzählung ebenso wie das Erzählen in der Erzählung anhebt: »Eine grimmige Narbe lief ihm quer über das Gesicht: ein aschfarbener und fast vollkommener Bogen, der an einem Ende die Schläfe, am anderen den Backenknochen furchte.«[5] Diese »rachsüchtige« (*rencorosa*) Narbe, mondsichelförmig nach dem Krummschwert, das sie dem Gesicht eingeschnitten hat, dieser Name, der Omen oder Nachhall der Mondnarbe ist, sind die Zeichen, die die Erzählung zu lesen aufgibt. Sie erzeugen das Geheimnis als einen »effet de secret«, das Ergebnis eines Verweisens, eine »markierte Referenz«.[6] Die Narbe ist die ostentative Markierung, die Spur einer Geschichte, die zu erfragen und zu erzählen ist. Einmal, beim Erwerb der wenig lukrativen Ländereien von La Colorada hat Moon offenbar von dieser Erzählung bereits Gebrauch gemacht: Als der vorherige Besitzer nicht verkaufen will, benutzt der »Engländer« das »unvorhersehbare Argument«, ihm die Geschichte dieser Narbe zu erzählen. Es bleibt offen, aus welchem Grund der Besitzer daraufhin verkauft, ebenso wie offen bleibt, was genau Moon ihm erzählt hat.

So instabil und verzerrt ihr Verhältnis zur Wahrheit sein mag, so ist die Fiktion doch eine im höchsten Maße *wirksame* Erzählung: Wer sie hört, wird von ihr ebenso verändert wie der Gegenstand und Erzähler der Geschehnisse. Das Erzählen verändert die Wirklichkeit, in der erzählt wird. Es verrät noch einmal, verrät und überliefert ein Wissen, das geheim ist und wirkmächtig, so wie der Verrat selbst über Leben und Tod, Schuld und Unschuld, Sieg und Niederlage, Reinheit und Entstellung entscheidet. Aber in dem Maße, wie die Wahrheit nur um den Preis ihrer Verschiebung, ihrer »Fiktion«, erzählt werden kann, ergibt sich die Schwierigkeit, dieser Erzählung zuzuhören oder sie zu lesen. Markierungen wie der Name Moon und die mondförmige Narbe spielen dabei die Rolle von Indizien, die – überdeterminiert und tautologisch wie sie sind – zwar nach Interpretation rufen, aber darum nicht auflösbar werden. Der Name und die Narbe, die ins Fleisch geschnittene Spur nicht nur eines individuellen Verbrechens, sondern auch eines historischen Ereignisses – des irischen Unabhängigkeitskampfes 1922 – verweisen auf etwas, das als Referenz jenseits aller Erzählungen unterstellt werden muss. Diese Referenz, indem sie der Fiktion einen Bezugsraum als historisches Ereignis, als Archiv der Texte und als Raum und Typus des gegebenen Wissens liefert, gerät so ins Spiel der Fiktionen, wird durchgespielt als eine mögliche Lesart von Geschichte. Mit der Freilegung der historischen Referenz bei Borges aber wird dieser Autor nicht nur anschließbar an Texte, die ihren Bezug zum Historischen und Politischen viel expliziter machen, sondern es erscheint auch ein bisher von der Forschung vernachlässigter, anderer Borges. Es ist oft genug beschrieben worden, in welchem Maße Borges' Texte auf andere Texte verweisen, wie seine Prosa die Unendlichkeit des bibliothekarischen Universums feiert und apokryphes Wissen in Szene setzt, wenn nicht gar simuliert,[7] und daraus ist dann schnell geschlossen worden, Borges stünde in der Tradition einer »literature of unreality«.[8] Aber in einem präziseren Sinn als es das Prädikat »Text über Texte« ist, sind Borges Erzählungen *Geschichten über Geschichte*, genauer: über die Bedingungen ihrer Konstruierbarkeit. So willkürlich und multipel seine Schauplätze gewählt sind, so oft Belege und Namen erfunden sein mögen, so exakt und explizit ist der Bezug auf die historischen Szenarien, die Borges wählt.[9] Im Kern der Geschichte (als Ereignis und als Historiographie) aber – das ist Borges' Pointe – liegt eine Tendenz zum Geheimnis, eine »Rücksicht auf Versteckbarkeit«.[10] Geschichte, schreibt Borges an anderer Stelle, sei »schamhaft«: »ihre entscheidenden Daten [können] darum lange Zeit geheim bleiben«.[11] Für den Verräter und Helden T. E. Lawrence, von dem noch die Rede sein wird (s. Kap. *Partisanentum und Verrat*), wird darum die Scham zum Grundimpuls seines Schreibens werden; umgekehrt macht ein ganzes Genre wie das der Spionageliteratur es sich zur Aufgabe, die unweigerlich verborgene Dimension alles politischen und militärischen Geschehens in immer neuen Variationen fiktional zu explorieren. Geschichte, dafür ist Borges der wohl luzideste Gewährsmann, ist die Arbeit am Geheimen.

Was Borges aber von anderen Formen der Geheimnisexploration abhebt, ist das Maß an Selbstreflexivität in seinen Texten. Die irritierend präzisen, mit Daten, Namen und Ortsangaben versehenen Schauplätze seiner Erzählungen kennzeichnet er aber zugleich als willkürlich gesetzt: »Sagen wir (der erzählerischen Einfachheit halber) Irland; sagen wir 1824«, heißt es zu Anfang der Erzählung *Thema vom Verräter und vom Helden*. Es könnte auch Polen sein oder 1922 oder irgendein anderer, wiederum präziser Zeitpunkt oder Ort. Gerade in dem Maße, wie Borges Geschichte und Geschichtsschreibung zum »Thema« macht, sind seine Erzählungen *Fiktionen*, mögliche Versionen einer historischen Wahrheit, die als solche nicht feststellbar ist. Die Erzählungen mögen an die Gattungsmerkmale der Phantastik anknüpfen, es mögen unwirkliche Welten wie Texte, Träume, Erinnerungen, Wahnwelten und Mythen in ihnen entworfen werden, wie die Forschung betont hat. Dennoch liegt der Kern des Fiktionalen der *Ficciones* nicht im vielbeschworenen *Gegensatz* zur Wirklichkeit, im Schein, im Unwirklichen, sondern in der Ausstellung einer alternativen, ebenso ›wirklichen‹ Wirklichkeit.[12] Gerade durch ihren ausgestellten Historismus verweisen Borges' Fiktionen auf den kontingenten und textuellen Charakter des Historischen. Fiktion wird so erkennbar als ein *möglicher* Aggregatzustand des Wissens von Wirklichkeit, so wie eine »heuristische Fiktion« eine epistemische Modellbildung im Modus des Als-ob ist.[13] Fiktionen sind Hypothesen, Ausfaltungen einer Annahme oder eines Sophismas, narrative Ausspinnungen möglicher Welten oder Weltläufe. *Was wäre wenn? Was steckt dahinter? Was ist wirklich geschehen?* Fiktion als Erzählung ist das, was auch anders sein könnte – aber im Falle des Verrats (aus Gründen, die ungesagt bleiben) *so und nicht anders* erzählt worden ist. Den Verrat zu lesen, die Erzählungen vom Verrat zu hören und zu entziffern, bedeutet darum immer auch, die historisch unterliegenden Szenarien, die angespielten Texte und Wissensarten zu rekonstruieren, um zu begreifen, was überhaupt der Spieleinsatz eines Geheimnisses und seiner Übertragung gewesen ist. Nicht, dass die Erzählung vom Verrat dieses Szenario einfach wiedergäbe und darstellte. Vielmehr lässt sich die notwendige Abweichung – in ihrer Struktur und ihrem Gehalt – nur ausloten im tastenden und suchenden Rekurs auf das historisch Unterliegende, das nie ›als solches‹ zu fassen ist, aber immer latent in der Erzählung ›enthalten‹ ist – durchkreuzt, verleugnet, manipuliert.

Verraten, Erzählen, Lesen

Borges fasziniert der Verrat als ein Spezialfall jener Niedertracht oder *infamia,* die ihn durch sein ganzes Werk, von der *Historia universal de la infamia* bis zur perfid-unschuldigen Figur der Emma Zunz, beschäftigt. *Infamia* – Schande – und *fama* – Ruhm – aber sind Kategorien nicht nur der moralischen Verurteilung wie jene Verachtung, um die Moon seinen Zuhörer bittet, sondern vor allem auch Kategorien historischen Überdauerns: *In-famia* ist das, was nur im Modus des Schauders weitergesagt werden kann, besser aber der Vergessenheit und dem Schweigen preisgegeben würde – *fama* ist der Ruhm, die Bekanntheit des Heldentums, das, woraus Geschichte eigentlich gewoben werden soll. Der Titel seiner frühen Prosa-Sammlung, *Historia universal,* bringt Borges' Zugriff auf Geschichte auf den Punkt: Sie ist für ihn ein Reservoir immer wieder und an den unterschiedlichsten Orten auftauchender allgemeiner Ereignisse, »die Geschichte einiger weniger Metaphern«[14] oder »Themen«, wie jenes Thema vom Verräter und Helden, wie das Thema des Zweikampfs, der Visionen und Träume, der Rekursion in der Zeit. Geschichte ist nichts als die Variation einer begrenzten Anzahl von Ereignistypen. Mit der *infamia* des Verrats aber, dem Verrat als dem Prototyp des Infamen, zu Verschweigenden, stellt sich in Borges' Erzählungen unmittelbar das Problem des Erzählens und der Erzählbarkeit,[15] das er als Schwierigkeit des Lesens und Entzifferns des historischen Narrativs an den Leser weitergibt. In Frage steht dabei die Natur des historischen Ereignisses. Borges entwirft es in immer neuen Szenarien als eine Entscheidung in der Geschichte: eine Wahl zwischen gleichermaßen möglichen, kontingenten Geschichtsläufen, die zugleich eine ebenso kontingente Wahl zwischen möglichen Versionen ist, diese Geschichte im Nachhinein zu erzählen.[16]

Er nennt dies eine »Verzweigung« (*bifurcación*) in der Zeit, das präzise Moment des Ergreifens einer Option neben anderen, ebenso gut möglichen. Borges entwirft damit mögliche Welten, mögliche Gänge der Geschichte, deren Realisierungen sich in der Zeit aneinanderreihen, deren unrealisierte Optionen aber zugleich in ihr als alternative, virtuelle, unrealisierte Versionen latent geblieben sind. In der Erzählung *Examen de la obra de Herbert Quain* zeichnet Borges das Schema dieser Verzweigungen.

$$z \begin{cases} y_1 \begin{cases} x_1 \\ x_2 \\ x_3 \end{cases} \\ y_2 \begin{cases} x_4 \\ x_5 \\ x_6 \end{cases} \\ y_3 \begin{cases} x_7 \\ x_8 \\ x_9 \end{cases} \end{cases}$$

Der Verrat ist das Ereignis par excellence, er ist eine Zäsur, an der die Geschichte sich gabelt, der Moment, an dem eine mögliche Entwicklung der Wirklichkeit ins Werk gesetzt und etliche andere verworfen werden. Zugleich aber nimmt hier ein Narrativ seinen Ursprung, das diesen und *genau diesen* Gang der Dinge als den wahren und notwendigen, mithin *nicht kontingenten* darstellt und damit in das überführt, was nachträglich als Geschichte, *historia*, überliefert wird. Indem diese Geschichte irreduzibel bezogen ist auf die in ihr ›aufgehobenen‹, unterdrückten Versionen, ist sie durchsichtig als etwas Gemachtes, künstlich Erstelltes, als Fiktion. Die latenten, alternativen Versionen schimmern hindurch als ein Geheimnis am Grunde jeder erzählten Geschichte, die mit dem Erzählen immer zugleich etwas verschweigt. Dieses Verschwiegene zu lesen ist das Abenteuer nicht nur der Borges-Leser, sondern auch der meisten seiner Helden. In der kleinen Skizze *Untersuchung des Werks von Herbert Quain* (*Examen de la obra de Herbert Quain*), der als eine Leseanweisung für die *Fiktionen* insgesamt dienen kann, hat Borges die Theorie eines solchen Lesens entfaltet – verkleidet in einen fiktiven Nachruf auf einen fiktiven Schriftsteller, Herbert Quain. Der Text, der vier Werke Quains beschreibt, die unterschiedliche Modelle einer Rätselstruktur vorführen, ist nicht weniger als eine Poetologie des detektivischen Lesens und Erzählens.[17] Borges resümiert ein erfundenes Werk Quains, *The God of the Labyrinth,* wie folgt:

> »Auf den ersten Seiten gibt es einen unentwirrbaren Mord, auf den mittleren eine langsame Diskussion, auf den letzten eine Lösung. Nachdem das Rätsel bereits aufgeklärt ist, folgt ein langer rückblickender Abschnitt, der folgenden Satz enthält: ›Alle meinten, die Begegnung der beiden Schachspieler sei zufällig gewesen.‹ Der Satz gibt zu verstehen, dass die Lösung nicht stimmt. Der beunruhigte Leser sieht sich noch einmal in den entsprechenden Kapiteln um und entdeckt eine *andere* Lösung, die echte.«[18]

Der Kunstgriff des erfundenen Kollegen Quain lässt den Leser des Textes klarsichtiger sein als den Detektiv in der Erzählung, der den Mord nur scheinbar aufklärt. Text und Plot widersprechen sich, der Plot ist eine *cover story* für ein Geheimnis, das der Text enthält, aber gerade nicht erzählt. Der Satz »alle glaubten« ist eine Chiffre, die Chiffriertheit anzeigt und von der aus der ganze Text noch einmal neu und mit dem richtigen Schlüssel gelesen werden muss. Dieser Andeutung zu folgen, die »echte« Lösung zu finden und damit das Geheimnis nicht so sehr des Plots wie des Texts zu lüften, bedeutet, rückwärts zu gehen, die Geschichte in ihrer kontingenten und trügerischen Herleitung aufzurollen. Das aber heißt, wie Borges expliziert, von einem gegebenen *z* aus zu untersuchen, welche alternativen *y* und *x* als eben andere und verborgen gebliebene Lösungen und Vorgeschichten möglich waren. Es ist eine Zeitstruktur des Geheimnisses, die Louis Marin bestimmt als »in der Gegenwart gegebener Effekt eines vergangenen Zustands, aber sein negativer Effekt«.[19] Lektüre erweist sich so als Entscheidung zwischen zwei einander dementierenden Versionen, als Rekonstruktion von Vergangenheiten, die alternativ und unentscheidbar, aber unvereinbar nebeneinander stehen.

Die erfundenen Werke Quains entwirft Borges als Grundmodelle eines Erzählens, das konstitutiv auf ein Geheimnis bezogen ist, ein

Geheimnis, das entweder in der Vergangenheit rekonstruiert oder in der Zukunft entworfen wird. Sie sind Modelle einer Verdoppelung des Gegebenen in Geheimes und Offenliegendes, Gegebenes und die Vielzahl seiner kontingenten Abwandlungen, wobei die geheime Seite der »leicht grausige«, verzerrte Spiegel des Offensichtlichen ist.[20] Borges' Erzählungen sind damit reflexive Modelle aller Texte, die sich um ein Geheimnis und seine Entschlüsselung drehen. Das betrifft die Poetologie der Scham oder der Lüge in den Autobiographien von Verrätern und Geheimnisträgern (von T. E. Lawrence bis zu Kim Philby) ebenso wie das kriminalistische Rekonstruieren des »wahren Zusammenhangs« im Spionageroman (etwa bei John Le Carré) oder in verschwörungstheoretischen Enthüllungstraktaten (etwa in der Fülle der Literatur um das Attentat auf John F. Kennedy). So lehren Borges' Modelle nicht zuletzt etwas über die Lektüre solcher Texte: Lesen ist das Mit-Lesen der alternativen *möglichen* Versionen in der *gegebenen* Version, das Mit-Lesen des Verschwiegenen im Gesagten. (Die hintergründigen Dialoge John Le Carrés werden diese Kunst auf die Spitze treiben.) Die geheime Lösung zu dechiffrieren bedeutet aufzuweisen, dass das Gegebene nicht notwendig gegeben, dass es eine verzerrte, perverse oder apologetische – auf jeden Fall aber ebenso falsche wie wirkungsvolle – Verdeckung einer anderen Variante desselben Geschehens ist. Und so muss auch Borges selbst gelesen werden.

Die Dialektik Gottes: »Tres versiones de Judas«

Ist der Verrat des Judas die Urszene des Verrats, von der unzählige Versionen und Deutungen ausgegangen sind, so inszeniert Borges kühn gleichsam deren letzte, abschließende Wendung. Die Erzählung *Drei Versionen von Judas* (*Tres versiones de Judas*) nimmt sich diesen primären Verrat vor und zwar im Modus des deutungsbedürftigen Rätsels: als »*mysterium iniquitatis*«, das unbegreifliche Geheimnis der Bosheit.[21] Er präsentiert dabei eine narrative Spekulation, die nicht anders als blasphemisch zu nennen ist, aber die die historischen und theologischen Schwierigkeiten, die die Judas-Episode, wie wir gesehen haben, in der Passionsgeschichte aufwirft, gleichsam im Handstreich löst. Nicht zufällig ist die Erzählung das Abenteuer eines Lesers, des schwedischen Theologen Nils Runeberg. In der Nachfolge der Gnosis, De Quinceys und »irgendeines Deutschen«[22] (einige Kandidaten für diese Spekulation habe ich in *Die Rätsel des Judas* vorgeschlagen) macht sich Runeberg an eine neue Interpretation der Auslieferung Jesu. Er beginnt mit jener bekannten Überlegung, dass man einen prominenten Prediger wie Jesus von Nazareth für seine Verhaftung nicht erst durch einen Verräter identifizieren muss:

> »Er bemerkt (wie Robertson), dass man, um einen Meister zu identifizieren, welcher täglich in der Synagoge predigte und Wundertaten vor Tausenden versammelter Menschen verrichtete, nicht auf den Verrat eines Jüngers angewiesen ist. Dies geschah jedoch.«[23]

Vor dem Befund der relativen Sinnlosigkeit des Verrats verlegt sich allerdings Runeberg nicht – wie Karl Kautsky – aufs Politische, sondern – wie Albert Schweitzer – auf eine Verschärfung der theologischen Interpretation. Judas, so spekuliert Borges' Theologe, sei in seiner Niedrigkeit eine menschliche Parallele zur Erniedrigung, die Gott durch seine Menschwerdung auf sich genommen hat: »Judas spiegelt auf gewisse Weise Jesus.«[24] In dieser ersten Version wäre Judas der »secret mirror« (so der Titel eines der Werke Herbert Quains) Jesu, die »leicht grausige« Wiederholung der Menschwerdung Gottes. Die Pointe der dialektischen Vertiefung, die Runeberg mit dieser Gegenbildlichkeit vornimmt, liegt nun darin, dass sie als Denkbewegung nicht mehr stillzustellen ist – und damit in den Kern der Konstellation von »Held« und »Verräter« führt: Wenn man einmal Helden und Verräter als aufeinander angewiesene Figuren begriffen hat, gibt es kein Halten dieser »schwindelerregenden Dialektik« mehr. In der späten Erzählung *Die Sekte der Dreißig* (*La secta de los treinta*) hat Borges diesen Gedanken noch einmal als Theorem einer häretischen Sekte zitiert: »Einzig zwei Freiwillige [des Kreuzigungsgeschehens, EH] gab es: den Erlöser und Judas [...] Die Sekte verehrt die beiden gleichermaßen«.[25] In einer zweiten, noch skandalöseren Publikation geht Runeberg jedoch noch einen Schritt weiter. Er behauptet schlechthin die Identität des Erlösers und Judas. Seine Argumentation geht so:

> »Gott ward voll und ganz Mensch, aber Mensch bis zur Ruchlosigkeit (*infamia*), Mensch bis zur Verworfenheit und zum Abgrund. Zu unserer Errettung konnte er jedes beliebige unter den Schicksalen wählen, aus denen sich das verschlungene Netz der Geschichte webt; er konnte Alexander werden oder Pythagoras oder Rurik oder Jesus; er wählte ein allerniedrigstes Schicksal: Er wurde Judas.«[26]

Das Geheimnis der Erlösung besteht demnach nicht mehr in der Spiegelbildlichkeit, sondern im Tausch der Positionen, es ist Judas, der sich moralisch opfert, während Jesus von Nazareth nur den leichteren Teil der »Agonie eines Nachmittags am Kreuz«[27] erduldet. In diesem Fall, so erläutert die Erzählung, ist es die Schriftstelle der Prophezeiung Jesaias 53, 2–3, die zur Wende in der Auslegung führt: »Denn er schoss auf vor ihm wie ein Reis und wie eine Wurzel aus dürrem Erdreich. Er hatte keine Gestalt noch Schöne; [...] er war der Allerverachtetste und Unwerteste, voller Schmerzen und Krankheit.« Indem er die Evangelien von diesem Satz aus noch einmal liest (wie der Leser des *God of the Labyrinth*), findet Runeberg die ›richtige Lösung‹ des Geheimnisses aus der Vielzahl der logischen und theologischen Plausibilisierungen – so, wie Gott aus verschiedenen möglichen Schicksalen ausgerechnet das des Judas für seine Menschwerdung findet.

Diese Wahl, diese zugleich kontingente und absolut grauenhafte Entscheidung Gottes aber muss geheim bleiben: »Gott wollte nicht, dass sein furchtbares Geheimnis auf Erden ruchbar würde.«[28] Gott trifft eine Wahl, so wie der Leser (hier Runeberg als Leser der Heiligen Schrift) eine Wahl zwischen alternativen Versionen trifft, eine *andere* Lesart wählt: Judas als der eigentliche Messias. Aber die Erlösung geschieht nur um den Preis ihrer Verkennung, der wahre Erlöser muss verachtet und verdammt bleiben, in seinem Tod wie in der heiligen Überlieferung. Diese Variante verleiht der schon in den

Evangelien, besonders bei Johannes betonten Komplizität zwischen Judas und Jesus (Joh 13, 26), eine letzte Radikalisierung. Die Erlösung der Menschheit ist nur möglich, wenn sie ein Geheimnis bleibt, denn eine Religion kann sich wohl auf die Opferung, schwerlich aber auf das Verbrechen ihres Gottes gründen. Der Verrat, die Verworfenheit *und* das Erlösertum des Judas, erfüllt seine historische Aufgabe nur als Geheimnis. Damit aber wird Runeberg, der vermessene und erfolglose Theologe, zur dritten Version des Verräters Judas – und zu seiner schlimmsten: »Runeberg begriff, dass die Stunde noch nicht gekommen war. Er fühlte, wie sich um sein Haupt uralte göttliche Verwünschungen zusammenzogen«.[29] Nils Runeberg (der die zweite Hälfte seines Namens, den Übersetzer Emil Schering, das Heimatland Schweden und das Sterbejahr 1912 seltsamerweise mit August Strindberg teilt) ist der Verräter des göttlichen Geheimnisses. Seine »Offenbarung« in Form seiner zwei Publikationen bleibt jedoch ungelesen. Wie einstmals Judas irrt er schlaflos und voller Sühne durch die Stadt: »Trunken von Schlaflosigkeit und Schwindel erregender Dialektik irrte Nils Runeberg durch die Straßen von Malmö, laut betend um die Gnade, mit dem Heiland die Hölle teilen zu dürfen.«[30] Im Tode platzt sein Leib auf wie der des Judas, den etwa Canavesio in aller Drastik zeigt, wenngleich es nur der »Bruch einer Pulsadergeschwulst« ist, an dem Runeberg schließlich stirbt.

In Borges' gleichermaßen theologisch rasanter und strukturalistisch kühler Analyse des Passionsgeschehens ist der Verräter derjenige, der die Identität des Erlösers offenlegt, darum gibt es keinen Erlöser ohne Verräter – aber mit seinem Verrat rückt der Verräter selbst in die Position des Erlösers. Borges pointiert den Verrat so als eine Figurenkonstellation, die die Subjekte um ein Geheimnis herum einnehmen. Es gibt die Position »Erlöser« oder Held, die Position »Verräter« und die Position »Erzähler«, und die Subjekte durchwandern diese Positionen: vom Platz des Verräters auf den Platz des Erlösers auf den des Erzählers (der zugleich wiederum der des Verräters ist). Das Geheimnis weist also Positionen an, es zirkuliert nicht so sehr, als dass es vielmehr die Subjekte durch Zeiten und Orte zirkulieren lässt. Das Geschehen im Jahre 30 nach Christi Geburt findet seine (vorläufig) letzte Wendung im Schweden des frühen zwanzigsten Jahrhunderts und – wenn man so will – zuletzt im Buenos Aires eines Jorge Luis Borges, der mit dem Erzählen dieser Geschichte nunmehr seinerseits in die Position Runebergs rückt. Diese universalgeschichtliche Ubiquität des Verrats betont Borges im vorangestellten Motto, das die Brücke zu einer anderen Verratsgeschichte schlägt: Es ist ein Zitat aus *Seven Pillars of Wisdom* von Thomas Edward Lawrence, des legendären »Lawrence von Arabien«, in denen dieser seine Rolle im arabischen Unabhängigkeitskrieg gegen das osmanische Reich schildert (s. Kap. *The Great Game*). Das Motto lautet: »There seemed a certainty in degradation«.[31] In dieser Passage schildert Lawrence präzise seine Doppelrolle als Organisator des arabischen Aufstands und als Agent Englands, eine Doppelrolle, die ihn zugleich zum Befreier und zum Verräter an der Befreiungsbewegung werden lässt. »There seemed a certainty in degradation, a hind of safety« – die Sicherheit, die ihm die Erniedrigung gibt, reflektiert die unausweichliche Schande des Verräters, eine Schande, die in Borges' Schwindel erregender Dialektik den geheimen Kern von Lawrences Heldentum bildet. (Unter anderem verfasste die Borges-Freundin Victoria Ocampo 1942, kurz vor dem Erscheinen der *Fiktionen*, eines der vielen Helden verehrenden Bücher über Lawrence.)[32] In Lawrence verschmelzen Held und Verräter zu einer einzigen Gestalt. Indem er die theologischen Implikationen des Verrats in der Passion umstandslos mit dem politischen Verrätertum eines T. E. Lawrence kontaminiert, pointiert so Borges die universalhistorische Ubiquität der Konstellation: Der Verrat wird zum Inbegriff des historischen Ereignisses schlechthin.

Das Schweigen der Geschichte: »Tema del traidor y del héroe«

Aber damit stellt sich die Schwierigkeit ein, von diesem zutiefst zwiespältigen Geschehen zu berichten. Die Poetologie des unmöglichen Erzählens vom Verrat ist das eigentliche Thema der Erzählung *Thema vom Verräter und vom Helden*, die sowohl in ihrem Titel wie in ihrem Motto den universalhistorischen Status des Gegenstands herausstreicht: das immer neu variierte »Thema« vom Verrat und die Wiederkehr allen historischen Geschehens im Platonischen Jahr.[33] Die Erzählung skizziert nichts anderes als den Versuch einer Historiographie, unternommen von einem Geschichtsschreiber, der als Urenkel des Helden unmittelbar in seinen Forschungsgegenstand involviert ist. Wie in keiner anderen Erzählung betont Borges die Beliebigkeit, die »Erfundenheit« dessen, was er nicht wirklich erzählerisch entfaltet, sondern nur als kurze Inhaltsangabe (im Spanischen heißt es *argumento*) anreißt. Diese Erfindung ist gleichwohl exakt datiert auf den 3. Januar 1944: »[Ich] habe diese Fabel ausgetüftelt, die ich vielleicht einmal ausführen werde [...] Heute, am 3. Januar 1944, ahne ich sie wie folgt.«[34] Es ist vielleicht kein Zufall, dass am folgenden Tag, dem 4. Januar 1944, in der *New York Times* eine Notiz über die Eröffnung eines Prozesses gegen dreißig Verschwörer erschien, die mitten im Krieg angeblich versucht hatten, ein faschistisches Regime in den USA zu installieren.[35] So willkürlich scheint dieser fiktive Abfassungstag nicht gewählt.

Die Erzählung ist – wie oft bei Borges – doppelt verschachtelt, doppelt durchgestrichen: Es ist die – *nicht ausgeführte* – Erzählung von einem Erzähler, der etwas *nicht* erzählen wird, was er am Ende herausgefunden haben wird. Dieser Erzähler und Historiker ist »Ryan; er ist ein Urenkel des jungen, des heldenhaften, des schönen, des ermordeten Fergus Kilpatrick«. Ryan will die genau einhundert Jahre zurückliegende Geschichte dieses irischen Verschwörers neu erzählen, der 1824, kurz vor dem siegreichen Aufstand der irischen Rebellen, in einem Theater von unbekannten Tätern erschossen worden war. Was er herausfindet, ist, kurz gesagt, dass Kilpatrick selbst der Verräter an seiner eigenen Organisation gewesen ist und dass die Verschwörer, um ihren Führer nicht unrühmlich zu verlieren, diesen zu einem theatralisch aufgebauschten, nach Shakespeareschen Dramen inszenierten Märtyrertod verurteilen. Wieder die »Schwindel erregende Dialektik« des Verrats: Der Held ist der Verräter ist der Märtyrer. Borges übernimmt diese Verstrickung zwischen Freund und Feind von Chesterton, auf den er zu Anfang der Erzählung anspielt: In Chestertons *The Man Who Was Thursday* (1908) geht es um eine Verschwörung, in der ausgerechnet das Oberhaupt der Verschwörer einen Pakt mit der Polizei hat.[36]

Der Held und Verräter Kilpatrick willigt nach seiner Entlarvung in die Inszenierung seines eigenen Tragödientodes ein, weil seine Absetzung kurz vor der Revolte den Erfolg der Verschwörung gefährden würde. Um die Bewegung und ihre charismatische Führerfigur zu erhalten, muss die Person zum Verschwinden gebracht werden, ohne dem Amt zu schaden. Das geschieht eben in der Form des Tragödien- bzw. Märtyrertodes, den Kilpatricks Freund und Kampfgefährte James Alexander Nolan für ihn (und gegen ihn) inszeniert. Nicht zufällig wählt der Regisseur als Vorbild Shakespeares Stücke *Julius Caesar* und *Macbeth* – vordergründig wegen der Vorausdeutungen und Prophezeiungen. Mit der verschwörerischen und frevelhaften Ermordung legitimer Monarchen – Caesars und Duncans – so scheint es, begründet er den Mythos vom in aller Unschuld, geradezu im Schlafe – wie Duncan in *Macbeth*[37] – ermordeten Souverän und Märtyrer Kilpatrick. Auch die *imitatio christi* des Märtyrers wird deutlich herausgestrichen: Kilpatrick, so heißt es in biblischem Tonfall, »zog in Dublin ein, diskutierte, handelte, betete, tadelte, sprach pathetische Worte«[38] – Worte, die ihm von Nolan vorgegeben werden. Was Nolans Inszenierung so bewerkstelligt, ist die Konstruktion eines Ereignisses mit »Rücksicht auf Darstellbarkeit« (Freud), genauer gesagt: mit Rücksicht auf seine Erzählbarkeit in einem historischen Narrativ, das auf eine tradierbare politische Botschaft hin angelegt ist. Geschichte *machen*, das ist Borges' These, bedeutet, die Elemente zu einer erzählbaren Geschichte zu liefern, *repräsentierbare* Ereignisse zu erzeugen. Geschichte als Narrativ ist demnach nichts, was ihr voraus liegende Ereignisse nach-erzählt und gegebenenfalls manipuliert oder verfälscht, sondern sie ist in ihrer theatralen Ereignishaftigkeit selbst immer schon die Manipulation, das Geheimnis, die Verschwörung.[39]

Irgendwann, so berichtet Borges' Text, wird Ryan, dem späten Leser dieser künstlichen und pompösen Inszenierung, klar, dass die Shakespeare-Zitate, die Nolan in sein politisches Melodram eingewirkt hat, eigentlich an ihn adressiert sind: »Ryan vermutet, dass der Autor sie einfügte, damit irgendjemand in der Zukunft die Wahrheit herausfinde. Er begreift, dass auch er in Nolans Plot einbezogen ist«.[40] Ist Kilpatrick jene Kippfigur von Held und Verräter wie Judas oder Lawrence, so tritt mit Nolan eine neue Figur auf den Plan, die für das Funktionieren der *arcana imperii* nicht minder wichtig ist: Es ist der Minister, der Intrigant, die graue Eminenz eines politischen Arkanums, die die Fäden zieht und so die Macht bewahrt, auch wenn sie die Person des Souveräns opfert. (John Le Carrés Maulwurf Bill Haydon wird eine späte, unrühmliche Gestalt in dieser Tradition sein, s. im Kap. *The Human Factor* den Abschnitt *Betrogene: »Tinker, Tailer, Soldier, Spy«.*) Nolan ist die Inkarnation eines gefährlichen, zwiespältigen Wissens, er hält das Geheimnis in seinen Händen, er verschlüsselt es in einer politisch-historischen Inszenierung, verbirgt und verrät es gleichermaßen. Nolan ist der Träger der *arcana imperii* in ihrer Zwiespältigkeit von Verbrechen und Betriebsgeheimnis der Macht (s. Kap. *Arcana imperii*). Genau darum ist seine Rolle im Geschehen alles andere als eindeutig: Er ist nicht nur der engste Freund und Berater des Helden Kilpatrick, er ist es auch, der Kilpatrick entlarvt, er ist es, der den Verrat vertuscht, möglicherweise hat er sogar Kilpatrick fälschlich beschuldigt – die Erzählung lässt dies unentscheidbar offen. In letzter Konsequenz aber ist Nolan auch der Verräter der großen Vertuschung, indem er ihre Spuren verschlüsselt weitergibt an einen zukünftigen Leser. Während der verwirrte Ryan zunächst fruchtlos über die Wiederkehr bestimmter Ereignisse in der Geschichte spekuliert,[41] begreift er schließlich, dass das alles nichts als eine Fälschung ist.

Dabei stellt sich die Frage, welches Detail der Inszenierung Ryan auf die Idee des großen Betrugs gebracht haben könnte – eine Frage, die die Erzählung ebenfalls nicht löst, sondern dem aufmerksamen Leser stellt. *Wie* Ryan das Rätsel löst, wird an keiner Stelle berichtet, nur *dass* er es löst. Das Indiz, so kann man vermuten, ist das Stück *Macbeth*. Denn Shakespeares Tragödie handelt nicht nur und nicht primär von der Ermordung des rechtmäßigen Königs Duncan, sondern bekanntlich vor allem von den Schandtaten und zuletzt der

Vernichtung des Verräters und Usurpators Macbeth. Die Anspielung auf *Macbeth* ist damit mindestens so doppeldeutig wie die Gestalt Kilpatricks, und in dieser Anspielung wird die Doppelnatur Kilpatricks versteckt – und verraten. – Aber auch Nolan selbst trägt eine Markierung der Zweideutigkeit, die Borges dem intertexuell gebildeten Leser zuspielt: Es ist der Name, Nolan, der diesen so zwielichtig macht wie der Name des Verräters und Feiglings Moon. Denn Nolan ist ausgerechnet der Name des Verräters in Liam O'Flahertys Roman *The Informer* (1925), den Borges, ein großer Verehrer O'Flahertys, mit Sicherheit kannte. Dort geht es um eine revolutionäre Organisation in Irland, um einen Kämpfer, der sich versteckt und um eben jenen titelgebenden Verräter Nolan, der ihn ans Messer liefert. Wie Kilpatrick ist demnach auch James Alexander Nolan Held und Verräter zugleich, er rettet durch seinen genialen Betrug die Verschwörung, verrät aber in der (intertextuellen) Textur seines Plots dieses Geheimnis an die genau lesende Nachwelt, Ryan. Ryan empfängt die Nachricht, reicht sie aber – anders als etwa der Detektiv Dupin in Poes *Purloined Letter* – nicht weiter, sondern behält sie am Ende für sich: »Er schreibt ein Buch, das dem Ruhm des Helden gewidmet ist«.[42]

Verrat und Geheimnis erweisen sich hier als eine Konstellation von Positionen, die bestimmen, wer im Besitz des Geheimnisses ist und in welcher Macht- und Wissens-Position er sich damit befindet. Mit der Entschlüsselung und Weitergabe des gehüteten Wissens von Kilpatrick an Nolan und schließlich an Ryan ist dieser nun in der prekären Lage, das Geheimnis zu haben: die Lage, in der man zugleich alle Macht und alle Gefährdung auf sich vereint, wie Lacans Lektüre des *Purloined Letter* deutlich macht[43] (s. Kap. *Arcana imperii*). Der Leser der Erzählung vom Verräter und vom Helden wird am Ende selbst in jene problematische Position gebracht, die Ryan nicht vollends realisiert. Denn Lesen bedeutet, ins Spiel des Geheimnisses mit hineingezogen zu werden, Teil einer Konstellation zwischen Wahrheit und Lüge – und damit Teil der Fiktion selbst – zu werden. Borges' Geschichten machen deutlich, was für die »Factifiction« der politischen Thriller oder den Enthüllungsgestus von Memoiren und Geständnissen nur scheinbar trivial erscheint: dass die Fiktion in dem Maße, wie sie einen *effet de secret* mit einem *effet de vérité* verbindet, den Leser stets in ihr Spiel hineinzieht, in der er entschlüsseln und Position beziehen muss. Ein solches Lesen muss gleichermaßen *close reading* und historistisches Lesen sein. Es muss die seltsamen Details als Zeichen lesen, welche das im Text enthaltene Geheimnis einlösen, aber es muss auch über den Text hinausgehen in eine verschwiegene, verborgene Dimension der Geschichte.

Nachrichtenübertragung:
»El jardín de senderos que se bifurcan«

Die Erzählung *Der Garten der Pfade, die sich verzweigen* (*El jardín de senderos que se bifurcan*), eine der komplexesten Erzählungen Borges', führt einen anderen Typus des politischen Geheimnis ein: das Kriegsgeheimnis, das nicht wie die Rätsel des Judas jahrhundertelang im Untergrund legitimierender Überlieferungen lauert, sondern das ebenso mächtig wie flüchtig ist. In *Der Garten der Pfade, die sich verzweigen* geht es weniger um die Untiefen der *arcana imperii*, sondern um *Secret Intelligence* (zur theoretischen Unterscheidung von Staats- und Kriegsgeheimnis vgl. die Kap. *Arcana imperii* und *Secret Intelligence*) – genauer gesagt um ein Kernproblem aller Spionage: geheime Nachrichtenübertragung. Auf den ersten Blick erscheint die Erzählung so wie eine klassische Geschichte aus der Kriegsspionage des Ersten Weltkriegs: Ein in deutschen Diensten stehender Spion soll, im Vorfeld der Somme-Schlacht, den Ort einer alliierten Artilleriestellung an seinen Dienstherrn in Berlin weitergeben. Der Text, scheinbar bemüht, sich im Spionagegenre der zwanziger Jahre zu verorten, beginnt mit einem Hinweis auf den Angriff an der Linie Serre-Montauban Ende Juli 1916, wie sie in Basil Liddell Harts berühmter *History of the World War* »auf Seite 242« verzeichnet sein soll.[44] Wieder geht es also um Geschichtsschreibung, hier um jene »missing dimension« der offiziellen Kriegsgeschichte: Spionage.[45] Die Erzählung präsentiert sich als eine zusätzliche Information, die »ein unvermutetes Licht auf den Fall wirft«, als ein apokrypher Appendix zur Schlachtengeschichte des Ersten Weltkriegs.[46] Was folgt, ist das Fragment eines Geständnisses, abgefasst von einem chinesischen Spion der Deutschen im Angesicht seiner Hinrichtung, ein Text, der wiederum eine andere, alternative Version der offiziellen, von »Captain Liddell Hart vermerkten« Schlachtengeschichte erzählt.[47]

Dieser Spion, Yu Tsun, ein Chinese aus der ehemaligen deutschen Kolonie Tsingtao, kennt »den Namen der genauen Stellung des neuen britischen Artillerieparks am Ancre«[48] – ein Geheimnis, das er auf schnellstem Wege seinem Führungsoffizier in Berlin übermitteln muss. Da sein Mitagent, ein Spion mit dem bekannten Namen Runeberg, bereits enttarnt und erschossen worden ist, muss Yu Tsun unter höchstem Zeitdruck einen Weg finden, dieses Geheimnis weiterzugeben. Er beschließt, einen Mann zu ermorden, der den Namen der fraglichen Stadt – Albert – trägt, um durch die Zeitungsnotiz von dieser Tat, die seinen Namen mit dem Namen Albert in Verbindung bringt, seinen deutschen Auftraggebern diesen verschlüsselt zu bezeichnen. Er sucht jemanden mit Namen Albert im Telefonbuch, fährt in ein nahe gelegenes Dorf, Ashgrove, und erschießt dort einen Sinologen, Stephen Albert, bevor er von seinem Gegenspieler und Verfolger, Captain Richard Madden, verhaftet und seiner Verurteilung übergeben wird. Es geht also um geheime Nachrichtenübertragung im Krieg, in größter Zeitnot, auf seltsam verschlüsselte Weise, unter großer Gefahr. Das Medium dieser Nachrichtenübertragung sind Tote und Tode: Der Tod Runebergs signalisiert Yu Tsun den Ernst der Lage, der Tod des – angeblich zufällig gefundenen – Sinologen signalisiert den Deutschen die Stellung der englischen Artillerie. Wiederum spielt Borges das Geheimnis als ein Setting von Positionen durch: hier der Träger und Überträger des Geheimnisses, der todgeweiht ist, dort der Mörder, der die Übertragung durch seinen Mord überhaupt erst möglich macht. Captain Richard Madden, der Verfolger der deutschen Spione, tötet Runeberg, der das Geheimnis kennt, und alarmiert dadurch Yu Tsun, dieser tötet Albert und benachrichtigt auf diese Weise die Deutschen, Madden schließlich ermöglicht diese Übertragung dadurch, dass er mit der Verhaftung Yu Tsuns die Verbindung beider Namen in einer Zeitungsnachricht überhaupt erst herstellt. Yu Tsun, der den Bericht über das gesamte Geschehen in Erwartung seines Todes verfasst, überträgt die (scheinbare) Auflösung des Rätsels an seine Richter und den Leser. Das Geheimnis gruppiert die Subjekte zu Positionen einer Geschichte: Wer die Nachricht hat, muss sterben oder töten, um sie weiterzugeben.

Dennoch ist auch diese Erzählung grundiert vom Thema des Verrats, genauer: der Frage nach der Loyalität der Protagonisten im Großen Spiel der Spionage (vgl. dazu Kap. *Verrat im 20. Jahrhundert*). Seltsamerweise nämlich sind die zwei Gegenspieler der Geschichte, auf deutscher Seite der Chinese Yu Tsun, auf englischer der Ire Madden, nicht Angehörige der Nationen, in deren Krieg sie eingreifen. Dr. Yu Tsun ist an der Deutsch-Chinesischen Hochschule von Tsingtao, der 1914 von den Deutschen aufgegebenen Kolonie, Dozent ausgerechnet für Englisch gewesen und arbeitet nun am anderen Ende der Welt, in England, für die ehemaligen deutschen Kolonisatoren. Der Ire Richard Madden kämpft – unmittelbar nach dem blutigen Easter Rising und dem englischen Bombardement Dublins von 1916 – ebenfalls auf Seiten des Feindes, der englischen Besatzungsmacht. Ihrer beider Loyalität ist also höchst fragwürdig – und ist gerade deshalb so unverbrüchlich, weil der Auftraggeber eigentlich »Lauheit« und »Verrat« erwarten kann.[49] Yu Tsun bringt sein Motiv zur Spionage auf den Punkt, es geht um die Anerkennung »als Gelber« durch die Kolonialmacht Deutschland: »Ich tat es, weil ich spürte, dass der Chef von meinen Rassegefährten wenig hielt [...] Ich wollte ihm beweisen, dass ein Gelber seine Heere retten konnte.«[50] Freund- und Feind-Konstellationen sind, so klar sie im Handeln der Figuren zu sein scheinen, alles andere als eindeutig – eine Diagnose, die zur politischen Crux im »Jahrhundert des Verrats« werden wird. (Zu den komplizierten Identitäten und Loyalitäten der Kolonialspionage und seiner Protagonisten s. das Kap. *The Great Game*). Borges spielt mit dieser Unklarheit von Freund und Feind, der Signatur der Feindschaft in der Moderne, indem er vorführt, wie grundlos und kontingent auch der tapferste Einsatz im Großen Spiel eigentlich ist.[51]

Im Kern der Erzählung aber findet sich jene mysteriöse Binnenerzählung, das scheinbar völlig schöngeistige Gespräch zwischen Yu Tsun und dem Gelehrten Albert, das den Zeitdruck des Spionageplots plötzlich in der Zeitlosigkeit eines Gesprächs über chinesische Literatur suspendiert – und bezeichnenderweise die Zeit zum Thema hat. Dieses Gespräch, so müßig und deplaziert es inmitten einer hitzigen Spionenjagd wirken mag, führt noch einmal zurück in die Theorie des Geheimnisses und der Fiktion, in deren innerstem Zentrum Borges eine Theorie der Zeit verortet. In dem Gespräch zwischen dem chinesischen Spion und dem englischen Sinologen geht es um einen apokryphen chinesischen Roman, dessen Manuskript Albert entdeckt und untersucht hat. Yu Tsun ist der Nachfahre dieses Autors, Ts'ui Pên. Der bizarre Titel dieses Romans, *Der Garten der Pfade, die sich verzweigen,* gibt auch der Erzählung ihren Namen. Albert besitzt das unvollendete Brouillon und hat das Geheimnis seiner Struktur enträtselt, wie er Yu Tsun erklärt. Es geht, so Albert, um

> »eine Verzweigung in der Zeit, nicht im Raum. [...] In allen Fiktionen entscheidet sich ein Mensch angesichts verschiedener Möglichkeiten für eine und eliminiert die anderen; im Werk des schier unentwirrbaren Ts'ui Pên entscheidet er sich – gleichzeitig – für alle.«[52]

Albert erklärt das unausgesprochene und nur in der Verzweigungsstruktur des Romans niedergelegte Geheimnis: »[Der Roman ist] ein ungeheures Ratespiel oder eine Parabel, deren Thema die Zeit ist.«[53] Die Zeit ist die Gesamtheit aller möglichen nur denkbaren Zukünfte und Vergangenheiten, sie ist das Reservoir einer virtuellen Geschichtlichkeit, die nichts anderes ist als die Totalität *aller* alternativen Einzelgeschichten. Die Zeit, die Borges für das Zentrum aller metaphysischen Fragestellungen hielt,[54] ist hier nicht nur das tiefste Geheimnis des Romans, das in der Schachtelstruktur der Erzählung den innersten Kern bildet, sie ist auch die Chiffre für Borges' Begriff der »Fiktion«: die alternative Gegebenheit möglicher Welten, die sich sowohl als zukünftige Ausgänge als auch als vielfältige, zum gleichen Ergebnis führende Vorgeschichten ausfalten. Ts'ui Pêns

Roman ist die Fiktion der Fiktionen, weil er die Möglichkeit alternativer Vergangenheiten und Zukünfte nicht nur reflektiert, sondern *allesamt* erzählerisch realisiert, ein unmögliches, weil totales Buch. Er ist so ein kryptisches Modell für Borges' Erzählen selbst: Nicht zufällig ist *Der Garten der Pfade, die sich verzweigen* der Titel seiner ersten Erzählsammlung, die dann in *Fiktionen* aufgenommen wird. Borges' Fiktionen sind Gärten sich verzweigender Pfade, Fiktionslabyrinthe, die die Kontingenz ihrer Erzählstränge und Entscheidungsmöglichkeiten zum eigentlichen (und doch auch verborgenen) Thema machen. Nicht zuletzt ist der chinesische Roman über die Zeit ein Modell für das Geheimnis selbst: Die Zeit strukturiert zwar, wie Albert erklärt, den ganzen Text – aber das Wort wird auf den Tausenden von Seiten nicht ein einziges Mal erwähnt. Es ist markiert durch seine Abwesenheit. Das Geheimnis ist das, was eine Leerstelle konstituiert, und durch dieses Fehlen alles andere um sich herum ordnet.

Gleichwohl ist dieses metapoetische Zentrum der Erzählung keine Welt der friedvollen Gelehrtheit, kurz bevor der Krieg Stephen Albert in Form einer Kugel aus der Pistole Yu Tsuns ereilt. Vielmehr ist auch dieses Gespräch durchzogen von Krieg, Feindschaft und Verrat. So ist es durchaus keine zufällig gewählte Stelle, die Albert aus dem Roman vorliest, um das Prinzip der alternativen Verzweigung von kausalen Herleitungen deutlich zu machen. Es geht um das Paradigma der Entscheidung, eine Schlacht:

> »In der ersten Fassung zieht ein Heer durch ein ödes Gebirge in die Schlacht; das Grauen der Steine und des Schattens lässt die Männer das Leben gering achten und führt sie mit Leichtigkeit zum Sieg; in der zweiten durchzieht dasselbe Heer ein Schloss, in dem ein Fest stattfindet, die strahlende Schlacht erscheint ihnen als Fortsetzung des Festes und sie erringen den Sieg.«[55]

Der Sieg ist ein Ergebnis, das sich aus vollkommen gegensätzlichen Vorgeschichten ableiten lässt. Die Verzweigungen liegen in der Vergangenheit, die es retrograd aufzurollen gilt: Wie kommt es von verschiedenen Vergangenheiten zur gleichen Gegenwart? Das Geheimnis entspannt sich damit in einer binären Verzweigung, aber eine

Verzweigung, die über Leben und Tod, Freund- und Feindschaft entscheidet. Krieg und Feindschaft sind so das Paradigma der *bifurcación*, der unausweichlichen und doch gänzlich kontingenten Entscheidung. Diese Logik des Krieges sprechen Albert und Yu Tsun gelassen aus: »In einer der möglichen Vergangenheiten«, so Albert, »sind Sie mein Feind gewesen, in einer anderen mein Freund.«[56] Yu Tsun lügt doppelt, wenn er sagt: »Die Zukunft existiert bereits, aber ich bin ihr Freund.«[57] Die Zukunft existiert genauso wenig »bereits«, wie er Alberts Freund ist: Ebenso unüberwindlich wie die Feindschaft ist die Kontingenz der Schicksale, die daraus erwachsen. Die Logik der Feindschaft strukturiert also nicht nur den kriegsgeschichtlichen Rahmen, der den Dialog über das labyrinthische Werk Ts'ui Pêns einschließt, sondern sie strukturiert auch diesen Dialog, seine Theorie der Zeit – und die in ihm niedergelegte Theorie der Fiktion. Sie ist, neben dem Gegensatz von Leben und Tod, das Paradigma des binären Gegensatzes, wie ihn die *bifurcación* erfordert. Es gibt, jedenfalls in dieser Geschichte, nicht unendlich viele Verzweigungen, sondern immer nur *zwei*, so wie es alles, was in der Geschichte passiert, zweimal gibt: zwei Spione (Yu Tsun und Runeberg), zwei Männer, die inmitten eines Labyrinths von Unbekannten getötet werden (Albert und Ts'ui Pên), zwei Kenner der chinesischen Literatur (Albert und Yu Tsun), zwei Tode, die eine Nachricht übertragen (Runebergs und Alberts).

Jenseits dieser Theorie der Zeit als Möglichkeitsraum der Verzweigungen und Medium der Fiktion wird aber noch eine ganz andere Dimension der Zeit wichtig, die auf das Rahmen-Thema von Kriegsgeheimnis und Nachrichtenübertragung zurückführt. Denn das Grundproblem nicht nur des Agenten Yu Tsun, sondern aller Weitergabe von Kriegsgeheimnissen ist Zeit nicht so sehr im Sinne eines Reservoirs von kontingenten Ereignisketten, sondern im Sinne ihres linearen Ablaufens: Es geht um Geschwindigkeit und Beschleunigung, um Fristen und Zeitfenster, wie jener exakt vierzig Minuten lange Vorsprung, den die Frequenz der Züge und die Intelligenz des Captain Madden dem Gespräch Yu Tsuns mit Stephen Albert lässt. Es ist diese Dimension von Zeit als Geschwindigkeit, welche die Zeitstruktur des Kriegsgeheimnisses ausmacht (s. Kap. *Secret Intelligence*). Es geht darum, *bis zu* einem gewissen Zeitpunkt, *vor* dem Gegner Wissen zu gewinnen, zu besitzen, weiterzugeben. Der Inhalt des Kriegsgeheimnisses ist ein Wissen, das einem rasanten Verfallsprozess unterliegt und eigentlich immer nur im Vorsprung besteht, den eine Information vor dem Wissensstand des Gegners hat. Mit dem richtigen Zeitpunkt steht und fällt sein Wert – und damit vielleicht der Ausgang der Schlacht. Yu Tsun ist auf der Flucht, seine Chance ist nur das Maß, in dem er schneller ist als sein Verfolger. Es ist darum kein Zufall, dass Yu Tsuns Name an den jenes chinesischen Strategen erinnert, der die Zeit als entscheidenden Faktor des kriegswichtigen Wissens zuerst theoretisiert hat, Sun Tzu. Sun Tzus *Ping-fa, Die Kunst des Krieges,* hat später eben jener Basil Liddell Hart mit einem Vorwort versehen, den Borges am Anfang der Erzählung zitiert.[58] Sun Tzu betont, dass der Wert des Kriegsgeheimnisses einzig in der Geschwindigkeit besteht, mit der es überbracht werden kann. »Speed is the essence of war«, schreibt er.[59] (Dazu ausführlich: *Krieg und List: Sun Tzu* im Kap. *Secret Intelligence*)

Es ist diese Seite der Zeitlichkeit, die im allzu eleganten Plot der Erzählung allerdings ein Rätsel markiert, das sich nur verzeichnen, aber nicht auflösen lässt. Yu Tsun hat den Namen der Stadt, die die Deutschen bombardieren müssen, durch seinen Mord an Albert erfolgreich weitergegeben; er schreibt: »Gestern haben sie sie bombardiert; ich las die Nachricht in denselben Zeitungen, die England vor das Rätsel stellten, dass der gelehrte Sinologe, Stephen Albert, von einem Unbekannten ermordet wurde.«[60] Damit aber ergibt sich eine gravierende logische Schwierigkeit: Wenn erst der Mord bzw. die Zeitungsnachricht davon die Deutschen über den Ort informiert, den sie angreifen müssen, dann *können* Bombardement und Mord nicht in der gleichen Zeitung stehen, sofern ja der Mord die kausale und zeitliche Voraussetzung des Bombardements ist.[61] Offenbar – und das wäre nicht nur die Tragödie Yu Tsuns und Alberts, sondern der Index jener anderen Dimension der Zeitlichkeit, der das kriegswichtige Wissen unterliegt – gab es einen anderen, zweiten und *früheren* Übertragungsweg. Vielleicht Runeberg, jener Mit-Agent Yu Tsuns, der von Madden getötet worden ist? Am Anfang der Erzählung heißt es, dass dem Geständnis Yu Tsuns die zwei ersten Seiten fehlen, die darüber vielleicht Aufschluss geben könnten.

Für die Zeitstruktur des Geheimnisses ist diese Stelle deshalb so intrikat, weil sich hier, in diesem unaufgelösten Rätsel der Übertragung, das Modell der verfließenden, sich beschleunigenden oder verspätenden Zeit mit jenem Zeitmodell der *bifurcación* kreuzt, in der unterschiedliche Lösungen und Ereignisse sich verzweigen. In diesem Modell wäre es also möglich, dass zwei alternative Übertragungswege zum gleichen Ergebnis, dem Bombardement, führen. Nimmt man diese Hypothese vom anderen und früheren Übertragungsweg an, dann hätte Yu Tsun nicht, wie er glaubt, »auf abscheuliche Weise gesiegt«, sondern einen völlig unnötigen Mord begangen. Unterhalb des Texts – das Geständnis eines zum Tode verurteilten Agenten und damit eine im hohen Maße unzuverlässige Quelle – zeigen sich im winzigen Riss dieser logischen Unklarheit die Spuren eines ganz anderen, vielleicht alles Berichtete durchkreuzenden Dramas. Aber diese Möglichkeit wird nur angedeutet, nicht eingelöst. Das Geflecht des geheimen Kriegs, das Borges hier entfaltet, ist so undurchschaubar, dass, selbst wenn man glaubt, »gewonnen« zu haben, man nie sicher sein kann, was eigentlich ›wirklich‹ geschehen ist. Das Geheimnis, obgleich verraten, weitergeleitet, genutzt, offengelegt – entzieht sich.

In dieser Erzählung und ihrer bodenlosen Verweisstruktur auf andere Lösungen und Zusammenhänge, die das dargelegte Geschehen mehr unterlaufen als stützen, findet Borges' Poetologie des Geheimnisses eine letzte Pointe: in der Theorie der Zeit als *bifurcación,* die die Grundstruktur der Fiktion als Alternative möglicher Welten aufgreift. Das Modell der Verzweigung und Entscheidung markiert noch einmal die genaue Stelle des Verrats im Fluss der Historie und im Narrativ der Historiographie. Borges gibt Geheimnis und Verrat damit den Status einer *Struktur,* die sich als universalhistorisches »Thema« immer wieder neu erzählen lässt. Genau darum ist Borges'

Theorie des Verrats zentral für die Obsession der Moderne mit dem Verrat als *der* politischen Entscheidung schlechthin. Verrat, genauer: die Dopplung von Geheimnis und Verrat, wird so sichtbar als Moment, das in seiner Erratik, im Bruch, den es in jede Kontinuität einführt, zum Paradigma des Ereignisses schlechthin werden kann. Borges' Pointierung des Verrats als eine Struktur, die beliebige, immer wieder andere Spieleinsätze, andere Szenarien und andere Protagonisten konstelliert, ist einerseits typisch für einen Diskurs der Moderne, der den Verrat als omnipräsente Figur zeichnet, an der sich der Zustand des Politischen symptomatisch zeigt, andererseits ist er untypisch in der theoretischen Überspitzung der Dialektik des Verräters – und deshalb nicht eingereiht in die historischen Kapitel. Denn im Insistieren darauf, dass die geradezu unvermeidliche Dimension des Geheimnisses in aller Geschichte eine Schwierigkeit, wenn nicht Unmöglichkeit der Narration bewirkt, enthistorisiert Borges das »Thema«, um ihm seine poetologische Pointe zu entlocken, die schon in den Evangelien sichtbar, aber nicht auflösbar ist. Aber die genaue historische und epistemische Form und Wirkung des politisch Geheimen im 20. Jahrhundert, sowohl im politischen wie im literarischen Diskurs, muss im Spezifischen, am einzelnen Fall betrachtet werden. Nur von da aus lässt sich ermessen, warum und mit welchem Recht sich die Moderne als Epoche des Verrats beschrieben hat.

Anmerkungen

1 Zur Publikationsgeschichte der *Ficciones* vgl. James Woodall: The Man in the Mirror of the Book: A Life of Jorge Luis Borges, London: Hodder and Stoughton 1996, Kap. 5: Great Fictions and Perón. S. 111–134.

2 Jorge Luis Borges: »Die Narbe«, in: Fiktionen, übers. von Karl August Horst, Wolfgang Luchting, Gisbert Haefs, Frankfurt am Main: Fischer 1992, S. 111. Span.: »La forma de la espada«, in: Ficciones [1944], Obras completas, Bd. I: 1923–1949, Barcelona: Emecé 1996, S. 495: »Yo soy Vincent Moon. Ahora desprécieme.«

3 Jorge Luis Borges: »Guayaquil«, in: Spiegel und Maske, Frankfurt am Main: Fischer 1993, S. 66. Span. »Guayaquil«, in: Obras completas, Bd. II: El in-

forme de Brodie, a.a.O., S. 438: »Confesar un hecho es dejar de ser el actor para ser un testigo, para ser alguien que lo mira y que ya no lo ejecutó.«

4 Borges' Begriff der Fiktion ist Gegenstand von ausführlichen Erörterungen geworden, deren gemeinsamer Nenner in der Betonung des Anti-Realismus und der intertextuellen Anspielungstechnik liegt. Ronald Christ hat die Fiktionen im Borgesianischen Sinne als narrative oder explikative Ausfaltungen einer Metapher oder eines Einfalls bezeichnet, bei der das »als ob« wegfällt, so wie bei der Metapher das »wie« wegfalle. Ronald Christ: The Narrow Act. Borges' Art of Allusion, New York: NYU Press 1969, S. 15. Im Hinweis auf die Verschiebung im »als ob« oder »wie« nähert er sich jener Abweichung, jenem Spiel mit kontingenten Möglichkeiten, um die es mir hier geht.

5 Borges: »Die Narbe«, a.a.O., S. 105, »La forma de la espada«, a.a.O., S. 491: »... cicatriz rencorosa: un arco ceniciento y casi perfecto que de un lado ajaba la sien y del otro el pómulo.«

6 Vgl. Anselm Haverkamp: »Lichtbild. Das Bildgedächtnis der Photographie«, in: Anselm Haverkamp/Renate Lachmann (Hg.): Memoria – vergessen und erinnern. Poetik und Hermeneutik XV, München: Fink 1993, S. 47–66.

7 Seit Ana María Barrenecheas Studie *La expresión de la irrealidad en la obra de Jorge Luis Borges*, Buenos Aires: Editorial Paidos 1967 (zuerst 1957) wiederholt die Forschung, gestützt auf den Nachweis intertextueller Anleihen, die Diagnose von Borges als eines Autors, der die »Welt« in Texten auflöse und dessen Texte die Auflösung des Wirklichen im Unwirklichen feiern. Borges' Erzählungen in der Tradition der Phantastik zu lesen, bedeutet aber deren intrikate Verweisstruktur auf »Historisches« entweder gänzlich zu übergehen oder im Hinweis auf die Textualität der Geschichte auch zugleich den Nachweis ihrer Fiktionalität zu sehen. So etwa Sosnowski: »The primary purpose of all his motifs is to provide joy for the ›fiction maker‹ and the selected group of seers who will recognize a fictitious web in the no less fictitious history recorded by man.« Saúl Sosnowski: »The God's Script – A Kabbalistic Quest«, in: Modern Fiction Studies 19.3, 1973, S. 381–394, hier: S. 381.

8 So etwa bei Gene H. Bell-Villada: Borges and His Fiction. A Guide to his Mind and Art, Austin: University of Texas Press 1999, der den Fiktionsbegriff im Wesentlichen auf den der Unwirklichkeit bringt.

9 Im Gegensatz dazu sehen nicht wenige Interpreten in Borges' historischen Anspielungen die »Trivialisierung historischer Untersuchungen« zugunsten eines von allen Beschränkungen befreiten ›reinen‹ Fiktionalismus. Vgl. etwa Jean Franco: »The Utopia of a Tired Man: Jorge Luis Borges«, in: Social Text 2.1, 1981, S. 52–78, hier: S. 69.

10 Diese Umperspektivierung der Freudschen »Rücksicht auf Darstellbarkeit« schlägt Anselm Haverkamp vor in: »Kryptische Subjektivität. Archäologie des Lyrisch-Individuellen«, in: Ders.: Laub voll Trauer. Hölderlins späte Allegorie, München: Fink 1991, S. 24.

11 Borges: »Die Schamhaftigkeit der Geschichte«, in: Inquisitionen, a.a.O., S. 179. »El pudor de la historia«, in: Otras inquisitiones, Obras completas Bd. II, S. 132.

12 Die deutsche Debatte um den Fiktionsbegriff, die erstaunlich selten auf Borges Bezug genommen hat, hat sich nie vom Gegensatzpaar Wirklichkeit – Fiktives gelöst, auch wenn es, wie bei Iser, um den Begriff des Imaginären ergänzt und um eine Dimension selbstreflektiver Brechung bereichert wurde. Exemplarisch dafür ist der Band Dieter Henrich/Wolfgang Iser (Hg.): Funktionen des Fiktiven, München: Fink 1983. Auch Wolfgang Isers Theorie der Fiktionalität erwähnt Borges auf über 500 Seiten genau einmal, zitiert nach einem Hinweis von Heinz Schlaffer. Wolfgang Iser: Das Fiktive und das Imaginäre. Perspektiven literarischer Anthropologie, Frankfurt am Main: Suhrkamp 1991.

13 Floyd Merrell bringt den Fiktionsbegriff von Borges überzeugend mit dem der Wissenschaftstheorie in Verbindung, die darauf hinweist, dass wissenschaftliche Daten, Modellbildungen und Konzepte nichts anderes sind als heuristische Fiktionen. Im Falle der Modell- oder Hypothesenbildung ist besonders deutlich, dass jede Hypothese die Möglichkeit alternativer Hypothesen, anderer Herleitungen mit reflektiert. Vgl. Floyd Merrell: Unthinking Thinking. Jorge Luis Borges, Mathematics and the New Physics, West Lafayette/Indiana: Purdue University Press 1991, S. 16 ff.

14 Borges: »La esphera de Pascal«, in: Otras inquisitiones, Obras completas Bd. II, a. a.O, S. 14, dt.: »Die Sphäre Pascals«, in: Inquisitionen, Frankfurt am Main: Fischer 1992, S. 15.

15 Es ist durchaus nicht einfach ein Thema von besonderer »handiness«, wie Bell-Villada in: Borges and His Fiction, a.a.O., S. 79/80 anmerkt, sondern eines, das die These von der weltlosen, irrealen Literatur Borges' in besonderer Weise in Frage stellt.

16 Vgl. Borges: »El pudor de la historia«, a.a.O., wo Borges als Prototyp eines solchen geheimen, nicht erkennbaren, aber ungeheuer folgenreichen Ereignisses die Kreuzigung nennt, die Tacitus nicht wahrnahm, »obwohl sein Buch sie verzeichnet«, S. 179.

17 Eher beiläufig bemerkt John T. Irwin diesen Modellcharakter der Quain-Erzählung für die anderen *Ficciones* in seiner Studie A Mystery to a Solution. Poe, Borges, and the Analytic Detective Story, Baltimore/London: Johns Hopkins University Press 1994, S. 78/79.

18 Borges: »Untersuchung des Werks von Herbert Quain«, in: Fiktionen, a.a.O., S. 62. Span.: »Examen de la obra de Herbert Quain«, in: Ficciones, Obras completas Bd. I, a.a.O., S. 462: »Hay un indescifrable asesinato en las páginas iniciales, una lenta discusión en las intermedias, una solución en las últimas. Ya aclarado el enigma, hay un párrafo largo y retrospectivo que contiene esta frase: *Todos creyeron que el encuentro de los dos jugadores de ajedrez había sido casual.* Esa frase deja entender que la solución es errónea. El lector,

inquieto, revisa los capítulos pertinentes y descubre otra solución, que es la verdadera.«

19 Louis Marin: »Logiques du secret«, in: Lectures traversières, Paris: Albin Michel 1992, S. 247. Übs. EH.

20 Borges: »Examen de la obra de Herbert Quain«, a.a.O., S. 464, dt.: »Untersuchung des Werks von Herbert Quain«, a.a.O., S. 63.

21 Paulus, 2 Thess 2, 7; 1 Tim 3, 16; Kurt Lüthi nennt in seiner umfassenden Monographie zur protestantischen Auseinandersetzung mit Judas dessen Tat den Prototyp des *mysterium iniquitatis*. Kurt Lüthi: Judas Iskarioth, Zürich: Zwingli-Verlag 1955, S. 5.

22 Borges: »Tres versiones de Judas«, in: Ficciones, Obras completas Bd. I, a.a.O., S. 514. Zur Anspielung auf Robertson vgl. John Mackinnon Robertson: Jesus and Judas. A Textual and Historical Investigation, London: Watts 1927. Ein weiterer Kandidat für eine radikale Neuinterpretation des Judas wäre Klopstock. Im Vierten Gesang des *Messias* bietet er eine Neuinterpretation der Judas-Gestalt, die diesen aus der Position des schieren Bösewichts herausnimmt und die Figur mit dem Motiv der Eifersucht und der Erprobung Christi gewissermaßen psychologisiert: Friedrich Gottlieb Klopstock, Ausgewählte Werke, hg. von K. A. Schleiden, Band I, München: Hanser 1981, S. 302. Die intrikate Untersuchung Kautskys erscheint aber erst 1908, also erst nach dem fiktiven ersten Buch Runebergs, *Kristus och Judas*, von 1904. Karl Kautsky: Der Ursprung des Christentums, a.a.O.

23 Borges: dt.: »Drei Versionen von Judas«, Fiktionen, a.a.O., S. 140. Span.: »Tres versiones de Judas«, a.a.O., S. 515: »Observa (como Robertson) que para identificar un maestro que diariamente predicaba en la sinagoga y que obraba milagros ante concursos de miles de hombres, no se requiere la traición de un apostól. Ello, sin embargo, ocurrió.«

24 Borges: »Tres versiones de Judas«, a.a.O., S. 515, dt.: »Drei Versionen von Judas«, a.a.O., S. 141.

25 Borges: »Spiegel und Maske«, a.a.O., S. 140. Span.: »La secta de los treinta«, in: El libro de arena [1975], Obras completas Bd. III, a.a.O., S. 40: »Voluntarios sólo hubo dos: el Redentor y Judas. [...] La Secta los venera por igual y absuelve a los otros.«

26 Borges: »Drei Versionen von Judas«, Fiktionen, a.a.O., S. 144. Span.: »Tres versiones de Judas«, a.a.O., S. 517: »Dios totalmente se hizo hombre pero hombre hasta la infamia, hombre hasta la reprobación y el abismo. Para salvarnos, pudo eligir cualquiera de los destinos que traman la perpleja red de la historia; pudo ser Alejandro o Pitágoras o Rurik o Jesús; eligió un ínfimo destino: fue Judas.«

27 Ebd., S. 143, span.: S. 516: »la agonía de una tarde en la Cruz«.

28 Ebd., S. 144, span.: S. 517: »Dios no quería que se propalara en la tierra Su terrible secreto.«

29 Ebd., S. 144, span.: S. 517: »Runeberg comprendió que no era llegada la hora. Sintio que estaban convergiendo sobre él antiguas maldiciones divinas [...]«
30 Ebd., S. 145, span.: S. 517: »Ebrio de insomnio y de vertiginosa dialéctica, Nils Runeberg erró por las calles de Malmö, rogando a voces que le fuera deparada la gracia de compartir con el Retendor el Infierno.«
31 Thomas Edward Lawrence: Seven Pillars of Wisdom. A Triumph, New York: Anchor Books 1991, S. 564.
32 Victoria Ocampo: 338171 T. E. (Lawrence d'Arabie), das zuerst 1947 auf Französisch in Paris bei Gallimard erschien. Englisch als 338171 T. E. (Lawrence of Arabia), New York: E. P. Dutton 1963.
33 Die Anspielung auf das »Platonic Year« im Yeats-Zitat des Mottos greift ein Thema auf, das bei Borges systematisch wiederkehrt: die Lehre von der Ewigen Wiederkehr oder der zirkulären Zeit, eine Lehre, die Borges immer wieder zitiert, aber – anders als es zahlreiche Borges-Interpreten sehen – durchaus nicht unterschreibt, sondern vielmehr ironisiert. Zum Platonischen Jahr erklärt er an anderer Stelle, dass sich im Anschluss an Platons *Timaios* § 38 folgende Theorie gebildet habe: »Wenn die Planetenumläufe zyklisch sind, dann muss es auch die Weltgeschichte sein; zu Anfang eines platonischen Jahres werden dieselben Individuen wiedergeboren und vollenden das gleiche Schicksal.« (Jorge Luis Borges: »El tiempo circular«, in: Historia de la eternidad, Obras completas Bd. I, a.a.O., S. 393, dt.: »Die kreisförmige Zeit«, in: Niedertracht und Ewigkeit, Frankfurt am Main 1991, S. 163. In *Tema del traidor y del héroe* greift er die Wiederkehr-Theorien explizit auf als irrige Hypothesen, die der Historiograph Ryan irgendwann verwerfen muss, um auf die Wahrheit zu stoßen.)
34 Borges: »Thema vom Verräter und vom Helden«, Fiktionen, a.a.O., S. 112, span.: »Tema del traidor y del héroe«, in: Ficciones, a.a.O., S. 496: »[...] he imaginado este argumento, que escribiré tal vez [...]; hoy, 3 de enero de 1944, la vislumbro así.«
35 The New York Times, Tuesday, January 4, 1944, S. 1 und 10.
36 Gilbert Keith Chesterton: The Man Who Was Thursday. A Nightmare, Bristol: J. W. Arrowsmith 1908.
37 William Shakespeare: Macbeth, hg. von G. K. Hunter, Harmondsworth: Penguin 1967. Der Mord geschieht zwischen Akt I und II.
38 Borges: »Thema vom Verräter und vom Helden«, a.a.O., S. 115. Span.: »Tema del traidor y del héroe«, a.a.O., S. 498: »entró en Dublín, discutió, obró, rezó, reprobó, pronunció palabras patéticas [...]«.
39 Als Gipfelpunkt einer solchen Inszenierung mit Rücksicht auf Darstellbarkeit liest Borges die Passionsgeschichte. Alles, was dort passierte, war im Wesentlichen Ausschmückung, um die Erinnerung des gewichtigen Geschehens zu gewährleisten. So in »La secta de los treinta«, a.a.O., S. 39, dt.: »Spiegel und

Maske«, a.a.O., S. 138/139. Der Name der Sekte bezieht sich auf die dreißig Silberlinge des Judaslohns.

40 Borges: »Thema vom Verräter und vom Helden«, a.a.O., S. 115/116. Span.: »Tema del traidor y del héroe«, a.a.O., S. 498: »Ryan sospecha que el autor los intercaló para que una persona, en el porvenir, diera con la verdad. Comprende que él también forma parte de la trama de Nolan [...]«

41 Es ist nicht zuletzt diese Stelle, unter anderen, an der deutlich wird, dass die Idee der Zirkularität der Geschichte, die die Borges-Forschung immer wieder als einen der Glaubenssätze des Meisters gefeiert hat, von Borges im höchst ironischen Modus als falsche Hypothese vorgetragen wird.

42 Borges: »Thema vom Verräter und vom Helden«, a.a.O., S. 116. Span.: »Tema del traidor y del héroe«, a.a.O., S. 498: »publica un libro dedicado a la gloria del héroe.«

43 Die Affinität der Autoren Poe, Borges, Lacan (und Lewis Caroll) ist der Gegenstand von John T. Irwins materialreicher und komplexer Studie, *A Mystery to a Solution*. Ihm geht es um die Struktur dieser Positionen, die Frage (die zwischen Derrida und Lacan diskutiert wurde), wie viele Positionen diese Struktur enthält, drei oder vier. In Borges Poetik des Verrats scheint es mir dagegen eher um eine Minimalstruktur der zwei zu gehen: jene Kippfigur von Held/Verräter, ergänzt um jene dritte Position des Lesers/Beobachters (die Derrida gegenüber Lacan eingeklagt hat). Vgl. dazu Irwin: A Mystery to a Solution, a.a.O., Kap. 1: Lacan: Seminar über den Entwendeten Brief, und Jacques Derrida: »Le facteur de la vérité«, in: La carte postale de Sokrate à Freud et au-delà, Paris: Flammarion 1980.

44 Daniel Balderston, im Gefolge einiger anderer Leser, merkt an, dass weder die Seitenangabe in der Ausgabe von Liddell Harts History of the World War noch der Monat (24. Juni) des Angriffs der Briten auf die deutschen Linien stimme. Vgl. Balderston: Out of Context, Durham und London 1993, S. 41 f. und Irwin: A Mystery to a Solution, a.a.O., S. 85 f. Balderston interpretiert die fälschliche Referenz als Hinweis auf die Undarstellbarkeit der eigentlichen Realität des Weltkriegs, als Lücke im Text, die das Trauma des Grabenkriegs in sich schließt. Balderston: Out of Context, a.a.O., S. 55. Eine ähnliche Interpretation liefert auch Mark Millington: »The Importance of Being Albert or the Borgesian Alternative to History«, in: Ibero-Amerikanisches Archiv Nr. 14, Bd. 2, 1988, S. 173–186, hier: S. 185.

45 So der den Punkt treffende Titel einer Aufsatzsammlung von Christopher Andrew and David Dilks (Hg.): The Missing Dimension: Governments and Intelligence Communities in The Twentieth Century, London: Macmillan 1984.

46 Borges: »El jardín de senderos que se bifurcan«, a.a.O., S. 472, dt.: »Der Garten der Pfade, die sich verzweigen«, a.a.O., S. 77.

47 De facto begann die große englische Offensive an der Somme, wie Liddell

Hart auch verzeichnet, am 1. Juli 1916, nach einem Dauerbeschuss der deutschen Linien durch die Alliierten seit dem 24. Juni. Die Stadt Albert diente als Organisationszentrum der Offensive und wurde dadurch berühmt, dass 1915 ein Geschoss die goldene Marienfigur der Kirche umkippte, sodass sie horizontal in der Luft hing. Die Stadt, die seit 1915 unter deutschem Dauerbeschuss lag, wurde während der Somme-Schlacht Unterbringungsort der Generalstäbe, Ortsunterkünfte, Quartiere und Lazarette und Material- und Munitionslager.

48 Borges: »Der Garten der Pfade, die sich verzweigen«, a.a.O., S. 78. »El jardín de senderos que se bifurcan«, a.a.O., S. 473: »el nombre del preciso lugar del nuevo parque de artilleriá británico sobre el Ancre.«

49 Ebd., S. 472, dt.: S. 77.

50 Ebd., S. 77, span.: S. 472: »Lo hice, porque yo sentía que el Jefe tenía en poco a los de mi raza [...] Yo quería probarle que un amarillo podía salvar a sus ejércitos.«

51 Zu Borges' Theorie der Feindschaft vgl. Eva Horn: »Borges' Duels. Friends, Enemies and the Fictions of History«, in: David Johnson (Hg.): Borges and Philosophy, Stanford University Press 2008.

52 Ebd., S. 85/86. Span.: S. 477: »bifurcación en el tiempo, no en el espacio [...] En todas la ficciones, cada vez que un hombre se enfrenta con diversas alternativas, opta por una y elimina las otras; en la del casi inextricable Ts'ui Pên, opta – simultáneamente – por todas.«

53 Ebd., S. 88, span.: S. 478: »*El jardín de senderos que se bifurcan* es una enorme adivinanza, o parábola, cuyo tema es el tiempo.«

54 So Borges in einem Interview in New York, vgl. Ronald Christ: »Borges at NYU«, in: Charles Newman/Mary Kinzie (Hg.): Prose for Borges, Evanston/Ill: Northwestern University Press 1974, S. 396–411, hier: S. 400.

55 Borges: »Der Garten der Pfade, die sich verzweigen«, a.a.O., S. 86. Span.: »El jardín de senderos que se bifurcan«, a.a.O., S. 478: »Leyó... dos redacciones de un mismo capítulo épico. En la primera, un ejército marcha hacia una batalla a través de una montaña; el horror de las piedras y de la sombra le hace menospreciar la vida y logra con facilidad la victoria; en la segunda, el mismo ejército atraviesa un palacio en el que hay una fiesta; la resplandeciente batalla les parece una continuación de la fiesta y logran la victoria.«

56 Ebd., S. 86, span.: S. 478: »[...]en uno de los pasados posibles usted es mi enemigo, en otro mi amigo.«

57 Ebd., S. 89, span.: S. 479: »El provenir ya existe[...] pero yo soy su amigo.«

58 Sun Tzu: The Art of War. Translated and with an introduction by Samuel B. Griffith, mit einem Vorwort von Basil Liddell Hart, Oxford: Clarendon Press 1963. Balderston weist ebenfalls auf diese Verbindung hin: Out of Context, a.a.O., S. 53.

59 Sun Tzu: The Art of War, a.a.O., Kap. XI, § 29.

60 Borges: »Der Garten der Pfade, die sich verzweigen«, a.a.O., S. 89, span.: »El jardín de senderos que se bifurcan«, a.a.O., S. 479/480: »Ayer la bombardearon; lo leí en los mismos periódicos que propusieron a Inglaterra el enigma de que el sabio sinólogo Stephen Albert muriera asesinado por un desconocido.«

61 Ich danke Wolfgang Schäffner, mich auf diese Implausibilität in der Geschichte hingewiesen zu haben.

II. Verrat und Geheimnis in der Moderne

VERRAT IM 20. JAHRHUNDERT

Verfolgt man das Thema vom Helden und Verräter in seinen Variationen durch die Vielfalt unterschiedlichster historischer und poetischer Szenarien, so scheint es, als sei der Verräter eine archetypische oder, nach Borges, zumindest universalgeschichtliche Gestalt. Dennoch ist er im Bewusstsein des 20. Jahrhunderts gleichsam zur Signatur dieser Epoche geworden, zum Spezifikum eines Politischen, das von einer doppelten Krise befallen ist: einer Krise der Loyalität, der Bindung der Staatsbürger an ihre nationale Gemeinschaft – aber auch einer Krise der Feindschaft. Immer wieder ist dieses Jahrhundert als das »Jahrhundert des Verrats« bezeichnet worden, als Epoche unklarer und unhaltbarer Loyalitätsbindungen, als Zeitalter des geradezu unausweichlichen Seitenwechsels. Der Glaube an unterschiedliche Formen sozialer und politischer Gerechtigkeit hat die Zugehörigkeit zu Nationen oder »Volksgemeinschaften« ersetzt, umgekehrt haben Staaten in der wirren und blutigen Geschichte dieses Jahrhunderts nicht selten ihren Bürgern den Schutz der Gesetze entzogen und sie zu Verrätern und inneren Feinden erklärt. Margret Boveris Titel von 1956, *Verrat im XX. Jahrhundert*[1] macht insofern Epoche, als er noch mitten im 20. Jahrhundert den Versuch markiert, moderne Politik insgesamt in Termini des Verrats und mithin als eine Phänomenologie dessen zu beschreiben, was Carl Joachim Friedrich später die »Pathologien« des Politischen nennen wird.[2] Rückblickend auf zwei Weltkriege und ausblickend auf einen immer kälter werdenden Kalten Krieg ist der Begriff des Verrats die Signatur für ein Jahrhundert, das sich wie kein anderes durch gleichermaßen totale wie wechselhafte Feindschaften auszeichnet. Das auf insgesamt vier Bände angelegte Werk der konservativen deutsch-amerikanischen Publizistin erschien in der Reihe *rowohlts deutsche enzyklopädie,* deren universal-wissenschaftlichem Zuschnitt der monumentale Gestus des Titels entsprach. Boveri geht es um eine Gesamterfassung – weniger eine systematische Theorie – dessen, was in der Moderne die Symptome dieser Krise des Politischen darstellt: Propaganda, Widerstand, Geheimdienst, Kollaboration, Ideologie und schließlich die »Epidemie des Verrats« in den USA der fünfziger Jahre (s. Kap. *Staatsparanoia: Unsichtbare Feinde*). »Verrat« ist dabei ein Oberbegriff, unter dem sehr verschiedene Formen politischer Uneindeutigkeit gefasst werden: Uneindeutigkeit der Zugehörigkeit – aber auch die Intransparenz von Feindschaften, die intrinsische Paranoia staatlicher Macht, die transnationale Globalität von Konflikten. Was die Konjunktur des Begriffs »Verrat« in der Mitte des 20. Jahrhunderts indiziert, ist die Frage nach Figuren und Verhaltensformen *zwischen den Fronten*: Formen der Abtrünnigkeit und Dissidenz, Figuren von Überläufern, Partisanen und Kollaborateuren. Dabei bearbeitet jede Nation ihr spezifisches Trauma: Deutschland die NS-Zeit und die Frage nach der Legitimität des Widerstands, Frankreich die Kollaboration, England die Politik des *appeasement* und die NS-Sympathisanten, später die Cambridge-Verräter, Amerika schließlich die Staatsparanoia der McCarthy-Ära.[3] Das Thema »Verrat« erscheint dabei einerseits als eine Möglichkeit, ex negativo noch einmal das zu beschwören, für dessen historischen Zerfall der Verrat die Chiffre liefert: Heimat, Loyalität, vormoderne Formen der Zugehörigkeit. Andererseits zeigt die epidemische Häufigkeit des Stigmas »Verräter« einen Alarmzustand des Politischen an, der sich nicht im individuellen Verrätertum erschöpft. Damit stellt sich nicht nur die Frage nach der Struktur des Politischen, dessen Symptom par excellence der Verrat zu sein scheint, sondern auch danach, was die Rede vom Verrat verrät.[4]

Die Rede vom Verrat und vom Verräter ist ein Diskurs der politischen Anthropologie, das heißt eines Denkens, das Verhältnisse von Herrschaft und Widerstand, Freund- und Feindschaft in Form von Figuren und ihren Strategien denkt.[5] Die Gestalt des Verräters ist die menschliche Figuration einer Struktur, die sich gerade durch ihre Unüberschaubarkeit, Abstraktion und Intransparenz auszeichnet. Der Verräter ist so der Anthropomorphismus einer Krise der Gemeinschaft und der Feindschaft. Der politischen Anthropologie geht es um »Typen« oder »Gestalten«, sie blickt vom Einzelnen aus auf den Raum des Politischen und vermisst diesen Raum nach Maßgabe der Handlungsspielräume, die er dem Einzelnen eröffnet. So werden Typen entworfen, deren gemeinsamer Nenner ihre Aussonderung aus der politischen Ordnung oder – mit Carl Schmitts Begriff – ihre »Irregularität« zu sein scheint: der »Waldgänger« (Jünger), der »Partisan« (Schroers, Schmitt), der »Verräter« (Boveri u. a.) oder der »Spion« (Dewerpe).[6] Es ist dieser Diskurs einer politischen Anthropologie der Dissidenz, der irregulär ausgetragenen Feindschaft oder des Staatsgeheimnisses, in den die Rede vom »Verräter« und das Interesse an dieser Gestalt eingereiht werden müssen; andernfalls müsste man Texte wie Boveris Studie, Rebecca Wests Nachkriegsreportagen *The Meaning of Treason* oder André Thérives *Essai sur les trahisons* bis hin zu Hans Magnus Enzensbergers *Theorie des Verrats* als Zeitdiagnosen von begrenzter Haltbarkeit ad acta legen. Hatte sich den Nachkriegsgesellschaften die Frage nach der Loyalität in Form von Kollaboration und Widerstand gestellt – beides Formen von »Verrat« –, so wird in dem seltsam hypothetischen, aber zugleich globalen Konflikt, den der Kalte Krieg eröffnet, die Frage nach der Zugehörigkeit zur Aporie. Man ist gleichsam immer auf der falschen Seite, man ist immer gefangen in einer binären Struktur, deren Logik des *Entweder-oder* sich ständig selbst als Phantasma reflektiert. Man kann, so pointiert es schließlich Enzensberger, nicht umhin, zum Verräter zu werden – oder wenigstens dazu erklärt zu werden.[7] Die Faszination für eine politische Anthropologie der Abtrünnigkeit in der Hochzeit des Kalten Krieges ist eine Suche danach, wo der Feind steht oder besser: wie Feindschaftsverhältnisse zu denken sind, die sich – trotz der manichäischen Rhetorik des Kalten Krieges – nicht mehr als transparente Frontstellung denken lassen, sondern die ins Intransparente und Geheime abgedriftet sind. Dennoch geht die Frage nach dem Verrat und der Undurchsichtigkeit der Feindschaft über den historischen Kontext des Nachkriegs und Kalten Kriegs hinaus. Die Grundfrage, die sich in diesen Texten stellt, ist die nach der Position des Einzelnen innerhalb eines politischen Gefüges, das in drei verschiedenen Hinsichten krisenhaft und intransparent geworden ist: im Hinblick auf das Verhältnis von Souverän oder nationaler Gemeinschaft und Staatsbürger, im Hinblick auf Freund-Feind-Verhältnisse und schließlich im Hinblick auf die Struktur einer Macht, deren Bestand von bestimmten Wissensformen (oder besser: Geheimnisformen) abhängig zu sein scheint.

Angesichts dieser Krise des Politischen geht es um die Möglichkeiten des Heraustretens aus dieser Ordnung, das heißt: um die Formen politischer Irregularität. Der »Irreguläre« tritt heraus aus einer regelhaften Ordnung, sei es die Ordnung ziviler Politik oder die des regelhaften, »gehegten« Krieges. »Irregulär« ist die Ausnahme, die der Einzelne von diesen Regeln macht, ein Bruch der Regeln, aber auch die Eröffnung eines andersartigen, bzw. anderen Regeln gehorchenden politischen Raumes.[8] Abtrünnigkeit als Form des politischen Alleingangs ist damit die Urszene des politisch »irregulären« Handelns.[9] Dabei verbindet der Diskurs vom »Verrat im 20. Jahrhundert« die Frage nach der Krise des Politischen mit dem Entwurf einer »Gestalt«, eines irregulär agierenden Einzelnen – jenes Einzelnen, der dann im Zentrum der fiktionalen Explorationen des Politischen stehen wird. Politische Fiktion formuliert die Aufgaben und Taktiken des Irregulären, sie skizziert die Psychographien der Klandestinität, sie lotet die Dramen und Tragödien aus, die dem Akt der Abtrünnigkeit folgen. Sie ist damit eine andere, narrative Form jener politischen Anthropologie, deren theoretische Entwürfe zunächst betrachtet werden sollen.

Mit untrüglichem Gespür für in der Luft liegende Fragen und einer Formulierungskunst der größtmöglichen Vagheit eröffnet Ernst Jünger diese Frage nach den Möglichkeitsbedingungen der Abtrünnigkeit in seinem Text »Der Waldgang« (1951). Jüngers Grundidee, die von Boveri und Schmitt aufgenommen und scharf gestellt werden wird, ist die Verbindung einer politischen Gestalt – Jünger nennt ihn den »Waldgänger« – mit einem Raum-Konzept, dem »Wald«. Der Waldgänger – das wird sich von seinen Brüdern, den Partisanen, den Verrätern und Spionen bestätigen – ist eine Figur, die auf einen bestimmten Raum bezogen ist, in dem sie sich formt, sich bewegt und aus dem heraus sie agiert. – Jünger beginnt mit einem Beispiel, das eine Grundproblematik jeder Politik der Öffentlichkeit auf den Punkt bringt: Wie kann jemand bei einer Wahl, die manipuliert genug ist, um ein Ergebnis von 98 % Zustimmung zu zeitigen, seinen Dissens zum Ausdruck bringen? Angesichts von 98 % Befürwortung bedeute eine abweichende Stimme nur, der herrschenden Position auch noch ihre Freiheitlichkeit zu bestätigen und zugleich die Existenz eines »inneren Feindes« zu belegen. Auf der Ebene des Plebiszits, der scheinbar demokratischen Meinungsäußerung, ist also nichts zu erreichen. Jüngers Theorie des Widerstands, in seiner Diktion: des »Waldgangs«, ist die Frage nach der »Freiheit des Einzelnen«[10], nach seiner Möglichkeit, das Spiel der Herrschaft, so total es sein mag, nicht mitzuspielen. Für Jünger ist genau dies der Kern irregulären politischen Verhaltens: das Heraustreten aus dem offiziellen Wahl-Spiel, aber auch der Verzicht auf die offene Revolte. Der Waldgänger ist als heimlicher Dissident vereinzelt und heimatlos, »der Vernichtung preisgeben«,[11] aber »im Wald« auf wunderbare Weise geschützt. Der Wald – als Sphäre der Klandestinität, als ›Untergrund‹ – ist der Ort der Freiheit, der Ausweg aus der aktuellen und fortdauernden »Zwangslage«, insofern er Absonderung bedeutet, ein Heraustreten aus dem Ordnungsgefüge des Staats. Der Wald ist der Raum eines ›dritten Wegs‹, »Heimat« und »Hafen«, schreibt

Jünger (325), aber auch der Ort, an dem der Einzelne einzeln bleibt, »ein Drittes« findet (337), statt »mit den Wölfen zu heulen oder gegen sie ins Feld zu ziehen« (336). Die Absonderung, die im Waldgang stattfindet, folgt dabei sehr genau der Etymologie des Wortes *decidere*,[12] die eine Trennung, einen Schnitt impliziert, den Schnitt, den der Einzelne gegenüber seiner Vereinnahmung durch den »Leviathan« zieht (356): Diese Abtrünnigkeit ist für Jünger der Prototyp der politischen Entscheidung. Sie impliziert das Heraustreten aus einer gefügten staatlichen Ordnung, die dem Einzelnen seinen Handlungsspielraum immer schon anweist und von ihm Loyalität einfordert. Der »Waldgang« ist ein Heraustreten aus den gefügten Lagern von Freunden und Feinden und ihres regularisierten Konflikts, es ist der Akt, seinen Feind selbst zu bestimmen.

Der Wald ist darum nichts Gegebenes, sondern ein Ort, den sich der abtrünnige Einzelne schafft, ein ihm gemäßer, ihm vertrauter Raum: Schlupfwinkel und Ort der Maskierung, bekanntes Gelände, unüberschaubares Maquis, Untergrund des Partisanen.[13] Wenn Jünger von Wald und Waldgang spricht, eine politische Figur mit einem ihr gemäßen Raum verbindet, dann entwirft er damit eine Topographie des Politischen, die sich in eine Sphäre des Öffentlichen und eine des Geheimen aufspaltet, in die sich der Abtrünnige flüchten kann – aus der heraus er aber auch angreifen kann. Denn von diesem Wald heißt es ein wenig rätselhaft: »Man kann auch sagen, dass der Mensch im Walde schläft.« (324) Was ist der Wald, in dem der Mensch schläft? Welchen Schlaf? »Der Wald ist heimlich« (339), schreibt Jünger, das zugleich Vertraute und Verborgene, das Element, in dem der Einzelne sich zurechtfindet. Der Wald, in dem der Mensch »schläft«, ist eine politische Zone, in der der Dissens als Möglichkeit zur Entscheidung, zur Abtrünnigkeit in der Latenz liegt. Es ist dieser Raum, der gleichsam das Verborgene der offen sichtbaren Freund-Feind-Verhältnisse bildet, das, was Boveri »die Landschaft des Verrats« nennt. Es ist eine Sphäre der noch nicht stattgefundenen Scheidung von Freunden und Feinden, ein Raum, der diese Scheidung enthält, aber in der Latenz hält: eine Zone der Proto-Feindschaft, in der noch offen ist, wer als der wahre Feind zu bestimmen sein wird. Im »Schlaf« chiffriert sich jener Wesenszug des Verräters, Partisanen und Klandestinen, der diesen überhaupt erst zu einem wirklich »irregulär« Handelnden macht, zu einem, der keiner bereits formierten Gruppierung angehört, sondern schlechthin impertinent, unzugehörig ist. Dass der Waldgänger in diesem Walde schläft, impliziert nicht nur eine Form individueller ›Unschuld‹ und ethischer Integrität, sondern auch dass er darin wartet, so wie nach Eichendorff »ein Lied in allen Dingen schläft«: noch nicht manifest geworden, als Möglichkeit gegeben, aber noch nicht zur Form geronnen. Der Waldgänger ist ein »Schläfer«.

Jüngers Wald ist ein erster, ein wenig in nebelhafte Metaphern gehüllter Entwurf eines politischen Raumes, der für das 20. Jahrhundert zentral werden wird: eine Zone der Latenz und des Untergrunds. Die Natur-Metaphern von »Wald« und »Schlaf« machen dabei Jüngers Intention deutlich, diesen Raum und seine Gestalt des »Waldgängers« als letzte Form politischer Autonomie zu heroisieren. »Wald« und »Schlaf« sind unschuldig und harmlos. Und so ist Jüngers Wald durchaus kein gefährliches Dickicht klandestiner Taktiken, in der schmutzige Arbeit getan und unmögliche ethische Entscheidungen gefällt werden müssen – wie Brechts *Maßnahme* es in aller Brutalität vorführt (s. Kap. *Agenten der Weltrevolution*). Der Wald des Waldgängers ist eine Heimstatt des politisch Einsamen und Autonomen – als der sich Jünger selbst ja durch Weimarer Republik, Nationalsozialismus und Nachkrieg hindurch immer wieder gern stilisiert hat. Jüngers Theorie der Abtrünnigkeit und politischen Irregularität ist damit eine, die die Potenzialität des Heraustretens aus den gegebenen Freund- und Feindschaftskonstellationen betont, aber sich nicht »schmutzig macht« in einer Konkretisierung dessen, was Verrat, was Partisanentum und Irregularität taktisch, ethisch und politisch bedeuten. Andere, wie Margret Boveri oder Rolf Schroers, nehmen – durchaus im Gefolge des Pathos, das Jünger der Figur des Abtrünnigen verliehen hat – gerade diese schmutzige und tragische Seite genauer in den Blick.

Wenn der Schläfer aus Jüngers Wald erwacht, wird er zum Verräter, zum Partisanen, zum Attentäter oder Saboteur. Die »Landschaft des Verrats«, die Margret Boveri entfaltet, zeigt die Abtrünnigen und Geheimen, Widerständigen oder mit dem Feind Paktierenden nicht im Unterholz der Latenz und Verborgenheit, sondern in ihrem manifesten Handeln. Margret Boveri war es, deren umfangreiche Studie das Thema nicht nur zur Signatur des 20. Jahrhunderts erklärte, sondern auch seine Autorin zu einer der führenden deutschen Publizistinnen nach dem Krieg machte [*Abb. 3*]. Boveri benutzt den Begriff des Verrats dabei als Sammelbegriff, der Kollaboration und Propaganda, Widerstand und Geheimdienste, die Weitergabe von wissenschaftlichen Geheimnissen und Renegatentum umfasst. Ihr Buch ist ein zeitgeschichtliches Kompendium nicht so sehr zum Verrat im engeren Sinne, sondern zu jenen »Pathologien des Politischen«, die Carl J. Friedrich später um den Verrat herumgruppiert und im Hinblick auf ihre »Funktionalität« für den historischen Wandel liberaler Gesellschaften untersucht.[14] Ein kühler, funktionalistischer Blick auf ihren Gegenstand aber ist Boveri fremd. Ihr geht es – neben einer soziologischen und psychologischen Sichtung der Einzelfälle – um eine Diagnose der politischen Transformationsprozesse, deren endemisches Symptom der Verrat ist.

Das omnipräsente Auftreten des Verbrechens »Verrat« sieht Boveri als Ergebnis einer Krise der Loyalität. Die Ablösung einer monarchisch verfassten Souveränität durch die Volkssouveränität sieht sie als eine Niedergangsgeschichte der Bindung von Untertanen an ihre Herrschaft. »Ursprünglich gab es Treue und Verrat nur gegenüber einer bestimmten Person«, einem Schutzherren, Familienoberhaupt, Stammeshäuptling oder König; das Versprechen von Gehorsam und Gefolgschaft band umgekehrt den Herrscher in eine Verpflichtung von »Schutz, Hilfe, Förderung, Anweisung, Belehrung«.[15] Fahneneide wurden auf den Landesherrn geleistet, bis hin zum deutschen Fahneneid von 1914, der noch »bei Gott« geschworen und gegenüber

Abb. 3: Margret Boveri (1900–1975). Die promovierte Historikerin und Politologin war von 1939 bis 1943 Auslandskorrespondentin der Frankfurter Zeitung. Sie kehrte während des Krieges freiwillig nach Deutschland zurück. Nach dem Krieg gehörte sie als Journalistin für die *FAZ* und den *Merkur* zu den einflussreichsten konservativen Publizisten. Sie setzte sich dezidiert gegen die Politik der Westbindung und für eine Wiedervereinigung Deutschlands ein. Ihr Freundeskreis umfasste so unterschiedliche Persönlichkeiten wie Uwe Johnson (der ihre Autobiographie herausgab), Ernst Jünger, Gottfried Benn, Theodor Heuss und Wilhelm Conrad Röntgen. Foto: Loni Liebermann, 1970.

Kaiser Wilhelm II. geleistet wurde. Erst nach dem Krieg lautete der Eid auf die Reichsverfassung. Der Niedergang staatsbürgerlicher Loyalität beginnt mit der »Entpersönlichung« der Souveränität zur abstrakten Volkssouveränität im Zuge der Französischen Revolution. Dabei vollzieht der Übergang zur Volkssouveränität auch die Säkularisierung von Herrschaft – und raubt ihr dabei in doppelter Hinsicht die Kraft als religiöse und personale Bindung zwischen Herrscher und Untertan. »Es war der Übergang von einem Zugehörigkeitsgefühl, das, unabhängig vom herrschenden Regime, im Boden, in der Tradition, der Sprache, der Landschaft wurzelte und eine Angelegenheit des Herzens war, zu dem revolutionären Patriotismus, der auf dem Glauben an die *volonté générale* beruhte, der vom Kopf stärker als vom Gemüt dirigiert wurde und die Nation mit einer politischen Losung identifizierte.«[16] Gott und König, Gefühl und Heimat gegen Nation und Volkswillen, Verstand und »politische Losung« – das ist Boveris durch und durch konservative Grundopposition.

Die extremste Form der »Entpersönlichung« gipfelt, wenig überraschend, im Schreckbild grenzüberschreitender Anhänglichkeit an die Ideologie schlechthin: den Kommunismus. Diese Verfallsgeschichte einer gottgegebenen und zugleich personalen Souveränität ist ein Grundmotiv in der modernen Theoretisierung des Verrats. Verrat ist ein Stigma der politischen Moderne. André Thérive etwa liefert eine ähnliche Niedergangsszenerie als Form der Ideologisierung nationaler Zugehörigkeit: »Der Begriff des Hochverrats wurde auf den neuen Souverän übertragen, als der gemeinhin das Volk, die Rasse oder der Staat gilt.«[17] Wobei die Gesellschaft ein »Moloch«, ein diffuses und omnipräsentes Gebilde »von unbestimmter Form und launigem Zorn ist«, deren Loyalitätswürdigkeit nicht nur zweifelhaft geworden ist, sondern die willkürlich ihre eigenen Mitglieder zu Verrätern stempelt.[18] Noch Hans Magnus Enzensberger wird in seinem – Boveri diametral entgegengesetzten – Versuch über den Verrat an die magischen oder religiösen Bindungen zwischen Souverän und Untertanen erinnern, das »*mana*« des Herrschers, das diesen nicht nur vor seinen Untertanen, sondern auch diese vor ihrem Herrscher geschützt habe.[19]

Was sich im Verrat zeigt, ist also der Preis für die Rationalisierung und Säkularisierung von Herrschaft – nicht nur die Konservativen erzählen das gern als eine Niedergangsgeschichte. Den konservativen Romantizismus, mit dem Boveri die Landschaften des Vaterlands gegen den rationalistischen Charme des Patriotismus und gar die Anhänglichkeit an eine »Menschheitsideologie« ausspielt, hat der junge Jürgen Habermas in einer Rezension des Buches in aller Schärfe der »jungkonservativen« alten Dame vorgehalten: »Der fiktive und historisch irreale ›vaterländische‹ Treuebegriff nötigt jedoch die Autorin, schon diese Übertragung des Treueverhältnisses als dessen Ent-Bindung zu begreifen – und zu verurteilen.«[20] Der Einbruch der Rationalität ins Politische – in Form der Prinzipien von Öffentlichkeit, Transparenz, Gleichheit vor dem Gesetz, Partizipation und Repräsentation – erzeugt für Boveri den Verrat als die dunkle Seite einer Politik der Öffentlichkeit: als ein Symptom dieser Politik und zugleich ein Leiden an ihr. Natürlich zeigt sich hier ihre Nähe zu den Protagonisten der Konservativen Revolution, die sich in den fünfziger Jahren als persönliche Freundschaft mit Armin Mohler, Ernst Jünger und nicht zuletzt Carl Schmitt fortsetzt.[21] »Soziale Nivellierung und technische Vereinheitlichung«, die »Dreifaltigkeit von Bürgertum, Kapitalismus und naturwissenschaftlich-exakter Technik«[22] sind der Nährboden für jene heimlichen »Gegenströmungen«, die den Verrat gebären – auch wenn Verrat so unterschiedliche Gestalten wie »junge Romantiker«, »Reaktionäre« oder »nichtmarxistische Formen des Sozialismus« vereinen kann.[23] Bezeichnend ist, dass ausgerechnet der Verrat diese Leitmotive konservativer Kulturkritik aufruft (»die Entpersönlichung des Lebens durch die Technik, die Korruption, die Diktatur einer scheinbar freien öffentlichen Meinung, das Auseinanderklaffen von Leben und Gesetzesparagraphen«). Boveri gesteht – wie wenig später Rolf Schroers – den Verrätern eine tragische Berechtigung zu. Die Vereinzelung, die Jünger am Waldgänger betont, macht den Verräter (ähnlich wie Schroers' Partisan) zum Gewissenstäter. In gewissem Sinne ist dieser Verrat eine »Arbeit« am Vaterland, indem er in einem tragischen Akt der Untreue auf das verweist, was »Treue« gegenüber diesem Vaterland bedeuten würde.[24]

Ein beherrschendes Motiv jeder Phänomenologie des Verrats ist die Ent-Ortung des Verräters, die schon Jüngers Metapher vom Waldgang impliziert. Boveri selbst verweist auf die Massen von Auswanderern, *ex-patriates* und *displaced persons* unter den Abtrünnigen, Rebecca West, die in *The Meaning of Treason* einige Reportagen über britische NS-Kollaborateure zusammenfasst, sieht den Verrat als die Tragödie einer zerrissenen Heimatbindung. So schreiben die Theorien vom Verrat in der Moderne ex negativo eine Geschichte vom Vaterland als Heimat und Herd: »They had forsaken their familiar medium; they had trusted themselves to the mercies of those who had no reason to care for them. [...] they needed a nation which was also a hearth. It was sad to see them, chilled to the bones of their souls«.[25] Die Kälte, in die sich die Verräter in der Sicht Boveris und Wests begeben, ist die Kälte der in die Krise geratenen modernen Gemeinschaften. Der Verrat ist das Über-die-Grenze-Gehen, der Überlauf zu einem Feind, der schlimmstenfalls selbst keinen Ort hat, sondern – wie im Fall des Kommunismus – das Ortsprinzip der Loyalität selbst zuschanden macht. Umgekehrt ist damit jeder Grenzgang, jede Form von Internationalität und jede Loyalität gegenüber etwas anderem als einer territorialen Heimat tendenziell Verrat. Das heißt aber auch, dass es im Verrat um eine andere, grenzverletzende Bewegung im Raum gehen wird, um eine Bewegung der aktiven Ent-Ortung. Kosmopolitische Gestalten wie Mata Hari (s. Kap. *Spionin–Spion*), die Agenten T. E. Lawrence (s. Kap. *Partisanentum und Verrat*) und Kim Philby, dessen Vater der berühmte Arabist St. John Philby ist (s. Kap. *The Human Factor: Der Sündenfall: Kim Philby*), aber auch die immer im Verdacht der ›Vaterlandslosigkeit‹ stehenden Juden wie Ethel und Julius Rosenberg (s. Kap. *Staatsparanoia*) werden davon unfreiwillig Zeugnis ablegen.

Boveri selbst zeichnet sich in ihrem autobiographischen Schlusswort als Person, in deren Leben das Prinzip der Dislozierung, des Meinungs- und Seitenwechsels und der doppelten Identität unmittelbar wirksam geworden ist als ein Konflikt, dem man »in diesen Zeiten« nicht entgehen kann.[26] Diese Personalisierung ist ihre eigentliche Pointe. Ihre »Enzyklopädie« der zeitgenössischen Verratsfälle nennt die Abtrünnigen beim Namen: Stauffenberg und Gördeler, T. E. Lawrence und Richard Sorge, Klaus Fuchs und Robert Oppenheimer, William Joyce und Ezra Pound, Vidkun Quisling und Henri Pétain, Arthur Koestler und Ernst Reuter, Otto John und Rudolf Rössler.[27] Mag damit der Begriff des Verrats politisch diffus werden, so geht es Boveri doch genau darum, jedem Fall als Einzelnem gerecht zu werden. Das Handeln von Individuen kann nur als Rekonstruktion des einzelnen Falls beschrieben werden – eine Perspektive, die Boveri mit Romanciers wie Graham Greene oder John Le Carré teilt. Ausgerechnet am »Fall Oppenheimer« gelingt ihr dabei die zugleich pointierteste und aporetischste Charakterisierung der Lage. In Robert J. Oppenheimer, eine in vieler Hinsicht Greene'sche Gestalt, sieht Boveri die Verkörperung einer »differenzierten« Identität, die ihn Teil heterogener und einander ausschließender Gemeinschaften sein ließ: Jude und Antifaschist, linker, demokratisch gesinnter Amerikaner, Freund jenes Haakon Chevalier, den er durch eine Aussage so belastete, dass dieser seine Stelle an der Universität verlor, Mitglied der scientific community, Ex-Freund einer Kommunistin, Angehöriger der amerikanischen Armee, Vater der Atombombe. »Fast jede dieser Handlungen oder Haltungen«, so Boveri, »ist ihm von irgendeiner Seite als Verrat oder Übeltat ausgelegt worden. Der Antifaschismus, die Spanienhilfe, die Freundschaft mit Kommunisten: als Verrat am Amerikanismus. Die physikalische Arbeit: als Überheblichkeit des entfesselten Menschen im 20. Jahrhundert gegenüber der Schöpfung Gottes. Das Entwickeln der Atomwaffe: Genocid. Die dreimalige Weigerung, Chevalier zu nennen: Gefährdung der Sicherheit der Nation. Die Nennung von Chevaliers Namen: Auslieferung des Freundes. Die mangelnde Begeisterung für die H-Bombe: Sicherheits-Risiko. Die doch noch durchgebrochene Begeisterung für die H-Bombe: Verstärkte Beihilfe zum Genocid.«[28] Was Boveri hier ausführt, ohne es theoretisch zu entwickeln, ist die tatsächliche Unvermeidlichkeit des Verrats in modernen Gesellschaften: Nicht so sehr die persönliche »Differenziertheit« des Robert Oppenheimer, sondern die widersprüchlichen sozialen und politischen Ein- und Ausschlüsse, die unvereinbaren Zugehörigkeiten und Feindschaften sind es, die den Einzelnen zum Renegaten und Überläufer machen. Der Einzelne muss wählen – und macht sich damit schuldig am jeweils Ausgeschlossenen. Dem Ortsprinzip der Loyalität steht so das Prinzip der unvermeidlichen Diffusion sozialer und politischer Zugehörigkeit in der Moderne entgegen. Man ist niemals an seinem Platz, weil es diesen Platz nicht gibt. Die Gesellschaften, deren Mitglieder zugleich die Bürger moderner Staaten sind, sind zu heterogen und zu widersprüchlich, um an Standards der Treue und Gefolgschaft gemessen zu werden.

Staatsverrat: Enzensberger

Es ist genau diese Unvermeidlichkeit, zum Verräter zu werden, an der Hans Magnus Enzensbergers Essay *Zur Theorie des Verrats* von 1964 ansetzt. Enzensberger hat Boveri genau gelesen, teilt mit ihr die These vom Verrat als Symptom des Verfalls – aber wendet sie in ihr Gegenteil. Während Boveri die Abtrünnigkeit der Bürger interessiert, ist Enzensbergers Thema der Verrat des Souveräns an seinen Bürgern. Auch er insistiert, wie die konservative Boveri, auf den nicht säkularen, magischen Anteilen der Bindung, die Untertanen und Herrschaft aneinander fesselt. Freuds *Totem und Tabu* im Hintergrund, expliziert er den »Doppelsinn« des »Herrscher-Tabus«: »Das Herrscher-Tabu schützt nicht nur den Herrscher vor den Beherrschten, sondern ebenso gut die Beherrschten vor dem Herrscher.«[29] Die magische Aura, die dem Herrscher zukommt, macht seine Antastung zum doppelten Verbrechen: Sakrileg und politische Straftat. Sie bindet aber auch den Herrscher: Das Tabu hindert den Machthaber an Übergriffen gegen seine Untertanen. Für Enzensberger ist die »Erosion« der magischen Anteile von Herrschaft eine Auflösung der gegenseitigen Bindung zugunsten einer einseitigen Verpflichtung des Bürgers gegenüber dem Herrscher. »Subjekt des Verrats sind fortan von vornherein die Beherrschten, sein Objekt die Herrscher; eine Umkehrung dieses Verhältnisses kann juristisch kaum gedacht werden [...]« (369) Es ist diese Vereinseitigung von Loyalität, die nicht nur das Verbrechen des Verrats ausschließlich auf die Seite der Bürger schiebt. Macht kann per definitionem keinen Verrat mehr begehen, weil sie keine Loyalitätsbindung hat. Diese Entwicklung schlägt sich in den Gesetzen zum Hochverrat nieder, zuerst im englischen *Treason Act* von 1351. Gottesgnadentum und Gesetze gegen den Hochverrat als *laesa maiestas*, so Enzensbergers Wendung gegen Boveri, sind nicht das goldene Zeitalter des eingedämmten Verrats, sondern der erste Schritt zu einer Korruption von Macht, die in eine Flut von Verratsanklagen münden wird. In dem Moment, wo Verrat zum Verbrechen, der Verräter zum Straftäter wird, ist die Anklage »Verrat« zum praktikablen Mittel der Herrschaftserhaltung geworden. Was folgt, ist nach Enzensberger eine »ölfleckartige Ausbreitung des Tatbestandes« (370). Jeder kann zum Verräter erklärt, als Verräter angeklagt und abgeurteilt werden. Die wechselhafte Geschichte des zwanzigsten Jahrhunderts, in dem unterschiedlichste Herrschaftsformen sich in kurzer Folge ablösen, macht es fast unvermeidlich, so Enzensberger, irgendwann einmal zum Verräter, zum inneren Feind oder »security risk« erklärt zu werden (s. Kap. *Staatsparanoia*).

Aus dieser Beliebigkeit des Verräter-Stigmas aber erwächst eine paranoide Wucherung der Furcht vor Verrätern. Eine Macht, die sich selbst nicht an das gegenseitige Tabu des Herrschens hält, fühlt sich umgekehrt überall von Verrätern umgeben und unterwandert. »Für die Logik der Paranoia gibt es keine Unschuldigen, nur solche, die des Verrats noch nicht überführt worden sind ...« (376). So wie das Tabu des Herrschers durch Berührung und Nähe weitergegeben werden konnte, so wird nun der Verrat, die Antastung der Herrschaft, zu einem Kontakt-Verbrechen. Wer immer mit jemandem in Berührung war, der »Verräter« genannt wurde, wird selbst zum Verräter. Vom Gesetz über den Hochverrat ist es damit nur noch ein kleiner Schritt zur staatlichen Verschwörungstheorie. Der Verräter ist das Konstrukt einer Staatsparanoia, die ihren eigenen Feind erfindet und endlos reproduziert. Unausgesprochen findet sich so in Enzensbergers Text der Reflex jenes wohl dramatischsten Falls heiß laufender Staatsparanoia, der Prozess gegen die »Atom-Spione« Julius und Ethel Rosenberg, die 1953, elf Jahre vor Erscheinen von Enzensbergers Essay zum Entsetzen der Weltöffentlichkeit in den USA hingerichtet wurden (s. Kap. *Staatsparanoia: »The Public Burning«: Der Fall Rosenberg*).

Indem Enzensberger die Verrats-Anklage mit dem verschwörungstheoretischen Heißlaufen staatlicher Macht verknüpft, kommt er zu einer Theorie des Verrats, die Boveris These diametral entgegengesetzt ist – und mit dem Phänomen der Staatsparanoia eine ganz andere, aber nicht minder zentrale Dimension des Verrats und des politischen Geheimnisses in der Moderne aufruft. Für Enzensberger gibt es den »Tatbestand« des Verrats eigentlich gar nicht, nur die paranoide, von Feindprojektionen genährte Anklage des Verrätertums. Wenn Verrat ein Symptom ist, dann weniger für die politische Irregularität Einzelner, sondern vielmehr für eine Irregularität der Macht selbst. Die Macht überschreitet die Regeln, die sie zu hüten und zu verteidigen hat. Ein Zitat aus Kafkas *Zur Frage der Gesetze*, das

Enzensberger seinem Essay voranstellt, macht sein rechts- und machttheoretisches Argument deutlich:

»Unsere Gesetze sind nicht allgemein bekannt, sie sind das Geheimnis der kleinen Adelsgruppe, welche uns beherrscht ... Es ist eine Tradition, dass sie bestehen, und dem Adel als Geheimnis anvertraut sind, aber mehr als alte und durch ihr Alter glaubwürdige Tradition ist es nicht und kann es nicht sein, denn der Charakter dieser Gesetze verlangt auch das Geheimhalten ihres Bestandes.«[30]

Die geheimgehaltenen Gesetze bei Kafka, die von einem »über dem Gesetz« (ebd.) stehenden Adel gekannt, gehütet und angewendet werden, bezeichnen eine Paradoxie in der Struktur souveräner Macht, auf die zuletzt Giorgio Agamben hingewiesen hat. Ausgehend von Carl Schmitts These, dass sich die Struktur moderner Souveränität im Moment des Ausnahmezustands zeigt,[31] zielt Agamben exakt auf dieses Bedingungsverhältnis von Rechtsordnung und Ausnahme. Die Ordnung der Gesetze wird garantiert von einer Instanz, die über diesen Gesetzen steht und die die Macht hat, die Regeln auszusetzen, wo ihr der Schutz der Ordnung dies geboten erscheinen lässt. Die eigentliche Ausübungsform souveräner Macht in der Moderne, so Agamben, bestehe darum in der Form der Aussetzung, des Banns, der Ausnahme von der Regelförmigkeit der Gesetzesordnung.[32] In Kafkas kleinem Text koinzidieren die Gesetze, die unbekannt – ergo unmöglich zu befolgen – sind, mit der reinen Willkür der souveränen Macht, der »kleinen Adelsgruppe«, die die Gesetze zugleich hütet und geheim hält. Die geheimen Gesetze – das ist Enzensbergers Pointe – sind keine Regeln, sondern ›Irregularitäten‹, staatliche Willkür, die mithilfe des Verräter-Stigmas auf jeden einzelnen ihrer Untertanen Zugriff nehmen kann. Enzensberger zielt damit, wie später auch Agamben, auf ein Element totalitärer Macht inmitten scheinbar rechtlich verfasster Gesellschaften. Das Gesetz gegen den Verrat ist in der Perspektive Enzensbergers exakt jenes Moment der Koinzidenz von Rechtsordnung und Willkür, Recht und Ausnahmezustand. Der zum Verräter erklärte, angeblich illoyale Staatbürger wäre in dieser Perspektive jener »homo sacer«, das

»nackte Leben«, das Agamben als das Pendant jener Struktur moderner Macht entwirft. Das »nackte Leben« ist das aus der Ordnung des Rechts herausfallende Leben, eine Erfassung des Individuums durch die Souveränität, die es nicht in einen Raum von Gesetzlichkeit oder Disziplin *einschließt*, sondern es aus dem Raum des Rechts und der Regeln *ausstößt*. »Nacktes Leben« darf getötet werden, ohne dass diese Tötung rechtlich verfolgt würde, es ist nicht verurteilt, sondern – mit einem vormodernen Terminus – ›vogelfrei‹. »Das nackte Leben«, so Agamben, ist »das Leben des *homo sacer*, der *getötet werden kann, aber nicht geopfert werden darf*«.[33] Sein Leben ist ›zum Abschuss freigegeben‹, seine Tötung wird nicht geahndet. Damit erzeugt auch diese Figur der politischen Irregularität ihren spezifischen Raum: Der Vogelfreie, aus der Rechtsordnung Ausgestoßene bewegt sich in einer Zone, in der das Recht ihn nicht schützt oder straft, sondern ihn ›aufgibt‹, ihn aussetzt in einem – wie man heute sagt – ›rechtsfreien Raum‹. Dieser rechtsfreie Raum ist der Raum derer, die mit einer geheimen Dimension des Politischen in Berührung kommen: entweder weil sie freiwillig in den Untergrund, den Raum der Klandestinität gehen oder weil sie in die heimlichen Operationen staatlicher Macht, ins Visier von Geheimdiensten oder Geheimpolizei geraten. Agambens Zone des auf Dauer gestellten Ausnahmezustands, in dem der vom Recht entblößte *homo sacer* sich bewegt, wäre demnach auch die Welt der modernen *arcana imperii*: eine Welt, in der die Aussetzung öffentlicher Kontrolle mit einer Aussetzung des Rechts einhergeht (dazu genauer Kap. *Arcana imperii: Permanenter Ausnahmezustand*). Wer in dieser Welt getötet wird, wird nicht geahndet, wer tötet, nicht bestraft. Agamben hat einige Kandidaten für den *homo sacer* als Symptom moderner Souveränität genannt – mit Enzensberger wären ihnen der »Verräter« und seine Varianten hinzuzufügen: der Renegat, der »innere Feind«, der »Klassenfeind«.

Weil Boveris und Enzensbergers Perspektiven sich auf das Verhältnis von Bürgern und Souveränität konzentrieren, dessen Krise im Verrat manifest wird, blenden allerdings beide eine Dimension des Politischen aus, ohne die der Verrat nicht sinnvoll gedacht werden kann und aus der sich eigentlich erst seine politische Schlagkraft ergibt: die Struktur der Feindschaft. In zwei unterschiedlich bekannten Texten von 1961 und 1962, Rolf Schroers' vergessenem Buch *Der Partisan* und Carl Schmitts notorischer *Theorie des Partisanen*, wird die Frage der politischen Irregularität von der Seite der Feindschaft her aufgenommen. Beide Texte sind die Weiterführung jener Frage nach der Abtrünnigkeit, die Jünger unter dem Namen des »Waldgangs«, Boveri unter dem des »Verrats« behandelt. Bei Schroers und Schmitt heißt die Figur der Irregularität »Partisan«. In dieser Wendung zu einer Gestalt, die sich zu allererst durch eine spezifische Form der *Kriegs*taktik auszeichnet, liegt die Pointe, die beide Texte der politischen Anthropologie des Irregulären geben. Sie betrachten nicht so sehr die Irregularität des Staats und der Staatsbürger, sondern die der Feindschaft. In der Logik der Feindschaft, der Unterscheidung von Freund und Feind – für Schmitt die elementare Geste des politischen Handelns[34] – ist der Verräter das Höchstmaß an Irregularität: eine vollkommene Verwirrung der Fronten.

Schroers' Partisan ist die heroische und aktiv gewordene Variante des Waldgängers: Herausgetreten aus der Latenz des Schläfers, wendet er sich als Vereinzelter gegen einen Staat und eine Gesellschaft, die von der technifizierten Übermacht der Verwaltungs- und Disziplinierungsmechanismen formiert sind. Der Partisan ist die Gegenfigur zum »Maschinisten«, dem technisch versierten und gerüsteten Träger moderner Herrschaft.[35] Der Partisan ist die Gestalt des reinen Widerstands und der Autonomie – und für Schroers gewinnt er seine Dignität gerade dadurch, dass er immer schon auf verlorenem Posten kämpft. Seitenwechsel und konspiratives und klandestines politisches Operieren sind in dieser Perspektive eine Erscheinungsform des irregulären Kämpfens unter anderen – jedoch eine höchst doppeldeutige. In seiner Erscheinungsform als »Agent« wird der Partisan selbst Teil jenes technisch-politischen Zusammenhangs, gegen den er sich nach Schroers doch durch seinen Alleingang auflehnt.[36] Der Partisan ist ein »Chamäleon«, nicht nur ein Meister des Wandels und der Maskierungen, sondern auch eine in ihren wechselnden Allianzen und Assoziationen höchst ambivalente Gestalt. Verräter und Agenten als radikalste Spielart des Partisanen verkörpern diese Ambivalenz in besonderer Deutlichkeit: Als Einzelkämpfer und Vereinzelte sind sie Exponenten einer individualistischen Abtrünnigkeit – als Techniker und Experten Teil der technifizierten und »formierten« Welt. Damit durchkreuzt der »Agent« das eigentliche Interesse, das Schroers an der Gestalt des Partisanen hat. Denn ihm geht es gerade um eine Figur des Widerstands gegen den Siegeszug der Technik, den heroischen Einzelkämpfer, der ein letztes Mal den Handlungsspielraum des Menschen in einer administrativ verfestigten Politik und einer von Technik dominierten Kriegführung auslotet. Aber der Agent und der Verräter, das kann auch Schroers nicht übersehen, sind Teil dieser technoiden Welt.

Auch in Schmitts politisch-militärischer *Theorie des Partisanen* tauchen der Spion, Agent und Saboteur als eine Form des Partisanentums auf. Er ist zugleich Extrem und Verfallszustand dessen, was für Schmitt eigentlich nur als »defensiv-autochthoner Verteidiger der Heimat« seine Dignität erhält.[37] Schmitts *Theorie des Partisanen,* die nicht nur Schroers' *Partisan,* sondern auch Boveris *Verrat im XX. Jahrhundert* und Jüngers *Waldgang* explizit zitiert, greift damit die Spannung von Verortung und Entortung auf, die Boveris und Wests Theorie des Verräters untergründig durchzieht. Die Frage nach dem Verhältnis des Kämpfers zum Raum wird für Schmitt wichtigstes Kriterium in der Analyse des Partisanentums als in sich ambivalentem Phänomen. Für Schmitt gibt es einen guten und einen bösen Typus des Partisanen. Auf der einen Seite steht der »tellurische«, seine Scholle verteidigende Partisan, auf der anderen der motorisierte, technisch gerüstete, »weltaggressive revolutionäre Aktivist«.[38]

In der Gestalt des agentenhaften Partisanen sieht Schmitt eine avancierte Form technifizierter Kriegführung, einen Menschen, der nunmehr Waffe und Instrument ist:

»In den Situationen des Kalten Kriegs«, so schreibt er, »wird er [der Partisan] zum Techniker des unsichtbaren Kampfes, zum Saboteur und Spion. [...] Ein solcher motorisierter Partisan verliert seinen tellurischen Charakter und ist nur noch das transportable und auswechselbare Werkzeug einer mächtigen, Weltpolitik treibenden Zentrale, die ihn im offenen oder unsichtbaren Krieg einsetzt und nach Lage der Dinge wieder abschaltet.«[39]

Die Autonomie in der Entscheidung über sein politisches Ziel ebenso wie über seine Mittel, die defensive Haltung in der Verteidigung angestammter Räume, die die Dignität des Partisanen ausmachen, verschwinden in der Figur des Agenten zu einer rein instrumentellen Funktionalität, die gerade seine Gefährlichkeit ausmacht. Die Ambivalenz des Partisanen zwischen Defensive und Aggression, Technisierung und technikfreier Improvisationskunst, Ortsgebundenheit und Entortung, Mündigkeit und Fernsteuerung findet ihr Pendant in einer Ambivalenz der Abtrünnigkeit, die sich zwischen heroischer Vereinzelung und Perfidie, Gewissensentscheidung und Opportunismus, Widerstand und Treuebruch bewegt.

In der Gestalt des Agenten wird die Irregularität des Partisanen, seine Tarnung als Zivilist, das Operieren aus dem Hinterhalt und dem Schutz eines nur ihm vertrauten Terrains heraus pervertiert zum hinterhältigen, technisch gerüsteten, weltweit operierenden geheimen Kämpfer. Dieser wird, so schreibt Schmitt, »einfach verheizt und um alles das betrogen, wofür er den Kampf aufnahm und worin der tellurische Charakter, die Legitimität seiner partisanischen Irregularität, verwurzelt war«.[40] Er wird, wie es in der Literatur des Kalten Krieges schließlich in schöner Deutlichkeit heißt, zum »*pawn*«, zum notwendigen Bauernopfer großer Politik (s. Kap. *The Human Factor: Bauernopfer*). Worum der Partisan, wenn er zum klandestin operierenden Agenten einer staatlichen oder revolutionären Macht wird, betrogen wird, ist die Dignität seines Alleingangs, die Unschuld des Jüngerschen Waldgängers. Aber aus diesem Verlust der

Unschuld erwächst die ungeheure taktische Effizienz des irregulär Kämpfenden. »Die Toten reiten schnell, und wenn sie motorisiert werden, bewegen sie sich noch schneller«.[41] Mit der Gestalt des Agenten/Verräters verbindet sich eine völlig neue Bewegung im Raum: eine Entortung, eine taktische Ausnutzung des Raumes, ein Unsichtbar-Werden – T. E. Lawrence, »Lawrence von Arabien«, wird einer der ersten Strategen und Theoretiker dieser Taktik werden (s. Kap. *Partisanentum und Verrat*). Der Verräter wechselt nicht nur die Seiten, vielmehr verflüssigt er in der Gestalt des Agenten den Raum und löst alle Prinzipien territorialer Souveränität auf.

Die zentrale Frage, die Schmitt aufwirft, ist nun, wer »die Toten« motorisiert hat, wer ihnen jene Dynamik der Entortung technisch ermöglicht, die aus dem ortsgebundenen Guerillero den weltweit operierenden Agenten macht. Es ist jene Instanz, die logistisch, ideologisch und technisch die Entortungsdynamik des Partisanentums unterstützt: der »interessierte Dritte«.[42] Dieser »interessierte Dritte« – ein Terminus, den Schmitt von Schroers übernimmt – ist die eigentliche Neuerung in der Theorie des Verräters, wie sie Schroers und Schmitt entfalten, insofern sie eine Verkomplizierung von Feindschaftsverhältnissen bedeutet. Der Waldgänger, der Widerständler, der Vereinzelte hat nämlich ein Problem: seine Einsamkeit. Darum schließt er sich zu einer Gruppe zusammen um einer Sache willen, deren Parteigänger er wird, so Schmitts Erläuterung des Namens »Partisan«. Aber dieser Gruppe, gerade in dem Maße, wie sie eben keine reguläre Armee ist, fehlt nicht nur die technische und logistische Ausrüstung, sondern auch die politische Anerkennung ihres Anliegens. Der interessierte Dritte ist eine souveräne Macht, die an dem Konflikt, den der Irreguläre ausficht, ein heimliches, uneingestandenes, aber intensives Interesse hat. Dieses Interesse verfolgt sie nicht offen, sondern durch technische Unterstützung und durch eine offizielle Anerkennung des partisanischen Anliegens. Vom Partisan aus gesehen ist der interessierte Dritte der Feind meines Feindes, der dadurch zu einem Freund zu werden scheint. Im Lichte deklarierter Gegnerschaften betrachtet, ist der interessierte Dritte damit eigentlich kein Dritter, sondern einer der beiden großen, souveränen Gegner. Aber er tritt gerade nicht als solcher auf, sondern operiert – durch den Partisanen und mit seiner Hilfe – im Schatten der Klandestinität. Der interessierte Dritte ist der absolute Feind, aber im Zustand der Tarnung, des indirekten, über Stellvertreter operierenden Kampfes. Er ist das, was im Falle des Judas der Dämon war, von dem Judas nach Lukas und Johannes besessen ist: jene verborgene Macht, die den Akt des Abtrünnigen motiviert, unterstützt und ihm seine eigentliche historische Bedeutung gibt.

Mag es (selten genug) Partisanen ohne interessierten Dritten geben, so gibt es Verräter nur als Überläufer zwischen zwei Gegnern. Macht der Partisan deren Feindschaft schon einigermaßen unübersichtlich und asymmetrisch, so wird der Verräter, der geheim und allein agierende Agent, zur gespenstigen Heimsuchung der Feindschaft. Der Verräter bringt das Verhältnis von Freund und Feind in beständige Unordnung, weil er den Einfall des Feindes in die eigenen Reihen bedeutet, wo man nicht mehr weiß, ob die Freunde nicht Feinde sind. Ist schon der motorisierte und als Zivilist getarnte Partisan eine empfindliche Erweiterung der Kampfzone, so ist die Klandestinität des Verrats, das heimliche Überlaufen zum Feind und das unsichtbare Operieren eine Entortung viel radikalerer Natur. Der Verräter, der Maulwurf, der Informationen weiterleitende Insider, der Saboteur, der Agitator – sie alle sind Instanzen des Feindes im Inneren, sie verlängern seine verkappte Existenz als auswärtigem, aber »interessiertem Drittem« zum inneren »*unsichtbaren* Dritten«. Sie entorten die Feindschaft gänzlich und zerstäuben die Frontlinie mitten in die feinsten Verzweigungen der Gesellschaft und aller staatlichen Instanzen hinein. Sie verlängern damit den Zugriff des Gegners bis in die innersten Räume der Macht. Mit dieser Zerstäubung der Front ist der Verräter nicht mehr – wie bei Boveri – nur ein Symptom und Resultat, sondern selbst ein Agent jenes Zeitalters der entortenden Ideologien, das heimatliche oder patriotische Bindungen durch den Glauben an raumübergreifende Geschichts- und Gerechtigkeitskonzepte ersetzt hatte.

Mit der Kategorie des interessierten Dritten aber zerstört Schmitt in letzter Konsequenz das Pathos des Alleingangs, das von Jünger bis

Schroers die Abtrünnigkeit zum Faszinosum des Politischen gemacht hat. Schmitt bringt seinen Partisanen zurück in die Wirklichkeit des Kalten Krieges, in der es keinen wirklichen Alleingang mehr gibt. Im Kalten Krieg gibt es nur Seitenwechsel – aber keine Position »zwischen den Fronten«. Verrat verliert damit den Glamour der individuellen Tat und des »dritten Wegs«, auch wenn sich einige historische Verräter darauf beriefen, eigentlich keiner Seite angehören zu wollen. Wenn es immer einen interessierten Dritten gibt, dann ist die Logik der Feindschaft, die die Welt in zwei Seiten aufteilt, unausweichlich. Auch wenn Schmitts Interesse am Partisanen 1963, unmittelbar nach der Kuba-Krise und inmitten des Kalten Krieges, als »Zwischenbemerkung zum Begriff des Politischen« zweifellos darauf zielt, eine Figur zu denken, die die zugleich festgefügte und seltsam hypothetische Struktur der Feindschaft im Kalten Krieg verflüssigt und aufbricht (s. Kap. *Cold War*), so führt er diese doch im Grunde in die Sackgasse der unausweichlich binären Entscheidung zwischen dieser oder jener Seite zurück. Es gibt keine unschuldige und autonome Abtrünnigkeit, es gibt keinen Waldgang.

Die Theorien, die den Verrat als Kernfigur politischer Irregularität zur Signatur des modernen Politischen machen, betrachten diesen als ein Phänomen der Korrosion von Gemeinschaft wie von Feindschaft. Verrat bringt Freunde wie Feinde durcheinander. Ausgespart bleibt in den Verratstheorien des zwanzigsten Jahrhunderts allerdings ein Aspekt des Verratens und klandestinen Operierens, der geradezu die technische und epistemologische Bedingung von Verrat darstellt: das Geheimnis. Dass die Weitergabe von Geheimnissen und das klandestine Operieren zur entscheidenden Verwirrung des Politischen werden können, zeigt dessen Angewiesenheit auf Geheimnisse und Geheimhaltung – eine Seite des modernen Politischen, die die zeitdiagnostischen Verrats-Diskurse komplett vernachlässigen. Damit stellt sich die Frage, was die Form und der Status des politischen Geheimnisses in der Moderne sein können: als Geheimnis der Machterhaltung, als *arcana imperii* und als Kriegslist und heimliches Wissen vom Feind, als *secret intelligence*.

ARCANA IMPERII

Real power begins where secrecy begins.
Hannah Arendt:
The Burden of Our Time[43]

Leichen im Keller der Macht

> »Die erste Untat der neuen Regierung war des Postumus Agrippa Ermordung; obwohl er ahnungslos und unbewaffnet war, konnte ihn ein Zenturio bei aller Beherztheit nur mit Mühe überwältigen. Keinerlei Erklärung gab Tiberius dazu vor dem Senat ab [...] Dem Zenturio, der nach militärischer Sitte meldete, es sei ausgeführt, was er befohlen habe, antwortete Tiberius, er habe den Befehl nicht gegeben und man müsse über die Tat vor dem Senat Rechenschaft ablegen. Als Sallustus Crispus, der in das Geheimnis (*secretum*) eingeweiht war – er hatte an den Tribunen das Handschreiben abgeschickt – dies erfuhr, fürchtete er, als Angeklagter vorgeschoben zu werden, wobei es gleich gefährlich sei, falsche oder wahre Aussagen zu machen, und warnte daher Livia [die Adoptivmutter des Herrschers Tiberius, EH], Geheimnisse des Herrscherhauses (*arcana domus*), Ratschläge von Freunden (*consilia amicorum*) und Dienstleistungen von Soldaten (*ministeria militum*) in die Öffentlichkeit tragen zu lassen; auch solle Tiberius die Macht des Principats nicht dadurch schwächen, dass er alles vor den Senat bringe«.[44]

Was Cornelius Tacitus hier in knappen Worten über den Herrschaftsantritt des Augustus-Nachfolgers Tiberius berichtet, führt nicht nur die Termini der *arcana imperii* und *arcana domus* ein, sondern auch vor, was ein Staatsgeheimnis ausmacht: die Beseitigung politisch unliebsamer Familienmitglieder, die Verleugnung der entsprechenden Befehle und schließlich die Warnung eines ebenso klugen wie furchtsamen Beraters vor jeder öffentlichen Debatte. Die Anekdote von der Ermordung des Augustus-Enkels Postumus Agrippa und dem Rat des Sallustus Crispus ist die erste Belegstelle jenes Begriffs der *arcana imperii*, der in der frühen Neuzeit zum Schlüsselbegriff rationaler und effizienter Regierungskunst werden sollte. Die Geheimnisse des Herrscherhauses (*arcana domus*), um die es bei Tacitus geht, sind gleichermaßen die der Familie wie die der Regierung, privat und politisch; sie betreffen die schwierige *translatio imperii* in der Nachfolge des Augustus, dessen an seine Person gebundene *auctoritas* das neue Regime nicht einfach übernehmen kann. In der Ermahnung des Sallustus Crispus wird der Raum der *arcana* abgesteckt: Es sind Verbrechen wie der Mord an dem politisch untragbaren Augustus-Enkel, aber auch, allgemeiner, die vertraulichen Beratungen mit Freunden (*consilia amicorum*) und die diskreten Dienste des Militärs (*ministeria militum*). Der Tod des Postumus Agrippa soll die Stabilität und Legitimität des Principats durch Tiberius und damit eine institutionelle statt einer personalen *auctoritas* sichern – zugleich aber würde die Offenlegung, dass Tiberius selbst, nicht der verstorbene Augustus, den Befehl dazu gegeben hat, diese in Frage stellen. Der erschlagene Enkel ist so im Wortsinn eine Leiche im Keller der Macht. Die strikte Geheimhaltung, die Sallustus Crispus anempfiehlt, ist etwas anderes als der eher ungeschickte Versuch des Tiberius, die Verantwortung durch eine öffentliche Rechtfertigung auf andere abzuwälzen. Denn der Gegenbegriff zum *arcanum*, *vulgare* (verbreiten, öffentlich machen), impliziert mit der allgemeinen Mitwisserschaft die Notwendigkeit zur Legitimierung der Tat, wobei, wie Sallustus Crispus weiß, weder Lügen noch Wahrheit weiterhelfen würden.

Im Staatgeheimnis geht es um etwas, was noch vor der Entscheidung zwischen Wahrheit und Lüge oder Recht und Unrecht kommt: um die Entscheidung fürs Schweigen anstelle des Redens. Es ist die »offenbare, aber nicht verhandelbare Gegebenheit«.[45] Das Prärogativ der Macht ist es, gewisse Fragen gar nicht erst zur Debatte zu stellen, sich nicht auf Rechtfertigungen einzulassen, sondern bestimmte Dinge im Verborgenen zu erledigen. In dieser Möglichkeit, unbeobachtet zu handeln, liegt das Wesen des Staatgeheimnisses. Das heißt nicht, dass in dieser verborgenen Sphäre politischen Handelns immer gemordet wird; das Geheimnis ist nicht grundsätzlich synonym mit politischem Verbrechen und muss nicht einmal per definitionem das Un-Gewusste sein: Es reicht, dass es das Un-Gesagte bleibt. Dies macht eine andere Episode der Annalen deutlich (II, 36). Ein Mitglied des Senats, Gallus, fordert gegenüber dem Kaiser die langfristige Ernennung des Magistrats und der Prätoren, was die Politik des Senats vorhersehbarer machen, aber den politischen Handlungsspielraum des Tiberius empfindlich einschränken würde. Von diesem Vorschlag heißt es: »Es bestand kein Zweifel, dass dieser Antrag tiefer zielte und mit ihm die geheimen Grundlagen der Alleinherrschaft (*arcana imperii*) in Frage gestellt wurden.«[46] Das Geheimnis ist hier die hinter der gegebenen, eher kurzfristigen Ernennungspraxis stehende Machtfülle des Kaisers, die Gallus durchschaut und durch seinen Vorschlag in Frage stellt. Die *arcana imperii* sind ein Funktionsprinzip des Herrschens, das ebenso wenig ausgesprochen wie angetastet werden darf. Sie sind das Geheimnis des Selbsterhalts der Macht, das, was als Grundlage nicht zur Debatte gestellt werden kann – und das Wesen und Prinzip der Macht besteht darin, diese Debatte zu verhindern (so, wie Tiberius den Antrag des Gallus durch eine geschickte, aber gänzlich heuchlerische Argumentation vom Tisch fegen wird). Von Anfang an, mit seiner ersten Prägung bei Tacitus, ist der Begriff des Staatsgeheimnisses von dieser Ambivalenz geprägt: Einerseits verweist er auf das politische Verbrechen, eine Tat, die Machterhalt und Legitimität von Macht radikal auseinander treten lässt. Dieses *arcanum* ist das Mittel der Tyrannen und Diktatoren. Andererseits scheint das Staatsgeheimnis kaum mehr als eine neutrale Spielregel, eine Klugheitsvorschrift oder Vorsichtsmaßnahme – jenseits von Gut und Böse. Gemeinsam ist beiden Bedeutungsvarianten die Einsicht, dass Macht sich im Entzug von Wissen und von Kommunikation erhält. Macht ist das, was nicht debattiert werden muss und sich nicht rechtfertigt. Darin liegt noch kein Verbrechen per se, noch nicht einmal die Absicht zu moralisch zweifelhaftem Handeln – aber die immer gegebene *Möglichkeit* dazu, Taten zu begehen, die nicht legitimiert werden müssen. Das Staatsgeheimnis eröffnet so von Anfang an einen Raum der Diskretion, einen Raum außerhalb der Sphäre des Gemeinsamen, der Konsense und der Moral.

Arcanum, secretum, mysterium

Die Art und Weise, wie dieser Entzug von Kommunikation und Beobachtbarkeit im Geheimnis hergestellt wird, lässt sich an der Etymologie der unterschiedlichen Begriffe erhellen, die das Lateinische, anders als das Deutsche, für das Wort »Geheimnis« zur Verfügung stellt. *Arcanum* (abgeleitet von *arca*, Kasten, Sarg, aber auch Staatskasse) ist das Weggeschlossene, im Kasten Verborgene; es ist nicht verfügbar, weil es von einem Verbot (wie von einem Deckel, einem Behältnis, einem Verschluss) der Weitergabe entzogen ist. Dies unterscheidet es von den anderen Seinsweisen des Geheimen, *mysterium* und *secretum*. *Secretum*, wie Tacitus das reine Faktum der heimlichen Ermordung nennt, ist das Geheime im Sinne seiner Abgeschiedenheit, das Geheimnis ohne Zeugen, »unter vier Augen«, im Vertrauen. Es konnotiert einen Entzug der Sicht- und Wissbarkeit, weniger der Mitteilung und Zirkulation. *Secernere*, von dem *secretum* sich ableitet, ist das Absondern, Aussondern, Abscheiden, sein Antonym ist *confundere*, vermischen, verwirren, in der Menge verschwinden lassen. Dabei bedeutet das Verb *cernere* paradoxerweise zugleich Deutlichkeit: sichten, scheiden, unterscheiden, erkennen. Als *secretum* ist das Geheimnis von einer spezifischen, aber gerade verborgenen Prägnanz. Es trägt eine Markierung, die unsichtbar ist, aber in ihrer Verweisstruktur doch wirksam. Darum gibt es, wie Derrida bemerkt, nicht so sehr eine Substanz des Geheimnisses, sondern nur einen »*effet* de secret«: Der »Geheimnis-Effekt« ist das Bewusstsein, *dass* es ein Geheimnis gibt, ein Effekt, der, zumal in der Strukturierung von Machtbeziehungen, machtvoller sein kann als ein tatsächlich existierendes Geheimnis.[47] Poes *Purloined Letter* – zumal in der Pointierung Lacans – hat dafür das plastischste Beispiel geliefert. Der Inhalt jenes entwendeten Briefs, den in Poes Erzählung der Minister der Königin stiehlt, ist niemals von irgendeiner Bedeutung, was zählt, ist, dass der Brief irgendwann missbraucht werden könnte.[48] Das *secretum* indiziert einen ›Aggregatzustand‹ von Wissen, eine Form, niemals aber einen speziellen Inhalt. Es ist die Potentialität des Hervortretens oder der Offenlegung, die den Effekt des Geheimnisses ausmacht und damit jene Macht konstituiert, die der Besitz des Geheimnisses über andere gibt.

Das Geheimnis als *secretum* will entschlüsselt, aus der Verborgenheit ins Licht gebracht werden. Verborgen ist es nicht so sehr an einem besonders abgelegenen Ort, sondern gerade in einer verwirrenden Vielfalt von Information, im Rauschen. Es ist die Nadel im Heuhaufen, der Baum im Wald, der Mann in der Menge. Wiederum macht es Poes Brief anschaulich: Die kostbare Epistel liegt vor aller Augen ›versteckt‹ ganz einfach in der Briefablage. Louis Marin hat das als die »Logik des Geheimnisses« formuliert: »Solange das Weizenkorn unter die Spreu gemischt ist, der Samen unter den Sand, die Ideen unter die Gedanken und das Genie unter die Mittelmäßigen, solange sind Korn, Samen, Idee und Genie ein Geheimnis: das Geheimnis ist Mischung, Konfusion, Nicht-Unterscheidbarkeit.«[49] Liegt das Wesen des Geheimnisses als *arcanum* in der Spannung zwischen aktiver Verborgenheit und möglicher Veröffentlichung, im Schweigen statt Reden, so bewegt sich das *secretum* im Raum der (Un)*Sichtbarkeit*: Es ist das unsichtbar Gemachte, das Getarnte, geschützt durch die Vermengung mit Unwichtigem. Es muss erkannt, herausgelesen werden. Schon im Bedeutungsfeld des *secretum* ist damit jener Begriff angelegt, der zugleich die Enthüllung und die Erfüllung des Geheimnisses markiert: *legere* und *lectio*, das Herausklauben des Bedeutungsvollen aus dem Bedeutungslosen, das Lesen des Sinns im Muster der Buchstaben. Es ist darum kein Zufall, dass das lateinische *intellegere*, von dem der englische Terminus für geheimdienstliches Wissen *intelligence* abgeleitet ist, zunächst einmal eine bestimmte Technik des Lesens meint: das Lesen zwischen den Zeilen, das Lesen dessen, was gemeint ist, aber nicht geschrieben steht.[50] Auf ingeniöse Weise zeigt schließlich der Anfang von Sidney Pollacks *Three Days of the Condor*, dass auch geheimdienstliche Arbeit sehr viel mit geschicktem Lesen zu tun haben wird: Hier wird eine Abteilung der CIA vorgestellt, die nichts anderes tut, als aus allen Publikationen der Welt das wenige politisch Brisante herauszulesen (s. dazu Kap. *Cold War: Abenteuer eines Lesers*).

Mysterium als dritter Typus des Geheimnisses trägt, im Gegensatz zu *arcanum* und *secretum*, eine Betonung in der Unausschöpflichkeit des Geheimen: Es ist das Nicht-Wissbare, das religiöse oder kultische Geheimnis, die Unerforschlichkeit Gottes, der Natur, der menschlichen Seele. Das Mysterium ist bodenlos und auratisch. *Mysteries of State* sind darum, wie Ernst Kantorowicz gezeigt hat, alles andere als die *arcana imperii*: Während die (antiken oder absolutistischen) *arcana imperii* als Techniken oder Schandtaten des Herrscherhauses gänzlich säkularer Natur sind, bezeichnen die *Mysteries of State* die spätmittelalterliche Konstruktion der Heiligkeit des Souveräns als überirdisches, unsterbliches *corpus mysticum* des Staates.[51] Das politische Geheimnis entbehrt gänzlich diesen Zug der Unausschöpflichkeit und Transzendenz, der dem *mysterium* und den *Mysteries of State* eigen ist. Die *arcana* und *secreta* des Politischen sind, so unergründlich sie im Einzelnen sein mögen, endliche Geheimnisse, lösbare Rätsel, Dinge dieser Welt.[52]

Als das, was am verbrecherischen oder auch bloß funktionalen Grunde der Macht liegt und nicht offengelegt werden darf, beruht das Staatsgeheimnis, wie Niklas Luhmann gezeigt hat, auf einer Technik des Schweigens, die vor allem eine Form des politischen Zeit-Managements ist. Schweigen, die Verknappung oder der Aufschub von Kommunikation, bedeutet, sich einen Vorsprung zu verschaffen, es ist ein Gewinn an Zeit für Entscheidungen und ein Offenhalten von Optionen. Der Fürst, der seine Pläne nicht bekannt macht, gewinnt Spielraum, in dem ihm niemand zuvorkommen und sein Vorhaben durchkreuzen kann. Geheimhaltung ist damit die Garantie von offenen Möglichkeiten, nicht zuletzt der Möglichkeit der Kommunikation selbst: »Wer schweigt, kann immer noch reden. Wer dagegen geredet hat, kann darüber nicht mehr schweigen. [...] Das Reden vermittelt Anschlussmöglichkeit, das Schweigen Reflexion.«[53] Die Ereignishaftigkeit der Kommunikation steht der Wahlmöglichkeit nicht nur zwischen Reden und Schweigen, sondern auch zwischen Wahrheit und Lüge im Geheimhalten gegenüber. Darum verbindet sich das gewahrte Geheimnis mit Dauer, mit der Aufrechterhaltung des *status quo*, während die Offenlegung Ereignis ist und Ereignisse zeitigt. In dieser fundamentalen Asymmetrie von Reden und Schweigen liegt die grundlegend konservative Kraft des Geheimnisses und der Geheimhaltung. Aber diese Kraft ist auf die Gegenwart und Zukunft gerichtet, indem sie Gegebenes bewahren und künftige Möglichkeiten offenhalten will. Die Wirksamkeit des Staatsgeheimnisses liegt in der Stabilisierung des Gegebenen und der Planbarkeit der Zukunft, es sichert das Hier und Jetzt des Staats, seinen *status*.

Die Macht des Signifikanten

Das Geheimnis, zumal in seiner Seinsweise als *secretum* – markiert, aber unsichtbar –, hat aber auch eine zeitliche Dimension, die in den Kern seiner Erzählbarkeit zielt, wie Marin ausführt: »Das Geheimnis konstituiert sich als solches erst im Moment seines Verschwindens; es schreibt sich nur im Futur II oder bestenfalls im Imperfekt [...] Das Geheimnis ist der in der Gegenwart gegebene Effekt eines vergangenen Zustands, aber sein negativer Effekt.«[54] Das Geheimnis *ist* nicht, sondern *wird immer nur gewesen sein*. Es ist ein Effekt der Vergangenheit, ein negativer Effekt, eine unauflösbare Markierung – so, wie die Ermordung des Postumus Agrippa für die Mitwisser, Sallustus Crispus, Livia, Tiberius etwas Geschehenes ist, das es in der Gegenwart und Zukunft zu beschweigen, nicht zu bereden gilt. Als Beschwiegenes ist es markiert und abgeschieden vom Aussprechbaren – aber im Text des Tacitus, in der Historiographie des Imperiums und seiner »Phänomenologie der Diktatur«[55] taucht es schließlich auf als ein *gewesenes* Geheimnis. Wenn man davon erfährt, wenn die Taten und Untaten des Tiberius schließlich zu den *Annalen* des Tacitus werden, dann ist das Geheimnis keines mehr. Nur als nicht mehr geheimes kann das Geheimnis schließlich sichtbar, erzählbar werden, als etwas, das zumindest durchscheint, das zu lesen gegeben wird – und sei es durch die kleinste, beiläufigste Form der Markierung. Jorge Luis Borges entfaltet darum, wie wir gesehen haben, nicht nur eine Kunst dieser Markierungen, sondern eine Theorie des Erzählens und Lesens von Geheimnissen, Geschichten vom Verrat, von der Aufdeckung des Geheimnisses, die dieses doch nie ganz offenlegen (s. dazu Kap. *Poetologie des Verrats*).

Das Geheimnis ist nicht so sehr der Inhalt als vielmehr das strukturierende Prinzip für jede Erzählung, die es unternimmt, von ihm zu erzählen. Marin vergleicht das Geheimnis darum mit jenem Simulakrum von Raumtiefe, die ein Fluchtpunkt in einem Gemälde herstellt[56]: In gewissem Sinne ist es ein Simulakrum von Zeit-Tiefe, ein Simulakrum des Unterschieds zwischen Wissen und Nicht-Wissen, des »vorher glaubte man/wusste niemand – jetzt weiß man«. Der Moment der Offenlegung ist der zentrale Moment des Erzählens selbst, er trägt eine Zäsur ein zwischen Vorher und Nachher, Nicht-Wissen und Wissen, Unerzähltheit und Erzählung. Borges benutzt dafür das Bild eines Satzes im Text, von dem aus der ganze Text noch einmal neu und gänzlich anders gelesen werden muss.[57] Allerdings kann, wie Marin im Blick auf den Fall Ödipus anmerkt (und wie Borges vorführt), dieses Hervortreiben und zur Evidenz-Kommen des Geheimnisses einen geradezu blendenden, den Blick mehr verstellenden als öffnenden Effekt haben: »Das Geheimnis *ist* in der Evidenz seines blendenden Hervorbrechens genau dann, wenn es schon nicht mehr (geheim) *gewesen sein wird.*«[58] Was man sieht, wenn das Geheimnis an den Tag tritt, ist vielleicht nicht so sehr die Wahrheit, sondern die Manöver einer Blendung, der man gerade im Augenblick der Offenlegung erliegt. Denn was offengelegt, was verraten wird, ist – das lehrt Borges – nichts anderes als eine mögliche, möglicherweise nicht minder lügenhafte Version.

Wenn aber das Geheimnis sein Narrativ so ordnet wie ein perspektivischer Fluchtpunkt das Bild fokussiert, dann ordnet es damit auch die am Geheimnis beteiligten Protagonisten in eine unhintergehbare Minimalstruktur von Positionen. Es erfordert mindestens drei »Spieler«: zwei, die das Geheimnis teilen, einen dritten, der – im Spiel *ein*geschlossen – vom Wissen *aus*geschlossen ist. De facto sind alle Szenarien des politischen Geheimnisses, die noch zu betrachten sein werden – sei es Verrat oder Spionage, Geheimhaltung oder Konspiration –, unterschiedliche Aufführungen dieser grundlegenden Choreographie der drei um ihr heimliches Zentrum. Mörder – Mitwisser – Öffentlichkeit. Tiberius – Sallustus – der Senat. Auftraggeber – Agent – Quelle. Führungsoffizier – Verführerin – Verführter. Feind – Verräter – Heimat. Einer, der verhört – einer, der lügt –, einer, für den das ganze Schauspiel aufgeführt wird (im Zweifelsfalle der Leser). Die zwei Wissenden können ihr Wissen vor dem Unwissenden verbergen – aber es kann auch einer der Wissenden sich mit dem Unwissenden zusammentun, ohne es den anderen wissen zu lassen, dass er das Geheimnis verraten hat. Es öffnen sich unendliche Möglichkeiten der Verteilung von Macht und Wissen – die Spieltheorie wird spät genug versuchen, rationale Regeln für dieses Spiel zu formulieren (s. Kap. *War Games*).

Lacans Lektüre von Poes *Purloined Letter* hat diese Minimalkonstellation in ihrer strukturalen Unausweichlichkeit ingeniös herausgearbeitet: Einer, der die Macht hat, aber nichts wissen darf: der König. Eine, die Schuld auf sich geladen hat und sich nicht verraten darf: die Königin, deren »Hochverrat« jener ominöse Brief belegt, der ihr entwendet wird. Einer, der Minister, der sieht und – unter dem bannenden Blick der Macht, die schaut, aber nichts sieht – das Geheimnis, den Signifikanten an sich reißt.[59] Poes Geschichte ist nicht zufällig eine Geschichte um allzu klassische *arcana imperii*, eine Intrige oder einen Verrat der Königin. Bezeichnend ist dabei, dass der Brief, die Letter, der Signifikant reine Form ist, purer Effekt – niemals wird der Brief geöffnet und gelesen. Lacan zeigt (unter vielen anderen Dingen), wie alle maßgeblichen Personen der Geschichte diese Positionen des Blicks und des Wissens durchlaufen werden – diese Positionen sind es, die feststehen, nicht die Protagonisten, die sich bewegen. Was Lacans Theorie des Geheimnisses als Signifikant (und des Signifikanten als Geheimnis) so deutlich macht, ist, dass es im Bannraum des Geheimnisses nicht mehr um Wissen und Wollen, um Intentionen und Bewusstsein von Subjekten geht, sondern dass das, was Subjekte wissen und wünschen, ihnen unerbittlich von der Logik jener Position vorgeschrieben wird, die ihnen die Choreographie des Geheimnisses anweist. Das Geheimnis stellt die Subjekte an ihren Ort. »So lautet die Antwort des Signifikanten jenseits aller Bedeutungen: ›Du glaubst zu handeln, während ich dich bewege an Fäden, mit welchen ich deine Begierden verknüpfe. So nehmen diese zu an Kraft und vermehren sich in die Objekte, die dich an die Zerrissenheit deiner Kinderzeit zurückverweisen. Dies soll dein Festmahl sein bis zur Wiederkehr des Steinernen Gastes, der ich sein werde für dich, wenn du mich rufst.›«[60] In den Verstrickungen der Wünsche und Absichten, im Festmahl der Begierden ist das Geheimnis für Lacan der Steinerne Gast, das, was – als Markierung eines Verbrechens oder eines Unsagbaren – »an seinem Platz fehlt«, wie der getötete Komtur aus *Don Juan*. Es ist das, was wiederkehrt, um alles in seinen Strudel zu ziehen (aber auch, um die Ordnung wiederherzustellen). Das Geheimnis strukturiert jenes Gefüge, das Lacan die »symbolische Ordnung« nennen wird – aber es sucht diese Ordnung auch heim. Im Bild des Steinernen Gastes wird die Unheimlichkeit des Geheimnisses als etwas deutlich, das da ist und nicht da ist, ungreifbar, weil reine Form und wirksam. Lacan spricht von der *»nullibiety»* der Letter, dem Nicht-Da-Sein, das einen Ort hat, an dem es »nicht-ist«. Das Geheimnis als Steinerner Gast der Ordnung findet sich somit in der zwieschlächtigen Position des Garanten und der unheimlichen Bedrohung dieser Ordnung – einer Staatsordnung wie einer Ordnung des Begehrens – und ihrer wechselseitigen Verschaltung (s. Kap. *Spionin–Spion*). Es ist zugleich defensiv und stabilisierend, aber es markiert auch – und mit zunehmender Dringlichkeit – den Moment des Verbrechens, der Illegitimität und Erschütterbarkeit der Macht: Genau dies ist die Rolle jener Zerstörungsphantasmen, die lange vor dem 11. September 2001 einen Angriff auf die Metropolen des westlichen Lebensstils in Filmen und Romanen wieder und wieder imaginiert haben (s. Kap. *Nach »Nine Eleven«: Das Licht des Phantasmas*). Diese phantasmatische Wirkkraft des Geheimnisses, die Lacan betont hat, kann so unmittelbar zur »Pathologie« der Macht werden, die sich in Exzessen der Geheimhaltung, der heimlichen Gewalt und der frenetischen Verdächtigung verliert: Es ist das Agens der Staatsparanoia. Einerseits Stabilisator und Konstituens der Macht, andererseits ihr Exzess, markiert, genauer gesagt: ›*secretiert*‹ das Staatsgeheimnis ihre heimliche Bruchstelle, ihren wunden Punkt, ihr Umschlagen ins Chaos.

Die Verdrängung der Arkana in der Moderne

In einer Tradition, die sich explizit auf Tacitus einerseits, andererseits auf Machiavellis Lehren zur Selbsterhaltung und Erweiterung der Macht des Souveräns beruft, wurden die *arcana imperii* im 16. und 17. Jahrhundert zur Formel für die Regeln einer rationalen, säkularen und verwissenschaftlichten Politik.[61] Diesem Politikverständnis geht es darum, die Unabhängigkeit von Einmischungen der Religion und der ständischen Interessen ebenso zu sichern wie die Stabilität der Machtverhältnisse. Die *arcana* der absolutistischen Staatslehren sind weniger finstere Geheimnisse als Klugheitslehren und Verhaltensregeln für den Prinzen, die nicht einmal – wie noch gegen Machiavelli ins Feld geführt wird – als besonders gottlos oder amoralisch empfunden wurden. Bei Autoren wie Botero, Bodin, Ammirato und Clapmarius werden die *arcana* (oder *secreta*) *imperii* als Regeln der Regierungstechnik behandelt, als *Notitia mediorum & rationum, quibus fundatur, firmatur & augentur status* (Botero).[62] Es ist eine Politik, die Undurchsichtigkeit zur wichtigsten Grundlage der Erhaltung und Erweiterung von Macht empfiehlt und als Techniken Verstellung, List, Warten, Schweigen, Affektkontrolle und kluges Taktieren empfiehlt. Das Staatsgeheimnis ist kein spezifisches Geheimnis, sondern, wie Carl Schmitt es ausdrückt, eine »politische Sachtechnik«, eine Art von Wissensverwaltung, die das politisch relevante Wissen auf eine möglichst kleine Gruppe von Ratgebern und den Souverän als Entscheidungsträger begrenzt. Diese Regierungskunst impliziert eine »Verhaltenslehre der Kälte«[63], die auf Diskretion statt Kommunikation, auf Intransparenz statt Authentizität und auf Effizienz statt Moral setzt. Zugrunde liegt dem die nicht ganz abwegige Vorstellung, dass Entscheidungen besser im kleinsten Kreis getroffen und Ziele besser im Verborgenen erreicht werden. Die Spaltung zwischen persönlicher Moral und öffentlichem Wohl wird als notwendige und stabilisierende Sphärentrennung propagiert. In Dingen der Politik hat das Gewissen nichts zu suchen, sondern einzig die Frage der Aufrechterhaltung einer Ordnung, deren Erschütterungen im Namen von Glauben und Gewissen man in den Konfessionskriegen zu lange gesehen hatte. Die Ausklammerung der Moral erscheint so zuletzt als ein Prinzip der Befriedung – erst bei ihren Interpreten im 20. Jahrhundert wird diese Trennung von Politik und Moral dann wieder als ein tragischer Konflikt und inhärenter Widerspruch gesehen.[64]

Auch wenn der moderne Staat auf dieser neuzeitlichen Rationalisierung der Staatsgeschäfte aufbaut, so arbeitet er doch, wie Reinhart Koselleck für die Genese der Moderne gezeigt hat, mit einer Ökonomie des Geheimnisses, die gänzlich anders ist als die der alteuropäischen *arcana imperii*.[65] In der bürgerlichen Kritik am absolutistischen Souveränitätsmodell vollzieht sich nämlich nicht einfach eine Öffnung des Politischen für Partizipation und Publizität. Die Geburt des modernen politischen Menschen geschieht nach Reinhart Koselleck unter dem Schutz einer eigenen, den Geheimnissen des Staats entgegengehaltenen bürgerlichen Geheimniskultur, den Geheimgesellschaften des 18. Jahrhunderts. Die Fragen des Gewissens und der Moral, vom absolutistischen Staat in den Raum des Privaten verwiesen, kehren im aufklärerischen Programm der Logen wieder als Maßstäbe politischen Handelns – aber vorläufig geschützt und vor dem Zugriff des Staats verborgen durch die Abschirmungsrituale des Ordens. »In den Logen«, so Koselleck, »und durch sie gewinnt das Bürgertum eine eigene soziale Form. Ihr Geheimnis tritt – in Nachahmung beider – neben die Mysterien der Kirche und neben die Arcanpolitik der Staaten.«[66] Das Logengeheimnis trennt dabei einen Raum der Moral von einem der Politik – ein Raum jedoch, indem sich dann jene aufklärerische Kritik des Politischen entwickeln und entfalten kann, die schließlich das Staatsgeheimnis selbst zum Stein des Anstoßes machen wird. Umgekehrt aber gebiert das Geheimnis der Clubs und Logen die bürgerliche Gesellschaft: Es ist der »Kitt« von Gruppen, die sich als Elite und In-nuce-Modelle der Zivilgesellschaft verstehen –, während nach Koselleck die sagenumwobenen Inhalte des Logengeheimnisses relativ unwichtig sind. Die Logen und die *République des lettres*, aus denen die Kritik am Staat hervorgeht, berufen sich dabei auf eine Moral, die sich der Politik explizit entgegensetzt – aber damit neue Maßstäbe des Politischen ins Leben ruft.

Diese Berufung auf Moral statt Politik ist das eigentliche Geheimnis (und – so findet Koselleck – Selbstmissverständnis) der Kritik. Erst unmittelbar im Angesicht der Revolution wird deutlich, dass diese Kritik selbst immer schon politisch war, aber dabei einen ganz anderen, durch und durch moralisierten Raum des Politischen entwirft: den Raum einer Öffentlichkeit, die Richter über die öffentlichen Angelegenheiten sein will; den Raum einer Transparenz des Politischen für die, die davon betroffen sind; den Raum einer Gesetzlichkeit, deren Wirken Abbild der bürgerlichen Sittlichkeit ist – kurzum: ein Ende aller *arcana imperii*.[67]

Was aber zuvor als verborgene, der Debatte entzogene und von unterschiedlichsten Verhaltenstechniken geschützte Arkanstruktur des Politischen bestand, geht nun strukturell über auf den Bereich des Privaten. Wo die *arcana imperii* sich auflösen, entstehen Schutzräume für Geheimnisse der Individuen, der Seelen, der Familien, der Cliquen, Gruppen und Vereine. Georg Simmel hat das Geheimnis als konstitutiv für die moderne Gesellschaft, aber auch für die Ausprägung von Individualität in der Moderne beschrieben. Seine Soziologie des Geheimnisses bezieht sich auf jene Reserve, jenes Nicht-Offengelegte, das nicht nur im Verkehr der Einzelnen überhaupt erst Intimität und Privatheit möglich macht, sondern das auch Gruppen konstituiert, indem es Grenzen zieht, Wissende zusammen- und Unwissende ausschließt. Es ist die Basis der bürgerlichen Gesellschaft als eines Raums von Individualität, die sich im Verborgenen ausfaltet, einer Privatheit und Personalität, die sich erst im Entzug und in der Entlastung vom Wissen über den anderen konstituieren kann. Indem es Abstände schafft, so Simmel, ermöglicht es überhaupt erst moderne soziale Interaktion, schafft Distanz und Respekt. Individuierung unter dem Zeichen des Geheimnisses wird sichtbar als Differenzierung, als Abscheidung von etwas, das nur als Abgeschiedenes, *secretum*, zum Garanten für das Eigene und Eigentliche der Person werden kann.[68]

Es ist diese Moralisierung, die das Politische in der Moderne zum Anderen der privaten Sphäre werden lässt, es aber gleichwohl an den für sie verbindlichen Maßstäben misst. Sie macht die *arcana imperii* anrüchig. In einer Kultur der Öffentlichkeit ist das, was sich nicht der Kritik und der Debatte aussetzt, a priori das Ungesetzliche und das Unmoralische. Das Geheimnis wird so zum Gegenbegriff des Gesetzes und des Gesellschaftsvertrags: »Der Gesellschaftsvertrag«, so fasst Alain Dewerpe diesen Diskurs zusammen, »schafft jede Möglichkeit eines Geheimnisses in der Ausübung der Macht ab, jede Undurchsichtigkeit in den Absichten des Souveräns, jeden Exzess in der Ausübung der Staatsgeschäfte und jeden Grenzbereich des Rechts, in dem sich die Staatsraison durch obskure Mittel durchsetzen könnte. Alle Macht wird darum vom Prinzip der Publizität beherrscht werden. Das liberale Denken [...] zensiert den Raum des Geheimnisses«.[69] Diese – zugleich moralische und legalistische – Verwerfung des Geheimnisses in der Moderne aber schüttet, wenn man so will, das Kind mit dem Bade aus: Was nicht öffentlich ist und was nicht dem Raum der Gesetze angehört, ist von vornherein verwerflich. Damit aber verwischt sich eine Differenzierung, die dem Staatsgeheimnis in seiner langen Begriffsgeschichte stets inhärent war. Clapmarius, einer der deutschen Gewährsmänner für die *arcana*-Lehren des 17. Jahrhunderts, stellt – in expliziter Anlehnung an Tacitus – die *arcana dominationis* den *flagitia dominationis*, den Schandtaten und Ehrlosigkeiten der Herrschaftsausübung entgegen, die *arcana* sind die »certa & secreta privilegia conservandae dominationis«, die sicheren und geheimen Vorrechte, die Herrschaft zu bewahren.[70] Clapmarius' Differenzierung reinigt die *arcana* so von jener – bei Tacitus noch gegebenen – moralischen Zweideutigkeit: Sie sind die heimlichen Mittel zum Guten, während die *flagitia* die öffentlich gewordene Schande sind. Aber sie bleiben bloße Mittel, keine Regeln oder Normen. Deshalb trennt Clapmarius die *arcana* begrifflich von den Gesetzen: »ferner unterscheide ich die *Geheimnisse* des Herrschens genauer von jenen, welche die *Gesetze* der Herrschaft sind.«[71] Der Raum der *arcana* ist nicht notwendig der des zu verbergenden Verbrechens, sondern der Raum jener Eingriffe und Entscheidungen, die nicht dem Regelwerk des Rechts unterworfen sind, nicht einmal jenes Ausnahmerechts, das in seinem Entwurf die *iura dominationis* gegenüber dem *ius commune* darstellt.

Es ist dieser Bereich *außerhalb* oder an den Grenzen des Rechts, der in der Politik der Moderne moralisch und damit auch politisch fragwürdig wird. Carl Schmitt, den bekanntlich genau das Moment der Aufhebung des Rechts (der »Ausnahmezustand«) als ein Sich-Zeigen der Souveränität interessiert, interpretiert Clapmarius darum als Reflexion über die Funktionsprinzipien der Herrschaft jenseits von Gesetzen und Normen. Er betont die außermoralische Neutralität jener Mittel, die die *arcana* bezeichnen. Schmitt geht es darum, den zugleich ominösen und anrüchigen Beigeschmack, den die Staatsgeheimnisse in der Moderne bekommen haben, zu neutralisieren: »*Arcanum* hat auch da, wo er Staatsgeheimnisse bedeutet, nicht mehr und nicht weniger Mystisches wie der moderne Begriff des Betriebs- und Geschäftsgeheimnisses«.[72] Die Staatsgeheimnisse mit dem Betriebsgeheimnis zu vergleichen ist eine zugleich verharmlosende und ernüchternde Säkularisierung, die Schmitt auch dem Staatsapparat selbst angedeihen lässt. Ein Betriebsgeheimnis ist ein rein defensives Geheimnis an der Grenze zwischen dem, worüber nicht geredet werden darf, und dem, worüber zu reden sich nicht lohnt. Über die Organisation von Infrastruktur, Verwaltungswegen, Archivsystemen und so fort kann man, so ist die Idee, nicht streiten. Der Staatsapparat ist nicht politisch, sondern funktional. Jenseits der modernen Moralisierung des Politischen, jenseits der Rechtsordnung und zugleich deren materielle Basis, ist der Staatsapparat (und mit ihm die neuzeitliche Staatsräson) nach Schmitt ein Gebiet reiner »Sachtechnik«:

> »Der moderne Staat ist historisch aus einer politischen Sachtechnik entstanden. Mit ihm beginnt, als sein theoretischer Reflex, die Lehre von der Staatsräson, d. h. einer über den Gegensatz von Recht und Unrecht sich erhebenden, nur aus den Notwendigkeiten der Behauptung und Erweiterung politischer Macht gewonnenen soziologisch-politischen Maxime. Militär und bürokratisch geschultes Beamtentum, die »Exekutive«, sind der Kern dieses Staates, der seinem Wesen nach Exekutive ist. Der Exekutive ist es vom technischen Gesichtspunkt aus egal, in welchem Dienst sie funktioniert [...].«[73]

Nur scheinbar ist diese Betonung der Neutralität des Apparats (Exekutive und Beamtentum) historisch auf den absolutistischen Staat gemünzt – eigentlich zielt sie auf das Wesen des Staatsapparats und seiner Geheimnisse in der Moderne. Der Apparat funktioniert jenseits der Frage, welche Form politischer Repräsentation, welche Gesetze, welche Regierungsform herrschen. Der Apparat betrifft die Infrastruktur, die banalen Fragen der Verwaltung, der Versorgung, des Verkehrs von Menschen, Nachrichten und Waren.[74] In Schmitts Theorie von der Diktatur geht es nicht zufällig um den Ausnahmezustand, seine Funktionen, sein Verhältnis zur Rechtsordnung, seine Limitierung – und es ist dieser Bereich jenseits oder »unterhalb« des Gesetzlichen, dem er das Staatsgeheimnis zuordnet. Das Staatsgeheimnis, so lässt sich Schmitts These zuspitzen, ist die Ausnahme des Politischen in der Moderne, das Moment, in dem sich die Ordnung der Transparenz und der Rechtlichkeit, das Gebot von Repräsentation und Deliberation freiwillig aufhebt und Raum schafft für etwas, das ihren Prinzipien entzogen ist. Diese Sphäre ist aber nicht gedacht als zeitliche Aufhebung der Rechtsordnung, sondern ein Moment des Staats selbst, seine permanente, ihm inhärente Ausnahme. Ein Untergeschoss des Politischen, eine dem Blick entzogene Basis. Der Raum des Staatsgeheimnisses ist die in der Ordnung selbst vorgesehene Aufhebung der Ordnung, der in die Kultur der Öffentlichkeit integrierte Entzug der Öffentlichkeit.

Permanenter Ausnahmezustand

Schmitts »Neutralisierung« und »Technifizierung« des Staatsgeheimnisses zielt in den Kern der Ambivalenz des modernen Staatsgeheimnisses: Es ist Funktionsgeheimnis und Mittel der Sicherung, Stabilisierung und des Schutzes staatlicher Ordnung – es eröffnet aber auch einen rechtsfreien Raum, in dem unkontrolliert und ungeahndet Gewalt angewendet, betrogen, manipuliert und vertuscht wird. Als Funktionsgeheimnis der materiellen Basis eines Staats, als Wissen über die Infrastruktur, als Schutz gewisser Technologien, als

Nicht-Öffentlichkeit von Verwaltungsvorgängen ist das Staatsgeheimnis defensiver Natur. Sichtbar wird diese materielle Basis erst im Moment ihrer Störung oder Sabotage – und auf die Prävention dieser Störung ist das funktionale Staatsgeheimnis ausgerichtet. Einen aktuellen Reflex findet diese Seite des Staatsgeheimnisses beispielsweise darin, dass – zum Schutz gegen Terroranschläge – in den USA seit 2002 alle technischen Informationen über E-Werke, Atomkraftwerke, chemische Fabriken und ähnliche sensible Infrastruktur als geheim klassifiziert worden sind. – Als Wissen und Wirken der Geheimdienste, als *covert action*, d. h. illegaler Eingriff in die inneren Angelegenheiten anderer Staaten, als Polizeistrategie oder politische Korruption aber gleitet das Staatsgeheimnis in die Grauzone des Halblegalen – wenn nicht des politischen Verbrechens. Gutwillig lässt sich diese Ambivalenz als tendenzielle »Pathologie« des Politischen beschreiben, ein Entgleiten notwendiger und legitimer politischer Mittel in demokratisch unerwünschte, illegale und unkontrollierbare Dynamiken. So hat Carl J. Friedrich »secrecy« zu diesen Krankheitserscheinungen des Politischen gezählt, zusammen mit Gewaltanwendung, Verrat, Korruption und Propaganda. Die Pathologien des Politischen sind dabei nicht einfach dysfunktionale Aberrationen der Macht, sondern, so Friedrichs Ansatz, zweischneidig in ihrer gelegentlich berechtigten oder innovatorischen Funktionalität – und ihrer Destruktionskraft.[75] *Secrecy*, Geheimhaltung, entfaltet sich demgemäß zwischen einem Schutz von bürgerlichen Freiheitsrechten (etwa im Wahlgeheimnis) und der Unabhängigkeit von Entscheidungen (im Amtsgeheimnis) einerseits und einer Bedrohung von Gesetzlichkeit und demokratischer Transparenz andererseits. »Secrecy«, so Friedrich, »constitutes a basic paradox of democratic politics«.[76] Letztes Kriterium für die Funktionalität von Geheimhaltung – und Geheimdiensten – ist darum die Balanciertheit der politischen Ordnung, in deren Dienst sie gestellt wird: Während totalitäre Regimes eine Hypertrophie sowohl von Geheimhaltung als auch von Geheimniserforschung betreiben, sind demokratische Regierungen gehalten, ein ›gesundes‹ Maß an Geheimhaltung inmitten eines politischen Gebots der Offenlegung einzuhalten.[77]

Friedrichs Argumentation ist exemplarisch für eine pragmatische Lösung des Paradoxes: Der Widerspruch wird aufgelöst in der Forderung nach einer Balance zwischen Mitteln und Zwecken. Geheimhaltung, Geheimdienste, verdecktes Vorgehen, Überwachung der eigenen Staatsbürger etc. werden als bloße Mittel gesehen, die für »security und survival« des verfassungsmäßigen Staatsapparats notwendig sind[78], ein letzter Reflex jener alten Theorie der *arcana imperii* als der Stabilisierung von Ordnung und Macht. Genau darum ist der Begriff des Staatsgeheimnisses, zum Beispiel im deutschen Strafrecht, rein defensiv gefasst und lediglich auf die Außenpolitik gemünzt:

> »Staatsgeheimnisse sind Tatsachen, Gegenstände oder Erkenntnisse, die nur einem begrenzten Personenkreis zugänglich sind und die vor einer fremden Macht geheimgehalten werden müssen, um die Gefahr eines schweren Nachteils für die äußere Sicherheit der Bundesrepublik Deutschland abzuwenden.«[79]

Auch der Verrat, die Preisgabe an Unbefugte oder die Offenlegung von Staatsgeheimnissen werden als etwas gefasst, das nur im Hinblick auf einen aktuellen Gegner, eine, wie es heißt, »fremde Macht« und eine Bedrohung der nationalen Sicherheit strafbar ist. Darin zeigt sich die Bemühung demokratischer Staaten, die defensive und funktionale Seite des Staatsgeheimnisses säuberlich zu bewahren und die aggressive und verbrecherische Seite politischer Geheimhaltung zu limitieren. Von hier aus mögen sich die Details und Verfahren demokratischer Kontrolle jener geheimen Sphäre des Politischen entwerfen lassen, eine Limitierung des Geheimnisses, die auf dem Grat der Funktionalität wandelt. Aber die Möglichkeit, dass aus den Geheimnissen der Regierung deren Verbrechen hervortreten, bleibt unkontrollierbar gegeben.[80]

Denn das Geheimnis hat eine Dynamik, die sich nicht in der graduellen Abwägung von Mitteln und Zwecken stillstellen lässt. Vielmehr muss das Verhältnis von Staatsgeheimnis und Öffentlichkeit als grundlegendes Paradox gefasst werden. Zumindest in modernen Demokratien entspricht das Verhältnis von Geheimhaltung und Transparenz eher dem Verhältnis von Ausnahmezustand und Gesetzesordnung, Aufhebung und Sicherung des Rechts im Notstand.

Der alte Grundsatz *necessitas legem non habet* wird von Dewerpe für die Moderne als eine *Austreibung* der Notwendigkeiten aus dem Raum des Rechts gelesen.[81] Und diese Austreibung verweist auf den Notstand, auf eine Sphäre außerhalb des Rechts und außerhalb der öffentlichen Kontrolle. Das Staatsgeheimnis eröffnet einen ›rechtsfreien Raum‹, in dem staatliche Macht sich ohne öffentliche Kontrolle in ihrer Reinform Geltung verschafft. In diesem Raum herrscht Krieg, und es gelten bestenfalls noch Regeln oder Abkommen der Kriegsführung, nicht mehr die Gesetze des zivilen Lebens. Die *covert actions* der CIA oder die Rache-Attentate des Mossad und des russischen Geheimdiensts FSB sind nur die schrillsten Beispiele dieser Entrechtlichung unter dem Schutz des politischen Geheimnisses – von den Entführungen und Ermordungen des NKWD und KGB oder dem Bespitzelungssystem der ostdeutschen Staatssicherheit ganz zu schweigen. 1995, unter der gegenüber den Geheimdiensten kritischen Clinton-Regierung, wurde in den USA ein Gesetz verabschiedet, das es Mitarbeitern der amerikanischen Geheimdienste verbot, Mitglieder fremder Regierungen zu ermorden – eine Regelung, die vor allem auf die Zustände vor ihrem Inkrafttreten ein Licht wirft.

Die Mittel der Geheimhaltung und des heimlichen Agierens sind nicht mehr Klugheitsregeln der Macht, sondern Maßnahmen, die eine Aufhebung oder Aussetzung des Rechtlichen voraussetzen oder vollziehen. Die modernen *arcana imperii* sind ein auf Dauer gestellter Ausnahmezustand, eine permanente (Selbst-)Suspendierung der Rechtsordnung, in deren Raum die Möglichkeit reiner, ›rechtsfreier‹ Gewalt eröffnet wird. Es ist aber diese permanente Ausnahme und Aufhebung, in der, nach Giorgio Agambens Theorie über die Struktur moderner Souveränität, das Gesetz und die Ordnung überhaupt erst möglich werden.[82] Das Staatsgeheimnis ist demnach nicht in Termini von Gesundheit und Pathologie als ein »zuviel des Guten« zu denken, sondern als eine Ausnahme, die die Regel, den Zustand der Gesetzmäßigkeit und der Öffentlichkeit selbst konstituiert:

> »Es ist«, schreibt Agamben, »nicht die Ausnahme, die sich der Regel entzieht, es ist die Regel, die, indem sie sich aufhebt, der

> Ausnahme stattgibt; und die Regel setzt sich als Regel, indem sie mit der Ausnahme in Beziehung bleibt. Die besondere ›Kraft‹ des Gesetzes rührt von der Fähigkeit her, mit einem Außen in Beziehung zu bleiben.«[83]

Der Raum der zivilen Rechtsordnung festigt sich genau darin, dass er einen anderen Raum öffnet, in dem Gesetze nicht gelten und Fragen der Legitimität gar nicht erst aufgeworfen werden. Agamben betont die Ideologie oder »Fiktion«, die darin besteht, diesen Ausnahmezustand so zu betrachten, als stünde er in einem geregelten Verhältnis zur Rechtsordnung. Eine Formulierung dieser Fiktion ist die apologetische Rede von der Verteidigung der Rechtsordnung durch das Geheime. Staatsgeheimnis und Öffentlichkeit, Recht und rechtsfreier Raum werden zu Möglichkeitsbedingungen für einander, aber sie bleiben, wie Agamben insistiert, einander substantiell unvereinbar.[84]

Effet de secret und Fiktion

In einer politischen Kultur der Transparenz ist das Geheimnis etwas, dessen konstitutive Rolle im Politischen nicht mehr zugegeben werden kann – es sei denn im laschen Ton der bedauerlichen Notwendigkeit. Das moderne Staatsgeheimnis verfällt damit einer Logik der Verdrängung: Es ist da, aber unaussprechlich, nicht selten verborgen in den Tiefen des Verwaltungsapparats, technischer Details oder in der Geheimniskrämerei der Nachrichtendienste, die lange Zeit sogar ihre eigene Existenz dementierten. Das Staatsgeheimnis zeigt sich, aber nicht als integraler Teil einer politischen Ratio, sondern nur als Skandal, Panne oder Indiskretion. Immer ist es ein Unfall des Regierens, wenn die *arcana imperii* zu Tage treten, weil jemand zum Feind übergelaufen ist, weil jemand als Maulwurf oder Verräter angeklagt wird oder weil ein Ereignis – wie etwa die Ermordung Kennedys oder die Anschläge des 11. September 2001 – so unerklärlich ist, dass es eine unendliche Produktion von Erklärungen erzeugt. So prekär das politische Geheimnis geworden ist, so populär ist es andererseits.

Die Tätigkeiten der Geheimdienste sind in aller Munde, werden journalistisch ausgeforscht und sind die Quelle einer politischen Phantasmatik, die unterhalb der Langweile parlamentarischer Debatten die irrwitzigsten Abenteuer, Verbrechen und Desaster vermutet. Je geheimer die Arbeit der Nachrichtendienste, desto intensiver die Diskursproduktion. Nicht zufällig sind die fünfziger bis achtziger Jahre des 20. Jahrhunderts, als Geheimdienstzentralen noch keine Adressen hatten (geschweige denn ihre eigene Homepage) und die amerikanische Abhörbehörde NSA noch »no such agency« war, das goldene Zeitalter der politischen Thriller, Agentenfilme und Spionageromane. Das moderne Staatsgeheimnis überdauert weniger in der Verschweigungsstruktur des *arcanum,* des nicht Kommunizierten, als in der Form markierter Versteckheit, wie sie das Geheimnismodell des *secretum* verkörpert: Man weiß, da ist etwas, das entdeckt und entschlüsselt werden will. Es erzeugt und nährt eine ständige Aufforderung zur Suche und zum Misstrauen. Neben den politischen Thrillern und den Geheimdiensten als populärem Thema von Filmen und Romanen scheint es gerade die Aufgabe der Massenmedien als Instanzen einer Kultur der Öffentlichkeit zu sein, permanent an der Aufdeckung des Geheimen in der Politik zu arbeiten: Sie *erzeugen* das Geheimnis in der ständigen Anstrengung, es zu zerstören. Es ist, wie Alain Dewerpe formuliert, ein »secret de Polichinelle«[85], ein Geheimnis, das jeder kennt, das jeden interessiert, das jeder immer schon gewusst haben will. Das vielleicht bestgehütetste Geheimnis moderner Geheimdienste ist in dieser Kakophonie der Enthüllungen und Skandale das ihres Normalbetriebs: die zähe, oft langweilige Routine des Datensammelns aus nicht selten trüben Quellen, das mühselige Überprüfen und Auswerten der Informationen aus dem Feld und schließlich das diplomatische Kunststück, die so gewonnenen politischen und militärischen Einschätzungen auch der Regierung plausibel zu machen. Aber wer will das lesen?

Dabei setzt sich der Diskurs der Aufdeckung über die vielbeschworene Differenz von »Fiktion« und »wirklichem Geschehen« hinweg. Die Unterscheidbarkeit von Erdichtetem und Wirklichem, die in den Gattungstheorien etwa des politischen Thrillers oder des

Spionageromans immer wieder beschworen wird, um sie alsdann für überwunden zu erklären, macht in der Logik des *secretum* keinen Sinn.[86] Der sogenannte investigative Journalismus, nicht minder investigative Agenten-Filme oder -romane, aber auch Autobiographien von Ex-Agenten oder Verrätern und schließlich historiographische Rekonstruktionen von Geheimdienstaffären oder Verschwörungsszenarien sind gleichermaßen Teil eines gemeinsamen Diskurses, der im Bann des politischen Geheimnisses steht, ein Diskurs, der nichts ist als ein *effet de secret* des Staatsgeheimnisses. Es gibt keine »nicht-fiktionale« Rede davon – aber scharfsinnigere und weniger scharfsinnige Fiktionen. Dass jede Geste der Aufdeckung, der Spekulation, Variation oder Rekonstruktion im Banne des *effet de secret* steht, heißt auch, dass Fiktion in diesem Raum nicht mehr einfach das Erfundene, Erdichtete im Gegensatz zur »Realität« ist. Der oft gelobte und als Merkmal einer Evolution der Gattung hervorgehobene »Realismus« von Spionageromanen ist nicht seine Nähe zu einer »Wirklichkeit«, die per definitionem ungreifbar sein muss, sondern eine Darstellungsstrategie, in dem der *effet de secret* zum *effet de realité* wird: eine narrative Entfaltung von Wissen, wo unterstellt wird, dass eigentlich nichts gewusst werden kann. Der Realismuseffekt der politischen Fiktionen ist darum ein epistemologisches Moment, in dem die Struktur des Politischen sich in der Struktur von Texten niederschlägt: als phantasmatische Verstrickung der Feinde (s. Kap. *Cold War: The Human Factor*), als kolonialer Traum vom verfügbaren lokalen Wissen (s. Kap. *The Great Game*), als Verhaltenslehre des klandestinen Arbeitens (s. Kap. *Agenten der Weltrevolution*) oder als Einbruch des Politischen in das Geschlechterverhältnis (s. Kap. *Spionin–Spion*). Wenn Figuren wie James Bond nicht »realistisch« wirken, dann nicht, weil es in der »Wirklichkeit« keine als Füllfederhalter getarnten Schusswaffen gibt, sondern weil Flemings Romane keinerlei politischen Spieleinsatz haben und keinerlei Geheimnis bergen.

Wenn das Staatsgeheimnis in der Moderne verdrängt ist, dann sind die Fiktionen darüber einerseits ein Symptom dieser Verdrängung. Andererseits sind sie ein Modus, etwas zur Darstellung zu bringen, der das nicht antastet, was der ursprüngliche Grund für die Verdrängung war. Die Fiktionalitätsklauseln, die vielen Filmen und Romanen vorangestellt sind, sind damit kaum mehr als sehr durchsichtige Tarnmäntelchen, die augenzwinkernd gerade einen Realitäts-Effekt erzeugen wollen: »Die Ereignisse, von denen in dieser Erzählung die Rede ist, sind gänzlich imaginär. Mehr noch: jede Ähnlichkeit mit der Wirklichkeit wäre nicht nur zufällig, sondern geradezu skandalös«, stellt Jorge Semprún seinem Roman über einen Agenten voran, der den Namen des Trotzki-Mörders Ramón Mercader als Decknamen benutzt.[87] Die Fiktionalitätsklausel indiziert eine Historizität, die sie sogleich durchstreicht. Diese plakative Durchstreichung im Modus der Fiktion aber eröffnet einen Raum, in dem alles gesagt werden darf, in dem Geheimnisse ausgesprochen, Taktiken exploriert, Verschwörungen verfolgt, Verbindungen nachgegangen werden kann. Fiktion im Sinne der Borgesianischen *ficción* als Variation und Version, als kontingente Variante eines Ereignisses, das niemals als ›Klartext‹ geschrieben werden kann, verweist auf diese essentielle Verschiebung jeder Rede über das Geheimnis. *Fiktion* ist der Reflexionsraum der modernen *arcana imperii*, ihr eigentliches Medium. Leichen im Keller der Macht, die in ihr ans Licht gezogen werden, sind nicht so sehr »skandalös« wie Semprún meint, sondern immer schon negiert, so viel Blut im richtigen Leben auch geflossen sein mag. Betriebsgeheimnisse der Macht können behandelt und verhandelt werden, dennoch wird niemals irgendeine dieser Reden ihre Form und ihre Existenz in Frage stellen. Instruktionen können gegeben werden, ohne zugleich ihren eigenen Effekt zunichte zu machen, wie Brechts intrikates Gedicht *Verwisch die Spuren* vorführen wird (s. Kap. *Agenten der Weltrevolution: »Verwisch die Spuren«*) oder Kiplings Anleitung zum Aufbau eines effizienten Kolonialgeheimdiensts (Kap. *Local Knowledge*). Dennoch heißt das nicht, dass die triftigen Phantasien des Politischen, die im Medium der Fiktion zur Darstellung gelangen, ohne jede Wirksamkeit wären. Sie sind im Gegenteil hochwirksam, aber weder – wie oft angenommen wird – als Gesten der Entlarvung, noch – wie ebenso oft angenommen wird – als Täuschungsmanöver eigener Art, als ideologische Rechtfertigungen einer »Aushöhlung der Werte«[88] im perfiden Geheimdienstmilieu. Fiktionen sind weder Wahrheit noch Lügen über das politische Geheimnis. Ihre Wirksamkeit ist am ehesten mit dem Begriff der »heuristischen Fiktion« zu beschreiben. Ihre Teilhabe an einer politischen Epistemologie des Geheimnisses macht sie zu Versuchsfeldern des Denkens, in denen Hypothesen entwickelt, Szenarien probiert, Plausibilitäten getestet werden. »Was wäre, wenn ...« ist eine mögliche Richtung des Erkenntnisinteresses, eine andere, die eher kriminalistische Variante, »Wie könnte es gewesen sein?«, eine weitere, tendenziell paranoide »Was steckt wirklich dahinter?«

Aber Fiktionen sind nicht nur wirksam als Instrumente der Erkenntnis, sondern ebenso – und das eine ist unentscheidbar mit dem anderen zu verwechseln – Instrumente der Verdeckung und Täuschung. Sie können Versionen verbreiten, die dazu dienen, von bestimmten Ursachen und Zusammenhängen abzulenken – die Autobiographien von Geheimdienstmitarbeitern und prominenten Verrätern sind dafür nur das plakativste Beispiel (als beispielhafter Fall dient hier die Autobiographie Kim Philbys, Kap. *The Human Factor: »My Silent War«*). Die Rhetorik der Aufdeckung oder Beichte des Geheimen – Marin hatte es gesagt – kann den Blick eher vernebeln als klären. Die spektakuläre Offenlegung kann Teil der Geheimhaltung und damit des Geheimnisses selbst sein, »Spielmaterial«, wie es im Jargon der Spionage heißt. Aber im Reflexionsmedium der Fiktion ist immer strukturell angelegt, dass hier etwas *zu lesen gegeben* wird, dass es hier um *eine* Version eines Geschehens geht – eine Version, deren Kontingenz immer mitgedacht werden muss. Alle Rekonstruktionen, alle abenteuerlichen Geschichten, alle Geständnisse und alle lückenlosen Verdächtigungen verweisen immer darauf, dass sie selbst eine Verschiebung, ein »Umweg des Denkens«[89] sind, ein Umweg unter anderen möglichen Pfaden. Ihr »Wahrheitseffekt« ist einer, der sich selbst – ob gewollt oder nicht – dementiert. In diesem Dementi aber liegt der Kern dessen, was die politischen Fiktionen für das Politische in der Moderne leisten. Was sie hervortreiben, denkbar, erzählbar machen, ist jene paradoxe Doppelbödigkeit des Politischen, die sich in der Struktur des modernen Staatsgeheimnisses niederschlägt: seine Angewiesenheit auf das Geheime wie auf seine Verdrängung, seine Verkoppelung von Rechtsförmigkeit und Gewalt, von Transparenz und Täuschung.

SECRET INTELLIGENCE

Force, and Fraud, are in warre the two Cardinal vertues.
Thomas Hobbes: *Leviathan*[90]

Epistemologie der Feindschaft

Die Institutionen, die zugleich die Anrüchigkeit wie die Effizienz des Geheimnisses in der Politik der Moderne verkörpern, sind die Geheimdienste. Sie operieren in jener zweideutigen Sphäre, die der öffentlichen Debatte und Kontrolle entzogen ist, und sie sind der favorisierte Kristallisationspunkt der Fiktionen um das Geheimnis der Macht in der Moderne. Geheimdienste sind dabei jedoch nicht nur Instrumente geheimer politischer Eingriffe, sondern zuallererst Instanzen der Konstitution und Verarbeitung eines spezifischen Typus von Wissen: »militärisch-politische Aufklärung«, auf englisch wesentlich anspielungsreicher »Secret Intelligence« genannt. Damit tritt die epistemologische Dimension des Staatsgeheimnisses in den Blick. Was ist das Wissen, das zum Gegenstand geheimen Staatswissens wird? Was ist seine Struktur, welches sind die Regeln seiner Produktion, Zirkulation und Wirksamkeit? Klar ist, dass dieses Wissen immer schon auf einen möglichen oder tatsächlichen Konflikt, eine sichtbare oder unsichtbare Bedrohung bezogen ist. Der Geheimnistyp, mit dem es Intelligence zu tun hat, ist so gleichsam die aggressive, kriegerische Seite der *arcana imperii*: nicht die Kunst des wissenden Schweigens und der Diskretion, sondern die Tücken der Kriegslist, die heimliche Transmission von Nachrichten und die Ausspähung des Feindes. Intelligence ist ein Wissen, das irreduzibel von der Gefahr und der List durchdrungen ist, aus der es seinen Ursprung hat: dem Krieg. Trotz aller administrativen Rationalisierung und technischen Objektivierung, die es in der Moderne erfahren hat, bleibt es doch zuletzt immer anrüchig, gewaltträchtig und riskant, nicht nur für die, die Gegenstand des geheimdienstlichen Willens zum Wissen werden, sondern auch für die, die es produzieren. Die Epistemologie der Secret Intelligence ist die Epistemologie der Feindschaft.

Dennoch geben sich seine Definitionen überraschend akademisch. Die enzyklopädischen Einträge zum Stichwort *Intelligence* verzeichnen eine dreistellige epistemische Operation: erfassen – sammeln – auswerten. »Evaluated information« nennt die Encyclopedia Britannica Intelligence, »that can be given to leaders to help them in their decision making.«[91] Was hier als der Nexus von Wissen und Entscheidung vorgestellt wird, gliedert sich strukturell in die Dreifaltigkeit von Prozess, Ergebnis und Institution von Aufklärung: »Intelligence is a kind of knowledge; the type of organization which produces the knowledge; the activity pursued by the intelligence organization«.[92] Geheimdiensttheoretiker selbst haben die spezifischen Probleme ihrer Wissenserhebung und -verarbeitung in Termini der neueren Wissenschaftstheorie gefasst und berufen sich auf Popper, Feyerabend und Lakatos.[93] Die Fragen, die sich von hier aus stellen, führen direkt ins philosophische Seminar: Gibt es so etwas wie »Paradigmenwechsel« in der Welt der nachrichtendienstlichen Aufklärung? Schreitet man von Einzeldaten zur Theorie und Prognose oder bestimmen vielmehr theoretische Grundannahmen die Art der Datensammlung und -auswertung? Ein solches szientifisches Verständnis von Intelligence erklärt diese zu einer Unterart der empirischen Sozialwissenschaften. Intelligence wäre dann ein Prototyp der »angewandten« Wissenschaft, mit klar umrissenen Fragestellungen, quantifizierbaren Daten, empirischer Beobachtung und falsifizierbaren Theorien.[94] Gleichwohl gibt es einen kleinen, aber entscheidenden Unterschied: Da, wo in den Sozialwissenschaften »Gesellschaft« das Objekt darstellt, steht für Intelligence der »Feind«.[95] In den Selbstbeschreibungen moderner Nachrichtendienste, die sich gern in diesen szientifischen Termini beschreiben, klingt es sogar so, als könne man davon ausgehen, dass dieser Feind sich ebenso verhält wie Natur in den Naturwissenschaften: berechenbar und regelhaft.[96] Zwar bleibt die methodologische Schwierigkeit, dass die Verfahren der Beobachtung Änderungen im Verhalten des beobachteten Gegenstands hervorrufen können, aber grundsätzlich scheint es, als ließe sich der »Feind« in positives Datenmaterial (Truppenstärken, Bruttosozialprodukt, Aufmarschpläne, Bilder und Transkripte von abgefangenen Nachrichten) verwandeln, das, versetzt mit den Faktoren politischer Gemengelagen, tendenziell zu regelhaft beschreibbaren und verlässlichen Szenarien aufbereitet werden kann. Computersimulationen weltweiter Konfliktherde werfen dann idealiter Prognosen aus, die den »Entscheidungsträgern« als Grundlage ihrer Politik dienen. Zumal in den Szenarien der Spieltheorie, die im Kalten Krieg zu einer favorisierten Technik der Modellierung künftiger Kriege und Konflikte wurde und erst heute langsam an Geltung verliert, erscheint Politik geradezu als Mathematik mit anderen Mitteln (s. Kap. *War Games*).

Diese Vorstellung von militärisch-politischer Aufklärung als Produkt quasi-wissenschaftlicher Forschungsverfahren und bürokratischer Aufbereitung ist allerdings eine eher späte Entwicklung in der Geschichte eines Wissens, das sich vor allem durch seinen intensiven Bezug zur Macht und zum Kampf auszeichnet. Nicht die Quantifizierbarkeit des Feindes, nicht seine Beobachtbarkeit oder die Prognostizierbarkeit seines Handelns sind die grundlegenden Parameter geheimdienstlicher Aufklärung, sondern die Tatsache, dass es sich um *den Feind* handelt. Wer Gegenstand dieses Wissens wird, ist per definitionem Feind: »Intelligence is about ›them‹, not ›us‹«,[97] schreibt der Geheimdiensttheoretiker Michael Herman. ›Die anderen‹ sind das, was im Prozess dieser Wissenskonstitution unter hohem Risiko ins Visier genommen wird. Das können Konspirateure und Revolutionäre sein, die notorischen »reds under the beds« des Kalten Krieges, Verräter, Maulwürfe, Agitatoren oder Terroristen verborgen im Untergrund der eigenen Gesellschaft und der eigenen Institutionen. Oder es sind das »Feindesland«, das Terrain und die

Institutionen des Gegners, seine Truppen, seine Administration, seine Pläne, seine Stärken und Schwächen – und nicht zuletzt *seine* Geheimdienste. Was in den Blick dieses Wissens gerät, ist gefährlich und muss als solches erkannt, kontrolliert und gelegentlich gestört oder zerstört werden – und seien es die eigenen Bürger. Mit dem politischen Geheimnis tritt damit die Feindschaft in den Raum zwischen Staat und Staatsbürgern ein, indem es darauf zielt, unsichtbare, erst zu bestimmende Feinde zu entlarven. Die Tendenz der *arcana imperii* zur Entrechtlichung lässt sich so genauer bestimmen als die Einführung einer Logik des Kriegs und der Feindschaft in den zivilen Raum. Staatsbürger werden – zumindest hypothetisch – zu Feinden. Das Kriegsgeheimnis folgt einer Logik des Verdachts und des konstitutiven Misstrauens und bedient sich umgekehrt der aktiven Täuschung und Tarnung. Intelligence verlagert so das Arkanum vom Innenraum des Regierens, in dem die alteuropäischen *arcana imperii* beschlossen lagen, nach außen, in den Raum zwischenstaatlicher Konflikte und Kriege oder dessen, was im Inneren der Gesellschaft als ihr Äußeres gesehen wird ist: der innere Feind, der Verräter, die »subversiven Elemente«.

Krieg und List: Sun Tzu

Es ist darum nur folgerichtig, dass die erste und zugleich elementarste Theorie der Intelligence in einem Traktat zur Kriegführung niedergelegt wurde. Sun Tzus *Ping fa* (*Die Kunst des Krieges*) ist nicht nur eines der ältesten und brillantesten Lehrbücher der Taktik, sondern auch eine durchgearbeitete Lehre von Kriegslist und Feindaufklärung [*Abb. 4*]. Auch wenn das Traktat, das vermutlich unter der Herrschaft des Königs von Wu zwischen 400 und 320 v. Chr. entstand, 1772 vom Jesuitenpater Joseph Amiot ins Französische übersetzt wurde und das Geheimnis von Napoleons militärischen Erfolgen gewesen sein soll, so ist es doch eigentlich ein Text, der erst im 20. Jahrhundert in Europa zur Kenntnis genommen wurde.[98] Mit Sicherheit allerdings war es die Inspirationsquelle für

Abb. 4: Sun Tzu lässt die Konkubinen des Königs exerzieren. Eine Anekdote überliefert, dass König Ho-lü um seine Fähigkeiten zu testen, Sun Tzu auftrug, seinen Konkubinen das Exerzieren beizubringen. Sun Tzu ernannte die beiden Lieblingskonkubinen zu Anführerinnen und übertrug ihnen die Verantwortung für die Disziplin der anderen. Die Konkubinen lachten nur über den Auftrag und weigerten sich. Gegen den Willen des Königs ließ Sun Tzu die beiden Lieblingskonkubinen hinrichten. Daraufhin exerzierten die Konkubinen mit bewundernswerter Disziplin. Aus: Sun Tzu: The Art of War, hg. Samuel B. Griffith, London/New York: Oxford University Press 1971.

die Partisanentaktik und die Technik des revolutionären Kriegs für Mao Zedong.[99] Heute applizieren militärhistorische Lehrbücher die *Kunst des Krieges* auf die Schlachten der europäischen Kriegsgeschichte oder vergleichen seine taktischen Lehren mit denen der Klassiker Clausewitz und Jomini,[100] und kaum eine Veröffentlichung der CIA kommt ohne ein Motto Sun Tzus aus.[101] Paul Virilio, dessen Interesse an psychologischer Kriegführung, Raum und Geschwindigkeit Sun Tzu vieles verdankt, gibt einem seiner programmatischen Aufsätze einen Titel aus den Lehrsätzen des *Ping fa*.[102] Dennoch ist weder die Psychologie der Feindüberlistung, die bis in populäre Ratgeber für Broker und Manager abgesunken ist, das eigentlich Bahnbrechende an Sun Tzus Text, sondern seine Ökonomie der Kriegführung.

Das kurze Traktat, das durch Ssu-ma Ch'ien als eine thematisch gegliederte Sammlung knapper Lehrsätze (mit von späteren Kommentatoren eingefügten historischen Beispielen) überliefert ist, bietet eine fundamentale Theorie einer Kriegführung, die idealiter die Unterwerfung des Gegners ohne einen einzigen Waffengang anstrebt. Es ist eine Theorie des reinen Krieges, eines Krieges, der so wenig Menschen, Waffen und Geld wie möglich verbraucht.[103] Sun Tzus Kunst des Krieges ist eine Ökonomie des Krieges, deren wichtigste Ressource das Geheimnis und die List sind und die auf eine maximale strategische Wirkung unter geringstmöglichem Einsatz der Mittel abzielt: »To subdue the enemy without fighting is the acme of skill.« (III, 3) Sun Tzu strebt einen fast immateriellen Krieg an, einen Krieg ohne eine einzige Schlacht, einen reinen Krieg der Intelligenzen und der Intelligence. Sun Tzus idealer Krieg wird allein durch rationale Planung und taktische Überlegenheit gewonnen – nicht durch eine Überlegenheit des Materials oder der Technik; es ist ein Krieg der Heerführer, ihrer Entschlossenheit und Klugheit – nicht aber ihrer Ritterlichkeit. Denn die Immaterialisierung des Krieges zu einem Kampf der Intelligenzen ist zugleich die Aufhebung aller Regeln der Fairness oder der Schonung des Feindes. Der Krieg der Intelligenzen ist der entfesselte, regellose Kampf, eine gänzlich rationalisierte und gänzlich diesseitige Kriegführung, deren Grenze einzig der Sinn für die Sparsamkeit der Mittel ist.[104] In der Tradition der modernen Kriegstheorien nach Clausewitz wird Krieg nicht nur als eine andere Form der Außenpolitik und damit als Fortsetzung der Ziele des Staatsapparats gedacht, sondern vor allem als ein »erweiterter Zweikampf«, »ein Akt der Gewalt, um den Gegner zur Erfüllung unseres Willens zu bringen.«[105] Der Krieg als Kampf zweier Staaten um einen politischen Zweck fixiert dessen Dynamik auf das, was als Ziel eines Staates denkbar ist (die Unterwerfung eines anderen Staates) – ein Modell, das erst im totalen Krieg, der vollkommenen Zerstörung und Destrukturierung des feindlichen Staats an seine immanente Grenze kommt. Die Vorstellung eines frontalen Kräfte-Messens, die im Zweikampf-Modell westlicher Tradition gegeben ist, impliziert grundsätzlich die Symmetrie der Gegner – und diese Gleichrangigkeit macht den Kampf zu einem »Kampf um Anerkennung« (Hegel). Diese Anerkennung oder das Ringen um sie sind die Grundlage einer Moralisierung des Kampfes und der Kampfmittel – das heißt, Listen und Heimtücke, Grausamkeit usw. zu ächten. Der Einsatz von List und Täuschung im Kampf dagegen ist die Kunst, mit asymmetrischen Mitteln Krieg zu führen. Die Wirksamkeit des Kriegsgeheimnisses besteht gerade in der Aushebelung symmetrischer Verhältnisse: Wo sich zwei Armeen überschaubar gegenüberstehen, braucht man kein Wissen vom Feind mehr, sondern nur noch die größere Zahl, überlegene Technik, die bessere Taktik. Die Auskundschaftung des Gegners, die geschickte Täuschung aber sind das, was den Schwächeren siegen lassen kann, sofern er denn auch der Listigere ist. Das Kriegsgeheimnis und die Kriegslist sind damit das Moment der Amoralität des Kampfes.

Sun Tzus vielzitiertes Grundaxiom lautet: »All warfare is based on deception.« (I, 17) Die Täuschung ist durch Listen und Fallen, Hinterhalte und Verwirrungstaktiken zu bewerkstelligen: Er empfiehlt beispielsweise, dem Feind einen Köder durch Lagern im offenen Gelände auszulegen, einer umzingelten Truppe Schlupflöcher zu lassen, damit sie nicht bis zum Letzten kämpft, oder rätselhafte Dinge ums Lager zu verteilen, deren Untersuchung den Feind aufhält. Alles muss als das Gegenteil dessen erscheinen, was es ist: »Therefore, when capable, feign incapacity: when active, inactivity. When near, make it appear that you are far away; when far away, that you are near. Offer the enemy a bait to lure him; feign disorder, and strike him.« (I, 18–20) Sun Tzus Kriegstechnik ist das Gegenteil jener abendländischen Vorstellung vom Krieg als einem offenen Kräftemessen. Der geheime Krieg ist kein Kampf um Anerkennung – sondern gerade ein Sieg des Verkennens und Verkannt-Werdens. Sun Tzus ebenso pragmatische wie perfide Mittel der Kriegführung sind Hinterhalte, Täuschungsmanöver, Überraschungseffekte, Geheimhaltung und Tarnung, Ablenkung und Desinformation: »As unfathomable as the clouds, move like a thunderbolt.« (VII, 13) Die aktive Irreführung des Feindes und die Unvorhersehbarkeit der eigenen Manöver sind dabei die eine Seite einer Doppelstrategie aus

Täuschung und Aufklärung, Feind- und Selbsterkenntnis: »Know the enemy and know yourself.« (III, 31) Sun Tzu entwickelt dazu eine Kunst des Spurenlesens: Der Feldherr und seine Späher müssen lernen, die Müdigkeit gegnerischer Soldaten an ihren Flüchen abzulesen, die Geschwindigkeit ziehender Truppen an Form und Höhe der Staubsäulen, die sie aufwirbeln, die Nervosität des Gegners am Lärm, den er nachts macht. (IX)

Diese Doppelung von aktiver Täuschung des Gegners einerseits, Ausspähung und Vorauswissen um die Pläne des Feindes andererseits ist die entscheidende Einsicht Sun Tzus: »If I am able to determine the enemy's dispositions while at the same time I conceal my own then I can concentrate and he must divide.« (VI, 13). Das Wissen vom Feind muss mit Nicht-Wissen auf der Seite des Gegners verknüpft sein. *Intelligence* ist somit immer auch *counter-intelligence,* die Abwehr der gegnerischen Aufklärung und ihre systematische Verwirrung. Es ist die zwieschlächtige Mischung von Wahrheit und Lüge, Erkenntnis und Täuschung, Information und Desinformation, die das Wesen von Intelligence ausmacht. Intelligence ist niemals auf reine Aufklärung, Prävention und tendenziell defensive Erhellung über die Pläne des Gegners reduzierbar – sondern ist immer auch Tarnung, Desinformation, Ablenkungsmanöver, Agitation, Abschreckung.[106]

Diese fundamentale Zwieschlächtigkeit des Kriegsgeheimnisses braucht ihre Agenten. Folgerichtig entfaltet Sun Tzus erstaunlicher Text eine Theorie der Spione und ihrer Einsatzmöglichkeiten. Spione sind die gänzlich diesseitigen Instrumente jener wichtigsten Kunst des Feldherren: die Zukunft vorauszusehen. Sun Tzu stellt sie mit trockener Beiläufigkeit der Beschwörung von Göttern und Geistern gegenüber: »What is called ›foreknowledge‹ cannot be elicited from spirits, nor from gods, nor by analogy with past events, nor from calculations. It must be obtained from men who know the enemy situation.« (XIII, 4)[107] Spione sind die besseren Kenner der Zukunft. Ihre vielfältigen Tätigkeiten und Funktionen entfaltet Sun Tzu in Form einer Typologie von Agenten, die weit über das hinausgeht, was heute im engeren Sinne als Agent gelten würde. Diese Typologie folgt seiner doppelten Lehre von Täuschung *und* Aufklärung des Feindes und denkt Spione darum nicht nur als Kundschafter, sondern auch als aktive Instrumente der Desinformation. Er unterscheidet (1) einheimische Verräter, die Land und Leute kennen (native agents); (2) umgedrehte gegnerische Beamte (inside agents), die Staatsgeheimnisse ausplaudern; (3) gefasste gegnerische Spione (doubled agents), die über den Wissensstand des Feindes berichten können; (4) Überbringer von Spielmaterial (expendable agents), die dem Feind irreführende Informationen liefern und geopfert werden können; (5) Kundschafter, die in Städte und Lager des Feindes eindringen und sie ausspionieren (living agents) und daher lebendig zurückkommen sollten. Spione müssen demnach nicht unbedingt die eigenen Leute sein, sie müssen nicht überleben, sie müssen nicht einmal integer und verlässlich sein. Loyalität spielt keinerlei Rolle.

Dennoch ist der Spion derjenige, der dem Befehlshaber am nächsten steht, der am üppigsten entlohnt werden soll und dessen Rat höchste Geltung hat.[108] Was er leisten soll, ist eine subtile Politik der Information, die die Grundlage jedweder taktischen Entscheidung sein wird: »Von [ihm] hängt die Fähigkeit der Armee ab, sich zu bewegen.«[109] Während in der europäischen Kriegführung mit ihrer Tendenz zur Moralisierung der kriegerischen Mittel Spionage und Verrat als notwendiges Übel und der Spion als unheroischer, infamer Mensch gilt, eine Existenz, die man »braucht, aber nicht schätzt« (Friedrich II.), knüpft Sun Tzu an sie das Geheimnis des unblutigen Erfolges: »One who confronts his enemy for many years in order to struggle for victory in a decisive battle yet who, because he begrudges rank, honours and a few hundred pieces of gold, remains ignorant of the enemy's situation, is completely devoid of humanity. Such a man is no general; no support to his sovereign; no master of victory.« (XIII, 2). Die Spione sind das wichtigste Instrument jener Ökonomie des Krieges, die den Verschleiß an Material und Menschen so gering wie möglich halten will. Der geheime Krieg, der Krieg der Finten und Listen, Täuschungen und Tarnungen ist ein Krieg der kleinen Mittel, ein Krieg mit dem Dolch, nicht dem Schwert.

Neben der Zwieschlächtigkeit von Information und Desinformation im Kern des Wissens vom Feind verweist Sun Tzu noch auf einen anderen Zug des Kriegsgeheimnisses, den Borges – wahrscheinlich in unausgesprochener Anspielung auf den großen Chinesen – in seiner Erzählung *Der Garten der Pfade, die sich verzweigen* herauspräpariert: Das Kriegsgeheimnis unterliegt einer zeitlichen Dynamik der Beschleunigung. »Wie ein Falke auf die Beute« soll die Truppe auf den Gegner herniederkommen (V, 14), heißt es, und einer der wichtigsten Begriffe des Traktats ist die »Vorausschau«. Das Kriegsgeheimnis zielt darauf, Ereignisse in der Zukunft zu produzieren, Wandel zu schaffen, Entscheidungen herbeizuführen. »Speed is the essence of war«, schreibt Sun Tzu. (XI, 29) Das Kriegswissen, die Information, die eine Schlacht entscheiden kann, ist ein Wissen mit sehr kurzer Halbwertzeit, ein Wissen, dessen Maß nicht das einfache Verstreichen von Zeit ist, sondern die Beschleunigung: Es geht darum, *schneller* als der Gegner etwas zu wissen, etwas bis zu einem bestimmten Zeitpunkt zu wissen – danach ist die Information wertlos. Im Kriegsgeheimnis geht es nicht mehr um die Differenz *wissen/nicht wissen*, sondern um *früher/später wissen*. Es zielt auf die Veränderung der Situation, es lauert auf den günstigen Zeitpunkt des Losschlagens – nicht auf die Stabilisierung der Verhältnisse. Es ist weniger bedroht von der Veröffentlichung als von seinem Veralten, wie der gegen die Zeit anrennende Held in Borges' *Der Garten der Pfade* weiß. Das Kriegsgeheimnis befindet sich immer im Wettlauf, ein Wettlauf der Spione und ein Wettlauf der Kommunikationstechniken, wie Virilio bemerkt: »If the secrets of war are always written in the air, only high-speed transmission allows their importance to be usefully deciphered.«[110]

Ursprünge: Polizei und Militär

Im Kern vom Krieg und seinen Listen geprägt, ist Intelligence darum strukturell jener »Kriegsmaschine« zuzuordnen, die Gilles Deleuze und Félix Guattari als reine, raumgreifende Dynamik dem hierarchischen und stratifikatorischen Prinzip des »Staatsapparats« gegenübergestellt haben.[111] Krieg, in der Pointierung Deleuze/Guattaris, ist das Prinzip der Beschleunigung, Geheimhaltung, Gewalt, List – der Staat versteht sich als Fixierung und Verortung, Repräsentation, Gesetz. Die Kriegsmaschine ist darum als Prinzip dem Staat äußerlich – auch wenn dieser sich ihre Elemente in Form der Armee, der Polizei und, wie man hinzufügen könnte, der Geheimdienste einverleibt. Die Kriegsmaschine, so Deleuze/Guattari, verkörpert »Furor« statt »Maß«, »Schnelligkeit gegen Schwerfälligkeit, Geheimnis gegen Öffentlichkeit, Macht gegen Souveränität, die Maschine gegen den Apparat«.[112] Sie ist die Chiffre für eine Dynamik des Kriegerischen, seine Fähigkeit zur Metamorphose und zur Tarnung, zur Raumdurchmessung und Beschleunigung, seine grenzenlose Mobilisierung der Mittel und seine aggressive Kraft. Staatsapparat und Kriegsmaschine gehorchen unterschiedlichen Regeln. Geheimhaltung und Verrat, Desinformation und Vertragsbruch, Propaganda und Konspiration sind die Elemente der Kriegsmaschine, die sich nicht mehr umstandslos unter die Zwecksetzungen staatlicher Souveränität subsumieren lassen, sondern diese tendenziell unterlaufen und verletzen. Genau deshalb, so haben wir oben gesehen, sind die *arcana imperii* ein unlösbares Paradox im Herzen des Staats. Diese »Exteriorität« der Kriegsmaschine gegenüber dem Staatsapparat, auf der Deleuze/Guattari insistieren, ist es, die die Geheimdienste zum heterogenen und deliranten Element der staatlichen Institutionen werden lässt.

Gleichwohl wird in der Moderne die Dynamik der Kriegsmaschine in den hierarchisierten Apparat des Staates integriert: als Militärapparat und als Polizei. Als Gewinnung von strategisch nützlicher Information über den Feind ist Intelligence neben den berühmten drei C, *communication, command* und *control,* die »vierte Dimension des Krieges«.[113] Aber das Militär ist nur einer der beiden Ursprünge der Intelligence, der andere ist die Polizei. Dieser doppelte Ursprung in einer nach außen gerichteten und einer auf die innere Sicherheit des Staates bezogenen Institution schlägt sich noch heute nieder in der – jedenfalls in Demokratien üblichen – Trennung von Inlands- und

Auslandsnachrichtendienst bzw. »domestic« und »foreign intelligence«. Dabei sind die Funktionen und Arbeitsformen der Institutionen, die im Rückblick gern zum historischen Vorläufer moderner Geheimdienste erklärt werden, lange Zeit unklar (sie rangieren vom Schutz des Staatsoberhaupts über die Ausforschung fremder Höfe bis zur flächendeckenden Postkontrolle und Dechiffrierung). Fast immer bestehen sie aus den improvisierten Aktionen einzelner genialer Agentenfiguren und sind zumeist dem individuellen Erfindungsreichtum amtierender Minister oder Polizeichefs anheimgegeben. Intelligence in ihrer Frühform beruht nicht selten auf der Privatinitiative einzelner Höflinge, die durch die diskrete Entsendung von Agenten und Geheimdiplomaten und ingeniöse Entzifferungskünste die königliche Neugierde befriedigen: So etwa Sir Francis Walsingham, der, vorwiegend mit eigenen Mitteln, am Hof Elisabeth I. das erste Dechiffrierungsbüro aufbaute, oder auch Kardinal Richelieu, dem im Kapuziner Père Joseph einer der geschicktesten und wandlungsfähigsten Geheimdiplomaten des alten Europa zur Verfügung stand. Die eher unrühmlichen Vorläufer der Inlandsdienste sind wohl die Geheimpolizeien des 19. Jahrhunderts, wie Joseph Fouchés *commissaires spéciaux* unter Napoleon oder die zaristische *Ochrana,* die in Furcht vor Aufwieglern und Anarchisten buchstäblich an jede Straßenecke einen Spitzel oder *agent provocateur* stellten. Dennoch entwickeln sich die großen, hoch professionalisierten Geheimdienstadministrationen, wie wir sie heute kennen, erst im Verlauf und im Gefolge des Ersten Weltkriegs. Die europäischen Staaten, insbesondere Deutschland, Frankreich und England gehen erst während des Krieges dazu über, ihre vereinzelten, der Armee oder der Marine zugeordneten Späher-Einheiten zu professionalisierten Abteilungen aufzubauen, deren Aufgabenbereich sich schnell von der Aufklärung des Kriegsschauplatzes und der Befestigungsanlagen des Gegners zu einer Erfassung aller nur möglichen Informationen über den Feind entwickelt: über die Stimmung an der Heimatfront, über Nachschub und Versorgung, über die genaue Lage von Einheiten, die Ausspähung von Schlachtplänen, das Abfangen und die Entschlüsselung geheimer Nachrichten.

Auch wenn die Furcht vor allgegenwärtigen Spionen die Phantasmatik des Ersten Weltkriegs entscheidend prägt, so sind diese frühen Spionagebüros für den Kriegsverlauf doch relativ unbedeutend. Professionell auf- und ausgebaut werden die europäischen Geheimdienste erst zwischen den Weltkriegen. So etablieren sich etwa die britischen Dienste MI6 (*Secret Intelligence Service*, der Auslandsgeheimdienst) und MI5 (*Security Service*, der Inlandsgeheimdienst), trotz ihrer Gründung 1909 erst in den zwanziger Jahren, als sie beginnen, Residenten in alle britischen Botschaften der Welt zu entsenden, konterrevolutionäre Aktivitäten gegen die Bolschewiki zu unterstützen und innerhalb des MI6 eine eigene Abteilung für Spionageabwehr aufzubauen. In Deutschland wurde nach der Niederlage des Ersten Weltkriegs mit der Armee auch der militärische Nachrichtendienst aufgelöst; als wesentlich spezialisiertere Einheit in der Reichswehr ersteht der deutsche Geheimdienst unter Friedrich Gempp als Dienststelle für »Abwehr«, die sich allerdings in ihrer Organisationsstruktur unter dem Nationalsozialismus noch gänzlich der Struktur des Militärs anpasst, indem sie sich auf Waffengattungen oder Regionen spezialisiert. Der Chef ihrer Abteilung »Fremde Heere Ost«, Reinhard Gehlen, wird dann bekanntlich (und unrühmlicherweise) zum Gründer und langjährigen Chef des *Bundesnachrichtendienstes* (BND), während der bundesdeutsche Inlandsnachrichtendienst, das Bundesamt für Verfassungsschutz (BfV), eine echte Neugründung nach dem Krieg ist. In Frankreich geht der Auslandsgeheimdienst DGSE (*Direction Générale de la Sécurité Extérieure*) aus dem *Deuxième Bureau* hervor, ursprünglich die Abteilung des Generalstabs für topographische Aufklärung, die im und nach dem Ersten Weltkrieg zunehmend nachrichtendienstliche Funktionen übernimmt.

Die USA sind im Aufbau professionalisierter Geheimdienstadministrationen eher Nachzügler: Erst im Verlauf des Zweiten Weltkriegs, 1941, wird unter William J. Donovan das *Office of Strategic Services* (OSS, Vorläuferorganisation der CIA) gegründet. Allerdings setzt sich das OSS von Anfang an ein Ziel, das auch noch heutige Dienste prägt: nämlich nicht nur militärische, sondern generell außenpolitisch-strategische und sicherheitspolitische Informationen zu sammeln. Der Historiker Sherman Kent wird nach dem Krieg die erste Theorie dieses ›ganzheitlichen‹ Ansatzes der Intelligence schreiben (s. Kap. *Cold War: Intelligence*). Trotz aller Kontinuitäten, die herkömmliche Geheimdienstgeschichten gern konstruieren, sollte darum klar sein: Professionelle Geheimdienstadministrationen, die eine Totalität von politischen und strategisch relevantem Wissen sammeln, verarbeiten und zu Lageeinschätzungen nutzen, sind nicht nur ein Kind des 20. Jahrhunderts – sondern auch eine Erfindung moderner Demokratien.

Gegenüber den polizeilichen und militärischen Vorläuferformen der geheimen Informationsbeschaffung bedeutet aber genau dies einen qualitativen Sprung, der vor allem ein epistemologischer Sprung ist. Moderne Geheimdienste zeichnen sich durch einen Willen zum Wissen aus, dessen Archäologie Michel Foucault beschrieben hat: »Es handelt sich um einen Apparat, der mit dem gesamten Gesellschaftskörper koextensiv ist – und zwar nicht aufgrund seiner äußeren Grenzen, sondern aufgrund seines Eingehens auf jedes einzelne Detail. Die Polizeigewalt muss ›alles‹ erfassen: [...] den Staub der Ereignisse, der Handlungen, der Verhaltensweisen, der Meinungen – ›alles, was passiert‹.«[114] Im Wunsch nach einer *Totalität* der Erkenntnisse, der moderne Nachrichtendienste auszeichnet, transformiert sich das Wissen vom *gegebenen* Feind, mit dem etwa Sun Tzu rechnet, in eine Wissenschaft von den *potentiellen* Feinden. Der Feind wird »beliebig«, jeder kann zum Feind werden, in dem Moment, wo er Gegenstand eines geheimdienstlichen Interesses wird.[115] Das Wissen vom Feind virtualisiert sich. Mit dieser Virtualisierung aber ist stets die Möglichkeit gegeben, dass »der Feind« nichts anderes ist als ein Artefakt, eine Projektion dieses nämlichen Wissens. Als militärisch-strategische Aufklärung weitet sich das Wissen vom Feind von der aktuellen Vorbereitung einer Schlacht zur Vorbereitung oder auch Verhinderung des Krieges aus und richtet sich zunehmend nicht so sehr auf die Gegebenheiten, sondern die *Vermögen* des Feindes: Man studiert und evaluiert militärische Schlagkraft, wirtschaftliches Durchhaltevermögen, internationale Interessengefüge, geopolitische Ausgangslagen. Der Fokus von Intelligence wird damit nicht nur unendlich groß, sondern auch unendlich klein: Die politische Wirksamkeit von Randgruppen, die Struktur privater Netzwerke, das Verhalten der Presse und oft genug auch die geheimen Laster und Leidenschaften ausländischer Regierungsmitglieder geraten so ins Visier von Geheimdiensten.

Als »domestic intelligence« wendet sich der vorsorgliche Blick auf alle nur denkbaren Quellen und Indizien innerer Subversion – und das heißt: auf die gesamte Bevölkerung, genauer gesagt auf die in ihr versteckten heimlichen »Feinde der Gesellschaft«. Intelligence wird zum Garanten dessen, was man die »nationale Sicherheit« nennt, eine Sicherheit, die sich gleichermaßen nach außen und nach innen rüsten muss und ihre Rechtfertigung aus einer Rhetorik der Prävention und der Defensive bezieht. Und es ist diese Rede von der Defensive, die bis in die interne Organisation der Geheimdienste hinein bemüht ist, »innen« und »außen«, Staatsbürger und äußere Feinde zu trennen. Darum gibt es immer (mindestens) zwei Geheimdienste: »foreign« und »domestic«, die zumindest ihrem Selbstverständnis nach zwischen politisch delinquenten Bürgern und von außen eingedrungenen Feinden trennen sollen. Es ist ein Versuch, stufenweise Limitierungen jener »beliebigen«, virtualisierten und projektiven Feindschaft zu errichten, Limitierungen, die dennoch nicht immer verhindern, dass Bürger wie Feinde und Feinde wie Kriminelle behandelt werden.

Der Furor des Denkens

Geheimdienste spähen nicht nur Geheimnisse aus, sondern produzieren selbst ein Wissen, das geheim ist. Die Exklusivität dieses geheimen Wissens aber ist zugleich die epistemische Bürde von Intelligence. Denn wo die Krönung wissenschaftlicher Forschung in der Veröffentlichung besteht und mithin in der Kritik durch andere Perspektiven seine Bestätigung oder Korrektur erfährt, ist Intelligence ›blind‹. Geheimdienstliche Daten, Hypothesen und Theorien entstehen, zirkulieren und vergehen in der Abgeschlossenheit nachrichtendienstlicher Frageinteressen, Auswertungsgepflogenheiten und leider nicht selten auch interner Machtspiele. So wird der Gegenstand geheimdienstlichen Wissens, der Feind, ganz besonders im Kalten Krieg zu einem imaginären Bild, das möglicherweise nichts ist als das eigene Spiegelbild – oder jedenfalls immer nur das, was man schon gesucht hat. »Der Feind ist unsere eigene Frage als Gestalt«, zitierte Carl Schmitt Theodor Däubler mitten im Kalten Krieg[116] und brachte damit eine epistemologische Schwierigkeit in der Erkenntnis oder Formatierung des Feindes auf den Punkt, mit der wir auch heute, nach dem Ende des Kalten Krieges, noch intensiv zu tun haben (s. Kap. *Die Zukunft der Feindschaft*). Im Kalten Krieg sind es insbesondere John Le Carrés frühe Geheimdienstromane, die diesen phantasmatischen Raum des Feindes, jene »Kälte« explorieren, aus der niemand mehr zurückkommen kann (s. Kap. *Cold War: The Human Factor*). Nicht zufällig nennt er einen seiner Romane *The Looking-Glass War*. Hinter dem Spiegel der Epistemologie des Feindes liegt eine unergründliche Welt, deren Geheimnisse im Zweifelsfalle immer nur genau das sind, was man gerade finden will. Geheimhaltung bewirkt, dass man mit dem Wissen der Intelligence konstitutiv allein ist. Klassifizierung, die höchst selektive Zirkulation von besonders wichtiger Information, bewirkt, dass möglichst wenige jeweils befugt sind, das Wissen zu teilen – vor allem aber auch: es in Frage zu stellen (s. Kap. *Staatsparanoia: Klassifiziertes Wissen*). Damit gibt es keinen anderen Beobachter, der aus methodischen Gründen, Zufall oder akademischem Mutwillen genau das andere, das nicht Gesehene in der eigenen Beobachtung beobachten wollte. Eine Beobachtung zweiter Ordnung, die es ermöglichen würde, die blinden Flecke der eigenen Ergebnisse in Rechnung zu ziehen, ist ausgeschlossen oder jedenfalls systematisch erschwert. Ein Wissen, das keine Möglichkeit der reflexiven Selbstkorrektur hat, ist darum so sehr auf seinen Wirklichkeitsgehalt bedacht, dass es ihn ständig bezweifelt und bearbeitet. Wo Sun Tzus Traktat den Optimismus des unfehlbaren Heerführers ausstrahlt, wird die Dopplung von Auskundschaftung und Täuschung im Bewusstsein moderner Geheimdienste zu einer bodenlosen Logik des Misstrauens. Der Feind wird zum bannenden Dämon einer Epistemologie des Geheimnisses, wie der *genius malignus* bei Descartes: ein »ebenso böser wie mächtiger und listiger Geist, [der] all sein Bestreben darauf richtet, mich zu täuschen.«[117] Im allmächtigen täuschenden Dämon sieht Peter Sloterdijk die Essenz moderner Feindschaft: »Mit der Feindschaft ist die Wahrscheinlichkeit, ja die Gewissheit, getäuscht zu werden, *a priori* gegeben.«[118]

Aber das Misstrauen gilt nicht nur dem Feind, sondern auch – soweit reicht die Selbstreflexivität der Intelligence – den eigenen Praktiken der Informationsgewinnung und -verarbeitung. Wer garantiert, dass ein übereifriger Agentenführer im Feld nicht einer aufschneiderischen oder geldgierigen Quelle aufgesessen ist – oder ihm gezielt Desinformation zugespielt wird? Nach Jahren der ungebremsten Paranoia, deren Beispiel wir an den US-Geheimdiensten der fünfziger Jahre untersuchen werden (s. Kap. *Staatsparanoia*), in der jedem Datum und jeder Hypothese Glauben geschenkt wurde, die ins herrschende anti-kommunistische Schema passten, haben die westlichen Geheimdienste eine grundlegende Separation von Daten-Beschaffung und Daten-Auswertung durchgesetzt. Dies bedeutet nicht nur eine Trennung der Aufgabenbereiche, sondern vielmehr eine fundamentale Differenzierung von Erkenntnisinteressen. Während die »operative Beschaffung«, d. h. die Agenten und Agentenführer, den von ihnen gesammelten Informationen tendenziell Glauben schenken, ist die Auswertung dazu angehalten, alle hereinkommenden Daten mit großem Misstrauen zu betrachten und zuallererst Fragen nach dessen Zuverlässigkeit zu stellen. Während Feldagenten interessiert, *was eine Quelle weiß*, interessiert es ihre Abnehmer in der Auswertungsabteilung des Dienstes, *wer diese Quelle ist*: woher sie Informationen bezieht, welches ihre Interessen bei der Weitergabe sind, was ihr Netzwerk ist. Geheimdienste erzeugen so willentlich einen internen Widerspruch im Herzen ihrer Administration, der die fehlende Außenperspektive und Selbstreflexivität strukturell ersetzen soll.

Diese Spannung innerhalb der Geheimdienstadministration schlägt sich auch in der Soziologie der Geheimdienstmitarbeiter nieder: Den Universitätsabgängern im Innendienst, die oft kaum mehr als das vorgeschriebene Minimum an Arbeit ›im Feld‹ absolviert haben, um erst in der Auswertung, dann in der Führungsebene des Dienstes Karriere zu machen, stehen die »field agents« gegenüber, die oft eher einen militärischen Hintergrund haben und Experten für die Region sind, in der sie operieren. Prägnant auf den Punkt gebracht wird diese Spannung der Erkenntnisinteressen und Mentalitäten im Film *Spy Games* – eigentlich ein Meta-Film über zwanzig Jahre Geheimdienstarbeit, mit Episoden in Vietnam, dem geteilten Berlin und dem unter Beschuss liegenden Beirut.[119] Die Rahmenhandlung spielt im Hauptquartier der CIA in Langley/VA, am letzten Arbeitstag des lang gedienten Agentenführers Nathan Muir (Robert Redford), der plötzlich erfährt, dass einer seiner besten Agenten, Tom Bishop (Brad Pitt), in China als Spion verhaftet worden ist. Die daraufhin einberufene Krisensitzung unter hochrangigen Beamten des Dienstes befragt Muir nach der Geschichte und den möglichen Hintergründen für das, was sich im Zuge des Gesprächs immer deutlicher als ein Alleingang des Agenten erweist. Muirs Erzählungen über seine Einsätze mit Tom Bishop blenden in langen Rückblicken die bunte und brutale Welt des Feldes – den Vietnam-Krieg, Berlin am Ende des Kalten Kriegs, Beirut Anfang der achtziger Jahre – ein, gleichzeitig wird klar, dass in dem Innenraum – der Sitzungsraum in Langley – wenig Verständnis für die Logik und die Notwendigkeiten und am wenigsten für die Psychologie der Arbeit im Feld herrscht. Der Film inszeniert diese Spannung der Räume auch in seinen Bildern: Im Vorspann gibt es eine lange Einstellung auf das CIA-Hauptquartier in Langley/Virginia, die emblematisch das Zentrum aller geheimdienstlichen Operationen in Szene setzt. Umgekehrt sind die Auslandseinsätze, die im Rückblick erzählt werden, von maximal herausgestrichenem Lokalkolorit: sei es auf einem Hausdach im West-Berlin der achtziger Jahre oder in den zerschossenen Straßen Beiruts [*Abb. 5 A und B*]. Was *Spy Game* vorführt, sind die internen Pathologien des Betriebs: politische Verbindlichkeiten, dienstinterne Hierarchien bis hin zur eifersüchtigen Abschirmung von Information sogar zwischen verschiedenen Abteilungen, wie

Abb. 5A: Hauptquartier der CIA in Langley, aus *Spy Game*, mit Robert Redford, Brad Pitt, Catherine McCormack, USA 2001.

Abb. 5B: Muir und Bishop auf einem Hausdach im geteilten Berlin (West) der 80er Jahre.

eine frühere CIA-Mitarbeiterin klagt.[120] Der Film bringt diesen Zusammenprall der Kulturen in harte Schnitte zwischen synchron ablaufenden Szenen: Während die Verwaltung behäbig berät, was für die amerikanischen Beziehungen mit China die eleganteste Lösung wäre (nämlich den Agenten zu verleugnen und damit der Todesstrafe preiszugeben), wird Tom Bishop von den Chinesen verhört und zusammengeschlagen. Muir gelingt es am Ende durch etliche Listen, den Einsatz seiner gesamten Ersparnisse und eine von seiner Entlassungsurkunde abgekupferte Unterschrift des *Director of Central Intelligence* von Langley aus, gleichsam eingesperrt im Innendienst, eine Befreiungsaktion des amerikanischen Militärs für seinen Schützling zu organisieren. Die latente Konfrontation von Innen und Außen, von politischen Rücksichten und geheimdienstinternen Interessen auf der einen und von Bindungen an Personen, von Beziehungen und Netzwerken vor Ort auf der anderen Seite bringt *Spy Game* in die Form gleichzeitig ablaufender, aber völlig gegenläufiger Geschehnisse. Was beim Entwurf des Drehbuchs noch eine gut informierte Einsicht in die internen Paradoxien von Geheimdienstadministration war, wurde nach dem Versagen der amerikanischen und europäischen Dienste im Vorfeld des 11. September 2001 zu einer der am häufigsten von Insidern vorgetragenen Klagen.

Dieser interne Widerspruch von Sammlung und Auswertung ändert nichts an der Tatsache (sondern trägt ihr gewissermaßen Rechnung), dass das Wissen, das Intelligence produziert, in seinem Kern von einer Irrealität durchdrungen ist, die es literarischen Verfahren epistemisch näher bringt, als ihm lieb sein kann. Die Affinität von geheimdienstlichem Wissen, politischem Geheimnis und moderner Fiktion ist darum nicht zu reduzieren auf Spionage als populärem Faszinosum. Möglicherweise stellt nicht die Literatur die Welt der Geheimdienste dar, sondern verhalten sich Geheimdienste wie Romanautoren: Sie entwickeln *plots*, erfinden eine Welt, die sich in alternative Möglichkeiten zersplittert oder in dialektischen Annahmen und Gegenannahmen verliert. Das Fiktive scheint der Epistemologie des Geheimnisses und der Feindschaft eingesenkt als etwas, das durch keine rationalistische und methodische Bereinigung stillzustellen ist. Das zeigt sich nicht zuletzt an der ›Textarbeit‹, die fällig ist, wenn die gesammelten Informationen ausgewertet und zu einer kohärenten Lageeinschätzung zusammengefasst werden sollen. Geheimdienste produzieren Texte, in denen sie ihre Hypothesen zu einem Argument zusammenfassen, um jene »ausgewertete Information« herzustellen, »die politischen Entscheidungsträgern bei ihren Entscheidungen helfen kann«.[121] Dabei muss aus der Vielzahl möglicher Hypothesen und ihrer Gegenhypothesen, aus dem Gemisch von vorliegenden und fehlenden Daten, aus der Gemengelage bisheriger Erfahrungen und unüberprüfbarer Zukunftseinschätzungen ein unmissverständlicher Vorschlag destilliert werden, der univok genug ist, um in die Einfalt einer Entscheidung zu münden. Diese Synthese von alternativen Hypothesen, Teilargumenten und Nebenaspekten vollzieht sich als eine Arbeit des Schreibens und Lesens. Was diese Arbeit leisten soll, bringt John Whitman, ein ehemaliger Konzeptschreiber (*drafter*) des *National Intelligence Authority* (NIA) auf den Punkt:

> »The author will give a scrupulously complete list of arguments why the enemy might do what we want him to do. Then he will give an exhaustive set of reasons why the enemy might do just the opposite [...] It gets the policy maker to think about all the factors, the unpleasant as well as the pleasant ones. And it insures that he cannot dismiss the conclusion which follows on the ground that the intelligence people forgot something important. [...] A competent drafter will marshal his facts and his ideas and construct an argument which leads to a single or a few major conclusions. If he does not, there is no use writing the estimate. If he does, and if he constructs well, than his betters may tug and pull his paragraphs, alter his adjectives and qualify his estimate passages, but his message still comes through.«[122]

Was Whitman beschreibt, ist die Schwierigkeit, einen Text zu schreiben, der gleichermaßen vielfältige Lesarten und dann doch nur eine Art der Lektüre zulässt, ein Text, dessen einer Sinn so deutlich ist, dass auch die Eingriffe von Vorgesetzten die Deutlichkeit des Sinns nicht trüben können. Ein Text, der zugleich vieles und eines ist. Der

Leser – der politische Entscheidungsträger – soll einerseits die Fülle der möglichen Hypothesen vorgeführt bekommen, andererseits aber nur zu einer einzigen Schlussfolgerung und damit einer Entscheidung kommen. Kurzum: Was Whitman beschreibt, ist ein Text, den es nicht geben kann. Es ist ein Text, der nur im Kopf des Autors existiert, der noch nicht weiß, welche Worte er schreiben wird; und im Kopf des Lesers, der die Vielfalt der Lesbarkeiten und der angebotenen Möglichkeiten überlesen oder schon wieder vergessen hat. Mag sein, dass politische Entscheidungsträger die Einschätzungen der Geheimdienste so nachlässig lesen. Aber im von Whitman entworfenen idealen Text wird immer eine Lücke zwischen den »pleasant« und »unpleasant factors« klaffen, ebenso wie zwischen der Vielfalt der Faktoren und der Einfalt der Konklusion. Diese Lücke aber ist exakt der Einfallsraum des Fiktiven, der Punkt nämlich, an dem alternative Möglichkeiten einander als ebenso plausible und kontingente entwerten. Die Lücke ist jener Moment der Un-Entscheidbarkeit (im texttheoretischen wie im politischen Sinn), die sich aus der Blindheit des Geheimnisses ergibt. Die Schwierigkeit, das geheime Wissen vom Feind zu Papier zu bringen, und die Schwierigkeit, es zu »lesen«, ist der Niederschlag jener epistemologischen Schwierigkeit, eine Wirklichkeit darzustellen, die ebenso flüchtig wie hypothetisch ist.

Anmerkungen

1 Margret Boveri: Verrat im XX. Jahrhundert, Bd. I (Für und gegen die Nation: Das sichtbare Geschehen) und Bd. II (Für und gegen die Nation: Das unsichtbare Geschehen) 1956, Bd. III 1957 (Diesseits und jenseits der Ideologie) und Bd. IV (Verrat als Epidemie: Amerika) Reinbek: Rowohlt 1960.

2 Carl J. Friedrich: The Pathology of Politics. Violence, Betrayal, Corruption, Secrecy, and Propaganda, New York: Harper & Row 1972.

3 André Thérive: Essai sur les trahisons, Vorwort von Raymond Aron, Paris: Calman-Lévy 1951, und Rebecca West: The Meaning of Treason, New York: Viking 1947, später, in stark veränderter Form: The New Meaning of Treason, New York: Viking 1964. Für den Verrats-Diskurs in Amerika symptomatisch ist das Buch von Friedrich.

4 Boveri: Verrat, a.a.O., Bd. IV, S. 311.

5 Normalerweise bezeichnet man mit »politische Anthropologie« die anthropologischen Grundannahmen, die den Entwürfen einer politischen Ordnung zugrunde gelegt werden: der »gute« oder »schlechte«, soziable oder eigennützige, der gefallene, heilsfähige oder riskante Mensch. Die Anthropologie gewisser politischer Typen rekurriert dabei allerdings nicht auf gegebene Wesenszüge *des* Menschen, sondern ist eine Darstellungsstrategie politischer Theorie: Es geht darum, das Politische in Form von Gestalten und deren Verhaltensweisen zu analysieren.

6 Vgl. dazu Ernst Jünger: »Der Waldgang«, in: Ders.: Werke, Bd. 5: Essays I, Stuttgart: Klett 1960, S. 291–388. Rolf Schroers: Der Partisan, Köln/Berlin: Kiepenheuer&Witsch 1961. Carl Schmitt: Theorie des Partisanen. Zwischenbemerkung zum Begriff des Politischen [1963] Berlin: Duncker& Humblot [4]1995. Alain Dewerpe: Espion. Pour une anthropologie du secret d'État contemporain, Paris: Gallimard 1994.

7 Hans Magnus Enzensberger: »Zur Theorie des Verrats«, in: Ders.: Politik und Verbrechen. Neun Beiträge, Frankfurt am Main: Suhrkamp 1964, S. 361–384.

8 Ich beziehe mich hier auf Carl Schmitts Begriff des »Irregulären« in seiner *Theorie des Partisanen*. Dabei geht es mir darum, den Begriff nicht nur auf das regelhafte Verhalten im Krieg zu beziehen, sondern ihn generell als Taktik politischen Agierens zu denken.

9 In einer weniger politischen als psychologischen und ethischen Zuspitzung verwendet der Sammelband *Tragik der Abtrünnigen* den Begriff der Abtrünnigkeit und gruppiert darunter Verrat, Ketzertum und Desertion. Gert-Klaus Kaltenbrunner (Hg.): Tragik der Abtrünnigen. Herder-Initiative 38, München: Herder 1980.

10 Ernst Jünger: »Der Waldgang«, a.a.O., S. 307.

11 Jünger: Der Waldgang, a.a.O., S. 317 (im Folgenden Seitenangaben im Text).

12 Etymologie des Verbs *decidere* von *caedere*: schneiden, trennen.

13 Zum Partisanentum vgl. insbesondere Jünger: »Der Waldgang«, a.a.O., Abschnitt 29.

14 Carl J. Friedrich: The Pathology of Politics. a.a.O.

15 Boveri: Verrat, a.a.O., Bd. I, S. 15.

16 Ebd., S. 18.

17 Thérive: Essai, a.a.O., S. 2: »On a transféré la notion de lèse-majesté au souverain nouveau qui est censément le Peuple, ou la Race ou l'État«, Übs. EH.

18 Ebd., S. 196. »aux formes vagues et aux colères capricieuses«. Mit Blick auf die massenhaften Prozesse gegen Kollaborateure in Frankreich beklagt Thérive die geradezu psychosenhafte Inflation des Begriffs »Verrat«. Seinem Essay geht es vor allem um eine Klärung und Verengung des Begriffs. Er sieht den allgegenwärtigen Verratsvorwurf als eine Reaktion auf den von Frankreich (auch) verlorenen Krieg, Symptom einer Gesellschaft der Verlierer, die nun nach Schuldigen sucht.

19 Enzensberger: Zur Theorie des Verrats, a.a.O., S. 368 f.
20 Jürgen Habermas: »Der Verrat und die Maßstäbe. Wenn Jungkonservative alt werden«, in: Deutsche Universitätszeitung, Heft XI/19, 1956, S. 11.
21 Zu den vielfältigen und nicht selten widersprüchlichen Freundschaften, die die stets offene und neugierige Margret Boveri führte, vgl. die neue Biographie von Heike B. Görtemaker: Ein deutsches Leben. Die Geschichte der Margret Boveri, München: C. H. Beck 2005.
22 Boveri: Verrat, a.a.O., Bd. IV, S. 146 f.
23 Ebd., S. 150 f.
24 Es ist kein Zufall, dass Boveri als Beispiel für diesen Verrat das Attentat auf Hitler vom 20. Juli 1944 nennt.
25 West: The Meaning of Treason, a.a.O., S. 306/307.
26 Boveri: Verrat, a.a.O., Bd. IV, S. 326 f. Margret Boveri selbst hat dieses Ortsprinzip der Zugehörigkeit in ihrem eigenen Leben – trotz ihrer Reiselust und Sprachfertigkeit – zum Prinzip stilisiert. Sie blieb während der Herrschaft der Nationalsozialisten überwiegend als Journalistin in Berlin, kehrte während des Krieges immer wieder von ihren Auslandsposten in Stockholm und New York, Lissabon und Madrid nach Berlin zurück und beharrte später auch gegenüber ihrem gänzlich verständnislosen Biographen Uwe Johnson auf der Richtigkeit ihrer Entscheidung dazubleiben. Auf das Unverständnis gegenüber den »Daheimgebliebenen« führt sie auch die Verständigungsschwierigkeiten zwischen Amerikanern und Deutschen nach 1945 zurück, für die sie 1946 die *Amerika-Fibel* publiziert. Vgl. Ralf Breslau: »Ich möchte schreiben und schreiben«. Ein Ausstellungskatalog (Ausstellung in der Staatsbibliothek zu Berlin anlässlich des 100. Geburtstags), Staatsbibliothek zu Berlin/Preußischer Kulturbesitz 2000.
27 Mit einigem Entsetzen schalt Golo Mann diese widersprüchliche Sammlung als Ausleuchtung mit der »Tagnachtlampe«, in der die unterschiedlichsten Situationen und Motivationen ins vereinheitlichende Zwielicht des Verrats gestellt werden. Golo Mann: »Mit der Tagnachtlampe. Zu Margret Boveris Buch über Verrat und Verräter«, in: Der Monat, Nov. 1956, S. 63–65.
28 Boveri: Verrat, a.a.O., Bd. IV, S. 276.
29 Enzensberger: Zur Theorie des Verrats, a.a.O., S. 367. Seitenangaben im Folgenden im Text.
30 Franz Kafka: »Zur Frage der Gesetze«, in: Ders.: Beschreibung eines Kampfes. Notizen, Skizzen, Aphorismen aus dem Nachlass, Frankfurt am Main: Fischer 1980, S. 68.
31 So der berühmte Eingangssatz zur *Politischen Theologie*, »Souverän ist, wer über den Ausnahmezustand entscheidet.« Carl Schmitt: Politische Theologie. Vier Kapitel zur Lehre von der Souveränität [1922], Berlin: Duncker & Humblot 1996, S. 13.

32 Giorgio Agamben: Homo sacer. Die souveräne Macht und das nackte Leben [1995], Frankfurt am Main: Suhrkamp 2002.
33 Agamben: Homo sacer, a.a.O., S. 18. Markierung vom Autor.
34 Carl Schmitt: Der Begriff des Politischen [1932], Berlin: Duncker&Humblot 1996, S. 26.
35 Vgl. dazu Rolf Schroers: »Maschinist und Partisan«, in: Frankfurter Hefte, Jg. 16, 1961, S. 149–156.
36 Schroers: Der Partisan, a.a.O., S. 117–119.
37 Schmitt: Theorie des Partisanen, a.a.O., S. 35.
38 Ebd.
39 Schmitt, Theorie des Partisanen, a.a.O., S. 27/28.
40 Ebd., S. 77.
41 Ebd., S. 79.
42 Rolf Schroers prägt diesen Begriff und widmet dem interessierten Dritten ein ganzes Kapitel (Schroers, Der Partisan, a.a.O., S. 247–298); Carl Schmitt übernimmt ihn von Schroers, um die Neuordnung von Feindschaftsverhältnissen, die der Partisan bewirkt, prägnant zu machen. (Schmitt, Theorie des Partisanen, a.a.O., S. 77 f.)
43 Hanna Arendt: The Burden of Our Time, London: Secker & Warburg 1951, S. 386.
44 P. Cornelius Tacitus: Annalen I.6, Lateinisch-deutsch, hg. und übs. von Erich Heller, Düsseldorf/Zürich: Artemis&Winkler 1997, S. 22/23.
45 So Anselm Haverkamp: »Das Ende politischer Theologie«, in: Ders.: Hamlet. Hypothek der Macht, 2., erweiterte Aufl., Berlin: Kadmos 2004.
46 Tacitus: Annalen, a.a.O., II. 36, S. 146–148/147–149.
47 So Derridas Explikation des Geheimnisses, besser: des *effet de secret* als Operator und Organisationsmoment der Beziehung zwischen Analytiker und Patient in der psychoanalytischen Kur: Jacques Derrida: »Être juste avec Freud«, in: Ders.: Résistances à la psychanalyse, Paris: Galilée 1996: »le secret qui consiste à savoir faire supposer le savoir et à savoir faire croire au secret.« S. 118.
48 Edgar Allan Poe: »The Purloined Letter«, The Works of the Late Edgar Allan Poe, Bd. I, ed. N. P. Willis/J. R. Lowell/R. W. Griswold, New York: J. S. Redfield 1850, S. 262–280.
49 Louis Marin: »Logiques du secret«, in: Lectures traversières, Paris: Albin Michel 1992, S. 247. Übersetzung EH.
50 Vgl. dazu Patrick Sinclair: Tacitus the Sententious Historian: A Sociology of Rhetoric in Annales 1–6, University Park/PA: The Pennsylvania State University Press 1995, S. 162.
51 Ernst H. Kantorowicz: »Mysteries of State. An Absolutist Concept and its Late Medieval Origins«, in: Ders.: Selected Studies, New York: J. J. Augustin 1965, S. 381–398. Kantorowicz betont schon in seinem Titel die Kontinuität

zwischen Absolutismus und dem Konzept der *mysteries* und nennt es »a late offshoot of that spiritual-secular hybridism« des Mittelalters (S. 381). Dagegen sind die *arcana imperii* der Staatsräsonlehre des 16. und 17. Jahrhunderts gänzlich unhybrid: eine Bereinigung des Regierungsgeschäfts von allen religiösen und ständischen Verbindlichkeiten.

52 Diesen grundlegenden Unterschied betont Jochen Hörisch in: »Vom Geheimnis zum Rätsel. Die offenbar geheimen und profan erleuchteten Namen Walter Benjamins«, in: Aleida und Jan Assmann (Hg.): Schleier und Schwelle: Geheimnis und Offenbarung, München 1998, S. 161–180.

53 Niklas Luhmann: »Geheimnis, Zeit und Ewigkeit«, in: Ders./Peter Fuchs: Reden und Schweigen, Frankfurt am Main: Suhrkamp 1997, S. 101–137, hier: S. 105.

54 Marin: Logiques, a.a.O., S. 247. Übersetzung EH.

55 Vgl. Viktor Pöschl: »Einleitung« zu Cornelius Tacitus: Historien, Stuttgart: Kröner 1968, hg. und übs. von Walter Sontheimer, S. VIII.

56 Marin: Logiques, a.a.O., S. 251.

57 Jorge Luis Borges: »Untersuchung des Werks von Herbert Quain«, a.a.O., S. 62. Span.: »Examen de la obra de Herbert Quain«, a.a.O., S. 462.

58 Marin: Logiques, a.a.O., S. 253. Übersetzung EH.

59 Jacques Lacan: »Das Seminar über E. A. Poes ›Der entwendete Brief‹«, in: Lacan: Schriften I, Weinheim/Berlin: Quadriga, S. 7–60.

60 Lacan: Das Seminar, a.a.O., S. 40.

61 Zum grundlegenden »double bind« des Staatsgeheimnisses und der Staatsräson und ihrer Verknüpfung mit dem »Coup d'État« vgl. Albrecht Koschorke et al.: Der fiktive Staat, Frankfurt am Main: Fischer Verlag 2007, Kap. 12 und 13 von Teil III.

62 Zitiert nach Michael Stolleis: Arcana imperii und ratio status. Bemerkungen zur politischen Theorie des frühen 17. Jahrhunderts, Göttingen: Vandenhoeck&Ruprecht 1980, S. 14.

63 Ich übernehme diesen Begriff von Helmut Lethen: Verhaltenslehren der Kälte. Lebensversuche zwischen den Kriegen, Frankfurt am Main: Suhrkamp 1994.

64 So etwa bei Friedrich Meinecke: Die Idee der Staatsräson in der neueren Geschichte, München/Berlin: Oldenbourg 1924.

65 Diese Ersetzung eines Geheimnistyps durch den anderen hat Reinhart Koselleck am Übergang vom absolutistischen Staat zum politischen Ideal der Aufklärung analysiert. Reinhart Koselleck: Kritik und Krise. Eine Studie zur Pathogenese der bürgerlichen Welt [1959], Frankfurt am Main: Suhrkamp 1997, S. 41 ff.

66 Koselleck: Kritik und Krise, a.a.O., S. 57.

67 Niels Werber hat angemerkt, dass Kosellek hier zwei Antinomien miteinander verwechselt: einerseits die politische Antinomie von ›öffentlich vs. ge-

heim‹, anderseits die gesellschaftliche Antinomie von ›öffentlich vs. privat‹. Niels Werber: »Technologien der Macht. System- und medientheoretische Überlegungen zu Schillers Dramatik«, in: Jahrbuch der deutschen Schillergesellschaft Bd. XL/1996, S. 210–243.

68 Georg Simmel widmet dem Geheimnis als fundamentaler Kulturleistung ein ausführliches Kapitel in seiner Soziologie. Georg Simmel: Soziologie. Untersuchungen über die Formen der Vergesellschaftung, München/Leipzig: Duncker&Humblot [2]1922, Kap. V: Das Geheimnis und die geheime Gesellschaft.

69 Alain Dewerpe: Espion. a.a.O., S. 78, Übersetzung EH.

70 Arnold Clapmarius: Disputatio de Iure Publico, Altdorf 1602. Sein Hauptwerk, *De Arcanis rerum publicarum libri sex*, erschien posthum in Bremen 1605, hier zitiert nach Stolleis: Arcana imperii, a.a.O., S. 18.

71 Clapmarius, Disputatio, in: Stolleis: Arcana imperii, a.a.O., S. 18. Übersetzung und Hervorhebung EH.

72 Carl Schmitt: Die Diktatur. Von den Anfängen des modernen Souveränitätsgedankens bis zum proletarischen Klassenkampf [1921], Berlin: Duncker&Humblot 1995, S. 13.

73 Ebd., S. 12.

74 Vgl. zur Theorie des Staatsapparats und seiner Störung Eva Horn: Politische Störungen. Streik, Sabotage, Staatsstreich, in: Albert Kümmel/Erhard Schüttpelz (Hg.): Signale der Störung, München: Fink 2003, S. 321–334.

75 Carl J. Friedrich: a.a.O. Zum Begriff der Funktionalität und Dysfunktion s. S. 7 ff.

76 Ebd., S. 178.

77 Ebd., S. 190.

78 Carl J. Friedrich: Constitutional Reason of State. The Survival of the Constitutional Order, Providence: Brown University Press 1957, S. 7 ff.

79 Strafgesetzbuch § 93, Absatz (1).

80 Dieser Ansatz prägt die überwiegende Literatur zur Frage von Geheimdiensten und Demokratie, exemplarisch dazu Pat M. Holt: Secret Intelligence and Public Policy, Washington, D. C.: Congressional Quarterly Press 1995.

81 Dewerpe: Espion, a.a.O., S. 84.

82 Giorgio Agamben: Homo sacer, a.a.O., S. 28.

83 Ebd.

84 Giorgio Agamben: Ausnahmezustand. Homo sacer II.1, Frankfurt am Main 2004. Agamben geht es gerade darum, diese wirkungsvolle Fiktion der notwendigen Verkoppelung von Recht und Ausnahmezustand, Norm und Leben als solche durchsichtig zu machen.

85 Dewerpe: Espion, a.a.O., S. 89.

86 So etwa bei Bernd Lenz: Factifiction. Agentenspiele wie in der Realität.

Wirklichkeitsanspruch und Wirklichkeitsgehalt des Agentenromans, Heidelberg: Universitätsverlag Carl Winter 1987. Lenz untersucht journalistische und literarische Texte parallel und vergleicht die Darstellung der geheimdienstlichen Welt allen Ernstes mit der »Erfahrungswirklichkeit des Lesers«. Dabei setzt er voraus, dass es klar unterscheidbare Kriterien für »fiktionale« und »nicht-fiktionale« Texte gibt – das Buch von Knightley, Page, Leitch über Philby sei darum »nicht-fiktional«, Le Carrés *Tinker, Tailer, Soldier, Spy* sei demgegenüber »fiktional«, auch wenn beide Bücher das gleiche Thema behandeln. Le Carré selbst verwischt diese sinnlose Differenzierung, wenn er in seinem Vorwort zu Page et al. auf den Lücken und vor allem den Darstellungsschwierigkeiten des Buches beharrt.

87 Jorge Semprún: La deuxième mort de Ramón Mercader, Paris: Gallimard 1969, S. 9. » Les événements dont il est question dans ce récit sont tout à fait imaginaires. Bien plus: toute coincidence avec la réalité serait non seulement fortuite, mais proprement scandaleuse.«

88 Lenz: Factifiction, a.a.O., S. 253.

89 Hans Vaihinger: Die Philosophie des Als Ob. System der theoretischen, praktischen und religiösen Fiktionen der Menschheit [1911], Aalen: Scientia 1986, S. 175.

90 Thomas Hobbes: Leviathan, Harmondsworth: Penguin Books 1976, Kap. XIII, S. 188.

91 Encyclopedia Britannica Online, Stichwort »intelligence«, Zugriff 5. 5. 2002.

92 Sherman Kent: Strategic Intelligence for American World Policy [1949], Hamden/Conn.: Archon Books 1965, S. xxiii.

93 Isaac Ben-Israel: »Philosophy and Methodology of Intelligence«: The Logic of Estimate Process, in: Intelligence and National Security, Vol. 4, No. 4, Oktober 1989, S. 660–718.

94 Vgl. dazu den innovativen Ansatz von Michael Neugarten, der Intelligence in den Termini einer Theorie der Wahrnehmung analysiert. Michael Neugarten: »Seeing and Noticing: An Optical Perspective on Competitive Intelligence«, in: Journal of Competitive Intelligence and Management, Vol. 1, Nr. 1, Frühling 2003, S. 93–103.

95 Armin Krishnan weist in seinem exzellenten Vorwort zu Paul Todd/Jonathan Bloch: *Globale Spionage* darauf hin, dass Intelligence damit immer schon mit dem Getäuscht-Werden durch ihren Gegenstand rechnen muss. Armin Krishnan: »Intelligence für das nächste Jahrhundert – Zukunftsperspektiven für Geheimdienste«, in: Paul Todd/Jonathan Bloch: Globale Spionage. Geheimdienste und ihre Rolle im 21. Jahrhundert, Berlin: Matthes & Seitz 2006, S. 11–30.

96 So bei Ben-Israel: »Philosophy and Methodology of Intelligence«, a.a.O., S. 693.

97 Michael Herman: Intelligence Power in Peace and War, Cambridge: Cambridge University Press 1996, S. 34.

98 Art militaire des Chinois ou Recueil d'anciens Traités sur la Guerre [...], traduit en français par le P. Amiot, missionaire à Pekin [...], Paris: Didot 1772.

99 Vgl. dazu die Einleitung von Samuel B. Griffith zu seiner Übersetzung der Ausgabe von Sun Tzu: The Art of War, hg. u. übs. von Samuel B. Griffith, mit einem Vorwort von Basil Liddell Hart, Oxford: Clarendon Press 1963, S. 45–56. Ich zitiere diese Übersetzung, Abschnitt in römischen Paragraphen in arabischen Zahlen. Die deutsche Ausgabe, Sunzi: Die Kunst des Krieges, München: Droemer 1999, ist unbrauchbar, da eine unpräzise Übersetzung aus dem Englischen.

100 Mark McNeilly: Sun Tzu and the Art of Modern Warfare, New York: Oxford University Press 2001; Michael I. Handel: Masters of War. Classical Strategic Thought, London/Portland/OR: Frank Cass ^{3}2001.

101 So wählt etwa ein CIA Handbuch als Titel ein Sun Tzu-Zitat: *The Acme of Skill*; zit. nach James DerDerian: Antidiplomacy. Spies, Terror, Speed and War, Cambridge,MA/ Oxford: Blackwell 1992, S. 22.

102 Paul Virilio: »Die Schlagkraft eines Heeres bemisst sich nach seinem Täuschungsvermögen (Sun Tze)«, in: Krieg und Kino [1989], Frankfurt am Main: Fischer 1994, S. 9–18.

103 Mc Neilly dagegen betont den »holistischen Ansatz« Sun Tzus, der Kriegs- und Regierungskunst ineins fasse. Verglichen mit europäischen Konzepten staatlicher Souveränität aber erscheint Sun Tzus Staatsführer eher als eine Gestalt des guten Heerführers, eine Übernahme des Staates durch die Kriegsmaschine. Mc Neilly: Sun Tzu and the Art of Modern Warfare, a.a.O., S. 14 u.ö.

104 Der Vergleich zwischen Clausewitz und Sun Tzu ist ein Topos in der neueren militärtheoretischen Auseinandersetzung mit Sun Tzu. Trotz Parallelen im Detail kann der Gegensatz nicht scharf genug gefasst werden: auf der einen Seite Clausewitz' Duelltheorie und die moderne Doktrin eines »Volks in Waffen«– auf der anderen Sun Tzus Taktik eines kostensparenden Krieges der Hinterhalte und Spione. Vgl. dazu Michael Handel: Masters of War, a.a.O., S. 22–31 und S. 215–251.

105 Carl von Clausewitz: Vom Kriege [1832–34], Reinbek: Rowohlt 1996, S. 13.

106 Es ist diese Seite des Kriegs, die »psychologische Kriegführung«, aber auch die Restrukturierung des Wahrnehmungsfeldes und die Repräsentation des Kriegs in Bildern und Texten, die Paul Virilio als »Immaterialität des Kriegs« beschrieben hat. Sun Tzu behandelt verschiedene Felder dieser Immaterialität – beschränkt sich aber auf den Raum des Krieges, während es Virilio gerade um die Erfassung des zivilen Raums durch den Krieg geht. Paul Virilio: »Die Schlagkraft eines Heeres bemisst sich nach seinem Täuschungsvermögen (Sun Tze)«, a.a.O., S. 9f.

107 In dieser beiläufigen Abweisung jeder magischen Praxis im Zusammenhang mit dem Handwerk des Kriegs belegt Sun Tzu Deleuze/Guattaris Emphase auf der Immanenz der Kriegsmaschine im Gegensatz zur Transzendenz staatlicher Souveränität.

108 Sun Tzu, XIII, 12.

109 Sun Tzu, XIII, 23.

110 Paul Virilio: »Travelling shot«, in: Ders.: War and Cinema. The Logistics of Perception, übs. von Patrick Camiller, London: Verso 1989, S. 75.

111 Gilles Deleuze/Félix Guattari: Tausend Plateaus [1980], Berlin: Merve 1992, Kap. 12: Abhandlung über Nomadologie: Die Kriegsmaschine.

112 Deleuze/Guattari: Tausend Plateaus, a.a.O., S. 483.

113 Michael Howard: War in European History, Oxford: Oxford University Press 1976, S. 127.

114 Michel Foucault: Überwachen und Strafen [1976], Frankfurt am Main: Suhrkamp 1994, S. 274.

115 Deleuze/Guattari: Tausend Plateaus, a.a.O., S. 583.

116 Carl Schmitt: Theorie des Partisanen, a.a.O., S. 87.

117 René Descartes: Meditationes de Prima Philosophia, übs. und hg. von Gerhard Schmidt, Stuttgart: Reclam, 1986, Erste Meditation, S. 73.

118 Peter Sloterdijk: Kritik der zynischen Vernunft, Frankfurt am Main: Suhrkamp 1983, S. 606.

119 Tony Scott (Regie): Spy Game, 2001, 126 Min., mit Robert Redford, Brad Pitt, Catherine McCormack, Stephen Delane, Larry Bryggman.

120 Melissa Boyle Mahle: Denial and Deception: An Insider's View of the CIA. New York: Nation Books 2005.

121 Encyclopedia Britannica Online, Stichwort »intelligence«.

122 John Whitman: »On Estimating Reaction«, in: Studies in Intelligence (nicht datiert, interne CIA-Zeitschrift), zitiert nach: Walter Laqueur: A World of Secrets. The Uses and Limits of Intelligence, New York: Basic Books 1985, S. 35.

III. The Great Game

When everyone is dead the Great Game is finished.
Not before.
Rudyard Kipling: *Kim* (1901)[1]

Ein kleiner Text von Jorge Luis Borges erzählt von zwei Königen und zwei Labyrinthen. Ein babylonischer König baut ein kompliziertes Labyrinth, aus dem keiner, der es betritt, herausfinden kann. Als der König der Araber sein Gast ist, bringt er ihn in dieses bronzene Labyrinth aus Treppen, Mauern, Gängen und Türen, um sich über seine »Einfachheit lustigzumachen«.[2] Der Araber findet nur mit göttlicher Hilfe wieder heraus. Er verspricht dem Babylonier, ihm dereinst sein eigenes Labyrinth in Arabien zu zeigen, greift sein Reich an, besiegt ihn und nimmt ihn gefangen. Auf einem schnellen Kamel bringt er ihn in die Wüste und überlässt ihn dort dem Tod. – Zwei Labyrinthe, zwei Könige: Der Araber und Nomade steht dem Babylonier, Erbauer hybrider Städte und Türme, gegenüber, der Einfache dem Herrscher über das Komplizierte und Verwirrende. Die Labyrinthe sind das Territorium der Könige, ihre gegensätzliche Struktur das Fundament ihrer jeweiligen Herrschaft. Das bronzene Labyrinth mit seinen Treppen und Türen, Gängen und Mauern ist der hyperstrukturierte Raum, ein Raum, der Durchgänge und Unzugänglichkeiten vorgibt, ein Raum, der den Schritt lenkt und versperrt. Das Labyrinth des Arabers dagegen, aus dem weder Gott noch Klugheit dem Babylonier mehr heraushelfen, ist nichts als die übersichtliche, aber unüberwindliche Weite. Ein leerer, »glatter« Raum,[3] erschöpfend in seiner Offenheit und Endlosigkeit: ein Meer. In Borges' zwei Labyrinthen wird der Raum nicht nur als Schauplatz eines bestimmten Typs von Herrschaft sichtbar, sondern vor allem als gefährliches Terrain. Im Bild des Labyrinths wird der Raum zur Frage, zum Problem. Der Raum ist Gegenstand eines Wissens, das sich orientieren muss – ein Wissen oder Können, das es ermöglichen würde, den Raum nicht als Hindernis zu sehen, sondern als Verbündeten zu nutzen. Das Labyrinth repräsentiert den Raum als Geheimnis.

Raumaufklärung: Labyrinth, Mauer, Pixel

Als Gegenstand des Wissens und als Bühne einer Schlacht ist der Raum das Kriegsgeheimnis par excellence. Militärische Aufklärung beginnt mit der Erkundung des Geländes durch Späher und Spione und professionalisiert sich in dem Maße, wie Aufklärungseinheiten auf Medien und Techniken zugreifen können, die den Raum durchsichtig und verfügbar machen: von der topographischen Karte über die Luftfotografie bis zum Satellitenbild. Detaillierte Feldkarten waren darum als Medien kriegswichtigen Wissens lange Zeit geheim. Sie wurden heimlich hergestellt oder gestohlen, und dem Feind wurden falsche und unvollständige Karten zugespielt.[4] Skizzen der Geländeaufklärung von strategisch wichtigen Gebieten galten ebenso wie Abbildungen von Befestigungsanlagen als Kriegsgeheimnis [*Abb. 6*]. In der Aufklärung des militärischen Raumes geht es allerdings nicht nur um die Erforschung der Topographie, sondern um Position, Pläne und Zustand des Gegners im Feld. Nicht zufällig ist Sun Tzus Theorie des kriegswichtigen Wissens in weiten Teilen eine Theorie der Raumaufklärung: Erkundung und Nutzung des Terrains als Vorstufe zur Erkundung des Gegners. Wie lässt sich die Eigenheit des Geländes taktisch nutzen, welche Gefahren birgt das Gelände selbst? Welche Pläne hat der Gegner, welche Waffen und Ressourcen? Die Wüste des Arabers und der verwinkelte Stadtraum des Babyloniers sind Schauplätze gänzlich verschiedener Arten der Kriegführung, die unterschiedliche Formen der Taktik nötig machen. Raumaufklärung konstituiert so einen *taktischen und strategischen Raum*, d. h. eine Konstellation von landschaftlichen Eigenheiten,

Menschen, Waffen und Verkehrsmitteln, dem sich die jeweils gewählte Taktik anpassen muss. Die Rolle des Spähers oder Spions in diesem Raum ist, Information zu sammeln, die es ermöglicht, diese Taktik zu entwickeln und die Eigenheiten des Raums in Vorteile umzumünzen. Der taktische Raum aber wird ›formatiert‹ vom *geopolitischen Raum*: Es ist der Raum der großen Konfliktlagen zwischen Nationen oder Allianzen, aber auch der imperiale Raum, der Mutterland und Kolonien verbindet, oder der Raum, der definiert, wo das hegemoniale Zentrum und wo die Randzonen einer politischen Ordnung sind. Der geopolitische Raum enthält den Konflikt im Potentialis: Welche Einflusszonen sucht der Gegner? Welche Zugänge, welche Barrieren enthält das eigene Terrain? Wie lässt sich die Peripherie vom Zentrum aus kontrollieren? Es ist so die geopolitische Gesamtlage, die die Struktur des Raumes vorgibt, über den Wissen zu erheben ist – und die damit auch die Natur dieses Wissens bestimmt.

Für die Moderne lassen sich – grob vereinfacht – drei solcher geopolitischer Formate unterscheiden, die die Grundstruktur dessen vorgeben, was als ›gefährlicher Raum‹ zum Gegenstand von Intelligence geworden ist. Man könnte sie – ebenfalls vereinfachend – nach dem benennen, was der Aufklärung des Raums seine jeweilige Grenze setzt: *Labyrinth, Mauer, Pixel.*

Das *Labyrinth* ist der unübersichtliche Raum als Kartographierungs- und Aufklärungsproblem, ein rätselhafter Raum, der durch seine sorgfältige Rekognoszierung transparent und damit in seiner Gefährlichkeit einschätzbar wird. Das Labyrinth ist aber auch die Struktur einer *terra incognita,* ein Raum, in den man zwar eindringen kann, der aber genau in dem Maße gefährlich ist, wie man ihn nicht verstanden hat und der umgekehrt politisch und militärisch nutzbar wird, sofern man sich seinen lokalen Eigenheiten – von der Sprache und Kultur bis zu seiner spezifischen Geographie – anpasst.

Abb. 6: Skizze zur Einübung in Geländeaufklärung, aus: Maj. Gen. H. D. Hutchinson, C. S. I.: Military Sketching Made Easy and Military Maps Explained, London: Gale & Polden o. J. (um 1910).

F 3,
D, E, 1, 2
B 2, D, E 3
A, B, 2, 3.
G, F. 1, 2.
E 4,
F 4,
E 3.
D, E, 1, 2.
D 3.
B, C. D, 1, 2,
E 3.
D, E, 1, 2.
E 4,
C 3,
E 1,
D. E, 1.
F, 1, 2.

A, B, 1,
F 2.
B 3.
A, B, C, 1, 2.
B 2, D 4, E 2,
G 2, 3, 4,

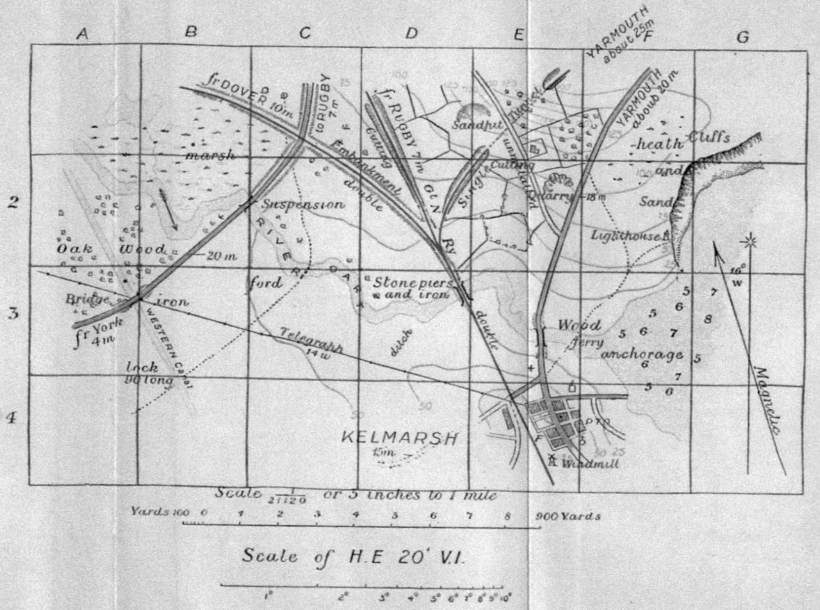

Orchard E. F,
Pond A, B,
Postal Telegraph Office F 4
Printing—see sketch
Quarry E 2,
Railway B, D,
Road, metalled A. C. 1-3. E.
,, unmetalled E 1 2
River A, F, 2
Sand F, G,
Sandpit D, E,
Smithy E 4,
Telegraph A-E, 3,
Telegraph Office F 4,
Trees A. B. 2. 3. C.
Tunnel E 1,
Village E 4,
Wall same as Fence, Bank
Windmill E 4,
Wood A, B. 1.

Die folgenden Kapitel über Späher, Spione und Partisanenkrieger des British Empire werden sich mit diesem labyrinthischen Raum befassen.

Die *Mauer* dagegen schließt den unzugänglichen Raum ab: ein Raum, in den einzudringen schwer und gefährlich, aus dem herauszukommen fast unmöglich ist; ein Raum, hinter dessen abgeriegelter Grenze Bedrohungen lauern – wirkliche und imaginierte. Es ist kein Zufall, dass die Mauer zum Emblem jener unüberwindlichen Zweiteilung der Welt im Kalten Krieg gewesen ist. Raumaufklärung im Zeichen der Mauer bedeutet nicht mehr das Abenteurertum des Spähers und Kartographen, sondern das Eindringen in eine tendenziell tödliche Zone, eine Kälte, aus der man nicht unbedingt mehr herauskommen kann. Die etlichen Spione, die den Gang über diese schwer befestigte Grenze antreten (wir werden sie im ersten Teil des Kapitels *The Human Factor* noch genauer betrachten), sind die eine Seite der Aufklärung eines solchen gefährlichen Raumes. Die andere sind die Überflüge, berühmt geworden durch das amerikanische Aufklärungsflugzeug U2, dessen Aufklärungsflüge tief in sowjetisches Terrain vordrangen. Das Wissen, das im Raum hinter der Mauer erhoben wird, ist eines, das zu einem substantiellen Teil aus der Luft erhoben werden kann: Waffenarsenale, militärische Anlagen, Anzahl und Standorte von Raketenabschussrampen. Es hat nichts mit jener »local knowledge«, einem Sich-Auskennen in der Gesellschaft und Kultur eines Landes zu tun, das dem British Empire und seinen Agenten so wichtig war. Als ein Wissen, das aus der Ferne eines Überflugs oder aus der Gefahr eines Eindringens in verbotenes Gelände heraus erwächst, ist die Raumaufklärung des Kalten Krieges nicht nur angewiesen auf hochspezialisierte Interpretationskünste (Luftbilder müssen sorgfältig ›gelesen‹ werden), sondern auch anfällig für phantasmatische Projektionen (s. Kap. *The Human Factor: The Looking-Glass War*).

Schließlich *Pixel*. Erzeugt die von der Mauer geprägte geopolitische Situation Zonen der Unzugänglichkeit und Unsichtbarkeit, die mühevoll und riskant erforscht werden müssen, so ist die neue Unübersichtlichkeit der Ära nach dem Kalten Krieg zugleich auch eine der (fast) vollkommenen Übersichtlichkeit. Der Wunsch der Intelligence im Kalten Krieg, in den feindlichen Raum ›hineinzusehen‹, und das zunehmende Misstrauen gegenüber den menschlichen Quellen (der sogenannten HUMINT) führten zur rasanten Entwicklung der Bildaufklärung durch Satelliten. IMINT erscheint als die technische Lösung jener Phantasmatik, die undurchschaubare Agenten und paranoide Geheimdienstadministrationen produzierten, aber auch der Ausweg aus dem Dilemma der Überflüge, die immer eine Verletzung feindlichen Terrains sind und die entdeckt und abgeschossen werden können. IMINT liefert objektive, lückenlose Aufklärung des Raums aus dem All. Unter dem Blick der Satellitenkameras glättet sich der Raum der Aufklärung, wird homogen und idealiter restlos transparent. Den Mitteln der Tarnung und der Verteidigung gegen Luftaufklärung werden neue Techniken wie Infrarotaufnahmen und elektronische Bildverarbeitung entgegengesetzt, die über 200 verschiedene Grauschatten unterscheiden können. Satellitenaufklärung macht damit einen Raum idealiter gänzlich kontrollierbar: Nichts und niemand kann sich in ihm bewegen, ohne dass er gesehen und lokalisiert werden kann. Dennoch hat auch dieser Raum unendlicher Kontrollierbarkeit zwei Grenzen: Auflösung und Übertragungszeit. Auflösung ist die Darstellung von Raumeinheiten als Bildeinheiten, also bei einer 1-Meter-Auflösung die Darstellung eines Meters durch einen Pixel. Was kleiner ist, kommt nicht vor, darum ist der *Pixel*, die kleinste Einheit der Auflösung, die Grenze aller Raumaufklärung. Möglich sind heute meines Wissens nach bis zu 10-Zentimeter-Auflösungen von Satellitenbildern, mit der immerhin schon Autotypen voneinander unterschieden werden können. Überflüge sind teurer und riskanter, aber liefern noch höhere Detailgenauigkeit [*Abb. 7 A bis D*]. Die andere Grenze dieses Raumes ist der Zeitraum von der Aufnahme bis zur Auswertung des Bildes. Bilder zeigen nur Ist-Zustände, keine Bewegungen, und sie müssen gesendet, empfangen und ausgewertet werden. Nur ein ganz frisches Bild ist im Krisenfall wirklich brauchbar, und so arbeiten die intensivsten Forschungen der IMINT an der übertragungs- und auswertungstechnischen Verkleinerung dieses Zeitfensters.[5] Wie die

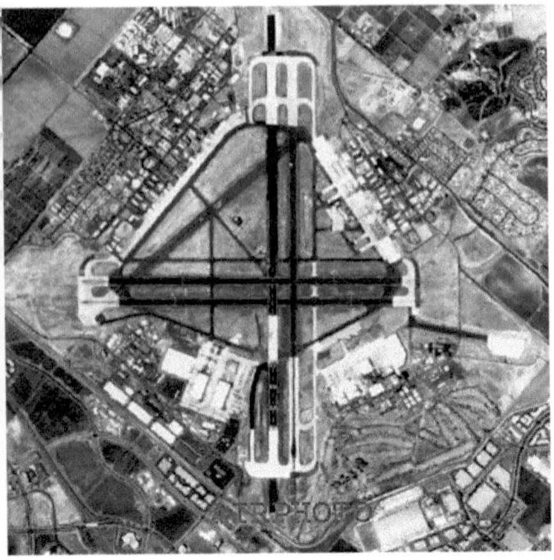

A

B

C

D

Abb. 7 A bis D: Luftbilder eines Flugfeldes, die die unterschiedlichen Bildqualitäten von verschiedenen Satelliten-Typen und einem Foto vorführen. (A) Luftfotografie im Maßstab 1:60000; (B) Satellit Landsat 7 Auflösung 30 m; (C) Satellit Spot Auflösung 20 m; (D) Satellit IRS 1C Auflösung 5m. www.landinfo.com.

Auflösung für die Visualisierung des Raumes eine Grenze ist, so ist es die Übermittlungszeit für die Nutzbarkeit der Information: Die »Kriegswichtigkeit« verblasst allmählich, bis aus hochbrisantem Material nurmehr historisches wird.

Intelligence erzeugt so ein Wissen vom Raum, dessen Struktur immer schon vom geopolitischen Konflikt vorgegeben ist: Sei es die Herrschaft des British Empire – in seiner angreifbaren Insellage innerhalb von Europa oder seiner Kolonialpolitik in Asien und Afrika –, sei es die Frontstellung von ›Westen‹ und ›Ostblock‹ im Kalten Krieg, sei es der Wunsch insbesondere der USA, virtuell jeden Winkel der Welt überwachen zu können. Gleichwohl soll dem British Empire und seinem über hundert Jahre schwelenden Konflikt mit Russland, dem *Great Game,* hier besondere Aufmerksamkeit geschenkt werden: nicht nur, weil er von Kipling bis T. E. Lawrence brillante Literatur hervorgebracht hat, sondern auch, weil sich hier in nuce die langsame Ausbildung des modernen Agenten und seines politischen und militärischen Einsatzes rekonstruieren lässt. Die Metapher des »Großen Spiels« prägt nicht nur den britisch-russischen Konflikt um Zentralasien, sondern wird zur Leitmetapher dessen, was Spionage am Anfang des Jahrhunderts ist: eine Mischung aus Kinder- und Theater-Spiel, eine scheinbar unernste Form des Kriegs. Erst der Fall T. E. Lawrences wird die ganz unspielerische Tragik dieses »Spiels« hervorbringen.

Die Texte, um die es hier gehen wird, sind Romane des späten British Empire: Erskine Childers *The Riddle of the Sands,* Rudyard Kiplings *Kim* und T. E. Lawrences *The Seven Pillars of Wisdom.* Sie entwerfen ihre Schauplätze des geheimen Krieges in den Kolonien und in Europa – sei es die effiziente Verteidigung der Insel gegen eine deutsche Invasion, sei es Englands Konflikt mit anderen Kolonialmächten. Sie beleuchten die Rolle von Fiktion im Kontext solcher Konflikte: Texte wie die Childers', Kiplings und Lawrences sind nicht nur Darstellungen von Intelligence. Auf sie trifft in besonderem Maße zu, dass hier das »Romanschreiben eine Fortsetzung von Spionage mit anderen Mitteln« geworden ist.[6] Ihnen geht es nicht (nur) um Unterhaltung, sondern um die Konstruktion eines Raumes, der zugleich Gegenstand der Bedrohung wie der Kontrolle ist. Alle diese Texte sind, wenngleich in unterschiedlicher Form, Explorationen fremder, undurchschauter Territorien. Literarische und militärische Aufklärung verschmelzen hier zu ein und derselben Sache.

Das Wissen des Empire

Dass ein Kapitel über Raumaufklärung und -konstruktion zugleich eines über das British Empire ist, ist nicht zwingend, aber auch kein Zufall. Das Empire war ein Machtgefüge, das sich in der Verwaltung und Kontrolle eines nicht nur immensen, sondern auch äußerst heterogenen Raumes entfaltete. Die Kohärenz dieses Raumes, so hat Thomas Richards gezeigt, wurde durch ein spezifisches Wissensregime gewährleistet, ein »imperial archive«, dem es darum ging, Informationen aus allen Teilen der Welt zusammenzutragen, zu speichern und zu klassifizieren.[7] »They surveyed and they mapped. They took censuses, produced statistics.... In fact they often could do little other than collect and collate information, for any exact civil control, of the kind possible in England, was out of question. The Empire was too far away ...«.[8] Der imperiale Wissensdurst, der einem Ideal der Einheit und Vollständigkeit des Weltwissens gehorcht, ist so Produkt der spezifischen räumlichen Struktur des Empire: eines politisch, ökonomisch und militärisch auf das Zentrum England fixierten und dennoch weltumspannenden Reiches, das zugleich gewisse Formen der Selbstorganisation »vor Ort« zulassen oder aufbauen musste, um überhaupt die Kontrolle über einen solch riesigen Raum zu behalten. Die lokalen Besonderheiten kolonialisierter Gebiete mussten mit der imperialen Zentralisierung vereinbar gemacht werden, Fernsteuerung mit Selbststeuerung verbunden werden. Der viktorianisch-koloniale Wille zum Wissen ist ein Wille zur Macht, die ihr Fundament in der Kontrolle des Raumes hat.[9] Geographie und Hydrographie, institutionalisiert in der 1830 gegründeten *Royal Geographical Society*, sind die Grundlagen jeder Erfassung und Verwaltung von Gebieten und ihrer militärischen Kontrolle. Sie sind darum nicht Wissensgebiete unter anderen, sondern die Königsdisziplinen des Kolonialismus. Darum werden Weltreisende, Forscher, Kartographen und schließlich auch die mehr oder minder amateurhaften Geheimagenten des Empire – Richards nennt sie »Staatsnomaden« – die Helden par excellence: »nineteenth-century geography was the continuation of politics by other means«.[10]

Raumaufklärung ist gleichwohl etwas anderes als friedliche Landvermessung. Das Raum-Wissen, mit dem wir in den folgenden Texten zu tun haben, ist immer schon geprägt von einem möglichen oder tatsächlichen Krieg, dessen Vorbereitung oder Vereitelung es dienen soll. Der Blick über Wüsten, Berglandschaften, Städte, Verkehrswege und sogar über das Meer macht den Raum durchsichtig auf seine taktische und strategische Nutzung hin. Es ist ein Blick, der in der Landschaft die Taktik, in den Verkehrslinien die Logistik und in der Region deren geopolitische Bedeutung liest. Dieser Blick erfordert Kenner und Könner. Dem jungen Kim in Kiplings indischem Agentenroman von 1901 werden die Grundlagen des Vermessungswesens auf der katholischen Schule in Lucknow beigebracht. Die Amateursegler Carruthers und Davies aus Erskine Childers' *The Riddle of the Sands* (1903) werden erst in der fast tödlichen Begegnung mit einem deutschen Agenten darauf gebracht, dass es sich lohnen könnte, die flachen Priele und Sandbänke der Nordsee genauer auszuloten. T. E. Lawrence schließlich, Archäologe, britischer Agent und Taktiker des Partisanenkriegs, lernt von den Arabern, den endlosen und unwirtlichen Raum der Wüste für eine Kriegführung zu nutzen, die den Gegner, wie Borges' unglücklichen Babylonier, ins Leere laufen lässt.

Neben der trainierten Fähigkeit, den Raum zu erfassen und zu ›lesen‹, ihn zu verzeichnen und schließlich taktisch zu nutzen, erfordert geheime Raumaufklärung eine Kunst der Tarnung, die zivile Geographen nicht brauchen. »Es geht darum hinzugehen, sich zu informieren, sich zu verstellen, schnell zu sein und noch schneller wieder zurückzukehren«, schreibt der französische General Jules-Louis Lewal.[11] Den Raum auszuspähen, bedeutet, Informationen im feindlichen Gelände zu suchen, ohne dies den Feind wissen zu lassen. Späher müssen Spezialisten für die unauffällige Bewegung im Gelände sein, sie brauchen tarnende Legenden, sei es als müßige Touristen, Handlungsreisende oder, wie im Falle Kims, als Schüler eines Bettelmönchs. Die Notwendigkeit zur Anpassung und Tarnung, die Verschmelzung mit ›Land und Leuten‹, die der Späher und Spion sowohl zur Ausführung seiner Mission wie zum Überleben braucht, erzeugen dabei einen speziellen Typus von kultureller Mimikry, eine hybride, polyglotte und wandlungsfähige Subjektivität, deren fiktives und doch politisch folgenreichstes Vorbild Kiplings Kim ist. T. E. Lawrence erschien seinen Zeitgenossen als ihre heldenhafteste und zugleich exotischste Verkörperung. Dieses »going native«, dessen Möglichkeit oder Unmöglichkeit in kolonialen wie postkolonialen Debatten diskutiert worden ist, ist im Falle des Empire-Agenten und seiner literarischen Figurationen weniger als tatsächlicher Prozess denn als *Programm* zu verstehen, das aus politischen und militärischen Notwendigkeiten erwächst. Der koloniale Spion sollte idealiter »native« werden können; das heißt, nicht nur alle notwendigen Sprachen und Dialekte akzentfrei sprechen, sondern, wie Kim, alle möglichen Bevölkerungsgruppen imitieren, Flüche und Gebete, heilige Schriften und die Eigenschaften lokaler Medikamente parat haben.[12] Der Agent ist ein kulturelles Chamäleon – und eine der mächtigsten Phantasien des späten Empire ist ein Held, der genau diese Kunst der Verwandlung und Tarnung zur Täuschung seiner Feinde und Verblüffung seiner Leser bis zur Perfektion beherrscht. Es ist ein Held, der genau deshalb Meister der Gebiete und Orte ist, die er auskundschaftet, weil es ihm gelingt, an jedem dieser Orte heimisch zu sein.

Der Empire-Spion ist so immer gefangen in jener grundsätzlichen kolonialen Spannung des Raumes: Ziel und Ursprung seines Auftrags ist das Mutterland – Schauplatz seiner Arbeit aber sind jene Randzonen des Reiches, in denen die Interessen der Kolonialmächte im *Great Game* gegeneinander ausgespielt werden. Der Spion oder Späher bewegt sich in dieser Randzone, einem peripheren Raum oder Grenzsaum, an dem Freund und Feind aufeinandertreffen. Es ist seine Randlage, die den Raum zum Geheimnis und zur Gefahrenzone macht. Diese liminale Zone muss aber nicht unbedingt der nordindische Himalaya oder die Wüste des Hedschas sein, es kann auch nur wenige hundert Seemeilen vom heimischen England entfernt liegen: die flachen Wasser der friesischen Küste Deutschlands.

DER STRATEGISCHE RAUM

Erskine Childers: »The Riddle of the Sands«

The Riddle of the Sands, oft gefeiert als einer der ersten Spionageromane, erschien im Mai 1903 mit dem Untertitel *A Record of Secret Service Recently Achieved,* die Verlagsankündigung lautet *Edited by Erskine Childers.* Der Ire Erskine Childers präsentiert sich hier als Herausgeber des Geheimdienstberichts; er gibt vor, dass seine beiden Helden, Carruthers und Davies, ihm das Material zu diesem Bericht in Form von Carruthers' Tagebuch und Davies' Seekarten zur Verfügung gestellt hätten, um daraus einen publikumswirksamen Roman zu machen.[13] Childers nimmt sich damit als Autor zurück, streicht aber seine Wesensverwandtschaft mit den beiden Helden des Romans, zwei Sportseglern, dadurch heraus, dass er sich selbst als Segler präsentierte und sein Boot nach dem Boot des Romans *Dulcibella* nennt [*Abb. 8*]. Dass sich, wie Childers im Vorwort berichtet, Carruthers an ihn mit dieser Bitte gewendet hat, hat handfeste politische Gründe. Denn der angebliche Bericht, eine Erzählung über die Abenteuer einer herbstlichen Segeltour in der deutschen Nord- und Ostsee, enthält Informationen, die eine unmittelbare Bedrohung für England offenlegen sollen. Beim Kreuzen vor den ostfriesischen Inseln entdecken die Segler die heimlichen Vorbereitungen für eine deutsche Invasion Englands von der Nordseeküste aus. Unter Lebensgefahr spähen sie die deutschen Agenten aus, bis sie deren Plan begriffen haben: eine Invasion mit leichten Booten vom flachen Wasser des Wattenmeers aus, die England völlig überraschend treffen

Abb. 8: Robert Erskine Childers (1870–1922), Mitte, ca. 1902, war passionierter Segler und nannte sein Segelboot nach dem Roman-Boot »Dulcibella«. Der Ire Childers kämpfte für die Briten im Burenkrieg und verfasste neben dem Seglerroman *The Riddle of the Sands* zahlreiche militärische Publikationen. Er unterstützte 1916 das Easter Rising in Irland, dessen blutige Niederschlagung ihn zum irischen Nationalisten radikalisierte. Nach der Bildung des Irischen Freistaats 1922, gegen den er sich wandte, wurde er während des Irischen Bürgerkriegs exekutiert. Aus: Jim Ring: Erskine Childers. Author of the *Riddle of the Sands*, London: John Murray 1996.

würde. Die beiden hätten, so heißt es im Vorwort, diese Informationen nach ihrer Rückkehr sofort an die zuständigen Behörden weitergeleitet, müssten aber nun fürchten, dass ihre unter Gefahr aufgedeckten Einsichten folgenlos bleiben würden. Dass sie ihren Bericht nun dem »common sense« eines breiten Publikums vorlegen, soll einerseits die Regierung selbst in Zugzwang bringen, Vorsorgemaßnahmen gegen die geschilderte deutsche Gefahr zu treffen – andererseits soll den deutschen Planungsstäben signalisiert werden, dass ihr Vorhaben vereitelt ist.[14] Literatur will so unmittelbar eingreifen in die militärische und geheimdienstliche Sicherung des Landes. Als »record of secret service« ist das Buch zugleich ein Kommentar auf den Zustand – genauer: die Nicht-Existenz – eines funktionstüchtigen britischen Secret Service am Anfang des Jahrhunderts. Privatpersonen, so die implizite Klage, müssen ihr Leben im Dienste Englands riskieren, ein Roman muss ihre Erkenntnisse publik machen – an Stelle professioneller Agenten und Geheimdienstberichte, die unmittelbar in militärische Maßnahmen umgesetzt werden. In den unorganisierten Anfängen der Geheimdienste ist Literatur nicht so sehr Spionage mit anderen Mitteln, sondern die einzige überhaupt.

Der englische Geheimdienst des späten 19. Jahrhunderts, der *Intelligence Branch,* war 1873 aus dem *Topographical and Statistical Department* des War Office hervorgegangen. Sein hauptsächliches Augenmerk galt aber vor allem imperialen Zielen, insbesondere Indien und seiner im *Great Game* gefährdeten nordwestlichen Grenze, von der in *Kim* noch die Rede sein wird. Die Verteidigung der britischen Insel gegen einen Krieg in Europa schien Ende des neunzehnten Jahrhunderts ein eher fernliegender Gegenstand nachrichtendienstlichen Interesses – während es aber zunehmend die literarischen Phantasien beflügelte. Erst ab 1910, nachdem die Vorstellung einer Bedrohung durch deutsche Spione und Invasionsarmeen literarisch einige Male mit Erfolg durchgespielt worden war, begann James Edmonds als Direktor des MI5 professionalisierte Abteilungen für Spionage und Spionageabwehr aufzubauen. »The British Secret Service«, so David Trotter, »like the British spy novel invested in... the same phantasy«,[15] eine Phantasie von Invasion und der Allgegenwart fremder Agenten. Um 1900 aber war Aufklärung in Friedenszeiten vor allem die Sache der Geographen und Hydrographen, wobei die Marine, der langsamen Entwicklung des *Intelligence Branch* noch hinterherhinkend, erst Mitte der achtziger Jahre begann, ein Büro für »naval intelligence«, ausgestattet mit einem Offizier und drei Sachbearbeitern, aufzubauen.[16] Grundsätzlich blieb die verdeckte Aufklärungsarbeit ein unterbezahltes und unausgestattetes Feld, nicht selten mussten Agenten ihre Auslagen selbst bestreiten. Spionageschriftsteller wie William LeQueux fingen nicht selten deshalb an, gutverkäufliche »shocker« auf den Markt zu bringen, um sich ihre patriotische Leidenschaft des Spionierens überhaupt leisten zu können. »The ID's (Intelligence Division) system«, so Christopher Andrews, »remained amateurish. Secret intelligence arrived [...], ›heaven knows how‹, rather than from any organised network.«[17]

Es ist also kein Wunder, dass zwei segelfreudige Studienfreunde, der Privatier Davies und der *Foreign Office*-Beamte Carruthers, als Amateure die Aufgaben eines als amateurhaft gescholtenen Geheimdienstes übernehmen. Während dem Waisen Kim in Diensten des *Survey of India* immerhin eine solide Ausbildung im Vermessen und Zeichnen gegeben wird (s. Kap. *Local Knowledge*), sind die beiden Helden bei Childers einzig auf das gestellt, was sie bereits können. Besser gesagt: Sie erhalten, wie alle Amateurspione, nolens volens ein Training on the job. Der eher verschrobene Davies ist ein exzellenter und unerschrockener Segler, er kann Karten lesen, sich auf dem Meer hervorragend orientieren, er hat eine Passion für Marinestrategie – auf dem Land fühlt er sich allerdings wenig in seinem Element. Carruthers dagegen unternimmt einige aufschlussreiche Streifzüge an Land, wobei es ihm gelingt, eine entscheidende Unterhaltung des feindlichen deutschen Planungsstabs mitzuhören (235–244) und sogar heimlich ein nächtliches Manöver zu beobachten (300–318), das die endgültige Lösung für das »Rätsel der Sandbank« liefert. Carruthers ist es auch, dessen Tagebuch Grundlage des Erzähltextes wird, während Davies die notwendigen Karten und Seekarten beisteuert und die »prehistoric rottenness of the English charts« (96) durch eigene Messungen und deutsche Karten korrigiert. Carruthers und Davies sind jeweils Experten für Land und Meer, Text und Graphik – die Kombination der beiden Männer könnte idealer nicht sein.

Ihre komplementäre Kompetenz in Medien und Terrain ist dabei kein bloßer glücklicher Einfall des Autors Childers. Sie spiegelt das wider, was »Rekognoszieren« (reconnaissance), Aufklärung des Geländes, grundsätzlich zu sein hat: eine Doppelung von Kartenzeichnen (mapping) und Bericht (report). Die Zeichnung kann eine topographische Karte, aber auch eine kunstlose Skizze sein, wie die, die Carruthers vom Haus des deutschen Stabs auf Memmert zeichnet (237) [*Abb. 9*] – wichtig ist, dass

> »1. a sketch and report should convey no faulty information, inaccurate intelligence being worse than none at all. 2. Objects should be considered solely with reference to their military value, and those which, even if otherwise remarkable, are unimportant from this point of view should be omitted, unless their presence assists in the recognition of the area or road sketched ...«.[18]

Die zwei Kriterien der Richtigkeit und der Relevanz in der Information, die Aufklärung sammelt, sind als Poetologie auf den ganzen Roman selbst anzuwenden: Die von der Kritik beklagten detaillierten Beschreibungen des Segelboots Dulcibella und der Küstenlandschaft sind durchaus nicht überflüssiges Beiwerk eines mäßig gelungenen Romans, sondern haben ihre militärische Relevanz für die Darlegung jenes Plans, den die beiden englischen Segler allmählich aufdecken. Dieser Plan nämlich hängt gänzlich von technischen und hydrologischen Details ab. Childers' Buch als bloße Unterhaltungsliteratur zu lesen[19] und die Karten oder Landschaftsbeschreibungen als erzählerische Mängel zu sehen, ist darum ein komplettes Missverständnis: »Its structure breaks down«, heißt es in einer Geschichte des britischen Spionageromans, »its dependence on maps betrays considerable narrative weakness, and surely even sailors find that all of the messing about in the Dulcibella is a bit much.«[20] Dies geht gänzlich an der Struktur und Wirkung des Texts vorbei. Denn der Zusammenhang von Karten und Erzählung – Childers wollte eigentlich noch mehr Karten einfügen, u. a. eine Skizze der Geschützanla-

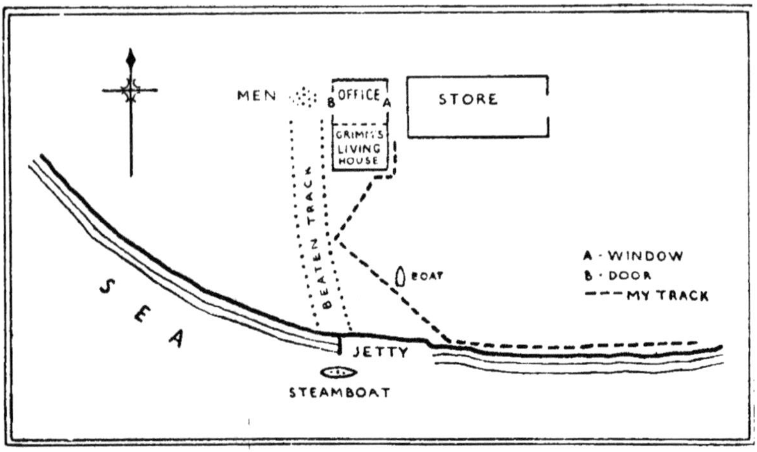

Abb. 9: Skizze vom Haus der Deutschen aus dem Roman *The Riddle of the Sands.*

gen um Esens – ist kein ästhetischer Fehler, sondern erfüllt die selbst gestellte Aufgabe des Romans, einen Raum in seinen taktisch relevanten Details durchsichtig zu machen. Damit ist der Roman Rekognoszierung im technischen Sinne: eine Skizze und ein Bericht. Der »report«, so heißt es in Parkers Handbuch der Raumaufklärung, soll die Zeichnung um das ergänzen, was durch eine Zeichnung nicht erfasst werden kann: Details, die zu klein sind, um eingetragen zu werden, Hinweise auf Verstecktes – und schließlich alles im Gelände, was sich bewegt und verändert.[21] Aufklärung wird so nicht durch die Karte erledigt, denn die Karte ersetzt nicht den Augenschein vor Ort, die taktisch-strategische »Lektüre« der Landschaft. »Die beste Raumaufklärung«, so heißt es in einem französischen Lehrbuch, »ist unverständlich, wenn sie vorgibt, die Karte ersetzen zu können. Das eine ist die Ergänzung des anderen.«[22] Der Text fügt der Karte die Dimension der Zeit und des Verborgenen hinzu, alles dessen, was nicht mit dem Auge erfassbar und graphisch darstellbar ist. Von Davies heißt es, dass er die Art der Wellen geradezu riechen könne. Genau um das aber, was man nicht sehen kann, was auf Karten nicht oder noch nicht verzeichnet ist und was im Raum geschieht oder geschehen könnte, geht es Childers' Text: das Kriegsgeheimnis als Geheimnis des Raumes.

Die erstaunlichste, weil detaillierteste Seekarte, die der Roman enthält [*Abb. 10*], war darum eine kleine Sensation, schon deshalb weil sie in diesem detaillierten Maßstab in England nicht einmal erhältlich war. Sie erläutert eine der wichtigsten Szenen des Romans, ein Segelmanöver, bei dem Davies, noch ohne Carruthers allein segelnd, vom deutschen Agenten Dollmann zunächst gelotst und dann in schwierigem, flachem Gewässer absichtlich sich selbst überlassen wird – in der Hoffnung, dass der unbequeme Engländer kentert und ertrinkt (Kap. 7 und 8). Bei diesem fast tödlichen Vorfall am Hohenhörnsand nahe der Elbmündung wird Davies auf das titelgebende Rätsel aufmerksam: Er begreift die seltsame Struktur der Nordseeküste und damit die strategische Wichtigkeit des Raums, in dem er sich bewegt. Zwischen den gut ausgeloteten und mit Bojen gekennzeichneten Fahrrinnen liegen flache, bei Flut überspülte Sandbänke, die von Prielen und Rinnen durchzogen sind. Carruthers, der mit Davies in diese gefährlichen Gewässer zurückkehrt, beschreibt es als »labyrinth of detached banks which obstruct the funnel-shaped cavity between the upper and middle prongs.« (135) Das Problem dieses Raumes ist, dass er sich – mit dem Steigen und Fallen des Wassers – ständig in seiner Befahrbarkeit verändert, obwohl er dem unerfahrenen Auge als uniforme Fläche erscheint:

> »This I knew [dass sie sich in dem Labyrinth befinden, EH] from the chart. My unaided eye saw nothing but the open sea, growing dark green as the depths increased; a dour, threatening sea, showing its white fangs. The waves grew longer and steeper, for the channels, though still tortous, now begin to be broad and deep. [...] Partly by sight and mostly by touch we crept around the outermost alley of the hidden maze«. (135)

Im Buch ist diese Zone durch die Seekarte in sehr detailliertem Maßstab dargestellt, die die Fadentiefe der Rinnen und Priele genau verzeichnet, ebenso wie die Route der Dulcibella bei jener ersten Begegnung mit Dollmann. Die Geschichte dieses Manövers, bei dem

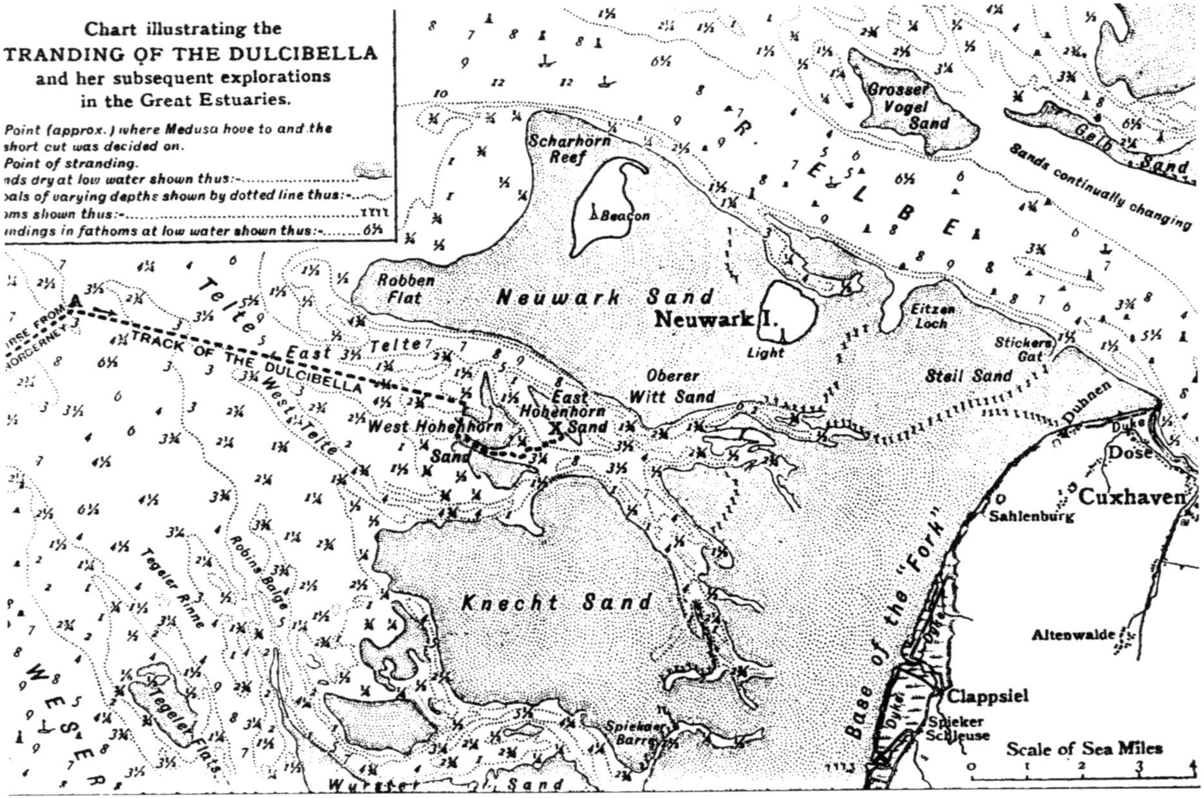
Chart illustrating the
TRANDING OF THE DULCIBELLA
and her subsequent explorations
in the Great Estuaries.
Point (approx.) where Medusa hove to and the short cut was decided on.
Point of stranding.
nds dry at low water shown thus:-
oals of varying depths shown by dotted line thus:-
oms shown thus:-
undings in fathoms at low water shown thus:- 6½
R. ELBE
Grosser Vogel Sand
Gelb Sand
Sands continually changing
Scharhörn Reef
Beacon
Robben Flat
Neuwark Sand
Neuwark I.
Light
Eitzen Loch
Stickers Gat
Steil Sand
Oberer Witt Sand
Duhnen
Duke
Dose
Cuxhaven
Sahlenburg
Altenwalde
Clappsiel
Spieker Schleuse
Scale of Sea Miles
0 1 2 3 4
Base of the "Fork"
Telte
East Telte
West Telte
TRACK OF THE DULCIBELLA
COURSE FROM NORDERNEY
East Hohenhorn Sand
West Hohenhorn Sand
Knecht Sand
Spieka Barre
Wurster Sand
Robins Balge
Tegeler Rinne
Tegeler Flats
WESER

Davies fast ums Leben kommt, wäre ohne die Karte schwer verständlich. Umgekehrt aber ist die Relevanz der Seekarte mit ihrem Gewirr von Sandbänken und Tiefenangaben nur durch den Text der Erzählung zu erfassen. Der Text lehrt, wie die Landschaft zu lesen ist: Unter der scheinbar planen Oberfläche des Wassers findet sich jenes wandelbare und gefährliche Labyrinth, das nur mit Hilfe einer sehr präzisen Karte schiffbar ist. Zugleich instruieren Carruthers Bemerkungen über die Farbe des Wassers und die Struktur der Wellen darüber, wie man dieses Labyrinth an gewissen Anzeichen erahnen kann. Karte und Text sind so einander unentbehrliche Ergänzungen in der Information über den Raum, jenen labyrinthischen und ephemeren See-Raum, den nur genaueste Beobachtung und präziseste Hydrographie erschließen können. Beides versucht Childers' Buch schon deshalb mit solcher Genauigkeit zu leisten, weil, wie der Autor und sein Held Davies nicht müde werden zu bemängeln, die englischen Seekarten des Nordseeraumes im Verhältnis zu den deutschen so ungenau und nutzlos sind.[23] Die Kapitel vom Kreuzen ums Hohenhörn wollen niemandem die Zeit vertreiben, sondern eine Lektion in Hydrographie erteilen.

Der taktische Raum

Ein zweiter, notwendiger Schritt der Raumaufklärung ist die Entschlüsselung der Landschaft in ihrer taktischen und strategischen Bedeutung. Warum sind detaillierte Kenntnisse der deutschen Nordseeküste für England von vitaler Bedeutung? Davies erläutert seinem Segler-Freund – und dem Leser – jene strategische »channel theory«, die die geopolitische Lage Deutschlands und Englands mit der komplexen Struktur der Nordseeküste zu einem einzigartigen Invasionsszenario verknüpft. Deutschland habe keine nennenswer-

Abb. 10: Seekarte vom Wattenmeer vor Cuxhaven mit dem Weg der »Dulcibella«. Aus *The Riddle of the Sands.*

ten Kolonien, baue aber ganz offensichtlich eine mächtige Flotte auf, um solche zu erwerben.

> »Think of Germany as a new sea-power [...]. The next thing is, what is her coast-line? It's a very queer one, split clean in two by Denmark [...]. Far the most important bit of coast-line [...] looks on the North Sea [...]. Now it must strike you at once that that it's ridiculously short compared with the huge country behind it. [...] In the event of war it seems to me that every inch of it would be important, sand and all [...]. It strikes me that in a war a lot might depend on these, both in defense and attack«. (101, 103)

Davies Argumentation, die die getarnten Arbeiten der Deutschen an ihrer Küste als Vorbereitungen für einen kommenden Krieg entschlüsselt, stützt sich explizit auf die Bibel geopolitischer Reflexion über das Meer, Captain A. T. Mahans *The Influence of Sea Power Upon History* von 1890. Mahans Theorie des Meeres als Handelsstraße und Kriegstheater betont die vitale Wichtigkeit des Zugangs und der Situierung eines Landes am Meer. Mahan sieht das Meer als eine Fläche analog dem Land, geeignet zum Transport von Gütern und Menschen: »a great highway; or better, perhaps, of a wide common, over which men will pass in all directions, but on which some well-worn paths show that controlling reasons have led them to choose certain lines of travel rather then others.«[24] Davies' Idee des Wattenmeeres und seiner Bedeutung ist eine Übertragung dieser Idee des Meeres als System von Wegen und Passagen ins Kleine. Der Plan der Deutschen, den die beiden Helden erst am Ende des Romans als Angriffs- und nicht Defensiv-Szenario begreifen, besteht darin, diese Kenntnisse der Kanäle des Wattenmeers für ein heimliches, nicht auf die (leicht zu kontrollierenden) deutschen Häfen konzentriertes Auslaufen von Truppentransportern zu nutzen. Viele kleine Schiffe mit wenig Tiefgang sollen in einer dunklen Nacht von der gesamten Breite der Nordseeküste aus nach England übersetzen und die Insel einnehmen. Das ganze Geheimnis – und damit der strategische Überraschungseffekt, auf den die Deutschen hoffen – besteht im Wissen um diese Schiffbarkeit des Wattenmeeres. Das Wattenmeer ist ein sich permanent wandelndes Labyrinth von Kanälen. Die

Gezeiten machen diese Kanäle und Priele teilweise passierbar, teilweise unpassierbar, die Untiefen und Wasserscheiden erzeugen ständig wechselnde Strömungen – und schließlich bauen die Deutschen heimlich Deiche und Stichkanäle durch dieses Labyrinth. Es ist ein Raum, in dem genaueste Kenntnisse des Geländes und Gewässers notwendig sind, um sich überhaupt in ihm bewegen zu können. Dieses Wissen aber wird zur unmittelbaren taktischen Waffe.

Davies' Argumentation setzt bei einer großräumigen Perspektive auf die gesamte Nord- und Ostseeregion an und zieht von da aus Schlüsse ins Kleine: »every inch of it would be important« (ebd.) Es ist eine großformatige geopolitische Perspektive, ein übergreifender, totalisierender Blick von oben, der die Frage formuliert, die nur im Kleinen, en détail und vor Ort beantwortet werden kann. Der Bogen von Davies' Argument umspannt sehr genau den Raum der politisch-militärischen Intelligence: ein globaler Blick auf Kräfteverhältnisse, Raumordnungen, Zugänge, Grenz- und Küstenverläufe – und ein lokaler Blick auf das, was vor Ort taktisch möglich ist. Was sich in Davies Überlegungen von einem Blick aufs Große bis hin zum Blick aufs Detail, auf die Region, den winzigsten Flecken Küste verknüpft, sind heterogene Wahrnehmungsfelder: Geopolitik einerseits, »local knowledge« andererseits.[25] Es geht nicht nur um Geographie in unterschiedlich großem und kleinem Maßstab, sondern um komplementäre Formen der Raumwahrnehmung und Exploration. Der Späher geht aufs Einzelne, aufs Besondere, aufs Verborgene und Wandelbare, er durchmisst den Raum nicht möglichst schnell, wie die reguläre Truppe, sondern möglichst langsam und möglichst unauffällig. Er vermeidet den Feind.[26] Der Raum, der schnell durcheilt wird, ist ein qualitativ anderer als der, der langsam begangen wird.[27] Die langsame Exploration lässt den Raum fließend werden, sie löst die scheinbare Homogenität kartographischer Darstellung und Rasterung auf und entwirft ihn als jene wandelbare, intransparente und gefährliche Zone. Das Modell des Amateur- und Sport-Spions, das die beiden wagemutigen Oxford-Absolventen Davies und Carruthers verkörpern, ist somit sehr viel vielseitiger und intellektueller als das späterer, wesentlich professionellerer, Agenten: Sie verbinden politisches Denken und technisches Können, Geopolitik mit Vermessungskunst – sie können ebenso gut segeln, Feinde belauschen und notfalls eine Waffe gebrauchen wie im großen Maßstab über die künftige europäische Kolonialpolitik und ihre Folgen für das Empire räsonnieren.

Die Pointe von Childers' Epoche machendem Roman liegt darum nicht so sehr in der realistischen Umsetzbarkeit des Invasionszenarios, von dem Prinz Louis of Battenberg, Direktor der *Naval Intelligence*, bemerkte: »As a *novel* it is excellent, as a *warplan* it is rubbish.«[28] Das Invasionsszenario war seit George Tomkyns Chesneys *The Battle of Dorking* von 1871 eine Kriegsphantasie, die mit Childers Roman und William Le Queux' *The Invasion of 1910* von 1906 nicht nur in der englischen Populärliteratur gattungsbildend wirkte, sondern eine politische Phantasie speiste, die unmittelbare militärische Folgen hatte.[29] Eine freiwillige Marine-Reservearmee wurde für den Fall eines Angriffs auf die Insel gebildet,[30] und 1910 wurde der Roman von zwei draufgängerischen englischen Offizieren gleichsam nachgespielt: Im August wurden Lieutenant V. R. Brandon und Captain B. F. Trench in Ostfriesland verhaftet, weil sie versucht hatten, Befestigungsanlagen an der Küste auszuspionieren. In ihrem Prozess gaben sie an, Childers' Buch gelesen zu haben, »three times«, wie Brandon angab.[31] Das Neue und Einzigartige an Childers' Roman ist die Transformation des Raums und seiner Wahrnehmung, die *The Riddle of the Sands* an die Seite strategischer Raumentwürfe wie Kipling's *Kim* und Lawrences Partisanenkriegstheorie stellen. Wie kurz vor ihm Kipling für Indien, entwirft Childers mit seiner Darstellung der deutschen Küste eine taktische Landschaft – und er skizziert zugleich die Figur, die diese Landschaft explorieren und aufschlüsseln kann, um in ihr einen kommenden Krieg zu lesen und zu vereiteln: den ersten Entwurf des modernen Agenten.

Rudyard Kipling: »Kim«

Rudyard Kiplings Roman *Kim*, zwei Jahre vor Childers' *Riddle* erschienen, teilt mit diesem die Phantasie eines abenteuerlichen, wenn nicht gefährlichen Raums, der vermessen und ausgespäht werden will, und bearbeitet damit die Grundfrage der Intelligence im British Empire. Das Indien Kiplings ist farbiger, burlesker und selbstredend »orientalistischer« als das deutsche Wattenmeer, das als unmittelbare Nachbarschaft Englands vor allem unheimlich ist. Indien ist fern, fremd, die Peripherie des Imperiums. Und um genau die Sicherung dieser Randzonen des Reiches wird es in *Kim* gehen, genauer gesagt um jenen einhundert Jahre lang schwelenden geopolitischen Konflikt des British Empire mit dem zaristischen Russland um die Vorherrschaft in Zentralasien: das *Great Game*. Während die *East Indian Company* ihre Verwaltung des Indischen Reichs im 19. Jahrhundert an die Britische Regierung abgetreten hatte, hatte Russland seit 1813 langsam und stetig durch Allianzen und Besetzungen seinen Machtbereich durch Zentralasien hindurch immer näher an die nördlichen Grenzen des Raj ausgedehnt. Um 1900 waren die Grenzen der Einflusszonen des Russischen Reiches und des British Empire nur noch zwanzig Meilen voneinander entfernt. Die Kartographierung und Ausspähung des noch weitgehend unbekannten Territoriums in Zentralasien, insbesondere im heutigen Afghanistan, die von beiden Mächten mit großem Einsatz betrieben wurden, war darum niemals nur geographischem Interesse geschuldet, sondern immer schon elementarer Teil dieses geopolitischen Großkonflikts.[32] – Kiplings Roman wählt diesen Konflikt als Hintergrund einer Geschichte vom Heranwachsen des jungen Kim – aber diese Geschichte ist nicht einfach ein Bildungsroman, sondern sehr präzise die Modellierung eines neuen Typus von Agenten. Kim ist das, was Davies und Carruthers im Verlauf des *Riddle* erst werden müssen: ein jugendlicher, aber professioneller Späher mit Sinn fürs Abenteuer wie für seinen Auftrag, ein Experte für Räume und die stets in ihnen lauernden verborgenen Vorgänge des geheimen Krieges.

Kim erzählt vom Erwachsenwerden inmitten des *Great Game*, von Ausbildung, Abenteuern und Reisen durch den indischen Subkontinent. Zu Anfang trifft der zwölf oder dreizehnjährige Kim, eigentlich Kimball O'Hara, verwaistes Kind armer irischer Eltern in kolonialen Diensten, einen alten, hilflosen tibetischen Lama, der auf der Suche nach einem heiligen Fluss ist. Kim erklärt sich zu seinem Schüler und Diener (*chela*) und begleitet von nun an die spirituelle Reise des Lama durch Indien, erledigt aber gelegentlich auch geheime Besorgungen für seinen Freund, den Pferdehändler Mahbub Ali – in Wirklichkeit ein Agent der Engländer im *Great Game*. Kim wird schließlich vom britischen Colonel Creighton aufgegriffen und in Lucknow in eine Schule zur Ausbildung als Geograph gesteckt. Aufgrund seiner Sprachkenntnisse und Geschicklichkeit schickt Creighton ihn in seinen Schulferien zu geheimen Boten- und Ausspähungstouren los, unter lockerer Aufsicht Mahbub Alis und anderer als fahrende Händler oder bengalische Ethnologen getarnte Agenten. Nach weiterem Training als Agent bei dem Antiquitätenhändler Lurgan Sahib vollbringt Kim schließlich – stets unter der Deck-Identität als *chela* des reisenden Bettelmönchs – sein Meisterstück: In den Bergen am Fuß des Himalaya stielt er zwei Spionen im Dienst der Russen ihre Depeschen für aufständische Fürsten im Norden des Raj und schickt sie, von Dorfbewohnern durchgeprügelt und unverrichteter Dinge, wieder ins Tal zurück. In einer Weise, die Kinderspiel, Ausbildung und lebensgefährliche geheime Aufträge zur Ununterscheidbarkeit vermischt, ist Kim so der erste professionell ausgebildete Agent des Empire.

Schon der berühmte Anfang des Romans, Kims Ritt auf der Kanone von Lahore [*Abb. 11*], bringt das koloniale Thema auf den Punkt:

»He sat, in defiance of municipal orders, astride the gun Zam-Zammah [...]. Who hold Zam-Zammah [...] hold the Punjab [...]. There was some justification for Kim [...] since the English held the Punjab and Kim was English.« (49)

Abb. 11: Die berühmte Kanone Zam-Zammah in Lahore. Aus: Angus Wilson: The Strange Ride of Rudyard Kipling. His Life and Works, London: Secker and Warburg 1977.

Kim ist in Wahrheit nicht ganz so »English«. Er ist der Sohn eines irischen Vaters aus ärmstem Milieu: »a poor white of the very poorest«; er spricht Hindustani und Punjabi besser als Englisch und ist von der Sonne so gebräunt wie ein indisches Kind. Die Kanone als Emblem für die koloniale Herrschaft und eine Karte von Nordwest-Indien, die am Romananfang entfaltet wird, sind so der Einsatzpunkt des Textes, aus dem sich bereits die Grundkonstellation des *Great Game* erahnen lässt: Es geht um die britische Kontrolle über Indien, dessen Nordgrenze zunehmend durch mit Russland koalierende lokale Souveräne bedroht wird. Bemerkenswert an diesem Bild ist, dass es ein *Kind* ist, das hier auf Zam-Zammah reitend zur spielerischen Verkörperung der britischen Herrschaft über den Raum des indischen Kolonialreiches wird. Das koloniale Programm des Romans ist damit benannt, aber in einer Weise, die ahnen lässt, dass es nicht um administrative und militärische Herrschaft geht, sondern um eine wesentlich subtilere Form von Kontrolle.

Denn in Kiplings Roman zeigt sich, wie Thomas Richards bemerkt, mit für das viktorianische England einzigartiger Deutlichkeit eine Transformation des Imperialismus selbst: Eine Form kolonialer Herrschaft, die nicht mehr auf Ausrottung, Versklavung oder unmittelbare Ausbeutung – also auf direkte Anwendung von Gewalt setzt, sondern die ihre Bestände durch die geschickte Handhabung von Information sichert. Vor allem aber diese Information systematisch mehrt – eben durch Intelligence.[33] Koloniale Intelligence, die Sammlung des für die koloniale Raumkontrolle relevanten Wissens, stößt allerdings immer auf die Schwierigkeit des Verstehens und der Verständigung. Es braucht Agenten, die nicht nur die zahlreichen Landessprachen sprechen, sondern auch die kulturellen Codes, Tabus und Gebote der Gesellschaft kennen, zumal einer so heterogenen wie der Indiens. Im kolonialen Raum besteht darum politische und militärische Aufklärung nicht allein in der Ausspähung des Terrains und des Feindes, sondern vor allem in kultureller Geläufigkeit und sozialem Wissen, in »local knowledge«.[34] Wer die Codes und Tabus der Region nicht kennt und missachtet, das hatten die Briten schockhaft bei der indischen Revolte von 1857 gelernt, kann das Land weder sicher noch effizient beherrschen. Diese Revolte, bekannt geworden als *Mutiny*, war ein bewaffneter Aufstand der bengalischen und indischen Soldaten. Ausgelöst wurde er durch einen Akt kultureller Unsensibilität: Die Patronenhülsen des neu eingeführten Enfield Rifle waren, so vermuteten die Soldaten, entweder mit Schweine- oder Rindertalg gefettet, was für die hinduistischen oder muslimischen Soldaten inakzeptabel war. Die Revolte weitete sich im Verlauf des Jahres 1857 zu einem in Zentral- und Nordindien immer wieder aufflammenden Aufstand aus, der der Herrschaft der *East Indian Company* ein Ende setzte. Das indische Reich wurde von nun an direkt unter die Verwaltung der englischen Regierung gestellt.

Die Agenten dieses kulturellen Wissens, dessen vitale politische Wichtigkeit die *Mutiny* bewiesen hatte, müssen darum bestens assimilierte Existenzen sein, die sich im hybriden Raum des Raj unauffällig bewegen können. Kiplings Roman führt eine ganze Typologie solcher Figuren ein: Es sind polyglotte Kolonialoffiziere mit jahrelanger Erfahrung im Land wie jener Colonel Creighton, der Kim für das *Great Game* anwirbt; britisch ausgebildete Eingeborene mit dem Ehrgeiz zum Aufstieg im kolonialen System wie der ebenso brillante wie burleske bengalische Ethnograph Babu Hurree Chunder Mookerjee; den Briten gegenüber loyale Händler wie der Afghane Mahbub Ali – oder eben *half-casts* wie Kim, der zwar von armen »Weißen« (*sahibs*) abstammt, aber von einer indischen Pflegemutter aufgezogen wurde.

Ausbildung und Ausrüstung

Liest man den Roman nicht nur als pittoreske Schilderung des von Kipling mit imperialer Sentimentalität geliebten Indien,[35] sondern als Programm zur Ausbildung des idealen britischen Kolonialagenten, so ist der Bildungsweg Kims besonders aufschlussreich. Er führt ihn durch unterschiedlichste Stadien der Schülerschaft: Er ist *chela*, spiritueller Schüler und weltlicher Diener des wandernden Lama, den er auf seiner Suche nach dem Fluss begleitet und unterstützt; er ist gelegentlicher Lehrling und Bote des heimlich für die Engländer Spionage treibenden Pferdehändlers Mahbub Ali und schließlich widerwilliger Schüler in St. Xavier, der britisch-indischen Ausbildungsstätte für angehende Kolonialbeamte in Lucknow. Dort erhält er auf Betreiben des Colonels Creighton eine dreifache Erziehung in katholischer Frömmigkeit, englischem Bildungsgut und den Techniken des Landvermessens und Kartenzeichnens. Es liegt eine für Kipling typische Ironie darin, dass es ausgerechnet eine katholische Bildungsanstalt ist, die die beste Ausbildung des ganzen Raj vermittelt, und dass es der studierte Bengale Babu Hurree Chunder Mookerjee ist, der Kim den Kanon westeuropäischer Gymnasien nahelegt: Wordsworth, Shakespeare, Burke und Hare, Latein und Französisch. Gerade die etwas unenglischeren Diener des Empire müssen ihre Loyalität auf eine solide kulturelle Basis stellen. Die wichtigste Kompetenz für Kims prospektive Funktion als Agent aber ist eine technische Fertigkeit: Vermessung und Kartographie.

> »A boy who had passed his examination in these branches«, verspricht der Babu dem Jungen, »could, by merely marching over a country with a compass and a level and a straight eye, carry away a picture of that country which might be sold for large sums in coined silver.« (211)

Auch wenn Kim in der Folge eine solide Ausbildung als Landvermesser (chain-man) erhält, die ihn zu einer Karriere in den niederen Rängen des *Survey of India* qualifiziert, der großen kolonialen Statistik- und Kartographie-Behörde, geht es doch von Anfang an um etwas anderes als die Ausbildung zum bloßen Geographen. Der *Survey of India* ist eine Cover-Institution für Kims und des Babus geheimdienstliche Tätigkeiten. Denn ein Bild von einer Landschaft »davonzutragen«, heißt hier ganz konkret, mit einfachen und daher unauffälligen Instrumenten unterwegs zu sein, genau zu beobachten, die eigenen Schritte als Längenmaß zu zählen und auf »adventitious aids«, kostbares und auffälliges Vermessungsgerät zu verzichten (ebd.) – eben um nicht als Brite und als Geograph erkannt zu werden. Kim wird von Anfang an als heimlicher Späher, nicht als braver Landvermesser trainiert. Das wichtigste Instrument dafür, das betonen auch die militärischen Traktate für Späher (scouts), ist dabei die Beobachtungsgabe. Kim übt diese gezielt bei einem anderen mysteriösen Nachrichtenhändler des *Great Game*, dem »Perlen-Doktor« und angeblichen Antiquitätenhändler Lurgan Sahib. Das »jewel game«, eine Art Memory-Spiel, das Kim dort lernt, trainiert die Fähigkeit, schnell und konzentriert eine Vielheit von Details aufzunehmen und im Kopf zu behalten – es wird fortgesetzt mit Fotografien von Eingeborenen und Waffen. Als »Kim's Game« wird das Spiel heute noch zum Training von Beobachtungsgabe und Kurzzeitgedächtnis eingesetzt. Später übt Kim seine Beobachtungskünste an den seltsamen – zumeist verkleideten – Besuchern und Kunden des

Lurgan Sahib. Sehen, alles bis ins Kleinste in sich aufzunehmen, ist das Programm dieser Spionageschule – andererseits aber auch: nichts sehen, was nur suggeriert wird. Ein Hypnose-Experiment, das Lurgan mit Kim anstellt, indem er ihm die Halluzination eines intakten Kruges vorspiegelt, der in Wirklichkeit zerbrochen vor seinen Augen liegt (202 f.), gehört mit zu diesem Training des guten Spähers.

Kims Beobachtungsgabe wird im Roman nicht einfach nur behauptet, sondern in der Poetologie des Textes selbst wiederholt. Denn Kiplings berühmte Schilderungen der indischen Folklore, seien es der Markt von Lahore oder das Treiben auf der *Grand Trunk Road*, der 2500 km langen Verkehrsstraße von Peshawar über Delhi bis Kalkutta, sind lesbar als literarischer Reflex dieser Beobachtungskunst des kolonialen Agenten. Seine unendlich genaue, oft als orientalistisch pittoresk missverstandene Beschreibungskunst, mit der er jeden sozialen Typus in der ihm eigenen Kleidung und Physiognomie präsentiert, Redensarten zitiert (der Roman enthielt ursprünglich längere Passagen in Hindustani) oder lokale Sitten schildert, folgt exakt jener Liebe zum Detail, die auch dem guten Späher abverlangt wird. Die Visualität des Romans ist dabei durchaus kein imperialer Panoptismus,[36] sondern gerade die Perspektive dessen, der das Gewimmel um sich *im Einzelnen* ausspioniert: er »liest« die Gestalten nach ihrer sozialen Herkunft, ihrem Verhalten – stets nach einer Auffälligkeit, einer Unstimmigkeit suchend. Genau das tut auch sein Held: Kim enttarnt auf diese Weise etwa einen scheinbaren Fakir als verkleideten Spion. Die Buntheit und Detailfreude in Kiplings Schilderungen sind so eine Form von sozialer Lektüre, die im unmittelbaren Zusammenhang mit der geheimdienstlichen Programmatik des Romans steht. Der Erzähler und Kim müssen das Gleiche können: detailliert sehen und detailliert schildern.

Zu diesem visuellen Regime gehört auch die Kunst der Verkleidung, die Kim von Anfang an betreibt, samt den dazugehörigen Dialekten, Flüchen, Gebeten und Gesten. Bei seinem ersten Urlaub von der ungeliebten Schule läuft er sogleich zu einer Prostituierten, lässt sich den Kopf rasieren und mit schwarzer Farbe einreiben, weil seine Haut zu hell geworden ist und sein englischer Haarschnitt zu akkurat sitzt. Kims größte Kunst ist die Kunst kultureller Mimikry, die Kim – durch seine hybride, indisch-europäische Herkunft – gleichsam naturwüchsig beherrscht.[37] Während Kims Ausbildung auf Techniken der Beobachtung und Verzeichnung setzt –, liegt Kims Eignung in seiner kulturellen Versatilität. Er kann alles sein: indisches Schmutzkind und britischer Zögling, listiger Bote und Mitleid heischender Diener eines Bettelmönchs. Vor allem aber: Kim ist ein Kind – und in dieser Gestalt der Kindlichkeit, Formbarkeit, Unauffälligkeit und Verspieltheit sieht Kipling die Basis für den idealen Kolonialagenten. In der von Kim verkörperten Fähigkeit zur perfekten Mimikry, in der Kunst, ganz in der kolonialisierten Kultur zu verschwinden, liegt, wie Edward Said angemerkt hat, ein zentrales Phantasma dieses ›reformierten‹ Kolonialismus: Es ist die Vorstellung, die dominierte indigene Kultur nicht nur gänzlich zu kennen und zu verstehen, sondern sie als Identität überstreifen zu können: »[It] is the wish-phantasy of someone who would like to think that everything is possible, that one can go anywhere and be anything. [...] Was there ever a native fooled by the blue or green-eyed Kims and Lawrences who passed among the inferior races as agent adventurers?«[38] Bei Kipling jedenfalls scheint das möglich zu sein.

Kims Tätigkeit für den britisch-indischen Geheimdienst, der unter der Tarnung des *Survey of India* und dessen ethnographischer Abteilung operiert, beginnt mit einem einfachen Botengang für den Pferdehändler Mahbub, indem er eine Nachricht über die Verschwörung von »fünf Königen« mit einer »Macht im Norden« (69) – nicht schwer, diese als Russland zu identifizieren – an Colonel Creighton überbringt. Dabei erweist sich Kim als Naturtalent der klandestinen Arbeit. Er versteht ohne weitere Erläuterungen die konspirative Natur seiner Mission, bedient sich des frommen Lama als Tarnung und beobachtet heimlich noch die Reaktionen auf die von ihm übermittelte Botschaft. Kim ist ein Agent, der verstehen will, worum es geht. Die drei Mitarbeiter des Geheimdiensts, mit denen Kim arbeiten wird, haben drei unterschiedliche Funktionen inne: Colonel Creighton ist der Leiter und Koordinator des Agentenapparats, er ist es, der Kim anheuert, seine Ausbildung im Internat in die Wege leitet und überwacht, er ist es, der die Aufträge erteilt und als »kybernetischer Charakter«[39] im Roman die vielen Begegnungen steuert, die scheinbar so zufällig auf Kims Weg liegen. Creighton ist die Schaltstelle eines Geheimdienstes, dessen Effizienz gerade darin besteht, dass er überwiegend dezentral, beweglich und improvisierend arbeitet. Mahbub Ali, ebenfalls Agent der Engländer mit Codenamen, »registered in one of the locked books of the Indian Survey Department as C25 1B« (69), verfolgt eigene Aufträge, fungiert aber gegenüber Kim auch als eine Art Führungsoffizier avant la lettre. Der fette Babu Hurree Chunder Mookerjee, Agent R17, schließlich ist sein gewitzter Kollege und Lehrmeister in der Praxis. Er verabschiedet sich am Ende von Kim mit Worten, die diesem – in karikiertem Bengali-Englisch – noch einmal die Grundregel der Verkleidungs- und Verstellungskunst einhämmern: »Good-bye, my dear fallow, and when next you are under thee emotions please do not use the Mohammedan terms with the Tibetan dress.« (330)

Trotz des Erfolgs, den Creightons Agenten im Verlauf des Romans verzeichnen können, wirkt das Netzwerk des *Survey* seltsam unorganisiert: Agenten tauchen auf und verschwinden, Begegnungen, so dramatisch sie sich gestalten mögen, scheinen häufig ganz zufällig und erfordern vor allem Improvisationskunst, wie Kims Rettungsaktion für einen verletzten Mit-Agenten im Zug nach Delhi, den er schnellstens so verkleidet, dass die ihn suchende Polizei ihn nicht mehr erkennt (247 ff). Alle sind ständig unterwegs und in Bewegung, Kim auf seinen Reisen mit dem Lama, Mahbub in Geschäften mit Pferden, der Babu unter dem Deckmantel ethnologischer Forschungen für den *Survey*. Niemand hat eine feste Adresse – aber irgendwie finden sich immer alle, wenn es gerade nötig ist, und wissen, wo sie den anderen zu suchen haben. Es scheint die Ziellosigkeit des Reisens zu sein, ganz besonders deutlich in der Suche des Lamas nach jenem Fluss der Heilung, dessen Ort er nicht kennt, das die Agententätigkeit ausmacht und möglich macht. Hurree Chunder Mookerjee findet Kim, wo immer er sich aufhält. Beim Einsatz gegen die russisch-französischen Agenten gelingt es Kim und dem Babu mitten im Himalaya, unabhängig voneinander vorauszusehen, was der andere tun wird und sich am Ende wieder am gemeinsamen Ausgangspunkt zu treffen, damit Hurree die von Kim überbrachten Papiere der Agenten übernehmen kann. »There was no means of communication with the boy, but he could be trusted«, ist das Prinzip, nach dem die Kooperation der Agenten organisiert ist (299). Anders als im Weltkrieg oder im Kalten Krieg ist bei diesen Agenten Vertrauen noch keine moralische Kategorie (ihre Loyalität ist fraglos), sondern eine organisatorische Zuverlässigkeit. Die Verlässlichkeit Kims besteht in seiner Kunst, im entscheidenden Augenblick die Situation zu verstehen und eine Lösung zu improvisieren. Als Modell eines – noch zu schaffenden – kolonialen Geheimdiensts ist Colonel Creightons Netzwerk ein Wunder der Improvisation, der glücklichen Zufälle und des perfekten Timings. Gemessen am bürokratischen Organisierungsgrad moderner Geheimdienste ist Creightons kleine Truppe ein einziges Chaos, aber sie ist ein Traum an Effizienz.

Tatsächlich gab es zu dem historischen Zeitpunkt, zu dem *Kim* spielt (etwa zwischen dem ersten und zweiten Afghanischen Krieg, ca. 1870) auch im Raj noch keinen zentralisierten Geheimdienst, sondern unterschiedliche Departments der Polizei und des *Foreign Office*, die polizeiliche Aufgaben übernahmen wie die Bekämpfung der räuberischen Thuggee-Sekte und später der radikalen Wahabiten. Bis zur Vizekönigschaft Lord Curzons 1904, der – möglicherweise nach Kipling-Lektüre – begann, Agenten für einen Geheimdienst des Raj auszubilden, war es vor allem die Abteilung zur Bekämpfung organisierten Verbrechens, das *Thagi and Dakoity Department*, die geheime politische Information sammelte, Spitzel ausschickte und deren Berichte auswertete. Nach der *Mutiny* von 1857[40] erschien es zunehmend wichtig, aufrührerische Bewegungen in der Bevölkerung rechtzeitig wahrzunehmen und zu unterdrücken. Befürchtet wurde vor allem, dass ein indischer Aufstand oder ein Herrscher am Rande des von den Briten verwalteten Reiches sich mit Russland verbünden könnten.[41]

Genau dies ist denn auch das Szenario der Verschwörung, der Kims erste Nachricht, getarnt als »Stammbaum eines weißen Hengstes«, gilt:

»It concerned all matters of out-of-the-way mountain principalities, explorers of nationalities other than English [d. h. als Forscher und Geographen getarnte russische Agenten, EH], and the gun-trade – was, in brief, a small portion of that vast mass of ›information received‹ on which the Indian Government acts. But, recently, five confederated Kings, who had no business to confederate, had been informed by a kindly Northern Power that there was a leakage of news from their territories into British India.« (69)

Sammler dieser Information waren entweder Offiziere der Indischen Armee bzw. des *Political Department* der Indischen Kolonialregierung oder mehr oder weniger eigenständig Reisende, Forscher und Abenteurer. Ähnlich wie im englischen Mutterland ist der Geheimdienst auch im Raj vor allem die Sache einfallsreicher Eigeninitiative. Diese Forscher und Abenteurer waren die eigentlichen Spieler des *Great Game* – und nicht selten seine Opfer. Die Exploration der nordwestlichen Grenzregion Indiens, des indischen Himalaya und Tibets, das tatsächlich noch nicht einmal grob kartographisch erfasst war, war darum ein doppeltes Unternehmen der geographischen Exploration und der militärisch-politischen Ausspähung, gelegentlich auch der Geheimdiplomatie mit lokalen Prinzen, die von beiden Großmächten unter Druck gesetzt wurden. Dabei war man sich über das Ausmaß der russischen Bedrohung ebenso wenig einig, wie man die Verhaltensweisen und Pläne zentralasiatischer Herrscher durchschauen konnte. Nicht selten nahmen diese europäische Reisende als Abgesandte der Kolonialmächte gefangen und richteten sie hin.

Es ist deshalb nicht einfach ein pittoresker Einfall Kiplings, dass er Colonel Creighton der Kartographierungsbehörde, dem *Survey of India* zuordnet. Seine Funktion trifft sehr genau die Doppelung von Landvermessung und Spähertum, die das Projekt des *Survey* Ende des 19. Jahrhunderts prägte.[42] In der angespannten Lage aber war es für Europäer außerordentlich riskant, in die unbekannten Bergregionen als Vermesser vorzudringen. Ein Colonel des *Survey*, Thomas Montgomerie, hatte deshalb die Idee, unverdächtige Einheimische, nämlich die Inder des Punjab, als Geographen zu trainieren und über die nordwestliche Grenze nach Tibet zu schicken.[43] Es liegt nahe, dass Kipling die Berichte Montgomeries kannte, die in den *Proceedings of the Royal Geographical Society of London* zwischen 1866 und 1875 erschienen. Denn Kim erhält das gleiche Training und den gleichen Auftrag wie jene eingeborenen Pundits, die für Montgomerie gefährliche und beschwerliche Erkundungsreisen nach Tibet und Nepal, Ost-Turkistan und Yarkund unternahmen. Ausgerüstet wurden sie dabei – wie Kim – nur mit dem allernötigsten Vermessungsgerät:

> »Their instrumental equipment consisted of two large sextants, two box sextants, prismatic and pocket compasses, thermometers for observing temperature of air and boiling water, pocket chronometer, and common watch, with apparatus, the latter reduced as much as possible«, schreibt Montgomerie.[44]

Diese Pundits werden in den Publikationen Montgomeries häufig mit Code-Nummern (»Native Explorer Nr. 9«) oder »Pundit« (gelegentlich neben Montgomerie als Co-Autor) genannt, gelegentlich aber werden sie auch geradezu berühmt unter ihrem eigenen Namen.[45] Kims Wunsch nach einem Code-Namen – »the dignity of a letter and a number – and a price upon his head!« (209) ist damit der Wunsch, Pundit zu werden. Da sie als Geographen und westliche Agenten nicht erkannt werden dürfen, wurden die Pundits als Priester getarnt. Außerdem, so berichtet Montgomerie, stattet er sie mit einem Kasten Medikamente aus, sodass sie sich bei der Bevölkerung als Heiler beliebt machen können.[46] Auch Hurree Chunder Mookerjee vergisst nicht, Kim einen solchen Kasten zu geben, als er ihn als Agent losschickt. Die Instrumente von Montgomeries Emissären sind kleinstmögliche Spezialanfertigungen, der Wanderstab des eingeborenen *moonshee* wird am Kopf mit einem Kompass versehen. »Every endeavour was made to prevent the instruments from being conspicuous«, so Montgomerie in seinem ersten Bericht über das von ihm 1862 gestartete Projekt.[47] In *Kim* sind es die religiösen Gegenstände wie Gebetsketten und kleine Kästchen für Betelnüsse, die zu Instrumenten der Landvermessung umfunktioniert werden.

> »As it was occasionally inexpedient to carry about measuring chains [weil sie einen als Späher verraten hätten, EH] a boy would

> do well to know the precise length of his own foot-pace […] To keep count of thousands of paces, Hurree Chunders's experience had shown him nothing more valuable than a rosary of eighty-one or a hundred-and-eight beads«. (211)

Den Raum zu vermessen und ihn als Spion auszuspähen, das wird nicht zuletzt mit der klandestinen Ausrüstung der Geographen deutlich, ist am wilden nördlichen Grenzsaum Indiens um 1900 ein und dasselbe.[48] Bemerkenswert ist, dass Kipling für seinen Romanhelden die gleiche Tarnung wählt wie Montgomerie für seine Pundits: ein religiöses Gewand. Kims beste Tarnung ist der fromme Lama selbst. Er ist es, der Kims Rolle als fahrender Mönch überhaupt erst glaubhaft macht – weil er selbst daran glaubt. Der würdige alte Mönch nämlich missversteht Kims rastlose Botengänge als Suche nach dem Fluss der Heilung, den er am Ende des Romans tatsächlich finden wird.

Montgomeries Pundits als historisches Vorbild eines Agenten wie Kim werden von Kipling explizit (und polemisch) einem anderen Agententyp gegenübergestellt: den russisch-französischen Agenten, die Kim im Himalaya trifft. Mit Kim und dem Babu einerseits, den beiden durch und durch europäischen Agenten andererseits prallen zwei Typen von geheimen Staatsdienern in Kolonialdiensten aufeinander: Einerseits sind da die chauvinistischen Agenten-Landvermesser, die mit schweren Teodoliten und imperialer Hochnäsigkeit das Gebirge besteigen, eine wertvolle Zeichnung des Lamas zerreißen und schließlich von den Einwohnern eines Bergdorfes verprügelt und verjagt werden. Andererseits die sprachkundigen und anpassungsfähigen britisch-indischen Agenten: Sie vertreten eine Technik der Raumaufklärung durch kulturelle Mimikry. Russe und Franzose sehen den Raum als reines Terrain und kartographieren mit teurem Gerät, das Kim sicherheitshalber in eine tiefe Schlucht wirft. Sie sehen den Raum als materielle Welt und verstehen weder die Sprachen noch die Mentalität und sozialen Regeln der Gegend, in der sie sich bewegen. Dafür haben sie eine Theorie über »Indien«, die sie im Babu verkörpert glauben: »›He represents little India in transition – the *monstrous hybridism* of East and West,‹ the Russian replied. ›It is *we* who can deal with Orientals. He has lost his own country and has not acquired any other.‹« (288, Hervorhebung EH) Wer von klaren kulturellen Zugehörigkeiten und »Nationalitäten« ausgeht, kann in Hurree Chunders kultureller Wendigkeit nur eine Monstrosität sehen. Allzu deutlich aber wird, dass die Russen durchaus nicht mit Orientalen umzugehen verstehen. Kim und Hurree sind in der Tat Hybride aus Ost und West. Und genau hierin liegt Kiplings Programm für den kolonialen Agenten (und, allgemeiner, den kolonialen Untertan). Sie sind nicht nur Kartographen, Ethnographen (wie der Babu) und Nachrichtenüberbringer, sondern sie sind einheimisch und kolonial zugleich. Sie verkörpern »local knowledge« als eine Mimikry an die jeweils lokale Kultur. Religion und religiöse Ehrfurcht, verkörpert in der Person des Lama, erscheinen im Roman als Kern und Verkörperung dieser »Lokalität«. Kein Wunder also, dass auch Lurgan Sahib, der Agentenlehrer, Antiquitäten- und Nachrichtenhändler, »discussed metaphysics in English and Bengali... He was always interested in religions.« (206) In dem Maße, wie Kim, zwar mit Ironie und List, den Lama umsorgt und verehrt, in dem Maße, wie er wirklich *chela* seines Meisters ist, bewegt er sich in einem hybriden Bezirk *zwischen* indischem und kolonialem, spirituellem und materiellem Raum. So sehr der Roman, zumal in der Karikatur des Babu, die Monstrosität des Hybriden herausstreicht, so sehr präsentiert er doch genau diese Hybridität als Vorbild versierten Agententums. Die Kims, die Hurree Chunder Mookerjees und die Lurgans sind die Modelle des neuen, zukunftsweisenden Dieners des Empire.[49]

Das Große Spiel: Boy Scouts und Geopolitik

Was immer Kim ist, er ist es innerhalb des großen Spiels, des *Great Game*. Kim wird klar, dass alles, was geschieht, alles, was er bisher getan hat, Teil dieses Spiels ist:

> »Well is the Game called great!... Now I shall go far and far into the North playing the Great Game. Truly, it runs like a shuttle throughout all Hind. And my share and my joy [...] I owe to the

lama here. Also to Mahbub Ali – also to Creighton Sahib, but chiefly to the Holy One. He is right – a great and wonderful world – and I am Kim – Kim – Kim – alone – one person – in the middle of it all.« (273)

Es war Kiplings Roman, der die Metapher vom *Great Game* für den britisch-russischen Konflikt überhaupt erst populär machte – und von da aus wurde sie zur Metapher für das »Große Spiel« der Spionage überhaupt. Macht der Erste Weltkrieg allem Spielerischen im geheimen Krieg ein Ende, so wird der Kalte Krieg mit seinen *War Games* die Metapher noch einmal aufgreifen. Spiel, uneigentliches Handeln, wird der Modus sein, in dem eine Feindschaft noch ausgetragen werden kann, die realen Krieg nicht mehr erlaubt (s. Kap. *Cold War*). Eine Geschichte der Spionage ist darum immer auch eine Geschichte dieser Metapher – und ihres ironischen, nicht selten aber auch euphemistischen Gehalts. Und in diesem Euphemismus der Spiel-Metapher – weniger in seinem viel diskutierten Orientalismus – liegt der ideologische Gehalt von Kiplings Roman.

Um 1900 verbindet sich mit dem Spionage-Spiel Unernst, Kindlichkeit, Nicht-Professionalität, Abenteurertum, Improvisationskunst – aber auch ein Sinn für die großen geopolitischen Fragestellungen, die schon die beiden Segler bei Childers leichthändig aufwerfen. Gleichwohl geht es im *Great Game* niemals nur um Abenteuer an der frischen Luft. Schon der Begriff des *Great Game* wurde von einem seiner ersten Opfer geprägt: Captain Arthur Conolly, der ihn in seinem Reisebericht *Journey to the North of India* (1838) einführt und später auf einer seiner Missionen ums Leben kommt.[50] Die Metapher vom Spiel hat dabei im British Empire zwei Anwendungsfelder, die den Geist der Spionage ins Zivile hineintragen: den Sport und die Geopolitik. In beiden Fällen bewirkt die Rede vom »Großen Spiel« eine Distanzierung von der eigentlichen Dramatik des Geschehens, die typisch ist für das Selbstverständnis des kolonialistischen Subjekts. Die eine Form dieser Distanzierung ist der Blick der Geopolitik, der gleichsam von oben auf politische Konflikte und deren Räume herabschaut. Sein Programm wird von Halford J.

Mackinder entworfen.[51] Mackinder verortet die geopolitisch zentrale Region, seine »pivot area« genau in der Mitte des Eurasischen Kontinents: das heißt in der Zone, um die es im *Great Game* geht.[52] Der geopolitische Blick ist ein Blick, der in Großräumen denkt, einen totalisierenden Zugriff auf Territorien imaginiert und den Raum gleichsam vereinheitlicht. »Geopolitics is a new way of seeing international politics as a unified worldwide scene.«[53] Der Raum wird »geglättet«, totalisiert, seine Markierungen und Grenzen werden perspektivisch gelöscht. Was Geopolitik zum Spiel macht, ist nicht der Mangel an Ernsthaftigkeit, mit dem sie betrieben wird, sondern die Abstraktion, die eine solche Modellierung des Raums vornimmt. Die »greatness« des *Great Game* besteht in dieser globalen Dimension, in der es nicht um Täler und Dörfer, nicht um Bevölkerungen und Kulturen geht, nicht einmal um konkret gefährdete Grenzsäume, sondern in der es nur noch »Randzonen« und »Kerngebiete« gibt. Die instabile Nordgrenze Indiens ist in dieser Hinsicht nichts als eine besonders empfindliche Zone an der turbulenten Peripherie des riesigen Empire. Das *Great Game* impliziert so zwei unterschiedliche, einander inkompatible Raumkonzepte: das globale der Geopolitik und das lokale der Späher.[54] Diese Spannung zwischen kolonialer Großraumpolitik und lokalen Souveränitätsansprüchen wird für T. E. Lawrence schließlich zur politischen und persönlichen Tragödie werden.

Kim dagegen verkörpert die andere Dimension des Spielerischen im *Great Game*: Kim, so Ferouza Jussawalla, »is simply in it for the adventure and fun.«[55] Er betrachtet den geheimen Krieg als eine Art Wettkampf, die Lebensgefahr darin als eine Art sportliches Risiko. Handbücher über Späher beschreiben den Typ des Scouts als wagemutig, aber auch umsichtig, weil ein toter oder verletzter Scout niemandem etwas nützt.[56] Der Späher vermeidet die Berührung mit dem Feind um jeden Preis. Bei Kipling bewegen sich die Protagonisten mit traumwandlerischer Sicherheit; jede Lebensgefahr wird durch eine schnell improvisierte List abgewendet, bei der es immer auch noch etwas zu lachen gibt, etwa wenn der Babu die russischen Agenten foppt oder Kim die Fakire verhaften lässt, die Mahbub nach dem Leben trachten. Hier enthält das Spiel der Spione und Späher weder Tragik noch Gefahr, sondern besteht vor allem in einer spielerischen Ironie gegenüber allen denkbaren Bedrohungen und Risiken. Der Feind ist ein Gegenstand des Spottes, nicht der Furcht oder des Hasses. Auch deshalb ist es ein Kind, das zum Helden einer als Spiel verstandenen Intelligence wird.

Rudyard Kiplings Freund Lord Baden-Powell, der vor dem Ersten Weltkrieg als Spion in Deutschland unterwegs war, preist darum das Versteckspiel von Kindern als exzellente Vorbereitung auf die Tätigkeit als Geheimagent. Vor dem Ersten Weltkrieg ist Spionieren ein Amüsement des Versteckens und Austricksens, ein Gentleman-Spiel, dessen Vergnügungen Baden-Powell in seinem kleinen Buch *My Adventures as a Spy* anschaulich zu schildern weiß.[57] Den liebenswerten Dilettantismus des Spionage-Gewerbes zu Zeiten der Jahrhundertwende führen nicht zuletzt seine recht unscharfen Ergebnisse vor: So präsentiert Baden-Powell stolz in *My Adventures as a Spy* die Zeichnungen von Blättern oder Schmetterlingen, in denen er die graphischen Umrisse einer Festungsanlage versteckt einzeichnet [*Abb. 12*]. Baden-Powell wird in der Folge zum wortmächtigsten Programmatiker einer Pädagogik, die Krieg, Spionage, die Idee sportlicher Fairness und staatsbürgerliche Erziehung unmittelbar kurzschließt. Im Burenkrieg 1899, als er die Stadt Mafeking sieben Monate lang gegen Transvaal verteidigte, verglich er die Belagerung mit einem Cricket-Match und ließ die Angreifer wissen, »we are having a very enjoyable game«.[58] Inspiriert von Kiplings Helden Kim und Mowgli entwirft Baden-Powell den *Boy Scout* als sportlich-abenteuerlichen Staatsdiener – ein Staatsdiener aus dem Geist des spielerischen Spions. Er fordert körperliche Fitness, Teamgeist, Selbständigkeit, Fairness, aber auch Pflichtbewusstsein und die eiserne Unterwerfung unter die Regeln des Spiels, zu dem der Krieg von Baden-Powell erklärt wird. Worum es in dieser scheinbaren ›Zivilisierung‹ des Kriegs geht, ist die Charakterschulung in der noblen Tätigkeit des Spions: »A good spy – no matter wich country he serves – is *of necessity* a brave and valuable fellow.«[59] Die »games ethics« der Boy Scouts und Public Schools abstrahiert von der Gewalt

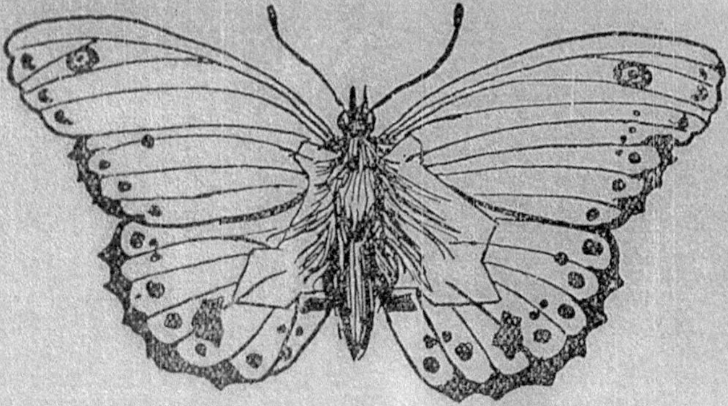

This sketch of a butterfly contains the outline of a fortress, and marks both the position and power of the guns. The marks on the wings between the lines mean nothing, but those on the lines show the nature and size of the guns, according to the keys below.

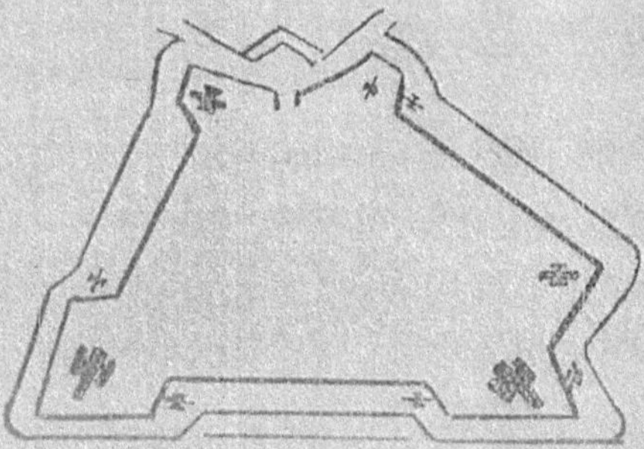

The marks on the wings reveal the shape of the fortress shown here and the size of the guns.

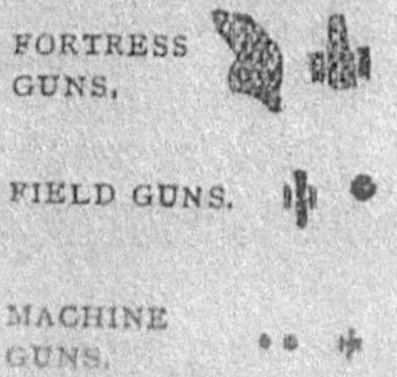

The position of each gun is at the place inside the outline of the fort on the butterfly where the line marked with the spot ends. The head of the butterfly points towards the north.

des Krieges, den Härten des Kolonialdienstes und den bösen Listen der Spionage, um diese als Freiluftabenteuer in exotischen Ländern zu imaginieren.[60]

Einer solchen Vision von Spionage ist jene grundsätzlich tragische oder »schmutzige« Dimension der Täuschung, des Verrats und der gebrochenen Loyalitäten noch gänzlich unzugänglich. Nach dem Ende des Ersten Weltkrieges gibt es keine Idee von der Nobilität des Spions mehr. Hannah Arendt hat diesen ideologischen Selbstentwurf des imperialen Subjekts als Verwirklichung eines pubertären Jünglingstraums verstanden. Bei aller Effizienz in der Verwaltung und aller Grausamkeit in der Kriegführung bleibt das koloniale Subjekt gefangen in einem Selbstverständnis als »Drachentöter«:

> »Ritter ohne Furcht und Tadel, zogen sie begeistert in ferne Märchenländer zu fremden und kindlichen Völkern, um den Kampf mit dem Drachen zu bestehen, von dem man in England nur noch auf der Schulbank hören und dem man nur noch in Knabenträumen nachhängen konnte.«[61]

Der Imperialismus, so Arendt, ruht auf den Schultern genau jener Staatsdiener, die sich selbst als Kim oder als Colonel Creighton imaginieren. Seine »zentralen Figuren«, so Arendt, »sind der Bürokrat oder Verwaltungsbeamte auf der einen Seite und der Geheimagent oder Spion auf der andern Seite.«[62] Die verführerische Zweck- und Endlosigkeit des Großen Spiels, das Kim spielt, sieht Arendt als eine ideologische Illusion. Der Zauber der Figur und des Romans zerstäubt in der »vulgären Duplizität des Spions. Die abenteuernden Spieler des Großen Spiels wurden in jedem Fall zu betrogenen Betrügern.«[63] Aber diese Illusion, deren wohl wirkungsvollste literarische Stimme Kipling war, hat noch zwei Generationen von Briten

Abb. 12: Spionagezeichnung. Der Erfinder der Boy Scouts, Robert Baden-Powell (1857–1941), spähte deutsche Gefechtsanlagen aus und diente als Kartograph in Indien. Der Schmetterling enthält die Skizze einer Festung. Die vermeintliche Zeichnung eines Schmetterlingsliebhabers dient der Tarnung im Fall einer Verhaftung. Aus: Baden-Powell: My Adventures as a Spy, London 1915.

dazu verlockt, sich im Dienste des Empire in ein Spiel zu begeben, das eigentlich nie eines war. T. E. Lawrence war einer der besten Leser Kiplings, und sein tragischster.

PARTISANENTUM UND VERRAT

Lawrence in Arabien

Mit einem der erfolgreichsten Agenten des späten Empire, Thomas Edward Lawrence – »Lawrence von Arabien« –, ändert sich nicht nur das Terrain, sondern auch der Ton [*Abb. 13*]. Er bewegt sich nicht im labyrinthischen Raum von Childers' Wattenmeer und auch nicht im bunten Indien Kiplings – sondern in der Wüste, Borges' *anderem* Labyrinth. Nicht ein übervoller oder rätselhafter, sondern ein leerer und karger Raum ist der Schauplatz seiner Operationen; nicht so sehr die Exploration des Geländes, sondern seine taktische und strategische Ausnutzung ist seine Aufgabe. Das Große Spiel um Räume und Grenzen wird in seinem Fall zum bitteren Ernst kolonialer Großraumpolitik – und das Abenteuer endet in der Katastrophe unausweichlichen Verrats. Faszinierend an Lawrence ist nicht nur seine Aktivität als Agent des British Empire, sondern vor allem, dass er diese Arbeit in einen irritierenden literarischen Text gefasst hat: seine Kriegsmemoiren *Seven Pillars of Wisdom*. Lawrence ist damit für unseren Zusammenhang weniger als der »Lawrence von Arabien« interessant, als der er gefeiert und vermarktet wurde, sondern vor allem als Autor eines der zwiespältigsten und komplexesten Texte aus dem geheimen Krieg.

T. E. Lawrence kommt zuerst 1909 als Archäologe nach Syrien. Schon 1911 kehrt er in den Mittleren Osten zurück, zunächst mit einem Ausgrabungsprojekt bei Carchemish, dann mit dem Geheimauftrag des Secret Service, eine genaue Karte der Sinai-Halbinsel zu erstellen – dies bereits in Vorbereitung eines möglichen Feldzugs gegen das Osmanische Reich. Es ist diese Tätigkeit als Kenner der

Abb. 13: Thomas Edward Lawrence (1888–1935) in arabischer Kleidung 1919. Fotograf: Harry Chase, Imperial War Museum Q 73535.

Region und halboffizieller Geograph, die Lawrence im Herbst 1914 dann in die Geographische Abteilung des *War Office* bringt und später ins *Arab Bureau* in Kairo. Hier setzt Lawrence seine entscheidende Idee durch: nicht Briten gegen die Türken ins Feld zu schicken, sondern den Aufstand der zunehmend gegen die Osmanen rebellierenden Araber zu unterstützen und dadurch den Weltkriegsgegner Türkei indirekt zu schwächen. Vom *Arab Bureau* aus wird Lawrence darum als militärischer Berater und Verbindungsoffizier zu den aufständischen Arabern entsandt. Von Anfang an ist Lawrence der Fürsprecher eines britischen Engagements auf Seiten der Araber und wird in der Folge zum inoffiziellen militärischen Planer und Anführer des Aufstands. Zwei Jahre lang ist er der heimliche Feldherr des erfolgreichen arabischen Partisanenkriegs im Hedschas – zwei Jahre extremster Strapazen, permanenter Märsche, zäher Unterhandlungen mit Stammesfürsten und Kolonialbeamten und gelegentlicher Scharmützel mit den Osmanen. Er führt die aufständischen Araber zur Einnahme von Wejh, Akaba und schließlich Damaskus. Als er

1918 nach Europa zurückkehrt, ernüchtern ihn die für die arabischen Interessen desillusionierenden Versailler Friedensverhandlungen. Nach enttäuschenden Interventionen als Diplomat und Nahost-Berater der Britischen Regierung beginnt er 1919, nach seinen Kriegstagebüchern einen fast 700 Seiten langen Bericht über den Feldzug zu schreiben: *Seven Pillars of Wisdom.*[64]

Vordergründig hat dieser Bericht ein klares politisches Anliegen: Nachdem die Versailler Friedensverhandlungen den Arabern die von ihnen militärisch eroberten Gebiete wieder abgesprochen hatten, beschwört der Kriegsbericht noch einmal die Eigenständigkeit und Glorie der arabischen Bewegung:

> »that everyone may see how natural the success was and how inevitable, how little dependent on direction or brain, how much less on the outside assistance of the few British. *It was an Arab war waged and led by Arabs for an Arab aim in Arabia.*« (23, Hervorhebung EH)

Aber das Buch, das Lawrence in Eigenfinanzierung druckt und zunächst nur an enge Freunde und Subskribenten verteilt, eignet sich nur wenig zum politischen Pamphlet, weil es den dafür notwendigen Heroismus durch seine Komplexität und Widersprüchlichkeit unterläuft.[65] E. M. Forster nannte *Seven Pillars* »granular«, »a succession of items which [...] have some sort of intervals between them.«[66] Übergenau in der Schilderung des Feldzugs, kleiner Konflikte innerhalb des arabischen Lagers, endloser Kamelritte, Unfälle, Krankheiten, Streitereien mit und zwischen unterschiedlichen Beduinengruppen trägt das Buch die Spuren der vor Ort geschriebenen Notizbücher, lückenhaft ist es dennoch, weil es nicht nur unverbunden Szene neben Szene stellt, sondern auch immer wieder auf Leerstellen hinweist, an denen etwas »Unaussprechliches« gesagt werden müsste, aber nicht gesagt wird: »Our life is not summed up in what I have written (*there are things not to be repeated in cold blood for very shame*); but what I have written was in and of our life.« (31, Hervorhebung EH) – Es ist diese Mischung aus Verschämtheit und Exhibitionismus, die den ganzen Text prägt: Es kann und soll nicht alles gesagt werden, aber statt das Unsagbare einfach zu verschweigen wird das Verschweigen selbst mit geradezu peinlicher Deutlichkeit hervorgehoben. Lawrences Kriegsmemoiren prägt eine Struktur des *secretum* – ein ihnen eingeschriebenes Geheimnis, das zugleich Eingeständnis und das Verschweigen eines Verrats ist.

Geopolitik und Partisanenkampf

Als Lawrence im Oktober 1916 als Berater zu den aufständischen Arabern stieß, hatten diese, angeführt vom Sherif von Mekka, Hussein, und seinen Söhnen Abdullah und Feisal, die Türken bereits aus Mekka vertrieben und Dschidda und Rabegh besetzt. Was Lawrence in *Seven Pillars* als Eigeninitiative auf einem Urlaub vom *Arab Bureau* beschreibt, ist in Wirklichkeit ein geheimdienstlicher Auftrag: Er sollte einerseits verlässliche Informationen über den Stand und die Ziele des Aufstands und militärtopographische Daten über die Region einholen (die Fotos davon, versehen mit präzisen geographischen Angaben, sind noch heute im Imperial War Museum zu sehen) – andererseits als Verbindungsoffizier die Araber in ihrer Taktik gegen die Türken im englischen Interesse beeinflussen.[67] Lawrences erster Rat ist entscheidend für die ganze weitere Strategie: Er rät den Arabern, angeführt von Emir Feisal, vom Versuch ab, das türkisch besetzte Medina einzunehmen, lässt britische Waffen nach Rabegh liefern und instruiert die arabischen Truppen, Yenbo und mit englischer Unterstützung den Hafen von Wejh einzunehmen. Dadurch wurde Medina, wo sich die Türken verschanzt hatten, von der Küste abgeschnitten, die Stadt war nur noch durch die Hedschas-Eisenbahn mit dem türkisch kontrollierten Territorium verbunden. In dieser Situation entwickelt Lawrence seine berühmte Theorie der Partisanentaktik: eine Taktik der Sabotage, die auf frontale Konfrontation wie auf Eroberung verzichtet und die ganz auf die Künste des Spähers setzt. Er lässt die Gleise der Hedschas-Bahn sprengen und beschränkt sich auf kleinere Überfälle. In einem sechshundert Kilometer weiten Marsch durch die Wüste gelingt den Arabern schließlich die Einnahme Akabas vom Land aus – ein strategischer Geniestreich Lawrences. Die Karte von Lawrences Route macht die raumgreifende Taktik der langen Märsche und überraschenden Angriffe besonders anschaulich: Es geht um eine ausweichende Bewegung im Raum, nicht um Belagerung oder Schlacht [*Abb. 14*]. Die von Lawrence entwickelte Technik des schnellen Angriffs und sofortigen Rückzugs ermöglicht den Truppen Feisals dann die Einnahme von Tafileh, Dera'a wird eingekesselt und schließlich die Vierte Armee der Osmanen auf ihrem Rückzug in einem grauenhaften Rache-Massaker vor Damaskus geschlagen. Mit dem Einzug in Damaskus enden die *Seven Pillars* – und die Mission Lawrences im Mittleren Osten.

Dennoch ist alles militärische Ingenium Lawrences und alle Tapferkeit der arabischen Revolte von Anfang an durch eine Entscheidung durchkreuzt, die die Hoffnungen der Araber auf politische Autonomie vereitelt: das Sykes-Picot-Abkommen. Schon im Mai 1916, vor Beginn der arabischen Revolte und dem aktiven Eingreifen der Engländer, hatten der britische Kolonialbeamte Mark Sykes und der französische Diplomat Georges Picot den arabischen Raum – im Vorgriff auf eine erfolgreiche Revolte der Araber – vorsorglich zwischen dem Empire und Frankreich aufgeteilt. Die arabische Unabhängigkeit, für die Lawrence den arabischen Feldzug führt, ist also von Beginn an ein verratenes Ziel: Nach der Befreiung des Hedschas und der Besetzung Damaskus' wird Mesopotamien, der heutige Irak, mit Jordanien an England fallen, Syrien, der Libanon und die Südost-Türkei an die Franzosen, und Palästina wird unter internationale Verwaltung gestellt.[68] Das Sykes-Picot-Abkommen war im Wesentlichen eine Karte, Blau für Frankreich, Rot für das Empire, die das Osmanische Reich schon im Vorgriff auf seinen Zusammenbruch in koloniale Beutestücke zerlegte.[69] Diese Karte ist das Symbol jener geopolitischen Abstraktion von lokalem Wissen und lokalen Interessen, Ausdruck jener »greatness« des *Great Game*, die zwar auf den

Abb. 14: Karte des Hedschas und der Route von Feisals Truppen von Wejh bis Akaba 1916/17. Aus: Michael Asher: Lawrence. The Uncrowned King of Arabia, London: Viking 1998, S. xviii.

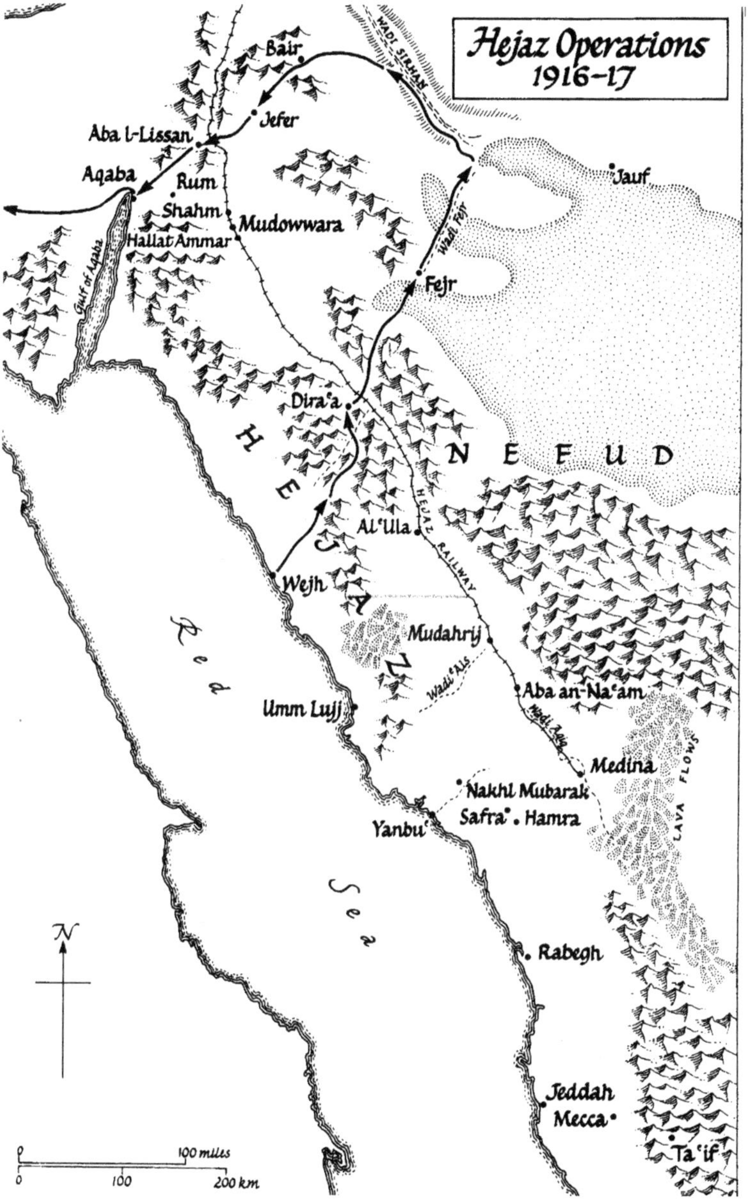

Hejaz Operations
1916–17
Bair
Jefer
Wadi Sirhan
Aba l-Lissan
Aqaba
Rum
Shahm
Mudowwara
Hallat Ammar
Jauf
Wadi Fejr
Fejr
Gulf of Aqaba
Dira'a
H E J A Z
N E F U D
Hejaz Railway
Al 'Ula
Wejh
Red Sea
Mudahrij
Wadi 'Ais
Aba an-Na'am
Wadi Aqiq
Umm Lujj
Medina
Lava Flows
Nakhl Mubarak
Safra
Hamra
Yanbu'
Rabegh
Jeddah
Mecca
Ta'if
N
0
100 miles
0
100
200 km

lokalen Einsatz und »local knowledge« angewiesen ist – die lokalen Interessen und Souveränitätsansprüche in letzter Konsequenz aber den größeren geopolitischen Rücksichten (den Interessen der Kolonialmächte) opfert [*Abb. 15*]. Sykes-Picot, von dem Lawrence schon weiß, bevor er zu den Arabern kommt, ist so seine zugleich politische und moralische Bürde: das Bewusstsein, die Araber bei aller Begeisterung und allem Erfolg von Anfang in ihrer Sache zu verraten und gleichsam auf eine aussichtlose Mission zu schicken. Die koloniale Spannung zwischen Geopolitik und »local knowledge«, zwischen imperialer Herrschaft und lokaler Selbststeuerung kristallisiert sich in T. E. Lawrence so zu jener Figur des Loyalitätskonflikts, der das Politische des 20. Jahrhunderts entscheidend prägt: dem Verrat.

Einmal abgesehen von dieser geopolitischen Spannung in der Raumpolitik des Empire, ist Lawrences Umgang mit dem Raum als Feldherr mehr als bemerkenswert. Lawrence ist der erste Theoretiker der irregulären Kriegführung im 20. Jahrhundert – und er entwickelt diese Theorie aus dem Geist des Spähertums. Lawrences Partisanenkrieg ist ein Krieg der Raumaufklärung, der Raumnutzung und der Intelligence. Die Taktik, die er im Hedschas entwickelt und anwendet, ist ein »Triumph« (so der Untertitel von *Seven Pillars*) des Lokalen über das geopolitisch Globale, eine ingeniöse Ausnutzung des Geländes und der Mentalität der Araber. Denn deren Kriegsziel ist – anders als in den Schlachtfeldern von Flandern – nicht die Vernichtung oder Entmachtung des Gegners, sondern die Eroberung des Raums selbst: »their aim was geographical, to extrude the Turk from all Arabic-speaking lands in Asia.« (191) Deutlich wird das auch an seinem Gegenentwurf zu Sykes-Picot, einer bemerkenswerten Karte, in die Lawrence nicht so sehr beherrschte Territorien und feste Demarkationen einträgt, sondern eher Einflusszonen mit verschwimmenden Rändern [*Abb. 16*]. Damit ist die Grundlage des Befreiungs-

Abb. 15: Karte des geheimen Sykes-Picot-Abkommens vom 16. 5. 1916. Es legte die geplanten Verwaltungsgebiete und Einflusszonen Englands und Frankreichs im Mittleren Osten fest. Aus: John E. Mack: A Prince of Our Disorder. The Life of T. E. Lawrence, Boston/Toronto: Little, Brown & Co. 1976.

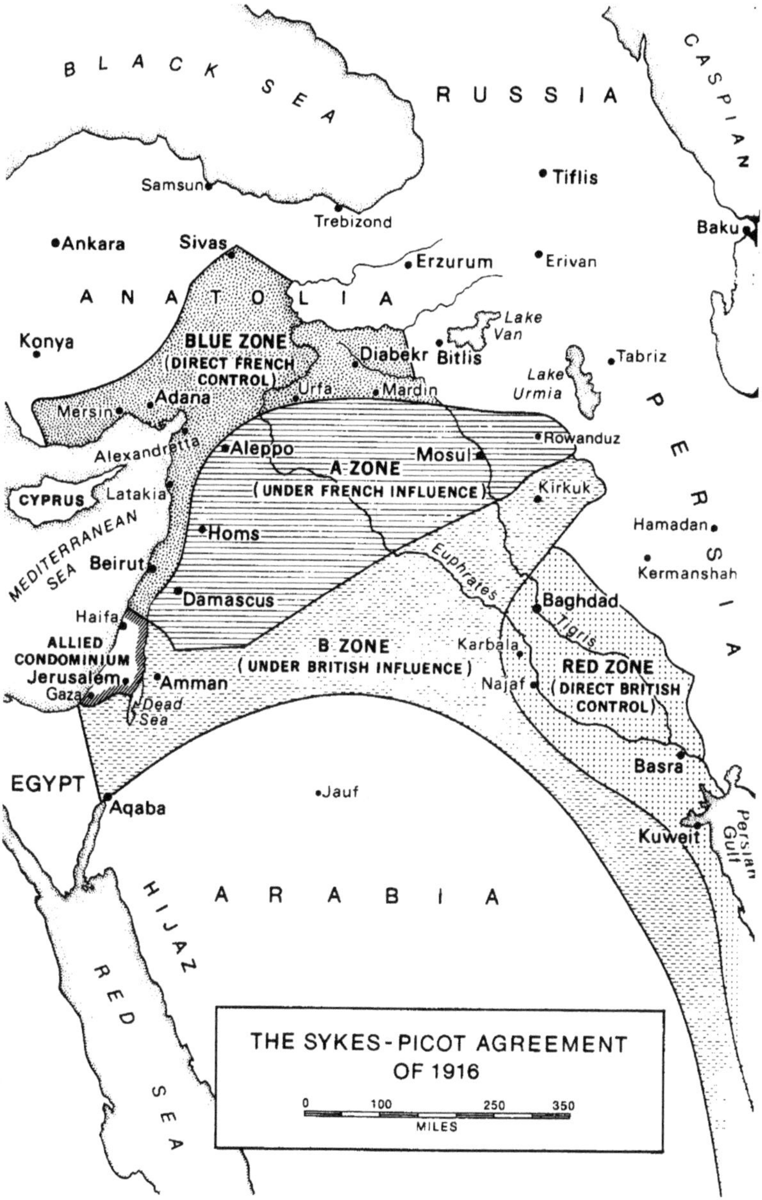
BLACK SEA
RUSSIA
CASPIAN
Samsun
Trebizond
Tiflis
Baku
Ankara
Sivas
Erzurum
Erivan
ANATOLIA
Konya
BLUE ZONE
(DIRECT FRENCH CONTROL)
Diabekr
Bitlis
Lake Van
Tabriz
Lake Urmia
Urfa
Mardin
Adana
Mersin
Alexandretta
Aleppo
Mosul
Rowanduz
A ZONE
(UNDER FRENCH INFLUENCE)
Kirkuk
CYPRUS
Latakia
PERSIA
MEDITERRANEAN SEA
Homs
Hamadan
Beirut
Euphrates
Kermanshah
Damascus
Baghdad
Haifa
Tigris
ALLIED CONDOMINIUM
B ZONE
(UNDER BRITISH INFLUENCE)
Karbala
Jerusalem
Amman
Najaf
RED ZONE
(DIRECT BRITISH CONTROL)
Gaza
Dead Sea
Basra
EGYPT
Jauf
Aqaba
Kuweit
Persian Gulf
HIJAZ
ARABIA
RED SEA
THE SYKES-PICOT AGREEMENT OF 1916
0
100
250
350
MILES

Abb. 16: T. E. Lawrence: Karte des Mittleren Ostens, in die Lawrence die Gebiete und Einflusszonen aus Sicht der Araber einzeichnet. Auffällig an dieser Karte ist der sparsame Gebrauch von Grenzziehungen, die britische Verwaltungszone (unter der Herrschaft von Abdullah), das arabische Gebiet unter britischem Einfluss und das unabhängige arabische Gebiet unter Feisal werden als Farbschattierungen eingetragen, die offene Ränder haben. Ebenso berücksichtigt die Karte ein armenisches Gebiet, die internationale Verwaltungszone Palästina, einen unter französischer Verwaltung stehenden Libanon. Die gestrichelte Linie besagt: »No foreign power other than Great Britain to be allowed any voice in the government of the country south of this line.« Imperial War Museum, London.

kriegs formuliert, die bei Schmitt dann »chthonisch« oder »terran« genannt wird: die Bindung an ein zu verteidigendes Territorium und die Reinigung des Territoriums von einer Besatzungsmacht.[70] Es ist ein reiner Raum-Krieg, in dem, wie Lawrence betont, kein einziger Mann fallen muss, sofern es gelingt, die Besatzer zu verjagen: »the Arabs fought for freedom, and that was a pleasure to be tasted only by a man alive. Posterity was a chilly thing to work for.« (191) Was daraus folgt, ist eine äußerst sparsame Ökonomie kriegerischer Gewalt, vergleichbar mit jener bei Sun Tzu.[71] Lawrence setzt auf die Zerstörung von Material (er sprengt systematisch die Gleise der Hedschas-Bahn), eine Taktik der Sabotage und kleinen, nervenraubenden Attacken. Da man keine Kapazitäten hat, sich zu verteidigen, darf es nichts geben, was man verteidigen müsste: keine Stellungen, keine Vorräte an Waffen und Nahrung. Wichtigste Eigenschaft der arabischen Truppen, ihre Not und Tugend zugleich, ist die räumliche Dispersion, ihre permanente Bewegung, die die Verteidigungslinie der Türken ins Unendliche ausdehnt, so weit, wie der besetzte Raum sich erstreckt: »perhaps one hundred and forty thousand square miles. And how would the Turks defend all that? No doubt by a trench line [...]; but suppose we were (as we might be) an influence, an idea, a thing intangible, invulnerable, without front or back, drifting about like a gas?« (192) Es ist die Weite des Raumes selbst, die Lawrence gegen die Türken einsetzt, eine Leere, nicht eine Substanz oder Kraft, die die eigentliche Waffe der Araber ist. Durch diese Beweglichkeit verwandelt Lawrences Truppe den Raum in einen »glatten Raum« (Deleuze/Guattari), eine leere Fläche, deren einziges Größenmaß die Geschwindigkeit ist.

Die Taktik der hohen Mobilität, gute Kenntnis des Geländes und risikoscheu in der Konfrontation mit dem Feind lässt sich weniger als eine Vorform der »indirect approach« nach Lidell Hart verstehen,[72] denn vielmehr als eine Anwendung der Regeln für Späher auf die gesamte Truppe. Das klandestine Ausspähen des Feindes nämlich, so kann man in jedem Handbuch der Raumaufklärung lesen, steht und fällt mit der Vermeidung von Feindberührung. Patrouillen und Spähtrupps, schreibt Henderson, »seek to obtain their information without being observed, and are not intended to fight but to elude the enemy.«[73] Lawrence verschmilzt dabei nicht nur den Späher mit dem Krieger, sondern auch den Geheimagenten mit dem Heerführer.

> »The corollary of such a rule was perfect ›intelligence‹, so that we could plan in certainty. The chief agent must be the general's head; and his understanding must be faultless, leaving no room for chance. Morale, if built on knowledge, was broken by ignorance. When we knew all about the enemy we should be comfortable. We must take more pains in the service of news than any regular staff.« (194)

T. E. Lawrences Taktik des Guerilla-Krieges ist so eine Kombination von Raumaufklärung, Störung der gegnerischen Kommunikations- und Versorgungslinien und Attacken aus dem Hinterhalt – eine Kriegführung, die den Raum zum eigentlichen Verbündeten macht und Intelligence zur wichtigsten Ressource. Der Partisanenkrieg der Araber verschmilzt Kampftaktik und Intelligence zu einer Kriegführung, die so flüchtig ist wie ein Lufthauch.

Politik des Agenten

Angesichts von Lawrences führender strategischer Rolle im arabischen Aufstand fragt sich, auf welcher Grundlage die Araber ihn überhaupt als Berater und Feldherrn akzeptieren – und nicht vielmehr als Agenten ihrer undurchschaubaren Alliierten, der Engländer, auf Abstand halten. Wenn Edward Said mit seiner rhetorischen Frage Recht hat: »Was there ever a native fooled by the blue or green-eyed Kims and Lawrences who passed among the inferior races as agent adventurers?«,[74] dann ist es umso erstaunlicher, dass die Araber ihn als entscheidenden Ratgeber *anerkennen*. Mag es dem fiktiven Helden Kim mit seiner naturwüchsigen Mehrsprachigkeit noch gelingen, als Einheimischer durchzugehen, so muss Lawrence ganz offensichtlich auf eine andere Form der kulturellen Anpassung zurückgreifen. Denn Lawrence kommt als Erwachsener nach Arabien, nicht als Kind, und nichts an seiner ostentativen »Arabness«, seiner kulturellen Mimikry an die Haschemiten ist in irgendeiner Weise naturwüchsig. Seine Anpassung an sie ist darum zugleich hochgradig reflektiert und zutiefst phantasmatisch. Denn während Kim mit Leichtigkeit und Vergnügen alle möglichen kulturellen Rollen spielt, weil er sie auch immer schon »ist«, weiß Lawrence allzu genau, dass er den Arabern gänzlich fremd gegenüber steht:

> »I was sent to these Arabs as a stranger, unable to think their thoughts or subscribe their beliefs [...] I could at least conceal my own, and pass among them without evident friction, neither a discord nor a critic but an unnoticed influence.«[75]

Für den Agenten Lawrence ist die kulturelle Mimikry an die Araber weniger das Überstreifen einer anderen kulturellen Identität als eine Form der Selbstauslöschung, der Reinigung von der eigenen Identität. Was Lawrence vom klassischen orientalistischen Begehren trennt, ist die Tatsache, dass er sich vollkommen darüber im Klaren ist, dass die Araber, deren Sprache er lernt, deren Kleider er trägt und deren Krieg er voranbringt, nichts anderes sind als eine phantasmatische Konstruktion seinerseits. In seinem diffizilen Grenzgang zwischen den Arabern und seinen englischen Auftraggebern verfolgt er, so gibt er sich und seinen Lesern Rechenschaft, vor allem eine *Phantasie* davon, was »Arabness« – eine kulturelle und politische Einheit und Eigenständigkeit der arabischen Stämme – überhaupt heißen könnte. Er beschreibt sich selbst als einen politischen Träumer – genauer gesagt als einen politischen Akteur, der ein Phantasma in die Wirklichkeit umzusetzen sucht:

> »All men dream: but not equally. Those who dream by night in the dusty recesses of their minds wake in the day to find that it was vanity: but the dreamers of the day are dangerous men, for they may act their dream with open eyes, to make it possible. This I did. I meant to make a new nation, to restore a lost influence, to give twenty millions of Semites the foundations on which to build an inspired dream-palace of their national thoughts.«[76]

Kriegführung und Politik werden so durchsichtig als in die Tat umgesetzte Träume, Träume von einer kulturellen und nationalen Einheit und Identität, die die Araber gerade nicht haben, aber die ihnen eingeflüstert, zu denen sie inspiriert werden sollen. Geschichte ist so, das ist Lawrences luzide aber auch unheimliche Konsequenz, ein ausagiertes Phantasma, eine in die Realität versetzte Fiktion.

Denn »die Araber«, niemand weiß das besser als Lawrence, gibt es überhaupt nicht. »A first difficulty of the Arab movement was to say who the Arabs were« (33), konstatiert er trocken. Sie sind wenig mehr als untereinander zerstrittene Stämme, die sich plötzlich einer gemeinsamen Sache verschreiben sollen, »a manufactured people« - ein konstruiertes Volk, »unstable as water« (42). Das Einzige, was sie verbindet, ist die arabische Sprache und, so Lawrence, ihr Hang zum Abstrakten, der sie die Leere der Wüstenlandschaft ebenso schätzen lässt wie ihre bildlose Religion. »Children of the idea« (ebd.), nennt Lawrence sie, Asketen, Idealisten ohne Ideal. Lawrences Strategie ihnen gegenüber besteht zunächst in einer friktionslosen, fast unbemerkten Einflussnahme. Nicht er trifft Entscheidungen – sondern er lässt sie treffen, aber in seinem Sinne. Sein wichtigster Schachzug in dieser Hinsicht ist die Wahl eines Führers. Als Lawrence als Militärberater zu den Haschemiten stößt, stehen diese noch unter der Führung des alten Sharif Hussein, des Statthalters von Mekka. Lawrence akzeptiert aber die etablierte Führungsrolle Husseins nicht einfach, sondern sucht eine jüngere und vor allem charismatischere Figur. Er findet sie im zweitältesten Sohn Husseins, Emir Feisal. Feisal (nicht der älteste Sohn Abdullah) wird der Führer des großen Aufstands werden, der ihn schließlich bis nach Damaskus und von dort aus auf die Friedenskonferenz nach Versailles bringen wird. Lawrence wählt Feisal weniger, weil dieser besonderes kriegerisches Talent hätte, sondern vor allem wegen seiner Schönheit und seiner prophetenhaften Ausstrahlung: »I felt at first glance that this was the man who would bring the Arab revolt to full glory. Feisal looked very tall and pillar-like«. (91) Schon seine erste Begegnung mit Feisal nutzt Lawrence, um diesem den wichtigsten strategischen Einfall des ganzen Kampfes einzuflüstern: sich nicht nach Yenbo zurückzuziehen oder Medina zu belagern, sondern auf Akaba zu marschieren, um schließlich Damaskus zu erobern – und damit einen Herrschaftsanspruch in Syrien erheben zu können. Damit ist Lawrences Rolle für

Feisal auf den Punkt gebracht: Er wird Feisals Ratgeber, Sprachrohr und rechte Hand sein, er wird ihn immer wieder an die ursprüngliche Mission erinnern. Lawrence führt den Aufstand – aber im Schatten Feisals, den er beeinflusst und berät.

Die ›Macht‹ als Agent, so muss Lawrence intuitiv begriffen haben, ist nur wirksam, solange sie verborgen ist hinter dem Bild eines offiziellen Souveräns, den sie zugleich stark und schwach erhält. In Lawrence – und zumal in der willentlichen Entleerung und Auslöschung seiner Person – zeigt sich, dass der Agent seine Wirksamkeit nicht als Entscheidungsinstanz, sondern als Medium entfaltet. Lawrence ist der Kanal, der Araber und Engländer, Feisal und General Allenby verbindet, er ist der Kommunikator zwischen den Stämmen – und am Ende der Übersetzer und die Stimme der arabischen Unabhängigkeit in einer europäischen Politik, die diese Stimme nicht zu hören gewillt ist. Aber als Medium ist es ausgemacht, dass er nicht »selbst« spricht, nicht im eigenen Namen agiert, nicht die eigenen Interessen durchsetzt. Das Prinzip einer solchen Politik hat Lawrence in einem Manual über den Umgang mit Arabern im *Arab Bulletin* von 1917 beschrieben: »Your ideal position is when you are present and not noticed [...] Wave a Sherif in front of you like a banner and hide your own mind and person.«[77] Feisal ist das Banner, die Instanz der Macht, die Lawrence vor sich her schwenkt, um seine Person und seine Absichten zu verbergen. Lawrences Position ist damit die des geheimen Rats, des alteuropäischen Intriganten oder Geheimdiplomaten, eines Stichwortgebers, der selbst nicht in Erscheinung tritt – und genau aufgrund seiner Unsichtbarkeit besonders großen Einfluss ausübt. Was durchaus nicht heißt, dass er diese Macht in irgendeiner Weise unterlaufen oder unterminieren will. Lawrence glaubt an Feisal und ist loyal zu Feisal, bis hinein in die für die Araber desaströsen Friedensverhandlungen von Versailles – auch wenn er damit zunehmend (und das ist die Tragödie seines Einsatzes) gegen die Interessen seiner britischen Landsleute und Auftraggeber operiert. Ganz in der Tradition des geheimen Beraters sieht er sich in dieser Position als ein »Diener« der Macht, der dieser Macht besser dient, wenn er ihre Weisungen korrigiert und interpretiert und gelegentlich wohl auch manipuliert. Feisal ist die Figur des Führers, aber genauer betrachtet heißt dies: Er ist die äußere Gestalt, die Repräsentationsform einer Macht, die eigentlich Lawrence ausübt.

Grundlage eines effizienten Feldzuges ebenso wie aller politischen Aspirationen auf Autonomie der Araber ist deren nationale Einheit *als Araber*. Lawrence ist es, der den Arabern das Arabisch-Sein überhaupt erst vorführen will, und zwar indem er sie imitiert: Zweck seiner kulturellen Mimikry an alles Arabische war nicht so sehr, die Araber über seine Fremdartigkeit zu täuschen, sondern ihnen eine Identität als Araber vorzuführen: »to imitate them so well that they spuriously imitate him back again« (31). Kaja Silverman hat diese Strategie eine »double mimesis« genannt.[78] Es ist eine kulturelle Maskerade, die den Anderen ›nach-äfft‹ (oder besser: ›vor-äfft‹), um ihm wie in einem Spiegel vorzuführen, wer er sein könnte. Es geht dabei nicht um Verkleidung, vor der Lawrence bezeichnenderweise eindringlich warnt. Verkleidung – wie etwa Kims vielfältige Metamorphosen und Kostüme – ist der Versuch, als ein Anderer zu erscheinen, eine falsche Identität anzunehmen. Lawrence, der – wie auf dem 1919 in England entstandenen Foto auf Abb. 13 – häufiger arabische Kleidung trug als seine englische Uniform, geht es, so betont er, durchaus nicht darum zu verbergen, dass er Brite, dass er Lawrence ist, es geht nicht um Täuschung. Dennoch sind diese arabischen Kleider für Lawrences Erscheinung emblematisch geworden: Sie dienen ihm eher dazu, sich als »auf Seiten der Araber« auszuweisen als sich zum Zweck der Täuschung zu verkleiden. Auch deshalb ist dieses wohl berühmteste Bild von Lawrence keine Verkleidung, sondern eine ostentative Inszenierung, nicht zuletzt an die Adresse der Briten und der britischen Presse. Täuschung gebraucht man nur gegenüber dem Feind – das macht auch die traumatische Episode in Dera'a deutlich, wo er von den Türken gefangengenommen, gefoltert und vergewaltigt, aber nicht als steckbrieflich gesuchter T. E. Lawrence erkannt wird (80. Kapitel).[79]

»Disguise«, schreibt er in seinen 27 Paragraphen über die Kunst, mit Arabern umzugehen, »is not advisable. [...] At the same time if you can wear Arab kit when with the tribes you will acquire their trust and intimacy to a degree impossible in uniform [...] You will be like an actor in a foreign theatre [...] Complete success, which is when the Arabs forget your strangeness [...], is perhaps only attainable in character. [...] If you wear Arab things wear the best [...] Dress like a Sherif, if they agree to it.«[80]

Lawrence betont damit die theatrale Seite der Mimikry, wobei er bewusst mit der englischen Doppelbedeutung von »theatre« als Bühne und Kriegsschauplatz spielt. Diese Theatralität in der Rolle des Agenten besteht in einem *method-acting*: es geht um ein verinnerlichendes Aus-Spielen arabischer Identität, in die man sich zunächst einfühlen oder die man sich selbst konstruieren muss. Was aber in diesem Aus-Spielen vorgeführt wird, ist dabei nicht irgendeine Form arabischer Identität, sondern nur die edelste, ranghöchste Seite des Araber-Seins – wiederum eher ein Traum von »Arabness«: »dress like a Sherif«. Lawrence will nicht einfach als unauffälliger Spion und Späher durchkommen, sondern diskret, aber effizient eine Führungsrolle unter den Arabern spielen. Diese Rolle – repräsentiert durch die Kleidung, die ihm Feisal gibt – erfordert eindeutig die Einwilligung des so Imitierten: »dress like a Sherif, *if they agree to it.*« Das heißt: In der arabischen Kleidung Lawrences geht es nicht um Täuschung, sondern um eine Form der gegenseitigen Anerkennung.

Gleichwohl ist Lawrences »doppelte Mimesis« (Silverman) weder ein Programm post-kolonialer Selbstreflexion des Indigenen noch eine platte Erfüllung des orientalistischen Paradigmas, wie Said glaubt. Es ist vielmehr ein paradoxes und hochgradig idiosynkratisches Unternehmen, das seinen kolonialen Auftrag, die Araber erst als nützliche Alliierte gegen die Türken zu brauchen, um ihnen am Ende die versprochene Unabhängigkeit doch vorzuenthalten, zugleich erfüllt und unterläuft. Denn von Anfang an befindet sich Lawrence in einer Zwickmühle der Loyalitäten: Die Engländer wollen, dass er den Aufstand der arabischen Stämme des Hedschas gegen das osmanische Reich organisiert und den Aufständischen dafür Unabhängigkeit in Aussicht stellt. Aber mit dem geheimen Sykes-Picot-Abkommen ist die Unabhängigkeit der revoltierenden Araber für die Engländer nichts als eine nützliche Lüge, mit der man die arabischen

Stämme zur Eigeninitiative gegen die Türken locken will. – Aus dieser Widersprüchlichkeit – oder besser: Verlogenheit – seines Auftrags macht Lawrence, zerquält von Scham und getrieben von seinem Tagtraum eines »Arabiens«, das es noch gar nicht gibt, eine politische Strategie, die allerdings nie anders als doppeldeutig sein kann. Denn trotz seines britischen Auftraggebers operiert Lawrence zunehmend im Interesse der Araber, nicht primär der Engländer – hält aber nach wie vor Kontakt mit diesen und setzt deren Direktiven weitgehend um. Er fühlt sich darum nach beiden Seiten als Verräter – ausweglos gefangen im Dilemma zwischen den widersprüchlichen Interessen seiner Auftraggeber und seiner Zielgruppe.

Gefangen in seiner Rolle als »successful trickster« (26), als Grenzgänger, der sich tendenziell gegen die Interessen seiner Heimat stellt, ist der Agent Lawrence fundamental einsam: »I had dropped one form and not taken on the other [...], with a resulting feeling of intense loneliness in life«. (32) Seine zugleich begehrte und schmerzhafte Auslöschung, die ihm die Kunst, mit Arabern umzugehen, ermöglicht, hinterlässt ihn am Ende als ausgebrannten, leeren Träger eines Ruhmes, den er als Schande empfindet. Wenn seine Macht in seiner Unsichtbarkeit und Spiegelhaftigkeit bestand, so ist es nur konsequent, dass er die Prominenz und Sichtbarkeit, die ihm nach dem Ende des Krieges als »Lawrence von Arabien« zuwuchs, als unerträgliche Ohnmacht empfand – die sie, gefangen in der Logik des kolonialen Großen Spiels, ja auch war. Als Held und öffentliche Figur – der Journalist Lowell Thomas ging mit einem Film über Lawrence auf eine überaus erfolgreiche Presse-Tour – kann Lawrence kaum mehr tun, als hilflos zu verhandeln, zu übersetzen, für Winston Churchill als Sachverständiger für Mittelostpolitik zu arbeiten. Seine Vorstellung vom arabischen Reich legt er, wie erwähnt, in einer Karte nieder, die bezeichnenderweise nicht scharf umgrenzte Territorien, sondern vor allem farbig schattierte, in manchen Bereichen an den Rändern offene Einflusszonen enthält – ein Gegenentwurf zum geopolitischen Spiel von Sykes-Picot. Sein Kriegsbericht, die *Seven Pillars of Wisdom*, trägt die Spuren von Lawrences Zwiespältigkeit und der Widersprüchlichkeit seiner politischen Rolle: Er ist – wie Borges gesagt haben würde – eine weitere Variation des Themas vom Helden und vom Verräter.

Poetologie der Scham

Wenn der Agent nicht im eigenen Namen, sondern immer im Namen von anderen Mächten spricht, dann stellt sich die Frage nach der eigentümlichen Geste, die die Publikation der *Seven Pillars* und die Struktur dieses Textes vollzieht. Welches ist die Position, von der aus Lawrence erzählt und erinnert? Was den seltsamen, dispersen und überaus selbstreflexiven Text Lawrences prägt, ist die Reflexion auf diese Möglichkeit und Unmöglichkeit zu sprechen. Romane wie *The Riddle of the Sands* oder *Kim* sind Entwürfe oder Programme einer Politik des Geheimen und dezidierte Mobilisierungsschriften für einen Typus von Staatsdiener, auf dem die Machtstruktur des kolonialen Imperialismus ruht. Ist das Große Spiel des *Great Game*, sein notwendiger Euphemismus und sportiver Heroismus, angewiesen auf solche programmatischen Fiktionen vom geheimen Krieg, wie sie Kipling, Childers, Baden-Powell und andere liefern, so ist Lawrences Buch eine Dekonstruktion dieser Funktion: Es ist eine Fiktion, die – wie in Borges' Begriff der Fiktion – um den kontingenten und konstruierten Charakter der Version weiß, die sie selbst erzählt. Der Text ist selbst der Schauplatz einer Geheimnishaftigkeit, einer Verstellung und Verheimlichung, auf die als solche immer wieder hingewiesen wird. Schon im Vorwort macht Lawrence klar, dass er nicht die ›wahre Geschichte‹ des arabischen Aufstands erzählt, nicht einmal die Geschichte so, wie sie die Araber erzählen würden, sondern lediglich seine, Lawrences, Version: »a personal narrative peaced out of memory.« (xi) Aber diese Version ist immer schon getönt, verzerrt, gespiegelt in der doppelbödigen Position, die Lawrence einnimmt. Diese Position ist die des Verräter-Helden: Er erzählt von einem Geschehen, an dem er in einer Weise beteiligt war, die eigentlich »unspeakable« – ein Lieblingswort Lawrences – ist.

Durch die initiale Unterminierung der arabischen Interessen im Sykes-Picot-Abkommen ist alles, jede Entscheidung, jedes erreichte Etappenziel, ein Verrat entweder an den arabischen oder an den englischen Interessen. Tatsächlich setzt Lawrence Feisal schon frühzeitig über das geheime Abkommen in Kenntnis und betreibt die Eroberung von Akaba und später Damaskus nicht zuletzt im Hinblick darauf, die arabische Position für die kommenden Friedensverhandlungen zu stärken. Nicht umsonst drängt er Feisal zur Einnahme von Damaskus unmittelbar vor Allenbys Einmarsch. Mit seit 1968 der Öffentlichkeit zugänglichen Akten und Depeschen, die Lawrence mit seinen Auftraggebern im Foreign Office austauschte, ist es zudem möglich geworden, die Textarbeit der *Seven Pillars* mit den historischen Dokumenten abzugleichen. Vieles, was in *Seven Pillars* als spontane Eingebung oder Einsicht ihres Autors präsentiert wird, erweist sich hier als militärischer Auftrag – oder jedenfalls als glückliche Konvergenz arabischer und britischer Strategieinteressen.[81] Die wesentliche Verschiebung in der Darstellung des Feldzugs, die der Text vornimmt, liegt damit in einer Transformation von Fremdsteuerung zu Selbststeuerung. Entscheidungen, die großformatigen geopolitischen Interessen des Empire gehorchen, werden bei Lawrence zu Entscheidungen im Sinne der Araber, zugunsten der Araber, durch die Araber, denen er damit eine Unabhängigkeit von den englischen Manipulationen bescheinigt, die sie de facto nicht hatten.

Seine eigene Position, der er ebenfalls mehr Entscheidungsfähigkeit zuspricht, als er historisch vermutlich hatte, sieht Lawrence als einen Verrat nach beiden Seiten: »Here were the Arabs believing me, Allenby and Clayton trusting me, my bodyguard dying for me: and I began to wonder if all established reputations were founded, like mine, on fraud.« (562) *Seven Pillars* ist ein Dokument des Verrats, ein peinlicher, schmerzvoller und idiosynkratischer Ausdruck der Scham – aber einer Scham, die sich nicht verbirgt, sondern in der Ostentation auskostet, wie Vincent Moons Erzählung in Borges' *Die Narbe*. Moons Worte: »Verachten Sie mich!« könnten dem Bericht als Motto vorangestellt werden. Denn Lawrences permanenter Ausdruck von Scham kippt, wie Gilles Deleuze bemerkt hat, seltsam changierend in Stolz, in einen Exhibitionismus, der das »Unaussprechliche« zwanghaft immer neu andeutet und umkreist.[82] Symptomatisch für diese Struktur ist ein Satz gegen Ende des Berichts: »There was a craving to be famous; and a horror of being known to like being known.« (563) Während er behauptet, nichts mehr zu fürchten als die Entdeckung seiner Ruhmsucht, streicht er sie selbst als das eigentliche Motiv seines Handelns und Schreibens heraus. Symptomatisch dafür ist auch der Verweis auf ein allzu offen liegendes Geheimnis am Ursprung nicht nur des Textes, sondern der gesamten Hingabe für Arabien: seine Homosexualität. Lawrence streut die Hinweise darauf flächendeckend über den Text: die Widmung an einen geheimnisvollen S. A. und die Bemerkung in einem der Schlusskapitel, dass seine Motive im Endeffekt ausschließlich persönlicher Natur waren; der verwirrende Einstieg des allerersten Kapitels, der das Thema der Männerliebe in kalten Wüstennächten wie ein kokettes Eingeständnis umspielt – nur um einige Absätze später vom Verzicht auf die körperliche Einlösung dieses Begehrens und der Reinheit der arabischen Askese zu sprechen (Kap. 1). Der Held »Lawrence von Arabien«, den Lowell Thomas so erfolgreich aufgebaut hatte, versäumt nicht einzugestehen, dass er nur aus Eitelkeit gehandelt und nicht immer an den Erfolg der Sache geglaubt habe – gleichzeitig schwört er mit Pathos, sich für eine Sache, die nicht die eigene war, aufgeopfert zu haben (551). Lawrences Schreiben oszilliert zwischen Eingeständnis und Verheimlichung, Triumph und Scheitern, Stolz und Scham – und zwar in einer Weise, die das Eingeständnis *im Modus* der Verheimlichung, das Scheitern im Triumph, den Stolz in der Scham sucht. Nicht umsonst zitiert Borges' *Drei Versionen von Judas* Lawrence als Kronzeugen für die dialektische Trunkenheit des Verräter-Helden, mit der er die Strafe, die Demütigung als das einzig Sichere sucht: »there seemed a certainty in degradation, a final safety.« (564)

Die Sicherheit in der Erniedrigung, die der Erzähler Lawrence im Leben zu suchen schien, findet der Text jedoch nicht. Er findet kein Zentrum eines sprechenden, erklärenden, erinnernden Subjekts, sondern zerfällt, so J. A. Aldama, in »intensive Singularitäten«, »die keiner Erklärung im Sinne einer zeichenhaften oder narrativen Logik Raum geben«.[83] Was in Borges' Poetologie des Verrats als Kette oder Netz einander durchkreuzender Versionen gleichsam analytisch aufgefächert liegt, verdichtet sich bei Lawrence zu einer Poetologie der Scham, die Aussagen und Verschweigen, Bedeutungssetzung und Bedeutungslöschung ineins setzt. Der Verräter-Held, der auf »unaussprechliche« Weise Geschichte macht, ist gefangen zwischen der Einsamkeit einer absolut eigenen Entscheidung und einer Dienstbarkeit, die ihn nach Hannah Arendt ganz zum Opfer von »Kräften« macht, »die notwendigerweise ihn überstiegen«.[84] Genau darum sind die *Seven Pillars of Wisdom* so »granular« (E. M. Forster) und konstruieren weder eine narrative Kontinuität noch eine integrale Identität eines handelnden und erinnernden autobiographischen Subjekts. Die Geschichte des persönlichen Handelns und die Historie sind nicht zur Deckung zu bringen, weil das, was historisch und politisch den Helden ausmacht, persönlich den Verräter macht. Damit wird bei Lawrence jene Spannung zur Tragödie, die die zwei Seiten des kolonialen Großen Spiels in eine unversöhnliche Gegensätzlichkeit bringt – die in Entwürfen wie *Kim* noch spielerisch zu versöhnen sind: das geopolitische Gesamtgefüge und die lokalen und persönlichen Bindungen. T. E. Lawrence, das Genie der taktischen Raumausnutzung, wird scheitern an dem Raumgefüge, das die koloniale Macht entwirft.

Lawrence, von dem man annehmen kann, dass er mit Büchern wie *The Riddle* und *Kim* aufgewachsen ist, ist ein erwachsen gewordener Kim. Er erwacht aus dem kolonialistischen Knabentraum des »Drachentöters« (Arendt) und abenteuerlichen Gentleman-Spions (Baden-Powell). Lawrence ist der erste Agent des geheimen Krieges, dem klar wird, welche Art von Opfer dieser Krieg fordert: die Aufgabe der eigenen Autonomie in der Wahl seiner Loyalität. Er ist der erste Agent, der in die Fallstricke jenes unausweichlichen Verrätertums gerät, das zur Signatur des zwanzigsten Jahrhunderts wird. Er ist auch der erste Agent, der die politische Zwiespältigkeit des Großen Spiels nicht mehr als Spiel beschreibt, sondern in die Struktur seines komplexen, hochgradig selbstreflexiven Textes eingehen lässt als die interne Geheimnishaftigkeit seiner Fiktion. Das Great Game ist auf affirmative Fiktionen wie Kiplings Kim programmatisch angewiesen: nicht nur, weil Texte wie Childers und Kipling unmittelbar am Aufbau und der Modellierung der ersten modernen Geheimdienste beteiligt sind. Sondern auch, weil sie jene sportliche und spielerische Interpretation des geheimen Krieges populär machen, die für das Selbstverständnis britischer Staatsbeamter und Geheimdienstler noch lange über den Zusammenbruch des Empire hinaus bis in den Kalten Krieg hinein bestimmend waren. Noch der große Verräter Kim Philby – das ist jedenfalls Le Carrés Interpretation des Falles – ist eigentlich ein enttäuschter Gentleman-Spion des Empire. (s. Kap.: *Cold War: »Tinker, Tailor, Soldier, Spy«*)

Der Geist des *Great Game* ist der Geist der Raumaufklärung: der Ausspähung und taktischen Nutzung von Räumen. Seine Protagonisten stehen in der Tradition der militärischen Späher, aber auch der reisenden Diplomaten, Archäologen und Ethnologen, die fremde Länder erforschen, beschreiben und kartographieren. Dass das Interesse am Raum damit immer auch ein militärisches und machtpolitisches ist, daran lässt diese Genealogie keinen Zweifel. Es entwirft diesen Raum als einen, in dessen Darstellung (als Kartographie, als Roman oder als autobiographischer Text) immer schon der geopolitische Blick und der koloniale Zugriff mitgedacht sind. Anders als der gefährliche, feindliche Raum im Raumkonzept der *Mauer*, die den kalten Krieg prägt, anders auch als im scheinbar allwissenden und allgegenwärtigen Kontrollblick der IMINT ist dieser Raum zugänglich – aber muss lesbar und verfügbar gemacht werden und kann das nur *vor Ort*. Es fragt sich, was von diesem Konzept der Aufklärung vor Ort übrig bleibt, angesichts flächendeckender Satellitenaufklärung, die nicht – wie noch im *Great Game* um 1900 – eine einzige weiße, unerschlossene und unkartographierte Zone mehr auf der globalen Karte übrig lässt. Für eine lange Zeit schien es, als gehörten die Wissensformen der *local knowledge*, die die Intelligence des britischen Kolonialismus hervorgebracht hat, restlos der Vergangenheit an. Spätestens seit dem 11. September aber ist es ins öffentliche

Bewusstsein gedrungen, dass dies nicht so ist. Schon in den späten neunziger Jahren vermehrten sich die Klagen, dass zumindest die Geheimdienste der USA mehr und mehr ihre Residenten vor Ort von den unwirtlicheren Posten der Welt – von Peshawar bis Kinshasa – zurückzogen. Noch im Juli/August 2001 zitierte ein Artikel von Reuel Marc Gerecht einen Nahost-Experten der CIA:

> »The CIA probably doesn't have a single truly qualified Arabic-speaking officer of Middle Eastern background who can play a believable Muslim fundamentalist who would volunteer to spend years of his life with shitty food and no women in the mountains of Afghanistan. For Christ's sake, most case officers live in the suburbs of Virginia. We don't do that kind of thing.«[85]

Mittlerweile arbeiten Universitäten und Geheimdienste wieder intensiv an der Ausbildung und Rekrutierung von sprachkundigen und kulturell anpassungsfähigen Agenten vor Ort. In einem politischen Konflikt, wie ihn der islamistische Terrorismus gegen die USA und Europa darstellt, werden *local knowledge* und die taktische Weltläufigkeit eines Kim oder T. E. Lawrence wieder zum unverzichtbaren, vielleicht sogar wichtigsten Element brauchbarer globaler Intelligence (s. Kap. *Nach »Nine Eleven«: Die Zukunft der Feindschaft*). Mit diesem Umdenken, der Rückkehr der HUMINT als Kerngeschäft der Intelligence und dem Bewusstsein, dass man einen Feind kennen und verstehen muss, um in einem Konflikt erfolgreich zu sein, kündigt sich eine fundamentale Veränderung nicht nur der geheimdienstlichen Aufklärung an. Und dies erfordert einen Typus von Agenten, der vielleicht mehr »old school« ist, als es scheint. Es sind exakt die sportlichen oder tragischen, eigenverantwortlichen und ortskundigen Agenten, die das British Empire hervorbrachte, die möglicherweise nicht nur von historischem Belang sind. Vielleicht sind sie Modelle für die Nachrichtendienstler des 21. Jahrhunderts.

Anmerkungen

1 Rudyard Kipling: Kim [1901], hg. und eingeleitet von Edward Said, London: Penguin 1987, S. 270.
2 Jorge Luis Borges: »Los dos reyes y los dos laberintos«, in: Obras completas, Bd. I: 1923–1949, Barcelona: Eméce 1996, S. 607. Deutsch: Die zwei Könige und die zwei Labyrinthe, in: Das Aleph, Frankfurt am Main: Fischer Taschenbuch Verlag 2003, S. 117–119.
3 Im Sinne der Gegenüberstellung von »glattem« und »gekerbtem« Raum in Deleuze/Guattari: Tausend Plateaus, a.a.O., Kap. 12: Abhandlung über Nomadologie.
4 Alain Dewerpe: Espion, a.a.O., S. 235.
5 Eine gute Einführung zum militärischen Einsatz der IMINT bietet die Dokumentation der Federation of American Scientists: US Army Intelligence School: IMINT 101. Introduction to Imagery Intelligence, Februar 1996, ins Netz gestellt von der Federation of American Scientists unter http://www.fas.org/irp/imint/imint_101.htm
6 Friedrich Kittler: »Draculas Vermächtnis«, in: Ders.: Draculas Vermächtnis, Leipzig: Reclam 1993, S. 24.
7 Thomas Richards: The Imperial Archive. Knowledge and the Fantasy of Empire, London: Verso 1993.
8 Richards, a.a.O., S. 3.
9 Zum generellen Zusammenhang von Geographie und Kolonialismus vgl. Edward Said: Orientalism [1978], New York: Vintage Books 1994, S. 216 ff.
10 Richards, a.a.O., S. 17.
11 Général Jules-Louis Lewal: Études de guerre. Tactique de marche, Paris: J. Dumaine 1876, S. 634, Übersetzung EH.
12 Rudyard Kipling: Kim, a.a.O., Kap. 9.
13 Einen konzisen Abriss zum Leben Erskine Childers und zum Kontext des Romans liefert Hans-Peter Schwarz: Phantastische Wirklichkeit. Das 20. Jahrhundert im Spiegel des Polit-Thrillers, München: DVA 2006, S. 17–35.
14 Erskine Childers: The Riddle of the Sands. A Record of Secret Service (Reprint der 2. Auflage), London: Penguin 1978. Im Folgenden Seitenzahlen im Text.
15 David Trotter: »The Politics of Adventure in the Early British Spy Novel«, in: Wesley K. Wark (Hg.): Spy Fiction, Spy Film and Real Intelligence, London: Frank Cass 1991, S. 31.
16 Christopher Andrew: Her Majesty's Secret Service. The Making of the British Intelligence Community, New York: Viking 1985, S. 10 ff.
17 Andrew: Her Majesty's Secret Service, a.a.O., S. 23.

18 E. D. Parker: An Outline of Reconnaissance, London: E.Stanford 1898, S. 9f.
19 Die breite Forschung zu »British spy novels« behandelt diese im Rahmen einer Genre-Theorie und beschränkt sich weitgehend auf die Wiedergabe der Plots, der Zeichnung der Helden und den Gehalt an nationalen Stereotypen. Gelegentlich skizzieren sie etwas wie eine Mentalitätsgeschichte der englischen Gesellschaft im Spiegel ihrer Trivialliteratur und deren Autoren. Grundansatz ist ein Vergleich von Fiktion und geheimdienstlicher Wirklichkeit, der nicht in Rechnung zieht, dass Literatur Intelligence weniger abbildet als zutiefst in sie verstrickt ist. Vgl. etwa Anthony Masters: Literary Agents. The Novelist as Spy, Oxford: Blackwell 1987. Le Roy L. Panek: The Special Branch. The British Spy Novel, 1890–1980, Bowling Green/Ohio: Bowling Green University Popular Press 1981. Jost Hindersmann: Der britische Spionageroman. Vom Imperialismus bis zum Ende des Kalten Krieges, Darmstadt: Wissenschaftliche Buchgesellschaft 1995. Jens Peter Becker: Der englische Spionageroman. Historische Entwicklung, Thematik, literarische Form, München: Goldmann 1973. John Atkins: The British Spy Novel. Styles in Treachery, London: Calder 1984, der anhand verschiedener Genre-Autoren eine Art historische Typologie des Spionageromans versucht.
20 So klagt etwa LeRoy L. Panek in seinem Childers-Kapitel in: LeRoy L. Panek: The Special Branch, a.a.O., S. 32.
21 Parker: An Outline of Reconnaissance, a.a.O., S. 9. Childers, der selbst ein passionierter Segler war und in *Riddle* seine Segelerfahrungen in der Nord- und Ostsee von 1897 umsetzt, hat selbst solche Rekognoszierungsskizzen zur Ergänzung der Karte angefertigt. Sie sind abgedruckt in: Erskine Childers: A Unique Edition of the Riddle of the Sands, with Historical Postscript by R. M. Bowker, Old Bosham: Bowker&Bertram 1976.
22 Alfred Léon Cambrelin: Conférences sur les reconnaissances militaires, Bruxelles: Bruylant-Christophe 1874, S. 17. »La reconnaissance la mieux faite est inintelligible, si elle a la prétention de remplacer la carte. L'une est le complément de l'autre.« (Übersetzung EH)
23 Vgl. dazu das Material in Drummond: The Riddle, a.a.O., S. 182.
24 A. T. Mahan: The Influence of Sea Power Upon History 1660–1783, Boston: Little, Brown&Co. [12]1918.
25 Darauf verweist Thomas Richards in seinem exzellenten Kapitel über *The Riddle of the Sands* in: The Imperial Archive, a.a.O., S. 131.
26 Brigadier-General David Henderson: The Art of Reconnaissance, London: Murray 1915, S. 11.
27 Gilles Deleuze/Félix Guattari: a.a.O., S. 510.
28 Prince Louis of Battenberg, Nachlass des Lord Selborne, Trinity College, zit. nach Drummond: The Riddle, London: Nautical Books 1985, S. 153.
29 Einen guten Überblick über die englische Invasionsfurcht im Rahmen des Konflikts mit Frankreich und Russland – während der Gegner Deutschland

erst mit einiger Verspätung in den Blick kommt – bietet A. Michael Matin: »›The Hun is at the Gate!‹: Historicizing Kipling's Militaristic Rhetoric, from the Imperial Periphery to the National Center«, in: Studies in the Novel, Nr. 31.3, (Herbst 1999), S. 317–356 und Nr. 31.4 (Winter 1999), S. 432–470. Matin macht deutlich, dass die Furcht vor einem Angriff auf das Mutterland England ebenso groß ist wie die vor einem Verlust der wichtigsten Kolonie Indien. Das *Great Game* mit Russland ist so eine Spielart der generellen Furcht vor einem Angriff auf das Empire.

30 David Seed: »Erskine Childers and the German Peril«, in: German Life and Letters 45:1, January 1992, S. 70.

31 Seed: Erskine Childers and the German Peril, a.a.O., S. 71. S. auch Andrew: Her Majesty's Secret Service, a.a.O., S. 81, der hervorhebt, in welcher »gentlemanly tradition of espionage« sich der Prozess gegen die beiden im Kaiserreich noch abspielte.

32 Eine geradezu enzyklopädische Sammlung der Helden, Märtyrer und Abenteurer dieses Konflikts bietet Peter Hopkirk: The Great Game. On Secret Service in High Asia, London: Murray 1990.

33 Richards: The Imperial Archive, a.a.O., S. 23.

34 Vgl. dazu grundlegend, wenn auch nur den Zeitraum bis kurz nach der »Mutiny« umfassend, Christopher Alan Bayly: Empire and Information. Intelligence gathering and social communication in India, 1780–1870, Cambridge: Cambridge University Press 1996.

35 Der pittoreske Reichtum der Schilderung und die intime Kenntnis Indiens werden in der Forschungsliteratur als der Zug des Romans hervorgehoben, der dessen kolonialistisch-orientalistische Töne erträglich und entschuldbar mache: Mark Kinkead-Weekes: »Vision in Kipling's Novels«, in: Andrew Rutherford (Hg.): Kipling's Mind and Art, Standford: Stanford UP 1964, S. 197–234, ferner Michel Renouard: »L'odeur de l'Inde dans *Kim*«, in: QWERTY, Nr. 4, Oktober 1994, S. 197–201.

36 So liest es Christine Bucher: »Envisioning the Imperial Nation«, in: Journal of Commonwealth and Postcolonial Studies, Vol. 5, Nr. 2, (Herbst 1998), S. 7–17, S. 11. Wie ein Großteil der postkolonialen Kipling-Forschung im Gefolge Saids zielt ihre Rekonstruktion der Visualität in *Kim* darauf, Kipling die Gesten des Imperialismus – Totalisierung, einen ›napoleonischer‹ Überblick, die orientalistische Essentialisierung der Eingeborenen usw. – nachzuweisen. Dabei verfehlt sie nicht nur die genaue poetische Struktur dieser Visualität, sondern auch seine präzise politische Funktion, die kulturelle Beobachtungsfähigkeit des kolonialen Subjekts zu trainieren.

37 Zur Theorie und Technik kultureller Mimikry bei Kipling und T. E.Lawrence vgl. Eva Horn: »›Like actors on a foreign theatre‹. Kulturelle Mimikry im Great Game«, in: Martin Doll u. a. (Hg.): Mimikry/Mimese. Gefährlicher Luxus zwischen Kultur und Natur, Schliengen: Argus 2007.

38 Edward Said: Introduction, in: Rudyard Kipling: Kim, a.a.O., S. 44.
39 So nennt ihn Richards: The Imperial Archive, a.a.O., S. 30.
40 In *Kim* erzählt ein alter Kolonialsoldat von dem Aufstand als »a madness that turned into all the Army, and they turned against their officers ...« (S. 100).
41 Richard J. Popplewell: Intelligence and Imperial Defense: British Intelligence and the Defense of the British Empire, 1904–1924, London: Frank Cass 1995, S. 17.
42 Zur Geschichte des *Survey of India* vgl. Matthew H. Edney: Mapping an Empire. The Geographical Construction of British India, 1765–1843, Chicago: University of Chicago Press 1997.
43 Vgl. Peter Hopkirk: The Quest for Kim. In Search of Kiplings Great Game, Ann Arbour: University of Michigan Press 1997, Kap. 7, und Ders.: The Great Game, a.a.O., S. 330–332.
44 Thomas G. Montgomerie; Pundit: »Report of a Route-Survey Made by Pundit, from Nepal to Lhasa, and Thence Through the Upper Valley of the Brahmaputra to Its Source«, in: Journal of the Royal Geographical Society of London, Vol. 38, 1868, S. 129–219, hier: S. 132.
45 Dass die Pundits nicht nützliche Idioten, sondern oft geschätzte Mitarbeiter der Geographen waren, zeigt etwa der Nachruf auf den Pundit Nain Singh von Edmund Smyth: »Obituary: The Pundit Nain Singh«, in: Proceedings of the Royal Geographical Society of London, New Monthly Series, Vol. 4, No. 5, (May 1882), S. 315.
46 In seinem Bericht »Journey to Shigatze« schildert Montgomerie, wie »Native Explorer Nr. 9« dadurch Unterstützung und Hilfe in einem Dorf erhält, dass er eine kranke Frau mit Hilfe seines Medikamentenkastens heilt. Kim tut das mehrfach auf seiner Reise. T. G. Montgomerie: »Journey to Shigatze, in Tibet, and Return by Dingri-Maidan into Nepaul, in 1871, by the Native Explorer Nr. 9«, in: Journal of the Royal Geographical Society, Vol. 45, 1875, S. 330–349, hier: S. 331.
47 Thomas G. Montgomerie: »On the Geographical Position of Yarkund, and some other places in Central Asia«, in: Journal of the Royal Geographical Society, Vol. 36, 1866, S. 157–172, hier: S. 158.
48 Die postkolonialen Lektüren von *Kim*, die dem Aspekt der Kartographie Aufmerksamkeit widmen, präsentieren die Einsicht, dass Kartographie das Konstrukt einer mimetisch-totalisierenden Form der Weltabbildung ist, um Kipling dann diesen Konnex von Exploration und kolonialer Raumkontrolle nachzuweisen. Leider ist dieser Nachweis unnötig, weil der Roman die Verbindung ganz offen konstatiert. Vgl. z. B.: Graham Huggan: »Decolonizing the Map. Post-Colonialism, Post-Structuralism and the Cartographic Connection«, in: Ian Adam/Helen Tiffin (Hg.): Past the Last Post. Theorizing Post-Colonialism and Post-Modernism, Calgary/Alberta: University of Calgary Press 1990, S. 125–138.

49 Baucoms kluge Lektüre insistiert darauf, dass diese Hybridität eine tragische Komponente hat und dass die Erziehung Kims durch Creighton den indisch-irischen »Little Friend of All the World« auslöscht zugunsten einer Identität als braver und nützlicher Diener des Empire. Ian Baucom: »The Survey of India«, in: Zohreh T. Sullivan: Rudyard Kipling: Kim. Authoritative Text, Backgrounds, Criticism, New York/London: Norton 2002, S. 351–358, hier: S. 353.

50 Arthur Conolly: Journey to the North of India through Russia, Persia and Afghanistan, 2 Bde., London: Richard Bentley 1834, Reprint: Elibron Classics 2002. Conolly wurde 1829 ausgesandt, das Terrain zwischen dem Kaukasus und dem Khyber-Pass zu erkunden, durch das eine russische Armee auf Indien hätte vorrücken können. Conolly, »the archetypal Great Game player« (Hopkirk) ging in diesem Spiel unter, als er 1837 zu einer Mission nach Buchara aufbrach, um die Freilassung des vom Emir von Buchara gefangen gesetzten Agenten und Diplomaten Colonel Stoddart zu erwirken. Der Auftrag endete damit, dass er wie Stoddart eingekerkert und gefoltert wurde, bis man sie schließlich gemeinsam hinrichtete.

51 Halford Mackinder: »The Geographical Pivot of History«, in: Geographical Journal Nr. 23, 1904.

52 Edward Ingram interpretiert die frühe Phase des *Great Game* als eine Verteidigung der wichtigen Kolonien, nicht als aggressive Hegemonialpolitik. Obwohl er eine geopolitische Interpretation des britisch-russischen Konflikts nach Mackinder ablehnt, verwendet er doch dessen Kategorien. Edward Ingram: In Defense of British India. Great Britain and the Middle East, 1775–1842, London: Frank Cass 1984, insbes. S. 7–19.

53 So Geraóid Ó Tuathail über Mackinders Erfindung der Geopolitik aus dem Geist der Royal Geographical Society. Geraóid Ó Tuathail/Simon Dalby/Paul Routledge (Hg.): The Geopolitics Reader, London/New York: Routledge 1998, S. 16.

54 Die Spannung zwischen der Erfassung von Großräumen und kleinteiliger, detaillierter Geographie prägt auch die Politik des Survey of India unter der British East India Company. Matthew Edney zeigt, dass, während detaillierte Lokalkarten für die administrativen und wirtschaftlichen Belange der britischen Verwaltung nützlicher gewesen wären, der Survey in seinen Anfängen überwiegend auf großformatige trigonometrische Karten setzte. Matthew Edney: »The Patronage of Science and the Creation of Imperial Space: The British Mapping of India, 1799–1843«, in: Cartographica, Bd. 30,1, 1993, S. 61–67.

55 Ferouza Jussawalla: »(Re)reading *Kim*: Defining Kipling's Masterpiece as Postcolonial«, in: Journal of Commonwealth and Postcolonial Studies, Vol. 5, Nr. 2, (Herbst 1998), S. 122–130, hier: S. 118.

56 Henderson, The Art of Reconnaissance, a.a.O.

57 Robert Stephenson Smith Baden-Powell: My Adventures as a Spy, London: Arthur Pearson 1915, Kap.The Value of Hide-and-Seek.

58 Zit. nach Niall Ferguson: Empire. The Rise and Demise of the British World Order and Lessons for Global Power, London: Penguin 2002, S. 274.

59 Baden-Powell: My Adventures as a Spy, a.a.O., S. 28.

60 Zur historischen Implementierung des Public School Boy-Ideals in den Kolonien s. James A. Mangan: The Games Ethic and Imperialism, Middlesex: Viking 1986.

61 Hannah Arendt: Elemente und Ursprünge totaler Herrschaft. Antisemitismus, Imperialismus, totale Herrschaft [1951], München: Piper 2001, S. 447.

62 Ebd., S. 460.

63 Ebd., S. 464.

64 Thomas Edward Lawrence: Seven Pillars of Wisdom. A Triumph [zuerst 1926], New York: Anchor Books 1991, Vorwort des Autors von 1926. Im Folgenden Seitenzahlen im Text.

65 Erst 1927 erscheint eine stark gekürzte Version des Berichts unter dem Titel *Revolt in the Desert* in großer Auflage und wird sogleich zum Bestseller.

66 Arnold W. Lawrence: Letters to T. E. Lawrence, London: Cape 1962, S. 58–61.

67 Zur Rekonstruktion des tatsächlichen Auftrags von Captain Lawrence ausgehend nicht von den *Seven Pillars of Wisdom*, sondern vom 1968 deklassifizierten Archivmaterial des War Office, vgl. Konrad Morsey: T. E. Lawrence und der arabische Aufstand 1916/18, Osnabrück: Biblio 1976 und Ders.: »T. E. Lawrence: Strategist«, in: Stephen E. Tabachnick (Hg.): The T. E. Lawrence Puzzle, Athens: University of Georgia Press 1984, S. 185–203.

68 Sykes-Pikot ist Teil einer gänzlich widersprüchlichen Kolonialpolitik des Empires im Nahen und Mittleren Osten. Während Hochkommissar MacMahon mit den Arabern über eine mögliche britische Unterstützung ihres Befreiungskampfs verhandelte, teilte eine andere Abteilung des Foreign Offices vorauseilend dieses Gebiet bereits einer anderen Kolonialherrschaft zu.

69 Selbstverständlich war Sykes-Picot geheim und wurde erst mit der Oktoberrevolution von den Bolschewiken offengelegt. Vgl. dazu Basil Lidell Hart: Lawrence of Arabia [1934], New York: Halcyon House 1937, S. 48 f.

70 Carl Schmitt: Theorie des Partisanen, a.a.O.

71 Die Affinitäten zwischen Sun Tzus Theorie der taktischen Vermeidung von massiver Konfrontation in offener Feldschlacht und Lawrences Theorie des Partisanenkampfes sind so groß, dass zu fragen ist, ob er Sun Tzu nicht gelesen haben könnte. Immerhin erschien eine englische Ausgabe des *Ping-fa*, übersetzt von Lionel Giles 1910 unter dem Titel *On the Art of War. The Oldest Military Treatise in the World* bei Luzac, London.

72 Zu Liddell Harts Interpretation von Lawrences Taktik vgl. Ders.: Lawrence of Arabia, a.a.O., Kap. IX: Martial Reveries.

73 David Henderson: The Art of Reconnaissance, a.a.O., S. 11.

74 Edward Said: Introduction, a.a.O., S. 44.
75 Lawrence: Seven Pillars of Wisdom, a.a.O.
76 Ebd., S. 24 f.
77 T. E. Lawrence: »Twenty-Seven Articles«, zuerst erschienen im Arab Bulletin 1917 in Form von 27 Paragraphen zum Verhalten britischer Agenten gegenüber Arabern, hier zititert nach: Liddell Hart: Lawrence of Arabia, a.a.O., S. 110.
78 Kaja Silverman: »White Skins, Brown Masks: The Double Mimesis, or With Lawrence in Arabia«, in: Male Subjectivity at the Margins, London/New York: Routledge 1992, S. 299–338. Silvermans Text ist einer der intelligentesten zum Phänomen Lawrence.
79 Die Episode von Dera'a, die Lawrence für den Rest seines Lebens traumatisiert, zeigt aber auch die Gefahr der Verkleidung – und der Illusion, dass diese einen unsichtbar mache. Verkleidet kundschaftet er – ziemlich tollkühn – die umzingelte Stadt aus und wird zwar verhaftet, aber nicht als Kopf des arabischen Aufstands erkannt, sondern für einen blonden Tscherkessen gehalten. In dieser – lebensrettenden – Rolle eines jungen, unbedarften und verführerisch weißhäutigen Tscherkessen wird er vom türkischen Bey gefoltert und vergewaltigt.
80 T. E. Lawrence: »Twenty-Seven Articles«, a.a.O., S. 111 f.
81 Vgl. dazu die wichtige Untersuchung von Konrad Morsey: T. E. Lawrence und der arabische Aufstand 1916/18, a.a.O., der sich auch mit den zahlreichen, mit großem Affekt vorgetragenen Betrugsvorwürfen gegen Lawrence auseinandersetzt.
82 Gilles Deleuze: »La honte et la gloire: T. E. Lawrence«, in: Ders.: Critique et clinique, Paris: Minuit 1993, S. 144–157.
83 Juan Alonso Aldama: »El desierto del sentido«, in: Revista de Occidente, Nr. 232, (September 2000), S. 60–72, hier: S. 66. Übersetzung aus dem Spanischen EH. Aldama verknüpft die Heterogenität und die semiotische und narrative Inkohärenz des Textes mit der Partisanentaktik, die Lawrence entwickelt: Es sind Kampfhandlungen, die kaum wahrnehmbar, kaum darstellbar sind in ihrer Dezentrierung und Flüchtigkeit – davon sei der Text, als partisanischer, in seiner Struktur selbst geprägt.
84 So beschreibt ihn als eine gänzlich tragische Gestalt Hannah Arendt: Elemente und Ursprünge totaler Herrschaft, a.a.O, S. 466.
85 Reuel Marc Gerecht: The Counterterrorist Myth, in: Atlantic Monthly July/ August 2001, im Netz unter: http://www.theatlantic.com/doc/200107/gerecht

IV. Spionin – Spion: Der Erste Weltkrieg und der Krieg der Geschlechter

Liebe und Krieg: Die Spionin

Im Verkehr der Geschlechter hat Politik nichts zu suchen. Der *rapport sexuel* mag zwar neben der Liebe auch den persönlichen Hass mit einschließen, aber nicht die Feindschaft. *Hostilitas,* nach Carl Schmitt das, was das Politische bestimmt, ist nämlich keine Verfeindung zwischen Privatpersonen, sondern zwischen einer »*kämpfenden* Gesamtheit von Menschen« und einer anderen.[1] Das Sexuelle, das jedenfalls ist seine inhärente Ideologie, ist als privates Verhältnis von zwei Personen die Abwesenheit des Politischen, der Feindschaft zwischen Gruppen. Das Geschlechterverhältnis, so glaubte jedenfalls noch Georg Simmel, ist geschützt vom sozialen *secretum* der Privatheit à deux. Umso schlimmer also, wenn die Intimität der sexuellen Begegnung plötzlich infiziert wird von dem Verdacht, man sei möglicherweise doch nicht ganz zu zweit. Mit dem Eindringen der Politik und der Feindschaft in die Intimität der zwei wird eine Position des Dritten eingeführt, jene Gruppe oder Seite, der jeder der beiden jeweils angehört – und auch in der Privatheit des Sexuellen nicht aufhört anzugehören. Damit dringt die Logik von Freund und Feind in die Geschlechterverhältnisse selbst ein, das Sexuelle wird unwiderruflich politisch – aber auch das Politische, das Kriegerische wird sexuell. Es ist bezeichnenderweise der Erste Weltkrieg, jene »Urkatastrophe der Moderne« und jener erste »totale Krieg«, der diese Vorstellung vom Privaten des *rapport sexuel* nachhaltig ruiniert und damit wohl eines der wichtigsten Phantasmen des geheimen Kriegs generiert: das der Spionin. Oder noch allgemeiner: das Phantasma, dass der Verkehr der Geschlechter, das Intimste und Privateste, selbst zum heimlichen Schauplatz des Politischen, zum Spieleinsatz der *arcana imperii* werden könnte. Mit dem ebenso euphorischen wie hysterischen Kriegsbeginn im August 1914, der wie kein anderer Kriegsausbruch herbeigesehnt und von der Bevölkerung gefeiert wurde, bricht die Front – und damit die Vorstellung allgegenwärtiger Machenschaften des Feindes – gleichsam in die Heimat ein. Ohne dass es irgendeinen Hinweis auf die Gegenwart fremder Agenten in den kriegführenden Ländern gäbe und noch bevor England, Frankreich, Deutschland oder Österreich professionalisierte Geheimdienste aufgebaut haben, sind die Gesellschaften der Kriegsnationen kollektiv besessen von der Vorstellung, jedermann könnte ein feindlicher Spion sein. Aperçuhaft berichtet Erich Mühsam in seinen Tagebüchern aus den Augusttagen 1914:

> »Die Massen sind durch die Aufregung dieser Tage in wahre Hysterie geraten. Überall werden Spione gewittert. Dann rennen die Menschen in Haufen zusammen, misshandeln die Unglücklichen und übergeben sie der Polizei. [...] Und nachmittags in der Sendlinger Straße brachten wieder Hunderte ein Mädchen zum Schutzmann, von dem behauptet wurde, es sei ein verkleideter Mann.«[2]

Zweifellos ist die »Spionitis«, die kollektive Paranoia vor verkleideten Feinden, ein Symptom der frenetischen Identifikation der Zivilisten mit dem Kriegsgeschehen, gleichsam eine Verlegung der Front in die Verästelungen der Gesellschaft.[3] Sie endet auch nicht mit dem Kriegsgeschehen, sondern schlägt sich in großformatigen Bildbänden zur »Weltkriegsspionage« nieder. Das Verschwörungsszenario, das diese Bände trägt, zeigt sich besonders anschaulich in der durchgehenden Seitendekoration des Bandes *Weltkriegsspionage* von Paul v. Lettow-Vorbeck. Das Emblem, das die Seitenzahlen der Sammlung von Lettow-Vorbeck ziert, illustriert die Vorstellung einer von den Spinnennetzen der heimlichen Spione umgarnten Welt – Spinnennetze, die sich zwischen Blüten und Dornen spannen, zwischen Schein und Sein, Freund und Feind [*Abb. 17*]. Aber noch etwas anderes ist bemerkenswert: nämlich das Ausmaß, in welchem diese Furcht sexualisiert ist. Die Angst vor Spionen schlägt unmittelbar um in die Unsicherheit über das Geschlecht einer wahllos herausgegriffenen

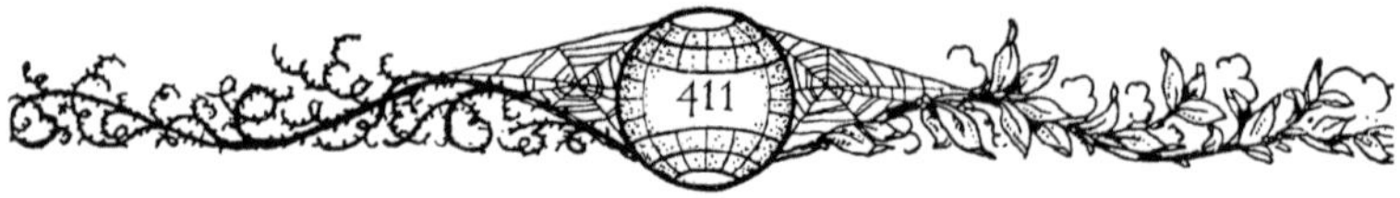

Abb. 17: Durchgehende Seitendekoration aus: Paul von Lettow-Vorbeck (Hg.): Die Weltkriegsspionage, München: Justin Moser 1931. Allgegenwärtige Spionage war das zentrale Phantasma des Ersten Weltkriegs, das in schwergewichtigen Prachtbänden wie *Was wir vom Weltkrieg nicht wissen* und *Die Weltkriegsspionage* populär ausgebreitet wird.

Frau: Es ist ihr Frau-Sein, das als feindliche Tarnung schlechthin in den Blick gerät. Hinter der vermeintlichen Zivilistin erscheint plötzlich der getarnte Soldat, hinter der verlockenden Mädchenhaftigkeit der gewappnete Krieger. Die Frau, vormals häuslich und Inbegriff des Privaten, gleichsam »au-dessus de la mêlée«, wird nicht nur hineingezogen in die kriegerische Logik von Freund und Feind – sie wird *als Frau* zur Gestalt der Tarnung und Verstellung, zur scheinbar a-politischen Trägerin höchst politischer Aufträge und damit zur Verkörperung exakt der *geheimen* Seite des Kriegs und der Politik.

Die zugleich glamouröse und erbärmliche, verführerische und verführte, zwischen Grande Dame und Prostituierter oszillierende Gestalt der Spionin und Agentin wird im Ersten Weltkrieg erfunden. Erfunden wird sie dabei nicht so sehr von den einschlägigen Romanciers wie etwa John Buchan, der mit seinem polyglotten, kosmopolitischen und gentlemanhaften Helden Richard Hannay noch ganz dem Ideal des Empire-Agenten huldigt und Frauen bestenfalls als Opfer, Köder oder Gefährtin vorkommen lässt. In der Tat gehen die männlichen Weltkriegsagenten, von Edward Phillips Oppenheims Helden bis Somerset Maughams *Ashenden* kaum über das von Childers eher im Sinne des Sportmanns, von Kipling eher als kindlich verspielt und explizit asexuell[4] entworfene Modell des Vorkriegsspions hinaus. Erfunden wird die Spionin vielmehr von Frauen – und zwar nicht in der Fiktion, sondern im richtigen Leben: von Frauen wie Margareta Gertruida Zelle, der legendären Mata Hari, wie der Prostituierten und Fliegerin Marthe Richer, aber auch Frauen wie der unermüdlichen Elsbeth Schragmüller, die für den Geheimdienst des deutschen Generalstabs im Krieg ein Agentennetz aufbaute. Und sie wird von Männern erfunden, die die theatralisch vorgeführten oder aber sorgsam verborgen gehaltenen Tätigkeiten solcher Frauen in abenteuerliche, dämonische und hoch erotisierte Narrative überführen, Narrative, die die Frauen meist ihren guten Ruf, nicht selten aber auch ihr Leben kosten. Die Figur der »Spionin« verdankt sich der romanesken oder patriotischen Inszenierung eines Lebens, das sich selbst als Narrativ entwirft, als Entwurf einer politischen Fiktion, gespeist von literarischen und ästhetischen Vorlagen. Mata Hari, die mit außerordentlicher Intuition und Zielstrebigkeit ihre Karriere und Identität als eine solche Fiktion entwirft, ist dabei die Urgestalt einer Existenz, die nichts ist und nichts sein will als Schein und Inszenierung – eine selbstbewusste und selbstreflexive Fiktion, die im Krieg einer fatalen Logik der Eigentlichkeit zum Opfer fällt.

Mata Hari ist damit *ein* Modell des Spionin-Seins, die Seite des Glamours, der Verführung und einer Komödie der Geschlechter – das *andere* ist die Existenz als unsichtbare Funktionsträgerin: die Sekretärin und stille Organisatorin, die Platzhalterin des Mannes im Krieg. Geheimdienstlich ist sie zweifellos effizienter, aber auch beschränkt auf das Aufgehen in der Institution. Sie ist die Expertin, die Spezialistin, die unauffällige Schaltstelle. Von diesen zwei komplementären Modellen ausgehend – der großen Verführerin und der kleinen Sekretärin – lässt sich die Geschichte aller weiteren Entwürfe der notorischen Spionin schreiben – nicht selten allerdings als zunehmende Vermischung der beiden Prototypen. Eine solche Geschichte würde von den Femmes fatales der zwanziger Jahre bis zu den bikini- und waffentragenden Bond-Girls der Sechziger bis Achtziger reichen. Sie würde von den notorischen »Agentinnen aus Liebe« bis zur kaltherzig für den Feind arbeitenden Ehefrau führen, die in Len Deightons Trilogie *Game-Set-Match* (1983–1985) ihren Agenten-Ehemann mit dem biblischen Namen Samson ebenso wie den MI6 verrät.[5] Das doppelte Phantasma von der Frau als Verführerin/Verführte *und* Funktionsträgerin kommt zu einer traurigen, selten glamourösen Realisierung bei den Bonner Sekretärinnen, die von so genannten Romeo-Agenten angeworben und zum Geheimnisverrat überredet wurden – Markus Wolf berief sich mit kaum verhohlenem Stolz noch in seinen Memoiren auf diese wohl schäbigste Seite der DDR-Spionage in Westdeutschland.[6] Komplexer werden die weiblichen Agenten-Figuren schließlich etwa in Luc Bessons Film *Nikita* (1990), dessen Titelgestalt, der Agentin Nikita, man im Zuge ihrer Ausbildung weniger das Schießen als das Sich-Schminken beibringen muss.[7] Agentin-Werden und Frau-Werden, das macht eine betörende Szene zwischen der Agentin (Anne Parillaud) und ihrer Ausbilderin (Jeanne Moreau) unmissverständlich klar, werden hier ein und dasselbe. – In John Le Carrés Figur Charlie in *The Little Drummer Girl* schließlich wird die Verbindung von Verführung, Weiblichkeit und Schauspielerei, die schon in der Ur-Figur der Spionin, Mata Hari, angelegt ist, vollends selbstreflexiv: Der Mossad heuert die britische Schauspielerin an, um sie als Geliebte eines PLO-Terroristen in die inneren Zirkel der Terror-Organisation einzuschleusen und so seinem Bruder eine Falle zu stellen.[8] Ihr israelischer Führungsoffizier wirbt sie an mit der Verlockung, doch nicht mehr auf der Bühne, sondern im »Theater der Wirklichkeit« zu spielen. Mit einer solchen Vision des geheimen Krieges ist nichts mehr – weder die privatesten Gefühle noch die sexuelle Abenteuerlust der jungen Charlie – der Logik des Verrats entzogen.

Trennen die Fiktionen des Ersten Weltkriegs die Femme fatale noch streng von der kompetenten Sachbearbeiterin, wird sich diese Aufgabenteilung in der Moderne mehr und mehr verwischen: Die Verführerin wird zugleich Technikerin, Kriegerin, Expertin; die Sachbearbeiterin verwickelt sich in Affären, in denen nicht mehr klar ist, wer hier wen verführt, und in denen schließlich Männer – im Fall der legendären Romeo-Agenten – in die genuin ›weibliche‹ Position der Verführerin einrücken. Immer aber stellt die Spionin eine tief greifende Beunruhigung der Geschlechterverhältnisse, wenn nicht überhaupt des sozialen Verkehrs dar: Sie wirft Licht auf die Theatralität in der Komödie der Geschlechterbeziehungen, sie streicht das Inszenierte aller Erotik heraus und die Blindheiten, mit der sich beide Geschlechter im *rapport sexuel* notwendig schlagen müssen. Sie tut dies, indem sie das Geheimnis dieses *rapport* unlauter mit einem anderen Geheimnis vermischt: dem politischen Geheimnis. Wenn aber das politische Geheimnis ins Innerste des Geschlechterverhältnisses einwandert, ändert sich auch seine Natur und ändert sich die Natur des Konflikts, in dem es gebraucht wird. Politik und Sexualität verschmelzen – auch hierfür ist der Erste Weltkrieg die Urszene – zu einem geheimnisvollen und dämonischen Amalgam, in dem nicht mehr entscheidbar ist, ob es die Politik ist, die die Begierden ausnutzt und steuert – oder es nicht vielmehr Phobien, Phantasmen und Begierden des Sexuellen sind, die das Feld des Politischen formatieren.

Gerade für die populären Fiktionen und Bilder des Weltkriegs und der zwanziger Jahre hat Klaus Theweleit diese Sexualisierung der Feindschaft – und damit des Politischen insgesamt – anschaulich gemacht.[9] Die Frauen, die abwechselnd als megärenhafte Flintenweiber, syphilitische Prostituierte oder – auf der anderen Seite – als willen-, namen- und leblose »Bräute« auftreten, sind der eigentliche Feind. Sie sind desindividualisiert, bestialisch, sie haben gelegentlich eine Pistole als Phallus oder eine Geschlechtskrankheit als schleichendes Gift. Vor allem aber: Sie sind nicht das, was sie scheinen, »als Krankenschwestern verkleidete Huren«, wie es in einem Zeitungsartikel von 1920 heißt.[10] In dieser amorphen Menge, diesen kastrierenden oder auflösenden Kräften muss der Mann die Unantastbarkeit seines »Körperpanzers« ebenso erweisen wie die Unverführbarkeit seiner Seele. Das Phantasma der verkappten, infektiösen, verstümmelnden Feindin ist aber vielleicht nicht allein die Abwehr des faschistischen männlichen Subjekts (wie Theweleit meint), sondern verweist auf eine Verstrickung des Kriegs in die Geschlechterverhältnisse: »Frauen und Krankheiten als Kampfmittel« wäre das Programm dieser Sexualisierung des Politischen.[11] Die Spionin ist deren bedrohlichste Variante. Denn Weiblichkeit ist die beste Tarnung für jene Art des Krieges, der nicht in Uniform und in der Feuerlinie, sondern im Verborgenen geführt wird, der Einbruch eines »interessierten Dritten« als Parasit der erotischen Dyade.[12] Wo zwei sich abseits der Front treffen, lauert der Dritte.[13] Er ist es, der die populären Zeichnungen und Erzählungen von fatalen Schäferstündchen ahnungsloser Soldaten durchgeistert: Er wartet hinter dem Vorhang und zieht geheime Dokumente aus dem Uniformrock des Opfers, während eine willige Spionin dieses wollüstig umarmt – die biedere Zeichnung aus Magnus Hirschfelds Sittengeschichte des Weltkriegs macht es anschaulich: Der Dritte belauert das erotische Stelldichein, in dessen Schutz er das Geheimnis stiehlt. Die Frau agiert *vor* dem Vorhang, der Mann *dahinter*; er koordiniert ein Heer syphilitischer Huren; er wartet im Ausland auf die Berichte seiner allgegenwärtigen Agentinnen [*Abb. 18*].[14]

Das Geheimnis haben oder sein: Die Komödie der Geschlechter

Frauen in der Spionage, so lautet die populäre Theorie über die unterschiedlichen Einsatzmöglichkeiten der Geschlechter im Dienst militärischer Nachrichtengewinnung, arbeiten immer mit und im Medium der Sexualität – »Liebeshörigkeit« einerseits, perfideste Frigidität andererseits inbegriffen. Dieses Agieren im Medium der Sexualität, das die Spionin vom Spion unterscheidet, impliziert ein Schauspielertum, das zum demarkierenden Kriterium der Geschlechterdifferenz in der Spionage wird. Ein imposanter Sammelband zur Weltkriegsspionage erläutert das in schöner Deutlichkeit:

> »Was der männliche Spion an Klugheit und kriminellem Instinkt aufwenden muss, erreicht der weibliche Spion auf seine Weise viel unmittelbarer, dafür ist auch der Einsatz hemmungsloser. Der

Abb. 18: »Was die Liebe bei ihr kostet«, Illustration aus: Sanitätsrat Dr. Magnus Hirschfeld (Hg.): Sittengeschichte des Weltkriegs, Leipzig/Wien: Verlag für Sexualwissenschaft 1930, S. 107.

Mann operiert mit dem Geiste, die Frau mit dem Körper, der männliche Spion arbeitet *hinter den Kulissen*, der weibliche *vor den Kulissen*, der männliche kombiniert, der weibliche überlässt es dem Zufall und der Macht der Erotik.«[15]

Den »Körper einzusetzen«, »es der Macht der Erotik« zu überlassen, bedeutet, sich »*vor* den Kulissen«, d. h. in einer sexuellen Theatralität zu bewegen, in der es gilt, eine erotische Inszenierung vorzuführen, die Begehrlichkeiten weckt, ein Spiel, das den Blick fesselt – und ihn damit von dem ablenkt, um das es eigentlich geht: das militärische Geheimnis. Viele zeitgenössische Abbildungen zeigen dramatisch hingegossene Damen, die berauschte Geheimnisträger umhalsen, während sie mit einer Hand – oder durch einen verborgenen Helfer – noch gleichsam mitten im Akt die geheimen Dokumente aus der Tasche fingern oder das Schlafpulver ins Glas schütten. Während der männliche Spion sich im Dunkel der Unbeachtetheit verbirgt, betrügt die Frau im Scheinwerferlicht ihrer erotischen Performance. Er ist das Nicht-Repräsentierbare, sie ganz Repräsentation. In der »Komödie«, die nach Lacan der *rapport sexuel* als solcher ist, verwirklicht die Spionin kalten Herzens und wissentlich das Komödiantische des Geschlechterverhältnisses an sich – und genau darin scheint die Persistenz des Phantasmas zu liegen. Die Komödie besteht in der Asymmetrie dessen, was die Geschlechter voneinander wollen: Der Mann will das, was die Frau ist, die Frau will das, was der Mann *hat*. »Diese Beziehungen [zwischen den Geschlechtern, EH] drehen sich, wie wir sagen, um ein Sein und ein Haben, die dadurch, dass sie sich auf einen Signifikanten, auf den Phallus, beziehen, die ärgerliche Wirkung haben, dass sie einerseits dem Subjekt Realität in diesem Signifikanten verleihen, andererseits die zu bedeutenden Beziehungen irrealisieren.«[16] Indem die Spionin sich als verlockendes erotisches Geheimnis in Szene setzt, zielt sie auf ein Geheimnis, von dem der Mann einen rauschhaften Moment lang vergisst, dass er es zwar *hat* – aber verlieren kann. Ihre Inszenierung als Phallus, als das, was man unbedingt *haben* muss, geht zuletzt darauf, selbst nicht so sehr der *Phallus zu sein*, wie Lacan die Positionierung der Frau in der Differenz der Geschlechter bezeichnet, sondern *ihn zu ergattern*. Die Beziehung der Geschlechter im Spiel der Spionage folgt einer festgelegten Choreographie, und zwar einer, in der die Positionen festgelegt sind, die Subjekte aber auf ihnen rotieren – genau darum können natürlich auch Männer die Position der »Spionin« einnehmen. Das Geheimnis, um das alle kreisen, der Signifikant, die Letter – wie Lacan sie an Poes *Purloined Letter* sinnfällig gemacht hat – weist jedem im Spiel von Haben und Sein seine Position zu. Verwirrt wird das ganze Spiel nun aber durch jene Stellung des Dritten, des Parasiten, der in die komödiantisch-komplizierte Relation der Zwei eine fundamentale Störung, eine dramatische Asymmetrie einführt, eine Asymmetrie des Wissens. Der Dritte, der Auftraggeber, bindet das Begehren der Frau, konvertiert es aber in ein Begehren nach dem Geheimnis; diese konvertiert das Begehren nach dem Geheimnis wiederum in ihre erotische Schauspiel-Symptomatik, die dem dritten Part, dem gänzlich unwissenden Opfer, die entscheidende Falle stellt. In der Komödie der Geschlechter lässt die Spionin so – unter maximaler Herausstreichung aller Attribute des Weiblichen – die Positionen von »Mann« und »Frau« rotieren und kippen: Am Ende *hat* sie und *ist* sie das Geheimnis, der Mann *hat und ist* nichts mehr.

1914: Die Spionin als Hysterika

Der Typus der Spionin als weibliche Verführerin und Geheimnis-Diebin entsteht im Ersten Weltkrieg exakt als phantasmatisches (und relativ unpraktikables) Pendant einer allmählichen Institutionalisierung von Aufklärung als integrales Element der Kriegführung. In den literarischen und historischen Figuren der Spionin verdichtet sich dabei jener omnipräsente Verdacht, dass der Feind bis in die intimsten Verzweigungen des Sozialen vorgedrungen ist und dort seine fatalste Wirksamkeit entfaltet.[17] Prominenteste Figuren dieser Verdächtigkeit sind darum ausgerechnet Krankenschwestern, jene Helferinnen unmittelbar hinter der Front, die »Heimat« inmitten der Kampfhandlungen zu verkörpern scheinen – gerade darum aber als das bestgetarnte Einfallstor des Feindes beargwöhnt werden. Es ist diese gegenstrebige Doppelung von ›reiner‹ Weiblichkeit und ›rein männlicher‹ Perfidie, welche die Figur der spionierenden Krankenschwester geradezu dämonisch werden lässt. Die Maßnahmen, die gegen sie ergriffen werden, könnten drakonischer nicht sein. Man denke an den Fall der Edith Cavell, einer englischen Krankenschwester und Organisatorin eines Fluchthilferings für Kriegsgefangene, deren Erschießung durch die Deutschen von Gottfried Benn damit gerechtfertigt wird, sie habe gehandelt »wie ein Mann«.[18] Krankenschwestern sind anziehend und suspekt, mehr noch wenn sie keine Matronen sind wie Edith Cavell, sondern süß und jung. Frauen, die bettlägerige Männer pflegen, verfallen nämlich, wie schon Freud lange vor dem Krieg bemerkt hatte, mit erstaunlicher Häufigkeit jener Krankheit, die geradezu ein Ausweis der Weiblichkeit ist: der Hysterie.[19]

Die Hysterika zeichnet wie die Spionin ein Rätsel aus, das die Psychiatrie des ausgehenden 19. Jahrhunderts faszinierte – und das später die Psychoanalyse zu decodieren versuchte. Dieses Rätsel ist – in der Engführung von Spionin und Hysterika – die Frage nach dem Begehren der Frau, einem Begehren, das so uneingestehbar ist, dass es nur in einer verschobenen Sprache der Symptome zum Ausdruck gebracht werden kann. Die Hysterika somatisiert, gestikuliert, tobt, spielt, imitiert, kurz: Sie schauspielert – und genau das ist es auch, was die Spionin tut. Hysterie ist, wie Pierre Janet formuliert, eine »maladie par représentation« – eine Krankheit als und durch Darstellung. Auch die Spionin ist in erster Linie Darstellerin. Die Hysterika drückt sich in fremden Sprachen aus (wie Anna O., die zeitweise nur noch Englisch spricht) – die Spionin verschleiert ihre nationale Zugehörigkeit ebenfalls durch Polyglossie, sie spricht die Sprache des Feindes, sie ist, wie Mata Hari es einmal auf den Punkt brachte, »une femme internationale«. Von beiden ist unklar, was sie ›wirklich wollen‹; denn beide, Spionin und Hysterika, zeichnen sich dadurch aus, dass das, was man ihr Geheimnis, ihre ›wahren Wünsche‹ nennen könnte, in ihrem Spiel und ihren Symptomatiken zugleich angedeutet und verborgen ist.

Nichts ist darum fataler als eine Hysterika an der Front. Hauptmann a. D. Wulf Bley berichtet in einem Aufsatz über *Spionage und anormale Veranlagung* von einer kaum achtzehnjährigen Komtesse Denise de M., begüterte und glühend patriotische Klosterschülerin, die sich aufopferungsvoll dem Frontdienst als Krankenschwester widmet. Bley betont die erotische Anziehungskraft der Komtesse auf die jungen Soldaten, die sie mit einer gewissen »Wollust am eigenen Mitleid« pflegt. Nicht lange nach ihrem Dienstantritt im Feldlazarett aber entwickelt sie ein hysterisches Symptom: Komtesse Denise leidet unter »nervösen Zahnschmerzen«, die Besuche bei einem in Paris praktizierenden amerikanischen Zahnarzt nötig machen. Die schöne Hysterika, die, wie es heißt, desto »blühender aussah, je mehr sie sich aufopferte«, liebt es, mit »einzelnen Artillerieoffizieren in Zwei-Einsamkeit zu flirten«[20] und legt dabei ein erstaunliches Interesse an der Lage in gewissen Frontabschnitten an den Tag. Vor einer Generalstabskarte, die sie in ihrem Zimmer aufgehängt hat, lässt sie sich von den Frontrückkehrern genauestens Stellungen und Ausrüstungen, Grabenverläufe und Nachschubwege erläutern. Natürlich ist dieses Interesse alles andere als unschuldig, und natürlich ist es ihre Hysterie, die sie zur Spionin und Verräterin macht. Eine Hypnose, appliziert durch den amerikanischen Zahnarzt (der nicht nur Zahnarzt ist), hat das Symptom der Zahnschmerzen in ein viel gefährlicheres Symptom, die Spionage, konvertiert. Die Komtesse weiß selbst nicht, was sie tut – und entgeht genau deshalb mehreren Sicherheitskontrollen. Unter hypnotischem Befehl liefert sie ihrem Zahnarzt die ausgehorchten Frontgeheimnisse in regelmäßigen Bulletins.

An diesen Zahnarzt bindet sie mehr als nur die Heilung von Zahnschmerzen. Was die Psychoanalyse als Übertragung beschreiben würde, jene delirante Bindung, die Anna O. an den sie hypnotisierenden Arzt Josef Breuer fesselte, nennt der populärpsychologische Ton des Aufsatzes »Liebeshörigkeit«. Und diese unbewusste und unsagbare Liebeshörigkeit, die bei Anna O. in eine hysterische Schwangerschaft mündet, verwandelt sich in Zeiten des Krieges in weibliche Spionage. Spionage wird damit unmissverständlich zum Konversionssymptom weiblicher Sexualität, die hypnotisch ferngesteuerte Hysterika zum Inbegriff der Spionin. »Liebeshörigkeit« ist das eine entscheidende Risiko beim kriegsbedingten Einsatz von

Frauen, deren Hysterien sich nicht mehr verhältnismäßig harmlos in Übertragungsneurosen auf ihre Analytiker entladen können (wie im Falle Anna O.). In der »Liebeshörigkeit« der Spionin wird die bewusstlose Gewalt des weiblichen Begehrens zur eminenten politischen Bedrohung: Sie öffnet die Frau für die Manipulierbarkeit durch ominöse Dritte, die sich diesem Begehren einzuschreiben vermögen und sie den Vätern, Brüdern und Gatten, mithin dem Vaterland, abspenstig macht.

Thea von Harbou: »Spione«

Die populären Erzählungen und Theorien über die Spionin insistieren darum gern auf dem »tragischen Zwiespalt« der spionierenden Frau. Entweder sie verfällt in der Rage ihres Rollenspiels dem Objekt ihrer Verführung, verliebt sich, verrät alles, opfert sich und ihre Mission – oder aber sie bleibt gänzlich kalt, »steigert«, wie Mühr ausführt, »die Skala der Gefühle bis zum letztwilligen Höhepunkt, um dann allerdings auch die Aufgabe erledigt zu wissen.«[21] Zurück bleiben ruinierte Offiziere, ans Messer gelieferte Agenten, morphiumsüchtige Diplomaten. Das Skandalon, das die im Medium der Sexualität lügnerische, kalte Spionin darstellt, ist exakt das Skandalon, das mehrere Generationen von Ärzten an der Hysterika irritiert hatte, nämlich, wie Georges Didi-Hueberman formuliert, »dass eine Frau ihren Körper lügen machen kann!«[22] Die Spionin simuliert und exerziert Liebe, die sie nicht empfindet – oder sie empfindet Liebe, die sie verraten wird. Selbstredend ist die letztere, tragische Variante die wesentlich weniger beunruhigende. Der Titel einer populären Sammlung von Spionagegeschichten, *Frauenopfer im Geheimdienst,*[23] bringt diese Ambivalenz in der Zweideutigkeit des Genitivs auf den Punkt: Die (männlichen) Opfer der Spioninnen sind ebenso gemeint wie die Opfer, die die Spionin bringt. Dass die ganze Affäre in echte Gefühle kippt, ist der größte Betriebsunfall der weiblichen Spionage. Die Verliebtheit, der fundamentale Lapsus eines Geschäfts, das nur über Verschiebung des Begehrens auf eine dritte

Instanz funktioniert, taucht darum in fast allen Frauen-Spionagefällen auf: Immer ist sie der Anfang vom Ende der schönen Spionin und zugleich der Ausweis ihrer absoluten Unfähigkeit.[24]

Eine solche Geschichte erzählt Thea von Harbou in ihrem Roman *Spione*, den ihr Gatte Fritz Lang 1928 verfilmt.[25] Die Heldin, Sonja Barranikowa, deren Familie der Ochrana zum Opfer gefallen ist, hat sich als Agentin des zwielichtigen und erkennbar mit allen antisemitischen Attributen ausgestatteten Bankiers Haghi verdingt, der hinter der Fassade des Bankgeschäfts einen umfassenden Nachrichten- und Überwachungsapparat installiert hat, einen »Staat im Staate«.[26] Die Welt des Romans und damit die Welt Haghis ist ein Raum omnipräsenter nachrichtendienstlicher Observation: kein Kellner, der nicht heimlich Agent wäre, keine Nippes-Figur, in der nicht eine Kamera eingebaut wäre, kein Möbelstück, das nicht einen Phonographen enthielte, um jegliche Unterhaltung aufzuzeichnen. Insbesondere der Schreibtisch des gespenstigen Bankdirektors ist eine Schaltstelle von eingehenden Nachrichten und ausgehenden Befehlen, wie der Film eindrücklich vorführt. Haghi erpresst unbescholtene Bürger mit dem Material, das er über deren geheime Laster erhebt. Der »interessierte Dritte« ist hier eine Instanz omnipräsenter – und vor allem, wie besonders der Film deutlich macht: mediengestützter – Überwachung: Schlitze, aus denen Berichte quellen, Telefone, die Befehle weitergeben, Schalter, die Kameras in Gang setzen [*Abb. 19*]. Als Agentin Haghis soll Sonja einen jungen Agenten der Polizei, Nr. 326, zur Strecke bringen. Genau in dieser Fuktion ist sie somit Haghis bestes Medium: eine bewegliche Verlängerung des Überwachungsschreibtischs, an den sie sich im Film immer wieder lasziv lehnt, während der gelähmte Haghi an diesen Schreibtisch gefesselt scheint. Sonja verliebt sich in Agent Nr. 326, was sie in Konflikt mit ihrem rücksichtslosen und hinterhältigen Auftraggeber bringt. Sie wechselt umstandslos vom Herrn der Weltverschwörung in die Arme des kerndeutschen Helden. Denn anders als die ferngesteuerte Hysterika, die ihr Verlangen in Lagepläne und Frontberichte konvertiert, ist Sonja von sprühender heterosexueller Tatkraft. Schlägt sich die Frau auf die Seite des ursprünglichen Opfers, kollabieren nicht nur die

Abb. 19: Haghi (Rudolf Klein-Rogge) an seinem Kontrolltisch mit seiner besten Agentin, der Spionin Sonja (Gerda Maurus). Aus: Fritz Lang: Spione, Stummfilm, Deutschland 1928.

Machinationen des Scheins, mit dem die Spionin arbeitet, sondern es entspinnt sich ein Kampf, in dem die Spionin nicht mehr Agierende ist – sondern nur noch Gegenstand eines Konflikts unter Männern. Nur als desinvolvierte, kalte Frau behält die Spionin tatsächlich eine aktive Position, bleibt sie Produzentin eines Scheins, der die grundlegende Asymmetrie der Rollen von Spionin, Opfer und Drittem aufrechterhält.

Im weiteren Verlauf des Romans wird darum Haghi als die Gestalt des manipulativen Dritten zum eigentlichen Thema. Was der Hypnotiseur im Unbewussten seiner Agentin anrichtet, die Einschreibung des Befehls zur Nachrichtenübertragung, das leisten bei Haghi

Apparate: Photo- und Filmkameras, Telefone, Phonographen und natürlich ein wohlorganisiertes Netz von Spitzeln und Zuträgern. Da Sonja des Schauspielens und Täuschens müde ist, übernimmt Haghi – zugleich sein eigener bester Agent – am Schluss selbst die Position der Doppelspielerin: Er verwandelt sich in den »Clown Nemo«, wird zum Maulwurf im gegnerischen Nachrichtendienst und lockt sogar den unerschütterlichen deutschen Agenten in eine letzte, beinahe tödliche Falle. In der Figur des Clowns findet sich noch einmal die strukturelle Ähnlichkeit von Spionin und Hysterika in Szene gesetzt: Die Hysterika verfällt im klassischen großen Anfall regelmäßig einer Phase, die »Clownisme« heißt.[27] Als sich Haghi/Clown Nemo schließlich, selbst aller Geheimnisse beraubt, publikumswirksam in der Zirkusmanege erschießt, schließt sich der Kreis der Positionen, um die die Komödie der Geschlechter wie der Spionage sich dreht. Die Theatralität der Spionage wechselt die Geschlechter und Träger, aber eines wechselt sie nicht: ihren Ort, die Bühne.

Die Erfindung der Spionin: Mata Hari

Ungeklärte Identitäten, großes Theater, glamouröse Erotik – und schließlich ein tragisches Ende: Alle Strukturmomente des Phantasmas von der Spionin werden von einer realen Gestalt installiert und erfüllt: Mata Hari. Die Tänzerin und Belle-Epoque-Lebedame, die 1917 als Spionin in Frankreich hingerichtet wird, ist der mythische Prototyp der Großen Spionin – auch wenn sie nie wirklich effiziente Spionage getrieben hat. An ihr lässt sich die Verknüpfung von Schauspielerei, Selbstmystifikation und sexueller Inszenierung analysieren, lange bevor sie unter die Anklage der Spionage gerät. Zugleich aber wird die Anklage Mata Haris als Spionin eine kriegerische Reinterpretation all dessen sein, was vor dem Krieg die Belle-Epoque-Kurtisane ausgemacht hatte: Ihr Spionentum ist nichts anderes als die politisierte Version ihres Kurtisanentums.

Ihre Geschichte hatte denkbar schlecht angefangen, allerdings nicht so schlecht, wie sie dann endete. Am Anfang einer der erstaunlichsten Karrieren des frühen zwanzigsten Jahrhunderts steht eine gescheiterte Ehe, einige Jahre in den holländischen Kolonien in Südostasien und eine narzisstische junge Frau, die es, »wie alle entlaufenen Ehefrauen«, nach Paris zieht. 1904 kommt die 27jährige Friesin Margareta Geertruida Zelle, verehelichte MacLeod, in die französische Hauptstadt mit nichts ausgestattet als einem dunklen Teint und einer guten Figur. Aus der Erinnerung an die javanischen und malaysischen Tänze, die sie als Offiziersgattin gesehen hatte, bastelt sie sich ein kleines Programm, das sie zunächst in Privathäusern vorführt. Auf einer dieser Soireen sieht der Sammler und Orient-Kenner Emile Guimet sie und lädt sie zu einer Aufführung in sein Museum ein. Dieser erste Auftritt am 13. März 1905 im Museum für orientalische Kunst begründet ihren Ruhm. Die Bibliothek des Museums ist mit Teppichen ausgelegt und mit orientalischen Statuen geschmückt, die Säulen mit Blumengirlanden umwickelt und das Licht gedämpft. Zum Auftakt der exklusiven Soiree halten Guimet und sein Konservator de Milloué eine kleine Einführung über den vedischen Tanz. Dann kommt die eigentliche Attraktion: eine große, schwarzhaarige und äußerst geschmeidige Tänzerin in einem Kostüm, das dem faszinierten Blick denkbar viel Haut zu sehen gibt. Beim letzten Tanz, der Anrufung Schiwas, beginnt sie, sich zu entkleiden. Sie ist geschmückt mit vielfarbigen Schleiern, die sie nach und nach dem Gott opfert, bis sie schließlich auch den um die Hüften geschlungenen Slendang ablegt und für einen Moment nackt (bzw. nur in einem hauchdünnen Trikot) vor dem Publikum steht [*Abb. 20*]. Nach dieser Vorstellung ist sie in Paris ein Star. Die Gesellschaft der Belle Époque reißt sich um ihre Privatauftritte, Theaterimpresarios bieten unerhörte Gagen, und das Publikum strömt sie zu sehen.

Das Bemerkenswerte an diesem Anfang ist, dass er auf einer Inszenierung beruht, die Mata Hari nicht ohne die Unterstützung Emile Guimets hätte bewerkstelligen können. Als Kenner orientalischer Kunst dürfte Guimet ihre dilettantischen Imitationen sofort als solche erkannt haben, aber statt sie zu entlarven, rüstet er sie mit Schmuck und Kostümen aus seiner Sammlung aus und schlägt ihr

Abb. 20: Mata Hari (d. i. Margaretha Geertruida Zelle, 1876–1917) beim Schleiertanz im Musée Guimet 1905. Foto: Mata Hari Centrum/Fries Museum, Leeuwarden, Niederlande.

einen neuen Namen vor: Mata Hari, »Auge der Morgenröte«. Neben der passenden Ausstattung sorgt Guimet auch für den rahmenden Diskurs. Sein Einleitungsvortrag präpariert die Zuschauer dahingehend, dass sie im halbnackten Geschlängel der Friesin ein sakrales Ritual des fernen Ostens erblicken. Mata Haris Auftritt im Musée Guimet ist die Inszenierung eines hybriden, aus Requisiten und vage erinnerten Bewegungsmustern zusammengebastelten Orientalismus, wobei zwischen Java und Indien, Schiwa und Buddha nicht so genau unterschieden wird. Sie ist, so Gabriele Brandstetter, das

»im Museum geborene Mannequin des exotischen Tanzes«, eine Bibliotheksphantasie, konstruiert aus Bildzitaten und Klischees.[28] Emile Guimet ist der erste Bühnenmeister im Leben der Mata Hari – ein Auftraggeber, der sie zu jener Täuschung umbildet, mit der sie zehn Jahre lang künstlerische Karriere machen wird.

Ihr Tanz ist alles andere als kunstvoll – er ist platterdings erotisch. Die weichen Bewegungen, die Nacktheit, die orgasmische Steigerung des Schiwa-Tanzes – alles an Mata Haris Kunst ist unverblümt vorgetragene, orientalisch ornamentierte Sexualität. Genau dies aber wird wortreich verneint: Der Tanz, so verkauft Mata Hari den beflissen mitschreibenden Journalisten, sei ein Gebet, ursprünglich nicht für profane Augen gedacht. Sie zu sehen, heißt, etwas vorgeführt zu bekommen, das etwas anderes bedeutet, als es zeigt. »Ein Conférencier erklärt die Tänze, die sonst unverständlich wären; wenn man sie aber versteht«, erläutert sie ungerührt, »dann vergisst man über die Darstellung das Weib in mir«.[29] Ein notorischer Spielverderber wie Karl Kraus spießt das Verquere dieser Verneinung genüsslich auf: »Damit man nur ja sicher das Weib in einem Weibe vergesse [...], wird eine heutzutage Postbeamtin oder mindestens buddhistische Tänzerin, und wenn alles nichts hilft, muss Herr Gregori neben ihr stehen und einen Vortrag halten«.[30] Von Anfang an entfaltet Mata Hari ihre Kunst so in einem Raum der Uneigentlichkeit und Interpretation, sie adressiert sie an ein Publikum, dem sie souffliert, wie es die Dinge zu lesen hat. Diese Verschiebung verbindet Mata Haris Tanz strukturell mit den Tänzen und Auftritten der Hysterikerinnen, es ist die permanente Aufforderung ›anders zu lesen‹, etwas anderes, als das, was man sieht.[31] Slavoj Žižek nennt das hysterische Symptom eine »verschlüsselte Nachricht«[32] – auch Mata Haris Kunst ist eine solche Verschlüsselung, und es werden sich mehr oder minder gutwillige Leser für diese Nachricht finden.

Hat die Spionin immer ein Interesse an der Verschleierung ihrer Herkunft, so betreibt Mata Hari dies schon in Friedenszeiten als eine Kunst der permanenten Selbsterfindung. Sie erzählt eine phantastische, immer wieder neu variierte Geschichte über ihre Herkunft:

»Ich wurde im Süden Indiens geboren, an der Malabarküste, in einer heiligen Stadt mit Namen Jaffuapatam, in einer Familie der heiligen Kaste der Brahmanen. Mein Vater, Suprachetty, wurde wegen seines barmherzigen Wesens Assivardam genannt, das bedeutet Gottes Segen. Meine Mutter, erste Bajadere des Tempels von Randa Swany, starb mit vierzehn Jahren bei meiner Geburt. Nachdem die Priester sie eingeäschert hatten, adoptierten sie mich und nannten mich Mata Hari, das bedeutet Auge der Morgenröte. Sobald ich ein paar Schritte laufen konnte, sperrten sie mich in dem großen unterirdischen Saal der Pagode des Schiwa ein, um mich in die heiligen Riten des Tanzes einzuweihen.«[33]

Dabei geht es durchaus nicht darum, ihre erfundene Vita glaubhaft zu machen, vielmehr erzählt sie jedem Journalisten eine neue. Mal ist sie Tochter eines Kolonialoffiziers und einer Javanerin, verheiratet mit einem schottischen Adligen, mal »Enkelin eines eingeborenen Regenten«.[34] Dass ihre Biographien wie ihre Tänze eine Fiktion sind, genauer gesagt: eine permanente Disjunktion zwischen dem, was man sieht, und dem, was es angeblich bedeuten soll, liegt offen zutage und wird von Mata Hari kaum verborgen. Ihre Faszination liegt gerade in der Verschiebung und der gegenläufigen Spannung zwischen Schamlosigkeit und Schamhaftigkeit, zwischen exotischem Gepränge und dem Verdacht, dass sie doch nicht so indisch sei, wie sie aussieht – eine Spannung, die ihr wichtigstes Requisit, der Schleier, emblematisch verdeutlicht. Schon in ihrer Kunst ist Mata Hari also ein sich selbst kommentierender Schein, eine Fiktion, die sich *als Fiktion* präsentiert. Diese Doppeldeutigkeit lässt sich natürlich mit Leichtigkeit gegen sie kehren. Schon früh befleißigen sich betretene Männer und scharfzüngige Frauen, ihr Betrug vorzuwerfen. Karl Kraus geißelt die »Andacht vor einer Hochstapelei«, Colette kommentiert gnadenlos ihre geschmacklose Kleidung und setzt nach: »Die und eine Asiatin? Dass ich nicht lache«.[35] Aber die pausbäckige Feststellung, Mata Hari sei nichts anderes als eine orientalisierende Hochstaplerin, ist doch nur die Wiederholung dessen, was sie selbst immer schon betreibt. Mit dem Hinweis auf ihre parvenuhafte Erscheinung und ihre friesische Herkunft ist ihr, zumindest in Friedenszeiten, nicht beizukommen. Erst im Krieg, wo festgeschriebene Identitäten zum Ausweis nationaler Verlässlichkeit werden, wird diese fleißig betriebene Fiktion zur Falle, in der sich Mata Hari verfangen wird.

Der eigentliche Generalverdacht, den heutige Biographien bestätigen und den Mata Hari selbst nie dementiert hat, ist der, dass ihre ganze Tänzerei eine Fassade war, hinter der sie einer ganz anderen Profession nachging: einer luxuriösen Form von Prostitution. Der Tanz ist nichts als »künstlerische Kulisse [...] vor ihrem wirklichen Kurtisanenberuf«, wie Franz Blei zu entdecken glaubt.[36] Trotz unerhörter Gagen lebt Mata Hari überwiegend von den Zuwendungen reicher Liebhaber. Diese schenken ihr Häuser, Pelze und Reitpferde, einer verabschiedet sie am Ende ihrer Affäre mit einem kleinen Vermögen. Damit gibt es zwei Merkmale, die Mata Hari schon lange vor dem Krieg strukturell mit der Spionin verbinden: einerseits die Fiktionalisierung ihrer Biographie, andererseits ihre ungeklärten Einkünfte. Woher kommt all das Geld, das sie mit einer aberwitzigen Verschwendungssucht ausgibt? Wieder greift also die Ahnung eines mächtigen Dritten, einer Quelle des Reichtums, die entsprechend riskante Gegenleistungen verlangt. Nicht nur die Identität Mata Haris ist mehr als undurchsichtig, sondern auch ihre finanzielle Ökonomie – die Ökonomie des Kurtisanentums. Mata Hari verschwendet Geld mit geradezu selbstloser Hingabe, behält nichts, spart nichts und zahlt ihre Rechnungen selten, kennt aber auch in Bezug auf den eigenen Marktwert keine Grenzen nach oben oder unten: Mal verlangt sie exorbitante Gagen, mal verkauft sie sich für tausend Francs die Nacht. In diesem inflationären Wirtschaften, in dem sie weder ihren eigenen noch den Preis der Dinge zu kennen scheint, erfüllt Mata Hari das Grundprinzip des Kurtisanentums: schlichtweg Verschwendung zu *sein*.[37] Verschwendung ist das Ende einer Ökonomie des Tauschs und des Werts, einer Logik fixierter Zeichenhaftigkeit, in der definite Waren definite Preise haben.

Die Repräsentation an der Seite eines Mannes, welche die einzige Aufgabe der Kurtisane ist, lebt aber gerade von ihrer ökonomischen Rätselhaftigkeit. Denn wenn die Frau, nach Lacan, »meint, ausgerechnet um dessentwillen, was sie nicht ist, begehrt und zugleich geliebt zu werden«[38], dann bedeutet das im Fall der Kurtisane, dass sie *bezahlt* wird für etwas, das sie nicht ist. Nicht so sehr die »körperliche Hingabe« ist das Pendant des Tauschs, der zwischen Kurtisane und Gönner stattfindet, sondern eine Maskerade – denn die Kurtisane wird weniger für den Beischlaf bezahlt als dafür, dass man sich seiner rühmen darf. Damit fällt ein verdächtiges Zwielicht auf die Ökonomie des Kurtisanentums: Geld, Schmuck, Immobilien, Pelze gegen die Inszenierung einer Begehrenswürdigkeit, die sich tautologisch in dem Maße bestätigt, wie in ihrem Namen Güter fließen. Die Kurtisane ist Verschwendung, weil sie stets »zu teuer« *und* »zu billig« ist. Es ist dieses Paradox eines unmöglichen, weil inkommensurablen Tauschs, das dem Kurtisanentum einen mysteriösen, wenn nicht verdächtigen Zug verleiht.

Die Kurtisane im Krieg

Das Mysterium ihrer Identität und ihres erotischen Marktwerts kultiviert Mata Hari zehn Jahre lang erfolgreich, bis es ihr, in anderen Zeiten und anderen Verhältnissen, zum tödlichen Verhängnis wird. Denn das Rätsel der Verschwendung verweist auf eine mögliche, ganz einfache Lösung: Geschäfte, die das Geld wert wären, Geschäfte mit Staatsgeheimnissen. Es ist nicht nur die Seite ihrer sexuellen Unzuverlässigkeit, die die Kurtisane und Prostituierte klassischerweise in die Nähe der Spionage rücken, sondern die undurchsichtige Ökonomie, das Rätsel des inkommensurablen Tauschs. Spätestens im Krieg wird dieses ökonomisch-sexuelle Mysterium des Kurtisanentums zum politischen Mysterium des Verrats. Was wird getauscht und welches Interesse haben die Partner? Ist beim Kurtisanentum Sex bzw. bei seiner gesellschaftlichen Inszenierung, die Lösung des ›Geheimnisses‹ der Kurtisane, so ist es im Krieg der Sex, der den Schein darstellt, unter dem etwas ganz anderes vermutet wird. Das Geld kommt nur noch scheinbar von Liebhabern, in Wirklichkeit von Feindmächten. Vom Käufer wandelt sich der Galan so zum Opfer der Spionin und ihres zahlenden Auftraggebers. Das Wissen, das zwischen diesen drei Positionen zirkuliert, ist nun der seltsame Mehrwert, der die Rechnung des Tauschs plötzlich aufgehen lässt. Nun erklärt sich, dass ein Herr einer Dame erstaunlich viel Geld zukommen lässt, während diese wiederum gar nicht ihm ihre Gunst schenkt, sondern erstaunlich vielen anderen Männern – und vornehmlich Offizieren. Aus der Kurtisane, die den bürgerlichen Gönner schlimmstenfalls in den Ruin treibt, »Herzen zermalmt und Vermögen verschlingt«, wie Mata Haris Richter später schreibt, wird im Krieg die Verräterin, die ins Herz der erotischen Intimität die Feindschaft einführt.[39]

Nach Jahren rauschender Erfolge, aber auch geschäftlicher Flauten überrascht der Erste Weltkrieg Mata Hari in Berlin. Sie richtet sich in Holland ein, tanzt lebende Bilder in Den Haag und Arnheim, langweilt sich und denkt notgedrungen über neue Geldquellen nach. Auf einem Empfang in Den Haag lernt sie den deutschen Konsul in Amsterdam, Karl Kramer, kennen, der sie anwirbt, gegen 20000 Francs in Paris die Stimmung in der gehobenen Gesellschaft auszukundschaften, vielleicht auch mit dem einen oder anderen französischen Offizier anzubandeln. Sie erhält Geheimtinte, einen Code zur Übermittlung von Nachrichten und ihr letztes und fatales Pseudonym, den Codenamen H 21. Auf den Umwegen, die die Besetzung Belgiens und der Frontverlauf nötig machen, reist sie Ende 1915 und im Mai 1916 über England und Spanien nach Frankreich und hält sich in Paris auf. Spätestens seit ihrer zweiten Reise wird sie sowohl vom holländischen wie vom englischen Geheimdienst überwacht. Die Spitzelberichte der Geheimdienste, die im späteren Prozess gegen sie verwendet werden, verzeichnen für die Zeit in Paris und bei den Reisen, die sie in diesem letzten Jahr, 1916, unternimmt, zahlreiche Kontakte mit mehr oder weniger hochrangigen Militärs, Ministern und Staatssekretären. Offenbar glaubt Mata Hari, ihrem geheimdienstlichen Auftrag am besten durch Diners und Nächte mit belgischen, montenegrinischen, englischen, französischen und russischen Offizieren nachzukommen.[40] Über einen ihrer Liebhaber, Jean Hallaure, gerät sie an den Chef der Spionageabwehr im Deuxième Bureau, Georges Ladoux, der sie schon seit einiger Zeit beobachten lässt. Zum Schein wirbt Ladoux sie für die Zusammenarbeit mit dem französischen Geheimdienst an.[41] Von diesem Moment an dient Mata Hari plötzlich zwei Seiten – eine Gratwanderung, deren Gefährlichkeit ihr offensichtlich nicht klar ist. Die Crux des Doppelagenten ist das Vertrauen der Seite, für die er oder sie »wirklich« arbeitet; diese Seite muss über alle Anwerbungen feindlicher Dienste informiert sein. Mata Hari, die eigentlich eher mit den Franzosen ins Geschäft kommen als den Deutschen dienstbar sein will, versäumt es, Ladoux von ihrer Anwerbung durch die Deutschen zu erzählen – die er aber längst vermutet.[42] Ladoux seinerseits engagiert Mata Hari weniger, weil er sich von ihr besondere Erkenntnisse verspricht, sondern weil er sie dadurch besser kontrollieren kann. War es in ihrer Tanzkarriere ihre fabulatorische Undurchschaubarkeit, die ihren Reiz ausmachte, so ist es diese, die nun die Aufmerksamkeit der Nachrichtendienste auf sie zieht.

Mata Hari selbst sieht ihre neue Tätigkeit als »Spionin« als die Fortsetzung ihres Künstler- und Kurtisanentums mit anderen Mitteln an – und mit anderen Geldgebern. Sie ist fast vierzig, immer noch Grande Dame mit ausgedehntem Freundes- und Verehrerkreis, aber tänzerisch weder in Form noch en vogue. Alle Elemente ihrer Existenz werden nun in den Dienst der neuen Tätigkeit gestellt: Ihre intime Freundschaft mit hohen Offizieren und Politikern auf beiden Seiten der Front soll nun der Ermittlung kriegswichtiger Geheimnisse zugute kommen; sie prahlt mit Kontakten und Affären, die sie vermutlich nie hatte – wie etwa mit dem deutschen Kronprinzen und dem Berliner Polizeipräsidenten. Wie einstmals ihre erfundene Identität als Orientalin entwirft sie sich nun in der schillernden Rolle der Spionin.

Auch ihre Maßlosigkeit in finanziellen Dingen überträgt sie nun auf das Feld der Spionage. Sie schlägt Ladoux einen einzigartigen, natürlich unrealisierbaren Coup vor, für den sie nach Lieferung eine Million Francs verlangt. Dieser Coup versammelt noch einmal alle Leitmotive in Mata Haris Leben: Sex und Verschwendung, Glamour und Dilettantismus. Durch einen Brüsseler Verehrer will sie mit dem deutschen Generalstab in Kontakt kommen, um die deutschen Aufmarschpläne zu stehlen. »Ich gehe in umwerfenden Roben nach

Brüssel und suche die Bekanntschaft des Generalstabs.«[43] Ladoux lässt sich ohne jegliche Erfolgserwartung auf den Vorschlag ein. Mata Hari reist nach Spanien und trifft dort zunächst einmal wieder auf ihre deutschen Kontaktleute. Wie die alliierten Geheimdienste haben aber auch die Deutschen mittlerweile ihr dilettantisches Doppelspiel erkannt. Ihrem deutschen Kontaktmann, Major Arnold v. Kalle, gegenüber erklärt sie, dass sie sich »zum Schein« von den Franzosen habe anheuern lassen. V. Kalle sendet – unter einem Code, den die Franzosen längst entschlüsselt haben – Telegramme nach Deutschland des Inhalts, dass Agent H 21 angeblich »sehr vollständige Berichte« abgeliefert habe und sich »zum Schein« mit den Franzosen eingelassen habe.[44] – Diese Telegramme enthalten so ungewöhnlich ausführliche Informationen über Agent H 21, dass man sie kaum anders deuten kann denn als eine Falle, die die Deutschen ihr wissentlich stellen. Im späteren Prozess werden diese abgefangenen Telegramme die entscheidenden Beweisstücke gegen Mata Hari sein, zumal man kaum anderes Belastungsmaterial gegen sie hat.

Als sie im Januar 1917 nach Paris zurückkehrt, wird sie permanent beschattet, ihre Konten überwacht und ihre Post abgefangen. Am 13. Februar wird sie verhaftet, im Juli findet ihr Prozess statt. In dieser Zwischenzeit ist Untersuchungsrichter Pierre Bouchardon rastlos damit beschäftigt, Belastungsmaterial gegen die Amateurspionin zusammenzutragen, was sich deshalb schwierig gestaltet, weil sie so ineffizient war. Entlastungszeugen werden nicht gehört, nur ein paar alte Gönner dürfen aussagen, dass sie niemals mit Mata Hari über kriegswichtige Themen gesprochen haben. Sie wird monatelang verhört, dabei nur zweimal im Beisein ihres Anwalts. Ihre Bitte, Ladoux als Zeugen vorzuladen, wird abgeschlagen. Erst die seltsamen deutschen Telegramme v. Kalles machen die Eröffnung des Prozesses möglich. Er findet am 24. und 25. Juli 1917 statt, dauert eineinhalb Tage und endet wie geplant mit dem Todesurteil. Der Präsident verwirft ihr Gnadengesuch. Das Urteil wird am 15. Oktober 1917 um 6.15 Uhr in Vincennes vollstreckt.

Soweit die groben Fakten, sofern sie sich aus einer Fülle widersprüchlichen Materials rekonstruieren lassen. Wofür wird Mata

Hari verurteilt? Jenseits der Anklagepunkte, die sich im Rückblick teils als falsch, teils als nicht ausreichend für ein Todesurteil erweisen, lassen die Akten des Untersuchungsrichters Bouchardon und seine Jahre später erschienenen Memoiren ein Muster erkennen, das exakt an jene Struktur der Mehrdeutigkeit anknüpft, die einstmals den Effekt der Tänzerin ausgemacht hatte. Bouchardon wird ihr letzter – und tödlicher – Interpret. Er ›liest‹ Mata Hari, ihr Vorleben und ihre Unternehmungen im Krieg, um darin etwas anderes, einen hintergründigen Sinn zu finden – und dieser Sinn ist der Verrat. In klassisch kriminalistischer Manier sucht er unter den Erscheinungen einen verborgenen Zusammenhang auf, er versteht als Indiz, was scheinbar insignifikantes Detail ist. Dabei setzt er da an, wo die bösen Zungen der Belle Époque aufgehört hatten: bei ihrer Promiskuität, ihrer Reisefreudigkeit und ihrer Verschwendungssucht. Er versucht ihr nachzuweisen, dass sie in den letzten Jahren hauptsächlich von Prostitution gelebt, aufgrund ihrer luxuriösen Lebensweise permanent Geld gebraucht und sich darum schon vor dem Krieg den Deutschen als Spionin verschrieben habe. Ihr Kosmopolitismus, ihre Sprachfertigkeiten, ihre sexuelle Freizügigkeit – in den Augen des Untersuchungsrichters ist all dies nur noch Indiz für ihre Spionagetätigkeit. Bouchardons Lektüre ihres Lebens ist eine gewaltsame Verschiebung der Register: Wo *Sexualität* war, wird nun *Politik* gelesen. Als er sie fragt, warum sie im Krieg vornehmlich und teilweise sogar ohne Geldgeschenke mit so vielen Offizieren geschlafen habe, erklärt sie: »Ich liebe Offiziere, ich habe sie mein ganzes Leben lang geliebt. Mein größtes Vergnügen ist es, mit ihnen zu schlafen; ich denke dabei nicht ans Geld. Außerdem stelle ich äußerst gern Vergleiche von Körperbau und Temperament zwischen den verschiedenen Herkunftsländern an.«[45] Wo Mata Hari ein sexuelles Erkenntnisinteresse verfolgt, kommentiert Bouchardon: »Es ist nicht schwer vorzustellen, welchen Vorteil eine Frau wie H 21 aus dieser Abfolge von Affären ziehen konnte, um halbvertrauliche Informationen zu erhalten, die sich gegenseitig ergänzten. Umsonst waren ihre Partner auf der Hut. In solchen Gefechten ist der Mann, so geschickt er auch sein mag, immer der Verlierer.«[46] Er kann sich nicht vorstellen, dass im Bett oder beim Diner etwas anderes als kriegswichtige Geheimnisse ausgetauscht werden. Während Bouchardon aus der Höhe der deutschen Zahlungen den Wert und die Effizienz der Spionin ableitet, erklärt Mata Hari ungerührt: »Einer Frau in meiner Situation schlägt man derlei Missionen nicht vor, ohne sie großzügig zu entschädigen.«[47] – »Eine Frau in meiner Situation«, eine Frau ihres gesellschaftlichen und erotischen Formats, meint Mata Hari – eine gut ausgebildete, schon vor dem Krieg tätige Meisterspionin, meint Bouchardon. Verstand Mata Hari Spionage als die spielerische Fortsetzung des seriösen Kurtisanentums, so sieht Bouchardon im Kurtisanentum die spielerische Vorform bitterernster Spionage. Käufliche Liebe und Spionage, das älteste und das zweitälteste Gewerbe der Welt, werden in Mata Hari zur Kippfigur.

Bouchardon folgt damit einer Logik des Krieges, die mit allen Doppeldeutigkeiten aufräumt. Was in den glamourösen Salons der Belle Époque als reizvolles Rätsel auftritt, gilt der Lektüremaschine des Krieges als suspekt. Bouchardon geht es darum, eine Zeichenökonomie der Eindeutigkeit zu installieren und die Erscheinungen als Trug bzw. als Indiz zu dechiffrieren. Der Krieg braucht und erzeugt Eindeutigkeiten, ein Entweder-Oder, die Dichotomie der Feindschaft. Man erinnere sich an die »Ideen von 1914«: Dieser Krieg war gerade angetreten, um das »Schein- Schwatz- und Luxuswesen«[48] des Vorkriegs in einer »geistigen Entscheidung«[49] hinwegzufegen. Er ist Läuterung von den Maskeraden und dem verwirrenden Kosmopolitentum der Belle Époque, er fordert klare Zugehörigkeiten und Identitäten. Eine Ökonomie der Verschwendung weicht einer Ökonomie der gesicherten Gebrauchswerte, ein exotistisches Spiel mit Fremdartigkeiten und erfundenen Leben dem Imperativ klarer nationaler Zugehörigkeit.

Mata Hari wird Opfer dieser Logik – einerseits. Die Geste der Enthüllung, die Männer von Karl Kraus bis Bouchardon an ihr vollziehen, reißt ihr nicht nur die Maskierungen der schönen Orientalin und unpolitischen Lebedame herab, bis sie auf den Kern der Hochstaplerin und Verräterin stoßen, sie wühlt sich auch durch die Kleider

Abb. 21: Mata Hari bei ihrer Verhaftung 1917, Polizeifoto aus dem Gefängnis Saint-Lazare. Das Foto zirkulierte in der französischen Presse mit hämischen Kommentaren über die zerstörte Schönheit der einst legendären Tänzerin. Foto: Mata Hari Centrum / Fries Museum, Leeuwarden, Niederlande.

und die legendäre Schönheit Mata Haris bis hindurch auf den alternden Körper der Vierzigjährigen. Bouchardon reflektiert über die grauen Strähnen und die wulstigen Lippen dieser Femme fatale, der Gefängnisarzt Bizard publiziert über ihre hässlichen dunklen Brustwarzen.[50] In unterschiedlicher Qualität zirkulieren ihre letzten Fotografien in der Presse, Bilder, die eine erschöpfte, zutiefst verstörte Frau zeigen [*Abb. 21*]. Diese – politische und physische – *mise à nu* der großen Nackt- und Schleiertänzerin ist der Versuch ihrer abschließenden Demystifikation. Die Rhetorik der Eigentlichkeit, die hinter dem großspurigen Auftreten und den Geldforderungen Mata Haris den Erweis ihrer enormen geheimdienstlichen Effizienz liest, setzt ein »Etwas« an eine Stelle, wo ein »Nichts« ist. Sie verleiht Mata Hari eine Substanz, einen wesenhaften Kern, wo diese vermutlich sogar sich selbst ein Rätsel war. *Sie war eine Feindin, wir haben sie entlarvt*, so der Gestus. Und zuletzt kommt auch noch der geradezu genretypische Lapsus der ›verliebten Spionin‹ hinzu – der noch heute durch die Biographien der Margareta Zelle geistert. Im letzten Jahr soll sie sich zum ersten Mal wirklich verliebt haben, leidenschaftlich und ohne finanzielle Absichten, in einen jungen russischen Offizier, Vadim de Massloff, ein Mann, der im gleichen Jahr geboren ist wie ihr als Kind verstorbener Sohn. Als verliebte Spionin fährt sie ins militärische Sperrgebiet, um ihren verwundeten Liebhaber zu sehen, als sinnenberaubte Liebende hatte sie sich ins Büro des fatalen Ladoux begeben, um einen Passierschein zu bekommen. Die Liebe: ein tödlicher Faux-pas, der den beruhigenden Effekt hat, die Fehlbarkeit der Spionin zu bestätigen.

Unterstellen wir, dass die Franzosen wirklich davon überzeugt waren, in Mata Hari eine professionelle Spionin hingerichtet zu haben, die angeblich für die Auslieferung eines belgischen Agenten und die Versenkung mehrerer U-Boote vor der spanischen Küste verantwortlich gewesen sei. Wenn das so ist, dann saßen sie damit sehr wahrscheinlich einer Intrige der Deutschen auf, die – wie die verräterischen Telegramme nahelegen – die Amateurin bewusst ans Messer geliefert haben.[51] Noch Jahre später wird Major z. V. Roepell, ihr Verbindungsoffizier auf deutscher Seite, die Einschätzung der Franzosen mit Einschränkungen bestätigen: »Die zwei oder drei Briefe, welche ich über Deckadresse in Düsseldorf von ihr erhielt, enthielten, soweit ich mich entsinne, wenig belangreiche Mitteilungen mit chemischer Tinte. Ich könnte mir aber denken, dass wichtige Mitteilungen von ihr abgefangen und gar nicht weiter befördert sind. Spionage zugunsten Deutschland hat sie bestimmt betrieben und ich bin der Meinung, dass sie von den Franzosen – leider – zu Recht erschossen wurde«.[52] Oder sollte Mata Hari beide Seiten getäuscht haben? Beiden glaubhaft gemacht haben, sie sei wirklich eine Spionin? »Eine der klügsten Frauen, die ich kennengelernt habe,« schreibt Roepell. Mit ihrem Tod jedenfalls besiegelt sie diese Wahrheit hinter allen Masken und Inszenierungen. Sie stirbt, wie alle Beteiligten einhellig versichern, »wie ein Soldat«. In ihren letzten Stunden begreift Mata Hari vielleicht, dass dies ihre größte Rolle ist. Meisterhaft spielt sie nun die überführte Spionin, geht tapfer und ohne zu zögern in den Tod, nicht ohne noch einen Scherz über die frühe Morgenstunde der Hinrichtung zu machen. Ein letztes Mal gibt sie ihren Richtern das, was diese in ihr hatten sehen wollen: die kaltblütige Agentin. Aber – wie sie im Prozess so oft und so vergeblich gesagt hatte – »nur zum Schein«.

Am Platz: Die Sekretärin

Jenseits der Großen Spioninnen, die selten welche waren, und den Verkennungen sowohl des Krieges wie der Geschlechterkomödie, die sie produzieren und provozieren, gibt es Frauen, die wirklich nachrichtendienstliche Aufklärung betrieben haben. Diese Frauen waren genau deshalb effizient, weil sie sich nicht auf die Bühne der großen Repräsentationen begeben und »der Macht der Erotik alles Weitere überlassen« haben, sondern weil man sie nie zu Gesicht bekam. Sie »dienen«, wie es die Fliegerin und Doppelagentin Marthe Richer in ihren Memoiren betont, der ausgerechnet Georges Ladoux eine Biographie widmete. »Spionin im Krieg zu sein, besteht durchaus nicht, wie man es sich manchmal vorstellt, darin, sich in ein romantisches Abenteuer zu stürzen, dessen Gefährlichkeit noch das Vergnügen erhöht, es bedeutet nicht, die Femme fatale zu spielen, nach der sich alle umdrehen, und Geheimnisse zu entdecken, die man gegen Berge von Gold eintauscht. Spionin zu sein heißt vor allem: dienen.«[53] Richer, vor dem Krieg eine ausgezeichnete Pilotin, wurde im Krieg als Fliegerin nicht in die Armee aufgenommen. Der einzige Dienst, der sie als Frau annahm, war der *Service secret*. Der Geheimdienst, so scheint es, ist das Einfallstor der Frauen in den Krieg. »Dienen«, wie Richer schreibt, ist die vollständige Unterwerfung unter die Erfordernisse eines nachrichtlichen Apparats und seiner Aufträge – bei ständigem Misstrauen der Vorgesetzten. Keine Spielchen, keine heimlichen Vertraulichkeiten mit dem ominösen Dritten, keine Zweideutigkeiten wie bei Mata Hari. Diese Frauen arbeiten hart daran zu beweisen, dass sie immer nur auf einer Seite, auf der ›richtigen‹ Seite stehen.[54] Sie verstehen sich als Helferinnen, Botinnen, Organisatorinnen, die – im schlimmsten Fall – auch hingerichtet werden, aber nicht als perfide Meister-Spionin, sondern als Soldat.

Edith Cavell war eine solche Organisatorin, als altjüngferliche Krankenpflegerin denkbar ungeeignet für jegliche Projektion der fatalen Verführerin. »Ihre Organisation hatte«, so berichtet Gottfried Benn vom Prozess gegen sie und ihre Helfer, »etwa dreihundert feindliche Soldaten und wehrfähige Belgier im Laufe der Monate gesammelt, ausgerüstet und über die belgisch-holländische Grenze geschafft«.[55] Nicht Spionage im engeren Sinne wurde ihr zur Last gelegt, aber eine Teilnahme in jenem heimlichen Krieg, der hinter der Front und im Verborgenen geführt wird. Benn selbst reiht sie ein in das Getriebe eines perfekt funktionierenden gegnerischen Geheimdienstes: »[...] ein geheimer Nachrichtendienst von unerklärlicher Präzision: jeder Schritt der deutschen Front vorwärts oder rückwärts schon nach Minuten bekannt und auf den Mienen der Flanierenden abzulesen, jeder Vorgang bei uns, jedes militärische Ereignis der Etappe unverzüglich zu den Alliierten weitergefunkt.«[56] Die Effizienz dieser Nachrichtenübertragung im besetzten Land – die Feindlichkeit der Bevölkerung unter der deutschen Besatzung hält Benn offenbar für eine Art unlauteren Wettbewerb der Alliierten – verdankt sich der Tatsache, dass an den entscheidenden Stellen Frauen sitzen: Frauen, die kriegsrechtlich nicht zu belangen sind. »Frauen hatten gehandelt, Frauen angeblich die Pläne ersonnen, Frauen wurden nach Aachen gebracht, mit Arbeit beschäftigt, und bei Kriegsende stand ihnen Belohnung und Heldentum bevor. Die Männer waren immer harmlos und hatten die Küche besorgt. In den Frauen glühte das Feuer, sie waren die Häupter der Organisation.«[57] Benn schwankt mit Sarkasmus zwischen zwei Lesarten: Werden die Frauen nur vorgeschickt, weil sie nicht drastisch bestraft werden wie die Männer – oder sind sie wirklich die Köpfe der Organisation? Sie sind die Statthalterinnen der Männer, sie vertreten deren Position – ob sie nun reale Lenkerinnen oder nur vorgeschobene Verantwortliche, mithin ›Strohfrauen‹ sind. Die Position der Platzhalterin gibt den Frauen einen Wert, eine Gleich-Wertigkeit, die sie austauschbar macht gegen die Männer. Untrügliches, aber immer wieder umstrittenes Zeichen dieser Äquivalenz ist die Tatsache, dass nun auch sie das zweifelhafte Recht auf die Todesstrafe haben, wie Cavells Erschießung von deutscher Seite gerechtfertigt wird. Wer kämpft wie ein Mann, darf und wird auch sterben wie einer.

In der knappen Personalsituation, in der sich der deutsche Nachrichtendienst zu Anfang des Krieges befindet, sind die Platzhalterinnen für den Aufbau eines noch so dünnen Agenten-Netzes unabdingbar. Die Abteilung IIIb des deutschen Generalstabs, zuständig für den Nachrichtendienst, richtete seit dem Beginn der Spannungen – spät genug – »Nachrichtenstellen« ein, die die »Aufklärung in der Front« aber auch in Feindesland und besetzten Gebieten gewährleisten sollten. Diese Nachrichtenstellen wurden in der Regel von nur einem Nachrichtenoffizier und seinem Burschen betrieben; der Offizier war – aus Gründen der Tarnung – »sein eigener Bürochef, Registrator, Expedient und Schreiber.«[58] Das Einzige, was ihm zur Seite steht, ist, wie Friedrich Gempps Bericht klarsichtig vermerkt, seine Frau. Ihr Platz ist organisatorisch vorgesehen:

> »Vertrauter des N. O. [Nachrichtenoffiziers, EH] war, mit Wissen und Willen der Leitung, seine Gattin. Sie musste während der häufigen Dienstreisen und sonstigen Abwesenheit des N. O. die Ferngespräche annehmen, Zusammenkünfte mit V-Leuten und Agenten regeln, kurz den vielfältigen Apparat meistern, da sonst Reibungen und Schwierigkeiten aller Art mit ernstem Nachteil unausbleiblich gewesen wären. [...] Niemand sonst konnte ja in die Geheimnisse des Dienstes eingeweiht werden. [...] Die Arbeit des N. O. spielte sich in der Hauptsache, abgesehen vom Außendienst, in der eigenen Wohnung ab. [...] Bis zu seinem Eintreffen nahm seine Gattin den Spannungsdienst auf und leitete Meldungen mit ihrer eigenen Unterschrift an IIIb – sicher ein Kuriosum in der Geschichte des Heeres!«[59]

Die Frau als Platzhalterin des Mannes wird damit von höchster Stelle nachrichtendienstlich eingeplant. Als Gattin kann die Frau im Geheimdienst des Ersten Weltkriegs unmittelbar die Stelle des Mannes einnehmen. Aber seinen Platz einzunehmen, heißt am Platz zu sein, wenn er dort nicht ist. Während ihr Mann sich im riskanten Außendienst verausgabt, ist es seine Frau, die die eigentlichen nachrichtendienstlichen Tätigkeiten betreibt: Agenten instruieren, Nachrichten weiterleiten, Kommunikation aufrechterhalten, chiffrieren und dechiffrieren. Diese, wie es im Gempp-Bericht heißt, »stillen Helferinnen«, sind die eigentlichen Akteurinnen des militärischen Nachrichtendiensts in seinen Anfängen – aber nicht als dämonische Gegenspielerinnen des Mannes, sondern als dessen bessere Doubles. Es sind diese Frauen, die sich der symbolischen Ordnung des Vater-Landes umstandslos einfügen und die genau in dieser Fügsamkeit eine erstaunliche Macht entfalten: die Macht »über Vorzimmer, Zutrittsbedingungen und Diskursproduktion« als Sekretärinnen, dienstbare Geister, »Schreibmaschinistinnen«, wie Friedrich Kittler schreibt.[60] Dieser Typus ist die blasse, aber deutlich effizientere Gegenfigur zur Großen Spionin, der hysterischen Schauspielerin und Verführerin. Die Platzhalterinnen – Sachbearbeiterinnen und Sekretärinnen – verschwinden im Apparat, aber sie sind es, die in der Tat über Zutrittsbedingungen, Nachrichtenflüsse und Geheimhaltung gebieten. Sie suchen nicht die Feindberührung, sondern sind im Inneren des Dienstes tätig und tun dort das, was die gute Bürokratie ausmacht: Aufzeichnen und Speichern, Sichern von Zugriffen, Auswertung, organisatorische Koordination. Nicht Kampf und nicht Entscheidung, nicht Befehl und nicht Konspiration sind ihre Sache, sondern deren Verwaltung. Der Erste Weltkrieg lässt so Frauen in den Kriegsdienst einrücken, nicht als Fliegerinnen, aber als Bürokräfte: »Die Kanzleien aller kriegswichtigen Betriebe bevölkerten sich mit weiblichen Arbeitskräften, selbst in die Schreibstuben der Heeresverwaltung hielten sie ihren Einzug«, heißt es in der *Zeitschrift für weibliche Handelsgehilfen* von 1918.[61] Und als Bürokräfte im geheimen Dienst entfalten sie eine Wirksamkeit, die alles überbietet, was eine Mata Hari je aus ihren Liebhabern herausgebracht haben könnte.

Das Medium: Dr. Elsbeth Schragmüller

Prototyp dafür ist Elsbeth Schragmüller. Es ist kein Zufall, dass es von ihr nur drei äußerst undeutliche Fotos gibt (das beste davon hier abgebildet [*Abb. 22*]): Elsbeth Schragmüller besticht durch Unsicht-

Abb. 22: Dr. Elsbeth Schragmüller (1887–1940) in den zwanziger Jahren in Berlin. Die studierte Nationalökonomin meldete sich 1914 freiwillig zum Bürodienst im deutschen Heer und wurde in der Sektion VII der Kommandantur der Garnison Brüssel, die beschlagnahmte Briefe belgischer Soldaten auswertete, eingesetzt. Sie wechselte später zur Nachrichtensammelstelle in Lille. 1915 setzte sie Walter Nicolai im Rang eines Oberleutnants als Leiterin der Sektion der ›Kriegsnachrichtenstelle Antwerpen‹ ein. Sie erhielt das Eiserne Kreuz erster Klasse. Aus: Janusz Piekalkiewicz: Weltgeschichte der Spionage, München: Südwestverlag 1988.

barkeit – anders als die oft fotografierte Mata Hari. Die 1913 in Freiburg i.Br. promovierte Staatswissenschaftlerin[62] bricht bald nach Kriegsausbruch aus patriotischem Eifer zur Front auf, stellt sich in einem Brüsseler Hotelflur Generalfeldmarschall Freiherr v. der Goltz in den Weg und bittet um eine Anstellung. Sie wird zunächst in der Kriegsnachrichtenstelle Brüssel zur Auswertung von beschlagnahmten Briefen eingesetzt. Ihre Berichte und Zusammenfassungen seien »außerordentlich sachgemäß abgefasst und bewiesen entschieden strategisches Verständnis«, findet ihr Vorgesetzter und erkundigt sich, wer denn dieser »Leutnant Schragmüller« sei. Aufgrund ihrer Begabung und ihres Eifers wechselt sie bald in die mobile Abteilung IIIb des Generalstabs und wird schließlich Leiterin der Kriegsnachrichtenstelle Antwerpen. Bei ihrem Dienstantritt in Brüssel ist es durchaus nicht der Hauch des Konspirativen, der sie reizt – vielmehr hat sie, wie sie später eingesteht, nicht einmal eine Vorstellung davon, was »Nachrichtendienst« überhaupt ist: »Beim Eintritt in meinen neuen Wirkungskreis hatte ich geglaubt, eine Kriegsnachrichtenstelle gebe die Nachrichten über den Krieg an die Öffentlichkeit, verfasse Heeresberichte und halte durch die Presse die Verbindung zwischen Front und Heimat aufrecht.«[63] In Antwerpen wird sie die bereits angeworbenen Agenten instruieren, ihre Aussagen überprüfen, sie in Berichten zusammenfassen und weiterleiten und vor allem Meldewege sicherstellen. In Eigeninitiative baut Elsbeth Schragmüller so ein Netz französischer Deserteursagenten auf, Soldaten, die sich illegal in die Schweiz geflüchtet haben und nun auf den großen Etappenbahnhöfen die von der Front kommenden Urlauber aushorchen sollen. Diese Agenten haben den Vorteil, sich in militärischen Dingen gut auszukennen, was bei Zivilagenten oft nicht vorausgesetzt werden kann. Schragmüller schult sie, gibt ihnen eine glaubwürdige Legende, Papiere und Geld. Die Methode ist einfach, unaufwendig und zuverlässig, weil sie sich nicht auf die professionellen Agenten verlassen muss, die ihre Nachrichten z. T. von privaten Nachrichtenbüros kaufen.[64] Am Ende des Krieges erhält sie das Eiserne Kreuz I. Klasse, siedelt sich in Berlin an, verfasst 1921 einen *Ratgeber fuer das nationaloekonomische Studium,* »im Auftrag und mit einem Vorwort von Prof. Karl Diel«, wie es darin heißt. Elsbeth Schragmüller ist eine Frau, die mit unerschütterlicher Kompetenz, Pünktlichkeit und Zuverlässigkeit Aufträge erfüllt, bis es ihre vom Krieg angeschlagene Gesundheit nicht mehr erlaubt. 1940 stirbt sie achtundvierzigjährig in München.

Die betont unauffällige Staatswissenschaftlerin erhielt von den Franzosen den Namen »Mademoiselle Docteur« und einen abenteuerlichen Mythos, der sie als eine Mischung aus Domina, Kokainomanin und Flintenweib beschrieb. Jener Untersuchungsrichter Bouchardon, der Mata Hari vors Erschießungskommando brachte, deliriert in seinen Memoiren ausführlich über die aufreizenden Waden und den üppigen Goldschmuck der Mademoiselle Docteur.[65] Georges Ladoux, der kurz nach der Mata Hari-Affaire selbst unter Verrats-Verdacht geriet und verhaftet wurde, soll – nach Angaben seiner Frau – später von Mademoiselle Docteur mit vergifteten Fotos umgebracht worden sein.[66] Die Platzhalterin und Sekretärin ist im öffentlichen Diskurs über die Spionin nicht repräsentierbar. Sie wird darum überdeckt von dämonischen und romanesken Karikaturen. Die Irritation, die von einer promovierten Frau im Nachrichtendienst ausgeht, ist nicht anders stillzustellen als durch eine hypertrophe Stilisierung, die sich den akademischen Titel als Skandalon wählt. Durch die schrille Historiographie der weiblichen Spionage im Ersten Weltkrieg zieht sich so die blutige Spur einer Mademoiselle Docteur, wobei nicht immer klar ist, ob auf Schragmüller angespielt wird oder auf eine andere Frau, Annemarie Lesser, einer angeblich tollkühnen, hoch intelligenten und skrupellosen Meisterspionin in deutschen Diensten, die schließlich kokainsüchtig und wahnsinnig in einem Schweizer Irrenhaus verdämmert.[67] Wo Schragmüller war, muss Mata Hari werden – lieber den trügerischen Schein als die graue List der Bürokratie.

Schragmüller ihrerseits hat den strategischen Vorteil von Frauen im Nachrichtendienst dabei in Worten beschrieben, die nichts von Erotik und Betrug wissen wollen:

> »Seiner Struktur nach ist der Nachrichtendienst auf psychologischen Kräften aufgebaut, auf Fähigkeiten, die nicht erlernbar und nicht Eigenschaften eines Berufs sind. Wie der Künstler nicht ohne Talent zum wahren Künstler werden kann, so kann auch der Nachrichtenoffizier nichts ohne psychologische Fähigkeiten leisten. Diese wurzeln einmal in dem Vermögen des sich ›Einfühlen-Können‹ in die Psyche desjenigen, dem die Ausführung des Agentendienstes übertragen wird, in Menschenkenntnis, aber ebenso in der Kunst der Menschenbehandlung, in dem instinktiven Gefühl, wie dieser oder jener Mensch genommen werden

muss, um ihn zu Spitzenleistungen zu bringen, und endlich in der Phantasie, in diesem Sinne also in dem Vermögen des sich ›Einfühlen-Könnens‹ in die äußeren Umstände und möglichen Lagen, unter denen der Agent seine Aufträge auszuführen haben wird. Diesen hier nur kurz umrissenen psychologischen Anforderungen kann die Frau ebenso gut wie der Mann genügen. Ihrer im Allgemeinen stärker als beim Mann ausgebildeten gefühlsmäßigen Veranlagung entsprechend ist sie vielleicht diesbezüglich bevorzugt ausgestattet und hieraus erklärt sich die Rolle, welche auch sonst Frauen im Nachrichtendienst spielen.«[68]

Sich-Einfühlen, Empathie für die Psyche des Agenten oder der Quelle, Instinkt für die Situation – was die Frau, nach Dr. Schragmüller, besser kann als der Mann, ist, sich selbst zum Medium dessen machen, was der andere vielleicht noch nicht zu sagen, noch nicht zu tun imstande ist – und dieses Wissen in einen taktischen Vorteil umzumünzen. Frauen sind die Spezialistinnen für die Kanäle, auch die psychischen. Sie beherrschen die Kunst der Kommunikation, der »Menschenbehandlung«, gerade weil sie nicht den Ehrgeiz verfolgen, selbst Subjekt von Reden zu sein, sondern sich in die Reden und Handlungen der anderen still und empfindsam einschalten. Sie sind die Operatoren an den Schaltstellen der Kommunikationsflüsse. Sie hören mit, was der andere denkt. Bessere Nachrichtendienstmitarbeiter sind in der Tat nicht zu denken.

Anmerkungen

1 Carl Schmitt: Der Begriff des Politischen, Berlin: Danckerer & Humblot 1996, S. 29. Markierung bei Schmitt.

2 Erich Mühsam: Tagebücher 1910–1924, hg. von Chris Hirte, München: dtv 1994, S. 102.

3 Zur Spionitis vgl. Florian Altenhöner: »›Spionitis‹ – reale Korrelate, Imaginationen und Deutungsmuster der Angst vor Spionen 1900–1914«, in: Werner Rammert et al. (Hg.): Kollektive Identitäten und kulturelle Innovationen. Ethnologische, soziologische und historische Studien, Leipzig: Leipziger Uni-

versitätsverlag 2001, S. 77–91 und Hans Michael Kloth: »Wieder einer, wieder einer!«, in: Stephan Burgdorf, Klaus Wiegrefe (Hg): Der Erste Weltkrieg. Die Urkatastrophe des 20. Jahrhunderts, München: DVA 2004.

4 Kiplings Kim ist zwar ein heranwachsender Junge, aber sexuell noch gänzlich desinteressiert. Die sexuellen Avancen der »Frau von Shamlegh« begreift er zwar, lehnt sie aber explizit ab. In gewisser Weise gehört vor allem sexuelle Resistenz zum Verhaltensrepertoire des Gentleman-Spions.

5 Len Deighton: Berlin Game [1983], Mexico Set [1984], London Match [1985] London: Grafton 1986.

6 Markus Wolf: Spionagechef im geheimen Krieg. Erinnerungen, München: Econ & List 1998, S. 149–160.

7 Luc Besson: Nikita [1990], Regie: Luc Besson, Drehbuch: Luc Besson, nach einem Roman von Gérard de Villiers, mit Anne Parillaud, Tcheky Karyo, Jeanne Moreau, Jean-Hugues Anglade, 104 Min, Frankreich.

8 John Le Carré: The Little Drummer Girl, New York: Simon & Schuster 1983.

9 Klaus Theweleit: Männerphantasien. Bd. 2: Männerkörper [1977/78], München: dtv 1995, insbesondere Kap. 3 und passim.

10 Hauptmann Schneider: »Vandalen«, in: Buersche Zeitung vom 8. 4. 1920, zit. nach Theweleit: Männerphantasien. Bd. 1: Frauen, Fluten, Körper, Geschichte, München: dtv 1995, S. 93.

11 Walter Brack: »Frauen und Krankheiten als Kampfmittel«, in: Paul von Lettow-Vorbeck (Hg.): Die Weltkriegsspionage, München: Justin Moser 1931, S. 413–418.

12 Michel Serres: Der Parasit [1980], Frankfurt am Main: Suhrkamp 1987, S. 97.

13 Zur Figur des Dritten als Dispositiv der Beobachtung s. Eva Horn: »Media of conspiracy. Love and surveillance in Fritz Lang and Florian Henckel von Donnersmark«, in: Eva Horn (Hg.): Dark Powers. Conspiracy in History and Fiction, New German Critique Nr. 103, Januar 2008.

14 Hauptmann a. D. Wulf Bley: »Spionage und anomale Veranlagung«, in: Lettow-Vorbeck: Die Weltkriegsspionage, a.a.O., S. 378–383.

15 Alfred Mühr: »Koste es, was es wolle«, in: Lettow-Vorbeck: Die Weltkriegsspionage, a.a.O., S. 405. Markierungen EH.

16 Jacques Lacan: »Die Bedeutung des Phallus«, in: Schriften Bd. II, Frankfurt am Main: Suhrkamp 1975, S. 130.

17 Vgl. dazu August Urbanski von Ostrymiecz: »Spionitis«, in: Lettow-Vorbeck: Die Weltkriegsspionage, a.a.O., S. 332–338.

18 Gottfried Benn: »Wie Miss Cavell erschossen wurde«, in: Gesammelte Werke, hg. von Dieter Wellershoff, Bd. IV, Stuttgart: Klett-Cotta 1981, S. 194–201, hier: S. 200.

19 Sigmund Freud: »Über den psychischen Mechanismus hysterischer Phänomene« [1893], in: Studienausgabe Bd. VI, S. 17: »Krankenpflege kommt oft in der Ätiologie der Hysterie vor«.

20 Hauptmann a. D. Wulf Bley: »Spionage und anormale Veranlagung«, a.a.O., S. 379.
21 Mühr, a.a.O., S. 406.
22 Georges Didi-Huberman: Die Erfindung der Hysterie [1982], München: Fink 1997, S. 88.
23 W. Munin: Frauenopfer im Geheimdienst. Die Internationale Frauen-Spionage, Leipzig: Deutsche Buchwerkstätten 1931.
24 Dies geschieht etwa der völlig zerrütteten »wunderschönen Dame« aus einer Erzählung Alexei Tolstois. Alexei Tolstoi: »Die wunderschöne Dame«, in: Barbara und Alfred Antkowiak (Hg.): Die wunderschöne Dame. Spionagegeschichten, Berlin-Ost: Das Neue Berlin 1969.
25 Thea von Harbou: Spione, Berlin: August Scherl 1928. Fritz Lang: Spione, Regie: Fritz Lang, Buch: Thea von Harbou, mit: Gerda Maurus, Rudolf Klein-Rogge, Willy Fritsch. Stummfilm, Deutschland 1928.
26 Ebd., S. 55.
27 Vgl. zur Psychiatrie- und Mediengeschichte der Hysterie Didi-Huberman: Die Erfindung der Hysterie, a.a.O., hier das Tableau von P. Richer, S. 132/33.
28 Gabriele Brandstetter: Tanz-Lektüren, Frankfurt am Main: Fischer Taschenbuch 1995, S. 87.
29 Zitiert bei Karl Kraus, »Der Schmock und die Bajadere«, in: Die Fackel, Nr. 214–215, 22. 12. 1906, S. 39–44.
30 Karl Kraus: »Der Schmock und die Bajadere«, a.a.O.
31 Diese allegorische Struktur der Hysterie zeigt Manfred Schneider in: »Die Allegorie der Hysterie und das tête-à-tête der Wahrheit«, in: Sigrid Schade/Monika Wagner/Sigrid Weigel (Hg.): Allegorien und Geschlechterdifferenz, Köln: Böhlau 1994, S. 137–155.
32 Slavoj Žižek: »Symptom«, in: Elisabeth Wright/Dianne Chisholm/Juliet Flower MacCannell/Margaret Whitford (Hg.): Feminism and Psychanalysis. A Critical Dictionary, Oxford: Blackwell 1992.
33 Zitiert nach Fred Kupferman: Mata Hari. Träume und Lügen, Berlin 1992, S. 24.
34 Neues Wiener Journal vom 16. 12. 1906, S. 9, zitiert nach Christine Lüders: Apropos Mata Hari, Frankfurt am Main: Verlag Neue Kritik, 1997, S. 82.
35 Gabrielle Sidonie Colette: Meine Lehrjahre, übs. von Uli Aumüller, Reinbek: Rowohlt 1980, S. 122/3.
36 Franz Blei: »Die Kurtisanin«, in: Glanz und Elend berühmter Frauen, Berlin 1927, S. 267–280.
37 Vgl. dazu grundlegend die scharfsinnige Untersuchung von Dietmar Schmidt: Geschlecht unter Kontrolle. Prostitution und moderne Literatur, Freiburg: Rombach 1998, vor allem S. 280–289.
38 Lacan: »Die Bedeutung des Phallus«, a.a.O., S. 130.
39 Pierre Bouchardon: Souvenirs, Paris: Albin Michel 1953, S. 306.

40 Zur Beobachtung Mata Haris durch das Deuxième Bureau vgl. Lüders: Apropos Mata Hari, a.a.O., S. 34f.

41 So jedenfalls schildert Schirmann, der die historisch profundeste Studie des Falls vorgelegt hat, die Kontaktaufnahme. Léon Schirmann: L'affaire Mata Hari. Enquête sur une machination, Paris: Tallandier 1994, S. 49ff.

42 Schirmann argumentiert, dass ein solches Eingeständnis zu diesem Zeitpunkt und auf französischem Boden »Selbstmord« gewesen sei.

43 Soweit der Bericht von Georges Ladoux in den Untersuchungsakten. Zit. nach Schirmann: L'affaire Mata Hari, a.a.O., S. 62.

44 Nach Schirmanns Dokumentation und Analyse dieser Telegramme und des benutzten Codes durch Major v. Kalle war deren eigentlicher Zweck, Mata Hari vor den Franzosen zu desavouieren. Die Telegramme enthalten zahlreiche Details der Reisen und Lebensumstände von »H 21«, sodass leicht erkennbar wird, wer »H 21« ist. Diese Details waren für den Inhalt der Nachricht an die Berliner Zentrale von keinerlei Belang – interessant nur für die Franzosen, denen auf diese Weise der Codenamen Mata Haris signalisiert wird. Die Verschlüsselung, die v. Kalle benutzt, ist den Franzosen bekannt und wird nur noch für ›unwichtige‹ Übertragungen benutzt – oder eben für solche, von denen man *will*, dass die Franzosen sie abfangen und entschlüsseln. Auch dass die Franzosen die Telegramme zwischen Spanien und Berlin abfangen, ist dem deutschen Geheimdienst bekannt. Nahe liegt also, dass v. Kalle diese Telegramme nicht absendet, um der Berliner Zentrale Nachricht von Mata Hari zu geben. Ihre als ›sehr vollständig‹ charakterisierten Berichte sind völlig wertlos, was Berlin auch postwendend kritisiert: »Leistungen befriedigen nicht« (zit. nach Schirmann: L'affaire Mata Hari, a.a.O., S. 146). Vielmehr scheinen sie vor allem dazu geeignet, sie den Franzosen ans Messer zu liefern (ebd. S. 81–92). Schirmann wertet es als einen Beweis des bösen Willens des französischen Untersuchungsrichters und des Gerichts, dass sie diese offensichtlich für Mata Hari aufgestellte Falle in den für jede geheimdienstliche Nachrichtenabfassung unüblichen Telegrammen nicht gesehen haben, bzw. nicht sehen wollten (ebd. S. 145f).

45 »J'aime les officiers, [...] je les ai aimés toute ma vie. Mon plus grand plaisir est de pouvoir coucher avec eux, sans penser à l'argent. Et puis, j'adore faire des comparaisons ethniques sur leur plastique et leur tempérament.« Bouchardon: Souvenirs, a.a.O., S. 320, Übersetzung EH.

46 Ebd., S. 320, Übersetzung EH.

47 Zit. nach Schirmann: Mata Hari, a.a.O., S. 146, Übersetzung EH.

48 Friedrich Gundolf an Stefan George, Brief vom 19. 8. 1914, in: Stefan George, Friedrich Gundolf: *Briefwechsel*, hrsg. von Robert Böhringer/Georg Landmann: München, Düsseldorf 1962, S. 257.

49 Hier nur exemplarisch für die Rhetorik von 1914: Georg Simmel: Der Krieg und die geistigen Entscheidungen, München/Berlin: Duncker&Humblot 1917.

50 Léon Bizard: Souvenirs d'un médecin de la Préfecture de police et des prisons de Paris, Paris: Grasset 1925. Bouchardon: Souvenirs, a.a.O., S. 309.

51 Insgesamt ist die französische Politik im dritten Kriegsjahr besessen von angeblichen Verrätern. Das Scheitern der Nivelle-Offensive am Chemin des Dames wird auf Verrat zurückgeführt, und Innenminister Malvy muss am 30. August 1917 zurücktreten. Ihm wird nicht nur vorgeworfen, die Aufmarschpläne der Schlacht am Chemin des Dames an den Feind ausgeliefert zu haben, sondern – natürlich – auch ein Verhältnis mit Mata Hari gehabt zu haben. Im Herbst wird auch Georges Ladoux, der Chef der Spionageabwehr im Deuxième Bureau, verhaftet und bis zum Ende des Krieges eingesperrt. Jahre später verzeichnet allerdings der Gempp-Bericht, dass die überwiegende Zahl der in Frankreich als Verräter Angeklagten keinerlei Kontakt mit dem deutschen Geheimdienst gehabt hatte. Friedrich Gempp: Geheimer Nachrichtendienst und Spionageabwehr des Heeres, Typoskript für den internen Dienstgebrauch 1939–1943, heute im Bundesarchiv/Militärarchiv Potsdam, Signatur: BA/MA RW5-v47, Teil 7, S. 19.

52 Äußerung des Majors Roepell, z.Zt. Leiter der Kriegsnachrichtenstelle West-Düsseldorf, zum Fall der Agentin H 21, der Tänzerin Matahari, enthalten in: Gempp: Geheimer Nachrichtendienst, a.a.O., Signatur: BA/MA RW5-GC 420P, Teil 2, 8. Abschnitt. Der Text findet sich auch abgedruckt in: Lüders: Mata Hari, a.a.O., S. 109–111.

53 Marthe Richer: Ma vie d'espionne. Au service de la France, Paris: Editions de la France [9]1935, S. If, Übersetzung EH.

54 Einen Überblick über die Mythen und Geschichten der weiblichen Spionage im Ersten Weltkrieg liefert Julie Wheelright: The Fatal Lover. Mata Hari and the Myth of Women in Espionage, London: Collins & Brown 1992.

55 Benn: »Wie Miss Cavell erschossen wurde«, a.a.O., S. 199.

56 Ebd., S. 197.

57 Ebd., S. 198.

58 Friedrich Gempp: Geheimer Nachrichtendienst und Spionageabwehr des Heeres, II. Teil, Abschnitt 1: »Die Nachrichtenstellen«, Bundesarchiv/Militärarchiv Signatur RW5-GB 2144P, S. 40.

59 Ebd., S. 41.

60 Vgl. Friedrich A. Kittler über die Gegenfigur der Femme fatale, die Sekretärin: »Über die Kunst, mit Vögeln zu jagen. *The Maltese Falcon* von D. Hammett«, in: Wolfram Mauser et al. (Hg.): Phantasie und Deutung. Psychologisches Verstehen von Literatur und Film, Würzburg: Königshausen& Neumann 1986, S. 299–314, hier: S. 308.

61 Zeitschrift für weibliche Handelsgehilfen, 1918, zit. nach Friedrich A. Kittler: Grammophon, Film, Typewriter, Berlin: Brinkmann & Bose 1986, S. 289.

62 Elsbeth Schragmüller: Die Bruderschaft der Borer und Balierer von Freiburg und Waldkirch, Karlsruhe: Braun 1914.

63 Dr. Elsbeth Schragmüller: »Aus dem deutschen Nachrichtendienst«, in: Friedrich Felger: Was wir vom Weltkrieg nicht wissen [1920], Leipzig: Fikentscher 1936, S. 124–138, hier: S. 130.

64 Zur Tätigkeit Schragmüllers im Nachrichtendienst vgl. Janusz Piekalkiewicz: Weltgeschichte der Spionage, München: Südwestverlag 1988, S. 299–305, der lange Passagen aus einem Bericht Schragmüllers zitiert, aus: Gempp: Geheimer Nachrichtendienst, a.a.O.

65 Bouchardon: Souvenirs, a.a.O., S. 296 f.

66 Georges Ladoux: Mes souvenirs (Contre-espionnage), receullis et mis au point par Michel Berger, Paris: Editions de la France 1937. Das Vorwort kolportiert eine abenteuerliche Geschichte über die angeblich große Gegenspielerin des Colonel Ladoux, »Mademoiselle Docteur«, die ihm lange nach dem Krieg zwei Fotos von sich schickt, an deren geheimnisvollen Ausdünstungen Ladoux elendiglich zugrunde geht.

67 Vgl. dazu: Hans Rudolf Berndorff [Pseudonym für Rudolf van Wehrt]: Spionage! Stuttgart: Dieck & Co. 1927 und Munin: Frauenopfer im Geheimdienst, a.a.O.

68 Schragmüller: »Aus dem deutschen Nachrichtendienst«, a.a.O., S. 132/133.

V. Agenten der Weltrevolution

Wer aber ist die Partei?
Sitzt sie in einem Haus mit Telefonen?
Sind ihre Gedanken geheim, ihre Entschlüsse unbekannt?
Bertolt Brecht: *Die Maßnahme* (1931)[1]

Die Verdopplung des Politischen

Im außergewöhnlich heißen August des Jahres 1920 verabschiedete die Zweite Weltkonferenz der III. Kommunistischen Internationalen in Moskau ihre *Leitsätze über die Grundaufgaben der Kommunistischen Internationale.* Darin findet sich ein Beschluss, der ein instruktives Licht auf Form und Wesen des Politischen im 20. Jahrhundert wirft. In den Paragraphen 9 und 12 wird allen nationalen kommunistischen Parteien, die sich der Komintern anschließen, die Bildung eines geheimen Netzwerks zur Agitation, Aufklärung und Spitzelabwehr vorgeschrieben:

»In ausnahmslos allen Organisationen, Verbänden, Vereinigungen vor allem der proletarischen, dann aber auch der nichtproletarischen [...] Masse [...] müssen Gruppen oder Zellen von Kommunisten geschaffen werden, hauptsächlich offene, aber auch geheime – letztere sind obligatorisch in jedem Fall, wo ihre Auflösung [...] zu erwarten ist – wobei diese Zellen, eng untereinander und mit der Parteizentrale verbunden, ihre Erfahrungen austauschen, die Arbeit der Agitation, Propaganda, Organisation leisten, sich absolut allen Gebieten des öffentlichen Lebens, absolut allen Spielarten [...] der werktätigen Masse anpassen und durch diese vielseitige Arbeit systematisch sowohl sich selbst, als auch die Partei, die Klasse und die Masse erziehen müssen.«[2]

Beschlossen wird damit eine Politik, die ihre wichtigsten Ziele – die Formung der Partei und die Mobilisierung der »Massen« – im Verborgenen erreichen will. Sie will Stimmungslagen erforschen, Informationen sammeln, Kontakte knüpfen und Aufruhr säen; aber dies soll als »Abschöpfung« und »Zersetzung« geschehen. Neben den offen agitierenden Parteisoldaten soll demnach ein Netz von verdeckten, »der werktätigen Masse angepassten« und somit unsichtbaren Kräften die Gesellschaft durchziehen, Kräfte, deren taktische Stärke gerade darin bestehen wird, dass sie politisch nicht identifizierbar sind.

Dieser Beschluss führt eine grundlegende Struktur dessen ein, was kommunistische revolutionäre Politik im 20. Jahrhundert sein wird. Revolutionäre Arbeit impliziert eine fundamental doppelbödige Politik, aufgespalten in eine offizielle und eine arkane oder – wie es heißt – eine »legale« und eine »illegale« Seite. Das Neue daran ist, dass diese illegale Seite sich nicht mehr, wie die frühere Untergrundarbeit der Kommunistischen Bewegung, dem Verbot ihres öffentlichen Erscheinens verdankt, sondern im Gegenteil mit der öffentlichen Seite des Politischen, der parlamentarischen Repräsentation, durchaus rechnet. Denn das Gebot, sogenannte geheime »Apparate« aufzubauen, gilt gerade nicht nur für Länder, wo das Arbeiten im Untergrund die einzige Möglichkeit der Organisation wäre, sondern tritt in einem Moment in Kraft, wo es keinen Zwang mehr zum ausschließlich klandestinen Operieren gibt.

> »Für alle Länder, sogar die freiesten, ›legalsten‹ und ›friedlichsten‹ [...] ist die Periode herangereift, wo es für jede kommunistische Partei unbedingt erforderlich ist, die legale und die illegale Arbeit, die legale und die illegale Organisation systematisch zu vereinigen. [...] Besonders notwendig ist die illegale Arbeit im Heer, in der Flotte und Polizei [...].«[3]

Dass sich die Taktiken der Unterwanderung und Zersetzung, Bespitzelung und Sabotage gerade gegen die ordnungspolitischen Instrumente des Staates, also die Polizei und das Heer richten, deutet schon an, dass die konspirative Politik genau die Gegen-Maßnahme zu den Maßnahme-Instrumenten staatlicher Souveränität ist. »Illegal« meint in dieser Diktion nicht, dass kommunistische Zusammenkünfte und Aktivitäten verboten wären, sondern dass sie *verdeckt* geschehen und sich nicht als das, was sie sind, zu erkennen geben. Die Beschlüsse dieses Kongresses sind der Grundstein für eine fundamentale Verdoppelung jeder künftigen revolutionären Politik. Repräsentation und Propaganda, parlamentarische und publizistische Arbeit werden von nun an ergänzt, unterstützt – und gelegentlich durchkreuzt – von einer anderen, *arkanen* Seite des politischen Handelns.

Die neue, doppelbödige Strukturierung revolutionärer kommunistischer Politik ist dabei Pendant – und Gegenbild – jener modernen *arcana imperii*, die sich zu Beginn des 20. Jahrhunderts ausprägen. Während im Gefolge des Ersten Weltkriegs die europäischen Staaten professionalisierte Geheimdienste aufbauen, das aus dem 19. Jahrhundert überkommene Spitzelwesen der Polizei neu organisieren und sich, wie sich exemplarisch bei Carl Schmitt zeigt, eine neue Reflexion auf die Arkana als »Betriebsgeheimnis der Macht« entfaltet, entwirft sich das Politische im Gegenzug zunehmend als partizipativ, demokratisch und damit notwendig transparent. Die Geheimnisse der Macht werden ebenso vital wie prekär. So sehr sich die Idee der kommunistischen Weltrevolution darum als Gegenentwurf und Überwindung der kapitalistischen Formen von staatlicher Souveränität versteht, so sehr hat sie strukturell teil am Arkanum des Politischen in der Moderne. Macht und ihre revolutionäre Überwindung sind gleichermaßen auf das Klandestine und Konspirative angewiesen, aber – entsprechend der Ambivalenz der modernen Arkana – in dieser Angewiesenheit liegt niemals nur ein »Betriebsgeheimnis«, sondern immer auch eine Bedrohung der eigenen Legitimität. Immer bedarf diese zwiespältige, opake und gewaltträchtige Sphäre des Geheimen der Reflexion und Rechtfertigung. Um so mehr aber, als das revolutionäre Projekt es unternimmt, der Rechtlosigkeit und Ausbeutung, die es im Kapitalismus erblickt, eine *andere* Form der Ordnung und der Gerechtigkeit entgegenzusetzen. Damit stellt sich nicht nur die

Frage nach der Struktur des revolutionären Projekts, nach seinem Ziel ebenso wie seinen Techniken und Taktiken auf dem Weg dorthin. Es stellt sich in letzter Konsequenz auch die Frage nach dem gemeinsamen Nenner von staatlicher und revolutionärer Souveränität.

Eine Revolution vorzubereiten, bedeutet nicht, einen Feind *zu haben*, sondern ihn als solchen zu allererst zu bestimmen. Dabei ist der Feind, den der Kommunismus ins Auge fasst, zugleich global und unbestimmt: die »herrschende Klasse«, der Kapitalismus, die Bourgeoisie. Der »Klassenfeind« der Revolution ist ein innerer, unerkennbarer Feind jenseits nationaler Gegnerschaften, ein universaler und omnipräsenter Feind. Die Verschiebung der Feindschaft, die von den Fronten des Ersten Weltkriegs in den Bürgerkrieg der Oktoberrevolution führt, verwandelt diese – wie Carl Schmitt an Lenins Clausewitz-Lektüren gezeigt hat – in mehrfacher Hinsicht: Die »gehegte« nationale Feindschaft weicht einer »absoluten« Feindschaft, einer Feindschaft von internationalem und weltgeschichtlichem Format. Der Klassenfeind ist ein Feind, der überall ist und dessen Kräfte überall zu entlarven sind. Feindschaft wird damit zu einem epistemologischen Problem – sie muss »erkannt« und bezeichnet werden. »Die Kenntnis des Feindes«, so Schmitt, »war das Geheimnis von Lenins ungeheuerlicher Schlagkraft.«[4] Aber diese Kenntnis des Feindes ist durchaus nicht im Begriff »Klassenfeind« gelöst, sondern gerade erst als Problem aufgegeben: »Wer ist es *in concreto*?« (Schmitt) Wer ist überhaupt ein Klassenfeind, sind es auch Kleinbürger, Bauern, Kulaken, Intellektuelle, Lumpenproletariat? Welche Koalitionen sind taktisch sinnvoll, welche Spaltungen im Inneren müssen dagegen unbedingt vorangetrieben werden? In welchem Maße ist es zulässig, mit dem Gegner zu paktieren? Die Mühe und Masse vieler Schriften Lenins gilt darum der Frage, wer Freund und Feind, wer akzeptabler Verbündeter und wer gefährlicher Abweichler ist. Kaum ein politisches Oeuvre löst darum so sehr Schmitts Definition des »Politischen« als Unterscheidung von Freund und Feind ein wie Lenins Überlegungen zur »Taktik« der bolschewistischen Revolution in der Absetzung von Menschewiki, Sozialdemokratie, Sozialrevolutionären, Anarchismus, Rechts- und Linksabweichlern usw.[5] Die Revolution ist eine permanente Arbeit an der Erkenntnis des Feindes, so, wie die Mechanismen der Ausbeutung durch den Kapitalismus zuerst einmal in ihren verborgenen ökonomischen Wirkungsweisen erkannt und verstanden werden müssen. Diese Dynamik permanenter Entlarvung macht auch vor dem selbst ernannten Subjekt der Revolution, der Partei, nicht halt, die sich im Laufe ihrer Geschichte in einen endlosen Prozess der Schismen und Reinigungen von »Feinden« und »Abweichlern« verstricken wird.

Zugleich versteht sich der revolutionäre Kampf als Gang der Weltgeschichte selbst. Auch die kleinste und lokalste Arbeit ist nicht hier und jetzt getan, sondern Teil einer historischen Teleologie, an deren Ende nichts weniger als ein Ende der Geschichte stehen würde: universale Gerechtigkeit, ein Ende der Ausbeutung des Menschen durch den Menschen. Kommunismus ist säkularisierte und politisierte Heilsgeschichte, befand Karl Löwith. Mit dem Sieg der Bolschewiki in Russland war die Verwirklichung des kommunistischen Projekts zum ersten Mal konkret greifbar.[6] Die Bolschewiki der zwanziger Jahre verstanden sich selbst als historische Avantgarde und sahen die Revolution von 1917/18 als Ausgangspunkt, nach dessen Muster von nun an weltweit vorzugehen ist. »Die messianische Interpretation des Marxismus durch Lenin und andere Führer der Partei erwartete früher oder später den ›Weltbolschewismus‹«, so Alexander Wathin.[7] Die KPdSU wurde zum Statthalter und zur Koordinationszentrale der revolutionären Bewegungen. Die grundlegende Idee der III. Internationale ist darum die einer weltweit fortschreitenden Revolution nach dem Modell der Oktoberrevolution. Die »Apparate« sind die Instrumente der Vorbereitung zum bewaffneten Aufstand: einerseits klandestine Mobilisierung der revolutionären Kräfte, andererseits Mittel zur heimlichen Auskundschaftung der Lage.

Denn mit dem Bewusstsein von der ›welthistorischen‹ Dimension der Revolution stellt sich die Frage nach dem richtigen Zeitpunkt, der ›Reife‹ eines jeweiligen Landes für den Umsturz. Sieht man die Revolution nicht als einen sich mit einem gewissen Automatismus einstellenden Prozess, sondern als einen Augenblick, der agitatorisch herbeigeführt, erkannt und ergriffen werden muss – und genau das schien die Erfahrung von 1917 zu bestätigen –, so steht und fällt ihr Erfolg mit der Erkenntnis dieses Augenblicks. Es geht darum, diesen Augenblick sorgsam vorzubereiten, im Verborgenen auf ihn hinzuarbeiten und zu wissen, welche Schaltstellen der Infrastruktur besetzt werden müssen, um schließlich die Macht an sich zu nehmen. Malaparte hat genau diese Kunst des geheimen Operierens als den Geniestreich Trotzkis beschrieben, der die Machtübernahme im November 1917 in Petersburg möglich machte.[8] Genau dafür aber braucht es die illegale Arbeit und die geheime Aufklärung der Partei. Sie leistet die heimliche Mobilisierung der Bevölkerung, sie beobachtet gesellschaftliche Stimmungsumschwünge, sie sorgt für Waffen und Logistik. Es ist so die arkane Seite der Partei, die ihre eigentliche Handlungsfähigkeit verkörpert. Die Revolution wird im Verborgenen geboren.

Der Apparat

Die deutsche kommunistische Partei (KPD) war eine der mächtigsten Mitgliedsparteien der Komintern außerhalb Russlands. Seit 1920 baute sie konsequent verschiedene Abteilungen konspirativer Arbeit auf, deren wichtigste die militärpolitische Abteilung (M-Abteilung) war. Ihr Leiter war von 1925 bis zu seiner Flucht aus dem nationalsozialistischen Deutschland Hans Kippenberger [*Abb. 23*]. Neben den Militär- und Nachrichtenabteilungen der KPD wurden seit Beginn der zwanziger Jahre verschiedene Organisationen aufgebaut, die als Quartiere und Tarnung sowjetischer Agenten dienten wie die Russische Handelsvertretung, das Westeuropäische Sekretariat der Komintern und nicht zuletzt die Sowjetische Botschaft, Unter den Linden 7. Dieses »Botschafts-Archipel«[9] war Basislager und Einschleusungsort der Agenten und Kuriere des Russischen Geheimdiensts[10] und des Geheimdiensts der Komintern (OMS).[11] Bereits im folgenden Jahr beschließt die Komintern ein Programm für die »Verbindung der legalen und illegalen Arbeit«, das die Funktionen der

Abb. 23: Hans Kippenberger (1898–1937), Chef des KPD-Nachrichtendienstes. Kippenberger war von 1925 bis 1928 Leiter des Nachrichtendienstes in der Informationsabteilung des ZK und von Ende 1928 bis1935 Leiter der Abteilung Militärpolitik beim ZK. Er hatte im Ersten Weltkrieg als Kriegsfreiwilliger gedient und wurde 1919 Mitglied der USPD. Während des Hamburger Aufstands war er militärischer Leiter in Barmbeck. 1924 nahm er an der ersten M-Schule in Moskau teil. Er gehörte dem ZK der KPD an und war Reichstagsabgeordneter. Wie viele andere »Tschekisten« wurde Kippenberger in den Stalinistischen Säuberungen in Moskau ermordet. Aus: Bernd Kaufmann et al.: Der Nachrichtendienst der KPD 1919–1937, Berlin: Dietz Verlag 1993, S. 363.

Apparate genauer umreißt: Vorbereitung auf den bewaffneten Aufstand,[12] Vorsichtsmaßnahmen gegen das »Eindringen von zweifelhaften und unzuverlässigen Elementen in die Partei«, von »Spitzeln und Provokateuren«, Aufbau geheimer Kommunikationsnetze. Dazu gehören zentral militärische Aufklärung, Waffenbeschaffung und Logistik, Unterwanderung der Armee und Polizei bis hin zu Verbindungen ins Reichsinnen- und Justizministerium[13] und politische Informationsbeschaffung, später kamen Industriespionage für die Sowjetunion und Einheiten für Anschläge (T-Apparat) und Agitation/»Zersetzung« (Z-Apparat) hinzu.

Die geheimen »Apparate«,[14] die die Kommunistischen Parteien nach dem Beschluss der Komintern bilden sollten, haben vier grundlegende Funktionen: Tarnung, Aufklärung, Agitation und Vernetzung. Neben Tarnung (gefälschte Identitäten, verdeckte Organisationsformen, indirektes Sprechen), Aufklärung (Exploration des revolutionären Potentials in den eigenen Reihen, Erkundung des Gegners) und Vernetzung (die Fernsteuerung durch die Zentrale der Komintern), ist es vor allem die Agitation, die den spezifischen Stil des kommunistischen Agenten ausmacht. Agitation ist eine Technik verstellter, insinuierender politischer Beeinflussung, eine Kunst der Meinungsbildung ohne eigenes Bekenntnis, eine Form, anderen ›die Augen zu öffnen‹, ohne selbst explizit werden zu müssen. Bertolt Brecht hat die rhetorische Struktur dieser Art der illegalen Arbeit nicht nur in seiner Lyrik zum Gegenstand gemacht, sondern auch eine Theorie des politischen Theaters aus ihr entwickelt (s. Kap. *Agenten der Weltrevolution: »Bertolt Brecht, Sänger der GPU«*).

Dabei ist das Netz der kommunistischen Agitation extrem zentralisiert: Alle Fäden sollten im Moskauer Sitz des Exekutivkomittees der Komintern (EKKI), dem legendären Hotel Lux, zusammenlaufen. Diese »Bolschewisierung« der Kommunistischen Parteien verknüpfte also die Errichtung der geheimen Parteiapparate mit einem durchgreifenden Zentralismus unter der Vorherrschaft Sowjetrusslands. Die Komintern versteht sich als eine Art »Weltpartei«, die die Aktionen der Mitgliedsparteien erst zu einem revolutionären Gesamtplan zusammenfasst. Es ist diese allgegenwärtige, weltweit operierende und doch hochgradig zentralisierte Struktur, als welche die Komintern – zumeist unter den wechselnden Namen der sowjetischen Geheimpolizei – in die politische Phantasmatik eingeht. In der Tat »sitzt [die Partei] in einem Haus mit Telefonen«, wie es in Brechts *Maßnahme* heißt. Das Telefon wird zum Emblem einer Politik, deren Prinzip die Fernsteuerung von einem zentralen Punkt aus ist: kein Tscheka-Chef, der nicht mindestens drei Apparate auf seinem Schreibtisch hätte.[15]

Neben Moskau wurde das Berlin der Weimarer Republik zum wichtigsten Knotenpunkt dieses Netzes.[16] Hier tritt ein neuer Typus von politischem Akteur auf den Plan: der Tschekist.[17] »Zwei Generationen von Revolutionären aus der Zeit vor 1917 hatten die Techniken des Untergrunds in einem bisher unbekannten Maß entwikkelt. ›Konspiration‹ – dieser Begriff bedeutet im Russischen (*konspiracija*) die Gesamtheit der Regeln politischer Geheimtätigkeit – war diesen Revolutionären Natur und Steckenpferd geworden«, so

David Dallin.[18] Die Agenten der Weltrevolution sind weder national gesinnt noch einfach abenteuerlustig wie viele der Weltkriegsspione, sondern erfüllt von einer historischen Mission. Ihr Selbstverständnis ist ebenso bescheiden wie anspruchsvoll: »leere Blätter, auf welche die Revolution ihre Anweisung schreibt«, wie es bei Brecht heißt.[19] Sie agieren im Einklang mit einem historischen Prozess, den sie ein kleines Stück voranbringen. Nicht selten stammen diese Kämpfer für die Diktatur des Proletariats aus gutem Hause und sind mit der soliden Bildung einer bürgerlichen Erziehung ausgestattet. Der wohl berühmteste Agent dieser Generation, Richard Sorge, dem es als Spion in Tokio gelang, Stalin das Datum des geplanten deutschen Angriffs auf die Sowjetunion zu übermitteln, wird selten ohne seinen Doktortitel erwähnt. Die Tschekisten der zwanziger und frühen dreißiger Jahre waren Kosmopoliten, Kommunikations- und Überlebenskünstler, Intellektuelle, die die Praxis konspirativer Vernetzung unmittelbar mit der Eschatologie der Revolution verbanden.

Eine überlebenswichtige Eigenschaft dieses Typs »Kundschafter« ist eine Autonomie, die ihm gerade durch vollkommene soziale Bindungslosigkeit immer neue taktisch notwendige Bindungen möglich macht. Richard Sorge formuliert das in einem privaten Brief: »Ich habe halt keinen Menschen auch nur irgendwie innerlich mehr zum Leben, zum wirklichen Leben, nicht bloß zum Vegetieren, nötig und hänge so vollkommen in der Luft, bin so vollkommen heimatlos, dass die Landstraße mein liebster Ort und Weg ist.«[20] Was hier als romantisches Vagabundentum formuliert wird, ist die psychische Bedingung einer politischen Arbeit, die in nichts anderem besteht, als sich selbst zum sozialen Medium zu machen: Kontakte knüpfen, Nachrichten übermitteln, Allianzen eingehen, Identitäten wie Standorte wechseln. Der Tschekist ist psychisch und sozial autark, ein Mann ohne Eigenschaften: ungebunden – aber kontaktfreudig, kalt – aber durchglüht vom Ethos der Revolution, mitunter zügellos, versoffen und erotoman wie Sorge – aber in der Sache von eiserner Disziplin. »Er spielt auf der Klaviatur der historischen Konstellationen«, schreibt Karl Schlögel. »Er spielt Rollen. Natürlich ist er diszipliniert, auch wenn die Rolle von einem verlangt, einen Dandy oder Lebemann zu spielen.«[21]

Diese Dämonie und Widersprüchlichkeit des Tschekisten und seines Netzwerks macht ihn schon bald zu einem populären Phantasma. So entsteht ein eigenes Genre der Enthüllungs-Schriften über das Wirken der Tscheka (später GPU), gespeist von den immer häufiger werdenden Renegaten der Komintern-Geheimapparate. Der abtrünnige GPU-Agent Grigorij Agabekow ist einer der ersten, der über ihre Arbeit als Agenten berichtete.[22] Agabekows Berichte liefern Insider-Informationen über Aufbau, Organisation und Funktionsweise der Tscheka: die Ausbildung zum Agenten, die Techniken, einige historische Fälle. Sein Buch *Die Tscheka bei der Arbeit*, das sofort auf Deutsch erscheint, erzählt seine Rekrutierung, die schmutzigen Tricks, die er anwendet, und die Intrigen, die er spinnt. In Agabekows Enthüllungen wird die Autonomie des Agenten durchsichtig gemacht als Ergebnis einer willentlichen Zerstörung aller persönlichen Bindungen. Verrat wird hier zum Initiationsritual in eine Organisation, die nichts anderes ist als die Auslöschung aller menschlichen Vertrauensverhältnisse. So besteht sein Einstieg als Agent, sein Eintritt in eine Gruppe, die keinerlei Bindungen jenseits des Büros in der Lubjanka duldet, darin, dass er seine Freundin, eine »Weißgardistin«, ans Messer liefert. Für das Heldentum wie für die Dämonisierung der Tschekisten wird diese Art des Verrats zum Topos: Sie sind Verräter an ihren privaten Bindungen, sie liefern Geliebte, den besten Freund, Eltern oder Bruder ans Messer – aber (so jedenfalls lautet die apologetische Version) nicht aus persönlicher Niedrigkeit, sondern als maximales Opfer für eine Aufgabe, die alles Private übersteigt.[23]

Agabekows Enthüllungsbücher und seine spätere Ermordung durch den NKWD sind exemplarisch für das spätere Schicksal vieler Tschekisten: Die meisten unter ihnen – darunter auch Kippenberger – wurden in den stalinistischen Säuberungen der dreißiger und fünfziger Jahre getötet, viele andere plötzlich zu Verrätern erklärt und durch den NKWD im Ausland ermordet. Von GPU-Chef Genrich Grigorjewitsch Jagoda stammt der Satz: »Ein Tschekist stirbt entweder von der Kugel des Feindes oder von der GPU.« In der Tat starben sehr viel mehr Komintern-Agenten von der Hand ihrer Kollegen als durch gegnerische Geheimdienste oder die Polizei. Der wohl berühmteste Fall ist der des Komintern-Agenten Walter G. Krivitzki, der 1937 die GPU verließ, 1939 in den USA seinen Aufsehen erregenden Bericht *In Stalins Secret Service* veröffentlichte und 1941 in Washington D.C. einem als Selbstmord getarnten Attentat zum Opfer fiel.[24] Karl Schlögel hat diese Umstrukturierung der sowjetischen Geheimdienste und damit die Ablösung des kosmopolitisch-intellektuellen Tschekisten durch einen neuen, provinziell-beamtenhaften Typus als Verabschiedung der Sowjetunion vom revolutionären Projekt beschrieben: »Die Tschekisten der ersten Generation waren unverzichtbar für das Regime, solange dessen Existenz am Fortgang der Weltrevolution hing. Ihre ›kommunikative Kompetenz‹ war unersetzlich. Aber ihre Stunde hatte geschlagen, als die Revolution in die Erneuerung der russischen Staatlichkeit eingemündet war, wo statt Revolutionären Beamte, statt Agenten Bedienstete, statt Internationalisten Großmachtchauvinisten gefragt waren«.[25] Der Glanz und die Dämonie der Tscheka und GPU, die sich noch in den Schriften ihrer Opfer wie Agabekow oder Krivitzki niederschlagen, weichen der Uniformität und stumpfen Brutalität der späteren sowjetischen Geheimdienste NKWD und KGB, so wie das Projekt der Weltrevolution der Machterhaltung des Staates UdSSR weichen wird. Aber auch wenn sie historisch überholt wurde und ihre Protagonisten liquidiert, ist die Idee der Weltrevolution, die im Verborgenen vorbereitet und verwirklicht wird, eine einzigartige und spezifische Ausprägung der modernen *arcana imperii*. Es lohnt sich darum, ihre Technik und Taktik genauer zu betrachten, nicht nur, um die Mittel des revolutionären Vorgehens freizulegen, sondern auch, um zu sehen, in welchem Maße die klandestinen und konspirativen Mittel das Projekt zugleich befördern und gefährden.

Bertolt Brecht – genauer: der Brecht der späten zwanziger Jahre – liefert eine Analytik der illegalen revolutionären Politik, die erstaunlich gut informiert ist über die Techniken und Verhaltensregeln der Agitation und des klandestinen Operierens. Zugleich aber geht es Brecht um die Durchleuchtung sowohl der Notwendigkeit wie auch der Gefährdung, die das illegale Arbeiten für das Projekt der Revolution darstellt. Was er – vor allem in seinem umstrittenen Lehrstück *Die Maßnahme* – liefert, ist die wohl luzideste Analytik revolutionärer Politik, die um ihres Zieles willen »Maßnahmen« ergreift, die dieses Ziel in letzter Konsequenz antasten. Brecht versucht, diese Aporie der notwendigen und dennoch nicht zu rechtfertigenden Mittel für das revolutionäre Projekt aufzulösen, die Klandestinität und die ihr inhärente Gewalt als Reflex einer anderen, nicht minder im Verborgenen wirkenden Gewalt in den Blick zu nehmen – der Gewalt der kapitalistischen Ausbeutungsverhältnisse. Vor allem aber gelingt es Brecht (wie keinem seiner Zeitgenossen und Nachfolger, die ebenfalls über die Agenten der Weltrevolution schrieben),[26] die Verfahren des klandestinen Arbeitens in ihrer rhetorischen und theatralen Verfasstheit vorzuführen. Bei ihm wird Agitation als konspiratives Operieren und rhetorische Technik durchsichtig, als Kunst eines Schauspielens ohne Zuschauer. Kein Autor der Moderne hat so eng ästhetisches Verfahren und politisches Agieren miteinander verknüpft. Brecht liefert damit nicht nur die Ethik, sondern auch die Poetik des Klandestinen.

»BERTOLT BRECHT, SÄNGER DER GPU«

»Verwisch die Spuren«: Verhaltenslehren der illegalen Arbeit

Im Verlauf des Jahres 1926 entsteht ein Text, der sich wie ein verknapptes Regelwerk der konspirativen Existenz liest, das Gedicht *Verwisch die Spuren!* Brecht bewegt sich zu diesem Zeitpunkt im Umkreis der KPD und dissidenter marxistischer Theoretiker wie Karl Korsch und Fritz Sternheim. Er liest »marxistische Literatur« wie die Lenin-Biographie von Henri Guilbeaux und René Fülöp-Millers *Geist und Gesicht des Bolschewismus*.[27] Und er ist, jedenfalls lässt sich das für die frühen dreißiger Jahre belegen, bekannt mit jenem Hans Kippenberger, der seit 1925 der Leiter des M-Apparats der

KPD ist. 1930 erscheint das Gedicht als Eingangstext des *Lesebuchs für Städtebewohner* und ist seither vornehmlich als Dokument neusachlich-urbaner Kälte verstanden worden.[28] Allein Brechts Freund Walter Benjamin bemerkte die Affinität des Texts zur Arbeit der Kommunisten: »der Kämpfer für die ausgebeutete Klasse ist im eigenen Lande ein Emigrant. Das letzte Lustrum seiner politischen Arbeit in der Weimarer Republik bedeutete für den einsichtigen Kommunisten eine Krypto-Emigration. [...] ›Verwisch die Spuren!‹ – eine Vorschrift für den Illegalen.«[29] In der Tat steht die Verhaltenslehre, die das Gedicht weniger ausbreitet, denn zitiert – »(Das wurde mir gesagt)« – gänzlich unter dem Signum des getarnten Arbeitens. Der Text formuliert Regeln, um in der Großstadt, dem privilegierten Operationsgebiet geheimdienstlicher Einsätze, nicht erkannt und nicht aufgegriffen zu werden.

Das Gedicht beginnt mit einer Trennung, dem Initiationsmoment jener Einsamkeit, die den Agenten der Weltrevolution prägt. Von jetzt ab wird alles allein getan: gearbeitet, agitiert, gestorben.

Trenne dich von deinen Kameraden auf dem Bahnhof
Gehe am Morgen in die Stadt mit zugeknöpfter Jacke
Suche dir Quartier und wenn dein Kamerad anklopft:
Öffne, o öffne die Tür nicht
Sondern
Verwisch die Spuren![30]

Eine der wichtigsten Regeln der *konspiratcija* ist nach David J. Dallin, »dass Agenten sich nicht gegenseitig in ihren Wohnungen besuchen oder Telefongespräche von ihren Wohnungen führen dürfen«.[31] Der erste Rat lautet demnach, sämtliche Beziehungen zu kappen, das Netzwerk dadurch zu schützen, dass nie einer mit dem anderen in Verbindung gebracht werden kann. Die Isolation des Agenten, das macht Brecht klar, ist nicht so sehr der Ausdruck emotionaler Autonomie (so wie es bei Richard Sorge klingt), sondern technische Maßregel zum Schutz der Mitagenten und des Netzwerks.

Wenn du deinen Eltern begegnest in der Stadt Hamburg
oder sonstwo

Gehe an ihnen fremd vorbei, biege um die Ecke, erkenne sie nicht
Zieh den Hut ins Gesicht, den sie dir schenkten
Zeige, o zeige dein Gesicht nicht
Sondern
Verwisch die Spuren!

Nichts gefährdet die konspirative Existenz mehr als die Begegnung mit Bekanntschaften von früher. Keine größere Kalamität ist für einen illegal Eingereisten mit falschem Pass zu denken, als auf der Straße den eigenen Eltern zu begegnen, sei es in Hamburg oder sonst wo. Aus der Perspektive konspirativer Politik gelesen, geht es hier also nicht so sehr um neusachliche Distanznahme und Trennung von der Vätergeneration (deren »Hut« hier vor allem als verräterisches Indiz eine Rolle spielt, das weder wiedererkannt noch liegengelassen werden darf),[32] sondern um die Gefährdung oder Aufrechterhaltung einer gefälschten Identität. Verbindungen privater Natur, Freund- und Verwandtschaften sind eminente Risiken, schlimmer noch, sie belasten den politisch Kämpfenden mit Loyalitätskonflikten. Darum gehört der Verrat an Eltern oder Geschwistern, Geliebten oder besten Freunden zur moralischen Physiognomie des Tschekisten wie der ins Gesicht gezogene Hut zu seiner physischen. Die Bindungslosigkeit des neusachlichen Nachkriegs-Typus, die Helmut Lethen in diesem Gedicht liest, lässt sich damit politisch entziffern als Notwendigkeit der illegalen Arbeit.

Iß das Fleisch, das da ist! Spare nicht!
Gehe in jedes Haus, wenn es regnet, und setze dich auf jeden
  Stuhl, der da ist
Aber bleibe nicht sitzen! Und vergiß deinen Hut nicht!
Ich sage dir:
Verwisch die Spuren!
Was immer du sagst, sag es nicht zweimal
Findest du einen Gedanken bei einem andern: verleugne ihn.
Wer seine Unterschrift nicht gegeben hat, wer kein Bild hinterließ
Wer nicht dabei war, wer nichts gesagt hat
Wie soll der zu fassen sein!
Verwisch die Spuren!

Keine Eltern, kein Bildnis hinterlassen, keine Unterschrift und keine lokalisierbare Zugehörigkeit (»dabei sein«) – sonst endet das Konterfei in den Fahndungsbüchern der Politischen Polizei, sonst lässt sich eine nachgeahmte Unterschrift aufdecken oder die Anwesenheit an einem Ort, an dem man offiziell nichts zu suchen hätte. ›Verwisch‹, so lautet die Verhaltensregel, ›die Spuren deiner Identität, vertusch die Fälschung, die dein Pass ist.‹ ›Sag nichts zweimal. Lass Dich nicht bei einer Meinung, einer Überzeugung ertappen.‹ Gerade dem von Theorie und Revolutionspathos glühenden Kommunisten muss diese Regel ebenso schwer wie nötig gewesen sein. Sie predigt nicht Opportunismus, sondern taktische Bündnisse mit dem Gegner (»gehe in jedes Haus, wenn es regnet [...] Aber bleibe nicht sitzen!«), eine disziplinierte Selbstverleugnung. Gerade um die Sache nicht zu verraten, muss sie lauthals verleugnet werden. Wer illegal arbeitet, ist somit kein Prediger und Bekenner, sondern bestenfalls ein leiser »Zersetzer«; er kündet nicht die Weltrevolution, sondern sät Zweifel, deutet auf Missstände, verbreitet schlechte Nachrichten. Das Wichtigste ist, nicht ›festgenagelt‹ zu werden, nicht zu erkennen zu geben, dass all dieses leise und kritische Reden aus einer einzigen Quelle stammt und auf ein einziges Ziel hinsteuert. Ist der Zersetzer als solcher entlarvt, dann ist seine Wirkung gebrochen; er muss seine Rede gerade so einfädeln, dass der Angesprochene es als seinen eigenen Gedanken empfindet. Die Weimarer Republik war voll von solchen »Zersetzern« linker wie rechter Parteizugehörigkeit.[33] Wichtig ist nicht, *was* geredet wird, sondern *wie* es *wirkt*: Militärischer Korpsgeist soll destabilisiert, der Glaube an deutsche Disziplin und Schlagkraft erschüttert werden. Niemals aber darf bei dieser Arbeit deutlich werden, welches die Instanz ist, die diese Rede inspiriert. »Zersetzung« ist eine rhetorische Operation, die den Redner von seiner Rede trennt und eine taktische Distanz vom Gesagten verlangt. Es ist ein Sprechen, in dem der Redende sich selbst »auslöscht« zugunsten des Effekts, den seine Rede zeitigen soll. Illegales Arbeiten erfordert so den Verzicht auf jede Form des Heroismus. Konspiration löscht jede Erinnerung an den Agenten:

Sorge, wenn du zu sterben gedenkst
Daß kein Grabmal steht und verrät, wo du liegst
Mit einer deutlichen Schrift, die dich anzeigt
Und dem Jahr deines Todes, das dich überführt!
Noch einmal:
Verwisch die Spuren!
(Das wurde mir gesagt.)

In dieser letzten Zeile vollzieht das Gedicht nun selbst exakt jenen Gestus der Distanzierung, den es predigt. »Das wurde mir gesagt« trennt die Instruktion, die das Gedicht erteilt, von dem, der hier »ich« sagt. Die Instruktion selbst ist Zitat, wiedergegebene Rede, uneigentliches Sprechen. Diese erteilte und zugleich zurückgenommene Instruktion hat ihren historisch präzisen Ort: Im Erscheinungsjahr des Textes wurde die Moskauer *Lenin-Schule* gegründet, »um«, wie Krivitzki schreibt, »die westeuropäischen und amerikanischen Kommunisten in der bolschewistischen Technik zu unterrichten«.[34] Lehrinhalte waren neben militärischen Kurzkursen die »Herstellung und Verwendung von Sprengmitteln aller Art, Werksabotage [...], Terroraktionen, Diversionsarbeit und Agententätigkeit.«[35] Brechts Text *zitiert* und wiederholt, was einem zukünftigen Agenten gesagt wurde. »(Das wurde mir gesagt.)« ist der Moment, wo der Sprechende nicht sich zu erkennen gibt, sondern seine erste Finte anwendet, nämlich das Gesagte sogleich zu verleugnen, sich als Subjekt der Rede auszulöschen. Nicht nur thematisch, sondern auch strukturell hat das Gedicht so teil an Technik und Taktik der Konspiration.

Seltsam ist in diesem Zusammenhang die einzige Stelle, wo der Text – entgegen seinem eigenen Programm – plötzlich konkret wird und eine Ortsangabe macht: »in der Stadt Hamburg oder sonstwo«. Eine Ortsangabe und deren sofortige Rücknahme. Warum Hamburg? Hamburg war Schauplatz jenes vergeblichen Versuchs, in Deutschland einen bewaffneten Aufstand durchzuführen, der dann zu einem »Deutschen Oktober« hätte führen sollen. Planung und Vorbereitung dieses Aufstands sind eng verknüpft mit dem Aufbau des KPD-Geheimapparates in Deutschland.[36] Im August 1923 hatte das Exekutivkomitee der Komintern beschlossen, dass Deutschland für einen Aufstand nach dem Modell der Oktoberrevolution reif sei und Militärberater für die Organisation des bewaffneten Aufstands entsandt. Der Bürgerkrieg sollte von Sachsen und Thüringen ausgehen. Die KPD schloss sich widerstrebend dieser Einschätzung an, in der Vorstellung, dass »die Massen nicht mehr zu halten« seien[37] – eine eklatante Fehleinschätzung der politischen Stimmung in Deutschland. In letzter Minute wurden die Pläne zum Losschlagen rückgängig gemacht. Einzige Insel des proletarischen Aufstands war Hamburg: Im Stadtteil Barmbeck kam es zum Straßenkampf mit Toten und Verletzten. Für die deutschen Kommunisten war der Rückzieher der Parteiführung doppelt traumatisch als eine ›abgeblasene Revolution‹ – gerade dadurch aber wurde die aussichtslose Hamburger Straßenschlacht zum Mythos einer verpassten Chance für den ›revolutionären Augenblick‹. Ihr militärischer Leiter nun war ausgerechnet jener Brecht-Bekannte, der dann Chef des gesamten Militärapparats der KPD werden sollte: Hans Kippenberger.[38] »In der Stadt Hamburg oder sonstwo« wäre vor diesem Hintergrund lesbar als kryptische Anspielung nicht nur auf ein wichtiges Operationsgebiet militanter KPD-Arbeit, sondern möglicherweise auch auf Kippenberger, der in Hamburg zu Hause war und die klandestine Seite kommunistischer Arbeit in Deutschland wie kein anderer verkörperte.

Brecht war klug genug, diese Anspielungen, wenn es denn welche sind, im Ungenauen (»oder sonstwo«) zu belassen und das Gedicht selbst in einem Band zum neusachlichen Großstadtleben, dem *Lesebuch für Städtebewohner*, zu verstecken. Dennoch wird darin ein politischer Gestus entzifferbar, der genau darin besteht, sich nicht lautstark zu bekennen, sondern sich indirekt, uneigentlich, im rhetorischen Sinne »ironisch« zu äußern. Anspielungshafte Verweise, die nur der Eingeweihte aufschlüsseln kann, die Distanzierung von der eigenen Rede und die Auslöschung der politischen Instruktion sind Momente einer rhetorischen Ironie, einer *dissimulatio*, die verneint, was ist, und einer *simulatio*, die vorgibt, was nicht ist.[39] Die Politik der Revolution ist in diesem Sinne »ironisch«, ohne komisch zu sein.

Propaganda und geheime Vernetzung, verdeckte Zersetzung und offene Aufklärung der Massen sind die zwei Seiten einer Politik, die zutiefst ›uneigentlich‹ ist in dem Sinne, dass das große ›eigentliche‹ Ziel, die Weltrevolution, auf der Seite der Propaganda zwar ständig benannt und betrieben wird, aber zugleich Strategien des Lavierens und Paktierens fordert, eine Kultur des Verschweigens und der Tarnung. »Man muss«, schreibt Lenin, »zu all und jedem Opfer entschlossen sein und sogar – wenn es sein muss – zu allen möglichen Listen, Kniffen, illegalen Methoden, zur Verschweigung, Verheimlichung der Wahrheit bereit sein [...].«[40] Gleichwohl legt Brecht sich nicht fest, indem er diese »illegalen Methoden« rechtfertigt oder vorschreibt, sondern spricht die Techniken und Taktiken der konspirativen Arbeit mit eben jener Kühle und Distanz aus, die diesen Taktiken eignet.[41] Brecht teilt oder rechtfertigt diese doppelbödige Politik nicht einfach, sondern er führt sie vor. In der Struktur seiner Texte, denen er exakt jene politisch aufgeladene Doppelbödigkeit verleiht, die das revolutionäre Agieren fordert, reflektiert er die Struktur des Politischen. In seinem zweifellos umstrittensten Text, dem Lehrstück *Die Maßnahme* von 1930, wird er schließlich die Politik der Klandestinität als eine spezifische Form des Theatralen vorführen. *Die Maßnahme* ist die radikalste Analytik der Doppelbödigkeit revolutionärer Politik, eine Analytik jenseits der Affirmation wie der Diffamierung, eine Theorie nicht nur der Taktik, sondern auch der Ethik geheimer revolutionärer Politik.

Die Auslöschung: Brechts »Maßnahme«

Anders als das halb camouflierte Gedicht *Verwisch die Spuren* ist *Die Maßnahme* explizit ein Szenario der illegalen politischen Agitation. Es ist dieses Stück, das ihm von Ruth Fischer das wütende Prädikat »Sänger der GPU« eintrug.[42] Im Programmheft für die Uraufführung am 13. Dezember 1930 werden Ablauf und Botschaft des Stücks knapp zusammengefasst:

> »4 kommunistische Agitatoren stehen vor einem Parteigericht, dargestellt durch den Massenchor. Sie haben in China Propaganda

getrieben und dabei ihren jüngsten Genossen erschießen müssen. Um nun dem Gericht die Notwendigkeit dieser Maßnahme der Erschießung eines Genossen zu beweisen, zeigen sie, wie sich der junge Genosse in den verschiedenen politischen Situationen verhalten hat. Sie zeigen, dass der junge Genosse gefühlsmäßig ein Revolutionär war, aber nicht genügend Disziplin hielt und zuwenig seinen Verstand sprechen ließ, so dass er, ohne es zu wollen, zu einer schweren Gefahr für die Bewegung wurde.«[43]

Wiederum scheint Brecht geradezu darum bemüht, den konspirativen Gehalt des Textes eher zu eskamotieren als auszustellen. Mit einer Vorhersehbarkeit, die als kalkulierter Effekt dieses Programmtexts gelesen werden kann, stürzte sich die Kritik der Uraufführung vom 13. Dezember 1930 sogleich auf die Debatte um »Gefühl« und »Verstand«, »Disziplin« und »Menschlichkeit«.[44] Was der Programmtext nicht erwähnt, aber was das eigentliche Drama der Handlung ausmacht, ist die schlichte Tatsache, dass die Agitatoren illegal und im feindlichen Terrain arbeiten. Ihr Auftrag ist es, vorsichtige Zersetzung und Agitation zu betreiben, die in einen Aufstand der chinesischen Arbeiter in Mukden münden soll. Getarnt gehen die Agitatoren über die Grenze, um den Chinesen die »Klassiker« der Revolution zu bringen und das »ABC des Kommunismus«, wie es im Stück heißt. Sie sollen den Arbeitern die Augen öffnen für die Ausbeutung, der sie als Reiskahnschlepper, Fabrikarbeiter und Soldaten unterworfen sind, und sie so auf die Revolte vorbereiten. Wenn sie schließlich während dieser geheimen Operation »ihren Genossen erschießen müssen«, so deshalb weil der Junge Genosse nicht nur mehrere taktische Fehler macht, sondern am Ende den Aufstand verfrüht forcieren will – und damit die fundamentale Frage nach dem ›revolutionären Augenblick‹ falsch einschätzt. Er verrät ihre Identität und bringt damit sowohl die Agitatoren wie die aufständischen Arbeiter in Gefahr. Die »Disziplin«, von der die Inhaltsangabe spricht, ist also nichts anderes als die Taktik klandestinen Arbeitens. Diese taktische Seite, oder besser gesagt: die exemplarischen Fehler, die der Junge Genosse macht, müssen Brecht ein besonderes Anliegen gewesen sein. In den nachfolgenden vier Überarbeitungen des

Stücks zwischen 1931 und 1936 nämlich mildert er niemals den apodiktischen Ton der politischen Songs, führt aber zahlreiche Details ein, die die taktische Problematik zunehmend präziser gestalten. In weiten Teilen ist die *Maßnahme* ein Pädagogium des Agitators.

Es ist daher kein Zufall und auch keine rein theatrale Geste, wenn das Geschehen in China, das die zurückkehrenden Agitatoren vor dem Kontrollchor berichten, mit einer »Auslöschung« beginnt, die Auslöschung der politischen und nationalen Identität: »Dann seid ihr nicht mehr ihr selber, du nicht mehr Karl Schmitt aus Berlin, du nicht mehr Anna Kjersk aus Kasan und du nicht mehr Peter Sawitsch aus Moskau, sondern allesamt ohne Namen und Mutter, leere Blätter auf welche die Revolution ihre Anweisung schreibt.«[45] Die geheimdienstliche Bedeutung dieser »Auslöschung« liegt auf der Hand: Es ist der Wechsel der Pass-Identität, die aus den Russen und Deutschen nun Chinesen macht, »geboren von chinesischen Müttern, gelber Haut, sprechend in Schlaf und Fieber chinesisch« (ebd.), eine Tarnung im feindlichen Terrain, eine Mimikri an das Operationsgebiet. Denn unerkanntes Agieren ist oberstes Gebot für alle Aktivitäten, die dann folgen – und in jedem einzelnen Fall verstößt der Junge Genosse genau gegen dieses Gebot. Als er ausgeschickt wird, Reiskahnschlepper aufzustacheln, damit sie bessere Arbeitsbedingungen einfordern, verzettelt er sich in folgenlosen Hilfsdiensten, statt sie politisch zu instruieren (*Der Stein*). Bei einem Streik, wo er die Arbeiter mit »verbotener Literatur« versorgen soll, lässt er sich stattdessen in eine Schlägerei mit der Polizei verwickeln (*Gerechtigkeit*), woraufhin die Gruppe eine Woche lang gejagt wird. Und beim taktisch wichtigen Bündnis mit dem Feind, einem Reishändler, der für den Aufstand Waffen liefern soll, versagt er, weil er dessen Lied, ein markiges Lob auf den kapitalistischen Mehrwert, nicht hören mag (*Was ist eigentlich ein Mensch?*).[46] Was dem Jungen Genossen also nicht gelingt, ist exakt die Strategie der »Auslöschung« und »Zersetzung« – was er dagegen anstrebt, ist der Heroismus des offenen Bekenntnisses und der unmittelbaren, individuellen Hilfe. Dies mag ehrenhaft sein, aber in der Logik der *Maßnahme* ist es ein Fehler. Wer sich bekennt, macht es sich zu leicht.

Der Kontrollchor kommentiert die Fehler des Jungen Genossen im *Lob der illegalen Arbeit*:

Schön ist es, das Wort zu ergreifen im Klassenkampf
Laut und schallend aufzurufen zum Kampf die Massen [...]
Schwer ist und nützlich die tägliche Kleinarbeit
Zähes und heimliches Knüpfen
Des Netzes der Partei [...]
Reden, aber
Zu verbergen den Redner
Siegen, aber
Zu verbergen den Sieger.
Sterben, aber
Zu verstecken den Tod.
Wer täte nicht viel für den Ruhm, aber wer
Tut's für das Schweigen?[47]

In dieser Geste der Selbstverbergung liegt der tiefere Sinn jener Auslöschung vom Anfang des Stücks. Das *Lob der illegalen Arbeit* – das deutlich an *Verwisch die Spuren* erinnert – stellt dem Pathos der großen Rede und großen Tat die Nichtigkeit des Konspirativen entgegen. Unerkannt und unbekannt mag man für die Sache sterben, aber dafür gibt es weder Dank noch Ruhm. Wer sich opfert, opfert sich ganz, er opfert auch noch den Glanz des Opfers. Wer im Geheimen arbeitet, erntet kein Lob, kein Gedächtnis, keinen Sieg. Darum ist der heimliche Agitator kein Held. Er macht sich schweigend zum Instrument eines historischen Prozesses, der nicht nur über ihn hinweggehen, sondern nicht einmal sein Andenken bewahren wird. Der Agent der Weltrevolution verschwindet restlos, physisch und symbolisch, ohne Hinterlassenschaften – und seien es die seiner Taten. Die konspirative Existenz ist die kleinste, bescheidenste, demütigste und schmutzigste Existenz.

»Auslöschung« ist damit ein zugleich politischer und rhetorischer Terminus, der die Verleugnung der nationalen und politischen Identität mit einer rhetorischen Strategie des uneigentlichen Sprechens verknüpft: »reden, aber zu verbergen den Redner«. Damit berührt sie jene seltsame Theorie und Praxis des Theaters, die Brecht das

»Lehrstück« genannt hat. Grundzug des Lehrstücks ist die Distanzierung des Sprechenden von seiner Rede: Der Text, so heißt es in Notizen zum Lehrstück aus den zwanziger Jahren, soll vorgetragen werden »wie ein Zitat«.[48] Gelernt wird durch ein »Pädagogium« des spielenden Ausprobierens: »wenn einer einen verrat ausüben will, dann geht er am morgen in das pädagogium und spielt die szene durch, in der ein verrat ausgeübt wird.«[49] Gelernt werden demnach politische Verhaltensregeln, Verrat, Überredung, Zersetzung, Aufklärung, Tarnung – kurzum: ein Verhalten, von dem »der staat einen nutzen hat«, notiert Brecht im Umkreis des *Fatzer*.[50] Spielen trainiert politisches Verhalten; »Haltungen« – im Sinne politischer Positionierungen – sind, wie Benjamin bemerkte, erlernbar.[51] »Nur eine Anweisung/ Nur eine Haltung/ Können wir Euch geben«, heißt es im *Badener Lehrstück vom Einverständnis*.[52] Ein solches Schauspielen ist keine Kunst für Schauspieler, sondern eine Technik für jedermann, eine Technik politischen Handelns ebenso wie politischer Analyse. Die radikalste Formulierung der Lehrstücktheorie eliminiert darum den Zuschauer (oder erklärt ihn jedenfalls für verzichtbar):

> »Prinzipiell ist für das Lehrstück kein Zuschauer nötig, jedoch kann er natürlich verwertet werden. Es liegt dem Lehrstück die Erwartung zugrunde, daß der Spielende durch die Durchführung bestimmter Handlungsweisen, Einnahme bestimmter Haltungen, Wiedergabe bestimmter Reden und so weiter gesellschaftlich beeinflußt werden kann. [...] Die Nachahmung hochqualifizierter Muster spielt dabei eine große Rolle, ebenso die Kritik, die an solchen Mustern durch ein überlegtes Andersspielen ausgeübt wird.«[53]

Das Spielen im Lehrstück braucht keine Zuschauer, weil es als Denk- und Verhaltenstraining des Spielenden gedacht ist. Dabei besteht der Lerneffekt beim Spielen nicht nur im Vorführen/Nachahmen des Vorbildlichen, sondern auch im Durchspielen des Verwerflichen, »Asozialen«. Schauspielen bedeutet demnach das Einnehmen einer Position, *ohne* diese notwendig zu *teilen*; es geht darum, die interne Logik dieser Position, dieses Diskurses, dieses Verhaltens im Spielen zu explorieren und zu beurteilen. Die Szenarien der Lehrstücke sind »Versuchsanordnungen«[54] oder »experimente« zur »selbstverständigung«.[55] Die politische Instruktion, die diese theatrale Technik vermitteln soll, ist damit aber – im Gegensatz zum »Vulgärmarxismus«, der Brecht gelegentlich nachgesagt wurde – alles andere als univok. Brechts Texte sind keine Botschaften, sondern eine Praxis, die »den Blick auf Theorie eröffnen könnte.«[56] Die Instruktion betrifft weniger eine Lehre, also marxistisch-leninistische Doxa, als ein reflexives Verhältnis zur eingenommenen Haltung. Wenn die Lehre die Spieler in den Stand setzen soll, selbst politische Akteure oder Aktivisten zu werden, dann immer solche, die auch die vollkommen entgegengesetzte Haltung vorzuführen im Stande sind. Distanz zur eigenen Position wie zur fremden, Distanz zur Position schlechthin ist es, was diese Lehrstücktheorie mit der Doppelbödigkeit des Politischen verbindet, dessen arkane Seite von dieser reflexiven, schauspielernden Distanz lebt.

Die Maßnahme führt die Fähigkeit zum illegalen Arbeiten so als Fähigkeit zum Schauspielen vor, die Auslöschung wird dadurch angezeigt, dass alle Agitatoren Masken aufsetzen – und der »Verrat« des Jungen Genossen am Ende besteht darin, dass er seine Maske abreißt und seine Herkunft preisgibt: »wir kommen aus Moskau«. Aber das Lehrstück ist nicht nur in seinem *plot,* sondern auch in seiner *performance* ein Stück über das Schauspielen. Denn die vier Agitatoren *spielen* ja vor dem Kontrollchor die Position des Jungen Genossen, den sie getötet haben, mit vor.[57] Brechts Idee war, dass der Junge Genosse von allen vier Agitatoren-Darstellern einmal gespielt werden soll: »Jeder von ihnen muß von einer Rolle zur nächsten wechseln und nacheinander den Platz des Angeklagten, der Kläger, der Zeugen, der Richter einnehmen. Unter dieser Bedingung wird jeder von ihnen sich den Übungen der Diskussion unterziehen können und schließlich die Kenntnis – die praktische Kenntnis – von dem bekommen, was Dialektik ist«, sagte Brecht noch kurz vor seinem Tod über die *Maßnahme*.[58] Rollen sind damit durchspielbare Positionen, »Versuche« (wie Brecht seine Texte damals nannte) oder Übungen, die gerade durch das Einnehmen widersprechender Haltungen zu einer dialektischen Reflexion politischen Handelns führen sollten: »Geschmeidigkeitsübungen, die für jene Art Geistes-Athleten bestimmt sind, wie es gute Dialektiker sein müssen.«[59] Die *Maßnahme* führt vor, dass nur der gute Dialektiker ein guter Agitator ist. Dialektik bedeutet dann nicht so sehr die Aufhebung von Antagonismen, sondern deren Hervortreibung.[60] Der Junge Genosse zeigt, dass der Mangel an Schauspiel – und das ist in Brechts Sinne der Mangel an Dialektik – fatal ist für eine politische Praxis, in der nicht guter Wille und Bekenntnis, nicht Brandrede und Überzeugung zählen, sondern das geschickte Agieren im Verborgenen, der Pakt mit dem Gegner, die heimliche Mobilisierung, das unerkannte Durchkommen. Nicht eine Politik der Identitäten, der fixier- und repräsentierbaren Positionen ist darum der Spieleinsatz des Lehrstücks, sondern eine Praxis des Positionswechsels, des Anders-sein-Könnens im Vorgriff auf eine – wie es so oft bei Brecht heißt – »veränderbare« Welt.

Maßnahmen ergreifen: Ethik und Politik der Ausnahme

Nach den drei Fehlern des Jungen Genossen mit den Kulis, den Streikenden und dem Reishändler begeht er seinen folgenschwersten Irrtum: Er versucht, verstreut ausgebrochene »Hungerunruhen« zu schüren und zu einem bewaffneten Aufstand zu bündeln. Die Agitatoren warnen vor der ungenügenden Bewaffnung und dem fehlenden Organisationsgrad der Aufständischen. Sein letzter Fehler ist, wie es in der Fassung von 1931 heißt, *Der Verrat*. Er verwirft die Klassiker, die sie den Arbeitern in China bringen sollten, er bricht mit seinen Mitstreitern, indem er die Revolte allein forciert, und er lüftet die Identität der Agitatorengruppe. Sie werden verfolgt, und die Aufständischen müssen nun mit einem Blutbad rechnen. In der letzten Fassung von 1935/36 ist die Fehlentscheidung des Genossen noch einmal konkretisiert als Fehler geheimer revolutionärer Arbeit: Er sitzt einem »Agenten der Kaufleute« auf.[61] – Alfred Kurella hat in seiner Kritik der Uraufführung das Szenario der Maßnahme umstandslos auf die historische Erfahrung des niedergeschlagenen Hamburger Aufstands vom Oktober 1923 übertragen.[62] Einmal abgesehen von Kurellas Polemik gegen Brechts so genannten »Rechtsopportunismus«, kristallisiert sich in diesem Datum tatsächlich ein zentrales Moment der revolutionären Ratio: die Frage nach dem Zeitpunkt und der »Reife« der Revolution, oder, genauer: nach der Erkenntnis des historischen Augenblicks, in dem der Umsturz möglich ist. Hamburg 1923 verkörpert den Vorbehalt, unter dem jedes revolutionäre Geschehen steht: die Frage, ob die Zeit ›reif ist‹. Dies aber bedeutet eine Kunst des Beobachtens und Abwartens, der Beschleunigung und Retardierung, in der sich der Einzelne zum reinen Instrument des historischen Prozesses machen muss. Das nicht zu können, sondern als Einzelner und Vereinzelter den historischen Moment herbeiführen zu wollen, ist das gewichtigste Vergehen des Jungen Genossen: »Deine Revolution«, so sagen ihm seine Mitkämpfer, »ist schnell gemacht und dauert einen Tag/ Und ist morgen abgewürgt./ Aber unsere Revolution beginnt morgen/ Siegt und verändert die Welt./ Deine Revolution hört auf, wenn Du aufhörst.«[63] Statt zum geduldigen Instrument will der Junge Genosse sich zum ungeduldigen Helden der Revolution machen. Er verstößt damit gegen die zwei fundamentalen Gebote der revolutionären Ratio: das Gebot der Konspiration und die Unterwerfung unter den geschichtlichen Gang des revolutionären Subjekts, der Partei.

Denn der Einzelne hat zwei Augen
Die Partei hat tausend Augen
Die Partei sieht sieben Staaten
Der Einzelne sieht eine Stadt
Der Einzelne hat seine Stunde
Aber die Partei hat viele Stunden
Der Einzelne kann vernichtet werden
Aber die Partei kann nicht vernichtet werden
Denn sie ist der Vortrupp der Massen
Und sie führt ihren Kampf
Mit den Methoden der Klassiker, welche geschöpft sind
Aus der Kenntnis der Wirklichkeit.[64]

Die Partei transzendiert das Wissen und den Willen der Einzelnen; sie ist historisch, wo den Einzelnen nur »eine Stunde« gegeben ist, sie ist das Ganze, wo der Einzelne nur ein Teil ist. Sie ist die unzerstörbare und mächtige Instanz, eine Macht, die nicht nur den Willen der Vielen bündelt, sondern auch den Gang der Geschichte vorantreibt. In dieser Entscheidung über den richtigen Zeitpunkt aber liegt die Souveränität der revolutionären Partei. Die Partei wird so sichtbar als eine Gegen-Souveränität gegen die Souveränität des Staats und das Verhältnis des Revolutionärs zur Partei das des Untertanen zum Souverän.

Die Macht des Staates, gegen den sich die revolutionäre Partei stellt, ist selbst weniger als souveräne Instanz gedacht denn als deren unsichtbarer, aber unerbittlich wirksamer ökonomischer Untergrund. Die Welt der *Maßnahme* ist eine Welt gesetzmäßiger Ausbeutung und ökonomischer Vernichtung, wie sowohl das Lied des Reishändlers (»Ich weiß nicht, was ein Mensch ist/ Ich kenne nur seinen Preis.«) als auch der Gesang der Reiskahnschlepper deutlich machen. In »Der Stein« singen die Kulis, die den Reis in die Stadt schleppen, d. h. ihn durch ihre Arbeit zur Ware machen: »Wenn [...] die Kinder fragen, wer/ Den schweren Kahn geschleppt hat, heißt es:/ Er ist geschleppt worden.« In der Ware wird so die Arbeitkraft, die zu ihrer Erzeugung dient, ausgelöscht und unsichtbar; das Produkt als Ware mit einem spezifischen Tauschwert verbirgt den Produzenten wie seine Arbeit hinter einer objektiven Form der Tauschbarkeit. Marx nennt dieses Phänomen der Auslöschung den »Mystizismus der Warenwelt, [... einen] Spuk, welcher Arbeitsprodukte auf Grundlage der Warenproduktion umnebelt.«[65] Die Ausbeutung der Kulis besteht darin, dass die Nahrung, die sie zur Regenerierung ihrer Arbeitskraft benötigen, als Ware so teuer ist, dass sie sich diese kaum durch Verkauf ihrer Arbeitskraft leisten können. Sie verhungern, weil der Reis, den sie schleppen, so viel teurer ist als ihre Arbeitskraft. Der Mehrwert entsteht genau aus der Differenz, um die die Arbeit billiger ist als der Wert der Ware, den sie produziert. Die Reiskahnschlepper werden von den ökonomischen Verhältnissen gleichsam in den Tod gestoßen: Sie sterben an dem

Mehrwert, den sie produzieren.[66] Aus dieser gänzlich recht- und schutzlosen Position, die die Arbeitenden zu ›nacktem Leben‹ degradiert, erwächst das revolutionäre Pathos, mit dem diese Welt der regelhaften und ökonomischen Vernichtung angegriffen wird. Es ist eine Welt, deren Rechtsordnung den Menschen nicht schützt und straft, sondern ihn der ökonomischen Vernichtung preisgibt. Aus dieser Rechtlosigkeit des herrschenden Rechts zieht die Partei ihre revolutionäre Legitimität.[67]

Mit seiner Abkehr von dieser Instanz provoziert der Junge Genosse einen »Notstand« im revolutionären Prozess, in der eine »Maßnahme« ergriffen werden muss, jene Entscheidung, die dem Stück seinen Titel gibt. Der Junge Genosse ist verletzt und fluchtunfähig, die Agitatoren werden überall gesucht, und Truppen sind gegen die Aufständischen ausgesandt. In dieser Situation entscheiden sich die Agitatoren dafür, ihren verletzten Kameraden zu töten und seinen Körper in eine Kalkgrube zu werfen: Sie folgen dem Gebot »*Verwisch die Spuren*«. Dabei fragen sie den Jungen Genossen, ob ihm eine andere Lösung des Problems einfalle, und er verneint. – Die Frage stellt sich nun, was es genau heißt, dass hier eine »Maßnahme« ergriffen wird.[68] An dem Terminus, den Carl Schmitt etwa zeitgleich mit Brechts Abfassung des Lehrstücks zum Gegenstand seiner Überlegungen gemacht hat, hängt die Frage nach der rechtlichen Struktur jener Instanz, die hier »Maßnahmen« ergreift. Schmitt stellt den Begriff »Maßnahme« dem des Gesetzes gegenüber als einmaliger, wenn nötig gewaltsamer Eingriff in einer Situation des Notstands.[69] Die Maßnahme rechtfertigt sich nur durch den Ausnahmezustand, sie entbehrt der Regelhaftigkeit und Legitimität des Gesetzes. Die Maßnahme ist nicht die Anwendung einer Regel, sondern die – nicht verallgemeinerbare – Ausnahme; ihre Notwendigkeit ergibt sich aus der besonderen Lage des Einzelfalles, aus einer, so Schmitt, »unvorhergesehenen abnormen Situation«.[70] Zu solchen Handlungen sowohl befugt als auch fähig zu sein, ist für Schmitt bekanntlich das Kennzeichen der Souveränität. Für die Maßnahme, so Schmitt, sei »die Berücksichtigung gerade der singulären Lage eines Falls« kennzeichnend, während das Gesetz dauerhaft (nicht nur: auf unbestimmte Zeit) und regelhaft Geltung beanspruche. Schmitt war sich über die Nähe seiner Theorie der Maßnahme zu Brechts Text durchaus im Klaren: Vierzig Jahre später wird er an den Rand der italienischen Übersetzung von *Legalität und Legitimität* notieren: »vgl. Bert Brecht. Die Maßnahme. Lehrstück, uraufgeführt 10. Dezember 1930 in Berlin.«[71]

Tatsächlich behält die Tat der Agitatoren den Status der einmaligen, von Zeitdruck und Gefahr, kurz: aus der Not der Situation erzwungenen Entscheidung. Sie ist keine »Disziplinarmaßnahme«, wie Brecht Jahre später vor dem Komitee für unamerikanische Umtriebe insinuiert wurde – vor allem aber ist sie keine Bestrafung in einem rechtlichen Sinne.[72] Auch wenn die *Maßnahme* als Stück den Charakter einer Gerichtsverhandlung, einer Rechtfertigung der Agitatoren vor dem Parteigericht hat, so ist die Maßnahme der *Grablegung* durchaus kein juridischer Akt: Es ist weder Urteil noch Strafe. In der Moskauer Fassung von 1934/35 heißt es: [Der Kontrollchor:] »So war es kein Urteil?« [Die vier Agitatoren, sehr laut:] Nein! Eine Maßnahme!«[73] Die Maßnahme ist die genaue Abwesenheit des Rechtlichen. Auf den Fall des Jungen Genossen passt kein Gesetz, weil man sich gemeinsam im Raum der Illegalität und unter dem Druck der Klandestinität befindet. Die Agitatoren handeln und entscheiden in genau jenem ›rechtsfreien‹ Raum des politischen Geheimnisses und des geheimen Kriegs, jenem Raum der permanenten Ausnahme aus der Rechtsordnung, in dem Taten geschehen, die nicht in Termini des Gesetzes und doch im Namen einer Souveränität geschehen – hier der Partei –, die sich als Garant von Gesetz und Gerechtigkeit versteht. Brecht zielt damit in den paradoxen Kern der Verknüpfung von Souveränität und Arkanum – nur dass er nicht die *arcana imperii* des Staats sondern die der Revolution zum Paradigma und zum Problem macht. Die Maßnahme, die hier ergriffen wird, ist zugleich nötig und dennoch verwerflich; sie wird darum vom Kontrollchor nicht *gerechtfertigt*, sondern hingenommen: »wir sind einverstanden mit euch.« Die Maßnahme ist eine Tat, die weder politisch noch ethisch – als moralischer Imperativ – je zur Regel verallgemeinert werden darf, sondern suspendiert bleibt in der Einmaligkeit der Situation. Darin liegt der Kern jener Politik der Ausnahme, die der Raum des Geheimen öffnet: Was immer notwendig sein mag, darf nicht zur Regel werden, was immer tatsächlich geschehen ist, darf nicht zum Gegenstand der Debatte werden – gerade weil es verwerflich wäre, es zu rechtfertigen.

Die *Maßnahme* ist aber nicht nur ein Lehrstück über die Politik, sondern auch über die Ethik des klandestinen Operierens. Die »Welt zu verändern« nämlich verlangt mehr als Techniken und Taktiken, sondern eine Selbstaufgabe, die nicht allein eine Unterwerfung unter die Souveränität der Partei ist. Es ist die moralische Integrität des Einzelnen, die aufgegeben werden muss. Die wohl berühmtesten und skandalösesten Zeilen des Stücks bringen genau diese Ungeheuerlichkeit auf den Punkt.

Kontrollchor: Welche Niedrigkeit begingest du nicht, um
Die Niedrigkeit auszutilgen?
Könntest du die Welt endlich verändern, wofür
Wärest du dir zu gut?
Wer bist du?
Versinke in Schmutz
Umarme den Schlächter, aber
Ändere die Welt: sie braucht es![74]

Was die Revolution von ihren Agenten verlangt, ist nicht weniger als die Aufgabe des Willens, Gutes zu tun. Der Agent handelt taktisch, skrupellos, »schmutzig« und trotzdem – das ist Brechts Pointe – nicht einfach unmoralisch. In dem Paradox, um des Guten willen Schlechtes zu tun, liegt nicht, wie Brecht oft genug vorgeworfen wurde, das Credo eines Opportunismus, in dem der Zweck die Mittel heiligt. Was die Zeilen »versinke in Schmutz ...« formulieren, ist vielmehr der Kern einer paradoxalen Ethik, die man mit Brecht eine ›schmutzige Ethik‹ nennen könnte. Es ist das ethische Paradox des Verrats, das Drama des Judas, etwas gleichermaßen Unverzeihliches und Notwendiges zu tun. Diese ›schmutzige Ethik‹ enthält eine – wie Slavoj Žižek angemerkt hat – »inherent self-negation of ethics, i. e. an ethical injunction which suspends ethical universality.«[75] Sie verweigert sich dem Universalismus einer humanistischen Ethik, deren *ultima ratio* im Wohlergehen eines letzthin vereinzelten »Menschen« besteht, eines Menschen, dessen unmittelbares Leiden zu beheben ist. Was hier verlangt wird – Lüge, List, Verstellung und schließlich die Tötung eines Mitstreiters – folgt keinem Gesetz, keiner Regel und keinem ethischen Gebot, von dem man wünschen würde, dass es verallgemeinert würde. Der Schmutz, den der Einzelne auf sich lädt, ist eine Selbstverletzung (Žižek nennt es ein »auf sich selbst Schießen«), in der der Humanismus der Revolution, die Hoffnung auf ein Ende der »Leiden« selbst angetastet wird. Das Schlechte zu tun, um das Gute zu erreichen, bedeutet in letzter Konsequenz, dieses Gute um seiner selbst willen zu beschädigen, das Ziel zu verändern, während man auf dem Weg zu ihm ist. Das heißt aber nicht, dass dieses Ziel gänzlich aufgegeben wird. Die ›schmutzige Ethik‹ zielt auf eine Gerechtigkeit jenseits aller gegebenen Vorstellungen des Guten und Gerechten. Eine Gerechtigkeit, die, wie die eschatologischen Untertöne des revolutionären Projekts nahe legen, ›nicht von dieser Welt ist‹. Sie ist nur negativ zu fassen in ihrem utopischen Willen zu einer Welt, die ganz »anders« wäre: »Ändere die Welt/Sie braucht es!« Der »Kommunismus«, von dem Brecht spricht, die Revolution ist ein Projekt der reinen Veränderung. Die Welt soll anders, als *Veränderbare* gesehen werden. Die Revolution ist die Möglichkeit, dieses Veränderbare, die Kontingenz des Gegebenen zu ergreifen und zu verwirklichen.

Die wohl verwirrendste Geste der Agitatoren lässt dieses ethische Paradox noch schärfer hervortreten. Bevor sie den Jungen Genossen töten und in die Kalkgrube stürzen, bitten sie ihn um sein »Einverständnis« – so, wie sie später in ihrem Bericht den Kontrollchor um Einverständnis bitten. Auf den ersten Blick erscheint diese Bitte absurd: Der Junge Genosse wird vor eine Wahl gestellt, die er gar nicht hat. Wie kann er in etwas einwilligen, das er gar nicht ablehnen kann und das mit blutiger Notwendigkeit in jedem Fall vollzogen werden wird? Gleichwohl lässt diese Frage nach dem Einverständnis dem Jungen Genossen eine Wahl: nicht die, zu sterben oder nicht zu sterben – aber die, der Gemeinschaft der Kämpfer für die Revolution weiterhin anzugehören. Mit seinen letzten Worten besiegelt er diese Zugehörigkeit zur revolutionären Gemeinschaft über seinen Tod hinaus:

Er sagte noch: Im Interesse des Kommunismus
Einverstanden mit dem Vormarsch der proletarischen Massen
Aller Länder
Ja sagend zur Revolutionierung der Welt.[76]

Brechts vielzitiertes »Einverständnis«, das er bereits im *Jasager* zur Debatte gestellt hatte, ist die Haltung, die das Subjekt in diesem Feld einnehmen kann: sich dafür zu entscheiden, einer Gemeinschaft auch dann noch anzugehören, wenn diese die eigene Ausstoßung fordert. Er affirmiert sie ex negativo, so, wie die Ausnahme die Regel bestätigt. Žižek hat das »Paradox der erzwungenen Wahl« als eines beschrieben, das die Wahl lässt zwischen reinem Zwang, purer Gewalt (der Tötung ohne Einverständnis) und der Wahl, die Wahl zu haben (der Tötung mit Einverständnis): »In der Situation der erzwungenen Wahl geht es letztendlich darum, dass das Subjekt frei das Gemeinwesen *wählt*, dessen Mitglied es *immer schon ist.* [...] am Paradox der erzwungenen Wahl gibt es nichts ›Irres‹ [...] ›Irre‹ ist im Gegenteil, wer sich dabei so verhält, als hätte er es in der Tat mit einer freien Wahl zu tun. [...] Das Feld der Wahl ist immer so strukturiert, dass es eine Wahl enthält, die eine Meta-Wahl ist: wählen wir bei ihr ›falsch‹ aus, dann verlieren wir die Möglichkeit der Wahl selbst.«[77] Das skandalöse Einverständnis des Agenten in seine eigene – moralische und physische – Auslöschung macht so noch einmal klar, worum es im Verhältnis zwischen dem Agenten und der Revolution geht. Das »Ganze« der Revolution umfasst und übersteigt den »Einzelnen«, aber der Einzelne ist, jedenfalls in der Sicht Brechts, auch irreduzibel Teil dieses Ganzen. In ihrer Negativität, der Emphase auf Veränderung des Bestehenden, ist die Revolution in Brechts Verstand ein reiner Potentialis des Politischen: die Welt als veränderbare sehen. Das Maß des Handelns ist dieses »Ganze«, auch und gerade wenn es in Widerspruch gerät mit allen »Tugenden« des Individuums. Aber genau in diesem Moment des Widerspruchs zeigt sich das Wesen dieser Zugehörigkeit:

> »Wer für den Kommunismus kämpft, der muß kämpfen können und nicht kämpfen; die Wahrheit sagen und nicht die Wahrheit sagen; Dienste erweisen und Dienste verweigern; Versprechen halten und Versprechen nicht halten; sich in Gefahr begeben und die Gefahr vermeiden; kenntlich sein und unkenntlich sein. Wer für den Kommunismus kämpft, hat von allen Tugenden nur eine: daß er für den Kommunismus kämpft.«[78]

Die Schmiegsamkeit des guten Dialektikers, die Spielfähigkeit des am Lehrstück geschulten Schauspielers, die *dissimulatio* des Agitators – sie sind die Kunst, den Widerspruch, die innere Paradoxie eines politischen Projekts auszuhalten und auszutragen, das sich selbst zu allererst im Widerspruch und als Widerspruch gegen die bestehende Ordnung entwirft. Brecht macht so die irreduzibel rhetorische und theatralische Dimension dieser klandestinen Politik deutlich. Der Agent der Weltrevolution tut etwas, das eigentlich unmöglich ist: kämpfen und nicht kämpfen, die Wahrheit sagen und lügen, dienen und nicht dienen, sich bekennen und sich verleugnen. Die Revolution, die er anstrebt, hat (noch) kein Programm, keinen Inhalt und damit – wenn man so will – auch keine Ideologie. Sie ist reiner Kampf gegen eine Welt der Ausbeutung und Vernichtung, eine Aussetzung des Rechts in einer Welt, in der die rechtliche Ordnung nichts ist als eine Ordnung des Unrechts. Der Agent in all seiner moralischen und politischen Widersprüchlichkeit ist dementsprechend ein Subjekt, das den Nullpunkt politischen Handelns verkörpert, den reinen Potentialis des Politischen. Sein Kampf kann im Handeln bestehen, aber auch darin, mit dem eigenen Tod explizit »einverstanden« zu sein. Der Agent der Weltrevolution ist buchstäblich zu allem fähig.

Wenn die *Maßnahme* eine Analytik des illegalen Arbeitens ist, dann ist sie dies weder als Apologie noch als Denunziation. Vielmehr scheint es, als sei es Brecht vor allem darum gegangen, den Widerspruch, das sowohl ethische als auch politische Paradox der revolutionären Projekte und seiner Arkana hervorzutreiben: »Versinke in Schmutz, aber ändere die Welt.« Dieses Prinzip ist keines der zynischen Rücksichtslosigkeit, es geht nicht um eine Rechtfertigung des Terrorismus, wie es Ruth Fischer sah, deren anti-stalinistische Wut sie, neben Walter Benjamin, gleichwohl zur klarsichtigsten politischen Leserin Brechts machte. Während die Gestalt des Komintern-Agenten und Tschekisten am Ende der zwanziger Jahre zunehmend in den Verdacht gerät, Handlanger einer Politik der Perfidie und Grausamkeit zu sein, versucht Brecht, der nicht wenige dieser Komintern-Emissäre persönlich kannte, das inhärente politische und ethische Paradox dieser Gestalt auszuleuchten. Damit rettet er das, was vom Projekt der Weltrevolution und ihrer Programmatik der Klandestinität überhaupt zu retten war, bevor es historisch in der Paranoia und stumpfen Brutalität der stalinistischen Geheimpolizei unterging. Es ist das Pathos, die Welt um jeden Preis und mit jedem Mittel zu verändern. Brechts lyrisches und theatrales »Pädagogium« des revolutionären Agenten ist keine Dämonisierung und keine Rechtfertigung dieser Gestalt und ihrer Taten, sondern die wohl luzideste Zuspitzung jenes grundlegenden Widerspruchs, in den sich die Politik der Klandestinität unweigerlich verwickelt.

Anmerkungen

1 Bertolt Brecht: »Die Maßnahme (1931)«, in: Werke, Stücke 3, hrsg. von Werner Hecht, Jan Knopf, Werner Mittenzwei, Klaus-Detlef Müller, Berlin, Weimar, Frankfurt am Main 1988. Im Folgenden wird aus dieser Ausgabe zitiert.
2 Leitsätze und Statuten der Kommunistischen Internationale. Beschlossen vom II. Kongress der Kommunistischen Internationale, Moskau, vom 17. Juli bis 7. August 1920, Verlag der Kommunistischen Internationale 1920, repr. in: Die Kommunistische Internationale, Bd. I, 1. und 2. Weltkongress, Köln: Intarlit 1984, S. 154.
3 Ebd., S. 155.
4 Carl Schmitt: Theorie des Partisanen, a.a.O., S. 56.
5 So etwa in Lenins »Versuch einer populären Darstellung der marxistischen Theorie und Praxis«. Wladimir Illitsch Lenin: »Der Radikalismus, die Kinderkrankheit des Kommunismus« (1920), in: Sämtliche Werke, Bd. 25, Wien: Verlag für Literatur und Politik 1930, S. 203–307.

6 Karl Löwith hat – in durchaus polemischer Absicht – diesen eschatologischen Zug schon in Marx' Entwurf des Kommunismus als historischer Bewegung freigelegt. Karl Löwith: Weltgeschichte und Heilsgeschehen [1949], Stuttgart: Kohlhammer 1990, S. 41 ff.

7 Alexander Watlin: Die Komintern 1919–1929. Historische Studien, Mainz: Decaton 1993, S. 19.

8 Curzio Malaparte: Technik des Staatsstreichs [1930], Berlin: Tiamat 1988, S. 25–56. Trotzki hat Malapartes Interpretation des »bolschewistischen Staatsstreichs« später weit von sich gewiesen.

9 Vgl. Karl Schlögel: Berlin Ostbahnhof Europas, Berlin: Siedler 1998, Kap.: Unter den Linden 7. Sowjetische Botschaft Berlin.

10 Über die verschiedenen sowjetischen Netzwerke und Einschleusungsverfahren vgl. David J. Dallin: Die Sowjetspionage. Prinzipien und Praktiken, Köln: Verlag für Politik und Wirtschaft 1956, das mit dem Enthüllungsgestus des Kalten Krieges eine materialreiche Analyse der frühen sowjetischen Geheimdienste liefert. Die Tscheka, später Vetscheka (=Außerordentliche Kommission zum Kampf gegen Konterrevolution und Sabotage) wurde 1922 in die GPU, später OGPU überführt. Sie wurde 1934 aufgelöst und dem NKWD (Volkskommissariat für Innere Angelegenheiten) eingegliedert, der das maßgebliche Organ der Stalinistischen Säuberungen war.

11 OMS=Otdyel Meschdunarodny Swijasi, die geheime Sektion für Internationale Verbindungen der Komintern.

12 Unter dem Pseudonym A. Neuberg hat Hans Kippenberger eine Theorie des bewaffneten Aufstands verfasst: A. Neuberg: Der bewaffnete Aufstand. Versuch einer theoretischen Darstellung, Druck und Verlag Otto Meyer, Zürich 1928. Das Buch wurde 1971 von der Europäischen Verlagsanstalt wieder aufgelegt.

13 Bernd Kaufmann/Eckart Reisener/Dieter Schwips/Henri Walther: Der Nachrichtendienst der KPD 1919–1937, Berlin: Dietz 1993, S. 89.

14 Für die KPD vgl. das durchaus informative Brevier des KPD-Agenten und Rote-Armee-Offiziers Erich Wollenberg, der 1933 von der Internationalen Kontrollkommission der Komintern aus der Partei ausgeschlossen wurde, nach Prag floh und seitdem als »antibolschewistischer Publizist tätig« war. Sein Bericht *Der Apparat. Stalins fünfte Kolonne*, wurde 1952 vom Bundesministerium für gesamtdeutsche Fragen, Bonn, herausgegeben.

15 Gregorij S. Agabekow: Die Tscheka bei der Arbeit, Stuttgart, Berlin, Leipzig: Union Deutsche Verlagsgesellschaft ³1933, S. 122.

16 Das beste Portrait des deutsch-russischen Berlins und seines konspirativen Untergrunds findet sich bei Karl Schlögel: Berlin – Ostbahnhof Europas, a.a.O., s. bes. die Kapitel: »Global Village Komintern« und »In einer Landschaft des Verrats«.

17 Tschekisten nenne ich diesen Typus nach der Tscheka, der ersten Geheimpolizei der Bolschewiken, auch wenn die Organisationen in ihrem Namen wechseln (CK, VCK, GPU, OGPU).

18 Dallin: Die Sowjetspionage, a.a.O., S. 13.

19 Bertolt Brecht: Die Maßnahme, a.a.O., S. 104.

20 Zitiert nach Robert Whymant: Richard Sorge. Der Mann mit den drei Gesichtern, übs. von Thomas Bertram, Hamburg: Europäische Verlagsanstalt 1999, S. 37.

21 Schlögel: Berlin – Ostbahnhof Europas, a.a.O., S. 243.

22 Nach der Entmachtung seines Chefs Trilisser war Agabekow 1930 von Konstantinopel aus nach Frankreich geflohen. Er publizierte zwei Bücher über seine Erlebnisse und den organisatorischen Aufbau der Tscheka/GPU. Wie viele Überläufer aus der Sowjetunion wird er neun Jahre später nach einer langen Jagd vom NKWD in Belgien ermordet. Vgl. Aleksandr Orlov: The Secret History of Stalin's Crimes, London: Jarrolds 1954, S. 333.

23 Agabekow: Die Tscheka, a.a.O., S. 18–28. Über den Assistenten von Trilisser, Styrné, erzählte man, er habe die eigenen Eltern liquidieren lassen, vgl. dazu Gregorij S. Agabekow: OGPU, the Russian Secret Terror, translated from the French by Henry S. Bunn, New York: Brentano's 1931, S. 12 f. Über ihren Bruder Gerhart Eisler erzählt Ruth Fischer, dass er seinen Mentor und Freund Bucharin ans Messer geliefert habe, vgl. Ruth Fischer vor dem Komitee für unamerikanische Umtriebe, Protokoll der Sitzung vom 6. Febr. 1947 in: Sabine Hering/ Kurt Schilde: Kampfname Ruth Fischer. Wandlungen einer deutschen Kommunistin, Frankfurt am Main: dipa 1995, S. 277.

24 Walter G. Krivitzki: In Stalins Secret Service [1939], neu hrsg. mit einer Rekonstruktion der Todesumstände Krivitzkis und der FBI-Akte, New York: Enigma Books 2000.

25 Schlögel: Berlin – Ostbahnhof Europas, a.a.O., S. 244. Schlögel schildert die Schicksale der Agenten in den dreißiger Jahren: Die meisten fallen der Jeschowtschina, der ersten großen Säuberungswelle Stalins von 1936 bis 1938 zum Opfer, so auch der Leiter des deutschen M-Apparats, Hans Kippenberger.

26 Insbesondere der erste Band der Trilogie *Wie eine Träne im Ozean* von Manès Sperber, *Der verbrannte Dornbusch*, schildert die Tragödie der kommunistischen Untergrundkämpfer im Zuge der innerparteilichen Spaltungen und Kämpfe nach 1930. Manès Sperber: Der verbrannte Dornbusch, Mainz: Universum Verlag 1950. Auch Arthur Koestlers *Darkness at Noon* untersucht am Fall seines Helden Rubashov die Ethik des Revolutionärs, aber auch vor allem im Moment seiner Vernichtung durch den Parteiapparat. Arthur Koestler: Darkness at Noon, London, New York: Cape, Mackmillan 1940.

27 Werner Hecht: Brecht-Chronik, Frankfurt am Main: Suhrkamp 1997, S. 221, 236.

28 Das zeigt überzeugend Helmut Lethen: Verhaltenslehren der Kälte. Lebensformen zwischen den Kriegen, Frankfurt am Main: Suhrkamp 1994, S. 170–181. Meine Lesart des Gedichts ist ein Versuch, Lethens Lektüre politisch zu radikalisieren.

29 Walter Benjamin: »Kommentare zu Gedichten von Brecht«, in: Gesammelte Schriften II, 2, Frankfurt am Main. 1991, S. 556.

30 Bertolt Brecht: »Aus dem Lesebuch für Städtebewohner«, in: Werke. Gedichte 1, hg. von Werner Hecht/Jan Knopf/Werner Mittenzwei/Klaus-Detlev Müller, Berlin, Weimar, Frankfurt am Main 1988, S. 157.

31 Dallin: Die Sowjetspionage, a.a.O., S. 22.

32 Vgl. Helmut Lethen: »Brechts Hand-Orakel«, in: Brecht-Jahrbuch: The Other Brecht Nr. 17, 1992, S. 77–99.

33 Zur Organisation und Taktik des Zersetzens als konspirative Praxis durch die sogenannten Zer-Abteilungen vgl. Kaufmann u. a.: Der Nachrichtendienst, a.a.O., Kap.: Die Zersetzungsarbeit der KPD in Reichswehr und Polizei, ferner s. a. Bundesarchiv, Signatur: P, St 17/70.

34 Krivitzki: In Stalins Secret Service, a.a.O., S. 50 ff.

35 Erich Wollenberg: Der Apparat, a.a.O., S. 14.

36 Zur konspirativen Vorbereitung des Aufstands vgl. Kaufmann u. a.: Der Nachrichtendienst, a.a.O., S. 57–93.

37 Bericht Nr. 3 des militärischen Leiters bei der Zentrale der KPD, in SAPMO BArch, ZPA, I 3/16/23, zit. nach Kaufmann u. a.: Der Nachrichtendienst, a.a.O., S. 87.

38 Vgl. Kippenberger/A. Neuberg: Der bewaffnete Aufstand, Zürich: Otto Meyer 1928. Tatsächlich erschien die Tarnschrift, in der Kippenberger die Konsequenzen aus dem Hamburger Debakel zieht, in Berlin.

39 Lethen: Brechts Hand-Orakel, a.a.O., S. 95.

40 Wladimir Illitsch Lenin: »Der Radikalismus, die Kinderkrankheit des Kommunismus«, a.a.O., S. 250.

41 Walter Benjamin bekannte, dass ihm erst durch Heinrich Blücher klar geworden sei, »dass bestimmte Momente des ›Lesebuchs für Städtebewohner‹ nichts sind als eine Formulierung der GPU-Praxis.« Brecht habe die Verfahrensweisen und Verhaltensregeln der kommunistischen Geheimdienste – seien es die Apparate der KPD oder die GPU – »dichterisch verklärt.« Sich selbst wirft er vor, dass er in seinen frühen Kommentaren zu Brecht dessen »Mitschuld [...] an der gedachten Entwicklung« »vertuscht« habe. Walter Benjamin: »Notiz über Brecht«, in: Gesammelte Schriften VI, Frankfurt am Main: Suhrkamp 1985, S. 540. Als Anweisung für die Stadtguerilla liest 1980 Franco Buono das Gedicht. Franco Buono: Nachwort zu: Bertolt Brecht: Gedichte für Städtebewohner, hg. von Franco Buono, Frankfurt am Main: Suhrkamp 1980, S. 153.

42 Ruth Fischer: Stalin und der deutsche Kommunismus [zuerst engl. 1948],

Frankfurt am Main: Verlag der Frankfurter Hefte o. J., über Brecht s. S. 749–761. Fischer widmet der *Maßnahme* eine ausführliche Zusammenfassung und liest sie als »Spiegelbild der totalitären Partei und ihrer Elite, der NKWD« (S. 752). Fischer, die sich von der radikalen Kommunistin zur glühenden Anti-Kommunistin gewandelt hatte, war die Schwester Hanns Eislers (Komponist und Mitautor der *Maßnahme*) und Gerhard Eislers, der 1929 im Auftrag der Komintern nach China geschickt worden war, um die dortigen kommunistischen Zellen zu organisieren. Fischer behauptete, ihr Bruder sei nach China entsandt worden, »um die Opposition gegen das russische Politbüro zu liquidieren« (S. 753).

43 Brecht im Programmheft der Maßnahme, zit. nach Steinweg: Bertolt Brecht: Die Maßnahme. Kritische Ausgabe mit einer Spielanleitung von Reiner Steinweg, Frankfurt am Main: Suhrkamp 1972, Text D 30/3 Brecht, S. 237.

44 Alfred Kurella: »Ein Versuch mit nicht ganz tauglichen Mitteln«, zit. nach: Steinweg: Die Maßnahme, a.a.O., S. 387; später beispielsweise Joachim Kaiser: »Brechts ›Maßnahme‹«, in: Hans Dietrich Irmscher/Werner Keller (Hg.): Drama und Theater im 20. Jahrhundert, Göttigen: Vandenhoeck 1983, S. 169–176.

45 Bertolt Brecht: »Die Maßnahme«, a.a.O., 2. Szene, S. 104. Ich zitiere, wo nicht anders angegeben, die *Maßnahme* in der dritten Fassung von 1931. Die zugehörigen Texte Brechts und Eislers sowie die Kritiken des Stücks zitiere ich aus der Ausgabe von Reiner Steinweg: »Die Maßnahme«, a.a.O.

46 Solche Bündnisse waren selbst in den Geheimapparaten der KPD umstritten. In der Logik des Stücks wird klar, wie unverzichtbar die Beschaffung von Waffen für den geplanten Aufstand ist. Vgl. dazu Bernd Kaufmann u. a.: Der Nachrichtendienst, a.a.O.

47 Brecht: Die Maßnahme, a.a.O., 2. Szene, S. 105.

48 Bertolt Brecht, »Kurze Beschreibung einer neuen Technik der Schauspielkunst, die einen Verfremdungseffekt hervorbringt«, in: Werke, Schriften II, Bd. 22/2, S. 641–679, hier: S. 643.

49 Bertolt Brecht, »Theater«, in: Reiner Steinweg: Das Lehrstück. Brechts Theorie einer politisch-ästhetischen Erziehung, Stuttgart: Metzlersche Verlagsbuchhandlung 1972, S. 18.

50 Bertolt Brecht, »Theorie der Pädagogien«, in: Steinweg: Das Lehrstück, a.a.O., S. 27.

51 Walter Benjamin, »Bert Brecht« (Vortrag), in: Gesammelte Schriften II., 2, a.a.O., S. 662.

52 Bertolt Brecht: »Badener Lehrstück vom Einverständnis«, in: Werke, Bd. 3, a.a.O., S. 37.

53 Bertolt Brecht: »Zur Theorie des Lehrstücks«, in: Steinweg: Das Lehrstück, a.a.O., S. 51.

54 Reiner Steinweg, »Brechts ›Die Maßnahme‹. Übungstext, nicht Tragödie«, a.a.O., hier: S. 140.

55 Steinweg: Das Lehrstück, a.a.O., S. 19. Diese offene Struktur des Experiments stellt Roland Jost in den Kontext des ästhetischen Diskurses der Moderne, in: Ders.: »Experiment und Fragment. Die Maßnahme im Kontext der literarischen Moderne«, in: Inge Gellert/Gerd Koch/Florian Vaßen (Hg.): Massnehmen: Die Massnahme [sic], Theater der Zeit: Recherchen 1, Berlin 1998, S. 72–82.

56 So Rainer Nägele, »Augenblicke. Eingriffe – Brechts Ästhetik der Wahrnehmung«, in: The Other Brecht I, Brecht Yearbook 17 (1992), S. 29–52, hier: S. 30/31.

57 Nikolaus Müller-Schöll und Susanne Winnacker haben diese »Nachträglichkeit« des Vorgeführten betont und das Stück als eigentlich unspielbar beschrieben. Eine solche Interpretation bleibt aber harmlos bei der Emphase des »Poetischen«, ohne dessen politischen Spieleinsatz weiter zu verfolgen. Literatur ist hier zuletzt doch nur *Kommentar* des Politischen, nicht ein Eingriff ins Politische selbst. Nikolaus Müller-Schöll, »Die Maßnahme auf dem Boden einer unreinen Vernunft« und Susanne Winnacker, »Die Maßnahme von Bertolt Brecht – ein unspielbares Stück«, beide in: Gellert u. a.: Massnehmen, a.a.O.

58 Brecht 1956 im Gespräch mit Pierre Abraham, zuerst auf Französisch erschienen in: Europe 35 (1957), hier übersetzt von Reiner Steinweg; zit. aus Reiner Steinweg (Hrsg.): Brechts Modell der Lehrstücke. Zeugnisse, Diskussion, Erfahrungen, Frankfurt am Main: Suhrkamp 1976, S. 197 f.

59 Brecht in *Europe,* in: Steinweg: Brechts Modell, a.a.O., S. 198.

60 Dass Brechts Begriff der Dialektik nichts mit einer Aufhebung in Synthesis zu tun hat, betont zu Recht Burkhardt Lindner, »Das Messer und die Schrift. Für eine Revision der ›Lehrstückperiode‹«, in: The Other Brecht II, Brecht Yearbook 18 (1993), S. 43–57, hier: S. 51.

61 Bertolt Brecht: »Die Maßnahme«, 5. Fassung Moskau 1935/36, in: Steinweg, Die Maßnahme, a.a.O., S. 125.

62 Alfred Kurella: »Ein Versuch mit nicht ganz tauglichen Mitteln«, a.a.O.

63 Brecht: Die Maßnahme, a.a.O., 6. Szene, S. 119.

64 Ebd., S. 120.

65 Karl Marx: »Der Fetischcharakter der Ware und sein Geheimnis«, in: Ders.: Das Kapital. Kritik der politischen Ökonomie [nach der Ausgabe Hamburg 1890], Berlin: Dietz 1962, S. 90.

66 Brecht: Die Maßnahme, a.a.O., 3. und 5. Szene.

67 Diese politische Zuspitzung des Politischen auf den Tod lässt sich auch an Brechts anderen Lehrstücken zeigen. Vgl. dazu Eva Horn: »›Sterbt, aber lernt.‹ Thanatopolitik in Brechts Lehrstücken«, in: Uwe Hebekus/Ingo Stöckmann (Hg.): Das Totalitäre der Klassischen Moderne. Politische Souveränität der Literatur 1900–1933, München: Fink 2007, S. 311–336.

68 Zum theoretischen Gehalt der *Maßnahme* als eines Textes über Maßnahmen und Ausnahmezustand vgl. ausführlicher: Eva Horn: »Die Regel der Ausnahme. Revolutionäre Souveränität und bloßes Leben in Brechts Maßnahme«, in: Deutsche Vierteljahrsschrift Nr. 4, 2001, S. 680–709.

69 Carl Schmitt, »Legalität und Legitimität« und »Die staatsrechtliche Bedeutung der Notverordnung«, in: Ders., Verfassungsrechtliche Aufsätze, Berlin: Duncker&Humblot 1985, S. 261.

70 Schmitt: »Legalität und Legitimität«, a.a.O., S. 333.

71 Vgl. Hans-Dietrich Sander, »Die Maßnahme, rechtsphilosophisch betrachtet. Carl Schmitt – Karl Korsch – Bertolt Brecht«, in: Deutsche Studien, XVII. Jg. (Juni 1979), S. 135–154, hier: S. 151.

72 Brecht vor dem Komitee für unamerikanische Umtriebe, 24.–26.Sept. 1947, in: Steinweg: Die Maßnahme, Text D 47/2, S. 256. Brecht wie der Übersetzer insistieren (aus durchsichtigen Gründen) darauf, dass »Maßnahme« eine *measure to be taken* nicht eine *disciplinary measure* ist.

73 Brecht: Die Maßnahme, 5. Fassung, in: Steinweg: Die Maßnahme, S. 100.

74 Ebd., S. 116.

75 Žižek liefert eine Lektüre der *Maßnahme* in: Slavoj Žižek: Enjoy Your Symptom. Jacques Lacan in Hollywood and Out, New York: Routledge 1992, S. 177. Kürzere Bemerkungen zur *Maßnahme* und den Lehrstücken tauchen immer wieder in Žižeks Werk auf.

76 Brecht: Die Maßnahme, 3. Fassung 1931, a.a.O., S. 125.

77 Slavoj Žižek: Liebe dein Symptom wie dich selbst! Jacques Lacans Psychoanalyse und die Medien, Berlin: Merve 1991, S. 122 f.

78 Brecht: Die Maßnahme, a.a.O., 2. Szene, S. 104/5.

VI. COLD WAR

> We have no plans. We have games. We play games: *What if? How many men? What would it take? Is there a cheaper way to stabilize a regime?* – That's what we're paid to do.
> Sidney Pollack/James Grady,
> *Three Days of the Condor*, 1975

Krieg und Frieden

Eines der schönsten Embleme des Kalten Krieges ist ein Schalter. Durch Einstecken eines Schlüssels kann man von *peace* auf *war* schalten. Wo das Umschalten von Frieden auf Krieg durch die 90 Grad-Drehung eines Schlüssels möglich ist, sind beide Aggregatzustände des Politischen Effekte eines gemeinsamen maschinalen Dispositivs, das allerdings nicht »Frieden« heißt, sondern »Krieg«. So distinkt sich Krieg und Frieden auf dem Schalter ausmachen, sind sie doch als die zwei möglichen Zustände desselben Apparats untrennbar miteinander verkoppelt. Der Krieg ist dem Frieden als latente Möglichkeit eingesenkt, der Frieden nur durch den ständig drohenden Krieg garantiert. Beide sind graduelle Unterschiede in einem gemeinsamen Kontinuum, wie es der prominenteste Denker des undenkbaren Kriegsausbruchs, Herman Kahn, formulierte: »War is a terrible thing, but so is peace. The difference seems to be a *quantitative one of degree and standards.*«[1] Als Entscheidungs- und Verbindungselement von Krieg und Frieden verweist der Schalter zugleich auf die Technizität dieses Unterschieds von Krieg und Frieden. Es ist eine Maschine, eine Waffe, die, einmal ausgelöst, nicht mehr aufzuhalten ist – wie jene Wasserstoffbomben und Marschflugkörper, deren Einsatz nicht so sehr Kriegführung im klassischen Sinn als schlechthin Vernichtung bedeutete. Auch wenn der Schalter noch einer menschlichen Hand bedarf, ist der Mensch in der Kriegführung selbst fast überflüssig geworden. Im Setup der technischen Totalzerstörung ist er letzter und einsamer Entscheidungsträger, der den Schlüssel dreht – oder aber er ist Element der Störung und Irrationalität, der »human factor«, ein schwer kalkulierbares Risiko. Mit der Möglichkeit absoluter gegenseitiger Vernichtung kehrt sich das Verhältnis von Krieg und Feindschaft um: Es ist die Kriegstechnologie, die die Feindschaft strukturiert, nicht umgekehrt. Die Bevölkerung der einen Macht wird der anderen Macht zur Geisel. Aber genau darum, weil es keinen Gewinner einer solchen Konstellation mehr geben kann, ist der Kalte Krieg als Krieg nicht mehr führbar. Es ist die Waffentechnologie, die den Krieg, ihre eigene Anwendung also, in jenen nur mehr hypothetischen Status erhebt, den Herman Kahn »thinking the unthinkable« nannte.[2]

Im Binarismus der zwei Zustände *an/aus, peace/war, 1/0* spiegelt der Schalter schließlich jene grundlegende Struktur der Weltordnung im Kalten Krieg: eine zweistellige Feindschaft, die – wie noch nie zuvor – auf die ganze Welt angewendet und ausgedehnt wurde. Es gab keinen bedeutenden Ort, kein wichtiges Land, keine mächtige Instanz, die nicht in die Matrix dieser Zweiteilung der Welt verstrickt gewesen wäre. Die rein logische Zweistelligkeit jeder Feindschaft wurde in Form mehr oder minder freiwilliger Allianzen als politisches *entweder-oder* der gesamten Welt aufgezwungen. So wurde es möglich, die direkte Konfrontation der beiden Antagonisten zu vermeiden und auf Stellvertreter-Kriege und Nebenschauplätze (wie Korea, Vietnam, Iran, Lateinamerika und nicht zuletzt das geteilte Berlin) zu verschieben. Unter der Drohung totaler Vernichtung ist der Kalte Krieg ein ›uneigentlicher‹ Krieg, »neither war nor peace«,[3] ein hoch gerüsteter Frieden und ein eingefrorener Krieg. »Der Kalte Krieg«, schreibt Carl Schmitt 1963, »spottet aller klassischen Unterscheidungen von Krieg und Frieden und Neutralität, von Politik und Wirtschaft, Militär und Zivil, Kombattanten und Nicht-Kombattanten – nur nicht der Unterscheidung von Freund und Feind, deren Folgerichtigkeit seinen Ursprung und sein Wesen ausmacht.«[4]

Mit der logischen und politischen Unmöglichkeit, die Feindschaft der Supermächte als tatsächlichen Krieg auszutragen, ändern die Geheimdienste radikal ihre Rolle und ihren Status. Sie sind nicht mehr Instrument der Feindausspähung und -täuschung im Umkreis oder in der Vorbereitung des Gefechts, Sondereinheit des Militärs oder spezieller Arm der Polizei. Erst nach dem Zweiten Weltkrieg werden Geheimdienste zu jenen hoch professionalisierten Organisationen, die die Macht des Staatsapparats und seine administrative Ordnung mit der Geheimhaltung, List und Gewalt der Kriegsmaschine verbinden. Sie führen den geheimen Krieg *an Stelle* des ›großen‹ Kriegs. Spione und Verräter sind darum die eigentlichen Kämpfer des Kalten Krieges, Wissenschaftler und Geheimdienstanalysten seine geistigen Väter. Intelligence ist zutiefst in die Ambiguität des Politischen zwischen Krieg und Frieden verstrickt: Sie ist weder offene Kriegführung noch gewaltloser Frieden und bewegt sich in einer Grauzone zwischen Verhinderung und Vorbereitung des Kriegsfalles. »What is clear«, so der Journalist Thomas Powers, »is that the cold war was a war fought by other means. Principal among them was the arms race itself and the secret war of intelligence operatives and proxy armies. We may question whether this war-who-never-was could have been avoided, or might have been carried out more sensibly, or won more easily or cheaply [...] But there is now not much question that *the secret war and the cold war were the same thing*«.[5]

Intelligence

Der Kalte Krieg fand im Kopf statt, allerdings nicht so sehr als Kampf der Propaganda und Ideologien, im Gegensatz der politischen und wirtschaftlichen Systeme, wie damals behauptet wurde.[6] Das Gedankenexperiment, das der Kalte Krieg anstellte und vierzig Jahre lang in unterschiedlichsten Variationen durchspielte, kreiste um die Drehung des Schalters von *peace* auf *war*, den nuklearen Krieg, die Möglichkeiten von Krieg und Konflikt unter den Bedingungen des Atomkriegs. Das grundlegende und lähmende Paradox waren Waffen, die man im eigenen Interesse nicht benutzen konnte: »Nuclear weapons are too effective to be used. This paradox is almost too much for the military mind [...] to bear«, schrieb Theodore Draper.[7] Statt den Krieg zu führen, bereitete man ihn vor und spielte ihn durch als eine immer neu entworfene Spekulation über den Feind und über einen Konflikt, der die Selbstvernichtung ebenso implizierte wie die Vernichtung des Gegners. Der nukleare Krieg, die theoretisch mögliche Vernichtung großer Teile der Erde und ihrer Bevölkerung, war, wie Jacques Derrida 1984 formulierte, eine »Fabel«, eine wirkungsvolle Fiktion, deren »Realität« nicht fraglos gegeben war, sondern die das politische Denken und Handeln in einer apokalyptischen Figur bannte.[8] Es ging nie um weniger als die »ganze Welt«, die »Vernichtung der Menschheit«. Der Kalte Krieg ist ein Krieg, der sich selbst als Hypothese und Fiktion entwirft: »What if?« Gerade in dieser Virtualität aber, als drohende, aber *noch* nicht realisierte Möglichkeit, setzt er eine ungeheure Intensität des Denkens, Forschens und Spekulierens über den Feind ins Werk. Seine wichtigsten Waffen waren darum nicht so sehr die H-Bombe, nicht die mit Nuklearsprengköpfen bestückten Interkontinentalraketen und die B-52-Bomber – sondern Wissen: Wissen vom Feind, strategisches Wissen, technisches Wissen. Der Kalte Krieg war ein Frieden, der den Krieg enthält, ein Frieden, der auf der Möglichkeit beruhte, jede Bewegung des Gegners zu antizipieren. In der permanenten Anstrengung zur Ausspähung des Gegners, seiner Waffenarsenale und Verteidigungsbereitschaft, seiner internen Machtstruktur, seiner Ökonomie und seiner außenpolitischen Allianzen wurde dieses kostbare Wissen produziert, in riesigen Administrationen aufgearbeitet und in die politischen Entscheidungsinstanzen eingespeist. Darum lässt sich etwa die Geschichte der amerikanischen Außenpolitik während des Kalten Kriegs recht plausibel als Verhältnis zwischen dem Präsidenten und dem jeweils diensthabenden *Director of Central Intelligence* schreiben.[9] Umgekehrt mutieren ganze Disziplinen oder Fachgebiete, allen voran die Kernphysik, zu »waffenfähigem« Wissen, deren Vertreter zu wandelnden Geheimnisträgern (und damit Sicherheitsrisiken) werden. Die Zirkulation dieses Wissens wird darum durch Klassifikation und »compartmentalization« verhindert, seine Weitergabe (oder auch nur der Verdacht davon) zur hysterischen Jagd nach kommunistischen »Atomspionen« wie im Fall der Rosenbergs (s. Kap. *Staatsparanoia: Klassifiziertes Wissen* und *»The Public Burning«*) Der Rüstungswettlauf war im Wesentlichen ein Wissenswettlauf.

Die eigentlichen Kalten Krieger waren deshalb keine Männer in Uniform, sondern Zivilisten: Geheimdienstler und Wissenschaftler. Experten für Waffentechnologie, Experten für Krisenszenarien, Experten für den Feind: Physiker, Mathematiker und Informatiker, aber auch Psychologen, Linguisten, Ethnologen, Volkswirtschaftler. Universitäre Forschung, Spionage und militärische Planspiele verschmelzen in einer gemeinsamen Spekulation über den Feind. Spionage wird von Büros aus betrieben, die mit Akten und kleinen Waffenmodellen zugemüllt sind – nicht mehr im offenen Gelände [*Abb. 24*]. Think Tanks wie die von der amerikanischen Luftwaffe finanzierte RAND-Corporation in Santa Monica oder das Hudson Institute in Washington, D.C., verkörperten diese produktive Vermischung von militärischem und zivilem Wissen in der Liste ihrer zeitweiligen Mitarbeiter wie John von Neumann, Margaret Mead und Gregory Bateson, Herman Kahn, Albert Wohlstetter und Herbert Goldhamer.[10] Aufgabe dieser zivilen Kriegswissenschaft war es, mögliche Kriegs- oder Konfliktszenarien zu entwerfen, zu analysieren und durchzuspielen.[11] Ein Krieg, den man nicht führen konnte und in dem man keinerlei Erfahrung besaß, musste im Modell, im Virtuellen und Fiktiven also, erprobt und antizipiert werden. Weder das Wissen vom Feind noch eine Vorstellung vom kommenden Krieg konnten aus Erfahrungen extrapoliert werden. Die traditionell gesinnten Militärs, die sich dieser Einmischung von Zivilisten zu erwehren suchten, pflegte Herman Kahn zu fragen: »How many thermonuclear wars have you fought recently?«[12]

Es ist darum nicht erstaunlich, dass diese fundamentale Schwierigkeit der politisch-militärischen Wissensgewinnung zur ersten epistemologischen Selbstreflexion geheimdienstlichen Wissens führt. Was für eine Art Wissen ist Intelligence? Wie wird es gewonnen?

Tokyo Express
209
SECRET

Welche Formen der methodischen Blindheit bringt es mit sich? Eine der einflussreichsten Theorien der Intelligence nach dem Zweiten Weltkrieg, Sherman Kents *Strategic Intelligence for American World Policy*,[13] unternimmt zum ersten Mal den Versuch, Intelligence als Wissenstyp zu beschreiben und die unterschiedlichen Fragestellungen zu analysieren, die militärisch-politische Aufklärung zu beantworten hat: »What knowledge should the U. S. have about the future of other states in order to have the requisite foresight?«[14] Der ehemalige Geschichtsprofessor an der Universität Yale und langjährige Direktor des CIA-internen *Office of National Estimates* entwirft Intelligence nicht mehr vornehmlich als Staatsgeheimnis oder Kriegslist, sondern als eine Ware, die in Auftrag gegeben, hergestellt und abgenommen wird und so die Basis politischer und militärischer Entscheidungsfindung bildet [*Abb. 25*]. Intelligence ist eine Art von Forschung wie jede andere auch. Kent liefert die erste Theorie dieses totalen, gleichsam enzyklopädischen, nicht einmal unbedingt geheimen Wissens, eine Theorie, die Intelligence grundlegend zivilisiert. »Some of this knowledge«, schreibt er, »can be acquired by clandestine means, but the bulk of it must be had through unromantic open-and-above-board observation and research.«[15] Statt Intelligence pauschal aus den Praktiken der Polizei oder des militärischen Spähertums abzuleiten, unterscheidet Kent zum ersten Mal verschiedene Gegenstände und Gebiete der Wissenssammlung: Personen (»Who will be the director of the Pavlov Institute?«), Geographie (Erfassung und Veränderung von Landschaften, Raumaufklärung), Militärische Daten (von Waffentechnik bis zu Rekrutierungsstatistiken und Trainingsformen), Daten zu Politik, Wirtschaft und Gesellschaft (»What groups are emerging to social and economic eminence?«), Mentalität und Moral (Einstellung zur Regierung, soziale Konflikte, Verhältnis zur Religion etc.) und wissenschaftlich-technisches Wissen.[16] Er differenziert Faktenfragen (»spot intelligence«)

Abb. 24: Büro der *Soviet Analyis Section* der CIA, siebziger Jahre. Foto: Roger Ressmeyer, Starlight. Aus: John Ranelagh: CIA. A History, London: BBC Books 1992.

Abb. 25: Sherman Kent (1903–1986). Kent ist der geistige Vater der nachrichtendienstlichen Analyse. Der Yale-Historiker diente im Zweiten Weltkrieg im Research and Analysis Branch der OSS. Nach dem Krieg wurde er zum ersten Direktor der Analyse-Abteilung der CIA, des Office of National Estimates. Sein Buch *Strategic Intelligence for American World Policy* (1949) ist eine der einflussreichsten Methodologien der Intelligence-Auswertung.

von konzentrierter Exploration eines spezifischen Bereichs (»narrow-deep intelligence«), Fragestellungen, die sich auf eine bestehende Situation beziehen von solchen, die das Potential oder die Pläne des Gegners betreffen. Die wissenstheoretische Selbstreflexion von Intelligence, die Sherman Kent einleitet,[17] führt nicht nur zu einem quasi-akademischen Selbstverständnis der Dienste, sondern wird auch institutionell umgesetzt. Aus mehr oder weniger improvisierten Unterabteilungen der Kriegsministerien und der Polizei werden Geheimdienste nun zu finanziell und technisch wohlausgestatteten eigenständigen Administrationen. Und es sind nicht mehr die Spione ›im Feld‹, die listigen, gewalttätigen oder subtilen Agenten, die das Bild des Geheimdienstes prägen, sondern die Sachbearbeiter im Innendienst: Analysten und Aktenverwalter, Spezialisten für Konfliktmodellierung oder Luftaufklärung. John Le Carrés George Smiley, der pummelige Melancholiker in den grauen Gängen des MI6 am Cambridge Circus, ist ebenso einer dieser neuen Helden wie Tom Clancys hoch spezialisierte Experten für Sonarakustik, Satellitenbilder, U-Boot-Technologie oder sowjetische Wirtschaft, die immer wieder neu die Welt retten. Geheimdienstliche Information ist nicht mehr das mühsam errungene, unter Lebensgefahr transportierte Kriegsgeheimnis, sondern nur mehr ein Rohmaterial, das seine eigentliche Bedeutung erst im Kontext einer Theorie, eines Verdachts, einer Hypothese freigibt, ein Rohmaterial, das seinerseits mit Misstrauen und Vorsicht zu betrachten ist, deutungsbedürftig und trügerisch, nicht selten gefährlich für seinen Träger.

Die Selbstreflexion geheimdienstlichen Wissens, die die Dienste anstellen, verdoppelt und bricht sich in der literarischen Phantasmatik über politische Intrigen, *covert actions* und Beinahe-Kriege. Zum ersten Mal stellt sich nicht nur die Frage nach der Erkennbarkeit oder Intransparenz des Feindes, sondern vor allem auch nach der eigenen Luzidität oder Blindheit. Wie sind die Informationen, die über den Feind zu erhalten sind, überhaupt zu verstehen? Sind sie nicht immer nur das, was man sucht oder was man über den Feind sowieso schon annimmt? Produziert Intelligence nicht eigentlich nur die Bestätigung politischer Vorgaben? Welche Effekte erzeugt die frenetische Geheimhaltung innerhalb der Dienste? Kann man je sicher sein, dass die eigenen Leute nicht eigentlich verkappte Agenten der anderen Seite sind? Damit kommt der Verdacht auf, dass das, was man als Grundlage für politische Entscheidung weitergibt, epistemologisch der Fiktion näher ist als jenem Ideal der empirischen Wissenschaft, das Kent nach dem Zweiten Weltkrieg propagiert.

Abenteuer eines Lesers: »Three Days of the Condor«

Es ist mehr als nur ein aparter Einfall, sondern geradezu eine Allegorie von Kents Idee der Intelligence als zugleich friedfertiger und enzyklopädischer Wissenssammlung, wenn in Sidney Pollacks CIA-Thriller *Three Days of the Condor* von 1975 (nach dem Roman *Six Days of the Condor* von James Grady) der Held ein professioneller Leser ist. Sein Arbeitsplatz ist eine als *American Literary Historical Society* getarnte Einheit in einem Brownstone Haus in New York, die buchstäblich jeden Text der Welt auf nützliche oder verborgene

Informationen durchsucht.[18] *Three Days of the Condor* ist gerade deshalb eine der prägnantesten Fabeln über die CIA, weil sie den Analysten im Innendienst, nicht den Agenten im Feld zum (unfreiwilligen) Helden macht – und weil sie die reflexive Wendung der Dienste auf sich selbst in einen blutigen Plot um eine Intrige innerhalb der CIA selbst umsetzt. »I work for the CIA. I am not a spy. I just read books.«, sagt der Held Turner, Codename Condor, zur verstörten Fotografin (Faye Dunaway), die er um Hilfe bittet. Turner/Condor (Robert Redford) ist ein professioneller Leser und profunder Kenner der einschlägigen Thriller-Literatur (er löst das Rätselraten seiner Kollegen um ein verschwundenes Projektil durch einen Trick aus *Dick Tracy*). Turner durchforstet scheinbar harmlose Texte auf geheimdienstlich relevante Informationen, ohne allzu genau zu wissen, wonach eigentlich gesucht wird. So stößt er auf einen wenig erfolgreichen Kriminalroman, der in seltsame Sprachen übersetzt wurde – eine scheinbar nebensächliche Beobachtung, die sich allerdings als brisant genug erweist, seine ganze Abteilung von Auftragskillern ermorden zu lassen. Der lange Vorspann und Beginn des Films ebenso wie die Auflösung des Rätsels am Ende machen klar, was Geheimdienstarbeit Mitte der siebziger Jahre im Wesentlichen ist: Textverarbeitung. Maschinen scannen und blättern, endlose Textbänder quellen aus Nadeldruckern, groß bebrillte Leserinnen markieren Schlagwörter vor endlosen Bücherwänden, schreiben Berichte und analysieren ein Buch in einem halben Tag [*Abb. 26 A und B*]. Das Geheimnis, auf das Turner unfreiwillig gestoßen ist, ergibt sich am Ende aus dem Muster der Landessprachen, in die der Roman übersetzt worden ist: Es geht um Öl und eine innerhalb der CIA (»a CIA inside the CIA«) illegal geplante verdeckte Operation, die den Zugriff der USA auf Ölressourcen im Mittleren Osten sichern soll. Der eigentliche Drahtzieher ist ein hochrangiger CIA-Mann, der *Deputy Director of Operations*, Sektion Mittlerer Osten. Aber diese Lösung erschließt sich nur dem guten Leser, der Turner ist. Der Typus von Wissen, den Turner repräsentiert, ist ein Archiv-Wissen, sein Blick ist ein Leserblick, seine Marotte das Vorhersagen der Zukunft (hier in Form des Wetters) –, denn das ist es, was Analysten im

Abb. 26 A: Sidney Pollack: Three Days of the Condor, USA 1975. Vorspann.

Abb. 26 B: Three Days of the Condor, Agent Turner (Robert Redford) in seinem Büro.

Idealfalle können sollten. Alles ist Text. Eine Nebenfigur trägt den bekannten Namen Heidegger, am Anfang geht es eingehend um chinesische Ideogramme, und am Ende kommt die vermutliche Rettung durch ein Printmedium: die *New York Times*, vor deren Gebäude die Schlussszene des Films spielt. Turner übergibt ihr die ganze Geschichte zur Publikation. Die Öffentlichkeit wird gegen die gewalttätige Geheimhaltungspolitik des Dienstes gesetzt, sie ist die letzte Waffe des aufrechten Geheimdienstmitarbeiters gegen die »CIA inside the CIA«, mit der er – vielleicht – sein eigenes Leben noch vor dem Zugriff der CIA retten kann.

Three Days of the Condor zeigt aber auch den blinden Fleck von Kents Vision einer von Gewalt, Hinterlist, Paranoia und Perfidie gereinigten Geheimdienstarbeit: Natürlich geht es nicht nur ums friedvolle Lesen hereinflutender Information, natürlich geht es um Morde, Verrat, Heimlichkeit und Illegalität. »A CIA inside the CIA«, der es gelingt, eine ganze Abteilung des eigenen Dienstes zu eliminieren, steht für genau diese Seite des klandestinen Operierens: den jeder rechtlichen und öffentlichen Kontrolle entzogenen Raum des politischen Geheimnisses, die ungebremste Gewalt im Dienste eines machtpolitischen Pragmatismus, dessen Credo ein CIA-Mann am Ende des Films in aller Offenheit darlegt: »We have no plans. We have games. We play games: ›*What if? How many men? What would it take? Is there a cheaper way to stabilize a regime?*‹ – That's what we're paid to do.« Es geht nicht um langfristige Pläne, sondern um Experimente und Spiele, um das Durchdenken des Machbaren, um Realpolitik im Modus der Hypothese: »Was wäre, wenn ...?«. Vor allem aber – und das macht das Massaker in der *American Literary Historical Society* von Anfang an klar – geht es um jenen Furor des geheimen Krieges, der durchsetzt, was durchführbar ist, dessen Geheimhaltung absolut und dessen Paranoia nicht mehr stillstellbar ist. Eine »CIA inside the CIA« verkörpert die unkontrollierte Gewalt und den Wahnwitz der Geheimhaltung, die eine Handvoll Menschen umbringt, um eine geplante Operation zu decken. Es ist jene gewalttätige Paranoia, die sich ebenso gegen die eigenen Leute wie gegen den Feind wendet, die Tendenz geheimdienstlichen Operierens, sich im Rausch ihrer eigenen Spiele zu verwirren und zu zerstören. Die »CIA inside the CIA« ist der CIA zugleich äußerlich und inhärent. Sie verkörpert damit das interne Paradox einer politisch-militärischen Institution und Wissensform, die so lange über den Feind spekuliert, bis sie sich strukturell selbst zum Feind wird.

WAR GAMES. KRIEG ALS HYPOTHESE

Der Feind als Black Box

Während die Dienste sich in den ersten Jahrzehnten nach dem Zweiten Weltkrieg in unterschiedlichste Spezialitäten ausdifferenzieren (der amerikanische Geheimdienstapparat beispielsweise besteht heute aus insgesamt fünfzehn verschiedenen Institutionen), während sie die Reflexion auf die Möglichkeiten und Grenzen ihres eigenen Wissens vom Feind in einer permanenten Umstrukturierung von Dienstwegen, interner Organisation und Strategien der Abschirmung umsetzen, leistet die Fiktion über sie – und das betrifft Literatur wie Filme – eine Reflexion zweiter Ordnung auf diese selbstreflexive Struktur von Intelligence. Ob sie ideologisch affirmativ die Binarität der Blöcke und Systeme wiederholen, sie spielerisch parodieren, ins Aberwitzige zerren oder sie melancholisch dekonstruieren –, die politischen Fiktionen des Kalten Krieges spiegeln das gelegentlich delirante, gelegentlich stupide, immer aber hypothetische Wesen des Konflikts. Die dunkle Seite des Politischen ist immer noch eine verborgene, verleugnete Dimension der öffentlichen Angelegenheiten – aber in den Geheimdienst-Thrillern wird diese Seite, der geheime Krieg als Stellvertreterkrieg der eigentliche Austragungsort des Kalten Kriegs und damit die eigentliche ›Bühne‹ des Politischen. Sie sind das Paradox eines lebhaften öffentlichen Diskurses über das, was per definitionem nicht öffentlich ist und sein darf – und darum ausschließlich im Modus des Fiktiven verhandelt werden muss. So abstrus ihre Szenarien und Plots sein mögen, so sehr sie ihre Fiktionalität ausstellen (Stanley Kubricks Film *Dr. Strangelove* wurde seine Fiktionalitätsklausel sogar von der Regierung verordnet), so sehr verstehen sie sich gleichwohl als Spekulationen und Variationen einer tatsächlich gegebenen politischen Situation, deren imaginäre und phantasmatische Dimension sie in Szene setzen. Fiktionen im Kalten Krieg reflektieren auf die Fiktionalität dieses hypothetischen Krieges. Es ist eine Spekulation über den Feind und über die Nicht-Erkennbarkeit dieses Feindes, der sich nur mehr in Projektionen und Vermutungen greifen lässt, bis er schließlich die Gestalt der eigenen Leute annimmt. Die politischen Fiktionen des Krieges haben – ob sie es wollen oder nicht, ob sie es reflektieren oder nicht – teil an der Fiktionalität eines Feindentwurfs, der eine ständige Anstrengung der Hypothesenbildung und Ausforschung erfordert.

Während die Stabilität, die ›Eingefrorenheit‹ des Kalten Krieges darauf zu beruhen scheint, dass es möglich ist, das Verhalten des Feindes zu antizipieren, um jeden seiner Züge im Voraus zu kontern, stehen sich die Gegner des Kalten Krieges als zwei monumentale Rätsel gegenüber. Die Frenesie und der Einfallsreichtum, die Zähigkeit und die Geduld, mit der Ost und West gegenseitig ihre militärischen und zivilen Administrationen unterwandern, zeugt von der phantasmatischen Intransparenz, die beide füreinander besitzen. Selten wusste man so viel über den Feind, selten fühlte man sich so unwissend und informationsbedürftig. Zugleich aber kann man sich Fehleinschätzungen und Unwissen weniger leisten denn je. Wenn, wie in den Kriegsszenarien der sechziger Jahre, der Krieg nur noch aus wenigen, aber desaströsen Luftschlägen besteht, verliert man mit einem einzigen Fehler nicht eine Schlacht, sondern den ganzen Krieg. Der Wunsch nach einem totalen Wissen vom Feind und das Phantasma seiner gänzlichen Intransparenz verdanken sich dieser Gebanntheit durch einen Krieg, der immer schon zu Ende ist, bevor er angefangen hat, und den man darum nicht offen, sondern nur im Schatten des Geheimen führen kann. Die politische Epistemologie des Kalten Krieges ist strukturiert vom Modell der *Black Box*: eine Struktur, die ganz oder teilweise unbekannt ist – deren Verhalten (d.h. ihr In- und Output) aber beobachtbar ist.[19] Die Frage ist, ob man das künftige Verhalten dieser Struktur auch dann vorhersehen kann, wenn man nicht wirklich weiß, sondern nur vermuten oder spekulieren kann, wie sie funktioniert. »The only conceivable way of unveiling a black box is to play with it«, schreibt der Mathematiker René Thom.[20] Da es im Falle eines Krieges nicht möglich ist, mit verschiedenen, versuchsweisen Inputs zu experimentieren, bedeutet ›Spiel‹ hier die Verschiebung des Ernstfalls auf eine andere, virtuelle Ebene, die Ebene der Simulation. Im Fall der einander beäugenden Supermächte kann Spielen nur heißen, den realen Krieg zu suspendieren in der Verschiebung des Konflikts auf das ›Große Spiel‹ der Spionage oder die Szenarien der Strategen. ›Spielen‹ ist hier: testen, spekulieren, simulieren, projizieren.

Die Spionagethriller des Kalten Krieges reflektieren die Rätselhaftigkeit des Feindes und die spekulative Natur alles Wissens über ihn in ihrer narrativen Form.[21] So unterschiedlich die Schauplätze und Szenarien, so affirmativ oder kritisch die Perspektive auf die Welt des Geheimen, so divers die Figuren und Erzähltechniken sind – immer steht ein Rätsel im Zentrum, das zwar das klassische kriminalistische Rätsel, ›*wer ist es gewesen?/was ist passiert?*‹ aufgreift, aber es politisch wendet: Das Rätsel ist immer auf die undurchschaubare Feindschaft bezogen: Was hat der Feind vor? Was ist seine interne Struktur, was sind seine Waffen? Wie wird er reagieren, wessen ist er fähig? Welches sind seine strategischen Interessen? Ist er längst in die eigenen Reihen eingedrungen? Woran können wir ihn erkennen? Beobachten wir ihn oder sind wir nicht vielmehr verstrickt in die eigenen Artefakte? Handelt er wie wir? – Beantworten lassen sich diese Fragen in zwei unterschiedlichen Strategien oder Poetologien (die einander auch überkreuzen und ergänzen können): die *retrospektive* Rekonstruktion, die einen Fall, ein Rätsel, ein Geheimnis rückblickend aufrollt, um herauszufinden, was *geschehen ist* – und die *prospektive* Spekulation über das, was *geschehen könnte,* was sinnvollerweise geschehen *wird,* was wahrscheinlich ist und was nicht. Diese zwei Blick- und Erzählrichtungen prägen nicht nur die Struktur der politisch-militärischen Aufklärung, sondern auch die

Narrative über sie. Die retrospektive Rekonstruktion versucht, Geschehenes zusammenzureimen, Verbindungen herzustellen, die Wahrheit als ein Vergangenes aufzudecken: Solche Rekonstruktionen sind etwa der Bericht der *Warren-Kommission* zur Aufklärung des Attentats auf John F. Kennedy, aber auch John Le Carrés großer Roman über Kim Philby, den Maulwurf im britischen MI6. Das rückwärtsschauende Erkenntnisinteresse ist klassisch kriminalistisch, in der Praxis von Geheimdiensten und Polizei ebenso wie in der Poetologie von als ›Kriminalfall‹ aufgebauten Spionageromanen. Le Carrés detektivischer Held George Smiley, der in der Trilogie *The Quest for Karla* die Identität des Maulwurfs und sein Netzwerk aufklärt, nennt seine Untersuchungstechnik »back-bearing«, Rückpeilung. Das Rätsel, das die Gegenwart aufgibt, löst sich nur durch eine Rekonstruktion dessen, was vorgefallen ist, es ist jener »Effekt des Vergangenen in der Gegenwart« (Marin), die Grundstruktur des Geheimnisses.[22] In minutiösem Aktenstudium längst abgeschlossener Fälle, vor allem aber in unzähligen Gesprächen mit allen an diesen Fällen Beteiligten versucht Smiley, das Geheimnis des Maulwurfs Stück für Stück retrospektiv zu entrollen (s. nächstes Kapitel). Beide Rekonstruktionen, Kommissionsbericht wie Roman, sind darum Fiktionen in Borges' Sinne, weil sie auf der Suche nach der einen Wahrheit, dem einen tatsächlichen Ablauf immer das Geflecht anderer, widerstreitender Versionen präsent halten und mitreflektieren müssen (s. Kap. *Poetologie des Verrats: Fiktionen*).

Diesem kriminalistisch-retrospektiven Modell steht ein anderes Modell gegenüber, das versucht, das Zukünftige und Mögliche zu antizipieren. Es stellt die Frage: ›*Was wäre, wenn ...?*‹ Für die politischen und militärischen Fragestellungen des Kalten Krieges ist diese Blickrichtung, die versucht, wahrscheinliche Verläufe *in der Zukunft* vorwegzunehmen, mindestens ebenso wichtig wie die rückpeilende Aufklärung der gegenwärtigen Situation. Was wird der Feind tun? Was wäre für ihn sinnvoll zu tun? Wessen ist er (technisch, politisch, moralisch) fähig? Diese Erkenntnisrichtung entwirft nicht Erzählungen, sondern Szenarien, sie spricht nicht im Präteritum, sondern im Konditionalis. Sie zielt auf die Exploration von Möglichkeiten und

Wahrscheinlichkeiten, sie versucht nicht herauszufinden, was der Feind getan hat – sondern tun wird, tun könnte. Wenn Fiktion – mit Borges – ein »Garten der Pfade, die sich verzweigen« ist, dann verzweigt sich das rekonstruktive Narrativ in der Vergangenheit, das Szenario in der Zukunft. Beide Modelle sind fundamental für die Wissensorganisation der Intelligence im Kalten Krieg, das Szenario aber reflektiert vielleicht am prägnantesten den virtuellen Charakter des Konflikts, der den Kalten Krieg prägt. Im Szenario ist der Krieg eine Hypothese, der Feind eine heuristische Fiktion. Betrachten wir zunächst das Szenario.

Kriegsspiele und Szenarien

Sowohl das Pentagon, vor allem seine *Cold War Division*, wie auch unabhängige Forschungsinstitute wie das Hudson Institute, RAND oder das MIT begannen schon in den späten vierziger Jahren, Kriegsszenarien zu entwerfen und durchzuspielen.[23] Auf der Basis umfassender Information über die Region, über Geographie, Bewaffnung, Transportsysteme und die wirtschaftliche Situation der betroffenen Staaten, nicht zuletzt detaillierten Persönlichkeitsprofilen von Entscheidungsträgern und ethnologischen Studien über die Mentalität und Wertvorstellungen der Bevölkerung simulierte man in Form eines Rollenspiels die möglichen Ausgänge politischer Krisen: etwa eines sowjetischen Einmarschs in Berlin oder amerikanischer Interventionen im Fernen Osten. Die Simulation einer Situation im Szenario hat den Vorteil, dass man Strategien denkend ausprobieren kann, um die erfolgreichste herauszufinden, ohne tatsächliche Misserfolge tragen zu müssen. Man kann aufkommende Probleme wie logistische Engpässe, Einmischung von Verbündeten oder einen Aufstand in der Bevölkerung in Muße durchspielen, ohne unter Handlungsdruck Entscheidungen fällen zu müssen.[24] Und man kann gegnerisches Verhalten antizipieren, ohne sogleich seinen Konsequenzen ausgesetzt zu sein. Die entworfenen Szenarien bewegen sich dabei zwischen zwei Polen: einerseits einer möglichst realitätsnahen, das heißt informationsgesättigten Darstellung eines Konflikts mit Spielern, die Experten für das in Frage stehende Sachgebiet sein sollten – andererseits einer formalisierenden Abstraktion, die einen Konflikt vor allem auf seine logischen Handlungsoptionen und möglichen Strategien hin analysiert, für die die mathematische Spieltheorie die theoretische Grundlage bildet. Während in der Hochzeit der Krisensimulation, den frühen sechziger Jahren, die *Cold War Division* des Pentagon den Typus der informationsintensiven Simulation favorisiert, setzt etwa die RAND Corporation auf Formalisierung und mathematische Modellierung. Dort wird Spieltheorie als logische Theorie rationaler Entscheidungsoptionen und Handlungsstrategien zur politisch-militärischen Leitwissenschaft, ein Wissenstyp, der sich zunehmend als komplexe Rechenoperation gestaltet und schließlich nicht mehr von menschlichen Experten durchgespielt, sondern am Computer durchgerechnet wird.[25]

Es lohnt sich, die epistemologische Form solcher Szenarien genauer zu betrachten, nicht nur, weil sie vom militärischen und politischen Thriller sehr präzise aufgegriffen werden. Beide – Krisenszenarien wie die Polit-Thriller des Kalten Krieges – arbeiten mit einer heuristischen Fiktion vom Feind. Den Verlauf eines Konflikts und das Verhalten des Feindes als Szenario zu entwerfen und in einer Simulation durchzuspielen, bedeutet zunächst, sich durch die Form einer Darstellung einen Überblick zu verschaffen, der sich nicht in der Realität herstellen lässt. Der enzyklopädische Willen zum Wissen, der die Kalte-Kriegs-Intelligence prägt, wird auf eine spezifische Frage, einen spezifischen Raum, eine spezifische Technik zugespitzt: *Was wäre wenn …?* So entsteht ein Typ der politisch-militärischen Fiktion, der jeweils durchdenkt, was – von den späten fünfziger bis in die achtziger Jahre – gerade an Konfliktszenarien aktuell ist. Wie die *War Game*-Abteilungen der Think Tanks eröffnen sie den Spielraum für eine politische Phantasie, die den Krieg, nach Hermann Kahn das »Undenkbare«, in immer neuen Szenarien zu denken versucht. Wie könnte man einen Plan für eine amerikanische Invasion in Rotchina entwickeln? (Walter Herrmann: *Operation Intrigue,* New York: Avon 1956) Wäre es möglich, die Chinesen durch authentisches Material aus der westlichen Kernforschung von ihrem eigenen Nuklearforschungsprogramm abzubringen? (Len Deighton: *An Expensive Place to Die*, London: Cape 1967) Was wäre, wenn ein sowjetischer U-Boot-Kapitän mit einem neuen Prototyp zu den Amerikanern überliefe? (Tom Clancy: *The Hunt for Red October*, Annapolis: Naval Institute Press 1985) Was, wenn die Sowjetunion einen konventionellen Krieg gegen die NATO beginnen würde, um sich iranische Ölressourcen zu erschließen? (Tom Clancy: *Red Storm Rising*, New York: Putnam 1986) Was wäre, wenn ein psychotischer General der B52-Flotte im Alleingang den Befehl für einen nuklearen Angriff auf die Sowjetunion gäbe? (Stanley Kubrick/Peter George: *Dr. Strangelove*, 1964) Zumal Clancys Romane, die das so genannte Genre des »Techno-Thrillers« begründet haben sollen, üben sich dabei in höchster Präzision im technischen wie im taktischen Detail, eine Genauigkeit, die dafür sorgt, dass sie sich wie Handbücher für Rekruten des *Naval War College* lesen. Dies – und nicht nur die Recherchen des Militär-Groupies Clancy – verbindet sie mit dem Typus des faktenreichen, von Experten gespielten Kriegsspiels, wie es an amerikanischen Militärakademien und im Pentagon gespielt wurde (und wird).[26] Clancys in der nahen Zukunft spielender Roman *Red Storm Rising* von 1986, der einen mit konventionellen Waffen geführten Angriff des Warschauer Paktes auf die NATO auf dem militärtechnologischen Stand der achtziger Jahre durchspielt, imitiert die Totalschau, Faktensättigung und das Durchspielen unterschiedlicher strategischer Spielzüge, die die tatsächlichen Kriegsspielszenarien prägen, in kongenialer Weise. Die Möglichkeit, in einem Szenario vielfältige Unteraspekte und Nebenschauplätze gleichzeitig zu bespielen und dadurch ihre Relevanz für das Gesamtgeschehen genauer einzuschätzen, wird bei Clancy in eine Poetologie der Simultanität umgesetzt. Etliche Handlungsstränge auf unterschiedlichsten Schlachtfeldern – vom Inneren eines Stealth-Bombers, über die Debatten der sowjetischen Militärkader und die schlaflosen Nächte amerikanischer Sonartechnik-Experten bis hin zur Besatzung eines U-Boots – werden zu einem polyfokalen Gesamtbild des Krieges zusammengestellt. Clancys Romane, so unüberschaubar sie sich lesen, sind die Phantasie einer Gesamtdarstellung des Krieges, wie sie nur ein gut vorbereitetes Kriegsspiel bieten kann. Es ist darum auch kein Zufall, dass Clancy sowohl *The Hunt for Red October* als auch *Red Storm Rising* nach dem Modell von strategischen Computerspielen aufgebaut hat – und neuerdings selbst welche entwickelt.[27] Aber gegenüber seinen an strategischen Szenarien orientierten Romanen ist es fast eine Rückkehr zur Ästhetik und Plot-Struktur traditioneller Agenten-Thriller, wenn Clancys erfolgreichstes Spiel *Splinter Cell* (2001) als Hauptfigur einen Doppelagenten wählt.

Clancys intensiv recherchierte Romane sind paradigmatisch für den darstellungstechnischen Vorteil, den Kriegsspiele gegenüber der traditionellen, retrospektiven Analyse realer Schlachtabläufe haben. Statt im Getümmel einer Schlacht oder der Undurchsichtigkeit einer verdeckten Operation unterzugehen, lässt sich jeder Einzelaspekt gesondert betrachten und in seiner Auswirkung auf das Gesamtgeschehen analysieren. Idealiter entsteht dabei eine totalisierende »Draufsicht« auf den Krieg und den Feind, wie jene Weltkarten des Kalten Krieges, die Gegner als nebeneinanderliegende Kontinente, ihre Waffen und Projektile als langsam heranfliegende Leuchtpunkte darstellten. Der berühmte War Room in Kubricks Film *Dr. Strangelove* hat dieses Phantasma des Überblicks, das heute jedem strategischen Computerspiel zugrunde liegt, zum ersten Mal ästhetisch umgesetzt [*Abb. 27*]. Neben der Funktion des Überblicks leistet die Simulation eine notwendige Formalisierung und Selektion. Es muss nicht nur von Anfang an eine Auswahl der relevanten Aspekte und des notwendigen Wissens getroffen werden, sondern es muss auch davon ausgegangen werden, dass die Parameter, mit denen man arbeitet, konstant bleiben, um überhaupt irgendeine Antizipation zukünftigen Geschehens vorzunehmen. Der Feind des Kalten Kriegs muss berechenbar sein: rational, listig, perfide, unerbittlich sein Interesse verfolgend – aber auf keinen Fall dumm, irrational, selbstzerstörerisch oder gar versöhnlich. So arbeitet jede Simulation mit einer vereinfachenden Projektion auf den Feind: In den Simulationen des Pentagon durfte das Team derer, die die amerikanische Seite repräsentierten (»Blue«), jeden Spielzug wählen, der ihnen erfolgverspre-

Abb.: 27: Der War Room in Stanley Kubricks *Dr. Strangelove*, USA 1964.

chend erschien, während das Team, das die Sowjets spielte (»Red«) in ihren Verhaltensregeln den Mustern folgen musste, die man als »typisch« sowjetische Strategie ausgemacht hatte.[28]

Spieltheorie: »The Defection of A. J. Lewinter«

Während die Planspiele noch immer klassifiziert in den Archiven verstauben oder als frühe Publikationen der RAND Corporation einfach vergriffen und veraltet sind, dokumentiert Robert Littells Überläufer-Roman *The Defection of A. J. Lewinter* von 1973 mit erstaunlicher Exaktheit die strukturelle Verknüpfung von Spionage und Kriegsspiel als Formen der Feind-Spekulation.[29] Der Überläufer, der mit wohl gehüteten Geheimnissen zum Feind wechselt, ist in der wissensgierigen Feindschaft des Kalten Krieges das Phantasma schlechthin: die Möglichkeit, für einen Moment ins Innere des feindlichen Apparats zu schauen. A. J. Lewinter, ein amerikanischer Experte für Raketenkeramik, präsentiert sich in der sowjetischen Botschaft in Tokio und verspricht, hoch brisante Daten über amerikanische Raketenflugbahnen zu liefern. Die Sowjets fliegen ihn aus und beginnen darüber zu rätseln, was dieser Überläufer tatsächlich wert ist. Die von Lewinter in Aussicht gestellten Daten über die jüngst entwickelten amerikanischen MIRVS (Multiple Independently Targetable Reentry Vehicles) würden es den Russen zum ersten Mal ermöglichen, ein effizientes, aber ungeheuer teures Raketenabwehrprogramm zu entwickeln. Umgekehrt würde die Gewissheit, dass die Flugbahnen der MIRVS den Russen bekannt sind, die Amerikaner zwingen, ihr gesamtes Arsenal an MIRVS neu zu programmieren – wenn nicht zu verschrotten. Beide Gegner haben also einiges zu gewinnen (und zu verlieren) und beide haben das gleiche, wenn auch spiegelverkehrte Problem. Die Russen fragen sich: Ist dem Überläufer zu trauen oder ist er nicht vielmehr ein Manöver der amerikanischen Geheimdienste, um die Sowjetunion in ein ruinöses – und nutzloses – Abwehrprogramm hineinzulocken? Ist es echte Information oder Spielmaterial? Die Amerikaner fragen sich: Kann Lewinter die Trajektorformeln überhaupt reproduzieren? Und: Werden die Russen ihm glauben? Das ebenso abgründige wie spiegelbildliche Misstrauen in den Augenschein, das beide Gegner in diesem Denkspiel um den Überläufer zugleich verbindet und trennt, führt ins Zentrum des Wissens vom Feind im Kalten Krieg. Es basiert auf der Überzeugung, dass alles Verhalten des Gegners auf Täuschung angelegt ist. Wenn der Feind eine Black Box ist, dann eine, deren Output niemals für bare Münze zu nehmen ist, sondern entziffert werden will. Der Feind will und wird uns täuschen. Diese spekuläre und spekulative Formatierung der Feindschaft als ein »Krieg des Bewusstseins« ist aber keine anthropologische oder philosophische Konstante, sondern Kind des Kalten Kriegs und seiner obsessiven Politik des Misstrauens.[30]

So vertrackt diese Lage zu sein scheint, ist doch paradoxerweise die Gewissheit, getäuscht zu werden, auch etwas, womit man arbeiten kann. Und genau dies tun die amerikanischen Geheimdienstexperten. In einem *Game Testing Center* in Washington D. C., das der *Cold War Division* des Pentagon nachempfunden ist, versammeln sie eine Gruppe von Experten, *Committee 303*, zu einem Rollenspiel, das den Wissensstand und die Entscheidungsfindung der Russen über die Echtheit Lewinters simuliert. Jeder Spieler ist Experte für einen der mit dem Fall Lewinter befassten sowjetischen Militärs, einen Politiker oder Geheimdienstmitarbeiter. Jeder äußert die hypothetische Position, die seine Zielperson (sie nennen es »horse«) nach Kenntnis seiner Persönlichkeit und seiner Interessen zur Sache Lewinter einnehmen wird. Entscheidend für die Amerikaner ist, herauszufinden, wie die Sowjets sie einschätzen. Das Rollenspiel soll die Gedankengänge des anderen simulieren, sich an seine Stelle versetzen, um herauszufinden, wie er sich wiederum in die Position *seines* Gegenübers versetzt. Einer der Rollenspieler – seine Rolle ist die des sowjetischen Experten für amerikanisches Denken – stellt folgende Überlegung an:

> »[...] the Americans are probably signaling us – but to what purpose? Everything depends, in the end, on what the Americans *want* us to believe. If they want us to believe he is real, he must be a fake. If they want us to believe he is a fake, he must be real. Here is where it gets complicated. I will raise the possibility that the Americans are signaling us that Lewinter is real in the expectation that we will discover they are signaling us that he is real and conclude he is a fraud. Ergo, they want us to believe he is a fraud. Ergo, he must be real. Do you follow me?«[31]

Was aussieht wie die dialektischen Verwicklungen des marxistisch geschulten Denkens der Russen, führt mit schöner Präzision die Logik der gegenseitigen Feindbeobachtung und insbesondere ihrer spieltheoretischen Modellierung vor. Spieltheorie, am deutlichsten in ihrem berühmtesten Beispiel, dem Gefangenendilemma, geht von einer Situation aus, in der beide Spieler logisch deduzieren, was nicht nur die eigenen, sondern auch die Handlungsoptionen des Gegenspielers sind.[32] Die Grundannahme der Spekulation zwischen Sowjets und Amerikanern ist: Jedes Datum wird als Signal interpretiert, das genau das Gegenteil dessen bedeutet, was es zu bedeuten scheint. Das Spiel der Spione und Überläufer erscheint hier – entgegen seinem sonstigen Verständnis als Kommunikationsstörung zwischen Feinden – als eine Art der ›Verständigung‹ mit anderen

Mitteln und in einem Code, dessen Signale in der paranoiden Brechung zu ›verstehen‹ sind. So gesehen, erweist sich Täuschung und Verstellung als Code einer wenngleich deliranten, verzerrten aber doch funktionierenden Kommunikation: »the Americans are signaling us [...]«. Der Überläufer wird zum Medium dieser bizarren Verständigung zwischen den Gegnern – und natürlich zu ihrem Opfer. Denn genau weil die Russen ihn für echt halten, aber das Gegenteil signalisieren wollen, schicken sie ihn am Ende nach Amerika zurück.

Die logische Grundlage aber, mit der die Simulation – so dialektisch ihre Ergebnisse aussehen mögen – hier arbeitet, ist einfach: Man geht davon aus, dass der Gegner genau dieselben Überlegungen anstellt wie man selbst und genauso handeln wird wie man selbst in seiner Lage. Es ist eine Form der Projektion auf den Feind, die den Feind nach dem eigenen Bild modelliert. Wir täuschen, der Feind täuscht, der Feind tut das, was wir tun würden, wir tun, was der Feind tun würde. Diese Annahme einer strukturellen Gleichartigkeit des Gegners, die dem Credo »der Gegner ist maximal perfide und täuscht mich« zugrunde liegt, wird von Geheimdiensttheoretikern erst spät als methodisches Problem des »mirror-imaging« erkannt und reflektiert.[33] *Mirror-imaging*, die spiegelbildliche Projektion auf den Feind, ist dabei zugleich die epistemische Grundlage wie der blinde Fleck der Simulationen in den sechziger Jahren. Die RAND Corporation ging soweit, ein Double des sowjetischen Wirtschaftsministeriums in Santa Monica zu erschaffen, um die sowjetische Wirtschaftsentwicklung verstehen und antizipieren zu können – was ihr, wie man sehen konnte, in nur sehr beschränktem Umfang gelungen ist.[34] Das Bild, das dieser Spiegel (zurück)wirft, ist gleichwohl nicht jene ›verkehrte Welt‹, auf die John Le Carré im Titel seines Romans *The Looking-Glass War* anspielt (s. nächstes Kap.: *The Human Factor*), sondern eines, das beide Gegner unausgesprochen auf gemeinsame Spielregeln verpflichtet. Diese Spielregeln fußen auf einem rationalistischen Universalismus, der jenseits aller Feindschaft die Vernunft der Gegner als gemeinsamen Nenner voraussetzt. Spieltheorie als Form der Modellierung von politischen Konflikten (aber auch: ökonomischem Verhalten, Gruppendynamiken, Verhandlungsprozessen und anderen eher zivilen Anwendungen) ist die radikalste Applikation dieser gegenseitigen Rationalitätsunterstellung. Sie definiert sich als »a theory of rational decision in conflict situations«.[35] Spieltheorie ist ein Versuch, die Intransparenz des Gegners durch das Licht einer Rationalität zu erhellen, indem sie unterstellt, dass der Feind – ebenso wie man selbst – ein »Spieler« ist, der die Grundvoraussetzung rationaler Konfliktmodellierung erfüllt: »a player can (i) assess outcomes; (ii) calculate paths to outcomes; and (iii) choose actions that yield their most-preferred outcomes, given the actions of the other players«.[36] Urteilskraft, Fähigkeit zum Kalkül und freie Entscheidungsmöglichkeit müssen dem Gegner unterstellt werden, soll eine spieltheoretische Simulation seines möglichen Verhaltens überhaupt Sinn machen. Das politische Geheimnis, die Undurchsichtigkeit des Feindes, wird in dieser rationalistischen und formalistischen Modellierung zu einem berechenbaren Faktor, in dem Maße, wie jeder der beiden Gegner, wie im Gefangenendilemma, antizipieren kann, welche Überlegungen der andere anstellen wird.

Littells Rollenspiel-Experiment des *Committee 303* ist in der Sprache der Spieltheorie damit nichts anderes als eine »simulation of incomplete and incorrect information«.[37] Im Falle dieses Romans halten sich beide Seiten an die Regel der gemeinsamen Rationalität und des Strebens nach einem optimalen Resultat (in der Sprache der Spieltheorie der »Profit« (»payoff«)). Beide Gegner – auch das ist eine notwendige Unterstellung der Spieltheorie – sind sich strukturell auch darin ähnlich, dass beide das Gleiche wollen: ihr Risiko minimal halten und ihren Gewinn – in diesem Fall ihre militärische Schlagkraft – maximieren. Die Optionen sind für die Amerikaner: Viel Geld ausgeben für eine Umrüstung der MIRVS – oder zulassen, dass sie möglicherweise durch ein Abwehrprogramm gänzlich nutzlos werden. Für die Sowjets: Viel Geld ausgeben für ein Abwehrprogramm, das möglicherweise auf gefälschten Daten beruht – oder die Chance verstreichen zu lassen, sich gegen die amerikanischen MIRVS effizient zu rüsten. Die Chancen und Risiken beider Gegner lassen sich in einer Entscheidungsmatrix anschreiben und durchrechnen. Diese rationalen Optionen gelten unabhängig von der Tatsache, dass das, was der Gegner *wirklich* tut, geheim ist und vermutlich durch Täuschungsmanöver vernebelt wird – und genau darum ist sie, wie die Aufklärung durch Spione, ein Verfahren, die Dunkelheit gegnerischer Geheimnisse zu erhellen.

Gleichwohl hat diese Art der Feindaufklärung einen entscheidenden epistemologischen Nachteil, der exakt mit jener Rationalitätsunterstellung zu tun hat, auf der die spieltheoretische Simulation beruht. Was die Spieltheoretiker nämlich herausfinden, ist nicht unbedingt, wie der Gegner sich tatsächlich verhalten wird, sondern wie er sich logischerweise verhalten *sollte*. In der Kuba-Krise kommentierte ein amerikanischer Geheimdienstexperte die falsche Lageeinschätzung eines Kollegen mit den Worten: »His estimate on what was reasonable for the Soviet Union to do was a lot better than Khrushchev's and therefore he was correct in analyzing the situation *as it should have been seen by the Soviets.*«[38] Spieltheorie ist manchmal klüger, als der Feind es tatsächlich ist. Sie muss von einem Feind ausgehen, mit dem sie – im Wortsinn – rechnen kann.

Worst-case scenario: »Dr. Strangelove«

Wahnsinnige Generäle, niedere Instinkte, schiere Dummheit oder aber auch die hausinternen Intrigen einer Geheimdienstadministration sind verwirrende Empirien, die eine rationale Modellierung nicht in Rechnung ziehen kann. Stanley Kubricks fulminantes Dritter-Weltkrieg-Szenario *Dr. Strangelove or How I learned to Stop Worrying and Love the Bomb* (1964) spielt genau diesen Ausfall an Logik durch in einem System, das in dem Maße »fail-save«, bombensicher, ist, wie es menschliches Versagen, den vielbeschworenen »human factor«, auszuschließen scheint.[39] Der Film (wie der ihm zugrunde liegende Roman *Red Alert* von Peter George)[40] selbst ist ein ins Aberwitzige gezogenes militärisches Gedankenexperiment. Es entwirft ein Krisenszenario, dessen dramaturgische Beschränkung auf drei Schauplätze (die Burpleson Air Force Base, den War Room im Pentagon und das Innere eines B-52-Bombers) dem heuristischen

Reduktionismus entspricht, mit der Simulationen sich auf bestimmte relevante Faktoren beschränken. Kubrick/George nehmen exakt die Ebenen in den Blick, die auch ein Kriegsspiel untersuchen würde: die politischen Entscheidungsträger (der amerikanische Präsident, sein Beratungsstab und der sowjetische Premierminister), das Militär (Generäle Ripper und Turgidson) und schließlich die Ebene der operativen Durchführung (die Crew der B-52 unter Major Kong). Kubricks Film ist ein *worst-case*-Szenario innerhalb der Logik jener *Mutual Assured Destruction* (MAD), die die späten fünfziger und sechziger Jahre als ein politisches Alles-oder-Nichts entfaltet haben. Ein paranoider General (Ripper) erteilt eigenmächtig den Befehl für einen Angriff der permanent in der Luft befindlichen B-52-Flotte (»Wing Attack Plan R«), die daraufhin planmäßig alle Kommunikation mit dem Boden einstellt und mit ihrer H-Bomben-Fracht auf ihre russischen Ziele zufliegt. Dem amerikanischen Präsidenten bleibt daraufhin nichts anderes übrig, als zu versuchen, den sowjetischen Premierminister am Telefon davon zu überzeugen, dass das kein ernstgemeinter Angriff sondern ein Störfall ist. Währenddessen nähern sich die Bomber auf der riesigen erleuchteten Weltkarte des War Room als bewegliche Punkte der Sowjetunion. Das eindrucksvolle Dekor des dreieckigen, unterirdischen War Room (von Ken Adam, der auch einige der James-Bond-Filme ausgestattet hat) mit seiner illuminierten Weltkarte ist genau die graphische Matrix, die jedem Strategiespiel notwendig zugrunde liegt.[41] [*Abb. 27*, S. 329] Sie konstituiert jene Totalschau des globalen Kriegsfalles, die die Kriegsspiele ermöglichen sollen. In Echtzeit zeigt die Graphik das Vorrücken der Luftflotte, ein computergeneriertes Bild, das den Unterschied zwischen Simulation und Realität logisch sinnlos macht, insofern es etwas darstellt, das von dem Apparat, der es vorführt, auch konstituiert wurde.[42] Es ist derselbe technisch-politische Apparat, der den Konflikt darstellt, plant und führt.

Die Welt von *Dr. Strangelove* ist die Welt der MAD. Strenggenommen impliziert MAD, dass beide Gegner selbst bei einem »all out«-Angriff, d. h. einem mit maximaler Destruktionskraft geführten Erstschlag, noch genügend Zeit und Schlagkraft besäßen, den

Angreifer mit einem Gegenschlag schwer zu schädigen. Die Balance der MAD, das »Gleichgewicht des Schreckens«, lag in der »Garantiertheit« der »gegenseitigen« Vernichtung – und das heißt: im exakten Ausmaß des Vergeltungsschlags. Sicherheit im Geiste der MAD bestünde nur, wenn ein Erstschlag auch für den Angreifer noch verheerende Folgen haben würde. Nicht zufällig war es ein Mathematiker, Albert Wohlstetter, der 1953 für die RAND Corporation dieses Szenario untersuchte und eine Strategie der »second strike capability« vorschlug.[43] Die Idee, dass eine glaubwürdige Fähigkeit zum Vergeltungsschlag eine Versicherung gegen einen Erstschlag des Gegners wäre, verabschiedet sich vom traditionellen militärischen Denken in Termini von Angriffs- oder Verteidigungsfähigkeit und folgt der abstrakten, spieltheoretischen Logik, dass es für beide Gegner ein zu hohes Risiko bedeutet, überhaupt anzugreifen.[44] Die gleiche Logik impliziert aber auch, dass es ebenso riskant wäre abzurüsten, selbst wenn es ökonomisch sinnvoll wäre. Kubricks Dr. Strangelove, ein Nazi-Wissenschaftler im Rollstuhl, erläutert diese Theorie sachlich richtig: »Deterrence is the art of producing in the mind of the enemy the fear to attack.«[45] Logisch betrachtet funktioniert die MAD also nur dann, wenn der Zweitschlag automatisiert ist. Ein Präsident, dessen Land von einem Erstschlag verwüstet ist, hat nämlich keine rationalen Motive (spieltheoretisch gesprochen keinen »Profit«) mehr, auch den Gegner noch in Schutt und Asche zu bomben. Die menschliche Möglichkeit, noch einmal nachzudenken, von vorgefassten Plänen abzuweichen oder auf Rache zu verzichten, wird im Gleichgewicht des Schreckens zum Einfallstor der Zweifel an der »Garantiertheit« des Zweitschlags. Genau darum ist jenes »Doomsday device«, eine gigantische atomare Sprengladung, die die Russen, wie es im Vorspann heißt, heimlich bei den Zhokhow-Inseln installiert haben, eine durchaus konsequente Lösung dieses Problems. Dr. Strangelove, Sprachrohr jenes »Denkens des Undenkbaren«, das sein reales Vorbild Herman Kahn phantasiereich vertrat, erläutert die Vorzüge dieser Einrichtung: Es ist ein »automated and irrevocable decision-making process which rules out all human meddling. The Doomsday machine is terrifying and simple to understand and completely credible and convincing.« Das »Doomsday device« ist das Paradox einer Entscheidung, die »jede menschliche Einmischung ausschließt« und damit keine Entscheidung mehr ist. Nur wenn der Gegner wirklich davon überzeugt ist, dass ein Zweitschlag auch ihn mit absoluter Sicherheit vernichtet, wird er zuverlässig vom Erstschlag abgehalten.

Das Problem, das sich Amerikanern wie Russen stellt, ist innerhalb dieses hoch rationalisierten Settings und seiner automatisierten Entscheidungsprozesse der punktuelle, aber entscheidende Ausfall aller Vernunft. General Ripper leidet an dem Wahn, dass die Kommunisten das Trinkwasser und damit die Reinheit der menschlichen Körperflüssigkeiten vergiften – eine Paranoia, die an die »Reds under the beds« im Amerika der fünfziger Jahre erinnert. Die Russen ihrerseits haben die Logik der MAD zwar ganz gut, aber doch nicht komplett verstanden: Abschreckung funktioniert nur dann, wenn der Gegner von dem automatisierten Vergeltungsapparat auch *weiß*: »The whole point is lost if you keep it a secret!«, schilt sie Dr. Strangelove. Kubrick trifft damit die spieltheoretisch-rationale Modellierung der Feindschaft an ihrem schwachen Punkt. Ein Gegner, der zu dumm (Russen) oder zu verrückt (Amerikaner) ist, die für ihn selbst optimale Strategie zu verfolgen, ist in der Welt logisch-rationaler Konfliktsimulation schlechterdings der Weltuntergang – der in *Dr. Strangelove* schließlich mit grotesker Glorie eintritt.[46]

Littells Simulations-Experiment und *Dr. Strangelove's* spieltheoretisches *worst-case*-Szenario beleuchten die zwei komplementären Seiten der Auseinandersetzung zwischen den Gegnern: Geheimhaltung und Täuschung sind zugleich Gegenteil wie Gegenstück jener Logik der Abschreckung, die den heißen Krieg im Kalten Krieg ins Hypothetische bannt. Öffentliche Demonstration der eigenen Stärke und Unerbittlichkeit einerseits, paranoide Geheimhaltung andererseits sind die zwei Seiten einer phantasmatischen und projektiven Para-Kommunikation zwischen den Gegnern, die sich trotz allem als gleichartig und spiegelbildlich entwerfen. Beide, Abschreckung und Geheimhaltung, sind aber Elemente einer Feindschaft, die wesentlich in der Projektion besteht. Die Szenarien der Kriegsspiele und ihre fiktionalen Reinszenierungen und Parodien legen dabei die Grundstruktur dieser Projektion, das »mirror-imaging«, im Kern der rationalistischen Feindmodellierungen frei. Die Antizipation der feindlichen Pläne, die die Poetologie des Szenarios impliziert, muss voraussetzen, dass es konstante und berechenbare Größen in diesen Plänen gibt, dass der Feind das Gleiche will wie man selbst und dass er es in gleicher Weise verfolgen wird wie man selbst. Der Feind ist eine Black Box – aber eine, die nach Regeln funktioniert, so, wie es das maschinale Modell der Black Box impliziert. Selbst der dämonische Wille zur Täuschung und zur absoluten, apokalyptischen Perfidie, die dem Feind nach dem Modell des Cartesischen *genius malignus* unterstellt wird, impliziert eine Konstanz dieses Willens und damit eine Möglichkeit seiner Berechnung. In der Logik der MAD wird diese Berechenbarkeit zur *self-fulfilling prophecy*: Letzthinnige Entscheidungen werden genau deshalb nicht mehr dem Menschen überlassen sondern automatisiert, weil der Mensch Einfallstor der Zweifel, der Instabilität und Unvernunft ist. Der Mensch und seine Verwirrungen, seine affektiven Bindungen und psychologischen Motive werden im Phantasma der Berechenbarkeit zur schlechthin unberechenbaren – aber genau damit wahrhaft entscheidenden – Größe: zum »human factor«.

THE HUMAN FACTOR

> If love is whatever we can still betray,
> remember that I betrayed you a lot of days.
> John Le Carré: *A Perfect Spy*[47]

Der blinde Fleck und zugleich der entscheidende Faktor der rationalistischen Feindformatierung, die die War Games des Kalten Krieges voraussetzen und unterstellen, ist – das zeigt Kubricks *Dr. Strangelove* gleichsam ex negativo – der Mensch. In dem Maße, wie der Mensch aus der Modellierung von Konflikten wie der Kriegführung ausgeschlossen werden soll, kehrt er als Unwägbarkeit und Unberechenbarkeit aller Modellierungen wieder. Die Welt der Spione ist im Kalten Krieg gleichermaßen der Ersatz und die Unterwelt eines Krieges, der nicht geführt werden kann. Der Spion ist nicht mehr selbstgesteuerter Agent wie die Helden des *Great Game*, nicht eleganter Verführer oder erbärmlicher Verführter, er ist nicht glühender Ideologe mit Bewusstsein für die »schmutzige Ethik« wie die Agenten der Weltrevolution, der er sich unterwirft – er ist vor allem Mittel und Medium in einem Krieg, der sich als menschenleerer Krieg träumt. Alles, was über diesen Typus des Agenten zu sagen sein wird, jede Fiktion, die sich dieses »menschlichen Faktors« annimmt, ist geprägt von dem Bewusstsein, dass in diesem Krieg der Mensch nicht zählt – oder: Wenn er zählt und berechnet werden muss, dann als Dimension der Unzuverlässigkeit, der Manipulierbarkeit, der Schwäche. Genau daraus aber erwächst das seltsame Heldentum des Agenten im Kalten Krieg und die politische Luzidität der Fiktionen, die sich ihm widmen: eine luzide Einsicht in das Gefangensein in einem Konflikt, in dem man keine Autonomie, keinen eigenen Entscheidungsspielraum hat – und die trickreiche oder trostlose Exploration dessen, was dennoch möglich ist.

Die Mauer

Die Geschichte beginnt an einem Kontrollpunkt der Berliner Mauer, im amerikanischen Sektor, und sie endet an dieser Mauer, nördlich der Bernauer Straße, im Flutlicht des Grenzstreifens. Sie spielt irgendwann in den ersten zwei Jahren nach dem Mauerbau 1961. Beide Male versucht ein Agent des englischen Secret Intelligence Service die deutsch-deutsche Grenze zu überqueren: Am Anfang ist es der deutsche Agent Karl Riemeck, der, nachdem er im Osten aufgeflogen ist, noch versucht, zu seinem englischen Führungsoffizier Alec Leamas in den amerikanischen Sektor herüberzukommen. Am Ende der Geschichte ist es Leamas selbst, der an einer vorbereiteten Stelle die Mauer erklettert, um wieder in den Westen zurückzufliehen. Beide, Riemeck und Leamas, kommen genau bis zur Mitte des

Grenzstreifens, Riemeck stürzt angeschossen kurz vor dem äußersten Grenzposten auf das Pflaster an der Kochstraße. Leamas sitzt rittlings oben auf dem Rand der Mauer, sieht seinen Kollegen George Smiley auf der westlichen Seite, die blendenden Scheinwerfer und Wachtürme auf der östlichen, er versucht, seine Begleiterin hochzuziehen, auf die die Grenzposten schießen – und springt nicht, sondern lässt sich wieder von der Mauer heruntergleiten, um von den ostdeutschen Grenzsoldaten erschossen zu werden.

Der Spion auf der Grenze – es sind diese zwei Rahmenszenen, die John Le Carrés *The Spy Who Came In From the Cold* von 1963 zur wohl berühmtesten Allegorie der Spionage im Kalten Krieg gemacht haben.[48] Die gleichnamige Verfilmung von Martin Ritt (1965) mit Richard Burton hat dafür die emblematischen Bilder geliefert, die die visuelle Vorstellung vom Grenzstreifen zwischen Ost und West lange geprägt haben [*Abb. 28 A und B*]. Noch der späte Film *Spy Game* (2001) wird sie zitieren, um das Ost-Berlin der achtziger Jahre zu evozieren. Zwischen diesen zwei Szenen an der Mauer entspinnt sich eine komplizierte Intrige um einen abgehalfterten Agentenführer, Leamas, der im Auftrag des Secret Service seinen sozialen Niedergang inszeniert, um sich von der Gegenseite anwerben zu lassen, und schließlich, sehr am Rande, eine mit wenig Emphase betriebene Liebesgeschichte, die am Ende aber zur entscheidenden Falle für alle Beteiligten wird. Nachdem der ostdeutsche Geheimdienstvize Mundt sämtliche von Leamas geführten Quellen aufgespürt und aus dem Weg geräumt hat, soll nun Leamas durch einen inszenierten Überlauf seinen Gegenspieler mit Hilfe von gefälschtem Material belasten und in den Augen seines eigenen Dienstes diskreditieren. Der emblematische Ort, um den diese komplizierte Operation kreist, ist der Grenzstreifen mit seinen Kontrollposten, seinem Stacheldraht und Schießbefehl, ein Grenzstreifen, an dem die globalen Feinde des Kalten Krieges unmittelbar aufeinandertreffen.

Keine Grenze hat dieses Aufeinanderprallen konträrer Weltentwürfe und Gesellschaftsformen so scharf verkörpert wie die deutschdeutsche Grenze, weil sie eine Nation durchschnitt. Und keine Stadt war so sehr Schauplatz jenes untergründigen Stellvertreterkrieges

Abb. 28 A: Alec Leamas am Checkpoint Charlie, in Erwartung seines Agenten Riemeck. Aus: Martin Ritt: The Spy Who Came In from the Cold, USA 1965.

Abb. 28 B: Alec Leamas auf der Berliner Mauer, am Ende seiner Flucht.

der Geheimdienste. »Berlin, the spy's eternal city«.[49] Die abgeriegelte, zweigeteilte, insuläre Stadt ist das urbane Gegenstück zur Paranoia geheimdienstlichen Operierens. Denn die Mauer organisiert einen Raum, in dem man nur hier oder dort – und das heißt: nur Freund oder Feind sein kann. Es ist jene zweigeteilte Welt, die einen völlig anderen Raumentwurf – und damit ein völlig anderes Raum-Wissen – generiert als etwa das *Great Game*. Was jenseits der Grenze liegt, ist das per definitionem Unbekannte, Bedrohliche: Feindesland. Die Mauer ist die Wand der Black Box. Diesseits der Grenze kann man, wie Alec Leamas zu Anfang im amerikanischen Kontrollhäuschen, das Geschehen aus der Sicherheit des geschützten Territoriums beobachten, man kann das Beobachtete sammeln, interpretieren und seine Schlüsse ziehen – das ist die übliche Tätigkeit der Geheimdienste im eigenen Land. Auf dem Grenzstreifen aber, in der Todeszone, entscheiden einige Meter oder auch das richtige Papier, das Passwort, der Befehl der Grenzposten oder der zuvor durchschnittene Stacheldraht über Leben und Tod.[50] Diese Grenze überschreitet der Spion wieder und wieder, und jedes Mal ist sein erfolgreicher Übertritt eine mehr oder minder dramatische Beschädigung dieser Grenze, eine Durchlöcherung und zugleich ein Test: Schon aus der Art und Weise, ob und wie die Grenze überschritten werden kann, ergibt sich ein Wissen über die Zustände auf der anderen Seite.

Es ist dieses Wissen vor Ort, das Kriegsspiele nicht antizipieren und Spieltheorie nicht berechnen können. HUMINT, die Aufklärung durch menschliche Quellen, ist darum das notwendige Komplement der rationalistischen Spekulation über den Feind, der Agent, den man ins feindliche Gebiet schickt oder in die gegnerische Administration einschleust, ihr Held – ein Held jedoch, mit dem man sich den unberechenbaren »human factor« einhandelt, jenes Risiko, das der Mensch als Quelle der Unvernunft, der Illoyalität, der Zweifel oder der bloßen Unzuverlässigkeit darstellt. In dem Maße, wie die Grenze nicht nur eine territoriale Demarkation, sondern eine Grenze des Wissens ist, wird der Spion in zweifacher Hinsicht zu einer epistemologischen Figur: Er produziert und transportiert Information, Geheimnisse, deren erstes, gelegentlich auch einziges die Tatsache seiner konspirativen Identität ist. Was diesseits der Grenze, in den Händen der eigenen Leute, funktionales Wissen ist – die Lage von Militärstützpunkten, die Stationierung von Waffen oder der Plan eines Atomkraftwerks –, wird in den Händen des Feindes zur Bedrohung. Weil die territorialen Grenzen hier als Grenzen des Wissens in den Blick kommen, ist die Verletzung, die der Spion ihnen zufügt, so dramatisch und bedrohlich.[51] Der Spion ist Medium des geheimen Wissens, er transportiert es über jene rechtlichen, geographischen, institutionellen, wissenschaftlichen und personellen Schranken hinweg, die dafür sorgen sollen, dass das geheime Wissen geheim bleibt. Er ist Medium auch in dem Sinne, dass er nicht (notwendig) Subjekt dieses Wissens ist. Anders als bei den spielerisch selbstgesteuerten Agenten des *Great Game*, bleibt es hier relativ gleichgültig, wie viel der Spion im Kalten Krieg von dem, was er über die Grenze bringt, selbst weiß, versteht und beherrscht. Ist die Nachricht überbracht, das Geständnis abgelegt, die konspirative Identität gelüftet, ist der Spion leer, verbraucht, gleichsam »entladen«. Wie klug er auch immer ist, wie viel Macht ihm der zeitweise Besitz des Geheimnisses auch immer geben wird – der Agent des Kalten Kriegs ist immer ein Instrument, ein Träger, nicht aber ein Adressat jenes kostbaren Wissens. In der Nachfolge der Komintern-Agenten ist dieser Spion ein politischer Akteur, der sich sehenden Auges zum Mittel machen, sich täuschen und sich opfern lässt.

Hinter der Grenze: »The Looking Glass War«

Das Phantasma des undurchsichtigen, gefährlichen und geheimnisvollen Feindeslandes hat kein Text des Kalten Krieges so düster entfaltet wie Le Carrés *The Looking Glass War* von 1965. Die Ausgangssituation des Romans ist eine Wiederkehr der Kuba-Krise von 1962: »a sort of Cuba situation all over again, only [...] more dangerous.«[52] Die Kuba-Krise, die die Supermächte so nah wie nie zuvor und niemals später an den Rand des Atomkriegs brachte, war dadurch ausgelöst worden, dass amerikanische Luftaufklärung die Stationierung sowjetischer SS4-Raketen auf Kuba nachgewiesen hatte. Zum ersten Mal waren damit weite Teile der USA in unmittelbarer Reichweite von sowjetischen Mittelstreckenwaffen. Nach anfänglichen Hinweisen von CIA-Agenten brachten die Aufklärungsflüge der U2 über der Provinz Pinar del Río Klarheit über das Ausmaß der Baumaßnahmen von Raketenabschussrampen. Als am 15. Oktober 1962 die Auswertung der Luftfotografien den Verdacht erhärtet, beginnt eine Periode angespannter gegenseitiger Drohungen zwischen den Supermächten, bis am 28. Oktober Chruschtschow einwilligt, die Raketen von Kuba wieder abzuziehen – und die USA im Gegenzug ihre in der Türkei auf die UdSSR gerichteten Mittelstreckenraketen abbauen.

Le Carrés Roman verschiebt das Kuba-Krisen-Szenario auf den europäischen Schauplatz: genauer gesagt die DDR. Ausgangspunkt bildet ein Verdacht des britischen SIS, dass im mecklenburgischen Raum sowjetische Raketen heimlich stationiert werden. Verschiedene unzuverlässige und schwer überprüfbare Indizien – die unscharfen Fotos eines DDR-Flüchtlings – deuten darauf hin, dass in der Gegend um Kalkstadt Waffen oder Teile davon gelagert werden. Ganz nach dem Vorbild von 1962 versucht man es zunächst einmal mit Luftaufklärung und schickt ein ziviles Flugzeug auf dem Flug von Westdeutschland nach Finnland unter dem Vorwand eines Kursirrtums über das fragliche Gebiet, um Fotos zu machen. Der Pilot berichtet, dass er über dem feindlichen Gelände von zwei MIGs verfolgt wurde; der Agent, der in Finnland den Film abholen soll, wird auf dem Weg vom Flughafen von einem Auto getötet; der Film ist verschwunden. Anders als im Fall der Kuba-Krise ist hier nicht einmal klar, ob tatsächlich etwas vorgeht. Man hat etliche Hinweise, aber man weiß nicht genau worauf.

Das Buch gliedert sich in drei Einsätze, »Taylor's Run«, »Avery's Run« und »Leiser's Run«, drei Reisen ins fremde, feindliche Terrain, drei Agenten, von denen nur einer, der junge Avery, lebendig zurückkommt, wenngleich mit nichts als dem undeutlichen Gefühl, dass irgendetwas in der Nacht vor seiner Hoteltür verdächtig geknackt haben könnte. Bis zum Ende bleibt unentscheidbar, was wirklich in der großen Hangarhalle bei Kalkstadt unter Planen gelagert ist, ob die Bevölkerung etwas gesehen hat und ob der Tod des ersten Agenten ein Mord oder vielleicht doch nur ein Unfall war. Das einzig Evidente ist die Intransparenz des fremden Terrains und die Angst des Agenten im Feindesland:

> »There is no terror so consistent, so elusive to describe, as that which haunts a spy in a strange country. The glance of a taxi driver, the density of people in the street, the variety of official uniform – was he a policeman or a postman? – the obscurity of custom and language, and the very noises which comprised the world into which Avery had moved contributed to a state of constant anxiety, which, like a nervous pain, became virulent now he was alone. It was part of an effeminate dependence upon those whom he deceived.«[53]

Während der kleine Agent des Empire, Kim, sein Eindringen ins unbekannte Terrain als Abenteuer sieht, fremde Menschen als potentielle Verbündete, ungewohnte Sitten als Gegenstand der Neugier, sind die Agenten des Kalten Kriegs immer am Rande ihrer Belastbarkeit: Entweder sind sie Nervenbündel wie Avery oder von jener traurigen, selbstmörderischen Tapferkeit, mit der Agenten wie Leamas (*The Spy Who Came In From the Cold*), Leiser (*The Looking Glass War*) oder der »honorable schoolboy« Jerry Westerby (*The Honorable Schoolboy*) den Gang in die Kälte antreten.[54] Das Terrain hinter der Grenze ist das Dunkel, nicht die bunte, gefährliche Fremde, es ist nicht exotisch, sondern trist, abweisend und undurchdringlich. Andrej Tarkowskijs Film *Stalker* (1978/9) hat dieses alptraumhafte, undurchschaubare Feindesland als eine Landschaft inszeniert, die er die »Zone« nennt: abweisendes, sich veränderndes, nach undurchschaubaren Regeln zwischen Gefährlichkeit und Harmlosigkeit ständig changierendes Terrain.[55] Eine Landschaft, die nicht so sehr aus geographischen Merkmalen besteht als aus Energien und Machtbeziehungen, Risiken und Rätseln, eine Landschaft, deren Regeln man kennen muss, um in ihr zu überleben, und die sich doch jeder Erschließung entzieht – der Raum der *Mauer* (s. Kap. *The Great Game: Raumaufklärung*).

Die Erhellung des Rätsels um die Vorgänge in Mecklenburg nimmt sich begierig eine kleine, seit dem Ende des Kriegs von Zuschüssen und politischer Einflussnahme abgeschnittene Abteilung der britischen Militäraufklärung vor. Die Nostalgiker des Weltkriegs wittern in der Operation, die sie mit Le Carré'scher Ironie »Mayfly«, Eintagsfliege, taufen, ihren großen Auftritt in der konkurrenzreichen Welt der diversen Geheimdienst-Sektionen. »We may have to put a man in. It seems to be the only way.« (64) beschließen sie tatendurstig – schicken aber nicht einen der ihren, sondern den Polen Fred Leiser, einen Einwanderer mit englischem Pass, der sich nichts sehnlicher wünscht, als von Engländern als Engländer anerkannt zu werden. Leiser wird mehr schlecht als recht ausgebildet, erhält eine 25 Jahre alte, über 20 Kilo schwere Funkausrüstung und nicht einmal eine Schusswaffe. Mit dünner Kleidung, dem schweren Funkerkoffer und einem Messer ausgerüstet, schleicht Leiser sich über die DDR-Grenze, tötet einen Wachsoldaten und versucht in lähmender Panik mit dem veralteten Gerät einen ersten Bericht zu funken, wobei er unweigerlich von der ostdeutschen Abwehr angepeilt, aufgespürt und getötet wird. Ein erratisches, dem Buch vorangestelltes Zitat aus einem Morsehandbuch kommentiert diese fatale Szene: »The carrying of a very heavy weight such as a large suitcase or trunk immediately before sending practice, renders the muscles of the forearm, wrist and fingers too insensitive to produce good Morse.« (10) Klar wird damit, dass der Einsatz Leisers von vornherein zum Scheitern verdammt ist – ungeeignetes Gerät und ein im Morsen schlecht geübter Agent. Was immer möglicherweise um Kalkstatt unter Lagerdächern versteckt ist: Die Einsatzgruppe wird, noch während Leiser ›draußen‹ ist und funkt, aus dem *safe house* in Westdeutschland abgezogen, keiner wird seinen zweiten Funkspruch, bei dem er schließlich erschossen wird, mehr hören. Das Rätsel, dessentwegen er sein Leben riskiert, interessiert niemanden mehr.

The Looking Glass War entfaltet eine Topographie der Geheimdienstwelt, die ein Innen und ein Außen voneinander trennt: Die Innenwelt, die verfilzte Sphäre der Administration, der persönlichen Konkurrenzen und Animositäten, der Männerfreundschaften und Public School-Netzwerke[56] bezieht ihre Rechtfertigung aus dem Verweis auf ein Außen, auf ein Feindesland und auf Bedrohungen, von denen niemand wirklich wissen will, ob sie real sind oder eine schlichte Fehlinterpretation unglücklicher Zufälle. Die Feldagenten »draußen« sind die Opfer der Intrigen und Karrierenpläne »drinnen« im Dienst. Das Menschliche der HUMINT erscheint als Allzumenschliches: Wunschdenken statt Rationalität, wirklichkeitsferne Bürologik statt Sachkenntnis,[57] sentimentale Bindungen zwischen Agent und Agentenführer statt einer zweckmäßigen Ausbildung, der kaltschnäuzige Einsatz des Lebens anderer. Leiser mit seinem Wunsch nach Anerkennung in England ist sehenden Auges das Bauernopfer seiner Auftraggeber. Neben das Morse-Zitat stellt Le Carré darum als zweites Motto einen Ausruf Alices aus Lewis Carrolls *Through the Looking Glass* (1899): »I wouldn't mind being a Pawn, if only I might join.« (6) Leiser will, wie Alice beim lebensgroßen Schachspiel hinter dem Spiegel, unbedingt mitspielen – und sei es als Bauer: einer, der ausgenutzt, geopfert und vergessen wird. Der im Einsatz ›draufgegangene‹, betrogene Agent ist ein reines Mittel zum Zweck, eine entbehrliche Figur, der man verlogen ihre Unentbehrlichkeit suggeriert. Sie sind die »Joes« – Le Carrés Jargon für die Agenten und Quellen, die ein Agentenführer benutzt –, sie sind es, die das ganze Risiko draußen tragen, man horcht sie aus, man misstraut ihnen und lässt sie fallen, wenn es opportun erscheint.[58] Sie werden grundsätzlich über ihre wahre Funktion und ihre Kontaktpersonen getäuscht, wie der langjährige ostdeutsche Spionagechef Markus Wolf unumwunden zugibt:

> »Die Täuschung beginnt bei der Rekrutierung, der Auswahl des Spions. Meist erfährt er zunächst selbst nichts über den tatsächlichen Bezugspartner und dessen Absicht. Es beginnt mit dem Einsatz von ›Legenden‹, vorgetäuschten Organisationen, falschen Namen und Ausweisen.«[59]

Pawns liefern Wissen, ohne es zu besitzen. *Pawns* werden geopfert, wenn es opportun ist. Die Bauernopfer des Kalten Krieges sind die westliche Variante der Tschekisten, jener Agenten der kommunistischen Weltrevolution, die gelernt haben, sich auszulöschen, sich zu opfern – aber auch, sich um des höheren Zwecks willen die Hände mit Blut zu besudeln (s. Kap. *Agenten der Weltrevolution*). Aber während der Tschekist seine Kunst der Verstellung und seine schmutzige Arbeit mit dem Glauben an die Revolution, an die »Veränderung der Welt« (Brecht) verrichtet, sind die Bauernopfer der westlichen Dienste zumeist mit wenig mehr ausgestattet als einer vagen Überzeugung, der Westen sei doch irgendwie das bessere Regime und müsse sich verteidigen. Ihren Taten fehlt der welthistorisch-ideologische Glanz, den Brecht seinen Figuren noch in den Mund legen kann – John Le Carré nicht mehr. Aber gerade darin sind jene trockenen und tapferen Loser-Helden wie Leamas und Leiser die eigentliche Verkörperung des Agenten im Kalten Krieg: glaubenslos gefangen in einem Krieg der Ideologien, die eigentlich niemand mehr teilt.

Leiser ist so ein Mittel – zu einem Zweck allerdings, über den sich nicht einmal die, die ihn einsetzen, genau im Klaren sind. Im besten Falle löst der *pawn* ein Problem, ist Instrument einer Entscheidung, Werkzeug eines Siegs, immer aber ist er austauschbar, nicht Subjekt der Entscheidung, die er herbeiführt. Der *pawn*, nicht der Feind, ist der eigentlich Betrogene in diesem Spiel. Warum lässt er sich auf diesen hoffnungslosen Auftrag ein?

> »Why did he go, Avery?«, fragt einer seiner Agentenführer den andern. »Jane Austen said money or love, those were the only things in the world. Leiser didn't go for money. [...] Do you know what love is? I'll tell you: it is whatever you can still betray.« (237)

Was immer man verraten, missbrauchen, zum Ansatzpunkt einer Manipulation machen kann: den Wunsch nach Anerkennung, Loyalität, Freundschaft, die Liebe zu einer Frau (die Graham Greenes Protagonist Castle zum Verräter werden lässt)[60] oder zu einer Tochter (die John Le Carrés sowjetischem Geheimdienstchef »Karla« zum Verhängnis wird)[61] – genau dies ist der »human factor«, die menschliche Schwäche, die den Einzelnen ins Geflecht der Geheimdienste hineinzieht. »Whatever you can still betray« ist jene Dimension menschlichen Verhaltens oder Entscheidens, die nicht rationalisierbar, bestenfalls psychologisierbar ist, und damit im Wissensraum der berechenbaren Feindspekulation nicht anders auftauchen kann denn als spezifisch menschliches Defizit. »Whatever you can still betray« ist aber auch jene Seite des Privaten, jenes persönlichen *secretums*, das die Moderne als Schutzraum dem Individuum zugesprochen und dem Zugriff des Politischen entzogen hatte (s. Kap.: *Arcana imperii*). Es ist dieser Schutz des Persönlichen und Individuellen als Unpolitischem, ein Wert, den sich der Westen in allen ideologischen Debatten auf die Fahnen schreibt gegen eine kommunistische *ratio*, die den Einzelnen dem Kollektiv glaubt opfern zu müssen. Der Jude Fiedler in *The Spy Who Came In from the Cold*, der sich gleichermaßen auf Stalin wie aufs Neue Testament beruft, bringt diese Logik auf den Punkt: »Some Roman said it, didn't he, in the Christian Bible – it is expedient that one man should die for the benefit of many.«[62] Was der westliche Geheimdienst tut, ist also eine Selbstpervertierung, wie John Le Carré einmal in einem offenen Brief an die *Moskow Literary Gazette* schrieb: »In espionage as I depicted it Western man sacrifices the invidual to defend the individual's right against the collective. That is Western hypocrisy, and I condemned it because I felt it took us too far into the Communist camp«.[63] Wenn es nun ausgerechnet seine Individualität ist, an der der Westen das Individuum packt, um es zu verraten und zu missbrauchen, dann ist es grade sein ›Humanismus‹, der in der Unterwelt der Geheimdienste zur schlimmsten Waffe gegen den Einzelnen wird.

Hinter dem Spiegel: »The Spy Who Came In from the Cold«

Die alte Metapher vom Geheimdienst als »Großem Spiel« wird bei Le Carré ins Böse und Irreale gewendet.[64] Was hier noch gespielt wird, sind entweder manipulative kleine Beziehungsspiele, »games people play«,[65] wie eines der erfolgreichsten Psychologie-Bücher der sechziger Jahre es nennt, oder aber Spionagespiele, die nur mehr die phantasmatische und imaginäre Seite des politischen Spiels bedienen. Mit dem Rationalismus des Wargaming hat das nichts mehr zu tun. Darum führt das Carroll-Zitat aus *Through the Looking Glass*, dessen Titel Le Carré in seinem Titel aufgreift, ins Zentrum der politischen Struktur, die seine frühen Romane prägt. Jene Mauer, die die politische Topographie des Kalten Kriegs bestimmt, ist, so Le Carrés These, eigentlich ein Spiegel – wie der, der in Alices Haus auf einmal durchdringbar wird und durch den hindurch Alice in ein seltsames Reich verkehrter Regeln und abstruser Logik gelangt. Die Welt hinter dem Spiegel ist nicht nur eine ›verkehrte Welt‹, in der alles ähnlich, aber genau umgekehrt ist (man muss von einem Ort weg gehen, um dorthin zu kommen, Blumen können sprechen, man muss rennen, um am gleichen Fleck zu bleiben usw.), sondern auch eine Welt des lebensgroßen Spiels. Die Landschaft ist ein riesiges Schachbrett, bei dessen Anblick Alice begeistert ihren Wunsch äußert, als Bauer mitzuspielen.[66] Die Traumwelt hinter dem Spiegel, mit ihren eigenen Regeln, scheinbaren Absurditäten, ihren guten und bösen Königen und Königinnen ist ein Bild für die gänzlich imaginäre Konstruktion, mit der sich der Geheimdienst die Welt des Feindes zurechtlegt. Eine »dream factory« nennt Avery die Denkweise seiner Abteilung, die aus nichts anderem besteht als »rumors, a guess, a hunch one follows up; it's easy to forget what intelligence consists of: luck and speculation« (121/2). Die doppelte Anspielung auf Carroll macht eines überdeutlich: Das Wissen vom Feind ist kein Wissen, sondern ein Traum vom Feind, die Welt hinter der Grenze eine imaginäre Welt, in spiegelhafter Verkehrung bezogen auf die bekannte Welt. Die Frage, mit der Alices Traum hinter dem Spiegel endet, ob sie es geträumt habe oder nicht vielmehr der Schachkönig *sie* geträumt habe,[67] erklärt den seltsamen Ort, den der *pawn* im Spiel einnimmt. Der geopferte Agent, das Bauernopfer, ist Teil eines Traums, den nicht er selbst träumt, Teil einer Intrige, die er nicht durchschaut, Teil einer Phantasie über die Welt hinter der Grenze, die allerdings nicht der Träumer, sondern er mit seinem Leben beglaubigen muss.

Weniger explizit, aber dafür umso nachdrücklicher wirksam, beherrscht diese Struktur einer »hinter dem Spiegel« liegenden Gegenwelt auch jene hochkomplizierte Intrige, die *The Spy Who Came In from the Cold* erzählt. Alec Leamas, der Spion, der – mit einer weiteren Le Carré'schen Titelironie – aus der Kälte natürlich *nicht* zurückkommt, ist just ein weiteres Bauernopfer im großen Kalten Kriegsspiel. Sein Auftrag ist, zum Schein aus dem Dienst auszuscheiden, sich als trunksüchtiges, verbittertes Wrack zu präsentieren, sich vom gegnerischen Geheimdienst anwerben zu lassen und dann mit getürktem Material den hochrangigen DDR-Geheimdienstler Mundt zu belasten: ein einziges großes Desinformationsmanöver. Das einzige scheinbar nicht eingeplante Detail in der theatralischen Inszenierung seines Niedergangs ist eine kleine Affäre mit einer Bibliothekarin, Liz – aber darin liegt jener »human factor«, jene menschliche Angreifbarkeit, die der Geheimdienst schließlich nutzen wird, um Leamas in einer ganz anderen als der von ihm vermeinten Weise einzusetzen. Der Osten ergreift den so nachdrücklich angebotenen Köder, Leamas wird in die DDR geschafft und dort von Mundts offiziellem Assistenten, tatsächlich aber ärgstem Gegenspieler Fiedler verhört. Fiedler sucht nach belastenden Beweisen gegen seinen Chef, den er als Doppelagenten des Westens verdächtigt, und es scheint Leamas' Aufgabe zu sein, ihm diese zu liefern. Erst am Ende des Romans, in einem spektakulären Tribunal, in dem Fiedler mit großer Geste Mundt entlarven will, kommt heraus, wozu Leamas in Wirklichkeit ins Lager des Feindes geschickt wurde: Mundt ist *tatsächlich* ein Agent des Westens, sein intelligenter und integrer Mitarbeiter Fiedler ahnte das – und Leamas' Auftrag war nicht, Mundt zu belasten, sondern ihn von Fiedlers berechtigten Anschuldigungen reinzuwaschen. Das gelingt dadurch, dass der britische Geheimdienst die Bibliothekarin einschleust, die – ohne die geringste Ahnung zu haben, worum es geht – unwissentlich zum Beweismittel gegen Leamas wird. Nun, da der ärgste Belastungszeuge, Leamas, selbst desavouiert ist, ist Mundt in einer rasanten Wendung seinerseits von allen Verdächtigungen befreit. Am Ende erklärt Leamas Liz die ganze scheußliche Wahrheit:

»I'll tell you what you were never, never to know, neither you nor I. Listen: Mundt is London's man, their agent; they bought him when he was in England. We are witnessing the lousy end to a filthy, lousy operation to save Mundt's skin. To save him from a clever little Jew in his own department who had begun to suspect the truth. They made us kill him, d'you see, kill the Jew. Now you know, and God help us both.« (199)

Leamas ist eine andere Spielart des *pawns* als Leiser, zusammen verkörpern sie die zwei Seiten der Secret Intelligence: Information und Desinformation (s. Kap. *Secret Intelligence*). Als Agent mit einem Auftrag, den er selbst erst am Schluss wirklich durchschaut, figuriert Leamas als das, was Sun Tzu einen »toten« oder »opferbaren« (expendable) Agenten nennt.[68] Der opferbare Agent dient nicht der Aufklärung, sondern dem Transport gefälschter Information, die den Feind verwirren soll. Opferbar ist er in genau dem Sinne, dass er nicht zurückkommen muss, um seine Mission zu erfüllen, anders als der Agent, der zur Informationsgewinnung eingesetzt wird. Und er, wie seine Freundin Liz, ist genau in dem Maße überzeugend, als er nicht weiß und keine Macht darüber hat, wie er eingesetzt wird. Er braucht keine Verstellungskunst, weil er genau das ist, was er darstellen soll: einen Agenten bei einem gezielten Täuschungsmanöver. Gerade sein Unwissen über den tatsächlichen Plan und seine scheinbar rein private Affäre mit der Bibliothekarin werden zu nützlichen Instrumenten in den Händen des Geheimdiensts: »Oh God«, sagt Liz am Ende, als beide alles durchschaut haben und ahnen, dass sie nicht ihrer Flucht in den Westen, sondern dem sicheren Tod entgegenfahren: »It's far more terrible, what they are doing; to find the humanity in people, in me and whoever else they use, to turn it like a weapon in their hands, and use it to hurt and kill«. (204)

Die Frage ist, worin die politische Pointe liegt, die diesem Roman mitten im Kalten Krieg einen so überwältigenden Erfolg bescherte, dass sich der Autor von der Arbeit als Resident des britischen Geheimdiensts in Bonn für immer nach Cornwall zum Schreiben zurückziehen konnte. Der Plan, im Lager des Feindes Verwirrung durch Spielmaterial zu stiften, gegebenenfalls auch Entscheidungsträger im feindlichen Lager zu belasten, ist nicht völlig unüblich – der Verdacht, dass sie mehr Desinformation als Information transportieren, haftet allen Überläufern an – dennoch ist die Intrige von *The Spy Who Came In from the Cold* kaum anders als aberwitzig zu nennen. Nicht nur ist der Plan als solcher höchst verwegen, die Durchführung selbst enthält einige Widersprüchlichkeiten. Warum dezimiert Mundt so effizient die westlichen Agenten im Osten, wenn er doch für die Briten arbeitet? Warum ist die Desavouierung des Überläufers ein automatischer Beweis für Mundts Unschuld? Mundt ist ein wenig zu gut über die Interna des britischen Geheimdiensts informiert, wie sowohl Leamas als auch Fiedler am Ende des Tribunals klar wird. Und – wichtigster Fehler – wie kann Mundt Leamas und Liz am Schluss aus dem DDR-Gefängnis in Richtung Grenze entkommen lassen, ohne sich wiederum zu belasten? Ein Praktiker wie Günter Nollau, Leitender Regierungsdirektor im Bundesamt für Verfassungsschutz, wies in seiner Rezension der deutschen Erstausgabe unerbittlich darauf hin, wie viele technische Fehler Leamas, seinen Agenten, aber auch dem perfiden Mundt und – auf englischer Seite – dem Vorgesetzten Control unterlaufen. Wenn man auf einen heimlich überlaufenden Agenten wartet, dann trinkt man nicht auf der gegenüberliegenden Seite der Grenze mit den amerikanischen Soldaten Kaffee, schreibt Nollau Leamas ins Stammbuch. Alles viel zu verdreht, auffällig und riskant: »Solche Pläne schmiedet kein Chef eines Nachrichtendienstes, der im Besitz seiner fünf Sinne ist.«[69] Nollaus technischer Blick auf die Dinge sieht in seiner knappen Kritik sehr viel mehr von der politischen Struktur des Romans als die Bibliotheken von Forschungsliteratur, die wieder und wieder die Ethik und Soziologie der im Geheimdienst tätigen britischen Mittelklasse beschäftigt.[70] Was Nollau sofort sieht, ist das Einfachste: Wie ungeheuer kompliziert und zugleich ungeheuer abstrus diese Geschichte ist. Und genau darin liegt der *politische* Kern der Sache.

John Le Carrés These zum Kalten Krieg ist so radikal, dass der Autor sie in Interviews nie explizit auf den Punkt zu bringen wagte. Man kann es nur erzählen. Denn das Skandalon von *The Spy Who Came In from the Cold* ist die vollkommene Verzahnung, die Identität von Freund und Feind. »You and Mundt are enemies, aren't you?«, fragt Liz ungläubig, als sie am Ende Leamas mit dem verhassten Gegner reden sieht (199). Freund und Feind sind unlösbar ineinander verstrickt. Der widerwärtige Ex-Nazi Mundt ist »unser Mann«, der kluge und integre Fiedler, der im Nationalsozialismus von Mundt gefoltert worden war, ist besiegt und wird erschossen. Feindschaft und Allianzen sind an keinerlei tatsächlichen Konflikt mehr gebunden, genauso wenig wie ihnen persönliche Affekte wie Hass oder Sympathie entsprechen. Feindschaft ist eine abstrakte Setzung. Le Carré hat das später als eine Frage nach den legitimen politischen Mitteln expliziert:

> »I tried to tickle the public conscience with the issue of *raison d'état*. I have posed this question: for how long can we defend ourselves – you and we [d. h. den Osten und den Westen, EH] – by methods of this kind, and still remain the kind of society that is worth defending?«[71]

Aber die Frage, ob unmoralische Mittel zum höheren politischen Zweck verwendet werden dürfen, verschleiert den eigentlichen Punkt. Statt nach der Legitimität der Mittel fragt sich hier vielmehr, was eigentlich der Zweck und Grund dieses Krieges ist, wenn Freund und Feind sich gegenseitig in Lohn und Brot nehmen. Worum geht es eigentlich? Der Krieg der Geheimdienste rechtfertigt sich und seine Schmutzigkeit damit, dass er ein Stellvertreterkrieg statt des großen Kriegs ist, wie Leamas Liz erklärt: »This is a war [...] It's graphic and unpleasant because it's fought on a tiny scale, at close range; fought with a wastage of innocent life sometimes, I admit. But it's nothing at all beside other wars – the last or the next.« (204) Aber dieser Stellvertreterkrieg im Kleinen reflektiert die Tatsache, dass es in der Feindschaft, die der Kalte Krieg zu sein vorgab oder zu sein glaubte, buchstäblich um nichts geht. Dieser Krieg ist so bodenlos, wie er grundlos ist. Die Welt der Geheimdienste ist auf beiden Seiten gleich, die Rede vom Unterschied der Systeme Makulatur angesichts der Gleichheit ihrer Mittel. Und der Krieg, den sie gegeneinander führen, ist nichts als ein selbstreferentielles Spiel der Dienste gegeneinander. Le Carrés Pointe ist diese Entleerung einer angeblich unhintergehbaren Feindschaft, eine Entleerung, die mehr als die stereotype Wiederholung gewisser Ideologeme vom »westlichen Individualismus« und vom »kommunistischen Primat des Kollektivs« die Grundlage des Kalten Krieges bildet.

Diese Aushöhlung des Politischen (weniger sein vielbeschworener Bruch mit dem bis dato von der Bond-Gestalt geprägten Genre Spionageroman und auch nicht sein angeblicher ›Realismus‹) ist es, welche die Innovation und Brillanz von Le Carrés Büchern ausmacht. Graham Greenes Kompliment, dies sei der beste Spionageroman, den er je gelesen habe, trifft die Sache nicht wirklich. Denn Le Carré steht Theoretikern wie Schmitt, Schroers und Boveri näher als seinen angeblichen Gattungsvorbildern Ambler, Greene oder Buchan. Seine in jeder Hinsicht ›kalte‹, desillusionierte und desillusionierende Analytik macht Le Carré zum narrativen Pendant der politischen Reflexionen über den Verrat, die fast gleichzeitig entstehen. In *Verrat im XX. Jahrhundert* hatte Margret Boveri den Verrat als eine Krise der politischen Loyalität analysiert, als die unlösbare Frage, zu welcher Gemeinschaft man eigentlich gehört – Carl Schmitt hatte, umkehrt von der Frage der »wirklichen Feindschaft« her kommend, die Verunklärung erkennbarer Freund-Feind-Fronten diagnostiziert (s. Kap. *Verrat im 20. Jahrhundert*).[72] Le Carré inszeniert diese Krise des Politischen in der Welt der Geheimdienste – ein Brennspiegel für eine Feindschaft, die er als gänzlich selbstreferentiell, phantasmatisch und irreal durchleuchtet. Freund und Feind sind ineinander verstrickt wie die Zweige eines zerstrittenen Clans, von einem Schlag, mit gleichen Methoden kämpfend, gelegentlich die Seiten wechselnd. Die Feinde sind einander wesensverwandt, nicht nur, weil sie sich – wie oft bemerkt wurde – »moralisch« auf eine gemeinsame Stufe begeben haben, weil sie im gleichen Maße manipulativ, illoyal, gewalttätig und perfide sind, sondern weil sie sich materiell und phantasmatisch ineinander verwandeln. Die eigentliche Differenz ist nicht mehr die, die von der Mauer gezogen wird, der Gegensatz zwischen Ost und West, sondern die zwischen der »großen dumpfen Masse« der normalen Menschen, die friedlich in ihren Betten schlafen können, und jener Unterwelt der Geheimdienste, die den Schlaf der arglosen, dumpfen Masse bewachen und verteidigen. In dem Maße, wie Le Carré im emblematischen Bild der Berliner Mauer diese Grenze in Szene setzt, dekonstruiert er sie zugunsten einer anderen, unsichtbaren Demarkationslinie, der zwischen politischer Öffentlichkeit und der Unterwelt des geheimen Kriegs. Diese Unterwelt mit ihrem grausamen, unbeendbaren, aber in letzter Konsequenz ziellosem Kampf ist die »Kälte«, aus der der Spion, wie Leamas im letzten Kapitel, »*In From the Cold*«, nur durch den Tod kommt. In ihr sind Freund und Feind nicht mehr voneinander zu unterscheiden. Der eine ist der Traum des anderen, der eine ist der Bruder des anderen.

Der Sündenfall: Kim Philby

»We should never forget the gaps.«
John Le Carré:
Introduction to *Philby. The Spy Who Betrayed a Generation*

Der »Sündenfall«, wie es Le Carré später nennen sollte,[73] geschieht am 23. Januar 1963. Kim Philby, der ehemalige Direktor der Abteilung für anti-sowjetische Spionageabwehr des britischen MI6, nunmehr Korrespondent in Beirut, verschwindet auf dem Weg zu einer Dinnerparty beim britischen Botschafter. Monate später taucht er in Moskau wieder auf, wo er um politisches Asyl gebeten hatte. Damit wurde ein Verdacht bestätigt, der seit Jahren, seit dem Überlauf seiner ebenfalls für den englischen SIS tätigen Freunde Guy Burgess und Donald MacLean auf ihn gefallen war: dass dieser hochrangige Geheimdienstbeamte tatsächlich ein Maulwurf des KGB war. Jahrelang hatte Philby die Sowjets über Struktur und Informationsstand der britischen Spionageabwehr informiert, jahrelang hatte er britische Agenten auffliegen lassen und potentielle Überläufe sowjetischer Geheimnisträger in den Westen vereitelt. Als er schließlich nach Moskau floh, hatten sich die Verdachtsmomente gegen ihn so verdichtet, dass er sich in letzter Minute vor der Verhaftung rettete. Der Fall Philby war das Trauma der westlichen Dienste: ein Verrat auf höchster Ebene, ein Verrat aus der Mitte der Staatsdiener, die man für schlechthin zuverlässig gehalten hatte. Und ein Verräter, auf den jahrelang alles hingedeutet hatte und der dennoch, von einer versäumten Sicherheitsüberprüfung bei der Einstellung in den vierziger Jahren, über einen Aufstieg durch alte Cambridge-Seilschaften bis hin zu einer allzu schonenden Untersuchung im Falle Burgess und MacLean, immer wieder von einem Netzwerk von Freunden und Förderern im britischen Establishment geschützt wurde. Philby war ein Produkt der englischen Gesellschaft selbst, einer Gesellschaft, die, wie Le Carré mit für ihn untypischer Wut schrieb, Loyalität mit Klassenzugehörigkeit verwechselte.[74] Anders als andere, nicht dem Establishment zugehörige Verräter wie der jüdisch-niederländische Agent George Blake oder der turbulente, offen homosexuelle Guy Burgess war Philby der Inbegriff englischen Anstands. Aber er war auch, wie Hugh Trevor-Roper gegen Le Carré zu bedenken gab, ein Produkt der Geheimdienstwelt selbst, eine Rekursion des Geheimnisses in die Welt der Geheimhaltung, des verdeckten Operierens, der Lüge und Manipulation. Philby, so schreibt er, war »the effect of secrecy, of insulation, of immunity, of immediate circumstance – and perhaps also of a popular myth.«[75] Aber so sehr Philby in den späten fünfziger Jahren den britischen Gentleman vorführt, so wandlungsfähig – auch in seinem Äußeren – ist er: Nach seinem Überlauf in die Sowjetunion präsentiert er sich proletarisch in Schiebermütze und Kurzmantel, während er in England in Beret und Trenchcoat eher bürgerliche Eleganz an den Tag gelegt hatte [*Abb. 29 A und B*]. In diesem Sinne ist Philby weniger eine Pathologie des Systems als ein Zu-sich-selbst-Kommen der Welt des geheimen Krieges. Umso mehr verkörperte er die insistierende Frage nach dem, was der Verrat über die verrät, die verraten werden.

Abb. 29 A: Kim Philby (1912–1988) in London vor dem Überlauf.

Abb. 29 B: Kim Philby in Moskau nach dem Überlauf.

So wie *Dr. Strangelove* den *worst case* einer rationalistischen Feindspekulation durchspielt, so war Philby der reale *worst case* der HUMINT – und wie jeder schlimmste denkbare Fall wirft er ein Licht auf die Struktur, deren Zusammenbruch er darstellt. Frühere Verräter wie Blake, Burgess, MacLean oder John Cairncross wurden als turbulente oder verschrobene Fälle individueller Unzuverlässigkeit behandelt, spätere amerikanische Maulwürfe wie Aldrich Ames oder Robert Hanssen als Fehler im internen Warnsystem der CIA. Philby dagegen (und mit ihm der später enttarnte Cambridge-Kunsthistoriker Sir Anthony Blunt) wurde als ein Symptom für die Pathologien der Gesellschaft verstanden, deren angesehenes und erfolgreiches Mitglied er war – eine sich selbst rekrutierende und protegierende Elite, die sich mehr gegen die unteren Klassen als gegen den Feind abschirmt.[76]

Philby, der Mann und der Fall, erscheint als die Verkörperung der Rätsel des Verrats – und damit (wie im Fall des Judas) als eine permanente Aufforderung zu erzählen und zu plausibilisieren, was geschehen ist. Warum hat er für die Sowjetunion gearbeitet? Seit wann? In welche geheimen Operationen hat er eingegriffen und wie? Wen hat er verraten? – Neben unzähligen Essays, investigativen Rekonstruktionen und Romanen war er selbst einer der ersten, der dieser in der Sache selbst liegenden Aufforderung zum Erzählen gefolgt ist. Nach seiner Flucht 1963 verfasst Philby in Moskau, natürlich unter den Augen des KGB, *My Silent War* (erschienen 1968 in London), einen trockenen, irritierend unpersönlichen Bericht über seine Tätigkeit als Doppelagent im Dienste der Sowjetunion. Er behandelt im Wesentlichen jene jahrelang rätselhafte Affäre um den russischen Überläufer Wolkow, dessen geplanten Überlauf in Istanbul Philby in letzter Sekunde verhindert – Konstantin Wolkow, Vizekonsul der sowjetischen Botschaft in Istanbul, hatte Informationen über einen hochrangigen Maulwurf im SIS angekündigt – und einen ausführlichen Bericht über die Untersuchung nach dem Überlauf von Burgess und MacLean. Auffälligstes Merkmal seiner »Buchhalter-Prosa«

(John Le Carré) ist das Schwanken zwischen den Perspektiven: Meist berichtet er aus der Sicht seiner Tätigkeit als SIS-Beamter, selten und wie beiläufig fällt er plötzlich in die Sichtweise des Undercover-Agenten, der seine eigene Aufdeckung verhindern muss.

Als Antwort aber auf jene drängenden Fragen nach Motiv, Ausmaß, Technik und Hintergründen des Verrats ist Philbys Buch eher ein Rätsel als dessen Lösung. Es ist keine Konfession, sondern nichts als das, was jemand, der in Moskau sitzt, die andere Seite wissen lassen kann; es ist retrospektiv, aber kann kaum mehr erzählen als das, was der Westen – als der Adressat dieses Berichts – sowieso schon weiß oder was man wünschen kann, dass der Feind es glaube. Natürlich wird kein Detail berichtet, das nicht obsolet ist, kein Name genannt, der nicht sowieso verbrannt wäre. Philbys Text ist, im technischen Sinn dieses Begriffs, »chicken-feed«, Spielmaterial, eine Mischung von Wahrheitsködern, Auslassungen, Unwichtigem, allzu durchsichtigen Anspielungen und einigen glatten Lügen.[77] Dennoch gibt es eine ostentative Geste des Bekenntnisses: Philby insistiert, dass er nicht etwa ein zwischen zwei Seiten lavierender Doppelagent, sondern immer ein loyal der Sowjetunion ergebener Agent war. »All through my carreer, I have been a straight penetration agent working in the Soviet interest. The fact that I joined the British Secret Intelligence Service is neither here nor there; I regarded my SIS appointments purely in the light of cover-jobs.«[78] Dieses Bekenntnis ist das Einzige in *My Silent War*, was sich nicht so sehr an die britischen Leser wie die sowjetischen KGB-Zensoren wendet. Tatsächlich hatte selbst die sowjetische Seite zeitweise massive Zweifel an Philbys Loyalität ihnen gegenüber. Wer so überzeugend lügt wie Philby, dem glaubt man nicht.[79]

Philbys Text ist von einer blendenden Leere: keinerlei persönliche Informationen oder Kommentare, vor allem aber keinerlei Erklärung für seine Bindung an die Sowjetunion, die er immerhin über zwanzig Jahre lang gegen alle Personen durchhielt, die ihm nahe standen. Es ist ein Text, der die Person des Verräters, die Motive und Umstände des Verrats gänzlich im Dunkeln lässt, um damit umso insistierender das Rätsel des Verrats an die zurückzuspielen, die sich verraten fühlen: seine englischen Leser. Die unzähligen Texte um die Figur des Doppelagenten und Maulwurfs, die nach 1963 entstehen, schreiben sich ein in diese Leere der Figur Philby, sie entwerfen Lösungen für ein Rätsel, das weniger die Frage nach dem Feind stellt als nach dem Wesen der Zugehörigkeit und Loyalität. Die Frage nach dem Maulwurf, dem im Inneren der eigenen Gemeinschaft operierenden, unsichtbaren Feind, ist weniger eine Spekulation über das Wesen des Feinds, über seine Pläne und seine Struktur, sondern eine Auslotung der eigenen Seite. Im zum Feind gewordenen Freund wird der Feind zum Symptom all dessen, was die Möglichkeit von Gemeinschaft in Frage stellt. Er ist der Spiegel, in dem sich die Gesellschaft selbst erkennt. Es ist dieses Phantasma, das von nun an die politischen Fiktionen bestimmt: dass der Nächste – mein Chef, mein Freund und Kollege, meine Frau – der Feind ist. Es ist dies die andere Unsicherheit, die der Mensch ins Spiel bringt, der andere *human factor*.

Eine Frage der Loyalität: Graham Greene

Graham Greene, persönlich befreundet und im hohen Maß sympathetisch mit Philby, hat unter dem besten nur möglichen Titel, *The Human Factor* (1978),[80] eine Antwort auf das Rätsel des Verrats und des Verräters gegeben. Dabei durchzieht die Frage des notwendigen Loyalitätsbruchs sein gesamtes Werk seit *The Confidential Agent* (1939). Greenes Helden machen sich schuldig und fühlen sich schuldig um höherer Werte willen: Arthur Rowe aus *The Ministry of Fear* (1943) hat seine erste Frau aus Mitleid getötet und wird seine zweite ein Leben lang aus Mitleid belügen. Wormold, *Our Man in Havana* (1958), beginnt seine phantasievollen Berichte aus Havanna ans MI6, weil er das Geld für die Extravaganzen seiner vergötterten Tochter braucht. *The Human Factor* macht den Verrat zum Grenzgang zwischen einer nationalen Loyalität, die sich im konkreten Fall an die Zugehörigkeit zu einem stupiden und gelegentlich brutalen Geheimdienst knüpft, und der persönlichen Bindung an seine Familie und einen Freund, der diese Familie überhaupt erst möglich gemacht hatte. Greenes Held und Verräter, Maurice Castle, war als Agent in Schwarzafrika tätig und hatte sich in eine dort für ihn arbeitende Afrikanerin, Sarah, verliebt. Mit Hilfe eines kommunistischen Freundes, Carson, war Sarah über die Grenze entkommen und mit Castle und ihrem Sohn nach England gezogen. Aus Dankbarkeit über die Rettung Sarahs beginnt Castle, Material aus der langweiligen Südafrika-Abteilung des Geheimdiensts an die Sowjetunion weiterzugeben. Den Impuls übergroßer Dankbarkeit – noch über den Tod jenes Freundes hinaus – bringt Castles Mutter mit einer Kindheitsanekdote auf den Punkt: Damals habe ihr Sohn einen neuen Füllfederhalter als Gegengeschenk für ein schokoladegefülltes Brötchen hergegeben. Die rührende Absurdität dieses Bildes ist Greenes ebenso rührende Metapher für den Impuls des Verrats: Dankbarkeit, die kein Maß kennt. Die Verratenen sind selbstverständlich bei Greene der Loyalität kaum wert: ein kaltherziger Arzt, Doktor Percival, vergiftet einen von Castles Kollegen auf den vagen Verdacht hin, dass dieser das Leck sei (das in Wirklichkeit Castle ist), der Rest der Abteilung sind traurige Gestalten mit zerbrochenen Ehen oder überzogenen gesellschaftlichen Ambitionen. Mit Emphase hat Greene sich immer wieder auf jenes Diktum E. M. Forsters berufen, das die vaterländischen den privaten Loyalitäten entgegensetzt: »I hate the idea of causes, and if I had to choose between betraying my country and betraying my friend, I hope I should have the guts to betray my country.«[81] Was Forster als Akt des Mutes beschreibt, eher sein Land als seine Freunde zu verraten (Freunde können einen immerhin nicht für Verrat bestrafen), wird bei Greene zum humanistischen Ethos. Als Castle seiner Frau Sarah von seinem Verrat erzählt, entschuldigt sie ihn mit dem Kernsatz Greene'scher Loyalität: »We have our own country. You and I and Sam. You've never betrayed that country, Maurice.«[82] Verrat wird so zur Affirmation einer *anderen* Loyalität, der Wahl der ethischen statt der politischen Option, der Wahl einer persönlichen Bindung statt einer Gemeinschaft, eines Besonderen statt eines Allgemeinen. Greene positioniert die beiden nebeneinander als einen Wertekonflikt nach dem Modell des Tragischen: zwei gleichermaßen wertvolle Güter, deren eines dem anderen geopfert wird, nur um in der Geste des Opferns zugleich mit unterzugehen. Castle geht denn auch unter wie ein tragischer Held. Nach seiner sehenden Auges provozierten Enttarnung als Verräter flieht er nach Moskau und hofft dort auf das Eintreffen Sarahs und Sams. Sarah aber wird von den Engländern aus Rache der Ausreisepass für das Kind vorenthalten, und so gibt es ein letztes, kurzes Telefongespräch mit dem verzweifelnden Maurice, dem langsam dämmert, dass er mit dem Verrat beides – Vaterland *und* Familie – verloren hat. Mitten im Gespräch ist die Leitung plötzlich tot.

Im Verrat an einer – hier wenig sympathisch gezeichneten – politischen Gemeinschaft, an einer Nation, die wenig mehr ist als die Bürointrigen und der kaum verhohlene Rassismus der Geheimdienstkollegen, macht Castle die schlechthinnig ethische Geste im Sinne Greenes: Er zeigt eine wahre, unkonventionelle Form von Loyalität. Von Philby, den Le Carré als geborenen Betrüger beschreibt,[83] sagte Greene voller Bewunderung, »I think Philby genuinely believed in Communism [...] Oh yes, I did admire him – he did his job extremely well [...] He lived out of his belief and I admire him for that.«[84] Verrat ist demnach eine Sache des Glaubens, dem man treu bleibt, den man nicht verliert. Greene macht die Geste des Verrats zu einer des höheren Glaubens und vergleicht, in seinem Vorwort zu Philbys *My Silent War,* diesen mit einem »kindly Catholic«, der im Elisabethanischen England für die katholische Konfession – und damit für die Sache des Feindes Spanien – eingetreten wäre.[85] In seiner Theorie des Verrats beruft sich Greene so auf die klassische Logik der Konversion: Der Verrat ist nicht so sehr die Abkehr von einer Zugehörigkeit als vielmehr die Hinwendung zu einer höheren, erlösenden Gemeinschaft, zu einem Glauben, der die weltlichen und rechtlichen Bindungen löst. Auch wenn Castle in *The Human Factor* sagt, dass er Marx und Lenin jedenfalls nicht eher traue als Paulus, so ist sein Verrat doch Letzterem weit mehr verbunden als den erstgenannten.[86] Die Konversion des Paulus ist das Modell einer Abtrünnigkeit, die eine andere, höhere Form des Glaubens initiiert: vom Saulus zum Paulus. In der Berufung auf Paulus statt auf

Judas ent-paradoxiert Greene damit den Akt und die Geschichte vom Verrat: Abtrünnigkeit wird zum Zeichen von Integrität. Greene macht so den Verräter zum Modell einer Loyalität, die größer und couragierter ist als die dem Buchstaben treue Zuverlässigkeit des Staatsbeamten. Das Rätsel des Verrats, das Judas aufgab und Philby im Kalten Krieg verkörpert, ist damit gelöst, oder besser: aufgelöst. Die Leere, die der jahrzehntelange Betrug Philbys selbst in seinen eigenen Einlassungen hinterlässt, wird von Greene gefüllt mit einer Geschichte von Glauben und Treue, so missgeleitet, in der Perspektive Greenes, diese im Falle des real existierenden Kommunismus gewesen sein mögen. Damit überführt Greene die politische Virulenz des Verrats, die Frage nach Loyalität und Feindschaft, öffentlicher Funktion und heimlicher *defection,* in eine ent-politisierte Sphäre des Persönlichen und Ethischen. »Freunde« und »Feinde« sind keine Kategorien von Gruppen und Gemeinschaften mehr, sondern nur mehr private Bindungen und Abneigungen. Das politische Rätsel des Verrats löst Greene erfolgreich durch seine durchgreifende Entpolitisierung.

Betrogene: »Tinker, Tailor, Soldier, Spy«

John Le Carré dagegen sieht im Verräter, für dessen Inbegriff er Philby hält, das Symptom einer Krankheit des Politischen selbst. Ihn interessiert weniger die Psychologie des Verräters und sein persönliches Ethos als die Phänomenologie der Relationen, die sich um dieses geheime Zentrum des im Inneren der Gemeinschaft tätigen Feindes gruppieren. Seine Trilogie unter dem Obertitel *The Quest for Karla*[87] kreist – mit verschiedenen Subfoci – um die allerdings kaum je ritterliche Suche nach einem »black grail«, einem Feind, der die ferne und unfassbare, diabolische Quelle aller inneren Zerrüttung darstellt, die mit dem Symptom Philby manifest geworden ist: den Chef des russischen Geheimdiensts mit dem Codenamen »Karla«. »Karla« ist die niemals wirklich beantwortete, nur – am Ende der Trilogie, in *Smiley's People* – schließlich ad acta gelegte, Frage nach der Quelle des Verrats, nach demjenigen bösen Genie, das den Verräter zum Verrat bewogen hat. In gewissem Sinne ist die gesamte Trilogie so eine »quest«, eine abenteuerliche Suche nach dem Geheimnis des Verrats als dem Geheimnis seines Urhebers. In seinem Vorwort zum Buch von Page, Leitch und Knightley über Philby stellt Le Carré diese Frage ganz technisch:

> »This book is massively incomplete, as the authors are first to admit. *We should never forget the gaps* [die Lücken in der vorliegenden Rekonstruktion des Philby-Falls, Hervorhebung EH]. In this most Marxian of novels [...] the principal character is still missing. [...] He is the Soviet recruiter. For these men were recruited. By whom?«[88]

Der sowjetische Anwerber, die verkörperte Instanz des Feindes, ist das Rätsel: ein Feind, der den Idealismus wohlerzogener Cambridge-Studenten dazu nutzt, sie zu »einem lebenslangen Betrug zu verführen«. Le Carré beginnt diese Suche nach dem Urheber allen Übels mit der Frage nach dem Überläufer und seinem Operieren in einer Intelligence Community, die sich der Täuschung durch den Maulwurf geradezu euphorisch hingibt.

Der erste Roman der Trilogie, *Tinker, Tailor, Soldier, Spy* setzt ein mit dem Halbsatz: »The truth is ...«.[89] Um die Wahrheit zu sagen: sein Held, der trostlose und glasklare, betrogene und luzide George Smiley, der dem Maulwurf im eigenen Dienst auf der Spur ist, wird fast die gesamten 418 Seiten dieses ersten Bandes darauf verwenden herauszufinden, was die Wahrheit ist. Die Geschichte beginnt mit dem in letzter Minute vereitelten Überlauf einer russischen Agentin, Irina – eine Episode, die in vielen Details an den von Philby verhinderten Überlauf des NKWD-Residenten und Botschaftsangehörigen Konstantin Wolkow erinnert. Auf einer Reise nach Hongkong wendet sich die Russin an einen kleinen Agenten des SIS mit der Bitte, ihre Flucht nach London zu organisieren – allerdings, genau wie Wolkow, dringlich darum bittend, dass ausschließlich der Chef des Geheimdiensts in London informiert werden würde. Irina deutet an, so wie Wolkow es getan hatte, dass in der Führung des SIS ein sowjetischer Maulwurf säße, den zu enttarnen sie helfen könnte, sofern er ihre geplante Flucht nicht von vornherein an die Sowjets verriete. Ebenso wie im historischen Falle Wolkows fängt der Maulwurf die Botschaft an die Londoner Zentrale ab, warnt die sowjetische Seite und schindet Zeit, damit diese die prospektive Überläuferin nach Moskau zurückholen. Das Letzte, was man von Irina/Wolkow sieht, ist ein vollkommen bandagierter Körper auf einer Bahre, der von einer russischen Sondereinsatzmaschine auf dem Flughafen von Hongkong/Istanbul abgeholt und nach Moskau gebracht wird.

Es ist diese so seltsam in letzter Minute gescheiterte Operation, die Überläuferin sicher hereinzubringen, die zum Anstoß für jene einschneidende Untersuchung des Dienstes und seines Führungspersonals wird. Smiley als aus dem Dienst ausgeschiedener Mitarbeiter wird für diese Untersuchung reaktiviert, als Ex-Mitarbeiter jedenfalls unverdächtig der internen Sabotage. Das zentrale Phantasma der Untersuchung, der »mole« wird zum ersten Mal in einem Bericht genannt, den Irina dem SIS-Agenten in Hongkong noch hinterlassen konnte. Mit sowjetisch geschärftem Klassenbewusstsein definiert die Agentin den Maulwurf:

> »A mole is a deep-penetration agent so called because he burrows deep into the fabric of Western imperialism, in this case an Englishman. Moles are very precious to the Centre because of the many years it takes to place them, often fifteen or twenty. Most of the English moles were recruited by Karla before the war and came from the higher bourgeoisie, even aristocrats and nobles who were disgusted with their origins [...].« (67).

Die Tiefe der Infiltration des Gegners erfordert ein halbes Leben, um den Maulwurf plausibel zu platzieren, er wächst langsam im System des Feindes, macht eine Karriere, knüpft Freundschaften und bleibt über Jahre, vielleicht Jahrzehnte inaktiv. Ein stiller Posten im Herzen des Feindes, zugleich »einer von ihnen« und »einer von uns«. Während er mühselig die Operationen der infiltrierten Abteilung anhand von Akten und Befragungen rekonstruiert, um nach dem Abzählreim »Tinker, tailor, soldier, sailor, rich man, poor man, beggarman, thief« den Verräter festzunageln, bleibt Smiley unklar, was diese Figur eigentlich bestimmt. Am Ende, als klar ist, dass es der kühle, brillante und erotisch undurchschaubare Bill Haydon ist, beschreibt er ihn als eine russische Puppe, von der nur sein Anwerber, der ominöse Karla, wusste, was in seinem Innersten ist (416). Bill Haydon ist der Inbegriff des Betrügers und Verführers, ein Schurke, der sich dadurch vor den Nachforschungen des Detektivs schützt, dass er diesen zum unwillentlich Involvierten macht. Haydon beginnt eine Affäre mit Smileys notorisch untreuer Gattin Lady Ann Sercombe und lässt sich absichtlich bei ihr von Smiley überraschen, um genau dadurch Smiley die Hände zu binden: Jede entlarvende Geste gegen Haydon wäre so nur noch der Racheakt eines gehörnten Ehemanns. Die Verwicklung von Privatem und Politischen, mit Hilfe derer Greene im Verrat ein ethisches Motiv lokalisiert, wird hier genau in die andere Richtung gekehrt: Aus politischem Kalkül heraus knüpft Haydon mit Ann an, die sexuellen Engagements folgen der geheimdienstlichen Ratio. Den Rest seiner Abteilung fesselt Haydon durch ein aberwitziges Spiel, in dem der düpierte SIS ungeheure Summen an eine angeblich hochrangige Sowjet-Quelle, Code-Name »Merlin«, fließen lässt, die so geheim ist, dass keine der sonstigen geheimdienstüblichen Überprüfungsprozeduren auf sie angewandt wird. Was die Quelle liefert, ist von der Moskauer Zentrale zubereitetes Spielmaterial. Noch einmal verkörpert sich im Maulwurf und dem Spiel von »Merlin« die absurde Selbstreferentialität des gesamten Systems: De facto ist es der sowjetische Geheimdienst, der dem britischen die angeblich wertvollsten Informationen liefert, de facto ist es der britische Dienst der treuherzig den gegnerischen Apparat für seine Dienste bezahlt. Das Wissen, um das es geht, ist nichts anderes als das Wissen über den Aufklärungsapparat des Gegners, zwei Maschinen, die mit nichts anderem mehr beschäftigt sind, als sich gegenseitig zu explorieren und zu täuschen.

In *Tinker, Tailor, Soldier, Spy* gibt es niemanden, der nicht getäuscht und betrogen wäre. Le Carrés düstere Welt erlaubt keine Position, in der die Luzidität jede Form des Getäuschtwerdens ausschließt. Darum ist auch der klarsichtige Smiley zugleich die lächerliche Gestalt des betrogenen Gatten, und eigentlich verdankt sich all seine Einsicht seiner initialen Blindheit und Verletzung. Es ist diese Verletzung durch die Fährnisse seiner Ehe, die Karla bei der einzigen Begegnung der beiden scharfsichtig erkennt und er wird später Haydon anweisen, diese Wunde Smileys – »the last illusion of the illusionless man« (418) – gegen ihn zu nutzen. Der Aufklärer ist der Getäuschte, aber seine Täuschbarkeit und das Bewusstsein davon machen ihn zum Einzigen, der die Maschinationen des Merlin-Spiels durchschauen wird. Smiley ist eine Detektiv-Gestalt, die genau in dem Maße klarsichtig ist, wie sie ihre eigene Involviertheit, ihren eigenen blinden Fleck in Rechnung zieht.

Dies aber ist die Position des Melancholikers und Grüblers, als der Smiley schon durch seine Vorliebe für deutsche Barockliteratur ausgewiesen ist: Mit mehr Scharf- als Tiefsinn brütet er über den rätselhaften Trümmern nicht nur gescheiterter Operationen und zerstörter Leben (wie im Fall der Operation Testify, des toten Chefs Control und des ruinierten Lebens von Jim Prideaux), sondern über der Bodenlosigkeit jener Welt der reinen Intrige, als die sich das Politische bei Le Carré präsentiert. Umgekehrt ist der Maulwurf Haydon eine Iago-Gestalt (397), die scheinbar alle betrügt und manipuliert, nicht minder ein Getäuschter und Enttäuschter. In ihm kristallisiert sich die profunde englische Kränkung über den Zerfall des Empire. Der Maulwurf ist einer, der um den Traum vom Empire betrogen wurde, der das Große Spiel in der Nachfolge Kims hätte spielen sollen, wie die Sowjet-Expertin Connie erklärt: »Poor loves. Trained to the Empire, trained to rule the waves. All gone, all taken away. You're the last, George, you and Bill.« (128) Genau dies ist der historische Kern der Theorie Le Carrés über den Maulwurf: Der Verräter ist ein Relikt aus einer anderen Zeit, eine Kreatur der Geschichte, die keine Gegenwart und keine Zukunft mehr hat. Bill Haydon und Kim Philby sind Geschöpfe des Empires: Philby erhält von seinem Vater St. John Philby, Beamter in Indien, später Mitstreiter und Konkurrent T. E. Lawrences und berühmter Arabien-Experte, ausgerechnet den Spitznamen »Kim«.[90] Philby ist ein gefallener Kim, aufgewachsen in Indien und nun ins regnerische England und die muffigen Gänge des MI6 verschlagen, ein später Kim, dem seine Anpassungsfähigkeit und Wandelbarkeit nunmehr einzig dazu dient, seine Landsleute zu hintergehen. Von Kim zu Haydon, in der Verwandtschaft und Ferne dieser beiden Romangestalten, zeigt sich die Fallhöhe des *Great Game*. Der »little friend of all the world«, wie Kim bei Kipling genannt wird, ist verkommen zum Manipulator fremden Ehrgeizes und der Seilschaften des »old boy network«. In *The Honorable Schoolboy* wird die Gestalt Kims beklagt als »vanished for good«.[91] Als Melancholiker und Betrogene, aber auch als Abkömmlinge eines Reichs, das längst verloren ist, sind Smiley und Haydon Brüder.

Dabei trifft die Anspielung auf die deutsche Barockliteratur, die Le Carré seinem Gryphius verehrenden Helden Smiley mitgibt, in den Kern der Sache. »Die eitle Geschäftigkeit des Intriganten«, so schreibt Benjamin über das Barock, »galt als das würdelose Gegenbild der leidenschaftlichen Kontemplation, der einzig und allein die Gabe zugebilligt wurde, den Hochgestellten der satanischen Verstrickung der Geschichte, in welcher das Barock nur Politik sah, zu entbinden.«[92] Der Intrigant, Haydon, schwingt sich narzisstisch zum heimlichen Macher von Geschichte auf, »standing at the middle of a secret stage, playing world against world, hero and playwright in one«. (416) Der Verräter macht die Geschichte zum Theater, zu einem Drama, das er sich selbst auf den Leib schreibt. Das scheinbar »Reale«, die Gegebenheit von Macht und Feindschaft, degradiert er so zum reinen Rollenspiel – oder, schlimmer noch, er treibt die Rollenhaftigkeit und Konvention dieser Feindschaften hervor. In der russischen Puppe, die der Verräter ist, ist ebenso eine letzte, zutiefst verheimlichte Leere, wie in der Geschichte selbst. Smiley dagegen ist die Gestalt, die diese »satanische Verstrickung der Geschichte«, die hoffnungslose Verstrickung der Feinde ineinander, zugleich durchschaut und doch Teil von ihr ist. Entbunden ist er ihr, trotz aller Kontemplation, nicht. Aber er ist die Gestalt, die das – im Benjaminschen Sinne – »Barocke« der geheimen Politik im Kalten Krieg am Ende nicht einfach nutzt, sondern wenigstens benennt: illusionsloses, diesseitiges, perfides Geschäftigsein.

»The truth is ...« Bleibt die Frage, wie Smiley der Wahrheit, die am Anfang des Romans mit großer Beiläufigkeit in der kolloquialen Formel »um die Wahrheit zu sagen« aufgerufen wird, im Verlauf der Erzählung und des Erzählens auf die Spur kommt. Verrat, wir hatten es gesehen, muss erzählt werden und stellt diesem Erzählen nicht unwesentliche Probleme.[93] Die barocke Kontemplation ist in dieser seltsamen Detektivgestalt einer Technik gewichen, die im kriminalistischen Paradigma, das die Spionageromane Le Carrés mit ihrer rekonstruktiven und retrospektiven Bewegung der Wahrheitsfindung aufrufen, bereits klassisch ist: die Kunst zuzuhören. E. T. A. Hoffmanns berühmte erste Detektivin, das Fräulein von Scuderi, Poes genrebildender Detektiv Dupin und sein positivistischer Nachfolger Holmes, selbst noch Eric Amblers Aufklärer wider Willen, Joseph Vadassy aus *Epitaph for a Spy*, sind vor allem eines: begnadete Zuhörer. Smiley transformiert diese Kunst in eine Technik, die Verhör und Psychoanalyse miteinander koppelt. Als er gebeten wird, die Suche nach dem möglichen Maulwurf in Angriff zu nehmen, beginnt Smiley ein doppeltes Verfahren, das in beiden Fällen versucht, dem Geheimnis der Gegenwart durch eine Rekonstruktion des Geschehenen auf die Spur zu kommen: genaues Studium der Akten und Gespräche mit allen Beteiligten. Das retrospektive Aktenstudium, das ihn in *The Honorable Schoolboy* auf die Spur eines chinesischen Maulwurfs in der Sowjetunion bringt, nennt er »take back-bearings«, Rückpeilungen, ein Fischen im Trüben von Geldtransfers, Reiserouten, debriefing-Protokollen und Operationsplänen.[94] Worum es dabei geht, ist die methodische Rückverfolgung von Zusammenhängen und Abläufen auf der Suche nach dem, was diese Abläufe gerade nicht berühren, aber umkreisen: die Lücken im Wissen des Gegners, die Inkohärenzen im Aufbau der eigenen Operationen, die ein Eingreifen von außen, den Einfluss des Maulwurfs, verraten.

»We should never forget the gaps«, wie Le Carré gegenüber allen Rekonstruktionen des Philby-Falls zu bedenken gibt, gilt auch für

Smileys mühsame Aufklärungsarbeit. Wenn er nicht Akten auf die in ihnen verborgenen Anzeichen feindlicher Intervention studiert, dann redet er mit Leuten oder beobachtet Leute bei ihren Unterhaltungen. So sind es Gespräche, die den eigentlichen narrativen Kern Le Carréscher Romane konstituieren: Das Geschehen entrollt sich, langsam, bruchstückhaft und entlang mehrfacher Handlungslinien in den Erzählungen und Erinnerungen derer, die Smiley befragt. Die Gespräche in *Tinker, Tailor, Soldier, Spy* zeichnen sich dadurch aus, dass die Befragten zumeist gerade die Informationen verweigern, nach denen Smiley sucht. Sie weichen aus, verlieren sich in allgemeinen Einlassungen, verwahren sich gegen die Neugier mit dem Hinweis auf die Geheimhaltung oder eigenes Unwissen. Von einem der Beteiligten, jenem Agenten, an den sich die Überläuferin Irina anfänglich gewandt hatte, sagt Smiley: »Tarr has not lied to us [...]. Not in any material way. He has simply done what agents do the world over: he has failed to tell us the whole story.« (213) Keiner erzählt je die ganze Geschichte, sondern sie kristallisiert sich langsam im Kopf eines Zuhörers, der weniger fragt als schweigt, der auf die Unachtsamkeit seines Gegenübers lauert und auf das lauscht, was ausgelassen wird. Die Kunst besteht darin, auch in den Fragen zu verbergen, was man weiß und, vor allem, was man wissen will: »Guillam had seen whole interrogations conducted that way: a laboured catechism swathered in deep coverings of routine; wearying pauses as each answer was written down in longhand and the suspect's brain besieged itself with a thousand questions to the interrogator's one; and his hold on his story weakened from day to day.« (217)

Die Kunst des Verhörens und Aushorchens, die die Erzählpoetik Le Carrés prägt, besteht darin, nicht nach der Geschichte, dem Zusammenhang zu suchen, sondern nach dem, was den narrativen und kausalen Zusammenhang gerade stört: die Auslassungen und Ungenauigkeiten, Anzeichen für Lügen, Schutzbehauptungen oder Verschweigen. Unterhalb dessen, was jemand erzählt, verläuft eine alternative Version, ein größerer Rahmen, der von der Erzählung selbst verdeckt und verdrängt wird. »Smiley was conscious all the while that even the little Haydon was telling him was selected with meticulous care from a greater and perhaps somewhat different truth.« (408) Die Wahrheiten, die hervorkommen, sind die Bruchstücke, vielleicht sogar nur die Deckversionen einer »etwas anderen Wahrheit«, die nie gänzlich erschlossen wird. Diese Wahrheit ist im Geflecht der Versionen, die über sie zirkulieren, nicht fassbar, sie ist die negative Folie, vor der alles, was sich tatsächlich fassen lässt, jede neue Einsicht und jedes »Faktum«, sich als zweifelhaft erweist.

Es ist in letzter Konsequenz diese Erzähltechnik, die nicht nur die politische Schärfe John Le Carrés, sondern seine epistemologische Luzidität gegenüber Autoren wie Graham Greene und Len Deighton ausmacht. Greene oder Deighton – von Fleming ganz zu schweigen – halten sich an eine narrative Kontinuität, die das Wissen der Leser an den Bewusstseinsstand einzelner Figuren koppelt: etwa den betrogenen Bernard Samson (ein schlichterer Nachfahre Smileys, den das doppelte Missgeschick trifft, dass seine Frau selbst der Maulwurf ist),[95] den Verräter Castle, den gutherzigen Hochstapler Wormold usw. Das Geheimnis um den Feind und das Rätsel des Verrats lassen sich hier linear herleiten in einer Erzählrichtung, die sich parallel zur Handlung bewegt. Ihre Auflösungen sind zwar tragisch, aber lassen keine Fragen offen. Le Carrés Poetik des *back-bearing* dagegen ist eine Form der Fiktion, die in ihrer Abgründigkeit an die Modelle von Borges' erinnert. Tatsächlich sind sie das umgekehrte Pendant jener virtuellen Szenarien, die das Rätsel des feindlichen Verhaltens in der Hypothese des »what if?« explorieren, wissend, dass sie nur eine *mögliche*, vielleicht sogar wahrscheinliche, aber doch niemals tatsächliche »Wahrheit« über den Feind sind. Entfalten die Szenarien detaillierte und komplexe Hypothesen als *pro*spektive Fiktionen, so entrollt Le Carré eine rückwärtsgewandte Fiktion, zusammengesetzt aus *retro*spektiven Narrativen. Ist der Bezugsrahmen der Szenarien ein beide Feinde gemeinsam verpflichtender Rationalismus, der sich bei Licht betrachtet als *mirror-imaging*, als projektive Angleichung des Feindes ans eigene Bild erweist, so sind die narrativen Versionen über den versteckten oder unerkennbaren Feind eingefasst in die Spannung zwischen Wahrheit und Lüge, die sich bei Licht betrachtet als Unmöglichkeit erweist, je hinter etwas anderes als unvollständige, bestenfalls plausible Versionen zu kommen. Beides sind Fiktionen in jenem Sinne, den Borges expliziert hatte: kontingente Versionen, die sich als solche gegenseitig denunzieren, Versionen, die nie unschuldig oder interesselos sind. Der »human factor«, den das Gros der Kalte-Kriegs-Spionageliteratur beschwört, erweist sich dabei als die irrationale Kehrseite des spieltheoretischen Rationalismus, aber beide verbindet ihr Bewusstsein davon, dass dieser Krieg eine Fiktion ist, die vor allem damit beschäftigt ist, sich selbst zu erhalten.

Anmerkungen

1 Herman Kahn: On Thermonuclear War, Princeton: Princeton University Press 1961, S. 228. Hervorhebung EH.

2 So die vielzitierte Formel von Herman Kahn: Thinking about the Unthinkable, New York: Horizon Press 1962.

3 Nach dem Titel von Hugh Seton-Watson: Neither War Nor Peace. The Struggle for Power in the Postwar World, New York: Praeger 1960.

4 Carl Schmitt: Der Begriff des Politischen. Vorwort vom März 1963, Berlin: Duncker & Humblot 1996, S. 18.

5 Thomas Powers: Intelligence Wars. American Secret History from Hitler to Al-Qaeda, New York: NYRB 2002, S. 57.

6 Eine solche »ideologische« Beschreibung des Kalten Krieges wird im Rückblick von Historikern zunehmend angezweifelt. So z. B. Anders Stephenson: »Liberty or Death. The Cold War as US Ideology, in: Odd Arne Westar (Hg.): Reviewing the Cold War. Approaches, Interpretations, Theory, London: Frank Cass 2000, S. 81–100.

7 Theodore Draper: »Nuclear Temptations«, in: Charles W. Kegley/Eugene R. Witt Kopf (Hg.): The Nuclear Reader. Strategy, Weapons, War, New York: St.Martin's Press 1985, S. 27.

8 Jacques Derrida: »No apocalypse, not now«, in: Ders.: Psyché. Inventions de l'autre, Paris: Galilée 1987, S. 363–386, hier: S. 370.

9 Christopher Andrew: For the President's Eyes Only. Secret Intelligence and the American Presidency from Washington to Bush, New York: Harper Collins 1995.

10 Zur Geschichte der RAND Corporation, vor allem ihrer spieltheoretischen Ausleuchtung möglicher Konflikte, vgl. William Poundstone: Prisoner's Dilemma, New York: Doubleday 1993, S. 83–103.

11 Neben den zivilen und akademischen Einrichtungen, die sich mit dem Design und der Durchführung von Kriegs- und Krisenszenarien beschäftigten (ins-

besondere dem MIT, RAND und dem von Herman Kahn gegründete Hudson Institute) war es vor allem die *Cold War Division* in der *Joint War Games Agency* des Pentagon, die sich mit der Entwicklung und Durchführung von globalen Kriegsspielen beschäftigte.

12 Zit. nach Richard Kostelanetz: »One-Man Think Tank«, in: New York Times Sunday Magazine, 1. Dezember 1968, S. 105.

13 Sherman Kent: Strategic Intelligence for American World Policy, Princeton/NJ: Princeton University Press 1949.

14 Ebd., S. 40.

15 Ebd., S. 3/4.

16 Ebd., Kapitel 3: Substantive content.

17 Sie schlägt sich seither – entweder in der Nachfolge oder auch in expliziter Absetzung von Kent – in umfassenden Theorien der Secret Intelligence nieder. Wichtigste Theoretiker des Geheimdienstes sind Michael Herman: Intelligence Power in Peace and War, Cambridge, UK: Cambridge University Press 1996, und Abram Shulsky/Gary Schmitt: Silent Warfare. Understanding the World of Intelligence, Washington, D. C.: Brassey's 1991. Godson, Roy (Hg.): Intelligence Requirements for the 1980s: Analysis and Estimates, Washington, D. C.: National Strategy Information Centre 1980. Godson, Roy (Hg.): Intelligence Requirements for the 1990s: Collection, Analysis, Counterintelligence, and Covert Action, Lexington, Mass.: Lexington Books 1989.

18 James Grady: Six Days of the Condor, New York: Putnam 1974; Film: Three Days of the Condor, Regie: Sidney Pollack, Drehbuch: Lorenzo Semple/David Rayfiel, 117 Min., USA 1975.

19 »Black-box-Methode«, in: Georg Klaus/Hans Liebscher (Hg.): Wörterbuch der Kybernetik, Frankfurt am Main: Fischer 1979, S. 128–134.

20 René Thom: Mathematical Models of Morphogenesis [1968], Chichester: Horwood 1983, S. 298, zit. nach Norbert Bolz: »In Mediengewittern«, in: Friedrich Balke/Eric Méchoulan/Benno Wagner (Hg.): Zeit des Ereignisses – Ende der Geschichte?, München: Fink 1992, S. 197–208, hier: S. 202.

21 Ein Ansatz, der die Spionage-Thriller des Kalten Krieges rundweg als politischen Eskapismus verwirft, »seeking to allay the fear and anxiety of nuclear annhilation and national *in*security«, verfehlt sowohl deren Teilhabe an der Wissensstruktur von Intelligence (und ihre gelegentlich geradezu unheimliche Sachkenntnis) als auch deren reflexives Verhältnis zur Welt des politischen Geheimnisses. Und er ignoriert die strukturelle Diversität der mit dem Thema Spionage befassten Literatur/Filme zugunsten eines allzu schlichten ideologiekritischen Verdikts über das »populäre Genre«, als dessen Modellfall nicht zufällig die gänzlich politikfreien James-Bond-Romane figurieren. So bei James Der Derian: Antidiplomacy. Spies, Terror, Speed, and War, Cambridge, MA/Oxford: Blackwell 1992, S. 51.

22 Louis Marin: »Logiques du secret«, a.a.O., S. 247. Übersetzung E. H.

23 Zur Geschichte der Krisenszenarien und des Wargaming vgl. Andrew Wilson: The Bomb and the Computer. Wargaming from Ancient Chinese Mapboard to Atomic Computer, New York: Delacore 1968. Detaillierter beschreibt Thomas B. Allen den historischen Wandel der Konfliktmodelle im Wandel der Konflikte (Pearl Harbor, NATO, Vietnam, Kriegszenarien NATO vs. Sowjetunion). Thomas B. Allen: War Games. The Secret World of the Creators, Players, and Policy Makers Rehearsing World War III Today, New York: MacGraw 1987.

24 Eine allgemeine Theorie der abstrakten Kofliktmodellierung und des Kriegsspiels als Vorbereitung von Entscheidungen liefern Garry D. Brewer und Martin Shubik: The War Game. A Critique of Military Problem Solving, Cambridge/Mass., London: Harvard University Press 1979.

25 Zu dieser allmählichen Mathematisierung des Kriegsspiels zum Computerspiel vgl. die exzellenten Kapitel 5 und 6 bei Claus Pias: Computer Spiele Welten, München: Sequenzia 2002.

26 Vgl. Allen: War Games, a.a.O., bes. Kap. 7 und 8.

27 Clancy nennt im Vorwort von *Red Storm Rising* das Buch, das er mit Computerspiel-Autor Larry Bond zusammen geschrieben hat, ein »Szenario«, das die textuelle Umsetzung eines »macro-wargames« um eine Schlacht im Nordatlantik sei. Clancy ist heute selbst Autor von ebenso erfolgreichen wie komplexen Computerspielen. Tom Clancy: Red Storm Rising, New York: Putnam 1986, Author's Note. Insgesamt geht es dem Konservativen Clancy, dessen Romane in Ronald Regan einen begeisterten Leser fanden, stets um eine Art Prophezeiung möglicher Katastrophen und Konflikte – mitsamt der Rezeptur für die militärischen und technischen Mittel, dieser Herr zu werden oder sie zu verhindern. Material zu Clancy s. bei Helen S. Carson: Tom Clancy. A Critical Companion, Westport/CT, London: Greenwood 1996.

28 Claus Pias: Computer Spiel Welten, a.a.O., S. 260 f.

29 Robert Littell: The Defection of A. J. Lewinter, Boston: Houghton Mifflin 1973, dt.: Moskau hin und zurück, Berlin: Deutsche Buch-Gemeinschaft 1976.

30 Vgl. dazu die Studie von Deborah Welch Larson, die die politische Psychologie des Kalten Kriegs und seiner verpassten Chancen zur Annäherung untersucht. Deborah Welch Larson: Anatomy of Mistrust. US-Soviet Relations During the Cold War, Ithaca/London: Cornell University Press 1997.

31 Robert Littell: The Defection of A. J. Lewinter, a.a.O., S. 171.

32 Das so genannte Gefangenendilemma ist eine Modellsituation, die zwei Spieler in ein minimales Szenario versetzt, in der sie getrennt voneinander eine Entscheidung treffen müssen, die immer die Entscheidungsmöglichkeiten des anderen mit einbezieht. Zwei Gefangene werden unabhängig voneinander

verhört. Sie haben zusammen einen Raub begangen, aber dieser kann ihnen nicht nachgewiesen werden. Wenn beide leugnen, werden beide wegen eines geringfügigen Vergehens für 1 Jahr eingesperrt. Wenn beide gestehen, werden beide für 5 Jahre eingesperrt. Wenn einer gesteht und der andere leugnet, wird der Geständige als Kronzeuge freigelassen, der nicht Geständige für 10 Jahre eingesperrt. Das Modell impliziert nicht nur die Kommunikationsunmöglichkeit zwischen den beiden Spielern, sondern vor allem, dass jeder der beiden weiß, dass der andere gestehen könnte. Eine Strategie minimalen Risikos, wenngleich nicht der optimale Ausgang für beide (nicht gestehen/nicht gestehen) ist (gestehen/gestehen), das sogenannte Nash-Equilibrium. Dieses ist der wahrscheinlichste Ausgang. Vgl. zu Variationen und einer Kritik des Modells Gefangenendilemma für internationale Konflikte Anatol Rapoport: »Prisoner's Dilemma – Recollections and Observations«, in: Ders. (Hg.): Game Theory as a Theory of Conflict Resolution, Boston/Dordrecht: Reidel 1974, S. 17–34.

33 Eliot Cohen: »The ›No Fault‹ View in Intelligence«, in: Roy Godson (Hg.): Intelligence Requirements for the 1980s, a.a.O., S. 71–96.

34 William Poundstone: Prisoners' Dilemma, New York: Doubleday 1992, S. 94.

35 Vgl. dazu Anatol Rapoport: Introduction, in: Ders.: Game Theory as a Theory of Conflict Resolution, a.a.O., S. 1.

36 Stanford Encyclopedia of Philosophy; entry »Game Theory«, Autor: Don Ross, Jan. 2002. www.plato.stanford.edu

37 Herbert Goldhamer, zit. in Sindney F. Giffin: The Crisis Game. Simulating International Conflict, New York: Doubleday 1965, S. 64.

38 Ray S. Cline zu einer fälschlichen Lageeinschätzung in der Kuba-Krise, dass die Sowjets keine Raketen auf Kuba stationieren würden, zitiert bei Cohen: »The ›No Fault‹ View in Intelligence«, a.a.O., S. 78. Hervorhebung EH.

39 Herman Kahn geht in seinem berüchtigten Buch *Thinking the Unthinkable* auf *Red Alert* ein. In der für ihn typischen Lakonie, mit dem er Kriegs- und Zerstörungsszenarien ausmalt und durchkalkuliert, erklärt er in diesem Fall, dass die Wahrscheinlichkeit eines solchen unbeabsichtigten Krieges doch höchstens 1:10 sei und erst um das Jahr 2000 rein statistisch mit solch einem Unfall zu rechnen sei. Kahn: Thinking the Unthinkable, a.a.O., S. 44.

40 Der Roman erschien unter dem Autornamen Peter Bryant: Red Alert, New York: Ace Books 1958. Anders als Kubricks apokalyptisches Ende wird im Roman die Welt aber in letzter Minute noch durch eine nicht detonierte Bombe und einen verhandlungssicheren amerikanischen Präsidenten vor dem Untergang gerettet.

41 Thomas Allen Nelson: Kubrick: Inside an Artist's Maze, Bloomington: Indiana University Press 1982, S. 88.

42 Der Film *War Games* (Regie: James Badham, Buch: Lawrence Lasker/Walter F. Parkes, USA 1983) greift das Problem aus *Dr. Strangelove* auf und spielt es

auf dem technischen Stand der achtziger Jahre noch einmal – und mit tröstlicherem Ausgang – durch. *War Games* macht genau diese Rekursivität des militärischen Apparats in Form eines Computers, der die Schlacht führt *und* sie simuliert, zum Thema. Statt eines durchgedrehten Generals beginnt in *War Games* ein begabter jugendlicher Hacker mit dem Zentralrechner des NORAD, des Hauptquartiers der amerikanischen Luftwaffe, ein Spiel namens »Thermonuclear War«, setzt als ersten Spielzug einen »roten« Angriff auf Nordamerika und löst dadurch im Computer die Vorbereitungen für einen tatsächlichen Gegenschlag mit amerikanischen Missiles aus. Wiederum geht es um die Frage des unabsichtlich ausgelösten Krieges, der genau darum so schwer zu stoppen ist, weil menschliches Eingreifen, Zweifeln oder Zögern aus dem automatisierten Prozess der Kriegführung bewusst ausgeschlossen worden sind. Der unbeabsichtigte Krieg ist das Phantasma jenes Kippens vom Hypothetischen ins Reale, auf dem der Kalte Krieg mit seiner Logik der Abschreckung beruht. Vgl. dazu ausführlicher: Eva Horn: »Den Krieg als Spiel denken: Boyscouts und Wargames«, in: Claus Pias/Christian Holtorf (Hg.): Computerspiele, Dresden: Hygienemuseum 2007, S. 215–224.

43 William Poundstone: Prisoners Dilemma, a.a.O., S. 91 f.

44 Als einen Versuch des Auswegs aus dem MAD-Dilemma, dass man sich nur ex post rächen, nicht aber wirksam verteidigen kann, gibt es die Strategie der Fähigkeit zum Erstschlag. Vgl. zur Geschichte dieser Rüstungsstrategie auf Seiten der USA Robert C. Aldrigde: First Strike! The Pentagon's Strategy for Nuclear War, Boston/Mass.: South End Press 1983.

45 Dr. Strangelove, or How I Learned to Stop Worrying and Love the Bomb, Regie: Stanley Kubrick, Drehbuch: Stanley Kubrick/Terry Southern/Peter George, Columbia Pictures, 93 Min., USA 1964.

46 *War Games* dagegen löst das Problem wesentlich affirmativer. Während der Computer – eine gigantische und mittlerweile »intelligente« Doomsday-Maschine – sich selbst in höchste Alarmstufe (Defcon 1) versetzt hat und die Abschusscodes der Interkontinentalraketen durchrechnet, speist der junge Hacker ihm ein neues Spiel ein, das Kinderspiel Tic-tac-toe. Dieses Spiel, das man nicht gewinnen kann, wenn man einmal den Trick verstanden hat, spielt der Computer mit sich selbst, wobei er durchaus nicht, wie sein Programmierer im Film gerührt behauptet, »lernt«, dass es Spiele ohne Gewinner gibt, sondern ganz einfach über der unmöglich zu beendenden Rechenoperation durchschmort.

47 John Le Carré: A Perfect Spy, London: Hodder & Stouton 1986, S. 436.

48 John Le Carré: The Spy Who Came In from the Cold [1963], New York: Pocket Books 2001. (Seitenangaben im Text.) Der Roman wurde kongenial verfilmt von Martin Ritt (Regie): The Spy Who Came In from the Cold, Drehbuch: Paul Dehn, mit Richard Burton, Claire Bloom, Oskar Werner, USA 1965.

49 John Le Carré: The Secret Pilgrim, London: Hodder & Stoughton 1991, S. 15. Zur Mauer als Schauplatz der Spionageliteratur der sechziger bis achtziger Jahre s. die Beiträge von Siegfried Mews: »The Spies Are Coming in from the Cold War« und Jürgen Kamm: »The Berlin Wall and Cold War Espionage: Visions of Divided Germany in the Novels of Len Deighton«, in: Ernst Schürer, Manfred Keune, Philipp Jenkins (Hg.): The Berlin Wall. Representations and Perspectives, New York u. a.: Peter Lang 1996.

50 Zur Grenze als territorialer Demarkation mit ihren Durchlässigkeiten und Exklusionsmechanismen s. Eva Horn/Ulrich Bröckling/Stefan Kaufmann (Hg.): Grenzverletzer, Berlin: Kadmos Kulturverlag 2002, Einleitung. (Seitenangaben im Text.)

51 Eva Horn: »Der Spion«, in: Horn/Bröckling/Kaufmann: Grenzverletzer, a.a.O., S. 136–155.

52 John Le Carré: The Looking Glass War [1965], London: Hodder & Stoughton 1995, S. 63.

53 Ebd., S. 105.

54 John Le Carré: The Honorable Schoolboy [1977], New York: Pocket Books 2000.

55 Andrej Tarkowskij (Regie): Stalker, Buch: Arkadij und Boris Strugatzkij (nach ihrem Roman: Picknick am Wegesrand), Kamera: Alexander Knjashinski, Schnitt: L. Fejginova, Produktionsdesign: Andrej Tarkowskij mit: Alexander Kajdanowski, Nikolai Grinko, Anatoli Solonizyn, Alissa Frejndlich, Natasha Abramova, Sowjetunion 1978/79, 164 Minuten, S/W und Farbe.

56 Diese sozialen Beziehungen zwischen den einzelnen Geheimdienstmitarbeitern stehen im Zentrum der Forschung zu Le Carré – im Wesentlichen versteht sie seine Romane weniger als politische Literatur denn als eine Soziologie der britischen Mittelklasse, in nuce dargestellt von der spießigbösartigen intelligence community. Vgl. beispielsweise Jost Hindersmann: Der britische Spionageroman, Darmstadt: Wissenschaftliche Buchgesellschaft 1995, Kap. VI, 3. Myron Aronoff: The Spy Novels of John Le Carré, New York: St. Martins Press 1999.

57 Die Bürokratie der Dienste ist ein wiederkehrendes, bei Le Carré eher trostloses, in Greenes *Our Man in Havana* eher ins Burleske spielendes Motiv der Spionageliteratur. Nachrichtendienstadministration und das von ihr hervorgebrachte »bureaupathological behavior« ist ein fast genretypisches Motiv der Spionageliteratur. Vgl. Steven M. Neuse: »Bureaucratic Malaise in the Modern Spy Novel: Deighton, Greene and Le Carré«, in: Public Administration, Bd. 60 (Herbst 1982), S. 293–306.

58 Das seltsam sentimentale und doch misstrauische Verhältnis des Agentenführers zu seinen »Joes« prägt die auf den zu Ende gegangenen Kalten Krieg rückblickende Erzählsammlung von John Le Carré: The Secret Pilgrim, a.a.O. Eines der interessantesten Bücher über Le Carré, mit erfrischender Sach-

kenntnis verfasst von einem ehemaligen kanadischen Geheimdienstler, ist Tod Hoffman: Le Carré's Landscape, Montréal: McGill-Queens University Press 2001. Hoffman schildert die Ambivalenzen des Verhältnisses von Agent und Führungsoffizier differenziert aus der Perspektive des Agentenführers, s. Kap. Out in the Cold.

59 Markus Wolf: »L'arte della simulazione. Thesen für ein Podiumsgespräch der Accademia KOS in Mailand, März 1998«, in: Die Kunst der Verstellung. Dokumente, Gespräche, Interviews, Berlin: Schwarzkopf&Schwarzkopf 1998, S. 15.

60 Graham Greene: The Human Factor [1978], London: Vintage (Paperback) 1999, s. dazu Kap. *The Human Factor II*.

61 So im letzten Teil der Trilogie *The Quest for Karla*, Smiley's People [1979], London: Hodder&Stoughton (Paperback) 1992, in dem Smiley seinen großen Gegenspieler Karla schließlich zum Aufgeben erpresst, weil er seine Tochter in einem psychiatrischen Krankenhaus in der Schweiz ausfindig gemacht hat.

62 John Le Carré: The Spy Who Came in from the Cold, a.a.O., S. 115.

63 John Le Carré: »To Russia, With Greetings. An Open Letter to the *Moscow Literary Gazette*«, in: Encounter 26, 1966, S. 3–6.

64 Vgl. dazu das Kapitel »The Great Game« über Fleming, Philby als Spielernatur und die Spielmetapher in den Thrillern des Kalten Krieges bei John Atkins: The British Spy Novel. Styles in Treachery, London: John Calder 1984, S. 131–139.

65 Eric Berne: Games People Play [1964], New York: Grove Press 1967. Tony Barley verweist darauf, dass das Romanpersonal diese Spielchen vor allem auch untereinander und mit seinen Ehefrauen spielt. Tony Barley: Taking Sides. The Fiction of John Le Carré, Philadelphia: Open University Press 1986, Kap. »Little Games«, S. 48–65. Eric Berne's Buch über die Mechanismen und Dysfunktionalitäten der Kommunikation, das ein Jahr vor *The Looking Glass War* erschien, war als Ansatz zur Psychologie zwischenmenschlicher Beziehungen außerordentlich einflussreich.

66 Lewis Carroll: Through the Looking Glass [1872], in: The Complete Works of Lewis Carroll, London: Nonesuch Press, S. 149.

67 Carroll: Through the Looking-Glass, a.a.O., S. 249.

68 »Expendable agents« in der Übersetzung von Samuel B. Griffith. Sun Tzu: The Art of War, a.a.O., Kap. 13, S. 146.

69 Günther Nollau: »Nichts ist authentisch«. Rezension zu John Le Carré: Der Spion, der aus der Kälte kam, in: Der Spiegel Nr. 4, 1965. Andere Kenner der Materie, wie der große Sowjet-Maulwurf Kim Philby, der im Jahr der Veröffentlichung von *The Spy Who Came in From the Cold* nach Moskau floh, und CIA-Direktor Richard Helms haben sich ähnlich über den Plot des Romans geäußert, er sei unplausibel (Philby) und düster-defaitistisch (Helms). Vgl. David Stafford: The Silent Game. The Real World of Imaginary Spies, Toronto: Lester and Orpen Dennis 1988, S. 200.

70 So zuletzt, diesmal aus philosophischer Sicht, Vittorio Hösle: »Berufsethik der Geheimdienste und Krise der hohen Politik. Philosophische Betrachtungen zum literarischen Universum von John Le Carrés Spionageromanen im Allgemeinen und zu *Absolute Friends* im Besonderen«, in: Deutsche Vierteljahrsschrift Heft 1/ 2005, S. 131–159.

71 John Le Carré: »To Russia, With Greetings«, a.a.O. »You« bezieht sich hier auf den Ostblock, an den sich der Text adressiert.

72 Dies bemerkt, wenngleich wenig ausgeführt, auch Jochen Vogt: »Halb-Engel gegen Halb-Teufel. Der endlose Schattenkrieg des John Le Carré«, in: die horen, 2/1989, S. 49–59.

73 John Le Carré: The Honorable Schoolboy [1977], New York 2000, S. 59. So nennt Le Carré die Demaskierung des Maulwurfs Bill Haydon in seiner Trilogie *The Quest for Karla,* deren erster Band eine fiktionale Bearbeitung des Falls Philby ist.

74 John Le Carré: Introduction, in: Bruce Page/David Leitch/Phillip Knightley: Philby. The Spy Who Betrayed a Generation, London: Deutsch 1968, S. 17.

75 Hugh Trevor-Roper: The Philby Affair, London: William Kimbler 1968, S. 75.

76 Einen guten Überblick über die Debatte um die »Cambridge Four« (Burgess, MacLean, Philby und Blunt) liefert Thomas Noetzel, der die Debatte um den Verrat und seine Voraussetzungen als eine Diskussion um die »Dekadenz« der westlichen Gesellschaften versteht. Thomas Noetzel: Die Faszination des Verrats. Eine Studie zur Dekadenz im Ost-West-Konflikt, Hamburg: Junius 1989.

77 Eine eher vorsichtige Einschätzung der Halbwahrheiten und »Lücken« in *My Silent War* und Philbys späteren Einlassungen in Moskau liefert Phillip Knightley: Philby. The Life and Views of the KGB Masterspy, London: André Deutsch 1988. Das Buch enthält auch in späteren Jahren offen gelegte Details über die Tatsache, dass der SIS Philby, nach einem partiellen Geständnis gegenüber dem Chef des SIS in Beirut, Nicholas Elliott, sehenden Auges fliehen ließ, um den Skandal zu vermeiden. Zur Arbeit Philbys für den KGB s. a. Genrikh Borovik: The Philby Files. The Secret Life of the Master Spy – KGB Archives Revealed, London: Little, Brown 1994.

78 Kim Philby: My Silent War [1968], Frogmore: Panther Books 1973, S. 14.

79 So berichtet etwa Andrew Boyle, dass noch 1954 die Sowjets einen früheren Agenten der Abwehr kidnappten und ausführlich verhörten, um herauszufinden, ob Philby nicht auch ihnen gegenüber ein Doppelspiel betreibe. Andrew Boyle: The Climate of Treason. Five Who Spied for Russia, London: Hutchinson 1979, S. 409. Tod Hoffman stellt die Spekulation an, dass Philby, einmal in Moskau, umgekehrt einen konspirativen Kontakt mit dem britischen SIS gehalten haben könnte. Tod Hoffman: Le Carré's Landscape, a.a.O., S. 120.

80 Graham Greene: The Human Factor [1978], London: Random House 1999. Greene hatte angeblich den Roman zur Zeit von Philbys endgültiger Enttar-

nung schon in Arbeit, publizierte ihn aber erst 1978, gerade um ihn aus der erhitzten Kontroverse um den Philby-Fall herauszuhalten. Dennoch ist er die Antwort auf die Frage, die Philby stellt. Vgl. Tod Hoffmann: Le Carré's Landscape, a.a.O., S. 124.

81 Edward Morgan Forster: Two Cheers for Democracy, London: Edward Arnold 1951, S. 78.

82 Greene: The Human Factor, a.a.O., S. 187.

83 Le Carré: Introduction, a.a.O., S. 12 und 15.

84 Graham Greene: Interview mit Maria Couto, in: Maria Couto: Graham Greene. On the Frontier – Politics and Religion in the Novels, Basingstoke: Macmillan 1988, S. 209.

85 Greene: Introduction, in: Kim Philby: My Silent War, a.a.O., S. 7.

86 Greene: The Human Factor, a.a.O., S. 107.

87 The Quest for Karla, wie Le Carré seine drei Romane in einer späteren Neuausgabe nannte, enthält *Tinker, Tailor, Soldier, Spy* [1974], *The Honorable Schoolboy* [1977] und als Finale *Smiley's People* [1980].

88 Le Carré: Introduction, a.a.O., S. 10.

89 John Le Carré: Tinker, Tailor, Soldier, Spy [1974], New York: Pocket Books 2000, S. 3. (Im Folgenden Seitenzahlen im Text.)

90 So Le Carré in Introduction, a.a.O., S. 9 ff.

91 Le Carré: The Honorable Schoolboy, a.a.O., S. 28.

92 Walter Benjamin: »Ursprung des deutschen Trauerspiels«, in: Ders., Gesammelte Schriften Bd. I.1, Frankfurt am Main: Suhrkamp 1991, S. 122.

93 Zur Narrationstechnik bei Le Carré vgl. die Dissertation von Elena Jenssen: Die Narrativik des Geheimen. Erzähl*plots* in den Spionageromanen von John Le Carré, Norderstedt: Libri Books on Demand 2000, die die Erzählproblematik als »Kommunikationskrise« beschreibt.

94 Diese Methode wird erst in *The Honorable Schoolboy* explizit dargelegt, bestimmt aber schon das Vorgehen Fiedlers gegen Mundt, später Smileys gegen Haydon. Le Carré: The Honorable Schoolboy, a.a.O., S. 68–69.

95 So in der Trilogie Len Deighton: Game, Set & Match. Berlin Game [1983] – Mexiko Set [1984] – London Match [1985], London: Grafton Books 1986.

VII. Staatsparanoia

Unsichtbare Feinde

Die spiegelbildliche Ähnlichkeit der Feinde, die die Feindschaft zwischen den Supermächten im Kalten Krieg prägt, hat eine Innenseite: Es ist eine politische Phantasie, die nicht mehr ein undurchsichtiges, aber klar definiertes feindliches Terrain ausspäht oder Hypothesen über einen gegebenen Feind und dessen Pläne formuliert, sondern die von der Unbestimmtheit des Feindes ausgeht. In den Fugen der Gesellschaft lauert eine heimliche Feindschaft, eine Gefahr, die an kleinsten Belanglosigkeiten wie an größtmöglichen Symboliken ablesbar ist. So kann alles und jeder in die Position des Feindes geraten.[1] Der amerikanische Historiker Richard Hofstadter nannte diese Vorstellung eines omnipräsenten, aber gänzlich unerkennbaren Feindes den »paranoiden Stil in der amerikanischen Politik«. Stichwort dieses Stils ist »Verschwörung«: »a vast and sinister conspiracy, a gigantic and yet subtle machinery of influence set in motion to undermine and destroy a way of life«.[2] »Paranoid« an dieser politischen Phantasie vom unsichtbaren »inneren Feind« ist dabei weniger eine psychologische Form individueller oder kollektiver Wahnbildung, vielmehr besteht sie in »a way of seeing the world and of expressing oneself«, eine Interpretation der Wirklichkeit und eine Verortung in ihr.[3] Die Eigenart der politischen Paranoia liegt darin, die Welt als eine Welt des omnipräsenten *secretum* zu betrachten. Mit der klinischen Paranoia des Individuums verbindet den »paranoiden Stil« der Impuls der Abwehr eines Angriffs dieser intransparenten Welt.[4] Ist die Welt ein einziger *effet de secret*, so geht es dem paranoiden Stil darum, ihren trügerischen Schein zu durchbrechen, indem andere Identitäten und andere Antagonismen vermutet werden als die offensichtlichen. Es muss alles neu, anders und misstrauisch gelesen werden: »Paranoia is an interpretive disorder«, so Timothey Melley, »that revolves around questions of control and manipulation«.[5] Diese »Interpretations-Krankheit« – etwas verächtlich »Verschwörungstheorie« genannt – entwirft ein weltumspannendes, unsichtbares Netzwerk, imaginiert geheime Codes und Symbole, Mechanismen und Medien der heimlichen Manipulation; sie richtet ihr Misstrauen auf mögliche Umsturz- und Weltherrschaftspläne, aber auch allgegenwärtige staatliche Überwachung und Manipulation. Der allgegenwärtige, aber unbestimmte Feind wird zur Projektionsfläche aller nur denkbaren sozialen und kulturellen Ängste.

Dieses Misstrauen, das ich »Staatsparanoia« nennen möchte, hat eine epistemische und eine politische Seite. Es ist Ausdruck einer doppelten Krise: einer Krise der Kontrolle und Exklusivität geheimen Staatwissens und einer Krise der Erkennbarkeit des Feindes. Die Staatsparanoia der fünfziger Jahre in den USA, die hier an zwei politischen Phantasmen der McCarthy-Zeit untersucht werden soll – den »Atomspionen« und »*mind control*« – ist die dunkle Innenseite jener allzu klaren, allzu verwissenschaftlichten Feindschaft, die den Kalten Krieg auszeichnete. Die ebenso gespenstische wie produktive Idee, dass der Feind nichts als ein Spiegelbild meiner selbst ist, führt zum Verdacht, dass dieser Feind mein Nachbar und mein Freund sein könnte, dass er sich nicht in einem fernen Feindesland jenseits der *Mauer* befindet, sondern sich in der eigenen Gesellschaft, sogar im eigenen Unbewussten eingenistet hat. Genau dies ist der historische Hintergrund der Rede vom »Verrat im 20. Jahrhundert«, deren politische und soziale Implikationen wir betrachtet haben. Die Staatsparanoia, die hier am Beispiel der McCarthy-Ära – dem Fall der »Atomspione« Julius und Ethel Rosenberg und der Vorstellung eines ferngesteuerten Attentäters – paradigmatisch untersucht wird, ist jedoch mit der Rede vom inneren Feind und omnipräsenten Verräter, die vor allem Enzensberger analysiert hat (s. Kap. *Verrat im 20. Jahrhundert*), nur unzureichend beschrieben. Denn die wirkmächtigen – im Falle der Rosenbergs tödlichen – Phantasien über unsichtbare Feinde, die die Staatsparanoia der fünfziger Jahre hervorbringt, sind nicht nur eine tiefgreifende Reorganisation der »Gestalt« des Feindes, sondern auch Ausdruck einer Krise der modernen *arcana imperii.*

»Paranoider Stil« und Verschwörungstheorie werden zumeist als populäre Ideologien gesehen: Man legt ihre logischen Kurzschlüsse frei und analysiert die sozialen, psychologischen und kulturellen Funktionen solcher Ideologiebildungen. Politische Verschwörungstheorien, so lautet der Konsens der Forschung, sind totalisierende Welterklärungssysteme, die die Komplexität moderner politischer Verhältnisse reduzieren und deren Kontingenz wegerklären, indem die Verschwörung die nagende Frage beantwortet »why do bad things happen to good people?«[6] Oder aber sie sind nostalgische Phantasien von einem autonomen und selbstmächtigen Individuum, Phantasien, mit denen der Mensch der modernen Massenkultur den Verlust seines Handlungsspielraums durch die Projektion auf eine übermächtige, geheime Instanz der Kontrolle und Manipulation verwindet.[7] Fredric Jameson erklärt politische Paranoia darum zu »the poor person's cognitive mapping in the postmodern age; it is a degraded figure of the total logic of late capital, a desperate attempt to represent the latter's system«.[8] Jamesons Herablassung über die paranoiden Armen im Geiste ist bezeichnend für die Behandlung von Verschwörungstheorie als *Ideologie,* als ein System falscher Antworten auf die richtigen Fragen, eine totalisierende Sicht auf eine nicht totalisierbare Welt. Was diese ideologiekritische Herablassung verkennt, ist die Dialektik von Luzidität und Blindheit, die den paranoiden Stil prägt. Seine Luzidität liegt in der profunden Skepsis gegenüber dem Anschein: der a-politischen Harmlosigkeit des Privaten, der Autorität offizieller Verlautbarungen, der Erkennbarkeit des Feindes. Verstanden als ein Diskurs über die *arcana imperii* der Moderne, ist politische Paranoia weniger ein hypertrophes System von Erklärungen und Kausalitäten denn ein *Infragestellen* ›offizieller‹ Erklärungen. Was sich in ihr niederschlägt, ist eine Haltung tiefsten Misstrauens: ein Misstrauen des Staats gegenüber seinen Bürgern, der Bürger gegen den Staat, der Nicht-Experten gegenüber den Experten, der Anwender von Technologie gegen diese Technologie, der

Mediennutzer gegen diese Medien. Es ist der Verdacht gegen genau das, was zur technischen und kulturellen Grundlage einer Gesellschaft gehört, all das, dem man sich nicht entziehen kann: sei es das Trinkwasser, seien es die Botschaften der Medien, seien es die Zeichen auf den Geldscheinen.[9]

Staatsparanoia ist eine epistemische Krise geheimen Staatswissens und seiner Handhabung. Sie entsteht aus der Erkenntnis der Unkontrollierbarkeit von kriegswichtigem Wissen: im Fall des Atomgeheimnisses die Einsicht, dass es nicht möglich ist, die Zirkulation dieses hoch brisanten technischen Wissens dauerhaft zu unterbinden und damit eine militärische Vormachtstellung auf ein technisches Geheimnis zu gründen; im Fall von *mind control* die Einsicht, dass Medien der Wahrnehmung und der Nachrichtenverbreitung auch als Medien der Manipulation nutzbar sind. Ausgangspunkt ist dabei eine der zentralen Praktiken zur Erzeugung und Definition geheimen Staatswissens: Klassifikation, der Ausschluss bestimmter Daten und Wissensarten von jeder unkontrollierten Zirkulation. (s. in diesem Kapitel: *Klassifiziertes Wissen: Das Atom-Geheimnis*). So gesehen, ist Staatsparanoia eine Phantasie über die Möglichkeit – vor allem aber *Unmöglichkeit* – der Kontrolle dieser Wissenstypen und ihrer Zirkulation. Sie kreist um den spezifischen *effet de secret* dieses Wissens und unterzieht es der Virtualisierung und Fiktionalisierung. Exploriert werden dabei denkbare *worst case scenarios*: dass geheimes Staatswissen von Verrätern weitergegeben wird, dass es zur Manipulation der eigenen Bürger genützt wird, dass es in unrechte Hände gerät, dass es nicht zum Schutz, sondern zum umfassenden Betrug genutzt wird.

Allerdings ist Staatsparanoia nicht einfach nur die Paranoia des Staates. Vielmehr geht sie in zwei Richtungen, indem sie einerseits das Misstrauen des Staats gegenüber seinen Bürgern, andererseits den Verdacht der Bürger bezeichnet, vom Staat überwacht, verfolgt oder betrogen zu werden. Der Fall der Verhaftung und Verurteilung von Ethel und Julius Rosenberg wegen Atomspionage ist für beide Seiten der Staatsparanoia das entscheidende Beispiel, eine Paranoia, die gerade auch literarisch wirksam wird (s. in diesem Kapitel: »*The*

Public Burning«). Während der Staat im angeblichen Spionagering um Julius Rosenberg ein Netzwerk der Kommunisten jagt, sehen sich die Bürgerbewegung, die amerikanischen Juden und die liberalen Intellektuellen einer Verschwörung des Staates ausgeliefert. Entsprechend wird 1963, bei der Ermordung John F. Kennedys, einerseits über kommunistisch-kubanische Netzwerke spekuliert, andererseits über die CIA selbst als Täter, Vertuscher oder Profiteur (s. Kap. *Invisible Government. JFK*). Diese Figur wiederholt sich zuletzt angesichts der Attentate vom 11. September in den zweischneidigen Phantasmen, die entweder ein unendliches Terroristen-Netzwerk oder den Staat selbst am Werk vermuten (s. Kap. *Nach »Nine Eleven«*). Staatsparanoia ist damit eine fundamentale Verschiebung der Feind-Gestalt: Während Intelligence – nach Michael Herrman – ein Wissen »über die *anderen*, nicht über uns« ist,[10] geht es in der politischen Paranoia um die *Ununterscheidbarkeit* zwischen »uns« und »ihnen«: Ihre Fiktionen sind »über *uns*, nicht die anderen«. Sie rechnet immer schon mit der Ununterscheidbarkeit von Freund und Feind und entwickelt unendliche Techniken und Taktiken, den Feind in der eigenen Gesellschaft und im eigenen Unbewussten aufzuspüren.

Klassifiziertes Wissen: Das Atom-Geheimnis

Als der Kernphysiker und Nobelpreisträger Niels Bohr im Oktober 1943 aus Dänemark über Schweden nach England floh, wurde er vom englischen Geheimdienst in einem kleinen Mosquito-Bomber von Stockholm nach Schottland ausgeflogen. Die Besatzung setzte den Physiker, der in den USA am Manhattan Project zur Entwicklung der Atombombe mitwirken sollte, im Flugzeug genau über den Bombenschacht, »damit man«, wie Robert Jungk schreibt, »die gefährlich intelligente ›Fracht‹ [...] im Falle eines deutschen Angriffs sofort [...] mit einem Handgriff ins Wasser fallen lassen konnte« – bevor ihn die Deutschen in die Hände bekämen.[11] – Der Atomphysiker als Bombe: Nichts macht den Status eines Wissens deutlicher, das wie kein anderes die Vorstellung eines »kriegswichtigen Geheimnisses« im 20. Jahrhundert erfüllt hat. Von einer internationalen Grundlagenforschung war die Atomphysik im Verlauf des Zweiten Weltkriegs zu einem kasernierten Forschungsprojekt unter absoluter Geheimhaltung geworden. Das Wissen und Können eines Wissenschaftlers wie Bohr *war* die Bombe, noch bevor sie tatsächlich gebaut und getestet war; Kernphysik – als Theorie – und die technologischen Voraussetzungen der Atomspaltung – als deren praktische Ermöglichung – waren die Bombe *in Latenz*. Ein Forscher, der dieses Wissen ins Werk setzen könnte, ist damit genauso gefährlich wie die entwickelte Bombe selbst.

Die Verknüpfung von wissenschaftlicher Forschung und Geheimhaltung, die auch nach dem Ende des Kalten Kriegs noch immer selbstverständlich erscheint, ist eine Entwicklung moderner Forschung, deren epistemologische und politische Struktur genauer zu erläutern ist. Wissenschaftliches Forschen, das nicht vorankommen kann ohne die Konkurrenz und den Austausch innerhalb einer *scientific community*, hatte sich im Falle der Kernphysik plötzlich abgekapselt: eine zwar internationale, aber gänzlich von außen abgeschirmte Gruppe von Wissenschaftlern, die nur noch an der Verfolgung eines einzelnen Projekts (der Entwicklung der A-Bombe), ohne Publikation ihrer Ergebnisse und im Dienste einer einzigen Nation (den USA) forschten. Das Paradox könnte größer nicht sein: Modernes wissenschaftliches Wissen, das zwar durch hochgradige Spezialisierung, aber auch grundsätzlich offene Zugänglichkeit gekennzeichnet ist, wird hier zur Arkanwissenschaft. Das Atom-Geheimnis organisiert dabei ein politisch-epistemologisches Gefüge, das auf eine doppelte Anstrengung konzentriert ist: einerseits die Geheimhaltung im Inneren des Forschungsapparats, die Klassifizierung, Nicht-Publikation und *compartmentalization* von Wissen – andererseits nach außen die ständige Furcht vor verborgenen ›Lecks‹, die dieses riskante Wissen an den Feind ausliefern könnten. Dies bedeutet eine massive Transformation von Forschung, die nun ein rares, hochgeheimes Wissen erzeugt, ein Wissen, das zum zentralen Phantasma der McCarthy-Zeit werden wird. Betrachtet man die Wissenschaftsgeschichte der ersten Bombe, die sich die Entdeckung der Kettenreaktion und extremen Energiefreisetzung bei der Spaltung des Uranisotops ^{235}U zunutze machte, fällt – vom britischen Vorläufer-Projekt *Tube Alloys* über das *Manhattan Project* bis hin zum Abwurf der Bomben – vor allem auf, wie ein internationales, an völlig unterschiedlichen Fragen und mit unterschiedlichen Ausgangshypothesen arbeitendes Forscher-Netzwerk im *Manhattan Project* kaserniert und homogenisiert wird.[12] Diese Kasernierung aller am Projekt arbeitenden Wissenschaftler an einem isoliertem Standort in New Mexico unter dem wissenschaftlichen Koordinator Robert J. Oppenheimer und dem militärischen Leiter Major Leslie R. Groves diente der »Sicherheit«: Sicherheit der Forscher, Sicherheit der Bevölkerung vor Unfällen bei den Experimenten – vor allem aber Sicherheit vor möglichen Indiskretionen dieser Forscher [*Abb. 30*].[13] Eine der wichtigsten Geheimhaltungsmaßnahmen, die Groves durchzusetzen versuchte, war den Gepflogenheiten normaler Forschung diametral entgegengesetzt: Die von ihm verordnete *compartmentalization* zielte darauf, dass jeder Forscher und jeder Ingenieur nur soviel wissen durfte, wie er brauchte, um seine eigene Arbeit zu tun. Kompartmentalisierung bedeutet die Zerlegung von Wissen in isolierte und miteinander nicht kommunizierende Einheiten, eine Ent-Komplexierung von Wissen, der sich die Forscher natürlich mit allen Mitteln widersetzten.[14] Kompartmentalisierung ist dabei Teil einer wesentlich umfassenderen Praxis, der Klassifizierung von Wissen.[15]

Grundsätzlich – so hat Peter Galison ausgeführt – bedeutet die Klassifizierung bestimmter Daten den Entzug dieser Daten von jeglicher Zirkulation: Selbst dem Autor etwa eines klassifizierten Texts »gehört« dieser Text nicht mehr, und er dürfte ihn genau genommen weder besitzen noch lesen, wenn er keine formelle Zugangserlaubnis (*clearance*) dazu hat. Das heißt auch, dass das ›Prinzip Autorschaft‹, in dem Maße, als es, wie Michel Foucault gezeigt hat, eines der wichtigsten Regulations- und Steuerungsprinzipien der Zirkulation von Diskursen ist,[16] hier suspendiert wird. Der Text ist niemandem mehr ›zuschreibbar‹ und gehört niemandem mehr, was zählt, ist vielmehr die hochgradig limitierte Gruppe seiner möglichen Adressaten. Das trifft für viele Daten erst nach gründlicher

Abb. 30: Robert J. Oppenheimer (1904–1967) und Major General Leslie Groves (1896–1970), der wissenschaftliche und der militärische Leiter des *Manhattan Project*, in Alamogordo, New Mexico, am Schauplatz des ersten Tests im Juli 1945. Foto: UPI/Bettmann.

Prüfung zu, für atomares Wissen aber gilt es immer schon: »Nuclear knowledge becomes classified the instant it is written down – even by someone who has no nuclear weapons (Q) clearance.«[17] Klassifizierung von Wissen – grundsätzlicher: die Idee der ›Klassifizierbarkeit‹ – impliziert, sich Wissen als eine Ansammlung diskreter Aussagen vorzustellen, von denen einige aus dem komplexen Kontinuum eines Wissensgebiets, einer Disziplin oder einer Theorie herausgepickt und mit dem Bann der Nicht-Zirkulation belegt werden können. Umgekehrt können de-klassifizierte Texte nur entschärft und das heißt, mit erheblichen Lücken wieder öffentlich zugänglich gemacht werden [*Abb. 31*]. Galison nennt es eine »theory of punctiform knowledge excision«.[18] Aber Klassifikation bedeutet nicht nur eine sachferne Zerlegung von Wissen, die der Dynamik von »Wissenschaft« diametral entgegengesetzt ist, sondern auch seine irreversible Nationalisierung: Mit dem *Manhattan Project* und dem *Atomic Energy Act* nach Kriegsende wird jedes Datum dieses Wissensgebiets zum Staatsgeheimnis und Eigentum der USA. Genau hier setzte – vergeblich – auch die Kritik der Wissenschaftler an, die sich während des Weltkriegs noch mehr oder weniger klaglos dieser Politik der Geheimhaltung unterzogen hatten: Im Juni 1945 verfassten sieben Forscher unter Leitung von James Franck ein Memorandum, das vorschlug, das Geheimnis gegen einen internationalen Atomwaffenvertrag einzutauschen. Den Wissenschaftlern – anders als dem FBI und der Regierung – war klar, dass es auf Dauer keine wirksame Geheimhaltung geben würde: »Nukleare Bomben«, so heißt es im Franck-Report, »können keinesfalls länger als einige Jahre eine ›Geheimwaffe‹ zum ausschließlichen Nutzen unseres Landes bleiben«.[19]

Wo die Forscher den Wissensvorsprung der USA außenpolitisch als Verhandlungsvorteil nutzen wollten, hatten andere bereits ge-

Abb. 31: Deklassifiziertes, geschwärztes Dokument »Consequences of U. S. Intervention in Cuba«, Defense Department/Joint Chiefs of Staff, vom 8. August 1962. Aus: Lawrence Chang/Peter Kornbluh (hg): The Cuban Missile Crisis, 1962. A National Security Archive Documents Reader, New York: The New Press 1992.

(2) Marines - [redacted]

(3) Navy - [redacted]

(4) Air Force - [redacted]

3. Level of National Mobilization Required.

a. Army - None. In lieu of mobilizing Civil Affairs units from the active reserve, tactical forces, though not trained for this mission, will be employed to conduct Civil Affairs/Military Government operations.

b. Navy - For troop and cargo sealift, no rise in mobilization level would be required beyond the present authority held by the Maritime Administration to charter shipping.

c. Air Force - In order to land the maximum number of airborne troops in the minimum time, [redacted] however, CINCLANT and USAF have been requested to prepare alternate plans not involving any mobilization prior to D-day.

d. Marines - None.

e. Further mobilization would be required if a concurrent political or military situation exists which would make such a precaution desirable in order to assure US military responsiveness to additional demands.

4. Effect on World-Wide Ability to React - The present basic contingency plan anticipates achieving control of key strategic areas in Cuba within [redacted] days. Subsequent to gaining such control of the island there will be a progressive withdrawal of forces as the situation permits.

handelt. Die berühmten Atom-Spione, die das politisch Imaginäre der Fünfziger Jahre durchgeistern, müssen als Pendant jener Geheimnisstruktur gesehen werden, die Forschung und Militär, experimentelle Erzeugung und Klassifikation von Wissen verkoppelt. An der Quelle des Verrats stehen nämlich genau diejenigen, die geholfen hatten, das gefährliche Geheimnis überhaupt erst herzustellen: Wissenschaftler wie Klaus Fuchs, Alan Nunn May und Theodore Hall, Ingenieure und Techniker wie David Greenglass, Harry Gold und Julius Rosenberg. Der wichtigste Verräter war zweifellos Klaus Fuchs, der seit seiner Mitarbeit im britischen Kernspaltungsprojekt Berichte über seine Forschung an die Sowjetunion weitergegeben hatte.[20] Der Chemiker Harry Gold war zeitweise sein Kontaktmann, er führte das FBI dann zum technisch eher unbedeutenden »Spionagering« um David Greenglass, einem Mechaniker in Los Alamos, und seinen Schwager, Julius Rosenberg. Fuchs ist als Verräter-Figur die Verkörperung jenes »Alleingangs«, des Insistierens auf einer eigenen Entscheidung, welches die europäische Debatte um den »Verrat im 20. Jahrhundert« fasziniert. Forscher wie Fuchs und Nunn May entschieden vor allem aus dem Geist wissenschaftlicher Datenzirkulation und damit gegen die Arkanstruktur der Klassifikation. Nunn May erklärte nach seiner Enttarnung:

> »I gave and had given very careful consideration to correctness of making sure that development of atomic energy was not confined to U. S. A. I took the very painful decision that it was necessary to convey general information on atomic energy and make sure it was taken seriously.«[21]

Sie taten damit das, was normale Forscher tun, wenn sie ihre Forschungsergebnisse veröffentlichen, um Kollegen auf den Stand der Dinge zu bringen: Die großen Verräter im 20. Jahrhundert restituieren Wissenschaft in Zeiten der Klassifikation.

Nicht so sehr ein irrationaler, als »paranoid« psychologisierbarer Affekt, eine Angst vor den »reds under the beds«, steht so am Ursprung der Staatsparanoia der fünfziger Jahre, sondern eine Krise der politischen Kontrollierbarkeit eines eminent kriegswichtigen Wissens – eine Krise der *arcana imperii*. Die Atomspione, die untrennbar mit der Produktion dieses Wissens verknüpft sind, liefern das, was man »secrecy's counternarrative«[22] nennen kann: die Vorstellung von einer unsichtbaren, aber überall versteckt wirksamen Verbindung von heimlichen Handlangern der Sowjetunion, die sich nicht an die Kommunikationsverbote des Kalten Krieges halten. Die Furcht vor den allgegenwärtigen Kommunisten, die nicht zufällig Wissenschaftler, Künstler, Emigranten und Intellektuelle ins Visier nimmt, ist eine Furcht vor verbotenen und schädlichen Verbindungen, vor unerlaubten Wegen des Wissens. Die Hysterie gegen die allgegenwärtigen »Roten« hat ihre epistemische Grundlage in der Bestürzung darüber, dass man diese Transfers nicht unterbinden kann, dass man Wissen nicht abgrenzen und kompartmentalisieren, die Kommunikation und Vernetzung nicht eingrenzen und kontrollieren kann, da sie im Ursprung dessen steckt, was so wertvoll ist.

»The Public Burning«: Der Fall Rosenberg

Am 29. August 1949, nach der Testzündung einer sowjetischen Atombombe in Semipalatinsk-21 war klar, dass die Amerikaner der sowjetischen Bombenforschung nicht wie angenommen um Jahre voraus gewesen waren. Aber wenn das Geheimnis den Amerikanern »gehörte«, so die Logik, dann konnte es nur durch »Diebstahl« in die Hände der Sowjets geraten sein.[23] Die Figur des Atomverräters wird zum *missing link* zwischen dem Geheimnis und dem Feind – und die Rede vom Verrat als Signatur des Zeitalters erweist ihre gänzliche Technik-Vergessenheit. Im Januar 1950 hatte Klaus Fuchs britischen Sicherheitsbeamten gestanden, im Krieg Material an die Sowjets weitergegeben zu haben; sein Kontaktmann war Harry Gold, der bei Befragung durch das FBI bereitwillig jahrelange Botendienste eingestand; er wiederum führte das FBI zu David Greenglass, der als Mechaniker in Los Alamos gearbeitet hatte. Als Anstifter für seine Spionagedienste nannte er seinen Schwager Julius Rosenberg, der das Material auch weitergegeben haben sollte. Dieser Julius Rosenberg und seine Frau Ethel nun waren es, die in einem weltweit verfolgten Prozess als angebliche Führer eines Spionagenetzes angeklagt und schließlich zum Tode verurteilt wurden.[24]

Der Rosenberg-Prozess von 1951 und die Hinrichtung des Paares am 19. Juni 1953 auf dem elektrischen Stuhl waren der wohl spektakulärste Moment in der Geschichte der Atomspionage – oder besser noch: der Verrat als öffentliches Spektakel, wie Robert Coovers *The Public Burning* schon im Titel klarmacht. Im Moment seines Verrats wird das hoch spezialisierte und klassifizierte Wissen plötzlich zum Fetisch einer großen theatralischen Inszenierung. Eine Inszenierung ist schon der Prozess selbst: vom FBI präparierte Zeugen der Anklage, ein Bruder, David Greenglass, der seine Schwester und seinen Schwager der Spionage bezichtigt, um sich selbst freizukaufen, Ruth Greenglass, die mit einer gezielten Lüge ihre Schwägerin Ethel in das Verfahren hineinzieht, und ein wichtiger Belastungszeuge, Harry Gold, der schon vor der Untersuchung als pathologischer Geschichtenerfinder auffällig war. Der Versuch einer Wahrheitsfindung wurde so zu einem Gewebe von Erzählungen, die sichtlich zurechtgebogen werden (Harry Gold und David Greenglass steckte man in eine gemeinsame Zelle, damit sie ihre Aussagen abstimmen konnten) und seltsamen Beweisstücken (etwa einem Konsolentisch von Macy's, in dem eine Zeugin ein Gerät zum Herstellen von Mikrofotografien gesehen haben wollte oder angebliche Zeichnungen der Bombe, die nie einem Atomwaffen-Experten zur Prüfung vorgelegt wurden). Schon vor dem Beginn des Prozesses schien das Gericht seine Entscheidung über Schuld oder Unschuld der Rosenbergs bereits getroffen zu haben und diese Version um jeden Preis durchsetzen zu wollen – und ebenso wusste die Öffentlichkeit immer schon, auf wessen Seite sie war.[25] »Nearly all literature on the Rosenbergs is highly partisan. Either Julius and Ethel were the victims of a sinister government conspiracy or the case against them was flawless, an inspiring example of American justice in action,«[26] so die Autoren der gründlichsten Studie des Falles Rosenberg.

In dieser Polarität seiner parteilichen Versionen ist der Fall paradigmatisch für die Struktur der Staatsparanoia. Diese besteht aus zwei konträren, aber komplementären Narrativen: einerseits der paranoiden Angst des Staates vor seinen Feinden – andererseits der Paranoia der Bürger in Bezug auf die staatliche Macht. Die eine Seite, die Paranoia des Staates, nimmt an, dass die Feinde des Staates, deren Name in den Fünfziger Jahren »die Kommunisten« ist, überall unsichtbar die Gesellschaft und die Verwaltungsorgane des Staats infiltriert haben. Die Wurzeln dieser »red scare« mögen in der Furcht vor der Komintern als zugleich national gesteuerter und international operierender Organisation (s. Kap. *Agenten der Weltrevolution*)[27] gelegen haben – im Kalten Krieg jedoch wird diese Vorstellung gleichsam ins Innere des Staats und der Gesellschaft gestülpt: überall Verräter – überall Spitzel des Staats. J. Edgar Hoover, Chef des FBI von 1924 bis 1971, verkörpert das Denken der Staatsparanoia von Seiten des Staats wie kein anderer. In *Masters of Deceit* erläutert er die Struktur der Gefahr:[28] Die kommunistische Partei der Vereinigten Staaten sei das »trojanische Pferd« des Weltkommunismus, seine Taktiken reichten von Spionage und Sabotage bis zur »Massenagitation«, zu der er etwa die Forderung nach Abrüstung oder die Verteidigung von Bürgerrechten zählte.[29] Im Rosenberg-Fall nimmt diese Vorstellung einer Verschwörung konkrete Form an. Der Staatsanwalt Irving Saypol sah Julius Rosenberg als den Knotenpunkt eines weitreichenden Netzes von Sowjet-Spionen: »Imagine a wheel. In the center of the wheel, Rosenberg, reaching out like the tentacles of an octopus.«[30] Dieses Bild eines radförmig zentrierten Netzes, dessen Tentakel ständig neues Material in sein Zentrum ziehen, ist die Grundfigur jener unsichtbaren Feindschaft, die die Staatsparanoia prägt. Hans Magnus Enzensberger beschreibt sie in seinem Essay *Theorie des Verrats* als die Logik eines Verdachts, der sich wie eine »Infektion« von einem zum anderen verbreitet: »Die Ansteckungskraft des Geheimnis-Tabus ist unbegrenzt. Es überträgt sich auf jeden und auf alles, was mit ihm in Berührung kommt. Der Geheimnisverräter infiziert mit dem Verdacht, der auf ihm ruht, seine ›Kontaktpersonen‹.«[31] Wenn die Paranoia des Staates gegenüber seinen Bürgern diese zu heimlichen oder potentiellen Feinden erklärt, dann fixiert sie die sozialen Netze und Kommunikationen, die Zugehörigkeiten und Verbindungen, in die jedes Individuum unweigerlich verstrickt ist. Suspekt wird das, was Gesellschaft zu Gesellschaft macht.

Der Fall Rosenberg ist aber auch exemplarisch für die andere Seite der Staatsparanoia: die verschwörungstheoretische Sicht der Bürger auf den Staat. Der Prozess wurde zum Fanal für die Rechtlosigkeit politischer Gesinnung in einem nur scheinbaren Rechtsstaat, er wurde zum Beispiel für einen Prozess, in dem Wahrheitsfindung und Rechtsprechung einer öffentlichen Anprangerung bis zum Justizmord wichen. Da Ethel und Julius Rosenberg eisern ihre Unschuld beteuerten und sich auf ihr Recht beriefen, bestimmte Fragen nach dem *Fifth Amendment* nicht zu beantworten, da die Zeugen deutlich unter Druck gesetzt schienen und (so Ruth Greenglass) vorbereitete Einlassungen aufsagten, da Richter Irving Kaufmann und Staatsanwalt Irving Saypol sich offensichtlich über die Verurteilung der Angeklagten abgesprochen hatten, war es nur allzu evident, dass die Rosenbergs alles andere bekamen als einen fairen Prozess. Das drakonische Urteil bekräftigte den Eindruck schreienden Unrechts, den der Prozess bei vielen Beobachtern auslöste. Die Rosenbergs wurden zum »Heiligen Paar«, zu Märtyrern der Bürgerrechte. Ethel Rosenberg schrieb kurz vor ihrer Hinrichtung aus dem Gefängnis Sing Sing: »We are the first victims of American fascism.«[32] Mitten im Korea-Krieg, mitten in einer frenetischen Jagd nach verborgenen Sympathisanten der kommunistischen Partei, schien es, als sei jede Form von Opposition lebensgefährlich. Der Historiker Anson Rabinbach beschreibt als Zeitzeuge diesen Effekt als ebenso furchteinflößend wie spaltend für die amerikanischen Juden:

> »Anyone who had been connected to or was in fact a member of the Communist party was vulnerable. The innocence of the Rosenbergs proved that even the lowliest sympathizer could be murdered by the State. The paranoia among Jews was heightened by the fact that judge Kaufmann and Saypol's assistant Roy Cohn were themselves Jews. The implication was that Jews served two masters: the international communist conspiracy and their own host state. The Jews who wanted to prove their patriotism fiercely defended the legality and justice of the trial; the campaign to save

> the Rosenbergs depicted them as innocent and arbitrary victims of state sanctioned violence. Behind the campaign (which the Communist Party only joined rather late in the game) was the widely sanctioned belief that not only were the Rosenbergs innocent but innocent martyrs for the cause.«[33]

Es ist diese Geste einer ›Heiligsprechung‹, die die ästhetischen Beiträge zum Thema prägen. Das populärste Bild des »Heiligen Paares« ist das vom Kuss in Handschellen, den Julius Rosenberg seiner Frau am Rande des Prozesses hastig gibt [*Abb. 32*]. Die Intimität der Eheleute wird zum Emblem ihrer Unschuld. Eine Unzahl von Bildern stellen die Hinrichtung semi-realistisch oder allegorisch dar, Picasso zeichnet rührend hübsche Portraits, andere präsentieren Installationen mit elektrischem Stuhl, wieder andere, wie der Maler Peter Saul, zeigen noch in den späten achtziger Jahren die verbrennende Ethel in einer kruden Robert Crumb-Ästhetik mit gleichgültigem Gesichtsausdruck. In der Hinrichtung wird das Märtyrertum der Rosenbergs emblematisch. Adrienne Rich, Louis Aragon, Allen Ginsberg und viele andere haben Gedichte auf die Rosenbergs geschrieben: Gedichte über die zerstörte Familie und die zwei Waisen, die die Rosenbergs hinterlassen (Aragon), über die Mutter, Tochter und Ehefrau Ethel, »wanting to distinguish herself« (Rich), und über das Medienereignis der Hinrichtung: »television was a baby crawling towards that deathchamber« (Ginsberg).[34]

Es ist genau dieser Punkt, an dem Staatsparanoia ihre eigene Literatur erzeugt: »engagierte Kunst«, die sich mit exemplarischer Empathie für die Opfer staatlichen Unrechts einsetzt – und immer schon weiß, wer die Opfer sind. E. L. Doctorows Roman *The Book of Daniel* (1971) macht dieses ›Engagement‹ des Literarischen, das sich am Fall der Rosenbergs kristallisiert, selbst zum Gegenstand, indem er die diesem Engagement zugrunde liegende Erzählperspektive einnimmt: Es ist die des Kindes, des Sohns der Rosenbergs, Daniel. Ein Blick der Unschuld, der Ohnmacht und schließlich der nachhaltigen Traumatisierung. Die Kinderperspektive des Helden Daniel – zugleich der Blick des Schulkinds, dessen Eltern verhaftet werden, und des jungen Erwachsenen, der gegen den Vietnamkrieg protestiert – diese

Kinderperspektive macht klar, dass das Engagement in einer radikalen Empathie liegt: Einfühlung in die Ohnmacht des Einzelnen, Einfühlung in das ›Einzelschicksal‹, die Angst der Eltern und die böse Banalität der FBI-Beamten. Der Kinder-Blick, den das Buch einnimmt und zugleich in der Perspektive des verstörten jungen Erwachsenen Daniel bricht, ist die narrative Allegorie des Opfer-Seins schlechthin. Genau in dieser Allegorie des Opfer-Seins, in dieser Identifikation mit dem Opfer, werden die Rosenbergs zur Allegorie eines kollektiven Traumas. Die Traumata des Kindes werden bei Doctorow in die Jetzt-Zeit der Erzählung, 1967, hineingeholt, um die Frage nach der »Alten Linken«, für die das Engagement für die Rosenbergs exemplarisch stand, zu verknüpfen mit einer »Neuen Linken«, die sich gegen den Vietnamkrieg einsetzt und damit gegen einen Staat, der statt der inneren Feinde nun gnadenlos geopolitische Interessen verfolgt.[35] – Von beiden Seiten wird der Fall Rosenberg so zur Crux eines »paranoiden Stils«, der die Verstrickung von Politik und Fiktion einerseits in der phantasmatischen Verfolgung verborgener Feinde, andererseits in der ästhetischen Stilisierung absoluter Unschuld und Ohnmacht ausagiert. Die fiktionale Konstruktion beider ›Versionen‹, der von der Schuld wie der Unschuld der Rosenbergs, erweist sich nicht zuletzt darin, dass sie *beide* falsch waren.

1995 wurden Akten aus dem 1943 gestarteten Venona-Projekt deklassifiziert, ein Projekt, das jahrelang den Nachrichtenverkehr sowjetischer Diplomaten in den USA abgefangen und entschlüsselt hatte. Darin fand sich Material über sowjetische Spionageaktivitäten mit Hinweisen auf einen Agenten mit den Codenamen »Antenna« und »Liberal«, bei dem es sich offensichtlich um Julius Rosenberg handelte.[36] Das Venona-Material stützt die These, dass Julius Rosenberg ein Spion für die Sowjets war, dass er verschiedene andere In-

Abb. 32: Ethel (1915–1953) und Julius Rosenberg (1918–1953) am 23. 8. 1950, dem Tag der Anklageverlesung im Federal Court in New York. Der Kuss des Ehepaares in Handschellen wird zum meistverbreiteten Bild, die Intimität des Paares zum Beweis ihrer Unschuld. Foto: Wild World Photos. Aus: Rob A. Okun: The Rosenbergs.

formanten zur Weitergabe technischer Informationen aufgefordert hatte und dass er selbst tatsächlich ein Bauteil der Bombe für die Sowjets gestohlen hatte.[37] Ethel dagegen, auch das macht das Material deutlich, war selbst nicht in die Spionagetätigkeiten verstrickt.[38] Das FBI kannte das Venona-Material zum Zeitpunkt des Prozesses, wusste also von Julius' Schuld und Ethels Unschuld, konnte dieses Wissen aber nicht im Prozess verwenden, weil dadurch das Venona-Projekt selbst gefährdet worden wäre. So ist das Venona-Material der unheimliche, geheime Unterstrom in der Kakophonie der »rivalisierenden Fiktionen«[39] des Rosenberg-Falls. Es ist, wenn man so will, die »Krypta« des Falls, unsichtbar, unnennbar, aber mit seltsamen Auswirkungen auf die Untersuchung und den Prozess. Denn vor dem Hintergrund, dass das FBI die Wahrheit sowieso schon kannte, erscheint die Manipulation der Zeugenaussagen als ein ›Mittel zum Zweck‹ einer Wahrheit, die man durch Venona ohnehin schon zu haben glaubte.

Wenn das Venona-Material aber beweist, dass sowohl Julius Rosenberg als auch Greenglass und Gold in den Fall verwickelt waren, dann stellt sich die Frage, warum nur die Rosenbergs zur Zielscheibe jener »öffentlichen Verbrennung« wurden. Anders als die Greenglasses und Gold hatten die Rosenbergs keine anderen Verdächtigen denunziert – und sich damit der Logik der Staatsparanoia halsstarrig verweigert. Die »kommunistische Verschwörung«, die Hoover und Saypol hartnäckig zu konstruieren suchen, konstituiert sich durch ein System des »smearing«, der Anschwärzung. Es ging nicht um Schuld oder Unschuld, sondern darum, ein Netz aufzurollen. Ob nun durch das FBI oder das *House Un-American Activities Committee* – wer immer in das Getriebe der Kommunistenjagd der Fünfziger Jahre gezogen wird, ist gehalten, andere (angebliche oder tatsächliche) ›Schuldige‹ zu nennen, um sich selbst aus dem Zugriff des Komitees, der Justiz oder auch dem inoffiziellen, aber sehr effektiven »blacklisting« (de facto ein Berufsverbot) zu entziehen. Die Staatsparanoia folgt so jener Ansteckungslogik, die Enzensberger für die Logik des Verrats namhaft gemacht hatte: Sie verfolgt die sozialen Verbindungen, die Vernetztheit aller Vergesellschaftung, um in diesen die Spuren einer geheimen und unendlichen Feindschaft aufzusuchen. Der Feind der Staatsparanoia ist die Gesellschaft selbst.

Im *smearing* zeigt sich dabei die neue und paradoxe Form der Verkopplung von Geheimnis und Öffentlichkeit, die das politische Imaginäre der McCarthy-Zeit prägt. Zwar ist das Geheimnis der Atombombe längst keines mehr – aber noch immer trägt es die Aura des gefährlichen Wissens.[40] Das Geheimnis wird künstlich und in unendlicher Wiederholung als etwas in Szene gesetzt, das in einem öffentlichen Auftritt eingestanden und in einer ebenso öffentlichen Bestrafung geahndet wird. Geheimnis und Öffentlichkeit sind untrennbar aufeinander bezogen, in dem Maße, wie die Öffentlichkeit genau in die zwei beschriebenen Formen der Staatsparanoia polarisiert ist: die Angst des Staats vor den Geheimnissen seiner Bürger und die Angst der Bürger vor ihrem Staat. »Geheim« ist das, was vor dieser Öffentlichkeit als »Indiz« ans Licht gezerrt werden kann: Sei es der Konsolentisch der Rosenbergs, ein Stückchen Pappe von einer Jell-O-Schachtel oder die dilettantischen Bleistiftskizzen von David Greenglass. Das Geheimnis ist immer schon auf seine öffentliche Ausstellung bezogen – und diese Ausstellung oder Entlarvung erzeugt immer neu die Vorstellung weiterer gefährlicher Geheimnisse.

Diese enge Verstrickung von Geheimnis und Öffentlichkeit impliziert die Idee des Sündenbocks und der rituellen Reinigung. Die Omnipräsenz geheimer Machenschaften kann nur durch ein großes kollektives Fanal ›ausgetrieben‹ werden. Genau diese Formel ist es, auf die Robert Coovers Roman *The Public Burning* von 1977 den Rosenberg-Fall bringt. Coovers Text ist deshalb bemerkenswert, weil er sich nicht in die Logik der Staatsparanoia einreiht, entweder die Rosenbergs für Hochverräter oder als die »ersten Opfer des amerikanischen Faschismus« zu beschreiben – vielmehr wählt er eine radikale, schrille Distanzierung. Seine atemlos die Versatzstücke der Rede über die Atomspione, den Korea-Krieg und die Rote Gefahr zitierende Erzählung kreist um die geplante öffentliche Hinrichtung der Rosenbergs in einem riesigen Live-Spektakel auf dem Times Square. Die Vorstellung einer ›öffentlichen Verbrennung‹ zitiert dabei die

Rhetorik der anti-kommunistischen Erregung, die alle »Roten« am liebsten verbrannt sehen wollte wie die Rosenbergs. Die Presse dokumentierte die Rage gegen die Rosenbergs genüßlich als gerechten Volkszorn [*Abb. 33*]. Uncle Sam springt als widerwärtige Allegorie aller Pathologien des amerikanischen Traums durch die Szenerie und beschwört unablässig den Erzfeind Sowjetunion, »the Phantom«. Coovers »Kunst des Exzesses« bringt den Rosenberg-Fall damit auf eine diffuse Burleske von durchdrehenden Identifikationen (Nixons mit den Rosenbergs), fehlgesteuertem Begehren (Nixon, der versucht, im Gefängnis Sex mit Ethel zu haben, aber an den als Ethel verkleideten Hoover gerät) und Perversion (Nixon wird am Ende von Uncle Sam sodomisiert).[41] Der ästhetische Exzess des Romans reflektiert den politischen Exzess der McCarthy-Zeit und liefert eine Einsicht in die Funktion des Falles als eines gemeinschaftsstiftenden Opfer-Rituals. »It ain't easy holdin' a community together«, erklärt Uncle Sam nach der Hinrichtung, »order is not what comes natural, [...] and a lotta people gotta get killt tryin' to pretend it is, [...] but not many of em gets a chance to have it done to em on stage in Times Square!«[42] Was Coovers Ansatz von der Perspektive der »engagierten« Literatur ebenso trennt wie von der polarisierten Berichterstattung der Presse, ist sein perspektivischer Trick, nicht aus einer Innen- und damit Opferperspektive zu erzählen, sondern stattdessen die Inkarnation der konservativen Staatsräson als Erzählfigur zu wählen: »Tricky Dick«, Richard Nixon, der seine Karriere als Kommunistenjäger im HUAC begonnen hatte. Ausgerechnet Nixon beginnt, sich mit den Rosenbergs zu identifizieren und unter den vielen unplausiblen Details des Prozesses eine von allen Seiten konstruierte Erfindung zu ahnen. Nicht nur lügen die Ankläger und Zeugen, so spekuliert die Erzähler-Figur Nixon, sondern auch die Rosenbergs spielen Rollen, die ihnen ermöglichen, von unbedeutenden Kleinbürgern der Lower Eastside zu politischen Helden zu werden:

»And then what if, I wondered, there were no spy ring at all? What if all these characters believed there was and acted out their parts on this assumption, a whole courtroom full of fantasists?

Abb. 33: Anti-Rosenberg Demonstration 1953, Washington DC. Am 19. Juni 1953 wurden Ethel und Julius Rosenberg in Sing-Sing auf dem elektrischen Stuhl hingerichtet. Foto: Elliott Erwitt/Magnum Photos, Aus: Jeremy Isaacs, Taylor Downing: Cold War. An Illustrated History, 1945–1991, Boston u. a.: Little, Brown & Co. 1998.

[...] they [die Rosenbergs, EH] sink into a drab and scummy life, and then – BINGO! – the A-bomb trial, a chance to recover their pride and juice up their meaningless existence with real content.«[43]

Der Rosenberg-Prozess selbst wird bei Coover zu einer gigantischen Fiktion, zu einem Rollenspiel, in dem alle mitspielen, weil sie an den »spy ring« glauben wollen oder müssen. Sogar die Opfer wären damit nicht mehr »Opfer«, sondern brillante Akteure einer Märtyrer-Rolle, die die Koordinaten des »Engagements« überhaupt erst festlegt. In der Montage der Textbausteine – unter anderem zitiert er die gestelzten Briefe der Rosenbergs aus dem Todestrakt – wird transparent, dass es keine erreichbare Wahrheit in dem Fall geben kann, am allerwenigsten durch ein letztes Geständnis der Verurteilten. Coovers Fiktion ist in dem Sinne »Metafiktion«,[44] als sie die mit den Mitteln der fiktionalen Exploration den *fiktiven* Charakter des »Faktischen« auslotet – das immerhin über Leben und Tod der Rosenbergs entschied. Politische Identität ist ein Rollenspiel, in dem jede Seite der Staatsparanoia eisern an ihrem vorgegebenen Text festhält: Opfer oder Verräter. Geschichte, so Coovers Pointe, wäre dann nichts als eine Erfindung, eine selbstlaufende Fiktion, in der sich alle Beteiligten so verstricken, dass ihnen kein Einblick in die Erfundenheit mehr möglich ist.

Mind control und Fernsehen: »The Manchurian Candidate«

Was im Fall der Rosenbergs als ungelöstes Rätsel bleibt, ist dic Frage nach dem »Motiv«. Was bringt jemanden dazu, das Geheimnis aller Geheimnisse, »the atom bomb«, an den Feind zu verraten? Oder, in Margaret Meads Worten, »How could an American boy think that Communism was good?«[45] Die Frage nach dem Motiv, oder besser: die Unterstellung, dass es kein rationales Motiv für den Verrat geben konnte, führte zu einem seltsam gebrochenen Blick auf die Psyche der Verräter. Immer wieder zitiert wurde Klaus Fuchs' eigene Aussage über seine »kontrollierte Schizophrenie«, die es ihm erlaubt habe, einerseits freundschaftlich in der *scientific community* zu verkehren, andererseits diese Gemeinschaft über Jahre zu verraten. Dieser gezielten Selbstpathologisierung Fuchs' steht auf der anderen Seite die Ignoranz gegenüber, die der Mythomanie eines Harry

Gold entgegengebracht wurde, der jahrelang Kollegen und Freunden detaillierte Geschichten über ein Familienleben vorgelogen hatte, das gar nicht existierte. Nie wurde Golds krankhafter Fabulationszwang zum Anlass, seine Einlassungen im Fall Rosenberg in Zweifel zu ziehen. Dass Verräter psychisch gestört sein mussten, schien nichts an der Wahrheit ihrer Aussagen oder der Schwere ihrer Schuld zu ändern – sondern irgendwie selbstverständlich zu sein.

Wenn aber die Sympathie für den Kommunismus und mehr noch: der Verrat laut Margret Boveri ein »Massenphänomen« war, dann konnten nicht alle Amerikaner wahnsinnig sein. Oder es musste eine Form des *induzierten* Wahns sein, der amerikanische Jungen dazu brachte zu glauben, der Kommunismus sei etwas Gutes. Wie für den Rosenberg-Fall war hier der Korea-Krieg der entscheidende Hintergrund. Nicht nur hatten während des Krieges auffällig viele amerikanische Soldaten mit den Kommunisten kollaboriert, sondern nach dem Waffenstillstand und der Freilassung aller Kriegsgefangenen 1953 erklärten 21 Amerikaner (und nur ein Brite), im kommunistischen Nordkorea bleiben zu wollen – »der Glaube an den *american way of life* hatte [...] versagt,« so Boveri.[46] Das Stichwort, das dieses Phänomen rationalisieren helfen sollte, war »mind control« oder »brainwashing«. China und die Sowjetunion schienen Wunderwaffen oder geheime Techniken zur psychischen Manipulation zu besitzen, die es ihnen ermöglichten, Menschen ›umzudrehen‹. Damit tritt ein anderes geheimes Staatswissen auf den Plan. CIA-Direktor Allen Dulles sprach von »brain warfare« als dem nächsten großen Projekt der Geheimdienste, und noch vor den »missile gaps« entstand die Vorstellung eines »mind-control gap«.[47] In der Folge initiierte die CIA verschiedene Forschungsprojekte, die die Manipulierbarkeit menschlichen Verhaltens experimentell untersuchen sollten. Diese Projekte verstanden sich als »kleine Wiederauflage des *Manhattan Project*«, ebenso geheim, ebenso hybride – und ebenso moralisch indifferent.[48] Die Versuche wurden von dem renommierten Psychiater D. Ewen Cameron im kanadischen Allen Memorial Hospital durchgeführt. Mit Hilfe von Elektroschocks, drogen-induzierter »Schlaftherapie« und sensorischer Deprivation versuchte Cameron, ein

»depatterning« von Patienten zu erreichen, d. h. ihre gewohnten Verhaltensformen restlos auszulöschen, um sie später durch »psychic driving« mit anderen Verhaltensformen neu zu programmieren.[49] »Verhalten« umfasste bei diesen Versuchsreihen alle möglichen Dimensionen menschlichen Vermögens: Erinnerungsfähigkeit, Willensstärke, charakterliche Dispositionen, aber vor allem die Möglichkeit, Menschen zu für sie verwerflichen oder schädlichen Handlungen zu bringen. Grundlage dieser Forschungsprogramme war die Annahme, dass durch bestimmte Techniken oder Drogen menschliches Handeln in jeder nur denkbaren Richtung manipuliert werden kann. Ein Forschungsprojekt, das Harold Wolff und Lawrence Hinkle von der Cornell University der CIA vorschlugen, bringt das Ziel prägnant auf den Punkt: Man wolle erforschen, »how men can be made to think, ›feel‹ and behave according to the wishes of other men, and, conversely, how a man can avoid being influenced in this manner.«[50] Verhaltensforschung rückt so, nach der Atomforschung, in die Rolle einer zentralen und geheimen Grundlagenforschung im Rahmen des Kalten Krieges. Pendant zur Möglichkeit der Massenvernichtung durch Atomwaffen wird die Vorstellung einer grenzenlosen Manipulation des Menschen – eine Vorstellung, die gleichermaßen als Bedrohung und als Chance gesehen wird: Bedrohung durch die Möglichkeit feindlicher Einflussnahme auf Bewusstsein, Verhalten und Meinungen eines jeden – Chance durch die völlig neuen Perspektiven auf *covert actions* mit hypnotisierten oder einer Amnesie unterzogenen Agenten, die ihre Ziele und Auftraggeber selbst unter Folter nicht zu nennen wüssten.[51] Die Hooversche Idee von omnipräsenten kommunistischen Netzwerken wird nun überboten durch eine Form der feindlichen Einflussnahme, die nicht nur unsichtbar, sondern nicht einmal mehr bewusst ist: heimliche Manipulation der Gehirne, Agenten und Attentäter, die nicht wissen, dass sie welche sind. Die Staatsparanoia wandert ein ins Unbewusste.

Nicht zufällig ist es ein Werk der Populär-, wenn nicht Trivialliteratur, das dieses Phantasma in einer Mischung von wissenschaftlicher Pseudo-Präzision und politischem Aberwitz auf den Punkt bringt. Richard Condons Roman *The Manchurian Candidate* von

1959 gibt den Visionen vom ›gehirngewaschenen‹ Attentäter die Figur und den Namen. Condons Plot knüpft präzise an den Korea-Krieg als Initialzündung des *brainwashing*-Theorems an: Eine Gruppe von amerikanischen Soldaten gerät in einen Hinterhalt, wird gefangen genommen und durch ein chinesisch-sowjetisches Wissenschaftlerteam einer Gehirnwäsche unterzogen. Ein Soldat der Einheit, Sergeant Raymond Shaw, Sohn einer einflussreichen Politikerfamilie, wird dabei zum Attentäter auf den Präsidentschaftskandidaten »konditioniert«.[52] Der Roman erläutert das Verfahren der »reconstruction of the Sergeant's personality« mit einer wissenschaftlichen Detailfreude, die sogar explizit Publikationen zur Verhaltensmanipulation zitiert.[53] Ausgangspunkt ist die Theorie konditionierter Reflexe von Pawlow, deren Weiterführung durch Andrew Salter, *Conditioned Reflex Therapy* (1949)[54] und verschiedene Aufsätze aus den vierziger Jahren zur Verhaltenssteuerung durch Hypnose, die unheilvolle Titel tragen wie »Experiments in the Hypnotic Production of Crime«.[55] Condon beschreibt die Konditionierung des Attentäters im Stil jener Versuchsprotokolle, die Forscher wie Cameron ein Jahr später über das Thema publizieren sollten – soweit ist sein Roman vor allem eine fiktionale Versuchsanordnung, die die exakt zeitgleich durchgeführten Hypnose-Forschungen narrativ und populär dupliziert.[56] Aber Condon führt diese Form der *science fiction* in den Kontext der politischen Kultur der fünfziger Jahre und des ihr eigenen *paranoid style* zurück: Denn Sergeant Shaw, der von den Kommunisten gehirngewaschene Killer, wird nach seiner Rückkehr als vermeintlicher Kriegsheld von seiner Mutter für die Vizepräsidentschaftskampagne ihres zweiten Gatten, Senator Iselin, eingespannt. Iselin, unübersehbar eine literarische Verkörperung Joseph McCarthys, soll nicht nur vom Glanz seines Stiefsohns Shaw profitieren, sondern zuletzt auch durch den Mord, für den Shaw programmiert wurde, zum Präsidentschaftskandidaten aufsteigen. In einer aberwitzigen Wendung des Plots erweist sich am Ende Shaws Mutter, die treibende Kraft hinter dem *Anti*kommunisten Iselin, als die in Wirklichkeit im kommunistischen Sold stehende Führungsagentin ihres Sohnes. Condon versäumt nicht, diese Art mütterlicher Manipulation mit ihrem ödipalen Subtext ins Schrille zu steigern: Mutter Shaw verführt ihren Sohn nicht nur zum Mord an politischen Gegnern, sondern auch zum Inzest.

Die politische Pointe von Condons Plot liegt darin, zwei Arten von Paranoia ineinander zu führen: die Paranoia der Kommunistenjäger, die überall »card-carrying members of the Communist party«[57] entlarven will – und die wissenschaftliche (und populäre) Paranoia vor der Möglichkeit von Gehirnwäsche. Die schärfsten Antikommunisten sind nichts als die Marionetten der Kommunisten, die glühendsten Bewahrer allamerikanischer Werte deren gefährlichste Feinde, so die These von *The Manchurian Candidate*. Der für das politische Imaginäre des Kalten Kriegs typische Kollaps von Freunden und Feinden, den auch Le Carré, Greene, Grady oder Littell vorführen, wird hier in seine verschwörungstheoretische Variante überführt: Es geht nicht mehr um institutionalisierte Geheimdienste, die sich gegenseitig unterwandern, nicht mehr um Spionageabwehrchefs, die zum Maulwurf des Gegners geworden sind, oder um die Frage, ob Überläufer Information oder Desinformation transportieren. In Condons Szenario geht es um den Kurzschluss von ganz individuellen, ganz persönlichen Bewusstseins- und Begehrensstrukturen (der komplizierten, hochgradig ambivalenten Persönlichkeit Shaws) mit dem politischen und gesellschaftlichen Ausnahmezustand der McCarthy-Ära. Genau darum ist die Perversion des Inzests zwischen Mutter und Sohn kein reißerisches Detail, sondern die Inszenierung genau dieses Moments des Kurzschlusses, in dem politische Grenzziehungen zwischen Freund und Feind (Kommunisten und Antikommunisten) gleichzeitig mit psychischen Grenzen (dem Inzest-Tabu) kollabieren. Die Verschwörung involviert innerste Triebschicksale, sie packt, wie die Idee des *mind control*, die Individuen und die Gesellschaft in ihrem Innersten und Geheimsten, um dieses Geheimste zum Austragungsort einer gänzlich intransparenten, weil ins Unbewusste verlagerten Feindschaft zu machen.

Allerdings ist es erst die brillante Verfilmung des Romans durch John Frankenheimer von 1962, die diese Zuspitzung auf ihre medialen Grundlagen zurückführt und die Romanvorlage Condons so um eine entscheidende Pointe bereichert.[58] Es ist die Ästhetik dieses Films, mit seinen irritierenden Disjunktionen von gesprochenem Wort und gesehenem Bild, seinen absurden Dialogen und nicht zuletzt seinen Filmbildern, in denen wiederum medial vermittelte Bilder – Fernsehbilder – eingeblendet sind, welche die Technik des *brainwashing* als das vorführt, was sie ist: ein Medieneffekt, genauer: eine mediale Verdopplung des Sichtbaren und damit eine Aufspaltung der Wirklichkeit in ein Geschehen und ein Bild. Die Doppelbödigkeit des Politischen inszeniert der Film *The Manchurian Candidate* als eine Doppelbödigkeit des Bildes. Am eindrücklichsten wird dies in der wohl bizarrsten Szene des Films, der Vorführung der konditionierten amerikanischen Soldaten vor einer chinesisch-sowjetischen Kommission von Wissenschaftlern. Während die Soldaten glauben, in einem Hotel in New Jersey einen Sturm abzuwarten und dabei den langweiligen Vorträgen eines Garten-Clubs zuzuhören, sitzen sie in Wirklichkeit in einem Hörsaal, wo sie der Leiter des Experiments, Yen Lo, den Wissenschaftlern vorführt.[59] Condons Roman behandelt die Disjunktion der Wahrnehmung durch den einfachen literarischen Trick des Perspektivwechsels. Frankenheimers Film dagegen arbeitet gerade nicht mit Schnitten, sondern mit einer langen, schnittfrei kreisenden Kamerafahrt im Rondell des Hörsaals. Während am Anfang gähnende Soldaten und die Damen des Gartenclubs zu sehen sind, wechselt im Laufe dieser Fahrt die Besetzung: Die Referentin des Gartenclubs wird zum referierenden Yen Lo, das Thema wechselt fließend von »Spaß an Hortensien« zu Konditionierung und Hypnose, die Stimme wechselt von weiblich zu männlich – aber die Positionen verfließen in der kontinuierlichen Kamerafahrt, mal spricht die Hortensien-Expertin über Gehirnwäsche und hypnoseinduzierten Mord, mal ist es Yen Lo [*Abb. 34 A und B*]. Identitäten und Wirklichkeiten der Film-Situation verwirren sich – und diese Verwirrung geschieht durch eine Entkoppelung von Bild und Ton, aber auch durch einen Bruch in der Bildfolge selbst. Was man sieht, passt nicht zu dem, was man hört; was man sieht, passt nicht zu dem, was man Sekunden vorher gesehen hat. Die mentale Manipulation der Soldaten wird damit zu

Abb. 34 A und B: John Frankenheimer: The Manchurian Candidate, USA 1962. Die Szene des Brainwashing-Experiments. Ohne Schnitt wechselt die Szene vom Vortrag des weiblichen Gartenclubs (*Abb. A, oben*) zum Hörsaal des kommunistischen Forschungslabors (*Abb. B, unten*). Wechselweise sprechen die Club-Vorsitzende über Hortensien und Yen Lo (*unten, Mitte*) über Gehirnwäsche.

der des Zuschauers, der – trotz völlig intelligibler Bilder und verständlichem Text – den Überblick über die Realitätsebenen der Szene verliert.

Diese Aufspaltung von Gesehenem und Gehörtem oder Gesagtem und Wahrnehmbaren, die sich nur im Medium des Films als solche in Szene setzen lässt, wird in Frankenheimers Verfilmung auf die spezifische Verwicklung von visuellen Medien und Politik am Beginn der fünfziger Jahre bezogen. Denn Senator Iselin/McCarthy, das macht erst der Film unübersehbar, ist ein Produkt des Fernsehens. Joseph McCarthys Aufstieg und Fall von 1950 bis 1954 war eine Karriere vor Fernsehkameras: als öffentlicher Ankläger (er war 1953 bis 1954 Vorsitzender des Senate Permanent Subcommittee on Investigations), als wirkmächtiger Demagoge und wortgewaltiger Interview-Gast, dessen Effekt vor allem in einem geschickten Umgang mit dem neuen Medium bestand.[60] Frankenheimer stellt seinen Iselin-Darsteller James Gregory in eine politische Arena, in der nie die Fernsehkamera fehlt und alles Geschehen auf diese hin ausgerichtet ist – bis hin zum geplanten Attentat auf den Präsidentschaftskandidaten durch den gehirngewaschenen Sergeant Shaw, das Iselin die Gelegenheit zu einer wirkungsvollen Fernsehansprache geben soll. Alles steuert zu auf das Finale vor der Kamera. Darum verdoppelt sich im Film das Bild immer wieder in Rahmensituation und Bildschirm – etwa in einer Szene, in der Iselin, in Wiederholung der berühmten McCarthy-Rede von 1950, in einer Pressekonferenz mit dem Verteidigungsminister eine unbestimmte Zahl angeblicher Kommunisten in der Regierung ankündigt. Während die Breitwand-Wirklichkeit des Geschehens einen unüberschaubaren Tumult darstellt, zeigt sich auf dem Fernseher in Nahaufnahme das Gesicht des Senators als Personifikation des gerechten Volkszorns. Diese Verdoppelung in Bild und Bildschirm macht eines deutlich: Das Charisma des Demagogen entsteht überhaupt erst auf dem Fernsehbildschirm [*Abb. 35*]. Der McCarthyismus ist, so Frankenheimers visuelle Pointe, nichts anderes als ein Kamera-Effekt, der nun, da die Fernsehgeräte jeden Haushalt der USA erobern, ins Zentrum von Wählerverhalten und Bürgerwillen gebracht werden kann. Überall in

Abb. 35: John Frankenheimer: The Manchurian Candidate, USA 1962. Szene einer Pressekonferenz mit der Joseph McCarthy nachempfundenen Figur Senator Iselin (*Mitte hinten und vorn auf dem Bildschirm*). Die Senatorengattin verfolgt die Publikumswirkung ihres Mannes am Fernsehbildschirm.

den Interieurs des Films stehen Fernseher, auf denen die Protagonisten ihrem eigenen medialen Erfolg in Nahaufnahme zusehen können.

Erst der Film führt *mind control* und Fernsehen verschwörungstheoretisch zusammen. Die Manipulations-Paranoia, die Condons Roman noch mit wissenschaftlichen Referenzen stützen muss, kann der Film so direkt in seinem eigenen Medium verifizieren. Genau darin liegt die medientheoretische Verschärfung des Films gegenüber dem Roman. Fernsehbilder werden vorgeführt als eine andere, manipulierte und manipulative Form der Wirklichkeit – und sind damit strukturell genau der Konditionierung verwandt, die Yen Lo an den amerikanischen Soldaten vornimmt. Ohne die These von der Manipulation durch das Fernsehen explizit vorzutragen, hat der Film so teil an einem Denken, das die Paranoia des *mind control* auf eine medientheoretische Ebene überträgt. Unter dem Stichwort der »unterschwelligen Wahrnehmung« (*subliminal perception*) wird der Verdacht geäußert, dass es möglich wäre, durch extrem kurz in Filme und Fernsehprogramme eingeblendete Bilder unterhalb der Bewusstseinsschwelle Einfluss auf Ideen und Verhalten der Zuschauer zu nehmen. In der Tat interessierte sich die Werbeindustrie für diese Technik.[61] Vor allem aber wird diese Idee subliminaler Verhaltenssteuerung zur Metapher einer grundsätzlich verschwörungstheoretisch operierenden Kulturkritik, wie sie etwa der Soziologe Vance Packard 1957 vortrug.[62] Wenn die menschliche Psyche für jedwede Manipulation offen ist, dann ist es grundsätzlich möglich, dass ein Staat oder die Wirtschaft diese Manipulierbarkeit des mediatisierten Menschen restlos ausschöpfen – sei es zur Verkaufsteigerung oder Steuerung des Wählerverhaltens.[63] Neue Medien, die, wie Marshal McLuhan wenig später folgenreich formulieren wird, als »Erweiterungen des Menschen« verstanden werden,[64] öffnen diesen damit auch für manipulative Zugriffe jeder Art, sei es durch die Konsumgesellschaft, die Vergnügungsindustrie – oder eben den politischen Feind. Populäre Phantasien verknüpfen diese Manipulationshypothese darum nicht zufällig mit Medien: So entwickelt Walter Wagners Roman *Telefon* (1975) die Idee einer von der Sowjetunion ferngesteuerten Verschwörung durch Schläfer in den USA, die durch Telefonanrufe und ein Gedicht von Robert Frost aktiviert werden können (der Roman wurde 1977 mit Charles Bronson verfilmt); J. G. Ballards Erzählung *The Subliminal Man* (1963) spinnt die Idee unterschwelliger Verbrauchermanipulation durch Werbung zum Alptraum unfreiwilligen Konsumwahns aus.[65] Dass die neue Verfilmung des *Manchurian Candidate* von 2004 schließlich mit im Hirn implantierten Mikrochips arbeitet, verfolgt diese Phantasie weiter, ohne ihr etwas entscheidend Neues hinzuzufügen.

Die Verschwörungstheorie, die die Szenarien des *mind control* entwerfen, geht damit entscheidend weiter als die »red scare«, die Vorstellung von den allgegenwärtigen, unsichtbaren Verrätern – auch wenn sie in gewissem Sinne auf ihr beruht. *Mind control* ist die bewusstseins- und medientheoretische Weiterentwicklung und Überbietung der Kommunistenjagd – aber allesamt sind sie Versionen jener zweischneidigen Staatsparanoia, die das Politische der Fünfziger Jahre prägt. An die Stelle des Geheimwissens Atomforschung tritt hier die Psychologie, in einer hybriden Mischung von Psychiatrie, Verhaltensforschung, Psychoanalyse und Drogenexperiment. Wissenschaft, die unkontrollierbaren Zirkulationen und die unkontrollierbaren Wirkungsweisen wissenschaftlichen Wissens bilden das Zentrum des politischen Imaginären im Amerika des frühen Kalten Kriegs. Während aber das Geheimnis der Atomforschung noch rein technisch-militärischer Natur ist, zielt das Wissen, das *brainwashing* und *mind control* ermöglichen würde, ins Herz des Alltagslebens und der individuellen Psychen. *Mind control* impliziert Akteure, die nicht nur unsichtbar sind, sondern sich nicht einmal dann verraten könnten, wenn sie verhört oder erpresst würden, weil sie nichts von ihrer Mission wissen. Es macht das Unbewusste – das kulturell Unbewusste und das individuelle Unbewusste – zur Angriffsfläche des Politischen. Richtet sich die Staatsparanoia der Atomspione auf das Netzwerk der Gesellschaft, auf Sozialität als solche – so bezieht sich *mind control* auf das Innerste des Individuums: eines Individuums, das sich schlimmstenfalls selbst zum Feind wird.

Anmerkungen

1 Zur beliebigen Feindschaft als Projektion der Kriegsmaschine auf ihren Gegner vgl. Gilles Deleuze/Félix Guattari: Tausend Plateaus, a.a.O., S. 583.
2 Richard Hofstadter: The Paranoid Style in American Politics and Other Essays, New York: Alfred Knopf 1965, S. 3–40, hier: S. 29.
3 Hofstadter: Paranoid Style, a.a.O., S. 4.
4 Vgl. Sigmund Freud: Analyse eines Falls von chronischer Paranoia, in: Gesammelte Werke, Bd. 1: Werke aus den Jahren 1892–1899, Frankfurt am Main: Fischer Verlag 1952, S. 392–403, hier: S. 392.
5 Timothy Melley: Empire of Conspiracy. The Culture of Paranoia in Postwar America, Ithaca/London: Cornell University Press 2000, S. 16.
6 So der Untertitel des Aufsatzes von Dieter Groh: »Die verschwörungstheoretische Versuchung, oder: Why do bad things happen to good people?«, in: Ders.: Anthropologische Dimensionen der Geschichte, Frankfurt am Main: Suhrkamp 1992, S. 267–304.
7 Vgl. Timothy Melley, der sie insbesondere an der Populärkultur des Nachkriegsamerikas entwickelt. Melley: The Empire of Conspiracy, a.a.O.

8 Fredric Jameson: »Cognitive mapping«, in: Cary Nelson/Lawrence Grossberg (Hg.): Marxism and the Interpretation of Culture, London: Macmillan 1988, S. 356.

9 Die amerikanische Dollarnote ist insbesondere Gegenstand verschwörungstheoretischer Lektüren ihrer Ikonographie geworden, vgl. dazu Peter Knight: Introduction, zu: Ders. (Hg.): Conspircay Nation. The Politics of Paranoia in Postwar America, New York/London: New York University Press 2002, S. 1. Eine Interpretation des modernen Verschwörungsdenkens angesichts der Dollarnote liefert Jakob Tanner: »The Invisible Hand«, in: Eva Horn (Hg.): Dark Powers. Conspiracy in History and Fiction, New German Critique Nr. 103, Jan. 2008.

10 Michael Herman: Intelligence Power in Peace and War, a.a.O., S. 34. S. auch Kap. *Secret Intelligence*.

11 Robert Jungk: Heller als tausend Sonnen. Das Schicksal der Atomforscher, Bern: Alfred Scherz 1956, S. 127/128. Die gleiche Anekdote, wenn auch ohne den Plan, den Physiker im Falle von Gefahr aus dem Flugzeug zu werfen, berichtet Niels Blaedel: Harmony and Unity. The Life of Niels Bohr, Madison/WI: Science Tech und Berlin/Heidelberg/New York: Springer 1988, S. 217.

12 Jungk, der die wissenschaftlichen Details eher großzügig zusammenfasst, interessiert sich besonders für die politischen und militärischen Rahmenbedingungen der Arbeit am *Manhattan Project*. Vgl. Jungk: Heller als tausend Sonnen, a.a.O., S. 112–129.

13 Vgl. zur Organisation der Kernforschung in Amerika als erstem und wichtigstem Projekt von »big science« Jeff Hughes: The Manhattan Project. Big Science and the Atom Bomb, Cambridge: Icon 2002, S. 45–63. Jungk beschreibt auch die zahlreichen »Sicherheitsmaßnahmen« des FBI gegenüber sämtlichen Mitarbeitern in Los Alamos, Oak Ridge und Hanford: natürlich die üblichen »Loyalitätsprüfungen«, aber auch Wanzen in Wohnungen und Telefonen, Postzensur, Durchsuchung des Mülls, Bespitzelung bei Ausflügen aus der Forschungsanlage usw. Jungk: Heller als tausend Sonnen, a.a.O., S. 123 f.

14 Dazu besonders Jungk: Heller als tausend Sonnen, a.a.O., S. 122–124 und S. 127.

15 Gesetzlich geregelt wurde die Gesamtklassifizierung aller Atomforschung erst mit den Atomic Energy Acts von 1946 und 1954, aber alle Forschung in England und den USA im Umkreis der Bombenentwicklung unterlag bereits der Geheimhaltungspraxis von Militärgeheimnissen. Zur Geschichte und Logik der Klassifizierung vgl. Arvin S. Quist: Security Classification of Information, 2 Bde., im Netz unter http://www.fas.org/sgp/library/quist/ (Zugriff 23. September 2004), zur Geschichte besonders Band 1. Zur epistemologischen Analyse der Klassifikationspraxis s. Peter Galison: »Removing Knowledge«, in: Critical Inquiry 31 (Herbst 2004), S. 229–243.

16 Dazu Michel Foucault: »Was ist ein Autor?«, in: Ders.: Schriften zur Literatur, Frankfurt am Main: Fischer 1988, S. 7–31.

17 Galison: Removing Knowledge, a.a.O., S. 232.
18 Ebd., S. 243.
19 Zitiert nach Jungk: Heller als tausend Sonnen, a.a.O., S. 361.
20 Noch in den Notizen, die Fuchs im Gefängnis macht, wird die Logik der Klassifikation (d. h. keine Widergabe technischer Details gegenüber Leuten, die keine »clearance« für Nuklearwissen haben) peinlich genau beibehalten. Er beschrieb das Material, das er an die Sowjets weitergab, als »classified data dealing with the whole problem of making an atom bomb from fissionable material as I then knew the problem; information as to the principle of the method of detonating an atom bomb«, zit. nach: Norman Moss: Klaus Fuchs: The Man who Stole the Atom Bomb, London: Grafton 1987, S. 73.
21 So Nunn May in seinem schriftlichen Geständnis. Zit. nach H. Montgomery Hyde: The Atom Bomb Spies, New York: Atheneum 1980, S. 78.
22 So nennt es Virginia Carmichael in ihrer scharfsinnigen Studie über die Rosenbergs und die Romane zum Fall Rosenberg. Virginia Carmichael: Framing History: The Rosenberg Story and the Cold War, Minneapolis: University of Minnesota Press 1993, S. 58.
23 Heute schätzen Historiker der sowjetischen Atombombe den Vorsprung der USA auf etwa ein bis eineinhalb Jahre ein, ein Vorsprung, der sich vor allem der beschleunigten Herstellung von Plutonium verdankte. De facto waren die Sowjets vor allem durch die Analyse des Fallouts von amerikanischen Testzündungen auf den neuesten Stand gebracht worden. Dennoch ersparte die detaillierte Information des Physikers Fuchs nach Fuchs' eigener Einschätzung den Russen »mindestens ein Jahr«. Vgl. dazu David Holloway: Stalin and the Bomb, New Haven: Yale University Press 1994, und Jeremy Isaacs/Taylor Downing: Cold War. An Illustrated History, 1945–1991, Boston: Little, Brown & Co. 1998, S. 145–147.
24 Die anderen Prozess-Beteiligten wurden nur zu Gefängnisstrafen verurteilt oder kamen wegen Kooperation mit dem FBI straffrei davon. Fuchs wurde schon 1959 in England entlassen und zog in die DDR, Greenglass wurde 1960 entlassen, Gold 1966. Der mit den Rosenbergs zusammen angeklagte Morton Sobell wurde zu 30 Jahren Gefängnis verurteilt und 1969 entlassen.
25 Zur ideologisch aufgeladenen Berichterstattung in der Presse über den Rosenberg-Prozess vgl. John F. Neville: The Press, the Rosenbergs, and the Cold War, Westport/CT, London: Praeger 1995.
26 Ronald Radosh/Joyce Milton: The Rosenberg File, 2., erweiterte Auflage, New Haven/London: Yale University Press 1997, S. 455.
27 Zur Vorgeschichte der »Red Scare« vom Ersten Weltkrieg bis 1945 vgl. Robert K. Murray: Red Scare. A Study in National Hysteria, 1919–1920, Minneapolis: University of Minnesota Press 1955.

28 J. Edgar Hoover: Masters of Deceit. The Story of Communism in America and How to Fight It, New York: Holt, Rinehart and Winston 1958.
29 J. Edgar Hoover: Masters of Deceit, a.a.O., S. 198.
30 Zit. nach Carmichael: Framing History, a.a.O., S. 101.
31 Hans Magnus Enzensberger: »Theorie des Verrats«, in: Ders.: Politik und Verbrechen, Frankfurt am Main: Suhrkamp 1963, S. 378.
32 Ethel Rosenberg an ihren Anwalt am Tag der Hinrichtung. Zit. nach: Walter and Miriam Schneir, Invitation to an Inquest: Reopening the Rosenberg »Atom Spy« Case, Baltimore: Penguin Books, 1973, S. 130, 405.
33 Anson Rabinbach: E-Mail an EH, 19. 6. 2003.
34 Alle in Rob A. Okun (Hg.): The Rosenbergs. Collected Visions of Artists and Writers, New York: Universe Books 1988.
35 Vgl. dazu Carmichael: Framing History, a.a.O., S. 131–156. Carmichael liest Doctorows Roman als eine weitere Verfälschung der Geschichte der Rosenbergs, indem Doctorow die Kinder, im Roman die Geschwister Daniel und Susan, zu den eigentlichen, zutiefst verstörten und lebensunfähigen Märtyrern des Rosenberg-Kults macht. Carmichael, a.a.O., S. 145 ff.
36 Vgl. Radosh/Milton: The Rosenberg File, a.a.O., Introduction to the Second Edition, S. VX ff.
37 Alexander Feklisow/Sergei Kostin: The Man Behind the Rosenbergs. By the KGB Spymaster who was the case officer of Julius Rosenberg, Klaus Fuchs, and helped resolve the Cuban Missile Crisis, New York: Enigma 2001.
38 Die Greenglasses hatten behauptet, dass Ethel Spionagematerial abgetippt und einmal eine Nachricht von Julius an David Greenglass weitergeleitet habe – und auf dieser Basis wurde sie zum Tode verurteilt.
39 So das Rosenberg-freundliche Buch von Walter und Miriam Schneir: Invitation to an Inquest, a.a.O., S. 365.
40 In einem Akt von inszeniertem Patriotismus verzichtet der Rosenberg-Anwalt Emanuel Bloch darum auf die genauere Prüfung der technischen Skizzen, die David Greenglass für die Sowjets angeblich angefertigt hatte. Er hält sich so an die Logik der Klassifikation – und lässt sich damit die Chance entgehen, dass ein Sachverständiger die Rosenbergs durch Ausweis der völligen Unbrauchbarkeit der Skizzen entlastet hätte. Vgl. dazu Radosh/Milton: The Rosenberg File, a.a.O., S. 188 ff.
41 So Tom LeClair: The Art of Excess: Masters in Contemporary Fiction, Urbana: University of Illinois Press 1989.
42 Robert Coover: The Public Burning [1977], New York: Grove Press 1998, S. 531.
43 Robert Coover: The Public Burning, a.a.O., S. 135/136.
44 Unter diesen Titel stellt Larry McCaffery das Werk Coovers, allerdings in einem etwas anderen Sinne, als ich den Begriff hier – im Rückblick auf Borges' Begriff der Fiktion – verwende. Larry MacCaffery: The Metafictional

Muse. The Works of Robert Coover, Donald Barthelme and William H. Gass, Pittsburgh: University of Pittsburgh Press 1982, S. 83–89.

45 So Meads prägnante Zusammenfassung der grundlegenden Frage nach dem Funktionieren kommunistischer Manipulationstechniken auf der dritten Macy-Konferenz, in: Bertram Schaffner (Hg.): Group Processes. Transactions of the Third Conference October 7, 8, 9 and 10, 1956, Princeton/New York: Josiah Macy Jr. Foundation 1956, S. 251.

46 Margret Boveri: Verrat im XX. Jahrhundert, Bd. IV (Verrat als Epidemie: Amerika), a.a.O., S. 255.

47 Zur Geschichte der CIA-geleiteten Verhaltensforschung vgl. John Marks: The Search for the »Manchurian Candidate«. The CIA and Mind Control, New York: NYTimes Books 1979, S. 28.

48 Vgl. dazu Marks: The Search, a.a.O., S. 131 ff.

49 Ewen D. Cameron: »Production of Differential Amnesia as a Factor in the Treatment of Schizophrenia«, in: Comprehensive Psychiatry 1, 1960, So.26 ff. und E. D. Cameron/Leonard Levy/Leonard Rubenstein: »Effects of Repetition of Verbal Signals upon Behavior of Chronic Psychoneurotic Patients«, in: Journal of Mental Science 106, 1960, S. 742. Marks verweist auf diese Aufsätze als die veröffentlichten, d. h. nicht klassifizierten Ergebnisse des Forschungsprojekts MKULTRA Unterprojekt 68. MKULTRA war der Codename für die Gesamtheit der von der CIA initiierten und finanzierten Projekte zur Verhaltensmanipulation.

50 So Harold Wolff in einem Projektantrag für sein Forschungsprojekt MKULTRA Nr. 61. Zitiert in Marks: The Search, a.a.O., S. 147.

51 Marks beschreibt einige Experimente der CIA, die zum Ziel hatten, hypnotisierte Agenten als mögliche Attentäter einzusetzen. Das Misslingen dieser Versuche schon dadurch, dass sich ein Attentat kaum ›auf Probe‹ durchführen lässt, entbehrt nicht einer gewissen Komik, auch durch die Grundprämisse, dass die involvierten Agenten nichts von ihrem Einsatz wissen durften. Vgl. Marks: The Search, a.a.O., Kap. 10.

52 Richard Condon: The Manchurian Candidate [1959], Vorwort von Louis Menand, New York: Four Walls Eight Windows 2003, S. 48.

53 Zum Kontext des Romans im »brainwash furor« der fünfziger Jahre und zum Soziotyp Sergeant Shaws als »außen-gelenkter Typus« im Sinne Riesmans vgl. den exzellenten Aufsatz von Torsten Hahn: Z wie Zombie oder V wie Verräter? Manchurian Candidate – Sleeper – Subliminal Man: Mind Control und Literatur, in: Cornelia Epping-Jäger/Thorsten Hahn/Erhard Schüttpelz (Hg.): Freund, Feind und Verrat. Das politische Feld der Medien, Köln: Dumont 2004, S. 118–137.

54 Andrew Salter: Conditioned Reflex Therapy. The Direct Approach to the Reconstruction of Personality, New York: Creative Age Press 1949. Salters Buch war zwar populär, aber keine Fachpublikation im engeren Sinn.

55 Condon: The Manchurian Candidate, a.a.O., S. 31, Erläuterung der theoretischen Grundlagen der Konditionierung auf S. 40f. Die bei Condon zitierte Literatur existiert tatsächlich.

56 S. Marks: The Search, a.a.O., Kap. 11, und Martin T. Orne: »The Potential Uses of Hypnosis in Interrogation«, in: Albert Biderman/Herbert Zimmer: The Manipulation of Human Behavior, New York: John Wiley & Sons 1961, S. 169–215.

57 Condon: The Manchurian Candidate,.a.a.O., S. 128.

58 John Frankenheimer (Regie), George Axelrod (Drehbuch): The Manchurian Candidate, schwarz/weiß, USA 1962, 126 Min.

59 Die alptraumhafte Unheimlichkeit dieser Szene und ihren kulturellen Assoziationsraum kommentiert ausführlich Greil Marcus, in: Greil Marcus: The Manchurian Candidate, London: British Film Institute 2002, S. 19–32.

60 Vgl. dazu Thomas Doherty: Cold War, Cool Medium. Television, McCarthyism, and American Culture, New York: Columbia University Press 2003, zu McCarthys Fernsehkarriere speziell s. S. 13–18, zum Fernseh-Populismus und *The Manchurian Candidate*, S. 232 f.

61 S. den Bericht der Advertising Research Foundation: The Application of Subliminal Perception in Advertising, New York: Advertising Research Foundation, Inc. 1958.

62 Vance Packard: The Hidden Persuaders, New York: D. McCay 1957.

63 Diese Ausweitung der *mind control*-Phantasie in den Debatten um *subliminal advertising* in den späten fünfziger Jahren erläutert Hahn: »Z wie Zombie«, a.a.O., S. 131.

64 Marshall McLuhan: Understanding Media. The Extensions of Man, New York: McGraw-Hill 1964. Bezeichnenderweise aber teilt McLuhans Grundlegung der modernen Medientheorie den verschwörungstheoretischen Tenor der späten fünfziger Jahre nicht mehr, sondern feiert die Überwältigung des Menschen durch seine Gadgets als Aufbruch in ein neues Zeitalter.

65 Walter Wagner: Telefon, New York: Macmillan 1975, Don Siegel (Regie): Telefon, Farbfilm, USA 1977. James Graham Ballard: »The Subliminal Man« (1963), in: The Disaster Area, London: Panther 1969, S. 55–76. Vgl. dazu Hahn: »Z wie Zombie«, a.a.O., S. 128 ff.

VIII. Invisible Government: JFK

Powerful events breed their own network of inconsistencies.
Loose ends, dead ends, small mysteries of time and space.
Don DeLillo: *American Blood*.[1]

Die Ermordung des amerikanischen Präsidenten John F. Kennedy im November 1963 in Dallas wurde lange geträumt, bevor sie Wirklichkeit wurde: Ein Attentat auf den Präsidenten der USA war kaum ein Jahr vorher in *The Manchurian Candidate* imaginiert worden als das, was von Kommunisten und ferngesteuerten Psychopathen schlimmstenfalls zu befürchten war. Aber als der Fall dann eintritt, ist er nicht so sehr eine Erfüllung der Phantasien der Staatsparanoia als vielmehr ein epistemischer und politischer Bruch mit ihnen. JFK ist der Beginn einer anderen politischen Phantasie über die Geheimnisse des Staats und die heimlichen Feinde, es kreist um einen gänzlich anderen Wissenstyp. Vor allem aber erzeugt es gänzlich andere Fiktionen und Narrative als die Staatsparanoia der fünfziger Jahre. Hatte die Staatsparanoia – im Doppelsinn einer Furcht des Staats vor omnipräsenten unsichtbaren Feinden und einer Furcht des Bürgers vor subliminaler Manipulation und willkürlicher Gewalt des Staats – Fiktionen hervorgebracht, die diese Paranoia in hysterische (Hoover), halluzinatorische (Condon/Frankenheimer), pathetische (von Picasso bis Doctorow über die Rosenbergs) oder theatralisch-schrille (Saul, Coover) Bilder brachte, die gleichwohl immer auf eine »Wahrheit« hinter dem bösen und trügerischen Schein verweisen, so wirft JFK die grundsätzliche Frage nach einer politischen Wirklichkeit und ihrer Erkennbarkeit auf. Unter dem Licht des zugleich erwarteten und gänzlich un-fassbaren Ereignisses, das die Ermordung des Präsidenten darstellt, entzieht sich das Politische als Wirklichkeit, das Staatsgeheimnis wird zu einer »Theologie« des Geheimnisses (DeLillo), der sich Fiktionen nur mehr entweder heroisch entgegenstellen (so paradigmatisch Oliver Stones *JFK*) oder ihre epistemische Bodenlosigkeit reflektieren können (so unübertroffen Don DeLillo).

Dabei steht das Attentat auf John F. Kennedy nicht allein, sondern leitet eine ganze Ära des politischen Mordes ein: Ein gutes Jahr nach JFK stirbt Malcolm X im Februar 1965 in Harlem, Martin Luther King in Memphis im April 1968, schließlich Robert Kennedy in Los Angeles im Juni 1968. Die sechziger Jahre in Amerika werden zum Jahrzehnt der großen, unaufklärbaren Attentate: tote Täter (Oswald für JFK) oder solche, die nie gestanden oder ihr Geständnis zurückzogen (Sirhan Sirhan für RFK, James Earl Ray für King), zu viele Wunden und Einschlagslöcher für die abgefeuerten Schüsse (Robert Kennedy), verschlampte Beweisstücke, unter Druck gesetzte Zeugen, mangelhafte Motive. Genau darin – nicht mehr in der Vorstellung omnipräsenter Verräter – liegt das Neue und Nachhaltige des Attentats von Dallas: dass diese großen politischen Anschläge nicht mehr in eine juridisch-kriminalistische Ordnung von Verbrechen und Strafe, Ursache und Wirkung, Tätern und Tat gehören, sondern diese Ordnung zutiefst erschüttern. Ein Verbrechen, etliche Motive, ein Täter – aber doch kein logisch kohärenter Plot, kein Narrativ, das diesen Täter, diese Motive und diese Tat in ein Gefüge plausibler Erklärungen stellen würde. Und damit auch ein Versagen des Rechtssystems: kein Prozess, keine Strafe, keine Sühne.

An dieser epistemischen, juridischen und politischen Unverfügbarkeit des Ereignisses setzen alle Narrative an – von den kriminalistischen Aufklärungsbemühungen des Warren-Reports über dessen Ergänzungen und verschwörungstheoretische Widerlegungen bis hin zu den filmischen und romanesken Rekonstruktionen, die sich manchmal explizit als »verborgene Wahrheit« in Szene setzen, manchmal listig hinter einer Fiktionalitätsklausel verstecken. Anders als die politische Paranoia der fünfziger Jahre, die sich *prospektiv* damit beschäftigte, welche Gefahren drohen, welche heimlichen Netzwerke konspirieren – kurz: was alles geschehen *könnte* – geht es nun um die beharrliche Frage danach, was geschehen *ist*. Kein potentielles *worst case scenario*, kein Entwurf in die Zukunft, sondern ein Blick zurück, ein Versuch der Rekonstruktion. Während in der Staatsparanoia der McCarthy-Ära die Wirklichkeit als von allen Seiten bedroht und undurchschaubar, aber noch immer als *gegeben* erscheint, so erzeugt das Attentat von Dallas nun einen *Entzug* des Wirklichen:

> »What's been missing over these past twenty-five years is a sense of manageable reality. Much of that feeling can be traced to that one moment in Dallas. We seem much more aware of elements like randomness and ambiguity and chaos since then«, erklärte Don DeLillo in einem Interview von 1990.[2]

Das verschärfte Gefühl von »Zufälligkeit, Doppeldeutigkeit und Chaos«, das DeLillo im wohl besten literarischen Text über das Attentat, seinem Roman *Libra*, zum Prinzip der Darstellung macht, ist dabei die Kehrseite des Verdachts, dass überhaupt nichts mehr zufällig, aber alles doppeldeutig und chaotisch geworden ist (s. dazu den Abschnitt *Koinzidenzen: Don DeLillos »Libra«*), dass die Wirklichkeit sich jedem rekonstruierenden Zugriff, jeder Plausibilität und Durchschaubarkeit entzieht, dass das größte nur denkbare politische Vergehen vollbracht, aber nicht aufgeklärt und nicht geahndet werden kann. Zufälligkeit und verborgene Manipuliertheit allen Geschehens, *conspiracy* und *contingency*, erscheinen so als die beiden komplementären Formen eines fundamentalen Verlusts von Realität, wie DeLillo ausführt: »Beyond this confusion of data, people have developed a sense that history has been secretly manipulated. [...] So from the initial impact of the visceral shock, I think we've developed a much more deeply unsettled feeling about our grip on reality.«[3]

Das Ereignis hat die präzise Form eines Traumas – ein Geschehen, das nicht wirklich erlebt wurde, sondern nun rekonstruiert und im Nachträglichen erzählt werden muss. Damit wird jedem Narrativ über das Attentat die fundamentale Funktion zugewiesen, aus der kollektiven und politischen Wirrnis einen Sinn zu machen, Ordnung in die Konfusion zu bringen. Das Ereignis entsteht überhaupt erst in den rekonstruktiven Fiktionen – aber anders als etwa in Le Carrés und Greenes Rekonstruktionen des Falls Philby geht es nicht um psychologische und soziale Plausibilisierung des Geschehens, sondern viel grundsätzlicher um die Natur des Ereignisses selbst. Was ist überhaupt geschehen? Es geht darum, durch ein Narrativ der chaotischen und intransparenten Wirklichkeit habhaft zu werden und so das *secretum* des Ereignisses aufzulösen. Sei es, wie Norman Mailer vorschlug, in Form der Tragödie des Individuums Oswald,[4] sei es in Form einer offiziellen Untersuchung, die den Fall abschließen sollte, sei es als Aufdeckung der geheimen Machenschaften im Herzen der amerikanischen Politik, als Entlarvung des »Invisible Government«. Zwar erheben alle Rekonstruktionen des Falles immer wieder den Anspruch »endgültig die ganze Wahrheit« ans Licht zu bringen – unter Titeln wie *Final Disclosure. The Full Truth about the Assassination of President Kennedy.*[5] Aber die »ganze Wahrheit« ist in der Kakophonie dieser Enthüllungen nie etwas anderes als eine weitere Version, eine Fiktion im Geflecht aller anderen möglichen Fiktionen. Fiktion als die Herstellung eines möglichen Narrativs in ständiger Reflexion auf andere, konkurrierende Versionen des Geschehens wird im Fall JFK zum Medium einer nationalen Selbstreflexion. Das unendliche Netzwerk einander zitierender, re-interpretierender und widerlegender »Enthüllungen« des Falles sind ebenso Fiktionen wie die romanesken und filmischen Re-Inszenierungen des Falls: Variationen über einen »Fall« der nur in Geschicht*en*, aber nicht mehr in *die* Geschichte integriert werden kann. Mit JFK wird die Fiktionalität des Politischen selbstreflexiv. Genau darum haben die Romane und Filme, insbesondere Oliver Stones Film *JFK* von 1991, mehr politische Furore gemacht als die kriminalistischen und politischen Sachbücher. Damit stellt sich die Frage nach dem Verhältnis des ungreifbaren politischen Ereignisses und den Fiktionen von Literatur und Film in einer anderen Weise als noch in den Szenarien der »red scare« oder »Manchurian candidates«. Fiktionen werden politisch unabweisbar, weil sie etwas plausibel machen können, was Tausende von Beweisstücken und Gegenbeweise nicht mehr können – sei es die Alleinschuld eines armseligen Losers wie Oswald, sei es eine umfassende Verschwörung innerhalb der amerikanischen Regierung selbst. Fiktionen, die wissen, dass sie welche sind, scheinen das einzige Medium zu sein, in dem man noch ›Wahrheiten‹ sagen kann.

Das Indizien-Paradigma: Warren-Report und Verschwörungstheorien

Zunächst geht alles sehr schnell: Unmittelbar nachdem Kennedys offener Wagen an der Dealy Plaza in Dallas/Texas in die Elm-Street eingebogen ist, fallen Schüsse. Einer davon zerfetzt den seitlichen Hinterkopf des Präsidenten, der wenig später im Parkland Hospital für tot erklärt wird. Eineinhalb Stunden später wird Lee Harvey Oswald in einem Kino verhaftet, zunächst unter der Anklage, dreißig Minuten zuvor den Polizisten J. D. Tippit erschossen zu haben. Noch am selben Abend wird Oswald des Attentats auf Kennedy angeklagt, am übernächsten Tag wird er, auf dem Weg von der Polizeistation zum Gefängnis vom Nachtclubbetreiber Jack Ruby erschossen. – Nach den Schüssen kommen die Experten, und von nun an dehnt sich die Zeit. Die 5,6 Sekunden der Schüsse, aber auch die Minuten und Stunden nach dem Attentat, in denen die Polizei und das FBI Zeugen befragen, das Gelände sichern und schließlich Oswald verhaften und vernehmen, in denen die Ärzte im Parkland Hospital die Leiche Kennedys an den Secret Service übergeben und die Airforce One zurück nach Washington fliegt – all diese gedrängten, verwirrten Momente sind seitdem unendlich zerlegt worden im Versuch, ein unzweifelhafte, kohärente Version des Ereignisses herzustellen.

So ist der Kodakchrome-Film, den der Zuschauer Abraham Zapruder von den Schüssen auf Kennedy gemacht hat, zum eigentlichen Zeitmaß der Tat geworden: Jedes Einzelbild (frame) des Films erhielt eine Nummer und wurde als solches zum zeitlichen »Ort« des Geschehens. Die Schüsse fallen (nach der offiziellen Version) zwischen frames Z-210 und Z-313: insgesamt 5,6 Sekunden. Jede Sechzehntelsekunde wird jetzt zur Spur, zum Rätsel, jedes Einzelbild zu einem

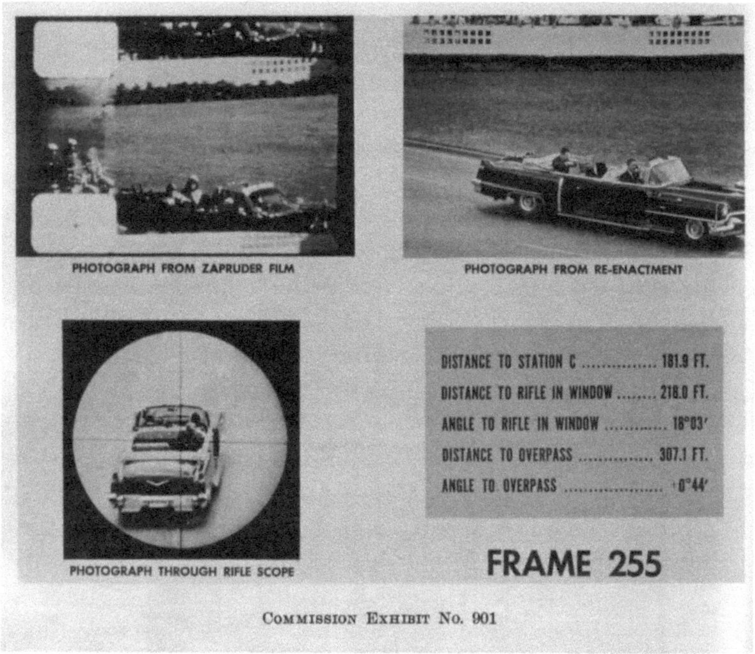

Abb. 36: Bild Nr. 225 aus dem Zapruder-Film, mit weiterem Material aus der Rekonstruktion des Tathergangs. Aus: Report of the President's Commission on the Assassination of President John F. Kennedy United States, Washington D. C.: Government Printing Office 1964.

eigenen Kapitel des Tathergangs [*Abb. 36*]. Wie die Zeit wird auch der Raum zerlegt in strategisch günstige Standorte (wer kann von wo aus schießen?), Sichtfelder (was sieht man von wo?), in Schusswinkel und Fluchtwege. Ausgehend von den Schusswunden Kennedys und Gouverneur Connallys lassen sich »Kegel« möglicher Schützenpositionen durch den Raum legen; ausgehend von Zeugenaussagen, die Oswald nach den Schüssen im Texas Schoolbook Depository gesehen haben, lässt sich sein dreiminütiger Fluchtweg durchs Gebäude rekonstruieren.[6] Die Wirklichkeit – eine Wirklichkeit, die so kurz und unglaublich war, dass keiner sie »erlebt« hat – zerfällt in die Vielfalt von Zeugenaussagen, Rekonstruktionen, Beweisstücken, visuellen und auditiven Aufzeichnungen, den Leichnam des Präsidenten – und den überraschend schnell verhafteten Hauptverdächtigen, der erst ohne Anwalt und Aufzeichnungen verhört und dann von Jack Ruby zum Schweigen gebracht wird.

Lee Harvey Oswald bleibt weder die Zeit, zu gestehen noch sich überzeugend zu verteidigen. Mit seinem Tod beginnt ein posthumer Prozess gegen ihn (in dem es auch viele Fürsprecher seiner Unschuld gibt), der nie etwas anderes sein kann als ein Indizienprozess. Darum kreisen alle Versionen des Geschehens um die Frage, ob Oswald der Täter war oder ein vorgeschobener Sündenbock. Die erste offizielle Untersuchung, die eine Woche nach der Tat von Präsident Lyndon B. Johnson unter dem Vorsitz des Supreme Court Richters Earl Warren angeordnet wird, folgt genau diesem juridischen Schema des Indizienprozesses, auch wenn Lee Harvey Oswald nicht mehr verurteilt werden kann: Es geht von Anfang bis Ende darum, Oswalds Täterschaft zu bestätigen oder zu widerlegen.[7] Schon 48 Stunden nach der Tat präsentierten die Polizei von Dallas und das FBI Beweise, dass Oswald der alleinige Schütze gewesen war: Man fand sein Versteck im Texas Schoolbook Depository, von dessen sechstem Stock er geschossen haben sollte, fand seine Finger- und Handabdrücke in diesem Versteck und schließlich auch das Gewehr, die Mannlicher-Carcano mit Zielfernrohr, samt drei leerer Patronenhülsen am Boden. Im September 1964 legt die Warren Kommission eine fast 900 Seiten starke Untersuchung vor, die bekanntlich zu dem Schluss kam, dass Oswald allein gehandelt hatte, dass keinerlei Beziehungen zwischen ihm und Ruby bestanden hatten und Oswald auch in keinerlei Verbindung mit US-Geheimdiensten, Mafia oder sowjetischen Geheimdiensten gestanden hatte. Keine Verschwörung also, sondern zwei »lone gunmen«, Oswald und Ruby, deren einziges Rätsel in ihrem Motiv bestand. Der Warren-Report ist die erste Fiktion über den Fall JFK, deren grundlegendes epistemologisches Problem in ihrem juridischen Setting besteht: Sie führt einen Prozess gegen Oswald. Anstelle eines Geständnisses zieht man die erstaunliche Biographie Lee Harvey Oswalds heran, der es mitten im Kalten Krieg fertiggebracht hatte, als Zwanzigjähriger in die Sowjetunion überzusiedeln und nach zwei Jahren mit einer russischen Gattin und Tochter in die USA zurückzukehren. Zwischen seiner Rückkehr und dem Attentat hatte er sich in verschiedenen Jobs durchgeschlagen, sich als Kommunist bekannt und eine Ortsgruppe des Castro-freundlichen »Fair Play for Cuba« eröffnet, seltsamerweise aber auch mit Anti-Kommunisten verkehrt. All diese biographischen Widersprüche und Kehrtwendungen machen Oswald zu einem Rätsel – aber im Warren Report werden gerade sie zur Lösung des Falls.

> »Oswald was motivated by an overriding hostility to his environment. He does not appear to have been able to establish meaningful relationships with other people. [...] Long before the assassination he expressed his hatred for American society and acted in protest against it [...] He sought for himself a place in history [...] Out of these and the many other factors which may have molded the character of Lee Harvey Oswald there emerged a man capable of assassinating President Kennedy.«[8]

Dabei ist das Vorgehen der Warren-Kommission alles andere als unlauter. Sie verfolgt eine Hypothese – die Schuld Oswalds – und sucht diese zu bestätigen oder zu falsifizieren. Das »Urteil« (sowohl Befürworter als Kritiker des Warren Reports nannten das Untersuchungsergebnis ein »Urteil«)[9] wird am Ende hergeleitet aus der Fülle der belastenden Indizien: Motive wie »Hass auf die amerikanische Gesellschaft« und »Kommunismus«, Fingerabdrücke und Zeugenaussagen, ein angeberisches Foto von Oswald mit der Mannlicher-Carcano und sein verdächtiges Verhalten unmittelbar nach den Schüssen. Dieses Schema des Indizien-Prozesses definiert und begrenzt sehr klar die epistemologische Perspektive der Kommission. Eine Hypothese, die Oswald *nicht* ins Zentrum der Tat stellt, wäre in dieser Logik ein Abweichen vom Thema gewesen. Der Warren-Report folgt so einer induktiven Zuspitzung, die von einer theoretischen Ausgangshypothese her die Fakten ordnet. Es ist diese methodische Zuspitzung ihres Narrativs, welche diese erste Fiktion über JFK so angreifbar machte. Es ist darum ein Missverständnis, wenn die Kritiker der Warren-Kommission dieser bewusste Täuschung oder sträfliche

Schlamperei vorgeworfen haben. Die Ignoranz der Warren-Kommission gegenüber allen alternativen Versionen – der Bericht nennt sie abfällig »Gerüchte« – verdankt sich der epistemologischen Grundentscheidung, die Untersuchung als einen *Prozess* gegen Oswald zu strukturieren.[10]

Was die zahllosen Kritiker des Berichts demgegenüber einklagen, ist eine Untersuchung, die nicht wie ein Prozess strukturiert, sondern eine ergebnisoffene *Polizeiuntersuchung* wäre. Gefordert wird damit vor allem ein anderer Typ des Narrativs: eine Detektivgeschichte mit *unbekanntem* Täter. Genau an diesem Punkt, und präzise als Gegenentwurf zum Warren-Report entworfen, wird 1991 Oliver Stones Film *JFK* ansetzen. Als Verfilmung der Untersuchungen Jim Garrisons, des Bezirksstaatsanwalts von New Orleans, der die einzige Anklage geführt hat, die je im Fall Kennedy erhoben wurde, greift er präzise das juridische Schema der Warren-Kommission auf – aber nur, um es schärfster Kritik zu unterziehen (s. Abschnitt: *Invisible Government: Oliver Stones »JFK«*). Garrison/Stone und die unübersehbare Flut der Verschwörungstheorien um JFK konstruieren diese Detektivgeschichte als Gegengeschichtsschreibung zur Warren-Kommission, ohne es jedoch vermeiden zu können, ihre Indizien aus dem Bericht zu übernehmen. Die 26 Bände mit Beweisstücken, darunter die 486 Einzelbilder des Zapruder-Films, Protokolle von Zeugenaussagen, Rekonstruktionen der Schüsse, Analysen von Fotos, die Röntgenbilder und Fotos von der Autopsie – unendlich viele Spuren, winzige Fragmente der Wirklichkeit, werden nun zur Grundlage anderer, alternativer Versionen des Geschehens.

Denn was jeder Detektiverzählung notwendig zugrunde liegt, ist das, was Carlo Ginzburg das »Indizien-Paradigma« genannt hat. Spurensicherung und Spurenlektüre sind Formen eines semiotischen Zugriffs auf eine intransparente Wirklichkeit. Was »gelesen« wird, sind unwillkürliche Zeichen, die nicht auf allgemeine Gesetze, sondern auf die Natur eines individuellen Falls (eines Beutetiers, eines Täters, eines Kranken etc.) verweisen.[11] Ginzburg betont dabei die »textuelle« Verfasstheit einer solchen semiotisch gelesenen Wirklichkeit: der Boden als Träger von Fußspuren, der Körper als Textur von Symptomen, der Tatort als ›Text‹ eines Verbrechens. Wenn aber Zeichen diskrete Einheiten sind, die aus dem amorphen Kontinuum des Wirklichen ›bedeutungsvoll‹ hervorstechen, so bedeutet Spurenlesen eine Segmentierung der Wirklichkeit in ihre ›zeichenhaften‹ Einheiten. Das kann die Schärfe/Unschärfe eines Gegenstands in einem Filmbild sein, der Abrieb einer Kugel oder ihre Schussbahn, die Größe einer Wunde und die Frage, ob sie eine Einschuss- oder Austrittswunde ist. Aber was ein Indiz ist und wofür es ein Indiz ist, bestimmt der Spurensucher. Da das FBI im Falle Kennedy die erste und wichtigste Beweismittelerhebung vornimmt – immer unter der Hypothese, dass Oswald Einzeltäter war –, sind alle Spuren, die der Warren-Kommission vorgelegt werden, von vornherein von diesem Kriterium geprägt. Wenn die Spur wirklich als Zeichen gelesen werden muss und die Wirklichkeit ein »Text« ist, dann stehen Spuren nicht nur immer in einem »Kontext«, sondern es muss auch einen »Code« geben, innerhalb dessen die Bedeutung der Spur sich konstituiert. Man muss eine Hypothese haben, um die Spur zu lesen. Hier liegt die Crux in der Rekonstruktion von Kriminalfällen: Oft gibt es keine Einigkeit darüber, in welcher Weise und wofür etwas eine Spur ist. Was hier traditionellerweise half, war die Hinzuziehung von Spezialisten. Die Kriminalistik, die sich seit der Mitte des 19. Jahrhunderts als polizeiliches Wissen etabliert, ist eine Wissenschaft, die aus der Erfahrung und Kunstfertigkeit von Experten schöpft: von Ärzten, die wissen, wie Würgemale oder Schussverletzungen aussehen, von Chemikern, die Gifte nachweisen können, von Ballistik-Experten, die Kugeln einem Lauf zuordnen können und Schussspuren einem Schusswinkel. Dieses hoch spezialisierte Experten-Wissen der Kriminalistik explodiert im Fall Kennedy.

Die wohl meistdiskutierte Frage, an der sich diese Schwierigkeit abbildet, eine Spur zu lesen, ist die Anzahl und Richtung der Schüsse, die auf den Wagen des Präsidenten abgegeben wurden. Die *lone gunman*-Theorie besagte, dass nur drei Schüsse abgegeben wurden, ein erster den Präsidenten verfehlte und eine zweite Kugel Kennedy durch den Nacken fuhr, dann in Gouverneur Connallys Rücken eindrang, aus der Brust wieder hervorkam, sein Handgelenk zerschmetterte und schließlich im Schenkel stecken blieb. Diese zweite Kugel, die nach dem Warren-Report insgesamt 4 schwere Verletzungen an zwei Männern hervorgerufen haben soll, ist in die Debatte unter dem Spottnamen »the magic bullet« eingegangen. Ein dritter Schuss schließlich, der auch von hinten (aus dem Schulbuchlager hinter dem Wagen) gekommen sein soll, sprengte Teile von Kennedys Schädel und Hirnmasse weg und führte zu seinem Tod. Es gibt also Schussverletzungen, Schusskanäle und Ein- und Austrittsöffnungen – und es gibt Hypothesen darüber, wie oft und aus welchen Richtungen geschossen wurde. In der Debatte über die Frage, was diese Verletzungen ›erzählen‹, gibt es aber kaum auch nur einen Konsens über die genaue Natur der Wunden.[12]

Es sind genau diese Inkonsistenzen, die das Indizien-Paradigma zur Explosion bringen. Da jede Spur auch anders beschrieben und anders gedeutet werden kann, muss jede Spur immer wieder neu untersucht werden. Keine Zeugenaussage darf einfach für bare Münze genommen werden, keinem Foto, keinem Filmschnipsel ist zu trauen, alles muss wieder und wieder in erneuten Augenschein genommen werden oder gar als Fälschung abgetan werden. Das Indizien-Paradigma, dessen polizeiliche Implementierung zur Entwicklung der Kriminalistik und forensischen Pathologie geführt hatte, verstrickt sich hier in der Aporie seiner semiotischen Struktur. Denn was die Überprüfung und Neuinterpretation der Indizien hervorbringen, ist nicht eine bessere, plausiblere, wenn man so will ›realistischere‹ Theorie als die von Einzeltäter und magischer Kugel, sondern vor allem, dass dem Aufklärungswissen der Polizei nicht mehr zu trauen ist. Die scheinbare Evidenz der *bodies of evidence* wird verkehrt in einen omnipräsenten Verdacht gegen jedes einzelne Beweisstück. Der Autopsie-Bericht: eine Fälschung, mehr noch: der Leichnam Kennedys wurde während der Überführung nach Washington D. C. ausgetauscht.[13] Der Zapruder-Film: ein Machwerk, in dem einzelne *frames* ausgeschnitten wurden, möglicherweise insgesamt eine komplette Fälschung.[14] Oswald: natürlich ein Sündenbock, dessen seltsame Vita so klingt, als sei sie schon Jahre im Voraus extra für diese Rolle zusammenkonstruiert worden;[15] wahrscheinlich ein CIA-

Agent, denn nur so konnte er zwischen der Sowjetunion und den USA unbehelligt hin und her reisen. Das Expertenwissen des Indizien-Paradigmas verfängt sich so zwischen den Aporien einer juridischen Aufklärung, die nur an einem bereits toten Angeklagten interessiert ist, und einer detektivischen Untersuchung, die ihren eigenen Spuren nicht mehr trauen kann. Hatte der juridische Ansatz der Warren-Kommission die Spuren immer nur im Hinblick auf eine spezifisch vorgegebene Hypothese in Rechnung gezogen, so vernichtet der – ebenso nahe liegende wie nötige – Versuch einer detektivischen Untersuchung das Indizien-Paradigma vollends. Man kann sich buchstäblich keinen Beweis mehr vorstellen, der diese Bewegung je zum Stillstand bringen könnte.

Invisible Government: Oliver Stones »JFK«

Mit dem Kollaps des Indizien-Paradigmas, das bis heute zu wenig mehr als der unbefriedigenden Konklusion gekommen ist, dass es mit fünfundneunzigprozentiger Wahrscheinlichkeit doch eine Verschwörung gegeben hat, ist aber die Frage nach der politischen Bedeutung des Attentats noch nicht einmal gestellt. Oliver Stones hoch kontroverser Film *JFK* von 1991 ist weder die erste noch die einzige Inszenierung dieser Frage nach den politischen Implikationen des Mordes – aber wohl der stärkste Versuch ihrer Verdichtung.[16] Stone greift sehr präzise den juridischen Ansatz der Warren-Kommission auf (und gleichzeitig: *an*), wenn er den einzigen Prozess, der im Fall JFK je geführt wurde, zum Thema seines Films macht: Garrisons Anklage gegen einen Geschäftsmann wegen Verwicklung in das Attentat.[17] Mit unschlagbarer Ironie hat Stone die Figur des Earl Warren mit dem tatsächlichen Jim Garrison besetzt: Sein Film ist ein Anti-Warren-Report. Während die Warren-Kommission ihre Untersuchung nur als Prozess *missverstanden* hatte, führt der von Stone ins beste patriotische Licht gestellte Garrison diesen Prozess tatsächlich. Stone nimmt damit das juridische Paradigma ernster – und bezieht sein Pathos aus dieser Ernsthaftigkeit – als die Warren-Kommission selbst, die es eingeführt hatte. Dem ›falschen‹ Prozess will er den ›richtigen‹ entgegensetzen.

Stones Einsatzpunkt ist dabei eine dezidiert nostalgische Geste: ein Bilderbogen über den Glamour der Kennedys und die mit ihnen verlorene Zeit der politischen Integrität Amerikas. Präsident Eisenhowers berühmte Warnung vor der Übermacht des »militärisch-industriellen Komplexes«, die Stone aus Eisenhowers Abschiedsrede zitiert, wird so zum Auftakt des Attentats und zur Grundnote dessen, wogegen Kennedy – aus der Rückschau gesehen – gestanden hatte. Für Stone ist Kennedys Tod der Wendepunkt in der amerikanischen Nachkriegsgeschichte hin zu einer Kriminalisierung des Politischen, sein Film *JFK* damit das historische Präludium zu Stones Vietnam-Filmen und zu *Nixon*, aber auch zu den politischen Desastern, die folgen sollten: die ungebrochene Serie der Attentate auf Politiker und Bürgerrechtler, die CIA-Interventionen in Mittelamerika und Afrika und die innenpolitischen Skandale von Watergate bis zum Iran-Contra-Skandal unter Ronald Reagan. Um diese Epoche der unkontrollierten und unkontrollierbaren *arcana imperii* und des rechtsfreien Raums in den Blick zu nehmen, rekurriert Stone auf die Sphäre des Rechts und der Gerichtsbarkeit. Der Film versteht sich als eine gerichtliche Aufklärung eines Verbrechens, dessen Ungesühntheit der Beginn einer grundlegenden Entrechtlichung der amerikanischen Innen- und Außenpolitik gewesen ist.

Ausgehend von Oswalds Kontakten in New Orleans, rollt Staatsanwalt Garrison (gespielt von Kevin Costner) langsam und mühsam ein Netzwerk von Anti-Castro-Milizen, Ex-FBI-Agenten, Homosexuellen und Mafiosi auf. Dass er schließlich eine Figur dieses Netzes, den respektierten Geschäftsmann Clay Shaw anklagt, erscheint in der Logik der Untersuchung, die er führt, eher eine Wahl der Verzweiflung. Denn um dieses filzige Netz von Halbweltgestalten, dem sowohl Oswald als auch der Oswald-Attentäter Jack Ruby anzugehören scheinen, geht es gar nicht, auch wenn es das einzige ist, was Garrison am Ende in Händen hält. Vielmehr geht es um etwas, von dem sich erst erweisen muss, ob man ihm mit rechtlichen Mitteln überhaupt beikommen kann.

Ein ominöser Informant aus dem Pentagon, Mr. X (die Figur des Air Force Colonel Fletcher Prouty, der tatsächlich mit Garrison Kontakt aufnahm und später ein Buch dazu veröffentlichte), setzt in einem langen, faktenreichen Monolog Garrison die politischen Hintergründe des Mords auseinander: ein Netzwerk von hohen Militärs und CIA-Beamten, die in ihrer Politik von Kennedy bedroht und behindert wurden und darum das Attentat geplant und durchgeführt hätten. Mr. X ist nicht bereit, vor Gericht auszusagen – alles, was er Garrison raten kann, ist, einen Prozess zu führen:

> »Don't take my word for it. Do your work, your own thinking. [...] I can give you the background, you find the foreground, the little things. Keep digging, remember you're the only one to bring a trial in the murder of John Kennedy.« Garrison wendet ein: »I don't have much of a case.«

Dass das Indizien-Paradigma versagt, weiß Garrison selbst. Mr. X aber will auf einen politischen Effekt hinaus:

> »Your only chance is to come up with a case. Something. Anything. Make arrests. Stir the shitstorm.«

Es geht also – im Film wie im Ratschlag des Pentagon-Informanten – gar nicht wirklich um Garrisons Anklage gegen den homosexuellen Geschäftsmann Clay Shaw. Vielmehr geht es um einen politischen Verdacht Stones, Garrisons, Proutys und vieler anderer, der sehr viel weiter reicht als der Filz von New Orleans. Es geht um die Wiedereröffnung einer Untersuchung, die nicht nur die Frage nach dem »was« und »wie« beantworten würde, die also nicht im Indizien-Paradigma stecken bleiben würde, sondern auf Akteure und Interessenlagen zugreifen könnte. Das ist die zugleich juridische und antijuridische Pointe des Films: dass man dieser Dimension der *arcana imperii* mit nichts anderem als dem Recht beikommen kann, aber auch: dass das zwecklos ist. Der Film will im Medium des Juridischen, in Form einer staatsanwaltlichen Untersuchung und eines Prozesses nachweisen, dass man vom Indizien-Paradigma am Ende zu ganz anderen Fragen kommen muss. Garrison wie Stone geht es nicht darum, einen Angeklagten zu überführen, sondern darum, die richtigen – und das heißt die politischen – Fragen zu stellen:

»The how and the who is just scenery for the public. Oswald, Ruby, Cuba, the Mafia keeps them guessing, like some kind of game. But that prevents them form asking the most important question: why? Why was Kennedy killed? Who benefited? Who has the power to cover it up? Who? [...] The organizing principle of any society, Mr. Garrison, is for war. The authority of the state over its people resides in its war powers. And Kennedy wanted to end the Cold War in his second term.«

Von den Aporien des Indizienparadigmas führt der Film so in die Tiefen der *politischen* Verschwörung. *Cui bono?* ist deren zentrale Frage, eine Frage, die eine politische These über die *arcana imperii* der USA – von JFK über Watergate bis zu Iran-Contra – formuliert: Könnte es nicht sein, dass die Regierung selbst genau in das verwickelt ist, was als Angriff gegen sie erscheint? Mr. X (Donald Sutherland) weist auf die eigentlichen Schuldigen: eine informelle Assoziation aus hochrangigen Generälen, CIA-Abteilungsleitern und von der Kennedy-Administration kaltgestellten Staatsbeamten – jener »militärisch-industrielle Komplex«, vor dem Eisenhower seinen Nachfolger gewarnt hatte. Garrison nennt die Macht dieses Netzwerks im Film »the ascendancy of invisible government«.

Die Rede von der unsichtbaren Regierung zitiert den politischen Bestseller *The Invisible Government,*[18] den die Journalisten David Wise und Thomas B. Ross ein Jahr nach dem Attentat publizierten. Die »unsichtbare Regierung« ist die Formel für die ins Monströse gewucherten *arcana imperii* des Kalten Krieges. Sie ist weder gewählt noch im Rampenlicht, kein »fomal body«, sondern »a loose, amorphous grouping of individuals and agencies drawn from many parts of the visible government. It is not limited to the Central Intelligence Agency, although the CIA is at its heart.«[19] Ein unkontrollierbares Netzwerk aus Administration, Militär, Polizei, Geheimdiensten, möglicherweise auch Mafia und Gewerkschaften. Die unsichtbare Regierung, so Wise und Ross, führt ihre eigene Außenpolitik, lanciert *covert actions* in andern Ländern und manipuliert die gewählten Regierungen durch eine subtile Politik der Vertuschung, der falschen Informationen und undurchschaubaren Schattenadministration. Seit dem desaströs gescheiterten Invasionsversuch in der Schweinebucht in Kuba hatte sich Kennedy als Feind dieses Apparats präsentiert. Fletcher Prouty beschreibt dessen innersten Kern als sogenanntes »secret team« – eine Struktur, von der er sagt, dass der statt auf Militär und Geheimdienste eher auf seine Familie und alte Seilschaften vertrauende Präsident sie einfach nicht verstanden habe und darum ihre Kompetenzen drastisch beschneiden wollte.[20] Stone übernimmt diese Theorie des »secret teams« direkt von Prouty: ein innerster Kern der *arcana imperii*, der gleichwohl abgekoppelt ist vom Geschäft der Regierung, eine Dimension des Geheimen, die nicht mehr Instrument des Staates und seiner Machterhaltung ist, sondern einzig einer Logik der Selbsterhaltung und heimlichen Hegemonie folgt. »A CIA inside the CIA«, wird Sidney Pollacks Film *Three Days of the Condor* diese Struktur zehn Jahre später nennen (s. Kap. *Cold War: Abenteuer eines Lesers*). Mit Kennedys gewaltsamem Tod nun ist der Beweis für die unbegrenzte Macht dieser Schattenregierung erbracht: Sie kann die legitime Regierung nicht nur manipulieren und hintergehen, sondern sie nötigenfalls durch ein Attentat ganz aus dem Weg räumen. Mit der Ermordung des Präsidenten verschlingt die unsichtbare Regierung die sichtbare. Damit sind die *arcana imperii* alles, was vom Staat noch übrig bleibt. Staatliche Macht, so Stones Diagnose, hat sich in sich zerklüftet, so dass zwischen Staatsdienern und Staatsfeinden, dem Präsidenten als Repräsentanten und – wie im Fall Watergate geschehen – als Kriminellem keine Unterscheidung mehr möglich ist.

Stones juridische – und zugleich das Juridische überschreitende – Geste der Enthüllung greift dabei auf ein bewährtes Modell des Verhältnisses von Fiktion und Politik zurück. Nicht zufällig – und mit Tränen in den Augen – erwähnt seine Figur Garrison im Schlussplädoyer Shakespeares *Hamlet*. *Hamlet* ist die Inszenierung einer gänzlich aus den Fugen geratenen politischen Landschaft – und die Figur Hamlet die Verkörperung eines Aufbegehrens und eines Scheiterns gegen die denkbar schwerwiegendsten *arcana imperii*: dass der König ungestraft ermordet werden kann.[21] Aber Stone ist in genau diesem Punkt weiter als sein Held Garrison. Sein Film nämlich tut sehr genau das, was Hamlets Theaterinszenierung innerhalb der Tragödie will: im Raum der Fiktion das Verbrechen darstellen, im Rahmen einer Erzählung Anklage erheben. Während also Garrisons Prozess scheitert, reüssiert Stones Film genau durch dieses Scheitern. Fiktion wird damit zum Medium einer Anklage gegen das Politische, eines Einspruchs, dessen Macht gerade aus der Bitternis seines Scheiterns, aus dem Pathos seiner Ohnmacht erwächst. Stones Film liefert so ein wesentlich wirkungsvolleres Plädoyer als Jim Garrison. 1992, als unmittelbare Reaktion auf den Film, verabschiedete der amerikanische Kongress den *President John F. Kennedy Assassination Records Collection Act*, der die Offenlegung aller mit dem Fall verbundenen Dokumente beschloss.[22] Mit seinen Fragen, mit seiner *Version* von Wahrheit, ruft Stones Film eine – wenngleich verspätete – Wahrheit auf den Plan, die durchaus einen massiven politischen Anspruch erhebt – den Anspruch auf eine Wiederkehr des Rechts gegen den rechtsfreien Raum der *arcana imperii*: »A patriot«, so Garrison, »must always be ready to defend his country against its government.«

Koinzidenzen: Don DeLillos »Libra«

Auch Don DeLillo, einige Jahre vor Stone, greift das Indizien-Paradigma auf, auch er diagnostiziert den Entzug des Ereignisses in der Explosion der Beweisstücke und Theorien – aber statt sich in die Wahrheitssuche des juridischen Schemas einzupassen, zieht er die Konsequenz aus der Einsicht, dass es nichts anderes mehr geben kann als alternative Versionen: Fiktionen. Hatte er 1983 die Ermordung John F. Kennedys »a *natural disaster* in the heartland of the real, the comprehensible, the plausible«[23] genannt, so greift er 1988 in seinem Roman *Libra* diese Formel noch einmal auf, diesmal aber nicht auf das Ereignis bezogen, sondern auf die dokumentarischen Relikte, die es erzeugt hat: »there is much here that is holy, an *aberration* in the heartland of the real.« Und weiter heißt es: »Let's regain our grip on things«.[24] Was zu Anfang der Arbeit an jenem historischen Ereignis, von dem DeLillo einmal sagte, es hätte ihn als Schriftsteller überhaupt erst »erfunden«[25], noch als »Naturkatastrophe« erscheint, als überwältigender Kollaps der Wirklichkeit, wird in der fiktionalen Durcharbeitung zu einer menschengemachten »Abweichung«, einem auratischen Entzug der Dinge, der den »Zugriff« auf die Wirklichkeit ebenso nötig wie unmöglich macht. DeLillos Frage ist die nach der Transformation des ›Wirklichen‹ durch ein Ereignis und in einem Ereignis – und diese Frage öffnet sich für ihn exakt am Punkt der Divergenz zwischen dem gegebenen Ereignis als »Naturkatastrophe« und den Indizien, Diskursen und Interpretationen, deren »Abweichung« keinen »Zugriff« auf das mehr zulässt, wovon sie die Spuren hätten sein sollen. DeLillo, von der Literaturkritik als »chief shaman of the paranoid school of American fiction«[26] gefeiert oder gerügt, unternimmt nicht wie die zahllosen verschwörungstheoretischen Rekonstruktionen den Versuch einer weiteren um Plausibilität ringenden Version. Wo Autoren wie Oliver Stone oder Norman Mailer angesichts des Entzugs des Ereignisses entweder *eine* (als Anklage konstruierte) Version des Wirklichen anbieten (Stone) oder eine Tragödie – Oswalds Tragödie – aus der Konstellation verschiedener subjektiver Erzählungen entwerfen (Mailer),[27] geht es DeLillo vielmehr um die *Analytik* dieses Entzugs selbst. Das heißt auch, dass DeLillo, anders als die Rekonstruktionen des Indizien-Paradigmas, nicht mehr versucht, durch das historische Spuren-Material hindurch auf eine »Wirklichkeit« des Geschehens zuzugreifen, sondern von nichts anderem ausgeht als von den Theorien und Narrativen, die dieses Indizien-Paradigma hervorgebracht hat.[28] Paranoia als Wille zu einer Welt der Bedeutungen und Verknüpfungen ist darum nicht, wie oft behauptet wurde, DeLillos Medium oder seine narrative Methode, sie ist vielmehr sein Gegenstand der Reflexion. Worum es DeLillo geht, ist eine narrative Epistemologie des *paranoid style* als jenem *effet de secret*, der zutiefst im amerikanischen politischen Imaginären verwurzelt ist.[29]

Dabei liegt die Pointe dieser fiktionalen Reflexion schon im grundlegenden Aufbau des Buchs: DeLillo kombiniert nämlich die zwei einander ausschließenden Theorien, die Theorie vom *lone gunman* und die Theorie über eine Verschwörung gegen Kennedy, zu einem *beide* umfassenden »plot« – als Geschichte und als Komplott.[30] *Libra* erzählt zwei getrennte und doch ineinander verstrickte Geschichten: Einerseits die Geschichte des einsamen, von unausgegorenem Marxismus, Geltungssucht und Orientierungslosigkeit getriebenen Lee Oswald, der mit einundzwanzig in die Sowjetunion auswandert, dort heiratet, mit Frau und Kind in die USA zurückkehrt und dort von Job zu Job driftet, Pro-Castro-Gruppen gründet und sporadischen Kontakt zu den Geheimdiensten hat. Andererseits die Geschichte einer Gruppe von ausgemusterten CIA-Leuten, allesamt Experten für die ominösen *black operations* der CIA in den sechziger Jahren, die – um nach dem Schweinebucht-Desaster die Aufmerksamkeit der amerikanischen Regierung erneut auf Castro zu lenken – den Plan fassen, ein scheinbar von Castro geplantes Attentat auf Kennedy *zu simulieren.* Diese Inszenierung wird von Win Everett, dem ausgemusterten Leiter zweier Covert-Action-Abteilungen der CIA, mit großer Finesse und durchaus staatstragenden Absichten ausgetüftelt. Aber sein Plan braucht einen vorschiebbaren Schuldigen, die Konstruktion eines »Täters«, der nicht nur eine Spur nach Kuba legt, sondern auch den Verdacht von den eigentlichen Schützen ablenken wird. »They wanted a name, a face, a bodily frame they might use to extend their fiction into the world.« (50) Das Indizien-Paradigma, die professionelle Aufklärung der künftigen Spuren, wird hier bereits in die Planung der Tat mit einbezogen. Während man noch an der Konstruktion eines solchen Täters sitzt, entdecken die Verschwörer, dass es ihn wirklich gibt: Oswald, eine Täterfigur, die so schrill ist, dass sie, wie DeLillo schon 1983 anmerkte, wie erfunden wirkt.

> »›Lee Harvey Oswald‹ often seems a secret design worked out by men who will never surface – a procedural diagram, a course in fabricated biography. Who put him together? He is not an actor so much as he is a character, a fictional character who first emerges as such in the year 1957 [...] Oswald seems scripted out of doctored photos, tourist cards, mail-order forms, altered signatures, pseudonyms.«[31]

Aber Don DeLillo erfindet die Erfundenheit seines Helden nicht einfach, sondern bezieht sich unmittelbar auf das Material des Warren Reports, das die gefälschten Identitäten Oswalds säuberlich untereinander dokumentiert [*Abb. 37*]. Wenn in *Libra* Oswald zum real existierenden Referenten einer zunächst gefälschten Identität wird, dann wird damit etwas sichtbar, was die Warren-Kommission dankbar als Effekt aufgegriffen hatte, ohne ihn je zu befragen: die Künstlichkeit Oswalds, die Tatsache, dass sein Leben wie eine Karikatur des kommunistischen Staatsfeinds der Fünfziger Jahre aussieht. DeLillos Fiktion legt damit die Fiktionalität der politischen Identitäten offen, die von allen Versuchen, das Geschehen um JFK aufzuklären, schlechthin als gegeben angesetzt wurden. Wenig anders als mit Oswald, dessen Leben wie das einer »Romanfigur« aussieht, verhält es sich mit den Verschwörern und ihrem Komplott. Denn die CIA-Veteranen planen ursprünglich kein Attentat, sondern die Vortäuschung eines Attentats, Schüsse, die daneben gehen sollen und indirekt jemanden ganz anderen treffen wollen: Castro. Es geht um eine Inszenierung, ein »assassination theatre«[32] in Form einer verdeckten Operation, die nichts anderes will, als der Regierung einen Vorwand dafür liefern, Kuba anzugreifen und Castro zu entmachten.

In dieser Hinsicht ist die Operation »klassisch« für die außenpolitischen Aktivitäten des »Invisible Government«. Sie versammelt alle jene Elemente in sich, die die Covert Actions der USA gekennzeichnet hatten, von Guatemala 1954 bis zur Iran-Contra-Affäre, deren Hearings noch 1987 klargemacht hatten, dass man auch in den achtziger Jahren ungestraft Geheimdienstaktivitäten am Kongress vorbeisteuern konnte: Dass eine Heimlichkeit der Planung, in der Unwissenheit bis hin zur »plausible deniability« des DCIs oder des Präsidenten (auf die sich noch Reagan 1987 berief), ein »geschätzter Aktivposten« ist (20); eine theatralische Oberfläche der Ereignisse, wo etwa von den USA gesteuerte Coups von den Medien als naturwüchsiger Freiheitskampf der Bevölkerung gefeiert werden konnte oder ein Angriff als ein Vergeltungsschlag.[33] DeLillo macht sich die Mühe, die administrative Planung solcher »black ops« innerhalb der CIA präzise zu schildern: als eine gezielte Abschirmung der Ent-

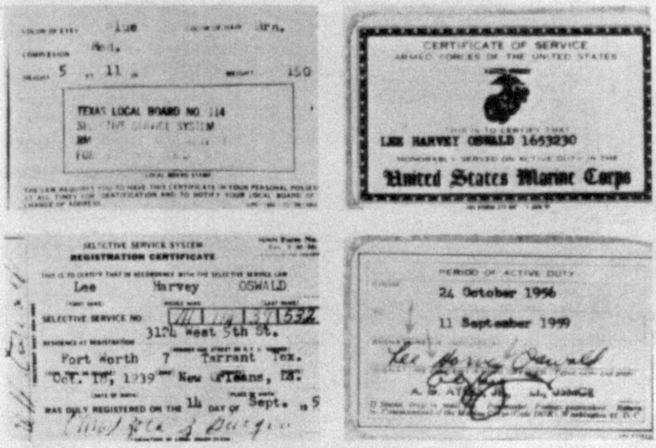

CADIGAN EXHIBIT No. 21

Face and reverse sides of the Oswald Selective Service System Registration Certificate and the Oswald Certificate of Service in the U.S. Marine Corps.

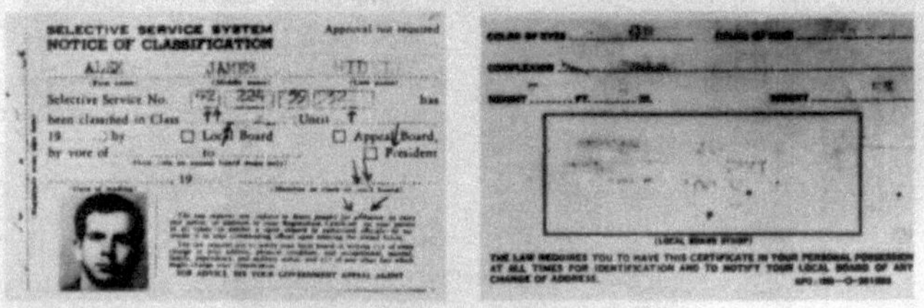

Face and reverse sides of the Hidell Selective Service System Notice of Classification.

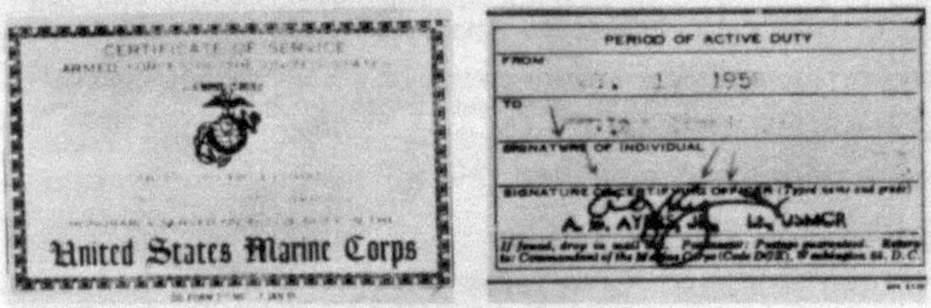

CADIGAN EXHIBITS NOS. 15 AND 16

Face and reverse sides of the Hidell Certificate of Service in the U.S. Marine Corps.

Abb. 37: Die verschiedenen Ausweise Oswalds als Oswald und Hidell. Aus: Report of the President's Commission, a.a.O.

scheidungsinstanzen vom eigentlichen Wissen um die Details der Operation. (20) Dennoch versteht sich das Komplott – genau wie die realen *black ops* – als nichts anderes als die Ausführung von Kennedys geheimsten Wünschen: »They all knew that Kennedy wanted Castro cooling on a slab but they weren't allowed to let on to him that his guilty yearning was the business they'd charged themselves to carry out. The White House was to be the summit of unknowing.« (20f.) *Libra* entfaltet dabei ein differenziertes Soziogramm der professionellen *covert-action*-Experten, wie die CIA sie seit den fünfziger Jahren ausbildet. Das Team reicht von hochrangigen Planern wie Win Everett und Larry Parmenter, Mitglied des »Yale-OSS network of so-called gentlemen-spies« (30), über Organisatoren und Kampfausbilder wie dem von Operation zu Operation vagabundierenden T. J. Mackey bis hin zu Killern wie Vásquez, Raymo und Elko. Die Verschwörer tun nichts anderes als normale Geheimdienstarbeit – nur dass sie dies nicht mehr auf Anordnung des Dienstes tun, sondern in einer rachedurstigen Übererfüllung des Präsidenten-Willens. Wo Nicht-Wissen in Form der »plausible deniability« und damit politische Nicht-Verantwortlichkeit (die Iran-Contra-Hearings hatten genau das ein weiteres Mal kurz vor Erscheinen von *Libra* vorgeführt) integraler Teil von Geheimdienstoperationen ist, wo ihre Netzwerke sich selbst erzeugen und fortzeugen, gibt es keinen zentralen Akteur und keine übergeordnete Instanz des Befehls mehr. Und genau dies kennzeichnete die politische Kultur der *covert-actions*: »Subordinates were in the position of interpreting what the president wanted without asking directly for authorization«, wie der CIA-Experte Gregory Treverton ausführt.[34] In der präzisen Entfaltung dieses Komplotts liefert DeLillo so eine Analytik der Geheimnisstruktur jener *black-operations*-Welt, die den Kern des Invisible Government bildet. Diese Welt ist von einer Geheimnisstruktur geprägt, die nicht über Befehlsketten und Kontrollmechanismen läuft, sondern die sich ihre eigenen, informellen Netzwerke selbst generiert (22). All die zwielichtigen Figuren, die ins Licht der Attentats-Aufklärung gerieten (und zugleich das Personal des Romans stellen), sind Teil dieses heterogenen, filzigen Netzwerks: verbitterte Kommunistenhasser wie der Ex-FBI-Agent Guy Banister, der schwule Ex-Pilot David Ferrie, der sich nun als Ausbilder paramilitärischer Einheiten die Zeit vertreibt, der undurchsichtige Geschäftsmann George de Mohrenschildt bis hin zu Mafiosi wie Carmine Latta, der den Mord an Oswald in Auftrag geben wird – und schließlich der triste Einzelgänger Lee Harvey Oswald.

Die Verschwörung ist für DeLillo demnach nichts, was ein paar Eingeweihte anzetteln und dann kontrolliert durchführen, sondern es ist ein Komplex, der seiner eigenen, unkontrollierbaren Logik folgt: »Plots carry their own logic. There is a tendency of plots to move toward death. He [Win Everett, EH] believed that the idea of death is woven into the nature of every plot. A narrative plot no less than a conspiracy of armed men.« (221) Die Verschwörung, eigentlich der Inbegriff eines kontrollierten Eingriffs durch unsichtbare Akteure, läuft hier exakt darauf hinaus, außer Kontrolle zu geraten. Einer der Planer, T. J. Mackey, hat irgendwann die Idee (DeLillo nennt es eine »revelation«, eine »Offenbarung« (220)), »die Sache zu Ende zu führen« und Kennedy *nicht* zu verfehlen, sondern tatsächlich zu erschießen. DeLillos Pointe liegt darin, dass das Attentat nicht einer Intention seiner Planer, sondern einer inhärenten Logik des »plots« gehorcht, dass jedes Narrativ notwendig auf einen absoluten Endpunkt hinausläuft: den Tod, das Ende aller Geschichten.[35] Dabei geht es genau um die Doppelbedeutung von »plot« als Komplott und als Erzählung, deren Konvergenz sich in dieser gemeinsamen Teleologie erweist. Es ist eine *narrative* Logik, eine Logik der Erzählbarkeit, der Verknüpfbarkeit von Ereignissen im »plot«, welche die Form der politischen Verschwörung beherrscht und diese in letzter Konsequenz nach ›poetischen‹ Prinzipien organisiert.

Wie die Verschwörung ihrer eigenen narrativen Logik erliegt, so ist auch Oswald eine fiktive Figur, eine Gestalt dieses »plots«. Noch bevor er in den Blick der Verschwörer gerät, ist Oswald von einer konspirativen Sicht auf die Welt geprägt, er wächst auf – inspiriert durch seine Marx-Lektüren – mit dem grundlegenden Prinzip aller Verschwörungstheorie: »There is a world inside the world.« (13 und öfters) Die Welt, in der Oswald lebt, ist – ebenso wie die Welt der *black ops* – eine Welt des omnipräsenten Geheimnisses. Es ist deshalb nicht einfach ein Detail, dass Oswald – aufgewachsen in den vierziger und fünfziger Jahren – exakt an die Staatsparanoia der fünfziger Jahre anknüpft: Dreimal werden die Rosenbergs erwähnt (12, 38/39, 160), dreimal sind sie dem jungen Oswald die Chiffre dafür, dass die Regierung der USA gegen ihre eigenen Bürger konspiriert: »it was Eisenhower and Nixon who killed the Rosenbergs.« (39, 160) Aber DeLillo markiert damit nur seine Differenz zu einer Welt, in der man wenigstens noch wusste, wer gegen wen konspirierte. Oswalds einzige Möglichkeit einer Identitätsfindung ist die Erfindung seiner selbst als Geheimnisträger – aber das Geheimnis, das er »weiß«, ist leer: »Nobody knew that he knew. The whirl of time, the true life inside him. This was his leverage, his only control.« (46) Er erfindet, ohne dass das nötig wäre, Decknamen, fälscht Dokumente, besitzt eine Minox und liest James Bond-Romane (180). Oswalds Marxismus ist dabei nicht einfach eine pubertäre Ideologie, sondern selbst eine konspirationslogische Weise, Zusammenhänge hinter scheinbar kontingenten Ereignissen zu sehen.[36] Mit seiner Übersiedlung in die Sowjetunion, mit seinen planlosen Kontakten zu pro-kubanischen Gruppen und dem Wunsch, ins »kleine Kuba« auszuwandern, versucht er, sich in diesen heimlichen Klassenkampf einzuschalten, um darin seinen Platz zu finden. »He thought the only end to isolation was to reach the point where he was no longer separated from the true struggles that went on around him. The name we give this point is history.« (248) Oswald sucht seinen Platz in einem Narrativ, der »Geschichte«, einer Geschichte aus Kämpfen und heimlichen Bedeutungen, einer verwobenen Textur der Verbindungen (als Ende seiner »Isolation« und seiner Ziellosigkeit) – einer Geschichte, die immer schon *Geheimgeschichte* ist, ein verborgener »plot«, dessen Verlauf er ein Leben lang zu verstehen sucht.

Libra erzählt das Leben Oswalds zwar als Abfolge, aber nicht als eine Biographie, sondern als ein Wandern durch den Raum. Sind die Kapitel, die die Vorbereitungen der Verschwörer schildern, mit Daten überschrieben, die wie in einem Countdown auf den 22. November zulaufen, so ist das Leben Oswalds Orten zugeordnet: New Orleans, Atsugi, Moskau, Minsk, Dallas. Damit laufen die zwei Erzählstränge zunächst unverbunden nebeneinander her, bis sie sich schließlich ineinanderfalten: »[DeLillo has] given us one perfectly shaped, intention-driven narrative while folding within it, every other chapter, a second narrative, his imagined biography of Oswald, a plotless tale of an aimless life«,[37] schreibt Frank Letricchia. Die Frage ist, wie »plot« und »plotlessness«, Konspiration und Kontingenz, Intentionalität und Zufall im Roman narrativ zueinanderkommen. Im Rückblick wird Nicholas Branch, ein früherer CIA-Analyst, der das Attentat Jahre später im Auftrag der CIA rekonstruieren soll, diese Einsicht praktisch als einzige Schlussfolgerung seiner jahrelangen Recherchen verzeichnen:

> »He has learned enough about the days and months preceding November 22, and enough about the twenty secondth itself, to reach a determination *that the conspiracy against the President was a rambling affair that succeeded in the short term due mainly to chance*. Deft men and fools, ambivalence and fixed will and what the weather was like.« (441, Hervorhebung EH)

Zufall und Planung, Konspiration und Kontingenz sind die Elemente beider Narrative, der Oswald-Geschichte und des Komplotts.[38] Und genau ihre Vermischung, die Unentscheidbarkeit über die Natur von Verbindungen und Gleichzeitigkeiten macht den rätselhaften Charakter dessen aus, was der Roman als »Geschichte« genau nicht rekonstruiert, sondern narrativ in seine Bestandteile zerlegt.

Die Romanfigur, die die Theorie dieses Zusammentreffens bis an ihren radikalsten Punkt denkt, ist der schrille und paranoide David Ferrie, der junge Männer für einen Einsatz auf Kuba trainiert, auf eigene Faust Krebs-Experimente an Mäusen durchführt, Waffenlieferungen organisiert und schließlich die Verbindung zwischen den Verschwörern und Oswald herstellt. Ferrie ist nicht nur Experte aller möglicher esoterischer Wissensarten – er sagt, er glaube an alles –, sondern auch der Theoretiker der Koinzidenz, der planmäßigen Zufälle, der Astrologie, der heimlichen Botschaften: »I have studied patterns of coincidence. [...] Coincidence is a science waiting to be discovered.« (44) Er bringt Oswald nicht so sehr mit den Verschwörern zusammen, als dass er ihn lehrt, deren Existenz und ihre Pläne für Oswald aus seltsamen Gleichzeitigkeiten »herauszulesen«: aus den Gemeinsamkeiten zwischen Oswald und Kennedy (beide haben Legasthenie, beide lesen James Bond, ihre Frauen sind gleichzeitig schwanger), aus der Tatsache, dass zwei zu unterschiedlichen Zeitpunkten bestellte Schusswaffen am gleichen Tag ankommen, aus den Filmen im Fernsehen, aus den Sternen (Oswald und Kennedy sind beide Sternzeichen Waage, engl. *Libra*). Oswald kann nur darum in das Komplott eintreten, weil er durch Ferrie lernt, sich als Element dieses Narrativs, dieses Plans zu sehen – oder besser: *zu lesen*. Am Ende, kurz bevor er dann wirklich seine Handlungsanweisung für das Attentat durch Mackey erhält, ist Oswald in jenem Zustand der paranoiden Weltinterpretation, in der sich »alles um ihn dreht« (385) und er einen exakt vorgeschriebenen Platz in einem umfassenden Zusammenhang einnimmt. Dennoch bleibt Ferrie vage über die Natur dieser Verknüpfung zwischen Oswald und den CIA-Männern. Es geht nicht um Ursachen und Wirkungen, gemeinsame Interessen, gezielte Steuerung oder Manipulation.

> »Think of two parallel lines. One is the life of Lee H. Oswald. One is the conspiracy to kill the President. What bridges the space between them? What makes a connection inevitable? There is a third line. It comes out of *dreams, visions, intuitions, prayers,* out of the deepest levels. It's not generated by cause and effect like the other two lines. It's a line that cuts across causality, cuts across time. It has no history that we can recognize or understand. But it forces a connection. It puts a man on the path of his destiny.« (339, Hervorhebung EH)

Ferrie formuliert damit die Meta-Poetik der Verschwörung. Konspiration, klassischerweise imaginiert als die eine, ultimative Instanz verborgener Manipulation, eine *unsichtbare Hand* der Geschichte, unterliegt hier einer sehr viel komplexeren Verknüpfung. Was die zwei parallelen – und in ihrer gänzlichen Unverbundenheit kontingenten – Linien eines individuellen Lebens und eines politischen Plans in Verbindung bringt, ist eine Dimension des *Imaginären*:

»Träume, Visionen, Intuitionen, Gebete«. Es ist das Unbewusste einer Gesellschaft und eines Politischen, ein Geflecht von Wünschen und Phantasmen, nicht von rationalen Entscheidungen oder politischen Interessen, und vor allem nicht von Ereignissen, die sich im Raum einer Wirklichkeit rekonstruieren ließen, die lediglich aus Manifestationen von Ursachen und Wirkungen besteht. Genau darum ist das Sternzeichen, die Waage, das titelgebende Emblem des Romans. Astrologie, als ein Wissen zwischen Populärkultur und einst sakralem Arkanwissen, spiegelt in ihrer Hybridität die Verlockung, sich auf Koinzidenzen und Gleichzeitigkeiten als Wirklichkeiten zu verlassen, Muster von Bedeutung zu erkennen – z. B. die signifikante Verbindung zwischen den zwei Waage-Männern, Oswald und Kennedy. Aber was nie klar werden kann, ist die Natur dieser Verbindung. Mehr als die Theorie der Koinzidenzen als ein zukünftiges Forschungsfeld anzukündigen, kann auch Ferrie nicht. (44) Vielmehr ist die einzige ›Bedeutung‹ der Koinzidenz – eines Sternzeichens, der Geburt im gleichen Monat – der *Wunsch nach einer Verbindung und die Verbindung zweier Wünsche*. Die dritte Linie, die das Leben des Einzelnen und die politischen Wünsche und Pläne des Apparats miteinander verbindet, ist nichts als eine Linie aus Wünschen: aus dem Begehren des einen, eine Rolle im großen »Skript« der Geschichte zu erhalten; und aus dem »guilty yearning« des Präsidenten, seinem Wunsch nach Castros Tod – oder jedenfalls der Interpretation seines Wunsches durch die CIA-Veteranen. Es ist der »plot«, seine narrative Teleologie, die die beiden Linien verbindet, eine Wunscherfüllung im tiefsten, geheimsten Grund des politischen Unbewussten.

Aber *Libra* wäre nicht so brillant, wäre es nur ein Buch über die *effets de secrets* des politischen Unbewussten, die sich in einem traumatischen historischen Ereignis kristallisieren. *Libra* ist auch ein paradigmatisches Buch über das Verhältnis eines auf sein Unbewusstes hin durchleuchteten Politischen und Fiktion. Nicht zufällig ist die Rede vom Erzählen und Erfinden im Roman allgegenwärtig. Oswald ist ein zwar rechtschreibgestörter und erbärmlich schlechter, aber doch hoffnungsvoller Schriftsteller, der ankündigt, er wolle Kurzgeschichten über das amerikanische Leben schreiben.[39] Seine Schüsse kommen buchstäblich aus der Welt der Bücher: Sie werden aus einem Schulbuchdepot abgefeuert, hinter Bücherkisten und zerstreuten Büchern. – Die wichtigste Figur des Romans aber ist ein Leser: Der Archivar Nicholas Branch, der im Auftrag der CIA eine geheime – und damit ultimativ »wahre« – Geschichte des Attentats schreiben soll. Branchs Studien bilden den dritten Erzählstrang von *Libra,* sie sind nicht im Präteritum, sondern im Präsens geschrieben. Branch ist die Verkörperung des Indizien-Paradigmas: Alles, was an Akten und Beweisstücken, Dokumenten und Materialproben angefallen ist, wird ihm Jahr um Jahr von einem »Kurator« zugeschickt. Er darf sich nicht im Geflecht der »endless suggestiveness« verlieren: »He is writing a history, not a study of the ways in which people succumb to paranoia.« (57) Branch ist der heimliche Antipode zu Ferry, der an alles glaubt – Branch glaubt an nichts, an keine einzelne seiner partiellen Theorien und nicht an eine allumfassende Theorie über den Gesamtablauf des Attentats. Wie jener Historiker, der in Borges' *Thema vom Verräter und vom Helden* die Wahrheit über jene unrühmliche Verschwörung entdeckt, in die sein Ur-Ur-Großvater verwickelt war (s. Kap. *Poetologie des Verrats: Das Schweigen der Geschichte*), so ist Branchs Rolle als Spurenleser von Anfang an in die Verschwörung eingebaut – und dieses Bewusstsein lähmt ihn für immer. So ist auch die Aufklärung Teil des Komplotts, die Verschwörung immer schon selbstreflexiv: »Create coincidence so bizarre they have to believe it. [...] An arrest, a false name, a stolen credit card.« (147) Branch verliert sich im Material, nicht nur in der Unübersichtlichkeit von relevanten und irrelevanten Dokumenten (das Zahnschema von Rubys Mutter, Mikrofotografien von Oswalds Schamhaar) und den vielen vorzeitigen und unnatürlichen Todesfällen: Banister, Frank Vásquez, de Mohrenschildt, Ferrie. »It is impossible to stop assembling data.« (59) Umgekehrt hegt er den Verdacht, dass ihm der Kurator der CIA gar nicht alles Material herausrückt: »There are worrisome omissions, occasional gaps in the record. [...] Why are they withholding material from him as well?« (442) Nicholas Branch hat gute Gründe, seinem Material – in seiner

Abundanz wie seinen Lücken – zu misstrauen. Er erliegt exakt jener Schwierigkeit, im Indizien-Paradigma je zum Ende zu kommen. Nicht nur stellt sich die Frage nach der Echtheit des Materials und seiner Vollständigkeit –, sondern auch nach der Bedeutung jedes einzelnen Dokuments: »A fact is innocent until someone wants it.« (227) – und von da an entzieht sich die Wirklichkeit eines Faktums im Begehren nach seiner Bedeutsamkeit.

Es ist Branch, dem DeLillo jene Überlegungen über den Realitätsentzug des Ereignisses in den Mund legt, die er selbst einst in seinem Essay »American Blood« 1983 angestellt hatte. Es sind genau jene Zeilen der Verwunderung über die Flut des Indizienmaterials, die, in der unendlichen Zergliederung des Augenblicks, das Geschehen nicht greifbarer, sondern immer verschwommener erscheinen lässt, in denen die Romanfigur Branch den Autor DeLillo wörtlich zitiert. Branch ist somit eine »authorial fiction«, wenngleich eine gänzlich paradoxe, weil seine Zweifel an den Spuren gerade die Kohärenz der beiden anderen Erzählstränge erschüttern.[40] Aber er ist noch mehr. Er ist die kryptische Eintragung einer Autor-Figur in den Roman, die mit DeLillos Worten spricht, sich wie er durch die Dokumentenlage durchwühlt – aber eben gerade *nicht schreibt.* Die »wahre Geschichte« des Attentats, und sei es in einer hoch geheimen CIA-Akte, ist etwas, das er genau nicht herstellen kann. Branch ist die durchkreuzte Signatur DeLillos, ein Autor, der, wie Oswald, nicht schreibt, mehr noch: der die Unmöglichkeit des Schreibens und Erzählens verkörpert.[41] In einem Interview, das DeLillo 1988 zum Erscheinen von *Libra* gibt, distanziert er sich von seiner eigenen Formulierung von 1983, indem diese der Figur Branch und »den Leuten« zuschreibt: »people have developed a sense that history has been secretly manipulated«.[42] In der Figur Nicholas Branch führt DeLillo jeden Versuch, im Begehren nach der »ganzen Wahrheit« die unlesbaren Spuren des Attentats in ein historisches Narrativ zu verwandeln, ad absurdum. Diese Wahrheit, die nie anders sein könnte als geheim, so wird Branch klar, ist Teil der Wissensstruktur von Secret Intelligence: einer Wissensstruktur, die aufrechterhalten wird von einer »vast theology, a formal coded body of knowledge that was basically play material, secret-keeping«. (442) Es gehört zur inhärenten Epistemologie dieser Wissensstruktur, den Verdacht zu hegen, dass Material vorenthalten wird, eigene Theorien aufzustellen, aber keine endgültigen Antworten zu finden. Branch scheitert genau an dem, was sein Auftrag ist: eine »geheime Geschichte« zu schreiben.

DeLillo als Autor aber gibt genau diesen Anspruch auf, er analysiert ihn vielmehr als aporetisches Begehren. Stattdessen schreibt er ein »work of imagination«, das, wie er in der Fiktionalitätsklausel am Ende des Buchs vermerkt, keinen Anspruch erhebt, »to furnish factual answers to any questions raised by the assassination« (458). Wenn die Figur Branch die Worte DeLillos fünf Jahre vor dem Erscheinen des Romans aufgreift, dann darum, weil der *Roman* weitergekommen ist als Branch/DeLillo 1983. Branchs Problem bildet den Ausgangspunkt des Buches, aber nicht sein Ende. Mit dem Roman geht DeLillo über die Aporien hinaus, die er im Essay entfaltet hat. Als Fiktion, in der selbstreflexiven Weise, in der *Libra* die Fiktion einer Fiktion (der Verschwörung), der »plot« eines »plots« ist, überwindet der Roman die »aberration in the heartland of the real«, jene Abweichung und jenen Entzug des Wirklichen im Fiktiven. Damit aber reorganisiert sich das Verhältnis von historischem Ereignis und Fiktion:

> »A novel about a major unresolved event would aspire to fill some of the blank spaces in the known record. To do this, I've altered and embellished reality, extended real people into imagined space and time, invented incidents, dialogues and characters.« (458)

Um jene Lücken im Realen zu füllen, die die Ungeklärtheit des Ereignisses ausmachen, »erfindet« und transformiert DeLillo »reale Personen«, aber genau in dieser fiktiven Transformation ergibt sich eine Kohärenz, eine interne Bedeutungsstruktur, die das reale Ereignis eben nicht hatte und nicht haben kann. Damit füllen sich Leerstellen, damit erhält die Wirklichkeit eine Plausibilität *als Wirklichkeit*. *Libra* ist nicht nur eine Analytik des paranoiden Stils als eines immer ungestillten, sich immer weiter fortzeugenden Begehrens nach Zusammenhängen und Bedeutungen, sondern auch eine Erzählung davon, wie dieses phantasmatische Begehren zu »Geschichte« wird. *Libra* erzeugt – inmitten der unüberschaubaren Landschaft von Theorien, die alle die »Wahrheit« verkünden – einen heilsamen (DeLillo nennt es in einem Interview: »tröstlichen«[43]) und seiner selbst vollkommen bewussten *effet de réalité*, weil es nichts anderes sein will als *Fiktion*. Eine Fiktion jedoch, die das Begehren des politischen Unbewussten nicht nur reflektiert, sondern auch stillt. Genau dies ist der politische Spieleinsatz des Buches (anders als etwa Stones Film, der ein weiteres Mal ein Plädoyer zur Beförderung der »ganzen Wahrheit« sein will): *Libra* will nichts anderes sein als *Literatur* und erweist doch in der schlagenden Luzidität seines Narrativs, dass die Realitätseffekte des Politischen, jene frenetischen Reden von verborgenen Wahrheiten, die in irgendwelchen verschlossenen Archiven der Öffentlichkeit für immer entzogen sind, selbst auf nichts anderem aufbauen als einer »Theologie« des Geheimen – eine Theologie, die Politik aus Wünschen, Träumen und Ahnungen macht und die noch ihre eigene Entlarvung als immer aufgeschobenen, aber immer angestrebten Realitätseffekt mit einplant.

Anders als die spekuläre Feindschaft der Kriegsspiele und Spionageplots des Kalten Kriegs, die sich in der bodenlosen Dialektik der Ähnlichkeit verliert, anders auch als die Staatsparanoia der McCarthy-Zeit, die immerhin wusste – oder zu wissen glaubte –, worauf sie ihren unendlichen Verdacht richten sollte, faltet die Vorstellung eines »Invisible Government« den Verrat ins Innere der Macht, ins Innere der eigenen Regierung. »Invisible Government« ist die Chiffre für eine Macht, die sich verschwört, die koextensiv mit Verrat und Verschwörung ist. In diesem unsichtbaren Innersten der Macht herrscht regelloser Krieg, eine Enthebung jeder Instanz von Souveränität: Der Präsident kann »nicht-wissen« (im »plausible denial«), der Präsident entscheidet nicht, der Präsident kann ermordet werden – und man kann diese Tat weder aufklären noch bestrafen. Der umfassende Verdacht des »paranoiden Stils« (so Hofstadter), der sich in den fünfziger Jahren noch auf ein Objekt – ein gefährliches Wissen und einen unsichtbaren Feind – richtet, wird im »Invisible Government« schlechterdings tautologisch, er impliziert den Kollaps aller

Freund-Feind-Distinktionen, den Kollaps von Souveränität und den Kollaps des Juridischen. Der »paranoide Stil« um JFK mündet in einen explodierenden Verdacht gegenüber der Wirklichkeit selbst, gegenüber allen Spuren und Dokumenten, die einstmals – als *bodies of evidence* – nicht nur die Rechtsprechung, sondern auch die Erkennbarkeit von Wirklichkeit garantiert hatten. Fiktion hat demgegenüber verschiedene Möglichkeiten: Sie kann einerseits ihren Charakter als Fiktion – als eine mögliche, aber kontingente Version der Wahrheit – vergessen und sich emphatisch oder autoritativ auf eine »ultimative Wahrheit« berufen: Genau das haben die zahlreichen Verschwörungstheorien mit dem Warren-Report gemein, dessen Ergebnis sie anfechten. Oder sie kann den Spielraum des »Fiktionalen« nutzen, um Plausibilisierungen nachzutragen, das Geschehen ›verständlich‹ zu machen (so Mailer) – oder aber Anklage zu erheben, Fragen zu stellen, um eine Wahrheit einzuklagen, die zwar verborgen, willentlich verschleiert, aber doch letztendlich greifbar hinter den Machenschaften der *arcana imperii* auffindbar wäre (so Stone). Fiktion lebt so von einem – wie auch immer verstellten – Rekurs auf Wahrheit, sie ist das einzige Medium, in dem eine politische Wahrheit, eine Lösung des Geheimnisses – jedenfalls als Referenz – möglich ist. Die Erzählung als Schließung der Wunde, die das Geheimnis der Wirklichkeit schlägt. Eine gänzlich andere Strategie ist es, diese Referenz zu suspendieren. Fiktion verweist dann nicht mehr auf die Möglichkeit einer hinter allen Geheimnissen des Staats liegenden Wahrheit, sondern reflektiert auf die Intransigenz dieser Geheimnisse und auf die Struktur einer Geschichte, die nicht der Logik politischer Ordnung und auch nicht der Logik von Ursachen und Wirkungen folgt, sondern der Logik eines Narrativs, das sich aus dem politisch *Unbewussten* speist. So verschiebt sie nicht nur den Diskurs über das politische Geheimnis – das zu »lüften« sie nicht einmal mehr beansprucht –, sondern den Begriff des Politischen selbst: eines Politischen, das nur mehr als Glaube, Wunsch, Begehren zu denken ist.

1 Don DeLillo: »American Blood. A Journey through the labyrinth of Dallas and JFK«, in: The Rolling Stone, 8. Dezember 1983, S. 23.
2 Anthony DeCurtis: »›An Outsider in This Society‹. An Interview with Don DeLillo«, in: South Atlantic Quarterly 89.2, 1990, S. 281–304, zitiert nach dem Wiederabdruck in Frank Lentricchia (Hg.): Introducing Don DeLillo, Durham/London: Duke University Press 1991, S. 48.
3 DeCurtis: »›An Outsider in This Society‹«, a.a.O., S. 48.
4 Norman Mailer: Oswalds Tale. An American Mystery, New York: Random House 1995, S. 605 ff.
5 David W. Belin (Counsel to the Warren Commission): Final Disclosure. The Full Truth about the Assassination of President Kennedy, New York: Scribner 1988.
6 Siehe die Zeichnungen bei Gerald Posner: Case Closed. Lee Harvey Oswald and the Assassination of JFK, New York: Random House 1993, Appendix: The Ballistics of Assassination, S. 473–482. Posner ist der bisher letzte und gründlichste Versuch, das Ergebnis der Warren-Kommission vom Einzeltäter Oswald zu bestätigen.
7 Die Einzeltäter-Theorie war auch die politisch opportunste. Der Grund für die Einrichtung der Kommission war, die aufkommenden Vermutungen einer kommunistischen Verschwörung – eine Verschwörungstheorie im Stile der fünfziger Jahre – zum Schweigen zu bringen, ein Verdacht, der ein Jahr nach der Kuba-Krise zu katastrophalen Spannungen zwischen den Supermächten hätte führen können.
8 Report of the President's Commission to the Assassination of President John F. Kennedy, Washington, D. C.: United States Government Printing Office 1964, S. 423.
9 Auffällig ist das juridische Vokabular in den eigentlich rein polizeilichen Untersuchungen des Mords: Für die Kritiker insbesondere Mark Lane: Rush to Judgment. A Critique of the Warren Commission's Inquiry into the Murders of President John F. Kennedy, Officer J. D. Tippit, and Lee Harvey Oswald, Einleitung von Hugh Trevor-Roper, New York: Holt, Rinehart & Winston 1966, und Edward J. Epstein: Inquest: The Warren Commission and the Establishment of the Truth, London: Hutchinson 1966; für die Befürworter: Gerald Ford/John Stiles: Portrait of the Assassin, New York: Ballantine Books 1965.
10 In eine ähnliche Richtung geht Peter Knights exzellenter Überblick über die Verschwörungstheorien um JFK. Peter Knight: The Kennedy Assassination, Edinburgh: Edinburgh University Press 2007.

11 Carlo Ginzburg: »Spurensicherung«, in: Ders.: Spurensicherung. Die Wissenschaft auf der Suche nach sich selbst, Berlin: Wagenbach 2002, S. 7–57, hier: 23–26.

12 Während schon die Anzahl der Verletzungen durch die »magic bullet« eher für mehrere Schützen als für eine einzige Kugel sprechen, ist die Kopfwunde Kennedys noch seltsamer: Sie ist groß wie eine Austrittswunde, darum müsste der Schuss, der sie verursachte, von vorn gekommen sein – und ergo einen andern Schützen voraussetzen. Seltsamerweise widersprechen sich hier sogar die Berichte der Ärzte im Parkland Hospital, die Kennedy zuerst versorgten, und der Ärzte im Bethesda Hospital in Washington, wo eine eilige Autopsie vorgenommen wurde, die wenig mehr klärte als die Todesursache des Präsidenten (Kopfwunde), nicht aber die Umstände des Todes näher untersuchte (Schusskanäle). Je nach Erkenntnisinteresse werden Spuren als Spuren für die eine oder die andere Hypothese (Schuss von vorn: Verschwörung / Schuss von hinten: Einzeltäter Oswald) verstanden. Dass auf dem Zapruder-Film der Kopf Kennedys beim Einschlag nach hinten fliegt (was für einen Schuss von vorn spricht), wird von den Vertretern der Einzeltäterthese als Muskelspasmus erklärt, der bei Kopfschüssen aufträte. Niemand wird das im Experiment überprüfen wollen. – Als die zwei besten Versionen der konkurrierenden Theorien vgl. für die Einzeltäter-Theorie die Kap. 1–9 bei Posner: Case Closed, a.a.O. und für die Verschwörungs-Hypothese (d. h. mehrere Schützen) Jim Marrs: Crossfire. The Plot that Killed Kennedy, New York: Carroll&Graf 1990.

13 David S. Lifton: Best Evidence. Diguise and Deception in the Assassination of John F. Kennedy, New York: Macmillan 1981.

14 James H. Fetzer: The Great Zapruder Film Hoax. Deceit and Deception in the Death of JFK, Chicago: Catfeet Press 2003.

15 So etwa Michael Eddowes: The Oswald File, New York: Clarkson N. Potter 1977.

16 Oliver Stone (Regie): JFK, Buch: Oliver Stone/Zachary Sklar, USA 1991, 198 Min. (Director's Cut), mit Kevin Costner, Tommy Lee Jones, Sissy Spacek, Gary Oldman, Jim Garrison u. a. Der Film basiert auf Jim Garrison: On the Trail of the Assassins. My Investigation and Prosecution of the Murder of President Kennedy, New York: Sheridan 1988, und auf Jim Marrs: Crossfire, a.a.O.

17 Zur Entstehungsgeschichte des Films, für den Stone erneute Recherchen zum Fall anstellte, vgl. den Artikel von Philip L. Simpson: Stone, Oliver, in: Peter Knight (Hg.): Conspiracy Theories in America. An Encyclopedia, Santa Barbara: ABC-Clio 2003, S. 675–679.

18 David Wise und Thomas B. Ross: The Invisible Government, New York: Random House 1964.

19 Wise/Ross: Invisible Government, a.a.O., S. 3.

20 Fletcher Prouty: The Secret Team: The CIA and its Allies in Control of the United States and the World, Englewood Cliffs: Prentice Hall 1973, bes. Kap. 1 und 22.

21 Genau deshalb ist es nicht, wie das ansonsten exzellente Buch von Peter Knight vorschlägt, ein ödipales Drama, das sich hier für Garrison abspielt; die poetische Vorlage ist eben nicht *Oedipus Rex*, sondern *Hamlet*. Peter Knight: Oliver Stone's Oedipal Drama, in: Ders.: Conspiracy Culture, London/New York: Routledge 2000, S. 104.

22 Zur Geschichte dieser spektakulären Deklassifizierungsaktion unter der Clinton-Regierung vgl. Anna Kasten Nelson: »The John F. Kennedy Assassination Records Review Board«, in: Athan G. Theoharis (Hg.): A Culture of Secrecy. The Government versus the People's Right to Know, Lawrence: University of Kansas Press 1998, S. 211–231.

23 DeLillo: »American Blood«, a.a.O., S. 23.

24 Don DeLillo: Libra [1988], New York: Penguin Books 1991, S. 15. (Im Folgenden Seitenzahlen im Text.)

25 Interview mit Anthony De Curtis: »›An Outsider in this Society‹. An Interview with Don DeLillo« [1988], in: Lentricchia: Introducing Don DeLillo, a.a.O., S. 56.

26 So Robert Towers: »From the Grassy Knoll« (Kritik von DeLillos *Libra*), in: The New York Review of Books, Vol. 35, Nr. 13, 18. 8. 1988, im Netz unter http://www.nybooks.com/articles/article-preview?article_id=4350.

27 Norman Mailer: Oswalds Tale, a.a.O. Mailer überlegt, dass die einzig erträgliche Version der Geschichte von Oswald als Einzeltäter die ist, ihn als tragische Figur der amerikanischen Nachkriegskultur zu zeichnen – ursprünglich habe er den Roman »An American Tragedy« nennen wollen. Bezeichnend für die Aporien dieser Erzählstrategie, die den Untergang des Individuums Oswald rekonstruieren will, ist, dass Mailer sie nicht wirklich durchhält. Nach 600 Seiten Erzählung, Interviews mit Familie und Bekannten Oswalds und wiedergegebenen Gesprächsprotokollen hält der Erzähler inne und überlegt, ob seine Grundhypothese, dass Oswald ein eigenverantwortlich handelnder »prime mover« war, nicht revidiert werden müsse: »Tragedy is vastly preferable to absurdity. Such is the vested interest that adheres to perceiving Oswald as a tragic and infuriating hero (or, if you will, anti-hero) rather than as a snarling little wife abuser or a patsy.« S. 607.

28 Dem Großteil der Forschung zu DeLillo entgeht dessen Präzision in der ›Durcharbeitung‹ des Materials, weil sie auf etwas ganz anderes hinaus will – die De-Realisierung der Wirklichkeit unter dem Zeichen der sogenannten Postmoderne.

29 Dies ist der Grund dafür, dass DeLillo nicht nur als fiktionale Stimme der Paranoia, sondern – im gleichen Zug – als Dekonstrukteur der klassischen amerikanischen Ideologie vom sich selbst erfindenden, einsamen und freien

Individuum verstanden wird, bis hin zu der Schlussfolgerung, sein »Oswald« sei die paradoxe Verkörperung dieser Ideologien, vgl. Christopher Mott: »Libra and the Subject of History«, in: Hugh Ruppersburg/Tim Engels (Hg.): Critical Essays on Don DeLillo, New York: G. K. Hall 2000, S. 229–244, insb. S. 237.

30 Vgl. zu dieser paradoxen Kombination zweier sich ausschließender Theorien Timothy Melley: Empire of Conspiracy, a.a.O., Kap. 4: S. 133–160, insb. S. 133–137.

31 Don DeLillo: »American Blood«, a.a.O., S. 24.

32 Frank Lentriccia: »*Libra* as Postmodern Critique«, in: Ders. (Hg.): Introducing Don DeLillo, a.a.O., S. 192–215, hier: S. 201.

33 Zur Theorie der Covert Action vgl. John Jacob Nutter: The CIA's Black Ops. Covert Action, Foreign Policy, and Democracy, Amherst: Prometheus Books 2000, insb. Kap. 3, S. 74–93. Als den wichtigsten Zug der Covert Action, die diese von anderen indirekten Formen der Einflussnahme unterscheidet, bezeichnet Nutter die Verschleierung des eigentlichen Akteurs und der politischen Verantwortung.

34 Gregory F. Treverton: Covert Action. The Limits of Intervention in the Postwar World, New York: Basic Books 1987, S. 5.

35 Bill Millard bietet ein etwas anderes Handlungsmodell an, das aus der Konvergenz verschiedener, nicht-koordinierter und »kurzsichtiger« Handlungen Einzelner besteht. Bill Millard: »The Fable of the Ants. Myopic Interactions in DeLillo's *Libra*«, in: Ruppersburg/Engles: Critical Essays on Don DeLillo, a.a.O., S. 213–228. Immerhin führt dieser Ansatz heraus aus der in der Forschung verbreiteten Diskussion darüber, inwiefern Verschwörungstheorien – und insbesondere *Libra* – noch eine Handlungsmächtigkeit (agency) des Individuums zulassen oder nicht, so in Melley, a.a.O. und Knight, a.a.O.

36 Im Gefolge der Einschätzung der Warren-Kommission, dass Oswalds marxistische Überzeugungen nichts anderes waren als eine Form von »Hass auf seine Umgebung«, hat die Forschung Oswalds Marxismus in *Libra* bisher wenig Beachtung geschenkt. Er ist aber, darauf weist Skip Willmann überzeugend hin, integraler Bestandteil der Konstruktion von »Geschichte« im Roman. Vgl. Skip Willmann: »Art after Dealy Plaza: Don DeLillos *Libra*, in: Modern Fiction Studies, Bd. 45, Nr. 3 (Herbst 1999), S. 621–640.

37 Frank Lentricchia: »*Libra* as Postmodern Critique«, a.a.O., S. 201.

38 Skip Willmann liest diese beiden Prinzipien, eine »conspiracy theory« und eine »contingency theory« als die zwei grundlegenden Elemente des Romans – wobei es ihm um die Frage der Erklärung sozialer Prozesse in diesen Theorien geht. Während »conspiracy theory« davon ausgeht, das alles soziale Geschehen von einem einzigen verborgenen Akteur kontrolliert wird, ist »contingency theory« nicht minder verblendet in der Annahme, dass es

keine strukturellen sozialen Mechanismen gibt, sondern nichts als eine Verkettung von Zufällen. Radikales Misstrauen steht so radikaler Affirmation gesellschaftlicher Zustände gegenüber. Skip Willman: »Traversing the Fantasies of the JFK Assassination: Conspiracy and Contingency in Don DeLillo's *Libra*«, in: Contemporary Literature XXXIX, 3, 1998, S. 405–433.

39 In Oswalds gebrochenem Verhältnis zur Sprache – den (anagrammatischen) Transformationen seines Namens, seiner Legasthenie, seinem unbewussten Zitieren von trivialromanesken Formeln sehen Johnston und José Liste Noya die eigentliche Einschreibung einer Geheimnis-Struktur in den Roman. Vgl. Johnston: Information Multiplicity. American Fiction in the Age of Media Saturation, Baltimore/London: Johns Hopkins University Press 1998, S. 200f., und José Liste Noya: »Naming the Secret. Don DeLillo's Libra, in: Contemporary Literature, Bd. 45, Nr. 2, 2004, S. 239–275.

40 So John Johnston: Information Multiplicity, a.a.O., S. 191.

41 Es gehört damit zu den Ironien des fintenreichen »Kurators«, dass er beginnt, Branch auch literarische Werke über das Attentat zu schicken, Don DeLillo: Libra, a.a.O., S. 442.

42 De Curtis, An Outsider, a.a.O., S. 56.

43 In unüberbietbarer Ironie nennt DeLillo Fiktion einen »Trostpreis«: »fiction is one of the consolation prizes for having lived in the world«. Kevin Connolly: An Interview with Don DeLillo, in: De Pietro: Conversations with Don DeLillo, a.a.O., S. 25–39, S. 31.

IX. Nach »Nine Eleven«

Das Licht des Phantasmas

Es sagt einiges über den Charakter eines Ereignisses aus, unter welchem Namen es in die Geschichtsbücher eingeht. Das seltsam dürre Datum »9/11«, unter dem die Attentate auf das World Trade Center und das Pentagon notorisch geworden sind, indiziert nichts als seine bloße Ereignishaftigkeit. Anders als »der Ausbruch des Ersten Weltkriegs« oder »JFK« liegt sein Geheimnis in diesem Zeitpunkt selbst: in der unwahrscheinlichen Koinzidenz von vier fast exakt zeitgleichen Flugzeugkatastrophen, zerstörten Gebäuden in mehreren Städten und einer globalen Medienübertragung in Echtzeit; aber auch in dieser Zäsur, die die Jahre vor 2001 von denen danach getrennt haben wird; und nicht zuletzt in einer Vorgeschichte, deren Rekonstruktion zur größten Geheimdienstreform nach dem Zweiten Weltkrieg geführt hat. Was immer am 11. September 2001 geschehen ist, ist von Anfang an Gegenstand einer Interpretation dessen, was diese Zäsur bedeutet. Welche Zukunft begann mit dem 11. September?[1] War es der Beginn einer neuen Form der Kriegführung und eines neuen Typs von Feind? Ein Aufeinanderprallen der Kulturen? Ein Verschwinden des Realen in der medialen Persistenz der Bilder?

Als politisches Trauma ist der Vergleich des 11. September mit der Ermordung John F. Kennedys instruktiv. Alle Fragen und Rätsel in Bezug auf JFK verweisen in eine zwar dunkle, aber doch immer schon mit den Toden Kennedys und Oswalds abgeschlossene Vergangenheit. Niemand aber kam auf die Idee, in der Ermordung des Präsidenten einen Anfang zu sehen – erst im Rückblick wird sie als Auftakt einer Serie von Attentaten sichtbar, als Symptom einer tiefen inneren Korrumpiertheit der amerikanischen Regierung und, wie DeLillo zwanzig Jahre später anmerkte, eines profunden Entzugs des »Realen«. Mit 9/11 dagegen beginnt diese Frage nach dem »Realen« des Geschehens augenblicklich – und damit die Frage nach der Zukunft, die mit diesem Datum beginnt. Was wird an ihm sichtbar – und was wird unsichtbar? 9/11 wird von Anfang an nicht als ein Ende, sondern als Aufbruch gesehen: ein Aufbruch in neue Formen der Kriegführung, neue Krisenszenarien, neue Feinde, neue Regeln innerer Sicherheit, neue Bedrohungen. Und von Anfang an wird die Wiederholbarkeit des Ereignisses beschworen: 9/11 ist der Beginn einer Serie. Damit liegt das Rätsel, das 9/11 aufgibt, nicht mehr in der Vergangenheit, sondern in der Zukunft. Nicht: *was ist geschehen?* sondern: *was wird von nun an geschehen?* ist die Frage, die sich von hier aus stellt. Das betrifft nicht nur die Deutungen und Konsequenzen, die aus 9/11 gezogen wurden, sondern auch die Möglichkeit der Fiktion. Es scheint, als könnte 9/11 nur antizipiert werden – oder wiederum als Antizipation des Kommenden gelesen werden, als ein Szenario, das – zugleich faktisch *und* virtuell, gegenwärtig *und* zukünftig – mögliche, kommende Formen der Bedrohung und der Kriegführung andeutet, einleitet und zuletzt rechtfertigt.

Diese Doppelung des Ereignisses in Gegenwart und Zukunft, Faktizität und Virtualität hat weniger zu tun mit postmoderner De-Realisierung der Wirklichkeit, wie sie dem Ereignis ebenso schnell wie erwartbar bescheinigt wurde, als mit der epistemischen und rhetorischen Struktur eines Politischen, das 9/11 zum historischen Datum innerhalb eines Schemas von »*vorher/von nun an*« erklärt. In der im Herbst 2002 erschienenen *National Security Strategy* der Bush-Regierung heißt es:

> »Enemies *in the past* needed great armies and great industrial capabilities to endanger America. *Now,* shadowy networks of individuals can bring great chaos and suffering to our shores for less than it costs to purchase a single tank. Terrorists *are organized to* penetrate open societies and to turn the power of modern technologies against us.«[2]

Die Feststellung von der Auflösung staatlich und militärisch zentralisierter Feindschaft zu »schattenhaften Netzwerken«, auf die noch einzugehen ist, strukturiert sich hier als ein Übergang von der Vergangenheit (»in the past«) über das »Jetzt« des aktuellen Angriffs in die Zukunft der terroristischen Vorbereitungen: »organized to penetrate...«. 9/11 wird so zu einem epistemologisch operativen Moment, zu einem Ereignis, dessen historischer Stellenwert auch darin besteht, dass er ein Licht wirft auf die politische Landschaft, die bis zu diesem Zeitpunkt im Dunkeln lag. 9/11 erzeugt einen *effet de secret*: Es wird als das Hervortreten von etwas Verborgenem gesehen, aber als ein Sich-Zeigen von etwas, das noch immer (teilweise) verborgen ist. Verborgen in der Zukunft, verborgen aber auch in den »open societies«, den Gesellschaften, in denen wir leben.

Präziser und unaufgeregter als das einfache »*vorher/von nun an*« der amerikanischen Regierung hat eine Formulierung von Joseph Joffe diese epistemische Leuchtkraft von 9/11 auf den Punkt gebracht:

> »What has really changed since last September 11? Not very much. Cataclysmic as it was that event was more like a bolt of lightning that illuminated the essential contours of the international landscape than like an earthquake that reconfigured it. It dramatized, but did not shape, some profound transformations of world politics in the making for at least a decade.«[3]

Joffes luzide Metapher bringt damit die paradoxe Struktur der Geschichtlichkeit von 9/11 auf den Punkt, eine Struktur, die sich eben nicht als bloßer Schritt von konventionell-kostenintensiver Kriegführung zu irregulärem, skandalös preisgünstigem Terrorismus beschreiben lässt. Vielmehr impliziert sie die Frage nach einer anderen Epistemologie des politischen Wissens. Auf eine neue und singuläre Weise macht 9/11 etwas sichtbar, was weder völlig neu noch singulär war: die politische Landschaft nach dem Ende des Kalten Krieges mit ihren *low intensity conflicts*, der Wiederkehr ethnischer und religiöser Feindschaftssemantik und der sich zunehmend verwischenden Differenz zwischen Bürgern und Feinden. Der Anschlag auf das World Trade Center war bekanntlich eine Wiederholung des Bombenattentats von 1993, nicht neu in Bezug auf Zielobjekt und Intention, nur verheerender. Die Vorstellung von 9/11 als Blitzlicht, das diese Landschaft in traumatischer Weise sichtbar – oder jedenfalls erahnbar – werden lässt, impliziert das Hervortreten von Verborgenem, genauer: eine politische Latenzzeit, in der das ›eigentliche‹ Ereignis noch nicht manifest werden kann, sondern nur imaginiert in Verschiebungen oder Deckerinnerungen. In dieser Latenz ordnet sich das Verhältnis von Politik und Fiktion noch einmal völlig neu: nicht mehr als Exploration eines geheimen Unterbaus des Politischen (wie im Kalten Krieg), nicht mehr als Imagination von *worst-case scenarios* und auch nicht, wie in DeLillos metafiktionaler Auslegung von JFK, als Entzug jeder Wirklichkeit in einer »Theologie« des politisch Geheimen. 9/11 verkehrt den Reflexionsbezug zwischen dem Politischen und seinen Fiktionen, indem das politische Ereignis eine Reflexion und Interpretation der Fiktionen darstellt. 9/11 ist Meta-Fiktion.

Wenn 9/11 ein Ereignis war, das wie ein Blitzlicht eine bereits existierende, aber unsichtbare Formation erhellte, dann erklärt das die Tatsache, dass etliche Fiktionen vor dem 11. September diesen bereits entworfen und ausgemalt hatten. Die populären Szenarien der Bedrohung und Vernichtung der großen westlichen Städte (vorzugsweise New York) – von *Independence Day* (1996) über *Godzilla* (1998) und *Fight Club* (1999) bis zum erstaunlich präzisen *The Siege* (1998) – sind damit als phantasmatische Verschiebungen von etwas lesbar, das – gefangen in der Feindimagination des Kalten Krieges – politisch noch nicht erkennbar oder jedenfalls anerkennbar war. Der Kern der Verschiebung liegt dabei nicht so sehr darin, dass sie die Bedrohung auf einen anderen Akteur, einen anderen Ort, eine andere Zielsetzung verlegen (Aliens, mutierte Monster, männliche Aggressionsträume), sondern in der einfachen Tatsache, dass sie *als Fiktion*, als bloß erfundene Inszenierung auftreten. Genau darin lag der unheimliche Effekt des Wiedererkennens, mit dem die Fernsehbilder aus New York an die Hollywood-Bilder der neunziger Jahre erinnerten. Jean Baudrillard las in diesem Wiedererkennen die Erfüllung eines uneingestandenen (und uneingestehbaren) Wunsches: »The fact that we have dreamt of this event, that everyone without exception has dreamt of it – because no one can avoid dreaming of the destruction of any power that has become hegemonic to this degree – is unacceptable to the Western moral conscience.«[4] Das aber unterstellt dem illegitimen Träumen und Wünschen, dass »the West« und »the rest« eine gemeinsame Zerstörungsphantasie teilen, die sich auf die Symbole des »Westlichen« richtet. Zweifellos präsentiert 9/11 eine neue Taktik terroristischer Gewalt, die nicht nur mit dem medialen Effekt ihrer Anschläge rechnet, mit dem Wiedererkennungswert der von ihr erzeugten Bilder, sondern auch mit der symbolischen Dimension, die die attackierten Orte am deutlichsten im Moment ihrer Zerstörung entfalten. Aber Baudrillards These vom illegitimen Wunsch unterstellt eine relativ einfache Struktur des Wunsches und seiner Repräsentation: Es geht um die beglückende Zerstörung der Instanzen absoluter Macht und mithin um Befreiung, von der Hollywood-Regisseure, Fernsehzuschauer und islamistische Fundamentalisten gleichermaßen (wenn auch mit unterschiedlichen Graden der Ambivalenz) geträumt hätten.

Aber möglicherweise ist der Zusammenhang zwischen den Bildern, Fiktionen und Szenarien, die »9/11« *vor* dem 11. September 2001 durchspielen, noch komplizierter. Statt bei dem Befund, dass die Bilder der Zerstörung unsere Zerstörungsfiktionen wiederholen, aber jetzt das »Reale« in die Welt unserer Fiktionen einbricht, hat Slavoj Žižek vorgeschlagen, 9/11 als den Einbruch eines Phantasmas zu verstehen. Das Phantasma in jenem psychoanalytischen Sinne, den die Vorstellung einer »Latenz« impliziert, ist ein »Schirm«, der ein unerträgliches und nicht repräsentierbares »Reales« zugleich verdeckt und indiziert: ein *effet de secret* als Hinweis und Verbergung gleichermaßen. Das Phantasma (ähnlich wie Joffes Bild vom kurzen Blitz in einer Nacht nicht (an)erkannter politischer und kultureller Gegebenheiten) repräsentiert und disfiguriert dieses »Reale«.

> »It was before the WTC collapse that we lived in our reality, perceiving Third World horrors as something which was actually not part of our social reality [...] and what happened on September 11 was that this fantasmatic screen apparition entered our reality. It is not that reality entered our image: the image entered and shattered our reality.«[5]

Žižek entwirft damit eine kompliziertere Struktur dessen, was den Einschnitt oder Einbruch von 9/11 ausmacht. 9/11 ist das Realität-Werden einer Struktur, von der wir wissen, ohne sie als unsere Wirklichkeit anzuerkennen: Žižek nennt es »Dritte-Welt-Horror« und wiederholt damit instinktiv die Geste, diese Realität als irreale möglichst weit weg – etwa in die »Dritte Welt« oder in eine von Aliens heimgesuchte Zukunft – zu schieben. Fiktionen von der Zerstörung westlicher Großstädte – mithin unserer »sozialen Realität« – wären dann eine Form der Symptombildung, des phantasmatischen Umspielens von etwas, das als Reales nie als solches anerkannt und dargestellt werden kann. Dabei besteht die Bearbeitung, die Fiktionen als Ausdruck des Phantasmas vornehmen, offensichtlich in einer – der Traumarbeit ähnlichen – Verdichtung und Hybridisierung, die ›ferne‹ Ängste versuchsweise mitten in den Alltag des westlichen Lebensstils hineinprojiziert.

Antizipationen: Edward Zwicks »The Siege«

Am genauesten lässt sich diese ›Arbeit‹ des Phantasmas in ihrer seltsamen Antizipationskraft an einem Film studieren, der heute wie eine beunruhigend realistische Inszenierung von 9/11 anmutet – aber von 1998 ist: Edward Zwicks *The Siege*. Dieser Film sieht im Rückblick bis in die Details aus wie eine Verfilmung des Anschlags auf New York: Explosionen in den Straßen, blutüberströmte New Yorker als Opfer von Sprengsätzen im Theater, in Bussen und Schulen, ein Netzwerk islamistischer Terroristen, das für seine Anschläge gezielt auf die Präsenz der Medien wartet, gegen Ende sogar ein eingestürztes Verwaltungsgebäude, das Hauptquartier des FBI in New York. Aufgrund der geradezu unheimlichen Ähnlichkeit der Explosionsszenen im Film mit den Bildern, die drei Jahre später von der Katastrophe in New York zirkulierten – fliehende Menschen, durch die Luft flatternde Papierschnitzel, Polizisten, die sich vor der Druckwelle hinter ihren Autos schützen –, mussten sich Regisseur und Drehbuchautor sogar einer Untersuchung unterziehen [*Abb. 38*].

Abb. 38: Explosion eines Busses in Brooklyn. Viele Einstellungen des Films nehmen die Bilder vom 11. September aus New York vorweg. Aus: Edward Zwick: The Siege, USA 1998.

Die Terroristen, so erweist sich im Verlauf des Films, waren einst von der CIA trainierte Partisanen gegen Saddam Hussein, die dann von den sich zurückziehenden Amerikanern im Irak im Stich gelassen wurden. Eine undurchsichtige, im Libanon aufgewachsene CIA-Agentin (Annette Bening) verkörpert diese verdrängte Vorgeschichte einer abgebrochenen, nie publik gewordenen *covert operation* im Mittleren Osten. Sie zahlt symbolisch den Preis für das schlechte Gewissen der CIA, wenn sie am Schluss von der Hand des letzten Terroristen stirbt. Diese Verwicklung erinnert wohlweislich an die Ausbildung und Unterstützung der afghanischen Mudjaheddin durch den amerikanischen Geheimdienst. Die Feinde, so die Botschaft, haben wir uns selbst herangezogen. Und tatsächlich ist dies auch die Vorgeschichte von al-Qaida, die im Kampf gegen die Sowjetunion von den USA bekanntlich mit Geräten, Geld und Knowhow unterstützt wurden.[6]

Aber das Terror-Szenario – de facto eine Überblendung des ›*domestic terrorism*‹ im Stil des Anschlags von Oklahoma City mit den Selbstmordattentaten der Hamas in Israel (Busse, Theater) – ist nur die eine Hälfte des Phantasmas. Die andere Hälfte ist die Reaktion des Staats: Ein mit Bruce Willis typgerecht besetzter General verhängt den Ausnahmezustand über New York, lässt alle männlichen arabisch-stämmigen Bewohner der Stadt in Stadien einsperren und schließlich einen verdächtigen Gefangenen foltern, um ihm ein Geständnis über weitere drohende Anschläge abzupressen. In der Szene, in der CIA, FBI und das Militär darüber diskutieren, ob es bei ›Gefahr im Verzug‹ sinnvoll und rechtens ist, den Gefangen durch Folter zum Geständnis zu bringen, wird jene angebliche »Dritte Welt«, von der Žižek spricht, präzise benannt: In Israel, so bemerkt die CIA-Agentin, funktioniere es mit der Folter, allerdings erst nach 36 Stunden Schlafentzug. Die Bearbeitung, die das Phantasma hier leistet, liegt also in einer räumlichen Verschiebung: Die Intifada mit ihren Attentaten auf Zivilisten findet in New York statt, Midtown wird zu Tel Aviv, Brooklyn zur West Bank. Nicht zufällig ist die Schlüsselfigur der Terroristen Samir (Sami Bouajila), zugleich der Liebhaber der Agentin, Palästinenser.

Das Terror-Szenario von *The Siege* ist so eine populäre »Summe aller Ängste«[7] – genauer gesagt eine Verdichtung zweier komplementärer Katastrophen: der Katastrophe des Terrors und der Katastrophe eines paranoiden, alle Bürgerrechte aufhebenden Staats, der sich im Ausnahmezustand manifestiert. Es ein auf den neuesten Stand gebrachtes Phantasma der Staatsparanoia, indem es die Ängste konservativer, sicherheitsbedürftiger Amerikaner vor fremdländischen Terroristen mit den Ängsten liberaler Bürgerrechtler vor einem repressiven Staat verkoppelt. Als solches umkreist es einen Kern der Furcht, der nichts anderes beinhaltet als ein Manifestwerden des Verdrängten, oder besser: ein Ans-Licht-Treten der geheimen Seite des Politischen. Denn sind die Terroristen nichts anderes als aus der Kontrolle geratene frühere Alliierte, so sind die ›Maßnahmen‹ des Militärs – im präzisen juridischen Sinne des Wortes – die Wiederkehr eines politisch Verdrängten: des rechtsfreien Raums der *arcana imperii.* Die Latenz des Politischen, die das Phantasma zugleich beinhaltet und in Schach hält, ist ein Krieg, der an die geographischen Ränder des »Westens« (»Israel«) und in die Unterwelt des Militärs und der Geheimdienste verdrängt ist, eine Schattenwelt des unkontrollierbaren Terrors, aber auch der uneingestehbaren Allianzen und schmutzigen Interventionen, der heimlichen Folterungen und gebrochenen Bürgerrechte.

1998 macht all dies wenig mehr als einen mittleren Thriller. Was aber geschieht mit diesem Phantasma im Moment seines Einbruchs in die Wirklichkeit? Was heißt es, die Phantasie vom islamistischen Terror-Netzwerk und vom gnadenlos zuschlagenden Staat noch einmal neu im grellen Licht jenes Blitzes von 9/11 zu sehen? Wenn 9/11 nicht so sehr ein Einbruch des Realen, sondern ein Einbruch des Phantasmas in unsere »soziale Wirklichkeit« ist, eine Verwirklichung der politischen Fiktionen, dann stellt sich die Frage nach einer neuen Ökonomie dieses Phantasmas. Mit 9/11 strukturiert das Phantasma nicht mehr eine diffizile Ökonomie der Verdrängung und Verschiebung, sondern es präsentiert sich als *die Wirklichkeit selbst*. Žižek nennt dies mit Lacan ein »Durchqueren des Phantasmas«:

> »In our daily existence, we are immersed in ›reality‹ (structured and supported by the fantasy), and this immersion is disturbed by symptoms which bear witness to the fact that another, repressed, level of our psyche resists this immersion. To ›traverse the phantasy‹ therefore, paradoxically, means *fully identifying oneself with the fantasy* – namely with the fantasy which structures the excess that resists our immersion in daily reality«.[8]

Wenn das stimmt, dann verändert sich hiermit – und das heißt mit 9/11, nicht mit den es ›antizipierenden‹ Fiktionen und Bildern – das Verhältnis von Politik (mit ihrer geheimen, verdrängten Unterseite der *arcana*), Phantasma und Fiktion grundlegend. Politik ist nun das »Durchqueren des Phantasmas«, ein Ausagieren und eine *Identifikation* mit den Elementen des Phantasmas auf allen Ebenen. In diesem Sinne ist *The Siege* ein Film ›über‹ 9/11: Er führt den Feind vor, das islamistische Terror-Netzwerk, das jenseits seiner religiösen und kulturellen Rhetorik vor allem eine Rechnung mit den USA zu begleichen hat; er führt die Generalisierung staatlicher Abwehr und Präventionsmaßnahmen vor; und er thematisiert die Mittel, mit denen man gegen einen solchen Feind glaubt vorgehen zu müssen – und tatsächlich vorgegangen *ist*: flächendeckende Sicherheitsüberprüfungen arabischer Amerikaner (so geschehen im Frühjahr-Sommer 2002), Verhaftungen ohne Einhaltung des Rechtswegs und unter Suspendierung des *habeas-corpus*-Akts (Guantanamo 2001 bis heute), Folter von Gefangenen (Abu Ghreib 2004). Der von Bruce Willis gespielte General wird im Rückblick zur wandelnden Verkörperung des *Patriot Act*. Das heißt: Amerikanische Politik hat damit begonnen, die Phantasmen, die die Fiktionen vor 9/11 nur spielerisch oder warnend, aber stets als bloßes »Entertainment« präsentiert haben,[9] als die eigentliche, ›harte‹ Realität zu verstehen und mit entsprechender ›Härte‹ zu implementieren.

Das heißt aber auch, dass mit 9/11 die Phantasmen des Politischen aus den Fiktionen und fiktiven Szenarien in die Politik – oder genauer gesagt: die Vorstellung dessen, was im Raum des Politischen ›real‹ ist – selbst eingewandert sind. Philipp Sarasin hat diesen Mechanismus des sich ›realisierenden‹ Phantasmas am Beispiel der Phantasie vom »Bioterror« ausbuchstabiert, die die assoziative Brücke schlägt von den Biohazard-Thrillern der Clinton-Ära wie Richard Prestons Roman *Cobra* oder den Filmen *Outbreak* und *Twelve Monkeys* über die Anthrax-Briefe vom Oktober 2001 bis zur Begründung des Kriegszugs gegen den Irak mit dem Hinweis auf biologische Massenvernichtungswaffen.[10] So wie *The Siege* die Attentate der »islamistischen Netzwerke« vorwegnimmt, ist, so Sarasin, »›Bioterror‹ der Name jenes Traums, den postmoderne Gesellschaften im selbst gewählten Kriegszustand träumen, und ›Anthrax‹ ist seine Wunscherfüllung.«[11] Das heißt durchaus nicht, dass es islamistische Terroristen oder Anthrax-Sporen nicht gäbe, dass sie ideologische Konstruktionen oder hollywoodeske Fiktionen seien. Es geht vielmehr darum, in den Reden von den neuen Formen des Terrors und den neuen Feinden, die zu gewärtigen sind (Infektionen, Netze und Schwärme, auf die ich noch kommen werde), die phantasmatische Drift freizulegen, die von dem, was *möglich* oder *denkbar* ist, unmittelbar zum Faktischen und ergo Notwendigen übergeht und damit die Trennung zwischen Virtuellem und Faktischem verwischt.

In die Wirkungsweisen des Phantasmas, das nun im Politischen wirksam wird, sind Fiktionen in einer anderen Weise verstrickt, als wir es bisher betrachtet hatten. Waren die Filme und Erzählungen von den Geheimnissen des Staates und des Krieges im zwanzigsten Jahrhundert – als Exploration des Möglichen oder als Rekonstruktion des Geschehenen – der Versuch einer fiktionalen Ausleuchtung des Geheimen, so scheint es nun um die Produktion eines Raumes zu gehen, in dem das Politische und das Fiktive ununterscheidbar werden. Das heißt nicht nur, dass Hollywood-Regisseure und Thriller-Autoren zur Politikberatung herangezogen werden, sondern dass das Politische – und das heißt: die Bestimmungen des Feindes, die Entscheidungen über Kriegszüge und die Szenarien der Katastrophenprävention im eigenen Land – sich in einem Raum entfaltet, der von Fiktionen wie *The Siege* oder *Cobra*, Steven Spielbergs *War of the Worlds* oder Frank Schätzings *Der Schwarm* abgesteckt wird. Der Raum der *arcana imperii*, so könnte man vermuten, wird im 21. Jahrhundert nicht mehr von Fiktionen ausgeleuchtet, sondern Fiktionen sind es, die ihn überhaupt erst strukturieren und konstituieren – und die die Fragen vorgeben, die Intelligence zu beantworten haben wird.

World Trade Center Conspiracy

Dass es Fiktionen sind, die den Raum des Politischen konstituieren, zeigte sich nicht nur daran, dass die Bilder aus New York ein Phantasma wiederholten, das man schon etliche Male im Film gesehen hatte. Vielmehr wurden die Attentate sofort Gegenstand intensiver Debatten über den Wirklichkeitsstatus des Ereignisses: seine wahren Hintergründe, die Drahtzieher, den genauen Ablauf und die Glaubwürdigkeit der offiziellen Berichterstattung. Fiktionalität trübt so das Ereignis »9/11« von Anfang an: Nichts ist, so wird geradezu reflexhaft vermutet, wie es vordergründig aussieht oder präsentiert wird. Dieser Generalverdacht einer »World Trade Center Conspiracy«[12] ist nur scheinbar eine strukturelle Wiederauflage der vierzig Jahre alten Debatte um die Ermordung John F. Kennedys und des »Invisible Government«. Zwar gab und gibt es wiederum jenes selbst ernannte

Expertentum, das jeden Aspekt des Geschehens – von den Passagierlisten der entführten Flugzeuge über die Architektur der Word Trade Center Türme und das Einschlagsloch im Pentagon bis hin zur Reaktionsunfähigkeit des NORAD und den Fehlern der Geheimdienste – einer eingehenden Untersuchung unterzieht, um Inkonsistenzen in der offiziellen Rekonstruktion aufzuweisen. Aber anders als im Fall JFK kämpfte hier die amerikanische Regierung vom ersten Tag an um die Interpretationshoheit über die Geschehnisse vom 11. September – eine Interpretationshoheit, die schon Stunden nach dem Attentat Schuldige benannte und Spuren präsentierte, die so überdeutlich waren, dass sie aussahen wie Ablenkungsmanöver: das »Testament« des Mohammed Atta in einem fehlgeleiteten Gepäckstück, Fluganleitungen und ein fast unbeschadeter Pass eines der Entführer, der ein paar Blocks vom World Trade Center entfernt im Schutt gefunden wurde.[13] Neun Tage nach dem Attentat gab Präsident Bush dafür die entscheidenden Stichworte: »On September 11, enemies of freedom committed an act of war against our country«.[14] Einen Monat später machte Bush vor der Generalversammlung der Vereinten Nationen diesen doppelten Deutungsanspruch explizit, der nicht nur die Identität der Täter und Drahtzieher, sondern auch die politische Bedeutung der Anschläge ein für alle Mal festlegen sollte: »We must speak the truth about terror. Let us never tolerate outrageous conspiracy theories concerning the attacks of September 11th, malicious lies that attempt to shift the blame away from the terrorists themselves, away from the guilty.«[15] 9/11 ist gerade kein selbst evidentes Ereignis, sondern hochgradig aufklärungs- und deutungsbedürftig. Es wird zum Gegenstand eines Kampfes um Deutung und Bedeutung, der auch mit dem offiziellen Report der Untersuchungskommission noch nicht abgeschlossen ist.[16]

Ebenso schnell, wie die amerikanische Regierung Beweisstücke und Spuren vorlegte, Täter benannte und mit Osama Bin Laden einen mächtigen und exotischen Drahtzieher vorweisen konnte, begannen vom 12. September an Journalisten, politische Gruppen und Privatleute, diese offiziellen Verlautbarungen in Frage zu stellen. Einer der ersten war der deutsche *taz*-Journalist Mathias Bröckers, der gerade an der Übersetzung von Robert A. Wilsons Kompendium zur Verschwörungstheorie saß und sofort begann, in seinem Weblog *World Trade Center Conspiracy* die offizielle Version in Frage zu stellen. Er präsentiert sich selbst als »Verschwörungstheoretiker« und nimmt damit die erwartbare Kritik an seiner Position schon selbstironisch voraus:

> (Blog vom 13. 9. 2001) »Wie kann [...], fragt sich der Verschwörungstheoretiker, drei Monate nach der aus Ägypten kommenden Warnung vor einem Großanschlag die logistische Meisterleistung gelingen, vier Flugzeuge gleichzeitig zu entführen und unentdeckt zu den Anschlagszielen zu fliegen? Passagiere konnten aus den entführten Maschinen mit ihren Angehörigen telefonieren – aber Flugsicherung und Militär, deren weltweiten Schnüffelsystemen kein Furz eines indischen Reisbauers entgeht, haben nichts mitbekommen? Und das über ihrer eigenen Zentrale im Pentagon? [...] Dieser Skandal wird merkwürdigerweise mit keiner Silbe thematisiert«.[17]

Bröckers' Verschwörungstagebuch, das vom 13. September 2001 bis zum 22. März 2002 erst fast täglich, dann wöchentlich im Internet-Magazin *Telepolis* erschien, war die Avantgarde einer höchst heterogenen Bewegung, die von der Infragestellung einzelner Details im Tathergang bis hin zur These eines von der amerikanischen Regierung selbst gesteuerten »inside-jobs« reicht oder zumindest unterstellt, dass die amerikanischen Sicherheitsbehörden die Anschläge sehenden Auges in Kauf genommen haben. Ähnlich wie im Fall Kennedy beginnt der verschwörungstheoretische Verdacht gegen die offizielle Version frühzeitig in Europa: Thierry Meyssan publizierte 2002 seine These vom »Pentagate«. Er versuchte nachzuweisen, dass nicht ein Passagierflugzeug, sondern eine Rakete oder ein Militärjet ins Pentagon geprallt sei.[18] Staatssekretär a. D. Andreas von Bülow behauptete, dass zahlreiche Inkonsistenzen in der Rekonstruktion des Tathergangs vorlägen (unvollständige Passagierlisten, Fahndungspannen im Vorfeld der Anschläge, allzu deutliche Hinweise auf die Gruppe um Atta, die wie getürkte Spuren aussahen usw.), wobei er anfangs sein wichtigstes Material weitgehend von Bröckers übernahm.[19] Von Bülow zitiert etliche »Beiträge im Internet« (stets ohne Netz-Adresse oder genauere Angaben), die vermeintliches Spezialistenwissen über Flugtechnik, Fernsteuerung von Flugzeugen oder das Loch im Pentagon präsentieren. Mit diesem Rückgriff auf das Netz aber zeichnet sich eine fundamental neue Organisation des Wissens ab, auf das Verschwörungstheorien zurückgreifen und das sie zugleich mitgenerieren. Schon Bröckers fand seine Daten durch »zweimal täglich googlen«, d.h. durch den suchmaschinen-gestützten Zugriff auf alles, was sich an relevanten oder auch nur scheinrelevanten Informationen im Netz finden ließ. Seine Quellen waren die online-Ausgaben internationaler Zeitungen und Nachrichtenagenturen, auf Sicherheit und Intelligence spezialisierte Informationsdienste wie *Jane's* oder *Intelligence online*, aber auch Websites von Polit-Aktivisten und Privatleuten. Durch die Form des Weblog ermöglichte Bröckers von Anfang an einen direkten Zugriff des Lesers auf sein Material, indem er Links in seinen Text einbaute, sodass man direkt auf die Quelle seiner Information zugreifen konnte. Bröckers ging es darum, Zusammenhänge darzustellen, die eine alternative Geschichte der Anschläge ermöglichen sollten; die offizielle Version von einem zentral gesteuerten, hochgradig ideologisierten geheimen Terror-Netzwerk, so Bröckers, sei nicht weniger eine Verschwörungstheorie (allerdings klassischen Zuschnitts). Bröckers stellt dem eine »Gegen-Verschwörungs-Verschwörung« entgegen, der es darum geht, die »Konspirologie aus der Verbannung als schmutzige, unscharfe Erkenntnistheorie zu befreien und als kritische Wahrnehmungswissenschaft ernst zu nehmen«.[20] Verschwörungstheorie – trotz ihrer oft analyiserten epistemologischen Kurzschlüsse[21] – wird bei Bröckers zu einer heuristischen Methode: eine Form, Fragen zu stellen (statt Antworten zu geben), Verbindungen herzustellen (statt sich an etablierte Freund-Feind-Schemata zu halten), Kausalitäten zu sehen (statt Koinzidenzen). Es geht ihm dabei um einen kritischen Blick auf die Interpretationshoheit über das Ereignis – und zugleich um eine Medienkritik an den »gleichgeschalteten« etablierten Verbreitungsmedien. Worauf Bröckers damit zielt, ist eine Restrukturierung politischen Wissens durch den Gebrauch eines neuen »Über-Mediums«, des Internets, »das alle bisherigen Medien in sich vereint: die etablierten großen Sender und Zeitungen ebenso wie die randständigen kleinen Alternativmedien und Fachpublikationen«.[22] Gegenüber den langsamen und stets lokal beschränkten Zugangsmöglichkeiten zu Printmedien und gegenüber dem seit seiner Erfindung unter Manipulationsverdacht stehenden Fernsehen (anschaulich zeigt das schon *The Manchurian Candidate*) ermöglicht das Netz einen radikal beschleunigten und global möglichen Zugriff auf alle Arten von Informationsquellen. Entscheidend bei diesem schnellen und weitreichenden Zugriff ist dabei, anders als im investigativen Journalismus, nicht die Frage, wie diese Information zustande gekommen ist (von den hohen journalistischen Standards einer New York Times bis zur Homepage eines einsamen Paranoikers), sondern die bloße Möglichkeit des Zugriffs selbst. Umgekehrt ermöglicht das Netz, anders als die Einweg-Verbreitungsmedien Print und Fernsehen, einen Verweis auf die Quellen genau dadurch, dass man diese wiederum dem sofortigen Zugriff des Lesers per Link zur Verfügung stellt. Wer etwas ins Netz stellt, informiert sich zugleich im Netz, beglaubigt sich durch das Netz und reagiert auf das Netz – aber das Netz »enthält« alle anderen Medien (Print, Fernsehen, Film, Bilder etc.) in sich: Schreiben im Netz ist demnach immer ein dialogisches »Zurück-Schreiben«. Das heißt aber auch, dass mit dem Internet eine grundsätzlich andere Form politischen Wissens und politischen Diskurses erscheint: dialogisch und plural, selbst organisiert und dezentriert. Die Verschwörungstheorien nach 9/11 leuchten deren epistemologische Struktur nur in besonders greller Weise aus. Sie explorieren die grundsätzlichen Möglichkeiten eines kritischen Diskurses und einer anderen epistemologischen Struktur politischen Wissens in einem Medium, das nicht mehr hierarchisch, nicht mehr lokal, nicht mehr monologisch ist und nicht mehr mit klar definierten Wahrheitskriterien operiert. Genau darum – weil das Ereignis in eine andere medientechnische und epistemologische Epoche fällt – ist »9/11« fundamental anders gelagert als »JFK«, so ähnlich sich die verschwörungstheoretischen Hypothesenbildungen auch vordergründig sein mögen.[23]

Bröckers ist einer der ersten, die die neue Form der Wissenszirkulation im Internet und den neuen Typus des politischen Ereignisses miteinander verknüpfen – und zugleich auf diese Verknüpfung reflektieren. Die unlauteren, peinlichen oder korrupten Verbindungen, auf die er in seinem *blog* hinweist – etwa die zwischen den Familien Bush und Bin Laden – zielen auf den Nachweis einer globalen und korrupten Machtelite, die die eigentlich treibende Kraft hinter einem Ereignis wie 9/11 gewesen sei. Anders als die offizielle Berichterstattung, anders auch als der traditionelle investigative Journalismus, die beide explizit einen Wahrheitsanspruch erheben, entzieht sich Bröckers diesem aber mit dem Hinweis auf den grundsätzlich fiktiven Charakter aller politischen Information:

> »Es sind alles nur ›Erfindungen‹. Glauben Sie mir also nichts, auch wenn ich natürlich behaupte, alles nach bestem Wissen und Gewissen recherchiert zu haben. Und wenn es Ihnen an bestimmten Stellen und Zusammenhängen aufgeht: ›Jawohl, so ist es das stimmt [...]!‹, dann schalten Sie sofort den inneren Beobachter ein und stellen die konspirologische Frage Nr. 1: ›Und was steckt dahinter?‹«[24]

Erst mit einiger Zeitverzögerung und weitgehend ohne diese selbstironische Volte hat sich die Infragestellung der offiziellen Version auch in Amerika durchgesetzt, zunächst auf Websites, in verschiedenen Publikationen und neuerdings verschiedenen Dokumentarfilmen. Die wohl wichtigste Plattform ist mittlerweile das *9/11 Truth Movement*, das unzählige, sehr verschiedene Fragestellungen und Hypothesen vereint, von alternativen kriminalistischen Rekonstruktionen des Tathergangs, der Untersuchung von Seitenaspekten (wie etwa der verschwiegenen Umweltbelastung für Lower Manhattan oder der Verwendung des Schutts) über sehr ausführliche Rekonstruktionen von Vorgeschichte, Ablauf und Nachspiel der Attentate bis hin zu politischen Analysen. Die wohl vollständigste Datensammlung offen zugänglichen Wissens zu 9/11 ist die *Complete 9/11 Timeline*, die als »open content« Datenbasis von einem Californier unter dem Pseudonym »Paul Thompson« gemanagt wird.[25] Die *Timeline* bietet kurze Zusammenfassungen von Medienberichten mit Angabe der Quelle und stellt Bezüge zu verwandten Themen her, die sie unter Oberkapiteln wie »Before 9/11«, »Warning Signs: Specific Cases«, »The Alleged 9/11 Hijackers«, »Day of 9/11« und »The Post-9/11 World« gruppiert. Anders als Bröckers' *blog*, als die diversen zornigen Bücher im Stile Meyssans oder die Filme über 9/11 ist der Ton der *Timeline* neutral und unspekulativ, es gibt keine persönlichen Kommentare. Was die *Timeline* ermöglicht, ist nicht nur die unendliche Zerlegung der Ereignisse vom 11. September in die Bruchteile ihrer parallel ablaufenden Katastrophen, sondern vor allem auch die Abbildung einer unendlichen Vernetztheit dieses einen Ereignisses mit anderen Ereignissen: *The Complete 9/11 Timeline* (die ihrer Idee nach nie »komplett« sein kann) ist nicht nur Gegen-Geschichtsschreibung. Es ist Geschichtsschreibung unter den Bedingungen des Web 2.0 – eine Geschichte, die nur noch um der Übersichtlichkeit willen Spuren von chronologischer Linearität trägt, tatsächlich aber netzförmig und synchron, hyperkomplex und multikausal ist.

2006 erschienen zwei Dokumentarfilme: *9/11 Press for Truth*, der im Namen der Opferfamilien noch einmal die unaufgeklärten Inkonsistenzen des Attentats und den politischen Missbrauch des Desasters für die Kriege der USA anprangert und sein Material aus der *Complete 9/11 Timeline* bezieht.[26] Furore machte aber vor allem der von dem abgelehnten Filmstudenten Dylan Avery am Computer gemachte Dokumentarfilm *Loose change*. Der Film, der direkt aus dem Netz heruntergeladen werden kann, war im Sommer 2006 der am häufigsten aufgerufene Film auf Google Video.[27] Dabei präsentiert *Loose change* kein neues Material und keine neuen Hypothesen (er ist de facto ein Zusammenschnitt von Filmmaterial von CNN, NBC, Fox News und anderen Quellen, das mit einem neuen Kommentar und Musik unterlegt ist), sondern greift noch einmal die Inkonsistenzen der offiziellen Version auf – Zweifel, die bereits sehr früh formuliert und überwiegend längst widerlegt wurden. Das sind vor allem der schon von Meyssan vorgebrachte Verdacht, dass kein Passagierflugzeug vom Typ Boeing 757 das Pentagon getroffen haben könne, weil das Loch im Gebäude dafür viel zu klein sei; dass die

Identitäten einiger der Attentäter, die das FBI identifiziert haben will, nicht stimmen könnten (etwa, weil sie nach dem 11. September noch lebend gesehen wurden); dass die Twin Towers und das Gebäude WTC 7 durch kontrollierte Sprengungen von innen zum Einsturz gebracht worden seien; und dass die Unfähigkeit der NORAD, eine effiziente Luftabwehr zu organisieren, darauf hinweise, dass man die Attentate habe absichtlich geschehen lassen. *Loose change* bearbeitet vor allem die ersten drei Motive ausführlich und fügt den Verdacht an, dass im später eingestürzten Gebäude Nr. 7 große Goldreserven gelegen hätten, die bei der Gelegenheit gestohlen wurden. Ebenso trägt der Film die These vor, dass die Passagiere von United 93 nicht in Pennsylvania abstürzten (dafür, so der Film, seien die am Absturzort gefundenen Wrackteile viel zu klein), sondern in eine stillgelegte NASA-Station evakuiert worden seien. In dem weiten Feld der WTC Verschwörungstheorien, das im Grunde alle umfasst, die irgendeinen Zweifel an der Konsistenz der offiziellen Version anmelden, vertritt *Loose change* die Extremposition des »inside jobs«, nämlich dass die Attentate von amerikanischer Seite selbst inszeniert wurden, eine Sichtweise, die unter dem Kürzel MIHOP (make it happen on purpose) zirkuliert. Andere Positionen, wie die des experimentierfreudigen Veteranen Bröckers, die der *Timeline*, die minutiös etliche Geheimdienst-Ereignisse des Mittleren Ostens schon 20 Jahre vor 2001 auflisten und die Attentate selbst minutengenau zerlegen, oder des *9/11 Truth Movement* beschränken sich darauf, nach den ungeklärten Details in der Rekonstruktion der Ereignisse zu fragen, eine neue Untersuchung zu fordern und die politische Instrumentalisierung der Attentate durch die Bush-Regierung zu kritisieren. Sie vertreten zumeist die etwas moderatere verschwörungstheoretische Position, dass die Regierung die Attentate mehr oder weniger sehenden Auges zugelassen habe – LIHOP (let it happen on purpose).

Verschwörungstheorie in den Zeiten des Internet hat – trotz der teilweise absurden Blüten, die die Theoriebildung treibt – nicht mehr viel zu tun mit jenem »paranoid style«, den Richard Hofstadter der Kennedy-Ära bescheinigte. Es geht nicht mehr um eine

»vast and sinister conspiracy, a gigantic and yet subtle machinery of influence set in motion to undermine and destroy a way of life«.[28] Es geht nicht mehr um Medien, die ihre Benutzer manipulieren –, sondern vielmehr um den Gebrauch des neuen Meta-Mediums als Instrument einer Gegen-Information und Gegen-Geschichtsschreibung, der es vor allem darum zu tun ist, die Fallen der alten Medien – ihrer monologischen Struktur wie ihres monolithischen Wahrheitsanspruchs – zu umgehen. Bröckers oder Thompson zielen nicht darauf ab, im heroischen Stil des investigativen Journalismus eine abschließende eigene Wahrheit vorzutragen, vielmehr wollen sie Fragen aufwerfen und auf verborgene Interessenlagen oder unbeachtete oder peinliche Verbindungen hinweisen – wie etwa die weitreichenden Geschäftsbeziehungen der Carlyle Group, die an praktisch jeder politischen Entscheidung nach 9/11 irgendwie mitverdient hat. Wenn die *Complete 9/11 Timeline* Jahrzehnte von Geheimdienstgeschichte im Mittleren Osten bis auf das Datum des 11. Septembers 2001 zulaufen lässt, Bewegungsmuster mittlerweile verhafteter Terroristen ebenso verzeichnet wie wichtige politische Entscheidungen, Verhaftungen und Geschäftsabschlüsse, dann geht es um ein Bild des Politischen, in dem alles mit allem verbunden ist. Das einst von Thomas Pynchon vorgetragene Mantra aller Verschwörungstheorien, »everything is connected«, heißt nicht mehr, dass es eine unsichtbare Hand der Steuerung und Manipulation gibt, dass hinter jeder Koinzidenz sogleich eine verborgene Kausalität stecken muss, sondern dass wir es mit einem fast unentwirrbaren Geflecht von Filiationen und Beeinflussungen zu tun haben, von mächtigen (aber eben nicht allmächtigen) Interessen und unlauteren Allianzen. Eine solche Sicht straft zwar die Unterkomplexität traditioneller Freund-Feind-Rhetoriken und Kausalitäten Lügen, aber bietet ihrerseits keine einfachen Antworten. Worum es geht, ist eine dezentrale und plurale Intelligenz des Netzes als Gegenentwurf einer zentralen und zentralisierten Intelligence, die die CIA programmatisch in ihrem Namen trägt.

Allerdings gibt es auch hier feine Unterschiede in der großen Gemeinde der netzgestützten 9/11-Verschwörungstheoretiker, die sich besonders prägnant an der Differenz zwischen Bröckers und dem Film *Loose Change* beobachten lassen. Wo Bröckers sich geradezu lustvoll in Widersprüchen ergeht, wo er teilweise kolportagehaften Anti-Amerikanismus, teilweise präzise Hintergrundinformation liefert und jeden eigenen Wahrheitsanspruch ironisch immer schon dem Argwohn seines Lesers anheimstellt, meinen es die Macher von *Loose Change* auch dann noch ernst, wenn ihre Thesen – wie etwa die von 167 Milliarden Dollar in Gold, die angeblich im WTC Gebäude Nr. 7 gelagert hätten – längst als absurd widerlegt sind. Mittlerweile wurde der Film zum dritten Mal verändert, einige Thesen sind gestrichen, an einem »final cut« wird gearbeitet – der so »endgültig« sein wird wie die *Complete Timeline* je komplett. Angesprochen auf die Fehler im Film sagte der Produzent Korey Rowe: »We know there are errors in the documentary, and we've actually left them in there so that people discredit us and do the research for themselves.«[29] Wo Bröckers einen Gestus reflexiver Kritik und die *Timeline* das Ideal maximaler Datensammlung haben, ist *Loose Change* pädagogisch: Der Film will belehren und sei es durch seine Fehler. In diesem Gestus zeigt sich eine weniger spielerisch-analytische als eine in letzter Konsequenz autoritätshörige, man könnte auch sagen: ödipale Haltung gegenüber jener politischen Autorität, die der Film als unlauter diskreditiert. Im Grunde rebelliert man, um zurechtgewiesen, und zweifelt, um eines Besseren belehrt zu werden. Besonders deutlich wird dies in der am sorgfältigsten dokumentierten These des Films, der These von der »controlled demolition«, der willentlichen Zerstörung der Gebäude des WTC durch in den Türmen angebrachte Sprengsätze. Auch diese Hypothese von der kontrollierten Sprengung ist mittlerweile etliche Male von Stahlexperten und Baustatikern durchgerechnet und widerlegt worden. Angesichts ungezählter Fälle von Versagen (der CIA, dass sie den Anschlag nicht voraussah und den Warnungen etwa des Mossad keinen Glauben schenkte, der NORAD, die keine effiziente Luftabwehr organisieren konnte, der Flughafenkontrollen, der Baustatik der Türme und so fort) hat die These von der »controlled demolition« einen tröstlichen Effekt. Man will lieber annehmen, dass unbemerkt Hunderte von kleinen Sprengsätzen von Spezialisten über Tage in den Türmen des World Trade Centers angebracht wurden, dass die Regierung, die CIA oder vielleicht auch eine Verschwörung geldgieriger Börsianer eine solche Operation pannenlos durchführen konnten –, als zu glauben, dass es neunzehn Arabern »from a cave in Tora Bora«, wie es mit unverhohlenem Rassismus heißt, gelingen könnte, vier Flugzeuge zu entführen und zwei davon in die höchsten Gebäude New Yorks zu fliegen. Lieber glaubt man an kompetente, aber perfide Amerikaner – als an fanatisierte Araber, die Inkompetenz der Geheimdienste und ein völliges Versagen der eigenen Luftabwehr. Geht man davon aus, dass das größte Attentat in der Geschichte der Vereinigten Staaten eine gewollte und geplante Zerstörung, »controlled demolition«, war, dann ist doch etwas nach Plan gelaufen, es war nicht einfach nur ein Zusammenwirken von guter Vorbereitung, ideologisierter Zerstörungswut und totaler Konfusion. – Schwieriger wird es, die sehr viel vorsichtigeren und komplexeren Versionen eines kritischen 9/11-Diskurses auf eine solche Funktion der tröstlichen Kontrollphantasie zu reduzieren – gerade weil diese reflexiven Formen der Verschwörungstheorie recht souverän mit der Unsicherheit, Undurchschaubarkeit und Hyperkomplexität ihrer eigenen Hypothesenbildung umgehen. Sie affirmieren eine unüberschaubare Vernetztheit der politischen, wirtschaftlichen, sozialen und medialen Verhältnisse und bemühen sich, gerade durch die Abbildung dieser Komplexität Licht ins Dunkel der Simplifizierungen zu bringen. Worauf sie insistieren, ist, dass alles mit allem zusammenhängt, dass wir uns immer schon in Formen der Vernetztheit bewegen – von sozialen Gruppen, denen wir nolens volens angehören, über Daten-Netzwerke bis hin zu Vorsorgungsnetzen, logistischen Netzen, Märkten und Finanzströmen. Worauf sie abzielen, ist, diese Tatsache nicht in Form von Furcht, klaren Frontstellungen oder verbürgten Wahrheiten in trügerische Überschaubarkeit zu überführen, sondern das Bewusstsein von unserer Vernetzheit und von der Ungreifbarkeit politischer ›Wahrheiten‹ zum Instrument der Analyse selbst zu machen.

DIE ZUKUNFT DER FEINDSCHAFT: NETZE, SCHWÄRME, VIREN

> Der Feind ist unsere eigene Frage als Gestalt.
> Theodor Däubler, zitiert von Carl Schmitt:
> *Theorie des Partisanen*[30]

> It takes networks to fight networks.
> John Arquilla/David Ronfeldt:
> *Networks, Netwars, and the Fight for the Future*[31]

Wenn sich das Ereignis »9/11« und die Struktur des politischen Geheimnisses, das dieses Ereignis aufgeworfen hat, in der Doppelung von Faktizität und Virtualität, Verborgenheit und Ostentation nur als Phantasma oder Fiktion beschreiben lassen, dann stellt sich die Frage nach dem genauen ›Inhalt‹ dieses Phantasmas: die Formatierung des Feindes und der Feindschaft. Auch hier zeigt sich erst unterm grellen Blitz des 11. September die Ferne zum Feindkonzept des Kalten Krieges. Hatte sich dieser gleichsam gesichtslos, aber lokalisierbar, abstrakt, aber berechenbar als Black Box präsentiert, deren Manöver und Reaktionen man im *mirror-imaging* der eigenen Rationalität antizipieren und durchspielen konnte (s. Kap. *War Games*), so fehlt diese Anmutung einer gemeinsamen Rationalität dem neuen Feindbild gänzlich. Zunächst lieferte die Erscheinung Osama Bin Ladens ein Gesicht, das die Unerhörtheit dieses neuen Feindes auf den handhabbaren Exotismus eines orientalisierten Anderen brachte: »Blütenweiß sind die Gewänder des hoch gewachsenen, selbstverliebten Heilands der Berghöhlen, weich und fließend die Gebärden seiner schönen Hände, sinnlich die Lippen, die den Hass verströmen. Prophetenhaft wirkt sein wallender Bart, sanft und melodisch klingt seine Stimme, und die Gebrechlichkeit seines Körpers gibt ihm eine eigentümliche Würde.«[32] Aufgerufen werden hier noch einmal die Topoi des *Great Game*: das Nomadische, der religiöse Fanatismus, aber auch der charismatische Asketismus der muslimischen Krieger nach einem Muster, das – in gänzlich anderer Absicht – T. E.

Lawrence einst entworfen hatte (s. Kap. *The Great Game*). Aber es ist bezeichnend, dass dieser Exotismus des Feindes, der die Formel vom »Zusammenprall der Kulturen« illustriert, in den politischen und militärischen Analysen des Konflikts nach 9/11 sehr bald wieder verschwand. Die Form der Feindschaft, die mit 9/11 aus der Latenz tritt, verabschiedet sich von den Figurationen und Disfigurationen, dem Gesicht und den Fratzen des Feindes, die das zwanzigste Jahrhundert entworfen hatte. Der Feind hat kein Gesicht mehr, nicht, weil er »gesichtslos« geworden ist, sondern weil er eine Gestalt annimmt, die keinen Kopf mehr hat.

Netzwerke

Die zentrale Metapher existiert lange vor dem 11. September 2001. Aber mit 9/11 findet sie ihren Weg aus den Handbüchern der RAND-Corporation, den Position Papers des Naval Institute und den Forschungsberichten von Medienwissenschaftlern und Soziologen in die Semantik der nationalen Verteidigung: »shadowy networks« sind der Feind der Zukunft.[33] Die zitierte Formulierung aus der *National Security Strategy*, »Now, shadowy networks of individuals can bring great chaos and suffering to our shores«,[34] verweist auf zwei wichtige Merkmale des neuen Feindes: Die Netzwerke sind klandestin und kriminell, sie operieren im Verborgenen jener »offenen Gesellschaften«, die sie angreifen; und sie sind »Netzwerke von Individuen«, disperse Strukturen, die sich weniger an Leitfiguren und Staaten denn an Einzelpersonen orientieren. In nichts erinnern diese Netzwerke mehr an die krakenhaften, von einer geheimen Zentrale aus gesteuerten Netze der »reds under the beds«, wie sie J. Edgar Hoover imaginierte (s. Kap. *Staatsparanoia*). Die Netzwerke, die die *National Security Strategy* nennt, sind wenig mehr als kriminelle Assoziationen Einzelner und damit scheinbar un-politisch. Diese Entpolitisierung aber verweist auf einen gänzlich neuen Ansatz in der Spekulation über den Feind: nämlich diesen zuallererst als *Organisationsstruktur* zu analysieren.

Netzwerke sind nicht erst Gegenstand des Interesses seit 9/11 –, sondern ein intensiv studiertes Phänomen, wenn nicht Schlagwort der Gesellschafts- und Medientheorie der neunziger Jahre. Mit 9/11 aber rückt die Metapher des Netzwerks in das Vakuum des Feindbildes, das der Kalte Krieg hinterlassen hat. Der Feind des Kalten Krieges wird durchaus nicht einfach ersetzt durch einen bärtigen Gotteskrieger mit Satellitentelefon. Vielmehr verändern sich mit der Netzwerk-Metapher (und ihren Metamorphosen in *Schwärme* und *Infektionen*) zugleich die Termini und Kategorien des Wissens, das über diesen Feind konstituiert wird. Es bedeutet eine tiefgreifende Transformation dessen, was Intelligence als Wissen vom Feind ist, wenn dieser gleichsam sein Gesicht verliert und zum Organigramm von Kommunikationsstrukturen wird. Denn während die Spekulation über Fähigkeiten und Pläne des Gegners im Kalten Krieg eine Spekulation über die Führungsebene des feindlichen Geheimdienstes oder Militärs war, geht es nun um Gebilde, die keine zentrale Führungsebene, keine stabile Struktur und keine ferngesteuerten Akteure mehr zu haben scheinen. Wenn der Feind ein Netzwerk ist, wird Intelligence Organisationsanalyse: Was lässt das Netzwerk operieren? Welches sind seine internen Dynamiken? Was hält es zusammen? Wie funktionieren seine Kommunikationsstrukturen?

John Arquilla und David Ronfeldt, die im Auftrag der RAND-Corporation das bislang prägnanteste Konzept des vernetzten Feindes vorgelegt haben, nennen den neuen Typus des Konflikts »netwar«. *Netwar* ist das Operieren in kleinen, dispersen Einheiten, die intensiv (aber auch selektiv) miteinander kommunizieren, nicht-hierarchisch strukturiert sind und weniger von Befehlsflüssen als von gemeinsamen Überzeugungen und Narrativen zusammengehalten werden. *Netwar* als Organisationsform und Taktik verbindet darum terroristische Gruppen wie al-Qaida mit kriminellen Organisationen wie den chinesischen Triaden oder den kolumbianischen Drogenkartellen – aber auch dezentralisierten Aktivistenbewegungen wie *Attac* oder humanitären NGOs.

»The term *netwar* refers to an emerging mode of conflict (and crime) at all societal levels, short of traditional military warfare, in which the protagonists use network forms of organization and related doctrines, strategies, and technologies attuned to the information age. These protagonists are likely to consist of dispersed organizations, small groups, and individuals who communicate, coordinate, and conduct their campaigns in an internetted manner, often without central command. [...] Thus, for example, netwar is about the Zapatistas more than the Fidelistas, Hamas more than PLO, the American Christian Patriot movement more than the Ku Klux Klan, and the Asian Triads more than the Cosa Nostra.«[35]

Wo das Spektrum des *netwar* von der Planung terroristischer Anschläge über Drogenhandel und Hacking bis zu Bürgerinitiativen und Menschenrechtsgruppen reicht, zeigt sich ein Formalismus der Analyse, der die Frage nach »guten« oder »bösen«, politischen oder wirtschaftlichen Absichten zugunsten eines Interesses an Taktiken und Operationsmodi suspendiert. Der Blick auf *netwars* ist der kühle Blick auf eine vielfältige Avantgarde der Kommunikationsgesellschaft, deren einziger gemeinsamer Nenner in »the use of network forms of organization, doctrine, strategy and technology attuned to the information age« besteht.[36] Der eigentliche Feind der Netzwerke ist damit nicht dieser oder jener Gegenspieler, sondern jede Form der hierarchischen, formalisierten und reglementierten Organisation. Die neuen Netzwerke sind, folgt man Arquilla/Ronfeldt, eine Kriegsmaschine im Sinne Deleuzes/Guattaris, deren »Furor« sich der avanciertesten Formen von Kommunikation und Logistik bedient.[37]

Dabei folgt ihre Beschreibung der effizientesten – sprich: gefährlichsten – Netzwerke sehr genau dem Modell des »Rhizoms«: miteinander verbundene, aber nicht zentral kontrollierte »cluster« von Personen, die wiederum Bündel von Gruppen bilden, welche relativ eigenständig operieren können. Arquilla/Ronfeldt unterscheiden zwischen linearen Netzen (*chain networks*), wo Informationen immer einen vorgeprägten Weg nehmen müssen, um von einem Mitglied zum anderen zu kommen; um zentrale Kommunikations- oder Kommandoinstanzen herum strukturierte Netze (*hub networks*);

und spinnwebartigen Netzwerken (*all channel* oder *full matrix networks*), wo jedes Mitglied mit jedem (oder jedenfalls vielen) anderen direkten Kontakt aufnehmen kann. Mark Sageman, ein früherer CIA-Experte für islamistischen Fundamentalismus, hat die Struktur neuerer Terrorgruppen im Umkreis der salafistischen Mudjaheddin und al-Qaidas als exakt solche losen *all channel*-Netzwerke beschrieben, deren einzelne »cluster« vielfältige, disperse und redundante Verbindungen untereinander aufrechterhalten, ohne einen Führer oder eine spezifische Kommando-Ebene für ihre Kooperation zwischenzuschalten.[38] Die (al-Qaida umfassende) Bewegung des salafistischen Djihad mag charismatische Lehrer- und Führerpersönlichkeiten haben, aber die Koordination ihrer Attentate ebenso wie die Rekrutierung gewaltbereiter Mitglieder geschieht laut Sageman durchaus nicht »von oben«, sondern in der Eigeninitiative kleiner Gruppen von jungen Männern, wie 2006 auch der Fall der versuchten Zugbombenanschläge in Deutschland gezeigt hat. Diese Gruppen, die die kanadische Polizei aufgrund ihrer Unauffälligkeit platterdings »BOGs« nannte, »bunch of guys«, werden nicht rekrutiert, sondern planen Aktivitäten in Eigenregie, für die sie erst in einem relativ späten Stadium Billigung und logistische Unterstützung von anderen Gruppen und Autoritäten des Netzes suchen.[39] Man wird nicht rekrutiert, sondern man bewirbt sich bei al-Qaida. Sagemans Schlussfolgerung, die auf Interviews mit gefangenen oder abtrünnigen Kämpfern basiert, lässt von der populären Vorstellung eines Führers Osama bin Laden wenig übrig: »My account of the global Salafi jihad is mostly of a self-engendered network with unusual characteristics of robustness and flexibility rather than one created by the intention of Bin Laden [...] This perspective may trouble some people because of this weak structuralist account«.[40]

»Leaderlessness«, die Abwesenheit oder operative Überflüssigkeit eines Führers, die auf der anderen Seite eine große Autonomie und Unkontrollierbarkeit der kleinen Gruppen impliziert, ist damit – neben der »Robustheit« ihrer Kommunikation – das zentrale Faszinosum der neuen Netzwerke. Dies unterscheidet sie gänzlich von den

Verschwörungsphantasien des Kalten Kriegs und der Staatsparanoia. Diese implizierten immer eine Hierarchie der Macht und der Geheimhaltung, eine heimliche Zentrale, ein Invisible Government – und nicht zuletzt hochgradig manipulative Rekrutierungsformen des Feindes zwischen Verführung und Gehirnwäsche.[41] Das Modell des Netzwerks suspendiert diese aporetische Gegenüberstellung von »Freiheit« versus »Manipulation«, die den Kalten Krieg und die Rede vom »Verrat im zwanzigsten Jahrhundert« dominierten, in einem Modell, das Selbststeuerung und Koordination im Kollektiv ineins setzt: *swarming*. Die Aporien des ›klassischen‹ Verschwörungsdenkens werden so aufgelöst in einem Modell, das die Konzepte von Steuerung und Handlungsfähigkeit vollkommen neu definiert (ich komme unten darauf zurück). Schwärmen, so Arquilla/Ronfeldt, ist »the future of conflict«, die Zukunft der Kriegführung, insofern sie die Errungenschaften moderner Informationstechnologie (und damit die Möglichkeit der permanenten Kommunikation kleinster Einheiten miteinander) und die Vorzüge selbst gesteuerter, verstreuter Akteure in eine kriegerische Taktik integriert. «Swarming is seemingly amorphous, but is a deliberately structured, coordinated, strategic way to strike from all directions, by means of a sustainable pulsing of force and/or fire«.[42] Als Angriffstaktik regulärer Truppen ebenso wie als Vorgehen terroristischer oder krimineller Netzwerke ist *swarming* eine Taktik, die die unhierarchische und führerlose Struktur des Netzes in ein Modell der Steuerung und des koordinierten gemeinsamen Handelns überführt. Die Metapher des Schwarms, deren epistemologische Implikationen noch zu betrachten sind, löst damit – im und als Modell – die Spannung von Kontrolle vs. Selbststeuerung, gemeinsamem Ziel vs. Eigeninitiative der Akteure, die die zentrale Crux der politischen und militärischen Steuerungsmodelle der Moderne war.

So kybernetisch elegant sich *netwar* und *swarming* als Taktiken präsentieren, bleibt gleichwohl die Frage, was diese Netze und Schwärme als Gemeinschaften und Konfliktparteien zusammenhält. Es sind, so Arquilla/Ronfeldt, »Narrative«, Erzählungen und Diskurse über Ursprung und Ziel des Konflikts und über die Natur des Feindes. *Netwars* sind demnach Kriege, in denen nicht nur eine Heimatfront propagandistisch bedient werden muss, sondern in denen taktisch und strategisch vieles davon abhängt, »whose story wins«.[43] In ihrer Linearität und ihrem bedeutungsstiftenden Rahmen sind diese Narrative strukturell, wie Sam Weber angemerkt hat, das Gegenteil des Netzwerks, das sie zusammenhalten sollen.

> »The ›first‹ and primary function of narratives [...] is to establish a clear-cut demarcation between ›us‹ and ›them‹, between ›who we are [...] and what makes us different from them‹. And for any ›movement‹ this can only mean getting ›time on its side‹.«[44]

Wo das Netz organisatorisch ausufert, inklusiv, aber auch locker strukturiert ist (eine ›Lockerheit‹, die stets auch die Abtrünnigkeit leicht macht), zeichnet das Narrativ die Grenzen und Identitäten der Gemeinschaft, welche dieses Netz formt, und gibt dem Feind eine »Gestalt«. Diese Gestalt erst, so Weber, macht ihn »targetable«, d. h. formatiert ihn als Zielscheibe eines Angriffs oder eine Abwehrmaßnahme. Wenn es nicht zuletzt darum geht, »die Zeit auf unserer Seite zu haben«, dann sind diese Narrative »historisch«, weil sie davon handeln, wer »Zukunft hat« – und wer nicht: »the enemy has no future«, schreibt Anselm Haverkamp.[45] Die Feldzüge, die die US-Regierung ›in Reaktion‹ auf 9/11 unternommen hat, sprachen genau von diesem historisch-zeitlichen Entwurf von Feindschaft, indem sie »*enduring* freedom« und »*infinite* justice« hießen; aber die heilsgeschichtliche Formatierung findet sich ebenso in den Programmen eines gerechten Krieges gegen den ›westlichen‹ Feind.[46] Es sind Narrative – in unserem Sinne also Fiktionen –, die die Kohärenz und damit die Funktionalität eines Netzes – des Feindes *als* Netzwerk – ausmachen: Geschichten vom fast hundert Jahre langen Betrug des Mittleren Ostens durch die Europäer und Amerikaner (Sykes-Picot und Versailles, so kann man bei T. E. Lawrence nachlesen, sind der Auftakt gewesen), Geschichten vom kulturellen Niedergang durch den Einfluss des Westens, Geschichten von einer notwendigen Rückkehr und Reinigung. *Netwars* sind so, in einer Weise, die nicht einfach auf »Propaganda« und »Ideologie« zu reduzieren ist, Konflikte, die auf Erzählungen angewiesen sind, welche »Geschichte *machen*«, indem sie Dauer und Unendlichkeit den einen, Kurzlebigkeit und Untergang den anderen bescheinigen.

Tier-Modelle: Spielbergs »War of the Worlds«

Es geht also um »Zukunft«. Was heißt es, wenn nach Arquilla/Ronfeldt die »Zukunft der Kriegführung«, aber vielleicht auch die Zukunft aller Koordination und Kooperation in *netwar* und *swarming* liegt? Auf der Ebene der Metaphorik, aber auch der bewussten Modellbildung gibt es hier eine seltsame Drift zur Naturalisierung, wenn die wesentlichen Modelle der neuen Kriegführung auf die Steuerungs- und Kommunikationsformen nicht menschlicher Organisation, sondern der von Tieren zurückgreifen. Impliziert das Netz noch die kulturelle Leistung der Verknüpfung, so verweist die Rede vom *swarming* auf eine naturgegebene Form der Organisation von Kollektivität, ein Kollektiv, das den Prozess der Steuerung und Koordination an das Leben selbst delegiert. Was ist ein Schwarm? Warum wird der Schwarm, gelegentlich auch das Rudel, die ›Völker‹ von sozialen Insekten wie Bienen, Ameisen und Termiten und nicht zuletzt auch Viren, Bakterien und Antikörper zum Modell zukünftiger Formen von Koordination, Kooperation und Kriegführung?[47] Und welche »Zukunft« ist damit entworfen?

Den Feind als Tier zu zeichnen, ihn etwa in Gestalt des Wolfs zu dämonisieren oder ihn in Gestalt von Ratten, Insekten oder Infektions-Metaphern zum Gegenstand von Projektionen des Ekels und der Angst zu machen, hat eine lange, böse Tradition.[48] Es zielt auf eine metaphorische Übertragung, in der imaginäre Eigenschaften der Tiere auf den Menschen projiziert werden. Philipp Sarasin hat vorgeführt, wie diese Übertragung im Fall von 9/11 funktioniert: Die Rede vom Terrorismus und den heimlich eingedrungenen Attentätern verfiel reflexartig – vom Mittag des 11. September an, wo sofort Biowaffen-Alarm gegeben wurde, bis in die Planung des Irak-Kriegs – in eine Metaphorik der Infektion, der eingedrungenen Fremdkörper. Diese Metaphorik ›realisiert‹ sich im Phantasma des »Bioterrors«, von den Anthrax-Briefen im Oktober 2001 bis zur Begründung des Irak-Kriegs mit dem Hinweis auf Saddam Husseins angebliche Biowaffen-Produktion. Die Metapher bzw. das Phantasma vom ungehemmt sich ausbreitenden Virus ist damit eine Form intensiver biopolitischer Abwehr: Abwehr von Fremden, Abwehr von Zirkulation, Abwehr von Kommunikation, Abwehr von Vermischung. Im Rahmen dieser Feindmodellierung und dieser Abwehr »verkommt Politik«, so Sarasin, unweigerlich »zur Seuchenkontrolle«.[49] Es ist ein Gestus der Immunisierung gegen ein Fremdes, mit dem eine Koexistenz, eine Kommunikation oder ein Austausch nicht nur nicht erlaubt, sondern nicht einmal gedacht werden darf. Auch dafür, für diese unüberwindliche Kluft, steht traditionell die Assoziation des Feindes mit dem Tier.

Diesen Diskurs der Abwehr, die in ihrem Kern eine Phantasie der Immunisierung oder der Quarantäne ist, setzt Spielbergs Film *War of the Worlds* (2005) nach dem Roman von H. G. Wells von 1898 auf verschiedenen Ebenen in Szene.[50] Die angreifenden Aliens kommen zwar aus dem Weltraum, vom langsam unwirtlich werdenden Mars auf der Suche nach neuem Lebensraum – aber ihre riesenhaften Tötungsmaschinen lagerten schon immer unter dem Asphalt unserer Städte und werden in der Folge genutzt, um die Menschheit systematisch zu vernichten. Als Feindgestalt sind die Aliens damit »Schläfer«, sie greifen auf etwas zurück (oder »sind« es), was immer schon unsichtbar unter uns (oder unter unseren Füßen) lauert.[51] Auch wenn in einer dramatischen Fluchtszene die Frage eines Kindes, ob das »Terroristen« seien, vom Vater nachdrücklich verneint wird, entspricht dies doch sehr genau der Phantasie der immer schon unter uns lebenden »Terroristen«. Und ähnlich wie die Terroristen, die Flugzeuge zu Waffen gemacht haben, sind die Aliens seltsame Hybride von Technik (die riesigen Tötungsmaschinen, mit denen sie die Erde verheeren) und fremdartiger organischer Lebensform (schwächliche Alien-Körper, die am Ende des Films jämmerlich an einem Schnupfen krepieren). Damit sind sie, wie die meisten außerirdischen Monster, Phantasien vom Feind, die sich aus den Konzepten der Klassischen Moderne speisen: gigantische Komplexe von Technik und Leben einerseits und eine unmittelbar aus der Romanvorlage übernommene darwinistische Formel vom »Kampf ums Dasein«. In dieser Hinsicht könnte der Film auch aus den vierziger Jahren sein. Aber Spielberg gibt ihm eine andere Dimension, wenn er diese ›biologische‹ Ebene des Films im Vor- und Abspann durch einen Zoom in einen Wassertropfen einspielt: Das Auge der Kamera wird zum Mikroskop und reist von der Ebene der DNA durch die Welt der Mikroben und Einzeller bis in die Sphäre der Makroorganismen. Der Kampf gegen die Aliens entscheidet sich dann auch konsequenterweise auf dieser mikrobiologischen Ebene: Die Invasoren werden plötzlich von irdischen Erregern hinweggerafft und lassen damit die mühsam errungene Vorherrschaft des Menschen auf der Erde in letzter Konsequenz unangetastet.

Was ist an diesem Szenario »post-9/11«? Das Phantasma vom Kampf der Mikroben in seiner Verbindung mit einem *zugleich* ›von außen‹ *und* ›von innen‹ kommenden Feind, so Sarasins Vorschlag, und die darin implizierte Programmatik einer Politik als »Seuchenkontrolle«. Das ist richtig, aber man könnte noch weiter gehen: Spielbergs Film führt einen zaghaften, in der Hälfte stecken gebliebenen Versuch vor, auf das eigentliche Terrain einer »Zukunft der Feindschaft« vorzudringen. Und dieses Terrain ist »das Leben selbst«: das Organische, die Organisationsformen und ›Techniken‹ des Lebens, die Vivisysteme der Tiere, nicht die menschliche Gesellschaft und auch nicht die Kriege der Klassischen Moderne. Damit verschiebt sich das Denken der Feindschaft auf das Gebiet des Biologischen, wie Eugene Thacker ausführt: »The problematic of ›life itself‹ is how to articulate, within the domain of the living, that which is threatening versus that which is threatened – how to articulate a confrontation between two types of microbial, biological ›life itself‹, how to demarcate the boundary between the biological life that is threatened (be it a cell, an immune system, a population) and the biological life that is the threat (be it a virus, bacterium, or gene sequence).«[52] Es geht damit um eine Verschiebung, die sehr viel weiter reicht als eine Transformation von Feindbildern und Bedrohungsszenarien, weiter vielleicht auch als die Steuerungsentwürfe des Politischen: Es geht um ein Denken des Lebens als System, welches ein Politisches herausfordert, das noch immer in Termini von Hierarchie und Kontrolle, Inklusion und Exklusion, Eingrenzung und Abgrenzung strukturiert ist.

In den Modellierungen des *swarming* wird diese Verschiebung besonders deutlich. Ist im Phantasma der Infektion das Organische, der Erreger eine Metapher der Abwehr, ein Aufruf zur Immunisierung und Abdichtung, wird hier das Tier zum epistemologischen Paradigma. Es wird Modell eines Wissens, das über es hinausgeht, aber an ihm entziffert werden muss: ein Wissen vom »Leben«, von der Organisation des Lebens. Und dieses Leben ist, das schreibt schon Darwin am Ende von *On the Origin of Species*, ein Netzwerk voneinander abhängiger Organismen.[53] Völker oder Schwärme von Insekten sind dabei das paradigmatische Beispiel einer in der Natur vorkommenden Form von sozialer Organisation. Was ist das Faszinosum des Schwarms? Seit der Antike waren die Bienen das emblematische Tier des Kollektivs, Bienenvölker Inbegriff einer Naturgegebenheit des Sozialen. Lange aber ging man davon aus, dass die »Bienenkönigin« neben der Reproduktion auch eine Funktion der Steuerung und Kontrolle übernehme, dass sie ›entscheide‹, wo der Schwarm sich niederlässt und wie er sich anordnet. Als *führerlose* Aggregationen von Einzeltieren, die einem »Herdentrieb« folgen, sind soziale Insekten dagegen erst in diesem Jahrhundert in den Blick geraten.[54] William Morton Wheeler beschreibt schon Anfang des 20. Jahrhunderts den Schwarm (bzw. den »Staat« der Ameisen) als »Superorganismus«, als eine Einheit aus der Vielheit der koordinierten, aber dennoch nicht kontrollierten Einzelwesen – eine ›intelligente‹ und komplexe Einheit aus vielen relativ ›dummen‹ Einzelwesen. Neuere Forschungen haben vor allem die Kommunikationsformen sozialer Insekten in den Blick genommen, die die Emergenz von komplexem Verhalten aus einfachen Einheiten überhaupt erst möglich machen. Diese Kommunikation besteht nicht im Gebrauch von Zeichen, sondern in der Bewegung der Einzeltiere selbst.[55] Ähnlich koordinieren sich Vogel- oder Fischschwärme einzig und allein durch eine geringe Anzahl von Verhaltensregeln (wie Zusammenströmen, Kollisionen vermeiden, das Tempo anpassen), die sie im Hinblick auf ihre unmittelbaren ›Nachbarn‹ im Schwarm ausüben.[56] Die Koordination der Einzelindividuen in der Gruppe erfolgt also durch etwas, was zugleich Interaktion, Kommunikation und Anpassung an die Umwelt ist. Durch die schiere Menge entsteht aus einfachsten Elementen (einfachen Handlungstypen) ein komplexes Gesamtverhalten, das im hohen Maße berechenbar bzw. im Computer simulierbar ist. Es ist eine Struktur, die nur als System von *Relationen* – als Gesamtzusammenhang vieler Elemente – verstehbar ist, nicht aber von einem einzigen Punkt her (einer Befehls- oder Orientierungsinstanz oder auch der Determinierung eines Verhaltens durch seine Umwelt). Selbstorganisation als die Emergenz eines übergeordneten Gesamtmusters aus der Vielzahl lokaler Interaktionen ist ein Phänomen, das weder durch die Analyse des Gesamtmusters noch die der Einzelakteure, sondern nur durch eine Analyse von Relationalität zu erklären ist. Schwärme verweisen damit paradigmatisch auf die komplexe Verknüpftheit aller mit allen – und sie modellieren diese Verknüpftheit, ohne sie auf eine ›einzige‹ Quelle zurückführbar zu machen.

Sie sind damit zugleich der Alptraum und der Wunschtraum aller Steuerung. Denn Schwarm-Systeme oder Netzwerke haben einerseits den Vorteil, sich leichter an Umweltveränderungen anpassen zu können und den Ausfall oder die Störung einzelner Elemente recht gut kompensieren zu können. Andererseits sind sie, gemessen an traditionellen hierarchischen, linearen »Uhrwerk«-Lösungen (Technik), relativ umständlich: Durch ihre Redundanz (viele Einzelkörper machen ungesteuert das Gleiche) sind sie nicht gerade effizient (Ameisen rennen auf der Suche nach Nahrung in alle Richtungen). Vor allem aber sind sie nicht kontrollierbar. Schwärme und Netze können nicht einfach umdirigiert oder ›abgeschaltet‹ werden, und ihre innere Dynamik ist schwer vorhersehbar.[57] Die einzige Möglichkeit, sie zu steuern oder auch zu bekämpfen, bedeutet, ihre interne Logik zu nutzen. Schwarm-Strukturen zu verstehen, bedeutet darum ein Denken, das sich von traditionellen Steuerungsmodellen verabschiedet, die entweder vom Einzelelement oder von der Gesamtgestalt ausgehen und die »Kontrolle« oder »Entwicklung« als lineare Prozesse denken. Wenn aber Schwärme und Netze Modelle komplexer und dezentralisierter Sozialität sind, dann impliziert diese Transformation des Denkens eine tiefgreifende Transformation des Politischen:

> »A political ontology of networks, swarms and multitudes«, schreibt Eugene Thacker in einem Überblick über die Theorien des Netzwerks und seiner politischen Konsequenzen, »will necessitate a reconsideration of many terms that are central to political thought – power, right, and democracy. These terms are in turn related to philosophical issues – individuation, multiplicity, and materiality. This might be as simple as thinking about instances of distributed dissent (politics) in terms of the concepts of living systems (biology), or it might be finding ways to set political concepts (such as »the people«) into a dialogue with technoscientific concepts (such as »the pack« or »the network«).[58]

Genau deshalb, weil von hier aus das Feld des Politischen, der Organisation von Konsens und Dissens, die Frage der Repräsentation und des Entzugs von Repräsentation – und nicht zuletzt auch die Modellierungen von Feindschaft anders und neu bestimmt werden müssen, ist die Theorie der Netzwerke und Schwärme in letzter Konsequenz eine Frage der *Intelligence.* Als ein Wissen vom Feind, das zutiefst in die Kriegführung selbst verstrickt ist, als eine Sphäre der *arcana imperii,* in der es exakt um Kontrolle, Abwehr und Steuerung geht, und nicht zuletzt als eine Institution, die immer schon Strukturen der Vernetzung zugleich aufgebaut und zu ihrem Untersuchungsgegenstand gemacht hat, *impliziert Intelligence immer schon eine Epistemologie des Netzwerks.* Aber dieses Netzwerk und seine Epistemologie präsentieren sich neuerdings als Infragestellung aller klassischen Begriffe des Politischen. Wenn die gleichen Think-Tanks, die im Kalten Krieg die Szenarien möglicher Konflikte für die US-amerikanischen Geheimdienste entworfen haben, nun Netze und Schwärme untersuchen, wenn einstmalige CIA-Experten für den Mittleren Osten heute lange soziologische Abhandlungen über die

Struktur von »Terror-Netzwerken« schreiben,[59] dann ist die Theorie der Netzwerke und das Nachdenken über ihre politischen Konsequenzen möglicherweise die eigentliche und tiefgreifendste Transformation geheimdienstlichen Wissens nach 9/11. Als Ereignis *und* als Phantasma, erfordert 9/11 ein Verstehen von »interconnectedness«, von globaler Vernetztheit auf allen Ebenen unserer Existenz, sei es die Politik der knapp werdenden Ressourcen, sei es die Ökologie, sei es Verkehr, Wirtschaft oder Datentransfer. Mehr noch: Es erfordert ein Verständnis davon, dass wir immer schon vernetzt und verknüpft sind mit dem, was wir als »den Feind« beschreiben. Der Feind ist ein Netzwerk, indem er Teil unseres Netzwerks ist.

Der letzte Feind: Frank Schätzings »Der Schwarm«

Die populären Fiktionen, die diese »globale« Perspektive in den Blick nehmen – in einen Blick, der sich dezidiert vom Kalten Krieg verabschiedet hat –, sind bezeichnenderweise nicht so sehr klassische Geheimdienst-Narrative. Allenfalls der ebenso präzise wie ernüchternde Korruptions-Thriller *Syriana* von 2005 bietet in der labyrinthischen Verknüpfung von Öl-Industrie, US-Politik im Mittleren Osten, fundamentalistischen Jugendlichen und dem glücklosen Einsatz eines abgehalfterten CIA-Agenten eine etwas überkomplexe Momentaufnahme der globalen Verstrickung von (Geo-)Politik, wirtschaftlichen Interessen und dem Zorn der Globalisierungsverlierer.[60] Nur scheinbar unpolitischer, aber tatsächlich sehr viel prägnanter nehmen nicht zufällig Fiktionen über Ökologie dies in den Blick. Was sie in Szene und gelegentlich in überaus eindrucksvolle Bilder setzen, ist »interconnectedness« und ihre Konsequenzen: die Emergenz unvorhersehbarer Phänomene. Zum Beispiel das Wetter. Roland Emmerichs *The Day After Tomorrow* (2004) exerziert das an einem Szenario endzeitlichen Wetterumschwungs durch, in dem eine Flutwelle mit nachfolgender Eiszeit wieder einmal New York unter meterdickem Eis begräbt.[61] Anders als Spielbergs Apokalypse verweist dieses Szenario auf keinen »Feind« – und nur indirekt auf eine »Ursache«:

globale Erwärmung, die den Golfstrom hat abreißen lassen – aber keine identifizierbaren Akteure oder Verursacher. Die wohl expliziteste Umsetzung einer Theorie globaler Vernetztheit aber ist Frank Schätzings Thriller *Der Schwarm* (2004).[62] Es ist, trotz seines populären Zuschnitts, eine der bislang bestrecherchierten Fiktionen über jenen Forschungskomplex, der sich unter Titeln wie *Emergenz, Selbstorganisation* oder *Swarm Intelligence* überhaupt erst seit knapp 30 Jahren entwickelt.[63] Das 1000 Seiten lange, routiniert erzählte Buch entwirft eine sich langsam anbahnende globale Katastrophe, die aus dem Meer kommt. Innerhalb nur weniger Wochen werden nicht nur Fische und Meeressäuger unerwartet aggressiv gegen Menschen und Schiffe, sondern es tauchen seltsame Mutationen bekannter Lebewesen auf: Tiefsee-Schlammwürmer mit überdimensionierten Kiefern, die das Methanhydrat an den Kontinentalhängen destabilisieren, Hummer, die toxische Mikroalgen enthalten, Muscheln, die Schiffsschrauben blockieren können. Schiffskollisionen, massenhafte Vergiftungen, von Walen angegriffene Schwimmer und schließlich von unterseeischen Methanverpuffungen ausgelöste Tsunamis sind die Folge. Eine von einer amerikanischen Generalin einberufene Expertentruppe aus Wissenschaftlern und Geheimdienstlern fragt sich auch hier einige Zeit lang, ob nicht arabische Terroristen ganz einfach den Rohöl-Markt manipulieren wollen. Irgendwann aber wird klar, dass es hier nicht um »Terroristen« geht, sondern um Tiere. Kleine und große Tiere, vom methanabbauenden Bakterium bis zum Blauwal, sind es, die Schiffe zum Kentern bringen und schließlich einen ganzen Kontinentalhang abrutschen lassen, um sich des Menschen zu entledigen. In einem solchen Szenario sind Walschützer und Meeresbiologen weniger die Verkörperungen eines ›ökologischen Gewissens‹ als vielmehr plötzlich die besseren Analysten, genau weil sie biologische Emergenz denken können. Was sie finden, ist eine hoch entwickelte Intelligenz im Meer, die nichts anderes ist als die Aggregation einer riesigen Menge von Amöben: ein Schwarm, den die ratlosen Forscher die »Yrr« nennen. Diese Intelligenz ist fähig, Krieg als Ökokatastrophe zu führen – eine Form der Kriegführung, die alle Konzepte von »biowarfare« noch überbietet, weil sie in globale ökologische Prozesse eingreifen kann. (Diesmal wird New York durch hoch giftige, blinde Krabben entvölkert, die an den Stränden von Long Island landen.) Was diese Instanz der biologischen Intelligenz tut, ist nichts anderes als avancierteste Biotechnologie: Sie »erzeugt« ihre Waffen in Form von mutierten Krabben und Bakterien. Aber anders als der Mensch »weiß« sie sehr genau, welche ökologischen Folgen diese Mutation haben wird (z. B. eben den geplanten Abrutsch des unterseeischen Hangs, der den Untergang Nordeuropas zur Folge hat). Anders als die Formen menschlicher Kriegführung, die immer auf den Einsatz von Mensch-Technik-Hybriden angewiesen ist, anders auch als menschliche Biotechnologie, die nie wirklich den Überblick über die systemischen Konsequenzen ihrer Eingriffe ins »Leben« hat, arbeitet diese organische Intelligenz mit dem, was sie selbst ist und was sie am besten kennt: organisches Leben. Sich der Menschen zu entledigen, die die Meere verseuchen und überfischen, ist aus dieser Perspektive nichts anderes als eine ökologisch stabilisierende Maßnahme, ein kleines Eingreifen in denjenigen Teil des Netzwerks, der sich zum Schaden des Gesamtsystems auswirkt.

So aberwitzig das klingen mag (die *Süddeutsche Zeitung* rezensierte das Buch höhnisch unter der Überschrift »Die Rache des Killerschleims«),[64] so präzise recherchiert ist es doch. Denn der Kern des Szenarios, ein hoch intelligenter Schwarm, der alle möglichen Formen annehmen, sich dissoziieren und assoziieren kann ohne irgendeine Instanz der Leitung und Kontrolle, greift zurück auf die ersten Forschungen zum Thema Selbstorganisation, die in den siebziger Jahren von Evelyn Fox Keller und Lee A. Segel gemacht wurden. Ihr Forschungsgegenstand war ein zellulärer Schleimpilz, *Dictyostelium discoideum*.[65] Dieser Pilz tritt unter bestimmten Umständen als Amöbe auf, unter anderen aggregiert er zu einem Zellorganismus, der sich wie eine Made bewegt und schließlich durch die Ausbildung eines Fruchtkörpers vermehrt [*Abb. 39*]. Neuere Forschungen haben ergeben, dass diese Amöben sogar ›intelligent‹ genug sind, den kürzesten Weg durch ein Labyrinth zu einer Futterquelle zu finden.[66] Schätzings Yrr sind damit ein Modell, um die Entdeckung weiter zu

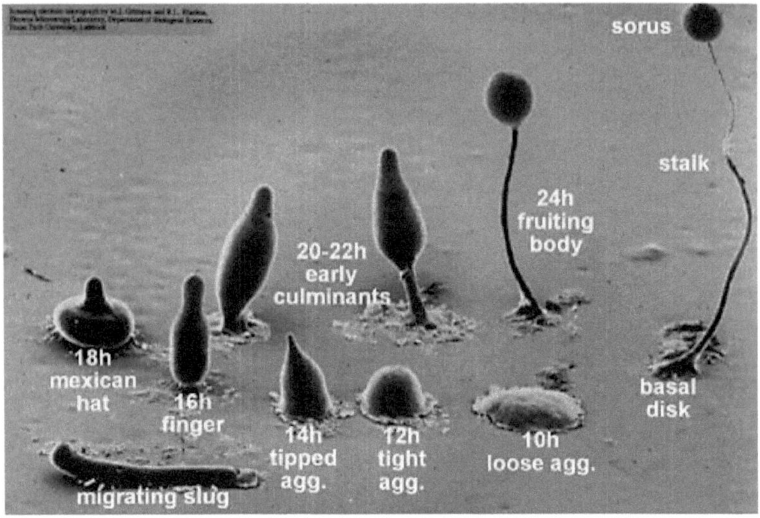

Abb. 39: Dictyostelium discoideum im Verlauf seines Transformationszyklus von der Einzeller-Phase über die Schnecken-Phase (slug) bis hin zum Fruchtkörper des Schleimpilzes. Es ist diese Amöbenart, die das Vorbild für Schätzings »Yrr« darstellt. Copyright: M. J. Grimson und R. L. Blanton, Biological Sciences Electron Microscopy Laboratory, Texas Tech University.

denken, dass aus der Aggregation einfachster Organismen eine zu Problemlösungen fähige Intelligenz entsteht. Die Yrr sind eine amorphe Masse, die immer wieder andere Formen annehmen kann, die wie die Schleimpilze über Signalstoffe (cAMP) ›kommuniziert‹ und – ähnlich wie Bienenschwärme, die ein weitaus längeres ›Gedächtnis‹ haben als die einzelne Biene[67] – denken und erinnern kann. Es ist die unendliche Vielzahl von aggregierten Einzelorganismen, aus der hochkomplexe Denkfähigkeit und ein schier unendliches Gedächtnis erwachsen. Die Intelligenz der Yrr ist damit ein klassischer Fall von Emergenz, dem Hervortreten einer komplexen Struktur aus der bloßen Quantität einer Menge von relativ primitiven Einzelelementen oder -organismen. Eine solche Struktur ist nichts, was sich aus der Betrachtung des Einzelorganismus ableiten ließe, sie ist mehr als die Summe dieser Einzelnen, sondern ›erscheint‹ erst mit dem Zusammenschluss zum System.[68] Was die Yrr intelligent macht – und damit notwendig zum Feind der Menschen –, ist eine Eigenschaft, die sie zugleich virtuell und faktisch haben: als reine Möglichkeit im Einzelorganismus, als Faktizität im Ganzen. Die Yrr sind so die fiktive Vervollkommnung des Schwarms schlechthin – all dessen, was die Forschung über *swarm intelligence* und *smart network solutions* im Moment noch mühsam entziffert. Sie sind System und denken in Systemen – und dies macht ihre profunde Differenz zum Menschen, aber auch ihre Überlegenheit aus.

Schätzing entwirft damit einen andern Typus von Feindschaft und eine andere Form von Intelligenz und *Intelligence*: Den Feind zu erkennen, seine Mechanismen zu verstehen, bedeutet nicht nur, die Logik seiner Struktur zu entschlüsseln, sondern sich selbst innerhalb dieser Logik denken zu können. Die Yrr verkörpern das Netz, in das auch der Mensch immer schon verwoben ist. Anders als die Feindschaften der Moderne kann und darf diese Feindschaft nicht auf die physische Vernichtung des Gegners hinauslaufen – wie die im Roman dargestellten Geheimdienstleute alten Schlages gerade nicht begreifen. Die Yrr können nicht vernichtet werden, weil dies die Grundlagen auch der menschlichen Existenz vernichten würde. Die Yrr *sind* das Leben, *sind* das Meer, *sind* die Lebens- und Umwelt der Menschen. Die Yrr sind der unmögliche – und das heißt: der *letzte* Feind der Menschheit. Die Yrr zu verstehen heißt, sich selbst als Element eines Systems zu denken, das Heterogenstes umfasst: Mensch und Yrr, deren Name nicht umsonst an »Tier« erinnert.

Schätzings Thriller ist Science-Fiction in einem Sinne, der sich nicht allein auf sein Genre bezieht: Es ist das Durchdenken einer wissenschaftlichen Fragestellung im Medium der Fiktion, ein Gedankenexperiment.[69] *Der Schwarm* exploriert die Konsequenzen einer epistemologischen Transformation, deren weitreichende Konsequenzen wir möglicherweise bisher nur erahnen. *Swarm intelligence,* das Denken des Netzwerks, ist ein Wissen, das die Strukturen des Wissens selbst transformiert, das die Art und Weise ändert, *wie* wir wissen. Schätzing, indem er dieses Wissen in ein Szenario globaler

Feindschaft einträgt, den Schwarm als das definitiv Andere, aber auch das definitiv Superiore des Menschen entwirft, führt vor, dass das Denken in Netzen überlebenswichtig für den Fortbestand des Menschen ist, dass dieser sich als Teil eines Systems begreifen muss, das Freunde und Feinde *umfasst*. Und dass er sich in diesem Sinne »systemkonform« verhalten muss. Dies mag die ethische Schlussfolgerung des Romans sein, eine Schlussfolgerung, die im Epilog in biedere und pathetische Worte gefasst wird, aber darum noch nicht falsch ist. Dass Schätzings Schwarm eine Einzahl und Vielzahl von Tieren ist, keine technische Konstruktion und auch keine menschliche oder menschenähnliche Intelligenz (wie die genretypischen Außerirdischen), verweist auf die ambivalente Natur dieser Feindschaft: Es ist ein Feind, der – als Tier – eine gänzlich andere Lebensform als der Mensch ist, der keine Intentionen, keine Hierarchien, keine politische Form und keine Subjektivität zu besitzen scheint; es ist aber auch ein Feind, der – als Tier – eine gemeinsame Lebenswelt mit dem Menschen teilt, der eine (systemtheoretisch gesprochen) »Umwelt« des Menschen darstellt, ebenso wie der Mensch eine Umwelt des Tieres ist. Die Theorie der Schwärme orientiert sich genau deshalb gern – aber bei weitem nicht nur – an Modellen von Tieren (wie den Ameisen oder dem notorischen Schleimpilz), weil diese Modelle heuristisch eine Suspendierung ›menschlicher‹ Kategorien wie Intentionalität, Selbststeuerung, Kontrolle und Befehlshierarchien ermöglichen. Schwärme von Tieren sind Kollektive, die zugleich ›ganz anders‹ als menschliche Kollektive funktionieren – und genau darum das Funktionieren auch menschlicher Kollektive als »Mannigfaltigkeiten« (wie ökonomische Märkte, Medienverbünde, Verkehrsflüsse, sozialen Wandel etc.) reflektieren können.[70]

Was heißt es, dass der Feind der Zukunft oder die Zukunft der Feindschaft in Termini des Schwarms und des Netzwerks gedacht werden? Wenn der Schwarm und das Netz das Andere der gegenwärtigen politischen Strukturen darstellen, dann fordern sie das Politische heraus und zwingen es zur Transformation. Arquilla/Ronfeldt schlussfolgern, dass Netzwerke nötig sind, um Netzwerke zu bekämpfen: »It takes networks to fight networks.« Die Frage ist, was das bedeutet. Wenn der Feind keine klar umrissene Identität, keine demarkierte Gruppierung mehr ist, sondern ein Netz oder Schwarm – dann wird die Kategorie der Feindschaft selbst in Frage gestellt. Folgt man der durch Carl Schmitt berühmt gewordenen Formel, dass der Feind, wie anfangs zitiert, »unsere eigene Frage als Gestalt« ist, dann fragt sich, was in der Rede von den »Terror-Netzwerken« und in den Fiktionen von den feindlichen Schwärmen die *Gestalt unserer Frage* ist. Denn das Netzwerk, der Schwarm ist nicht nur das ganz Andere unserer sozialen, politischen und medialen Lebenswelt (sofern sie auf Identitäten, Intentionen, Subjektivitäten, Grenzen, Hierarchien etc. beruht), sondern auch das, was sie zutiefst prägt. Terror-Netzwerke, das ist ihre verwirrende Ironie, werden gerade von dem zusammengehalten, was wir als soziales Band am höchsten schätzen: Vertrauen, Zuverlässigkeit, Glaube an eine gemeinsame Sache.[71] »Interconnectedness«, die globale Vernetztheit unserer Welt – seien es Märkte, Logistik, Datenübertragungen, Energieversorgung oder auch unsere Gesundheit – ist ebenso eine Quelle von Versorgung wie von Sorge. Das Infektions-Phantasma beispielsweise reicht mittlerweile – in Form des Computer-Virus – bis hinein in unsere vernetzten Datensysteme, es prägt unsere Logistik, unsere Erfahrungen beim Reisen, vielleicht bald sogar unseren sozialen Umgang.[72] Vernetztheit kann bedeuten, dass der Ausfall eines Teils des Systems schnell von anderen Teilen aufgefangen wird – Vernetztheit kann aber auch zur Eskalation eines lokalen Problems in globale Ausmaße führen.[73] Wenn alles mit allem verflochten ist, dann kann eine kleine Störung des Systems zu einer eskalierenden Verkettung von Störungen und so zur ganz großen Katastrophe führen: Auch das ist Emergenz – in ihrer desaströsen Erscheinungsweise. Netzwerke als Feinde, die zugleich die Lösung des Konflikts darstellen sollen, Schwärme als Schreckensszenarien und als Utopie einer ›vollkommenen‹ Intelligenz sind gleichermaßen Verkörperungen unserer schlimmsten Ängste und unserer kühnsten Träume. Was uns an Netzwerken fasziniert, ist zugleich das Ende eines überholten Begriffs von Kontrolle und Herrschaft – aber auch die Angst vor dem Verlust von Kontrolle und Beherrschbarkeit der Systeme, in denen wir leben. Wenn Intelligence ein Wissen vom Feind ist, das immer auch die genaue Kenntnis der eigenen Stärken und Schwächen voraussetzt, dann bedeutet das vor allem, die unüberwindliche Verflochtenheit von Freunden und Feinden in Rechnung zu ziehen. Es heißt, *unsere* Frage in dem zu erkennen, was wir als die »Gestalt« des Feindes wahrzunehmen glauben.

Anmerkungen

1 Grundsätzlich stellt diese Frage Jacques Derrida: Autoimmunity: Real and Symbolic Suicides – A Dialogue with Jacques Derrida, in: Giovanna Borradori: Philosophy in a Time of Terror, Chicago/London: University of Chicago Press 2003, S. 85–136, S. 90 f.

2 The National Security Strategy of the United States of America, September 2002, http://www.whitehouse.gov/nsc/nss.html. Hervorhebungen EH.

3 Joseph Joffe: »Hubs, Spokes, and Public Goods«, 30. Okt. 2002, in: The National Interest, Nr. 69 (Herbst 2002), im Netz unter: http://www.inthenationalinterest.com/Articles/Vol1Issue8/Vol1Issue8JoffePFV.html

4 Jean Baudrillard: The Spirit of Terrorism, London/New York: Verso 2002, S. 5.

5 Slavoj Žižek: Welcome to the Desert of the Real! Five Essays on September 11 and Related Dates, London/New York 2002, S. 16.

6 So schon 2001 nachzulesen bei Yonah Alexander/Michael S. Swetnam: Usama bin Laden's al-Qaida. Profile of a Terrorist Network, Ardsley/NY: Transnational Publishers 2001.

7 So wird der Regisseur Edward Zwick in einem Artikel 1998 zitiert. Willow Bay: Director Ed Zwick defends *The Siege*, 10. Nov. 1998. Im Netz unter: http://edition.cnn.com/SHOWBIZ/Movies/9811/10/siege/

8 Žižek: Welcome to the Desert of the Real!, a.a.O., S. 17.

9 Edward Zwick in einem Interview vom 19. Sept. 2001 mit Val Zavala, im Netz unter: http://www.thescreamonline.com/commentary/comment2–1/

10 Philipp Sarasin: »Anthrax«. Bioterror als Phantasma, Frankfurt am Main: Suhrkamp 2004.

11 Sarasin: »Anthrax«, a.a.O., S. 9.

12 So der Titel eines Weblogs, den Mathias Bröckers vom 13. 11. 2001 an verfasste. Unter: http://www.heise.de/tp/r4/artikel/9/9528/1.html.

13 Die »geistliche Anleitung« der Attentäter, die in der Reisetasche Mohammed Attas gefunden wurde, ist mittlerweile von namhaften Religionswissenschaftlern und Arabisten untersucht und als authentisch eingeschätzt worden.

Hans G. Kippenberg/Tilman Seidensticker (Hg.): Terror im Dienste Gottes. Die »geistliche Anleitung« der Attentäter des 11. September, Frankfurt am Main: Campus 2004.

14 Präsident George W. Bush: Rede am 20. Sept. 2001 vor einer joint session of Congress. Im Netz unter http://www.whitehouse.gov/news/releases/2001/09/20010920–8.html

15 Präsident George W. Bush: Rede vor der Generalversammlung der UNO am 11. 10. 2001. Unter http://www.whitehouse.gov/news/releases/2002/09/20020912–1.html

16 Thomas Kean/ Lee H. Hamilton: 9/11 Commission Report, New York: Barnes & Noble 2004.

17 Mathias Bröckers: The WTC Conspiracy, Blog 13. 9. 2001, http://www.heise.de/tp/r4/artikel/9/9528/1.html. Wiederabgedruckt in: Mathias Bröckers: Verschwörungen, Verschwörungstheorien und die Geheimnisse des 11.9., Berlin: Zweitausendeins 2002, 2 Bde., Bd. 1, S. 73.

18 Thierry Meyssan: 11. September 2001. Der inszenierte Terrorismus – Auftakt zum Weltenbrand?, Kassel: de facto 2002.

19 Andreas von Bülow: Die CIA und der 11. September. Internationaler Terror und die Rolle der Geheimdienste, München: Piper 2002. Ähnlich argumentiert auch Gerhard Wisnewski: Operation 9/11: Angriff auf den Globus, München: Knaur 2003 und Ders.: Mythos 9/11, München: Knaur 2004.

20 Bröckers: Verschwörungen, Verschwörungstheorien und die Geheimnisse des 11.9., a.a.O., Vorwort zur Buchausgabe, S. 10.

21 Dazu grundlegend: Timothey Melley: Empire of Conspiracy, a.a.O. Michael Barkun: A Culture of Conspiracy, Los Angeles: University of California Press 2003, und Peter Knight: Conspiracy Culture, a.a.O.

22 Bröckers: Verschwörungen, Verschwörungstheorien und die Geheimnisse des 11.9., a.a.O., S. 21 und S. 19.

23 Eine hervorragende Analyse der Verschwörungstheorien um 9/11 und einen Vergleich mit »JFK« liefert Peter Knight: »Outrageous Conspiracy Theories«: Popular and Official Responses to 9/11 in Germany and the United States, in: Eva Horn (Hg.): Dark Powers. Conspiracy in History and Fiction, New German Critique, Nr. 103, Jan. 2008.

24 Bröckers: Verschwörungen, Verschwörungstheorien und die Geheimnisse des 11.9., a.a.O., S. 16.

25 The Complete 9/11 Timeline, open-content investigative project managed by Paul Thompson, im Netz unter http://www.cooperativeresearch.org/project.jsp?project= 911_project

26 Ray Nowosielsky/John Duffy: 9/11 Press for Truth, nach der Complete 9/11 Timeline von Paul Thompson, DVD USA 2006. S.auch http://www.911pressfortruth.com/

27 Dylan Avery/Korey Rowe/Jason Berrmas: Loose Change (mittlerweile ist die zweite bearbeitete Fassung des Films als Version 2.0 im Netz erhältlich, an einem »Final Cut« wird noch gearbeitet) USA 2006. http://www.loosechange911.com/

28 Richard Hofstadter: The Paranoid Style in American Politics, a.a.O., S. 3–40, hier: S. 29.

29 Zitiert in »Korey Rowe – The lopse cannon of 9/11«, http://smithmag.net/2006/08/10/korey-rowe-the-loose-cannon-of-911.

30 Carl Schmitt: Theorie des Partisanen, a.a.O., S. 87.

31 David F. Ronfeldt, John Arquilla: »Networks, Netwars and the Fight for the Future«, erschienen in FirstMonday, im Netz unter: http://www.firstmonday.dk/issues/issue6_10/ronfeldt/

32 Carlos Widmann: Der Che des Propheten, in: Der Spiegel 43/2001, 22. Okt. 2001.

33 Es entspricht der beschriebenen Form von 9/11 als der Manifestation einer latenten Struktur, dass die wichtigsten Publikationen über terroristische Netzwerke, Netzkriege und die vernetzte Informationsgesellschaft lange vor 2001 erschienen – aber erst nach dem 11. September in den Mittelpunkt der politischen und strategischen Aufmerksamkeit gerieten. Vgl. insbesondere Vice Admiral Arthur Cebrowski/John Garstka: »Network-Centric Warfare«, in: Proceedings of the United States Naval Institute, Bd. 24, Nr. 1, 1998, S. 28–35. Die wichtige Studie von John Arquilla/David Ronfeldt: The Advent of Netwar, Santa Monica: RAND, erschien bereits 1996 als schmales Heft und Netzpublikation. 2001 wurde sie, mit einem Zusatzkapitel zu 9/11, unter einem neuen Titel, Networks and Netwars. The Future of Terror, Crime and Militancy, Santa Monica: RAND zu einem Bestseller. Unter http://www.rand.org/publications/MR/MR1382/ ist sie noch immer in ihrer aktualisierten Form von 2001 im Netz. Zur Informationsgesellschaft fundamental: Manuel Castells: The Information Age, Bd. 1: The Rise of the Network Society, Oxford: Blackwell 1996, dt.: Das Informationszeitalter, 3 Bde., Opladen: Leske Budrich 2004.

34 National Security Strategy, a.a.O., http://www.whitehouse.gov/nsc/nss.html.

35 Arquilla/Ronfeldt: Networks and Netwars, a.a.O., S. 6.

36 Arquilla/Ronfeldt: Networks and Netwars, a.a.O., S. 7.

37 Gilles Deleuze/Félix Guattari: Tausend Plateaus, a.a.O., insb. Kap. 2: »1914: Einer oder mehrere Wölfe« und Kap. 8: »Abhandlung über Nomadologie«.

38 Arquilla/Ronfeldt: Networks and Netwars, a.a.O., S. 316 f.

39 Mark Sageman: Understanding Terror Networks, Philadelphia: University of Pennsylvania Press 2004, S. 101.

40 Ebd., S. 183.

41 Es ist aufschlussreich zu sehen, wie Sageman all diese Theoreme des »Brainwashing«, latenten Wahnsinns oder der erfolgreichen Verführung durch eine

Rekrutierungsinstanz einzeln abarbeitet – nur um immer wieder diagnostizieren zu müssen, dass sie auf die von ihm untersuchte Gruppe nicht anwendbar sind.

42 John Arquilla/David Ronfeldt: Swarming and The Future of Conflict, Santa Monica: Rand 2000, S. vii, im Netz unter: http://www.rand.org/publications/DB/DB311/

43 Arquilla/Ronfeldt: Networks and Netwars, a.a.O., S. 328 ff.

44 Samuel Weber: Targets of Opportunity. On the Militarization of Thinking, New York: Fordham University Press 2005, S. 108. Weber zitiert hier direkt aus Arquilla/Ronfeldt, a.a.O.

45 Anselm Haverkamp: »The Enemy Has No Future«, in: Cardozo Law Review 26, Nr. 4 (2004/2005), S. 1400–1412.

46 Ian Buruma/Avishai Margalit: Okzidentalismus. Der Westen in den Augen seiner Feinde, München: Hanser 2005.

47 So die Liste der »exemplary metaphors« im dritten Kapitel von Arquilla/Ronfeldt: Swarming, a.a.O., S. 25.

48 Zum Psychomechanismus dieser Tier-Projektionen in der Moderne, insbesondere im Antisemitismus des 20. Jahrhundert vgl. Klaus Theweleit: Männerphantasien, Bd. II: Zur Psychoanalyse des weißen Terror, Reinbek: Rowohlt 1980.

49 Sarasin: »Anthrax«, a.a.O., S. 195, letzter Satz des Buches.

50 Philipp Sarasin hat dem Film eine scharfsinnige Lektüre gewidmet, der ich hier weitgehend folge; Philipp Sarasin: »*War of the Worlds*«, Terrorism and Bio-Politics after 9/11, in: Eva Horn/Peter Krapp (Hg.): Defense. Models – Strategies – Media, Minneapolis: University of Minnesota Press 2007 (im Druck).

51 Sarasin: »*War of the Worlds*«, a.a.O.

52 Eugene Thacker: Biological Sovereignty, in: Eva Horn/Peter Krapp (Hg.): Defense, a.a.O.

53 Charles Darwin: On the Origin of Species by Means of Natural Selection, or, The Preservation of Favoured Races in the Struggle for Life, London: J. Murray 1859.

54 Bahnbrechend William Morton Wheeler: Emergent Evolution and the Development of Societies, New York: Norton 1928. Später Konrad Lorenz: Das sogenannte Böse. Zur Naturgeschichte der Aggression, München 1963, Kap. über den Herdentrieb.

55 Ameisen hinterlassen eine Pheromonspur auf dem Weg zu Nahrungsquellen; ist eine geeignete Nahrungsquelle gefunden, kehrt die Ameise auf dem gleichen Weg zurück, hinterlässt wieder eine Spur, die wiederum andere Tiere anlockt, diesen Weg auch auszuprobieren und erfolgreich zurückzukommen – so ›verbreitert‹ sich die Spur mit der wachsenden Anzahl von Tieren, die sie auch nutzen. Eric Bonabeau/Guy Théraulaz: »Swarm Smarts«, Scientific American, März 2000, S. 72–79.

56 Craig Reynolds: »Flocks, Herds, and Schools: A Distributed Behavioral Model«, in: SIGGRAPH '87 Computer Graphics 21/4, Juli 1987, S. 25–37.

57 Eine prägnante Zusammenfassung der Vorteile und Nachteile von »Swarm Systems« liefert Kevin Kelly: Out of Control. The Rise of Neo-Biological Civilization, Reading: Addison-Wesley 1994, S. 21–25.

58 Eugene Thacker: Networks, Swarms, Multitudes, 2 Teile, in Ctheory, im Netz unter:www.ctheory.net/text_file?pick=422 und =423.

59 Mark Sageman: Understanding Terror Networks, a.a.O.

60 Stephen Gaghan: Syriana, Drehbuch: Stephen Gaghan (nach dem Buch des Ex-CIA-Agenten Robert Baer: *See No Evil*), mit George Clooney, Matt Damon, Amanda Peet, Alexander Siddig, 128 Min., USA 2005.

61 Roland Emmerich: The Day After Tomorrow, Drehbuch: Roland Emmerich/ Jeffrey Nachmanoff, mit Dennis Quaid, Jake Gyllenhaal, Emmy Rossum, Ian Holm, 118 Min., USA 2004.

62 Frank Schätzing: Der Schwarm, Köln: Kiepenheuer 2004.

63 Einen guten Überblick bieten Kelly: Out of Control, a.a.O., und Steven Johnson: Emergence. The Connected Lives of Ants, Brains, Cities, and Software, New York: Scribner 2001. Grundlagenwerk ist: Eric Bonabeau/Marco Dorigo/ Guy Theraulaz: Swarm Intelligence. From Natural to Artificial Systems, New York: Oxford University Press 1999. Dass Schätzing für seinen Roman extensiv Meereskunde studiert hat, wurde ihm zum Verhängnis: Der Meeresbiologe Thomas Orthmann, dessen Website www.oceane.de Schätzing im Zuge seiner Recherchen ein wenig zu ausführlich zitiert hatte, erhob eine Plagiatsklage gegen den Autor.

64 Robin Detje: »Die Rache des Killerschleims«, Süddeutsche Zeitung vom 4. 3. 2004.

65 Der bahnbrechende Artikel der Biologin Evelyn Fox Keller und des Mathematikers Lee A. Segel und ihre nachfolgenden Forschungen werden seither als das »Keller-Segel-Modell« zitiert. Evely Fox Keller/Lee A. Segel: »Initiation of slime mold aggregation viewed as an instability«, in: Journal of Theoretical Biology, März 1970, 26(3), S. 399–415.

66 So die Forschungen von Toshiyuki Nakagaki, Bio-Mimetic Control Research Centre, Nagoya, Japan, am Schleimpilz *Physarum polycephalum* von 2000. Toshiyuki Nakagaki, Hiroyasu Yamada, Ágota Tóth: »Intelligence: Maze-Solving By An Amoeboid Organism«, in: Nature 407, 28. 9. 2000, S. 493–496.

67 Kelly: Out of Control, a.a.O., S. 12.

68 Einen brauchbaren Überblick über die verschiedenen Forschungsfelder der Emergenz-Forschung liefert Steven Johnson: Emergence, a.a.O.

69 Thomas und Annette Macho: Science & Fiction: Über Gedankenexperimente in Wissenschaft, Philosophie und Literatur, Frankfurt am Main: Fischer Taschenbuch 2004, Einleitung.

70 Vgl. den Überblick der Anwendungen von Swarm Systems bei Kelly: Out of Control, a.a.O. Dass Tiere und ihre a-subjektiven Kollektive das beste Paradigma für die »Mannigfaltigkeit« sind, haben zuerst Gilles Deleuze/Félix Guattari in ihrem 2. Kapitel »1914: Einer oder mehrere Wölfe«, in Tausend Plateaus, a.a.O., skizziert.

71 Das wird besonders deutlich bei Mark Sageman: Understanding Terror Networks, a.a.O.

72 Zur hybriden Natur des Virus, das »reine Information« ist und damit undefinierbar zwischen Totem und Lebendigem, Technischem und Organischem schwebt, vgl. die Beiträge in Brigitte Weingart/Ruth Meyer (Hg.): Virus! Mutationen einer Metapher, Bielefeld: Transkript 2004.

73 Die besten Beispiele dafür sind bisher Finanzmärkte, wo lokale Einbrüche immer schneller zu weltweiten Crashs führen. Ein technisches Beispiel für eine solche Eskalation war der Stromausfall in Canada und dem Nordosten der USA am 14.August 2003 durch die Überlastung eines einzelnen E-Werks in Parma/Ohio.

Schluss

In Graham Greenes vielleicht bestem, auf jeden Fall aber heiterstem Buch, *Our Man in Havana,* lässt sich der Held, der Staubsaugervertreter Wormold, als Agent vom MI6 anheuern, um seine mageren Einkünfte durch üppige Secret Service-Spesen aufzubessern. Da er weder Zugang zu irgendwelchen Quellen noch eigene Agenten hat, erfindet er sie kurzerhand. Wormold verkauft nicht nur die Skizzen seiner Staubsauger als geheime Pläne neuer Wunderwaffen, sondern führt eine ganze Reihe von imaginären Agenten, deren Geschichten er für gutes Geld an die Zentrale in England weitergibt. In Greenes Roman ist Wormold, der angebliche Spion, der fiktive Berichte schreibt und erfundene Quellen führt, eine Figuration des Autors, die Welt des Geheimdiensts die Welt der literarischen Einbildungskraft. Seine Agenten sind »characters«, Romanfiguren, die romaneske Schicksale erleiden und gelegentlich aus Gründen der Plausibilität und Romanökonomie von ihrem Erfinder aus dem Verkehr gezogen werden. »Just as in real life«, denkt Wormold über seine Erfindung, »accidents could happen; a character might take control.«[1] Während Wormold noch über die Romanschicksale nachdenkt, die er seinen Helden zu geben gedenkt, nehmen seine Erfindungen allerdings »im richtigen Leben« Gestalt an: Man schickt ihm aus London eine Sekretärin und einen Gehilfen zum Codieren – und man versucht, ihn zu vergiften. In dieser Wendung, im Umschlagen des ›Erfundenen‹ ins ›Wirkliche‹ liegt die Pointe des Buches für das Verhältnis von Geheimdienst und Fiktion. Die Welt des Geheimdienstes, eine Welt der Erfindungen, der Lügen und Spekulationen, fällt ein ins reale Leben, das Erfundene entfaltet seine gewalttätige Wirksamkeit, bis nicht nur die fiktiven Agenten, sondern auch wirkliche Menschen tot sind. Die Fiktion, so gedankengeboren sie sein mag, erzeugt ihre eigene Verwirklichung – was zuerst Erfindung oder Hypothese ist, realisiert sich in der Schattenwelt des Geheimen zu einer surrealen, aber nicht minder brutalen Szenerie.

Es ist diese Rekursion des Fiktiven ins Wirkliche und des Wirklichen ins Fiktive, in der sich die epistemologische Struktur des politischen Geheimnisses modellhaft niederschlägt. Das Geheimnis erzeugt Wirklichkeit als eine Fiktion – und erfordert Fiktionen, um dem Wirklichen auf die Spur zu kommen. Denn es sind die Fiktionen, die mehr als aller Enthüllungsjournalismus und alle historische Forschung der Struktur und dem Funktionieren von Geheimnissen auf die Spur kommen, genau deshalb, weil sie den – in letzter Konsequenz naiven – Anspruch auf eine abschließende Wahrheit aufgeben. Fiktionen explorieren die Funktionsmechanismen des politischen Geheimnisses: die Strategien und Taktiken des Klandestinen, die unausweichliche Dialektik von Luzidität und Blindheit in der Ausspähung und Spekulation über den Gegner, die Figurationen und Disfigurationen des Feindes, die Ethik des verdeckten Vorgehens. Fiktionen sind nicht zuletzt – das zeigt sich auch an der üppigen Roman-Produktion von aus dem Dienst geschiedenen Insidern (neuerdings etwa Robert Baer und Richard Clarke[2]) – die einzige Möglichkeit, die Praktiken und Fehlleistungen von Geheimdiensten zu schildern, ohne die Schweigeklausel zu verletzen, die Geheimdienstmitarbeiter und Politiker unterschreiben, bevor sie ihre Ämter antreten.[3] Fiktionen können erzählen und zugleich die Bedingungen der Möglichkeit jeden Erzählens mit sichtbar machen: die Verzerrungen durch apologetische oder ideologische Erzählinteressen, die Absichten und Hintergründe von gezielter Desinformation (Kim Philbys Memoiren sind ein Beispiel dafür, das aber erst durch Le Carrés brillanten Roman *Tinker, Tailor, Soldier, Spy* als solches lesbar wird) und nicht zuletzt jene »Schamhaftigkeit der Geschichte« (Jorge Luis Borges), die Schwierigkeit, etwas nicht aus der Sicht der Helden, sondern aus der Perspektive des Verräters zu erzählen.

Weil sie sich aus den rechtlichen Verbindlichkeiten des Verratens und Bewahrens von Geheimnissen heraushalten können, werfen Fiktionen Licht auf jene fundamentale Paradoxie des politischen Geheimnisses in der Moderne: der Konflikt zwischen einem politischen Ideal der Transparenz und demokratischen Kontrolle auf der einen Seite, dem notwendigen oder jedenfalls unvermeidlichen Einsatz von Geheimhaltung, geheimen Eingriffen und heimlichen Überwachungsmaßnahmen auf der anderen Seite. Erst in modernen Demokratien – und nicht in modernen Diktaturen – stellen die *arcana imperii* einen inhärenten Selbstwiderspruch des politischen Systems genau dadurch dar, dass sie – im Dienste des Schutzes und der Abwehr von Feinden und Bedrohungen – eine Grauzone der Rechtlosigkeit und Unkontrollierbarkeit eröffnen, in der verschwiegen, gelogen, bespitzelt, gestohlen, desinformiert, erpresst, schlimmstenfalls getötet werden kann. Eine Grauzone der heimlichen Operationen und Pläne, die sich – so jedenfalls die wohl dauerhafteste Hypothese im Fall John F. Kennedy – zuletzt auch gegen die Regierung selbst wenden kann; eine Grauzone auch, in der sich die Logiken von Staatsapparat und Kriegsmaschine in einer unheimlichen Weise einander annähern. Nur in Demokratien aber stellt sich dieses Paradox mit der Schärfe, die sich an den Dramen und Tragödien des geheimen Kriegs vom *Great Game* über den Kalten Krieg bis zu den neuesten Szenarien von Korruption und vernetztem Terrorismus ablesen lassen. Weil es um dieses Paradox der Geheimhaltung in modernen Demokratien geht, ist dieses Buch keines über die Stasi, die HVA oder den NKWD oder KGB, und auch nicht über die Gestapo oder die Abwehr der NS – weder über ihre Geschichte noch ihre Geschichte*n*. Es geht um eine politische Einsicht in dieses Paradox, eine Ausleuchtung seiner Konsequenzen, historischen Ausprägungen und literarischen Problematisierungen – aber nicht um eine Phänomenologie politischen Terrors und staatlicher Bespitzelung.

Im Blick auf die jeweiligen historischen Szenarien, auf die unterschiedlichen politischen Institutionen und Wissensformen, aber auch die spezifischen Ängste oder Phantasmen – die etwa im Ersten Weltkrieg mit der Furcht vor der Geschlechterkomödie der Spionin ganz anders gelagert sind als im Kalten Krieg, wo man Maulwürfe oder Überläufer fürchtete – wird klar, dass es nicht einen kontinuierlichen, von konstanten Regeln oder »Tricks« geprägten Bereich des politischen Geheimnisses gibt. Der Topos von der Spionage als »zweitältestem Beruf der Welt«, der fast jeder überblicksartigen Spionage-Geschichte vorangestellt wird, legt nahe, dass die geheime Dimension des Kriegs und der Politik gleichsam eine anthropologische Konstante sei. Ich hoffe, gezeigt zu haben, dass sie das genau nicht ist. Vielmehr geht es niemals nur um den so genannten »menschlichen Faktor« im geheimen Krieg, sondern mindestens genau so immer auch um die historischen Wissensformen, die in der Frage des Verrats und des Geheimnisses auf dem Spiel stehen. Glaubt man im Ersten Weltkrieg noch gewissermaßen an die sexuelle Übertragbarkeit von Staats- und Kriegsgeheimnissen, so erzeugt der Kalte Krieg ganze Areale von hoch spezialisierter wissenschaftlicher Forschung, zu der idealiter nicht einmal mehr die an dieser Forschung arbeitenden Wissenschaftler Zugang haben sollten. Den geheimen Krieg zu verstehen, statt (wie es noch immer allzu häufig der Fall ist) der Arbeit von Geheimdiensten entweder mit Verfolgungswahn angesichts ihrer Allmacht oder Hohn angesichts ihrer Unfähigkeit zu begegnen, bedeutet, sich die Mühe zu machen, die Wissensstruktur dessen zu verstehen, was jeweils als gerade aktuellstes Staatsgeheimnis gehandelt wird – sei es die Anzahl sowjetischer U-Boote, die Identität eines Maulwurfs oder die Frage, ob ein paar muslimische Studenten seltsame Informationen aus dem Internet und verdächtige Stoffe aus dem Baumarkt holen. Es bedeutet nicht zuletzt auch, die Struktur der Feindschaft zu verstehen, die einen historischen Konflikt prägt. Das zerbrochene Spiegelkabinett des Kalten Kriegs hat uns – gewöhnt an einen rationalen, staatsförmigen und hoch gerüsteten Feind – in einen Dschungel von unüberschaubaren Vernetzungen und unwahrscheinlichen Allianzen entlassen: Sei es der Filz eines »militärisch-industriellen Komplexes«, der sich zur unsichtbaren Regierung aufschwingt, seien es die Verflechtungen von (energie)wirtschaftlichen und (geo)politischen Interessen im Ölmarkt, die von Sykes-Picot bis *Syriana* ohne absehbares Ende sind, seien es die neuen, allzu unauffälligen und zugleich allzu fremden Krieger des salafischen Djihad, die dem Westen ihre ideologische Radikalität wie ihre Effizienz spätestens mit dem 11. September mehr als deutlich gemach haben. Den

Feind nicht nur zu kennen, sondern auch zu verstehen, ist eine Aufgabe von Geheimdiensten – aber auch eine Aufgabe informierter Bürger und kritischer Leser, die sich nicht mit reflexhafter Furcht und dem politischen Ruf nach mehr »Heimatschutz« zufrieden geben wollen. Und es heißt auch zu verstehen, welches der gemeinsame Nenner zwischen Freunden und Feinden ist, jene von beiden Seiten geteilte Logik des Konflikts, die zugleich sein blinder Fleck ist.

So veränderlich sich Geheimnis und Verrat in ihren jeweiligen historischen Kontexten allein im 20. Jahrhundert aber präsentieren, so prägnant, wenn nicht exemplarisch ist doch die Gestalt des Agenten – in seinen Varianten als Überläufer, Maulwurf, Verräter, Geheimnisträger, heimlicher Agitator, Schläfer, Partisan usw. – für eine politische Anthropologie der Moderne insgesamt. Es ist diese durch und durch einsame, im Auftrag handelnde und doch bindungslose, treulose, aber oft idealistische, überlebensfähige und dennoch dem Tod preisgegebene, geopferte und doch von allem Heroismus entblößte Figur, die die Möglichkeit und Unmöglichkeit eines politischen Alleingangs im Gefüge moderner Loyalitätsstrukturen bis ins Extrem auslotet. Der Verrat der eigenen Gemeinschaft – das zeigte sich von Judas bis Philby und Maurice Castle – ist ein Moment absoluter Freiheit und doch zugleich auch einer der tragischen Verstrickung. Man kann sich mit dem Verrat immer nur *gegen* eine Gemeinschaft entscheiden – aber niemals für eine neue. Was sich im Agenten zeigt, sind – in verschärfter und nicht selten auswegloser Form – die Grundlagen des Lebens und Überlebens in modernen Gesellschaften: das Rollenspiel, der Wechsel zwischen einander ausschließenden sozialen Gruppierungen, die Schwierigkeit oder Unmöglichkeit von einfachen Loyalitäten, die verführerische Kraft sozialer Paranoia. In seiner Überlebenskunst, seiner Fähigkeit, soziale Subtexte zu erkennen, bevor sie ihm gefährlich werden, in seinem kalten Blick und seinem Alleingang ist der Agent ein Inbegriff politischer und sozialer Autonomie – eine Autonomie, die gleichwohl immer wieder durchkreuzt wird und deren Preis in jedem Moment sichtbar ist. In der Metaphorik des Spiels, die sich vom Frischluft-Abenteuer des Great Game bis zu den Spekulationen des War Gaming durchhält, wird der Agent als Akteur in einem virtuellen Raum des Spielerischen sichtbar: Er ist Maskenspieler (wie Brechts Agitatoren oder Mata Hari), Glücksspieler (wie Flemings Bond – und zweifellos auch Mata Hari), Sportler (wie Baden-Powell als Spion) – aber auch jenes Bauernopfer, das Le Carrés und Greenes traurige Helden in einem Spiel sind, das nicht mehr ihres ist.

Die Rede vom geheimen Krieg als Großem Spiel ist eine, die wohl am deutlichsten macht, dass das 20. Jahrhundert des *Great Game* und *War Gaming* zu Ende ist. Das Pathos neuer kultureller und religiöser Konflikte, aber auch die Geschäftsmäßigkeit aktueller Konflikte um Ressourcen und wirtschaftliche Hegemonie haben dem Politischen jede Vorstellung vom Spielerischen ausgetrieben. Dennoch ist damit durchaus nicht das Moment des Fiktionalen verschwunden, das die Romane, Filme und Erzählungen, die wir betrachtet haben, in immer neuen Konstellationen herauspräparieren. Vielmehr scheint es, als sei das Fiktionale ein unabänderlicher Teil des Politischen: Sei es in imaginären Feindentwürfen, in Techniken der Klandestinität und Desinformation, in virtuellen Kriegs- und Krisenszenarien, in Zukunftsprognosen und in der Populärkultur – vom Hollywood-Film bis zur *World Trade Center Conspiracy* im Internet – in Szene gesetzten Phantasmen. Dabei ist das Fiktive nicht das Gegenteil einer Wahrheit, die unter den Lügen, den falschen Vorstellungen oder ideologischen Konstrukten nur hervorzuziehen wäre. Es ist vielmehr integraler Bestandteil dessen, was uns als notwendige Entscheidung, unabänderliche Gegebenheit und eiserne Notwendigkeit im Raum des Politischen und des Krieges entgegentritt. Fiktionen – seien es die Krisenszenarien der Think Tanks im Kalten Krieg oder lange imaginierte und schließlich eingetretene Fälle wie die Ermordung des Präsidenten oder die Zerstörung New Yorks – sind nicht einfach Erfindungen, sondern heuristische Entwürfe, die explorieren, was möglich, was denkbar, was sogar wahrscheinlich ist. Sie steuern und prägen das, was wir als ›politische Wirklichkeit‹ wahrnehmen. Das heißt nicht, dass wir uns ein für alle Male von diesen Fiktionen befreien müssten oder könnten – es heißt vor allem, dass wir sie als solche verstehen müssen. Genau dabei helfen jene literarischen und filmischen Fiktionen, die wir hier untersucht haben. Indem sie nämlich vorführen, in welchem Maße alle jene Geschichten, auf die Politik und Geschichte notwendig zurückgreifen, immer nur *eine mögliche* Geschichte sind, indem sie die interessierten Versionen und ungesagten Erzählabsichten lesbar machen, machen sie deutlich, dass gerade jene Ansprüche auf Wahrheit und alternativlose Notwendigkeit, die politischen Entscheidungen und Strategien zugrunde liegen oder sie rhetorisch begleiten, vielleicht auch nichts anderes sind als nur *eine mögliche* Geschichte. Damit werden die immer neu vorgebrachten Verweise auf politische Notstände und harte Fakten, auf offensichtliche Sachlagen und unüberwindliche Hindernisse brüchig, indem man auf die unterliegenden Interessen, die verschwiegenen Hintergründe und blinden Flecken gestoßen wird, die jedem politischen Diskurs zugrunde liegen. Fiktionen lehren uns, das Politische als Reich kontingenter Entscheidungen und durchaus veränderlicher Verhältnisse zu verstehen. Sie eröffnen damit einen Möglichkeitsraum des politischen Denkens: einen Raum des Misstrauens und der Fragen, aber auch der notwendigen Information und Analyse. So wie es hinter jeder Geschichte etliche andere Versionen gibt, die die Sache in einem ganz anderen Licht erscheinen lassen, gibt es auch im Raum des Politischen immer eine andere Wahrheit, eine andere, zumeist kompliziertere Geschichte, die auf eine andere mögliche Lösung verweisen würde. Um solche Geschichten ging es diesem Buch.

Anmerkungen

1 Graham Greene: Our Man in Havana [1958], Harmondsworth: Penguin 1971. S. 106.

2 Robert Baer: See No Evil, The True Story of a Ground Soldier in the CIA's War on Terrorism, New York: Crown Publishers 2002. Baers Buch, das dem Film *Syriana* zugrunde liegt, ist keine Fiktion im engeren Sinne, sondern ein mit romanesken Mitteln arbeitender Bericht. Ein Roman dagegen ist Richard A. Clarke: The Scorpion's Gate, New York: Putnam's Sons 2005.

3 Die Spionagetätigkeit einiger klassischer Autoren des Genres schildert Anthony Masters: Literary Agents. The Novelist as Spy, Oxford: Blackwell 1987.

Danksagung

Die Jahre, in denen ich dieses Buch geschrieben habe, waren aufregend, anstrengend und voller neuer Begegnungen – nicht nur mit Büchern und Filmen. Dass der größte Teil des Manuskripts in Amerika geschrieben wurde, sieht man unschwer an der Auswahl der Texte und Themen. Neben den Orten – New York, Berlin, einigen Ausflügen nach Los Angeles und schließlich Basel und Zürich – waren vor allem die Gespräche mit Freunden und Kollegen unverzichtbar. Gespräche, in denen es glücklicherweise nicht immer nur um Geheimnis und Verrat, Spionage und Literatur ging.

Namentlich danken möchte ich Friedrich Kittler und Joseph Vogl für ein frühes, zündendes Gespräch über Spionage in Buenos Aires; Annette Bitsch für scharfe Einsichten in die Geschlechterkomödie der Spionin; Bernhard Siegert für Hinweise auf Kipling, Childers (befolgt) und Buchan (nicht befolgt); Marcus Coelen für Diskussionen über Heilige Kriege und die Ethik des Verrats; Frank Berberich für die Publikation meines ersten Essays zum Geheimdienst in *Lettre International* im August 2001; Wolbert Smidt für lange und überaus instruktive Gespräche über die Wirklichkeit der Geheimdienste und für eine scharfsinnige Kritik des Manuskripts aus der Sicht des Nachrichtendienst-Praktikers; Eva Geulen als verlässliche Gastgeberin in New York und Leserin der ersten Kapitel; Michèle Lowrie für die Unterhaltungen über Tacitus, Irenaeus und die Arkana Roms beim Schwimmen in New York und Spazierengehen in Tannersville; Tricia Dailey für eine Tour in Big Sur, Sushi in Malibu, Parties in Hollywood, ihre Lebenskunst und Klugheit; Lena Kugler für ihre perfekte Kunst des Zuhörens; meiner Mutter, die in der Endphase der Habilitation besorgt fragte, ob ich denn je mein Studium abschließe; Roger Rosendahl für die besten Restaurants New Yorks; Larry und Beth

Horowitz für ihr Upper-Eastside-Apartment, in dem die letzte Manuskriptredaktion stattfand; Peter Krapp für Netz-Theorie und -Praxis in Konstanz, Montauk, Berlin und Irvine; Catherine Liu dafür, dass sie mir erklärte, wie man Sun Tzu ausspricht; Anson Rabinbach für sein Insistieren auf den Rosenbergs und für etliche gemeinsame Konspirationen; Stephen Stern für geduldiges Feilen an meinem Englisch; Stefan Andriopoulos für seinen Hinweis auf DeLillo; Philipp Lorenz für unser Kolloquium über Feindschaft in NYU; Felicity Scott und Branden Joseph für ihr Vertrauen in meine Essays für *Grey Room*; Simone Demmel für geduldiges und kluges Redigieren des noch sehr rohen Manuskripts; Michael Heitz für ein erstes durchgreifendes Lektorat; Claus Pias und Annett Zinsmeister für Einsichten in Spieltheorie, Wargaming und etliche Kaffees im Prenzlauer Berg; Juliane Rebentisch dafür, dass sie in Frankfurt/Oder die Stellung hielt; Albrecht Koschorke für seine jahrelange freundschaftliche Ermutigung; Karl Schlögel für sein Gutachten und die Eleganz, mit der er mein Habilitationsverfahren an der Viadrina leitete; Beate Fricke, die mich durch ihr Interesse und ihre Energie immer wieder erfrischte, und nicht zuletzt Alexander Roesler, meinem Lektor, der erst zögernd, aber dann sehr begeistert war.

Daneben ist den Institutionen zu danken, ohne deren großzügige Unterstützung die Forschung an diesem Buch nicht möglich gewesen wäre: der Alexander von Humboldt-Stiftung für sechzehn Monate als Feodor-Lynen-Stipendiatin in New York; dem German Department der New York University für die freundliche Aufnahme und die exzellenten Forschungsmöglichkeiten; der *Jungen Akademie* der Berlin-Brandenburgischen Akademie der Wissenschaften und der Leopoldina für die Finanzierung einiger Forschungsreisen und einer Tagung in Irvine; dem Graduiertenkolleg *Repräsentation – Rhetorik – Wissen* für Diskussionen und Inspiration und der Fakultät für Kulturwissenschaften der Europa-Universität Viadrina in Frankfurt/Oder für gute Arbeitsbedingungen, viel Freiraum, Inspiration und kollegiale Ermutigung.

Ganz besonders aber danke ich meinem Lehrer, Kollegen und Freund Anselm Haverkamp, ohne dessen Großzügigkeit, Brillanz und unerschütterliches Vertrauen ich nie bis zu diesem Buch gekommen wäre. Und Jacques Yizhak Hadad dafür, dass er in der intensivsten Schreibphase bei mir war und mir geholfen hat, den geheimen Krieg zu verstehen.

Bibliographie

Aldridge, Robert C.: First Strike! The Pentagon's Strategy for Nuclear War, Boston/Mass.: South End Press 1983.

Advertising Research Foundation: The Application of Subliminal Perception in Advertising, New York: Advertising Research Foundation, Inc. 1958.

Agabekow, Gregorij S.: Die Tscheka bei der Arbeit, Stuttgart, Berlin, Leipzig: Union Deutsche Verlagsgesellschaft ³1933.

Agabekow, Gregorij S.: OGPU, the Russian Secret Terror, übs. von Henry S. Bunn, New York: Brentano's 1931.

Agamben, Giorgio: Ausnahmezustand. Homo sacer II.1, Frankfurt am Main: Suhrkamp 2004.

Agamben, Giorgio: Homo sacer. Die souveräne Macht und das nackte Leben [1995], Frankfurt am Main: Suhrkamp 2002.

Aldama, Juan Alonso: »El desierto del sentido«, in: Revista de Occidente, Nr. 232 (September 2000), S. 60–72.

Alexander, Yonah/Michael S. Swetnam: Usama bin Laden's al-Qaida. Profile of a Terrorist Network, Ardsley/NY: Transnational Publishers 2001.

Allen, Thomas B.: War Games. The Secret World of the Creators, Players, and Policy Makers Rehearsing World War III Today, New York: MacGraw 1987.

Altenhöner, Florian: »›Spionitis‹ – reale Korrelate, Imaginationen und Deutungsmuster der Angst vor Spionen 1900–1914«, in: Werner Rammert et al. (Hg.): Kollektive Identitäten und kulturelle Innovationen. Ethnologische, soziologische und historische Studien, Leipzig: Leipziger Universitätsverlag 2001, S. 77–91.

Ambler, Eric: Epitaph for a Spy, London: Hodder and Stoughton 1938.

Andrejew, Leonid: »Judas Ischarioth« [1907], in: Judas Ischariot. Erzählungen, Berlin: Aufbau 1989, S. 5–85.

Andrew, Christopher/David Dilks (Hg.): The Missing Dimension: Governments and Intelligence Communities in The Twentieth Century, London: Macmillan 1984.

Andrew, Christopher: For the President's Eyes Only. Secret Intelligence and the American Presidency from Washington to Bush, New York: Harper Collins 1995.

Andrew, Christopher: Her Majesty's Secret Service. The Making of the British Intelligence Community, New York: Viking 1985.

Arendt, Hannah: Elemente und Ursprünge totaler Herrschaft. Antisemitismus, Imperialismus, totale Herrschaft [1951], München: Piper 2001.

Arendt, Hannah: The Burden of Our Time, London: Secker&Warburg 1951.

Aronoff, Myron: The Spy Novels of John Le Carré, New York: St. Martins Press 1999.

Arquilla, John/David Ronfeldt: Swarming and The Future of Conflict, Santa Monica: Rand 2000, S. vii, im Netz unter http://www.rand.org/publications/DB/DB311/

Arquilla, John/Ronfeldt, David: »Networks, Netwars and the Fight for the Future«, in: FirstMonday, vol. 6, Nr. 10, Oktober 2001, im Netz unter http://www.firstmonday.dk/issues/issue6_10/ronfeldt

Atkins, John: The British Spy Novel. Styles in Treachery, London: Calder 1984.

Baden-Powell, Robert Stephenson Smith: Aids to Scouting for N.-C.Os & -Men, London: Galde & Polden 1899.

Baden-Powell, Robert Stephenson Smith: My Adventures as a Spy, London: Arthur Pearson 1915.

Badham, Sidney: War Games, Regie: James Badham, Buch: Lawrence Lasker/Walter F. Parkes, USA 1983.

Baer, Robert: See No Evil. The True Story of a Ground Soldier in the CIA's War on Terrorism, New York: Crown Publishers 2002.

Balderston, Daniel: Out of Context: Historical Reference and the Representation of Reality in Borges, Durham: Duke Univ. Press 1993.

Ballard, James Graham: »The Subliminal Man« (1963), in: The Disaster Area, London: Panther 1969, S. 55–76.

Barley, Tony: Taking Sides. The Fiction of John Le Carré, Philadelphia: Open University Press 1986.

Barrenecheas, Ana María: La expresión de la irrealidad en la obra de Jorge Luis Borges [1957], Buenos Aires: Editorial Paidos 1967.

Barth, Karl: Kirchliche Dogmatik II/2, Zürich: Zollikon Verlag 1942.

Baucom, Ian: »The Survey of India«, in: Zohreh T. Sullivan (Hg.): Rudyard Kipling: Kim. Authoritative Text, Backgrounds, Criticism, New York/London: Norton 2002, S. 351–358.

Baudrillard, Jean: The Spirit of Terrorism, London/New York: Verso 2002.

Bay, Willow: Director Ed Zwick defends The Siege, 10. Nov. 1998. Im Netz unter http://edition.cnn.com/SHOWBIZ/Movies/9811/10/siege/
Bayly, Christopher Alan: Empire and Information. Intelligence Gathering and Social Communication in India, 1780–1870, Cambridge: Cambridge University Press 1996.
Becker, Jens Peter: Der englische Spionageroman. Historische Entwicklung, Thematik, literarische Form, München: Goldmann 1973.
Belin, David W. (Counsel to the Warren Commission): Final Disclosure. The Full Truth about the Assassination of President Kennedy, New York: Scribner 1988.
Bell-Villada, Gene H.: Borges and His Fiction. A Guide to his Mind and Art, Austin: University of Texas Press 1999.
Ben-Israel, Isaac: »Philosophy and Methodology of Intelligence: The Logic of Estimate Process«, in: Intelligence and National Security, Vol. 4, No. 4 (Oktober 1989), S. 660–718.
Benjamin, Walter: »Kommentare zu Gedichten von Brecht«, in: Gesammelte Schriften II/2, Frankfurt am Main: Suhrkamp 1991.
Benjamin, Walter: »Notiz über Brecht«, in: Gesammelte Schriften VI, Frankfurt am Main: Suhrkamp 1991.
Benjamin, Walter: »Ursprung des deutschen Trauerspiels«, in: Gesammelte Schriften I/1, Frankfurt am Main: Suhrkamp 1991.
Benn, Gottfried: »Wie Miss Cavell erschossen wurde«, in: Gesammelte Werke, hg. von Dieter Wellershoff, Bd. IV, Stuttgart: Klett-Cotta 1981, S. 194–201.
Berndorff, Hans Rudolf [Pseudonym für Rudolf van Wehrt]: Spionage!, Stuttgart: Dieck & Co. 1927.
Berne, Eric: Games People Play [1964], New York: Grove Press 1967.
Besson Luc (Regie): Nikita, Drehbuch: Luc Besson, nach einem Roman von Gérard de Villiers, mit: Anne Parillaud, Tcheky Karyo, Jeanne Moreau, Jean-Hugues Anglade, 104 Min., Frankreich 1990.
Bidwell, Robin L.: »Queries for Biographers of T. E. Lawrence«, in: Arabian Studies, Bd. 3, 1976.
Bizard, Léon: Souvenirs d'un médecin de la Préfecture de police et des prisons de Paris, Paris: Grasset 1925.
Blaedel, Niels: Harmony and Unity. The Life of Niels Bohr, Madison/WI: Science Tech und Berlin/Heidelberg/New York: Springer 1988.
Blei, Franz: »Die Kurtisanin«, in: Glanz und Elend berühmter Frauen, Berlin 1927.

Bolz, Norbert: »In Mediengewittern«, in: Friedrich Balke/Eric Méchoulan/Benno Wagner (Hg.): Zeit des Ereignisses – Ende der Geschichte?, München: Fink 1992, S. 197–208.

Bonabeau, Eric/Théraulaz, Guy: »Swarm Smarts«, in: Scientific American, März 2000, S. 72–79.

Bonhoeffer, Dietrich: Auslegungen – Predigten 1933–1944, IV. Band, München: Chr. Kaiser Verlag 1961.

Borges, Jorge Luis: Inquisitionen, Frankfurt am Main: Fischer 1992.

Borges, Jorge Luis: Obras completas, 4 Bde. Barcelona: Emecé 1996.

Borges, Jorge Luis: Spiegel und Maske, Frankfurt am Main: Fischer 1993.

Borges, Jorge Luis: Das Aleph, Frankfurt am Main: Fischer 2003.

Borges, Jorge Luis: Fiktionen, Frankfurt am Main: Fischer 1992.

Borges, Jorge Luis: Niedertracht und Ewigkeit, Frankfurt am Main: Fischer 1991.

Borovik, Genrikh: The Philby Files. The Secret Life of the Master Spy – KGB Archives Revealed, London: Little, Brown 1994.

Bouchardon, Pierre: Souvenirs, Paris: Albin Michel 1953.

Boveri, Margret: Amerika-Fibel für erwachsene Deutsche. Ein Versuch Unverstandenes zu erklären, Freiburg: Badischer Verlag 1946.

Boveri, Margret: Verrat im XX. Jahrhundert, Bd. I–IV, Reinbek: Rowohlt 1956–1960, Bd. I (Für und gegen die Nation: Das sichtbare Geschehen) und Bd. II (Für und gegen die Nation: Das unsichtbare Geschehen) erschienen 1956, Bd. III (Diesseits und jenseits der Ideologie) 1957 und Bd. IV (Verrat als Epidemie: Amerika) 1960.

Boyle, Andrew: The Climate of Treason. Five Who Spied for Russia, London: Hutchinson 1979.

Brack, Walter: »Frauen und Krankheiten als Kampfmittel«, in: Paul von Lettow-Vorbeck (Hg.): Die Weltkriegsspionage, München: Justin Moser 1931, S. 413–418.

Brandstetter, Gabriele: Tanz-Lektüren, Frankfurt am Main: Fischer 1995.

Brecht, Bertolt: »Kurze Beschreibung einer neuen Technik der Schauspielkunst, die einen Verfremdungseffekt hervorbringt«, in: Werke, Schriften 2, Bd. 22/2, hg. von Werner Hecht, Jan Knopf, Werner Mittenzwei, Klaus-Detlef Müller, Berlin, Weimar, Frankfurt am Main 1988.

Brecht, Bertolt: »Die Maßnahme« [Fassungen 1931–1935/6], in: Werke. Stücke 3, hg. von Werner Hecht/Jan Knopf/Werner Mittenzwei/Klaus-Detlef Müller, Berlin, Weimar, Frankfurt am Main: Aufbau Verlag/Suhrkamp Verlag 1988.

Brecht, Bertolt: »Aus dem Lesebuch für Städtebewohner«, in: Werke. Gedichte 1, hg. von Werner Hecht/Jan Knopf/Werner Mittenzwei/Klaus-Detlef Müller, Berlin, Weimar, Frankfurt am Main: Aufbau Verlag/Suhrkamp Verlag 1988.

Breslau, Ralf: »Ich möchte schreiben und schreiben«: Margret Boveri – eine deutsche Journalistin. Ein Ausstellungskatalog (Ausstellung in der Staatsbibliothek zu Berlin anlässlich des 100. Geburtstags), Berlin: Staatsbibliothek zu Berlin/Preußischer Kulturbesitz, Wiesbaden: Reichert 2000.

Brewer, Garry D./Martin Shubik: The War Game. A Critique of Military Problem Solving, Cambridge/Mass., London: Harvard University Press 1979.

Bryant, Peter: Red Alert, New York: Ace Books 1958.

Bucher, Christine: »Envisioning the Imperial Nation in Kiplings *Kim*«, in: Journal of Commonwealth and Postcolonial Studies, Vol. 5, Nr. 2 (Herbst) 1998, S. 7–17.

Buono, Franco: Nachwort zu: Bertolt Brecht: Gedichte für Städtebewohner, hg. von Franco Buono, Frankfurt am Main: Suhrkamp 1980.

Buruma, Ian/Margalit, Avishai: Okzidentalismus. Der Westen in den Augen seiner Feinde, München: Hanser 2005.

Cambrelin, Alfred Léon: Conférences sur les reconnaissances militaries, Bruxelles: Bruylant-Christophe 1874.

Cameron, Ewen/Levy, Leonard/Rubenstein, Leonard: »Effects of Repetition of Verbal Signals upon Behavior of Chronic Psychoneurotic Patients«, in: Journal of Mental Science 106, 1960.

Cameron, Ewen D.: »Production of Differential Amnesia as a Factor in the Treatment of Schizophrenia«, in: Comprehensive Psychiatry 1, 1960.

Carmichael, Virginia: Framing History: The Rosenberg Story and the Cold War, Minneapolis: University of Minnesota Press 1993.

Carroll, Lewis: »Through the Looking-Glass [1872]«, in: The Complete Works of Lewis Carroll, London: Nonesuch Press 1939.

Carson, Helen S.: Tom Clancy. A Critical Companion, Westport, CT/London: Greenwood 1996.

Castells, Manuel: The Information Age, Bd. 1: The Rise of the Network Society, Oxford: Blackwell 1996, dt.: Das Informationszeitalter, 3 Bde., Opladen: Leske & Budrich 2004.

Cebrowski, Vice Admiral Arthur/Garstka, John: »Network-Centric Warfare«, in: Proceedings of the United States Naval Institute, Bd. 24, Nr. 1, 1998, S. 28–35.

Chesterton, Gilbert Keith: The Man Who Was Thursday. A Nightmare, Bristol: J. W. Arrowsmith 1908.

Childers, Erskine: A Unique Edition of *The Riddle of the Sands*, with Historical Postscript by R. M. Bowker, Old Bosham: Bowker&Bertram 1976.

Childers, Erskine: The Riddle of the Sands. A Record of Secret Service [1903] (Reprint der 2. Auflage), London: Penguin 1978.

Christ, Ronald: »Borges at NYU«, in: Charles Newman/Mary Kinzie (Hg.): Prose for Borges, Evanston/Ill.: Northwestern University Press 1974, S. 396–411.

Christ, Ronald: The Narrow Act. Borges' Art of Allusion, New York: NYU Press 1969.

Clancy, Tom: Red Storm Rising, New York: Putnam 1986.

Clancy, Tom: The Hunt for Red October, Annapolis: Naval Institute Press 1985.

Clapmarius, Arnold: Disputatio De iure publico excerpta ex C. Cornelio Tacito, Altdorf 1602.

Clapmarius, Arnold: De arcanis rerum publicarum libri sex [posthum 1605], 5. Auflage, Jena: Birkner 1673.

Clarke, Richard A.: The Scorpion's Gate, New York: Putnam's Sons 2005.

Clausewitz, Carl von: Vom Kriege [1832–34], Reinbek: Rowohlt 1996.

Cohen, Eliot: »The ›No Fault‹ View in Intelligence«, in: Roy Godson (Hg.): Intelligence Requirements for the 1980s: Analysis and Estimates, Washington, D. C.: National Strategy Information Center 1980, S. 71–96.

Colette, Sidonie-Gabrielle: Meine Lehrjahre, übs. von Uli Aumüller, Reinbek: Rowohlt 1980.

Condon, Richard: The Manchurian Candidate [1959], Vorwort von Louis Menand, New York: Four Walls Eight Windows 2003.

Connolly, Kevin: »An Interview with Don DeLillo«, in: Thomas De Pietro: Conversations with Don DeLillo, Jackson: University Press of Mississippi 2005, S. 25–39.

Conolly, Arthur: Journey to the North of India through Russia, Persia and Afghanistan, 2 Bde., London: Richard Bentley 1834, Reprint: Elibron Classics 2002.

Coover, Robert: The Public Burning [1977], New York: Grove Press 1998, S. 531.

van Creveld, Martin: Command in War, Cambridge/Mass., London: Harvard University Press 1985.

Dallin, David J.: Die Sowjetspionage. Prinzipien und Praktiken, Köln: Verlag für Politik und Wirtschaft 1956.

Darwin, Charles: On the Origin of Species by Means of Natural Selection, or The Preservation of Favoured Races in the Struggle for Life, London: J. Murray 1859.

Daub, Carl: Judas Iskarioth oder das Böse im Verhältnis zum Guten, 2 Bde, Heidelberg: Mohr & Winter, 1816–1818.

DeCurtis, Anthony: »›An Outsider in This Society‹. An Interview with Don DeLillo«, in: South Atlantic Quarterly 89.2, 1990, S. 281–304.

Deighton, Len: An Expensive Place to Die, London: Cape 1967.

Deighton, Len: Berlin Game [1983] – Mexiko Set [1984] – London Match [1985], London: Grafton Books 1986.

Deleuze, Gilles/Félix Guattari: Tausend Plateaux [1980], Berlin: Merve 1992.

Deleuze, Gilles: »La honte et la gloire: T. E. Lawrence«, in: Critique et clinique, Paris: Minuit 1993, S. 144–157.

DeLillo, Don: »American Blood. A Journey Through the Labyrinth of Dallas and JFK«, in: The Rolling Stone, 8. Dezember 1983.

DeLillo, Don: Libra [1988], New York: Penguin Books 1991.

DePietro, Thomas (Hg.): Conversations with Don DeLillo, Jackson: University Press of Mississippi 2005.

De Quincey, Thomas: »Judas Iscariot«, in: Ders.: Theological Essays and Other Papers, Boston: James R. Osgood & Co. 1873.

Der Derian, James: Antidiplomacy. Spies, Terror, Speed, and War, Cambridge, MA/Oxford: Blackwell 1992.

Derrida, Jacques: »No apocalypse, not now«, in: Ders.: Psyché. Inventions de l'autre, Paris: Galilée 1987, S. 363–386.

Derrida, Jacques: »Autoimmunitiy: Real and Symbolic Suicides – A Dialogue with Jacques Derrida«, in: Giovanna Borradori (Hg.): Philosophy in a Time of Terror, Chicago/London: University of Chicago Press 2003, S. 85–136.

Derrida, Jacques: »Être juste avec Freud«, in: Résistances à la psychanalyse, Paris: Galilée 1996.

Derrida, Jacques: »Le facteur de la vérité«, in: Ders.: La carte postale de Sokrate à Freud et au-delà, Paris: Flammarion 1980.

Descartes, René: Meditationes de Prima Philosophia, übs. und hg. von Gerhard Schmidt, Stuttgart: Reclam 1986.

Dewerpe, Alain: Espion. Pour une anthropologie du secret d'État contemporain, Paris: Gallimard 1994.

Didi-Huberman, Georges: Die Erfindung der Hysterie [1982], München: Fink 1997.
Doherty, Thomas: Cold War, Cool Medium. Television, McCarthyism, and American Culture, New York: Columbia University Press 2003.
Draper, Theodore: »Nuclear Temptations«, in: Charles W. Kegley/Eugene R. Wittkopf (Hg.): The Nuclear Reader. Strategy, Weapons, War, New York: St.Martin's Press 1985.
Eddowes, Michael: The Oswald File, New York: Clarkson N. Potter 1977.
Edney, Matthew H.: Mapping an Empire. The Geographical Construction of British India, 1765–1843, Chicago: University of Chicago Press 1997.
Edney, Matthew: »The Patronage of Science and the Creation of Imperial Space: The British Mapping of India, 1799–1843«, in: Cartographica Bd. 30,1, 1993, S. 61–67.
Encyclopedia Britannica Online, Stichwort »intelligence«. http://www.britannica.com
Enzensberger, Hans Magnus: »Zur Theorie des Verrats«, in: Ders.: Politik und Verbrechen. Neun Beiträge, Frankfurt am Main: Suhrkamp 1964, S. 361–384.
Epstein, Edward J.: Inquest: The Warren Commission and the Establishment of the Truth, London: Hutchinson 1966.
Feklisow, Alexander/Kostin, Sergei: The Man Behind the Rosenbergs. By the KGB Spymaster who was the case officer of Julius Rosenberg, Klaus Fuchs, and helped resolve the Cuban Missile Crisis, New York: Enigma 2001.
Ferguson, Niall: Empire. The Rise and Demise of the British World Order and Lessons for Global Power, London: Penguin 2002.
Fetzer, James H.: The Great Zapruder Film Hoax. Deceit and Deception in the Death of JFK, Chicago: CatfeetPress 2003.
Fischer, Ruth: Stalin und der deutsche Kommunismus [zuerst engl. 1948], Frankfurt am Main: Verlag der Frankfurter Hefte o. J.
Foch, Maréchal Ferdinand: Des principes de la guerre [1900], présentation par André Martel, Paris: Imprimerie Nationale 1996.
Ford, Gerald/Stiles, John: Portrait of the Assassin, New York: Ballantine Books 1965.
Forster, E. M.: Two Cheers for Democracy, London: Edward Arnold 1951.
Foucault, Michel: »Was ist ein Autor?«, in: Ders.: Schriften zur Literatur, Frankfurt am Main: Fischer 1988, S. 7–31.
Foucault, Michel: Überwachen und Strafen [1976], Frankfurt am Main: Suhrkamp 1994.

Fox Keller, Evelyn/Segel, Lee A.: »Initiation of slime mold aggregation viewed as an instability«, in: Journal of Theoretical Biology, (März 1970), 26(3), S. 399–415.
Franco, Jean: »The Utopia of a Tired Man: Jorge Luis Borges«, in: Social Text 2.1, 1981, S. 52–78.
Frankenheimer, John (Regie): The Manchurian Candidate, Drehbuch: George Axelrod, mit: Frank Sinatra, Lawrence Harvey, Angela Lansbury, schwarz/weiß, USA 1962, 126 Min.
Freud, Sigmund: »Über den psychischen Mechanismus hysterischer Phänomene« [1893], in: Studienausgabe Bd. VI, Frankfurt am Main: Fischer 1982.
Freud, Sigmund: »Analyse eines Falls von chronischer Paranoia«, in: Gesammelte Werke, Bd. 1: Werke aus den Jahren 1892–1899, Frankfurt am Main: Fischer Verlag 1952, S. 392–403.
Freud, Sigmund: Der Mann Moses und die monotheistische Religion, Frankfurt am Main: Suhrkamp 1950.
Friedrich, Carl J.: Constitutional Reason of State. The Survival of the Constitutional Order, Providence: Brown University Press 1957.
Friedrich, Carl J.: The Pathology of Politics. Violence, Betrayal, Corruption, Secrecy, and Propaganda, New York: Harper & Row 1972.
Galison, Peter: »Removing Knowledge«, in: Critical Inquiry 31, Herbst 2004.
Garber, Marjorie: Vested Interests: Cross-Dressing and Culture, New York: Routledge 1992.
Garrison, Jim: On the Trail of the Assassins. My Investigation and Prosecution of the Murder of President Kennedy, New York: Sheridan 1988.
Gellert, Inge/Gerd Koch/Florian Vaßen (Hg.): Massnehmen: Die Massnahme [sic], Theater der Zeit: Recherchen 1, Berlin 1998.
Gempp, Friedrich: Geheimer Nachrichtendienst und Spionageabwehr des Heeres, Typoskript für den internen Dienstgebrauch 1939–1943, heute im Bundesarchiv/Militärarchiv Potsdam.
George, Stefan/Friedrich Gundolf: Briefwechsel, hg. von Robert Böhringer, Georg Landmann, München, Düsseldorf: Küpper 1962.
Gerecht, Reuel Marc: »The Counterterrorist Myth«, in: Atlantic Montly July/August 2001, im Netz unter http://www.theatlantic.com/doc/200107/
Giffin, Sindney F.: The Crisis Game. Simulating International Conflict, New York: Doubleday 1965.
Giles, Lionel: On the Art of War. The Oldest Military Treatise in the World, London: Luzac 1910.

Ginzburg, Carlo: »Spurensicherung«, in: Spurensicherung. Die Wissenschaft auf der Suche nach sich selbst, Berlin: Wagenbach 2002, S. 7–57.
Godson, Roy (Hg.): Intelligence Requirements for the 1980s: Analysis and Estimates, Washington, D. C.: National Strategy Information Center 1980.
Godson, Roy (Hg.): Intelligence Requirements for the 1990s: Collection, Analysis, Counterintelligence, and Covert Action, Lexington, Mass.: Lexington Books 1989.
Grady, James: Six Days of the Condor, New York: Putnam 1974.
Greene, Graham: Interview mit Maria Couto, in: Maria Couto: Graham Greene. On the Frontier – Politics and Religion in the Novels, Basingstoke: Macmillan 1988.
Greene, Graham: Our Man in Havana [1958], Harmondsworth: Penguin 1971.
Greene, Graham: The Confidential Agent, London: Heinemann 1939.
Greene, Graham: The Human Factor [1978], London: Vintage 1999.
Greene, Graham: The Ministry of Fear [1943], Harmondsworth: Penguin 1978.
Griffith, Samuel B. (Hrsg. und Übers.): Sun Tzu: The Art of War, mit einem Vorwort von Basil Liddell Hart, Oxford: Clarendon Press 1963.
Groh, Dieter: »Die verschwörungstheoretische Versuchung, oder: Why do bad things happen to good people?«, in: Ders.: Anthropologische Dimensionen der Geschichte, Frankfurt am Main: Suhrkamp 1992, S. 267–304.
Habermas, Jürgen: »Der Verrat und die Maßstäbe. Wenn Jungkonservative alt werden«, in: Deutsche Universitätszeitung, Heft XI/19, 1956.
Hahn, Torsten: Z wie Zombie oder V wie Verräter? Manchurian Candidate – Sleeper – Subliminal Man: Mind Control und Literatur, in: Epping-Jäger, Cornelia/Hahn, Torsten/Schüttpelz, Erhard (Hg.): Freund, Feind und Verrat. Das politische Feld der Medien, Köln: Dumont 2004, S. 118–137.
Handel, Michael: Masters of War, London: Frank Cass 2001.
Harbou, Thea von: Spione, Berlin: August Scherl 1928.
Hart, Basil Lidell: Lawrence of Arabia [1934], New York: Halcyon House 1937.
Haverkamp, Anselm: »Das Ende politischer Theologie«, in: Ders.: Hamlet. Hypothek der Macht, 2. Auflage, Berlin: Kadmos 2004.
Haverkamp, Anselm: »Kryptische Subjektivität. Archäologie des Lyrisch-Individuellen«, in: Ders.: Laub voll Trauer. Hölderlins späte Allegorie, München: Fink 1991.

Haverkamp, Anselm: »Lichtbild. Das Bildgedächtnis der Photographie«, in: Ders./Renate Lachmann (Hg.): Memoria – vergessen und erinnern. Poetik und Hermeneutik XV, München: Fink 1993, S. 47–66.
Haverkamp, Anselm: »The Enemy Has No Future«, in: Cardozo Law Review 26, Nr. 4 (2004/2005), S. 1400–1412.
Hecht, Werner: Brecht-Chronik, Frankfurt am Main: Suhrkamp 1997.
Heilige Schrift, Neues Testament, übs. von Josef Kürzinger, Aschaffenburg: Pattloch 1962.
Henderson, David, Brigadier-General: The Art of Reconnaissance, London: Murray 1915.
Henrich, Dieter/Wolfgang Iser (Hg.): Funktionen des Fiktiven, München: Fink 1983.
Hering, Sabine/Kurt Schilde: Kampfname Ruth Fischer. Wandlungen einer deutschen Kommunistin, Frankfurt am Main: dipa 1995.
Herman, Michael: Intelligence Power in Peace and War, Cambridge: Cambridge University Press 1996.
Herrmann, Walter: Operation Intrigue, New York: Avon 1956.
Hindersmann, Jost: Der britische Spionageroman. Vom Imperialismus bis zum Ende des Kalten Krieges, Darmstadt: Wissenschaftliche Buchgesellschaft 1995.
Hirschfeld, Magnus (Hg.): Sittengeschichte des Weltkriegs, bearb. von Andreas Gaspar, Leipzig: Verlag für Sexualwissenschaft Schneider 1930.
Hobbes, Thomas: Leviathan, Harmondsworth: Penguin Books 1976.
Hoffman, Tod: Le Carré's Landscape, Montréal: McGill-Queens University Press 2001.
Hofstadter, Richard: The Paranoid Style in American Politics and Other Essays, New York: Alfred Knopf 1965, S. 3–40.
Holloway, David: Stalin and the Bomb, New Haven: Yale University Press 1994.
Holt, Pat M.: Secret Intelligence and Public Policy, Washington, D. C.: Congressional Quarterly Press 1995.
Hoover, J. Edgar: Masters of Deceit. The Story of Communism in America and How to Fight It, New York: Holt, Rinehart and Winston 1958.
Hopkirk, Peter: Quest for Kim. In Search of Kiplings Great Game, Ann Arbour: University of Michigan Press 1997.
Hopkirk, Peter: The Great Game. On Secret Service in High Asia, London: Murray 1990.
Hörisch, Jochen, »Vom Geheimnis zum Rätsel. Die offenbar geheimen und profan erleuchteten Namen Walter Benjamins«, in: Aleida und Jan Ass-

mann (Hg.): Schleier und Schwelle: Geheimnis und Offenbarung, München 1998, S. 161–180.
Horn, Eva/Ulrich Bröckling/Stefan Kaufmann (Hg.): Grenzverletzer, Berlin: Kadmos Kulturverlag 2002.
Horn, Eva: »›Versinke in Schmutz‹. Ein Rückblick auf das Jahrhundert des Verrats«, in: Michael Jäger (Hg.), Religion und Politik, Berlin: Edition Freitag 2003, S. 106–113.
Horn, Eva: »›Media of Conspiracy‹. Love, Surveillance and Conspiracy in Fritz Lang and Florian Henkel von Donnersmarck«, in: Eva Horn (Hg.): Dark Powers. Conspiracy in History and Fiction, New German Critique, 2008.
Horn, Eva: »Borges' Duels. Friends, Enemies and the Fictions of History«, in: David Johnson (Hg.): Borges and Philosophy, Palo Alto, CA: Stanford University Press 2008.
Horn, Eva: »›Like actors on a foreign theatre‹. Kulturelle Mimikry im Great Game«, in: Martin Doll u. a. (Hg.): Mimikry/Mimese. Gefährlicher Luxus zwischen Kultur und Natur, Schliengen: Edition Argus 2007.
Horn, Eva: »Die Regel der Ausnahme. Revolutionäre Souveränität und bloßes Leben in Brechts *Maßnahme*«, in: Deutsche Vierteljahrsschrift 4/2001, S. 680–709.
Horn, Eva: »Sterbt, aber lernt.« Thanatopolitik in Brechts Lehrstücken, in: Uwe Hebekus/Ingo Stöckmann (Hg.): Das Totalitäre der Klassischen Moderne. Politische Souveränität der Literatur 1900–1933, München: Fink 2007, S. 311–336.
Horn, Eva: »Politische Störungen. Streik, Sabotage, Staatsstreich«, in: Albert Kümmel/Erhard Schüttpelz (Hg.): Signale der Störung, München: Fink 2003, S. 321–334.
Horn, Eva: »Den Krieg als Spiel denken: Boyscouts und Wargames«, in: Claus Pias/Christian Holtorf (Hg.): Computerspiele, Dresden: Hygiene-Museum 2007, S. 215–224.
Hösle, Vittorio: »Berufsethik der Geheimdienste und Krise der hohen Politik. Philosophische Betrachtungen zum literarischen Universum von John Le Carrés Spionageromanen im Allgemeinen und zu *Absolute Friends* im Besonderen«, in: Deutsche Vierteljahrsschrift Heft 1/2005, S. 131–159.
Howard, Michael: War in European History, Oxford: Oxford University Press 1976.
Huggan, Graham: »Decolonizing the Map. Post-Colonialism, Post-Structuralism and the Cartographic Connection«, in: Ian Adam/Helen Tiffin (Hg.):

Past the Last Post. Theorizing Post-Colonialism and Post-Modernism, Calgary/Alberta: University of Calgary Press 1990, S. 125–138.

Hughes, Jeff: The Manhattan Project. Big Science and the Atom Bomb, Cambridge: Icon 2002.

Hyde, H. Montgomery: The Atom Bomb Spies, New York: Atheneum 1980.

Ingram, Edward: In Defense of British India. Great Britain and the Middle East, 1775–1842, London: Frank Cass 1984.

Irenaeus von Lyon: Adverses Haereses, in: Epideixis/Adversus Haereses, lat./dt., übers. von Norbert Brox, Freiburg: Herder 1993.

Irwin, John T.: A Mystery to a Solution. Poe, Borges, and the Analytic Detective Story, Baltimore/London: Johns Hopkins University Press 1994.

Isaacs, Jeremy/Downing, Taylor: Cold War. An Illustrated History, 1945–1991, Boston: Little, Brown & Co. 1998.

Iser, Wolfgang: Das Fiktive und das Imaginäre. Perspektiven literarischer Anthropologie, Frankfurt am Main: Suhrkamp 1991.

Jameson, Fredric: »Cognitive mapping«, in: Cary Nelson/Lawrence Grossberg (Hg.): Marxism and the Interpretation of Culture, London: Macmillan 1988.

Jenssen, Elena: Die Narrativik des Geheimen. Erzähl*plots* in den Spionageromanen von John Le Carré, Norderstedt: Libri Books on Demand 2000.

Joffe, Joseph: »Hubs, Spokes, and Public Goods«, 30. Okt. 2002, in: The National Interest, Nr. 69 (Herbst 2002), im Netz unter http://www.inthenationalinterest.com/Articles/Vol1Issue8/Vol1Issue8JoffePFV.html

Johnson, Steven: Emergence. The connected lives of Ants, Brains, Cities, and Software, New York: Scribner 2001.

Johnston, John: Information Multiplicity. American Fiction in the Age of Media Saturation, Baltimore/London: Johns Hopkins University Press 1998.

Jost, Roland: »Experiment und Fragment. Die Maßnahme im Kontext der literarischen Moderne«, in: Gellert, Inge/Gerd Koch/Florian Vaßen (Hg.): Massnehmen: Die Massnahme [sic], Theater der Zeit: Recherchen 1, Berlin 1998, S. 72–82.

Jünger, Ernst: »Der Waldgang«, in: Ernst Jünger: Werke, Bd. 5: Essays I, Stuttgart: Klett 1960.

Jungk, Robert: Heller als tausend Sonnen. Das Schicksal der Atomforscher, Bern: Alfred Scherz 1956.

Jussawalla, Feroza: »›(Re)reading Kim‹: Defining Kipling's Masterpiece as Postcolonial«, in: Journal of Commonwealth and Postcolonial Studies, Vol. 5, Nr. 2 (Herbst 1998), S. 122–130.

Kafka, Franz: »Zur Frage der Gesetze«, in: Ders.: Beschreibung eines Kampfes. Notizen, Skizzen, Aphorismen aus dem Nachlaß, Frankfurt am Main: Fischer 1980.

Kahn, Herman: On Thermonuclear War, Princeton: Princeton UP 1961.

Kahn, Herman: Thinking about the Unthinkable, New York: Horizon Press 1962.

Kaiser, Joachim: »Brechts ›Maßnahme‹«, in: Hans Dietrich Irmscher/Werner Keller (Hg.): Drama und Theater im 20. Jahrhundert, Göttingen: Vandenhoeck 1983.

Kaltenbrunner, Gert-Klaus (Hg.): Tragik der Abtrünnigen. Herder-Initiative 38, München: Herder 1980.

Kantorowicz, Ernst H.: »Mysteries of State. An Absolutist Concept and its Late Medieval Origins«, in: Selected Studies, New York: J. J. Augustin 1965, S. 381–398.

Kaplan, Carola M.: »Conquest as Literature, Literature as Conquest: T. E. Lawrence's Artistic Campaign in *Seven Pillars of Wisdom*«, in: Texas Studies in Literature and Language, Bd. 37, Nr. 1 (Frühjahr 1995), S. 72–97.

Kasser, Rodolphe/Marvin Meyer/Gregor Wurst (Hg.): Das Evangelium des Judas, aus dem Codex Tchacos, Wiesbaden: White Star 2006.

Kaufmann, Bernd/Eckart Reisener/Dieter Schwips/Henri Walther: Der Nachrichtendienst der KPD 1919–1937, Berlin: Dietz 1993.

Kautsky, Karl: Der Ursprung des Christentums [1908], 10. Aufl., Berlin/Bonn: Dietz Verlag 1920, Nachdruck 1977.

Kazantzakis, Nicos: Die letzte Versuchung [1952], übs. von Werner Kerbs, Müchen: Ullstein 2001.

Kelly, Kevin: Out of Control. The Rise of Neo-Biological Civilization, Reading: Addison-Wesley 1994.

Kent, Sherman: Strategic Intelligence for American World Policy [1949], Hamden/Conn.: Archon Books 1965.

Kinkead-Weekes, Mark: »Vision in Kipling's Novels«, in: Andrew Rutherford (Hg.): Kipling's Mind and Art, Standford: Stanford UP 1964, S. 197–234.

Kipling, Rudyard: Kim [1901], hg. und eingeleitet von Edward Said, London: Penguin 1987.

Kittler, Friedrich A.: »Über die Kunst, mit Vögeln zu jagen. *The Maltese Falcon* von D. Hammett«, in: Wolfram Mauser et al. (Hg.): Phantasie und Deutung. Psychologisches Verstehen von Literatur und Film, Würzburg: Königshausen & Neumann 1986, S. 299–314.

Kittler, Friedrich A.: Grammophon, Film, Typewriter, Berlin: Brinkmann & Bose 1986.
Kittler, Friedrich: »Draculas Vermächtnis«, in: Draculas Vermächtnis: Technische Schriften, Leipzig: Reclam 1993.
Klassen, William: Judas. Betrayer or Friend of Jesus? Minneapolis: Fortress Press 1999.
Klauck, Hans-Josef: Judas – ein Jünger des Herrn, Freiburg: Herder 1987.
Klaus, Georg/Hans Liebscher (Hg.): Wörterbuch der Kybernetik, Frankfurt am Main: Fischer 1979.
Klopstock, Friedrich Gottlob: Ausgewählte Werke, hg. von K. A. Schleiden, Band I, München: Hanser 1981.
Kloth, Michael: »Wieder einer, wieder einer!«, in: Stephan Burgdorf/Klaus Wiegrefe (Hg.): Der Erste Weltkrieg. Die Urkatastrophe des 20. Jahrhunderts, München: DVA 2004.
Knight, Peter (Hg.): Conspiracy Theories in American History: An Encyclopedia, Santa Barbara/CA: ABC Clio 2003.
Knight, Peter: »Introduction«, in: Peter Knight (Hg.): Conspircay Nation. The Politics of Paranoia in Postwar America, New York/London: New York University Press 2002.
Knight, Peter: Conspiracy Culture, London/New York: Routledge 2000.
Knight, Peter: The Kennedy Assassination, Edinburgh: Edinburgh University Press 2007.
Knightley, Phillip: Philby. The Life and Views of the KGB Masterspy, London: André Deutsch 1988.
Die Kommunistische Internationale, Bd. I, 1. und 2. Weltkongress, Köln: Intarlit 1984, S. 154.
Koschorke, Albrecht/Susanne Lüdemann/Ethel Matalla de Mazza/Thomas Frank: Der fiktive Staat. Konstruktionen des politischen Körpers in der Geschichte Europas, Frankfurt am Main: Fischer 2007.
Koestler, Arthur: Darkness at Noon, London, New York: Cape, Mackmillan 1940.
Koselleck, Reinhart: Kritik und Krise. Eine Studie zur Pathogenese der bürgerlichen Welt [1959], Frankfurt am Main: Suhrkamp 1997.
Kostelanetz, Richard: »One-Man Think Tank«, in: New York Times Sunday Magazine, 1. Dezember 1968.
Kraus, Karl: »Der Schmock und die Bajadere«, in: Die Fackel, Nr. 214–215, 22. 12. 1906.
Krishnan, Armin: »Intelligence für das nächste Jahrhundert – Zukunftsperspektiven für Geheimdienste«, in: Paul Todd/Jonathan Bloch: Globale

Spionage. Geheimdienste und ihre Rolle im 21. Jahrhundert, Berlin: Matthes & Seitz 2006, S. 11–30.
Krivitzki, Walter G.: In Stalins Secret Service [1939], New York: Enigma Books 2000.
Kubrick, Stanley: Dr. Strangelove, or How I Learned to Stop Worrying and Love the Bomb, Regie: Stanley Kubrick, Drehbuch: Stanley Kubrick/Terry Southern/Peter George, Columbia Pictures, 93 Min., USA 1964.
Kupferman, Fred: Mata Hari. Träume und Lügen, Berlin 1992.
Kurella, Alfred: »Ein Versuch mit nicht ganz tauglichen Mitteln«, in: Literatur der Weltrevolution, Moskau 1931, Nr. 4, S. 100–109.
Lacan, Jacques: »Das Seminar über E. A. Poes ›Der entwendete Brief‹«, in: Lacan: Schriften I, Weinheim/Berlin: Quadriga 1986, S. 7–60.
Lacan, Jacques: »Die Bedeutung des Phallus«, in: Schriften Bd. II, Frankfurt am Main: Suhrkamp 1975.
Ladoux, Georges: Mes souvenirs (Contre-espionnage), receullis et mis au point par Michel Berger, Paris: Editions de la France 1937.
Lane, Mark: Rush to Judgment. A Critique of the Warren Commission's Inquiry into the Murders of President John F. Kennedy, Officer J. D. Tippit, and Lee Harvey Oswald, Einleitung von Hugh Trevor-Roper, New York: Holt, Rinehart & Winston 1966.
Lang, Fritz: Spione, Regie: Fritz Lang, Drehbuch: Thea von Harbou, mit: Gerda Maurus, Rudolf Klein-Rogge, Willy Fritsch. Stummfilm, schwarz/weiss, Deutschland 1928.
Laqueur, Walter (Hg.): The Guerilla Reader. A Historical Anthology, Philadelphia: Temple UP 1977.
Laqueur, Walter: A World of Secrets. The Uses and Limits of Intelligence, New York: Basic Books 1985.
Larson, Deborah Welch: Anatomy of Mistrust. US-Soviet Relations During the Cold War, Ithaca/London: Cornell University Press 1997.
Lawrence, Arnold Walter: Letters to T. E. Lawrence, London: Cape 1962.
Lawrence, Thomas Edward: Seven Pillars of Wisdom. A Triumph (zuerst 1926), New York: Anchor Books 1991.
Lawrence, Thomas Edward: »Twenty-Seven Articles«, in: The Arab Bulletin, 20. Aug. 1917.
Le Carré, John: »Introduction«, in: Bruce Page, David Leitch, Phillip Knightley: Philby. The Spy Who Betrayed a Generation, London: Deutsch 1968.
Le Carré, John: »To Russia, With Greetings. An Open Letter to the Moscow Literary Gazette«, in: Encounter 26, 1966, S. 3–6.

Le Carré, John: A Perfect Spy, London: Hodder & Stoughton 1986.

Le Carré, John: Smiley's People [1979], London: Hodder&Stoughton (Paperback) 1992.

Le Carré, John: The Honorable Schoolboy [1977], New York: Pocket Books 2000.

Le Carré, John: The Little Drummer Girl, New York: Simon & Schuster 1983.

Le Carré, John: The Looking Glass War [1965], London: Hodder&Stoughton 1995.

Le Carré, John: The Secret Pilgrim, London: Hodder & Stoughton 1991.

Le Carré, John: The Spy Who Came In from the Cold [1963], New York: Pocket Books 2001.

Le Carré, John: Tinker, Tailor, Soldier, Spy [1974], New York: Pocket Books 2000.

LeClair, Tom: The Art of Excess: Masters in Contemporary Fiction, Urbana: University of Illinois Press 1989.

Lenin, Vladimir Illitsch: »Der Radikalismus, die Kinderkrankheit des Kommunismus« [1920], in: Sämtliche Werke, Bd. 25, Wien: 1930, S. 203–307.

Lentricchia, Frank (Hg.): Introducing Don DeLillo, Durham/London: Duke University Press 1991.

Lentricchia, Frank: »*Libra* as Postmodern Critique«, in: Ders. (Hg.): Introducing Don DeLillo, Durham/London: Duke University Press 1991, S. 192–215.

Lenz, Bernd: Factifiction. Agentenspiele wie in der Realität. Wirklichkeitsanspruch und Wirklichkeitsgehalt des Agentenromans, Heidelberg: Universitätsverlag Carl Winter 1987.

Lethen, Helmut: »Brechts Hand-Orakel«, in: Brecht-Yearbook: The Other Brecht Nr. 17, 1992.

Lethen, Helmut: Verhaltenslehren der Kälte. Lebensversuche zwischen den Kriegen, Frankfurt am Main: Suhrkamp 1994.

Lettow-Vorbeck, Paul von (Hg.): Die Weltkriegsspionage, München: Justin Moser 1931.

Lewal, Général Jules-Louis: Études de guerre. Tactique de marche, Paris: J. Dumaine 1876.

Lifton, David S.: Best Evidence. Disguise and Deception in the Assassination of John F. Kennedy, New York: Macmillan 1981.

Lindner, Burkhardt, »Das Messer und die Schrift. Für eine Revision der

›Lehrstückperiode‹«, in: The Other Brecht II, Brecht Yearbook 18 (1993), S. 43–57.
Littell, Robert: The Defection of A. J. Lewinter, Boston: Houghton Mifflin 1973.
Lorenz, Konrad: Das sogenannte Böse. Zur Naturgeschichte der Aggression, München 1963.
Löwith, Karl: Weltgeschichte und Heilsgeschehen [1949], Stuttgart: Kohlhammer 1990.
Lüders, Christine: Apropos Mata Hari, Frankfurt am Main: Verlag Neue Kritik 1997.
Luhmann, Niklas: »Geheimnis, Zeit und Ewigkeit«, in: Ders./Peter Fuchs: Reden und Schweigen, Frankfurt am Main: Suhrkamp 1997, S. 101–137.
Lüthi, Kurt: Judas Iskarioth, Zürich: Zwingli-Verlag 1955.
MacCaffery, Larry: The Metafictional Muse. The Works of Robert Coover, Donald Barthelme and William H. Gass, Pittsburgh: University of Pittsburgh Press 1982.
Macho, Thomas/Macho, Annette (Hg.): Science & Fiction: Über Gedankenexperimente in Wissenschaft, Philosophie und Literatur, Frankfurt am Main: FischerTaschenbuch 2004.
Mackinder, Halford: »The Geographical Pivot of History«, in: Geographical Journal Nr. 23, 1904.
Mahan, Alfred Thayer.: The Influence of Sea Power Upon History 1660–1783, Boston: Little, Brown&Co. 1918.
Mahle, Melissa Boyle: Denial and Deception: An Insider's View of the CIA, New York: Nation Books 2005.
Mailer, Norman: Oswald's Tale. An American Mystery, New York: Random House 1995.
Malaparte, Curzio: Technik des Staatsstreichs [1930], Berlin: Tiamat 1988.
Mangan, James Anthony: The Games Ethic and Imperialism, Middlessex: Viking 1986.
Mann, Golo: »Mit der Tagnachtlampe. Zu Margret Boveris Buch über Verrat und Verräter«, in: Der Monat, Nov. 1956, S. 63–65.
Marcus, Greil: The Manchurian Candidate, London: British Film Institute 2002.
Marin, Louis: »Logiques du secret«, in: Ders.: Lectures traversières, Paris: Albin Michel 1992.
Marks, John: The Search for the »Manchurian Candidate«. The CIA and Mind Control, New York: NYTimes Books 1979.

Marrs, Jim: Crossfire. The Plot that Killed Kennedy, New York: Carroll& Graf 1990.
Marx, Karl: »Der Fetischcharakter der Ware und sein Geheimnis«, in: Ders.: Das Kapital. Kritik der politischen Ökonomie [nach der Ausgabe Hamburg 1890], Berlin: Dietz 1962.
Masters, Anthony: Literary Agents. The Novelist as Spy, Oxford: Blackwell 1987.
Matin, A. Michael: »›The Hun is at the Gate!‹ Historicizing Kipling's Militaristic Rhetoric, from the Imperial Periphery to the National Center«, in: Studies in the Novel, Nr. 31.3 (Herbst 1999), S. 317–356 und Nr. 31.4 (Winter 1999), S. 432–470.
McLuhan, Marshall: Understanding Media. The Extensions of Man, New York: McGraw-Hill 1964.
McNeilly, Mark: Sun Tzu and the Art of Modern Warfare, New York: Oxford University Press 2001.
Meinecke, Friedrich: Die Idee der Staatsräson in der neueren Geschichte, München/Berlin: Oldenbourg 1924.
Melley, Timothy: Empire of Conspiracy. The Culture of Paranoia in Postwar America, Ithaca/London: Cornell University Press 2000.
Merrell, Floyd: Unthinking Thinking. Jorge Luis Borges, Mathematics and the New Physics, West Lafayette/Indiana: Purdue University Press 1991.
Millard, Bill: »The Fable of the Ants. Myopic Interactions in DeLillo's Libra«, in: Hugh Ruppersburg/Tim Engles (Hg.): Critical Essays on Don DeLillo, New York: G. K. Hall 2000, S. 213–228.
Millington, Mark: »The Importance of Being Albert or the Borgesian Alternative to History«, in: Ibero-Amerikanisches Archiv Nr. 14, Bd. 2, 1988, S. 173–186.
Montgomerie, Thomas G./Pundit: »Report of a Route-Survey Made by Pundit, from Nepal to Lhasa, and Thence Though the Upper Valley of the Brahmaputra to Its Source«, in: Journal of the Royal Geographical Society of London, Vol. 38, 1868, S. 129–219.
Montgomerie, Thomas G.: »Journey to Shigatze, in Tibet, and Return by Dingri-Maidan into Nepal, in 1871, by the Native Explorer Nr. 9«, in: Journal of the Royal Geographical Society, Vol. 45, 1875, S. 330–349.
Montgomerie, Thomas G.: »On the Geographical Position of Yarkund, and some other places in Central Asia«, in: Journal of the Royal Geographical Society, Vol. 36, 1866, S. 157–172.

Morgan, Gerald: »Myth and Reality in the Great Game«, in: Asian Affairs, Bd. 60, Februar 1973.
Morsey, Konrad: T. E. Lawrence und der arabische Aufstand 1916/18, Osnabrück: Biblio 1976.
Morsey, Konrad: »T. E. Lawrence: Strategist«, in: Stephen E. Tabachnick (Hg.): The T. E. Lawrence Puzzle, Athens: University of Georgia Press 1984, S. 185–203.
Moss, Norman: Klaus Fuchs: The Man who Stole the Atom Bomb, London: Grafton 1987.
Mott, Christopher: »*Libra* and the Subject of History«, in: Hugh Ruppersburg/Tim Engels (Hg.): Critical Essays on Don DeLillo, New York: G. K. Hall 2000, S. 229–244.
Mühsam, Erich: Tagebücher 1910–1924, hg. von Chris Hirte, München: dtv 1994.
Munin, W.: Frauenopfer im Geheimdienst. Die Internationale Frauen-Spionage, Leipzig: Deutsche Buchwerkstätten 1931.
Murray, K.: Red Scare. A Study in National Hysteria, 1919–1920, Minneapolis: University of Minnesota Press 1955.
Nägele, Rainer: »Augenblicke. Eingriffe – Brechts Ästhetik der Wahrnehmung«, in: The Other Brecht I, Brecht Yearbook 17 (1992), S. 29–52.
Nakagaki, Toshiyuki, Hiroyasu Yamada, Ágota Tóth: »Intelligence: Maze-Solving By An Amoeboid Organism«, in: Nature 407, 28. 9. 2000, S. 493–496.
The National Security Strategy of the United States of America, September 2002, im Netz unter http://www.whitehouse.gov/nsc/nss.html
Nelson, Anna Kasten: »The John F. Kennedy Assassination Records Review Board«, in: Athan G. Theoharis (Hg.): A Culture of Secrecy. The Government versus the Peoples's Right to Know, Lawrence: University of Kansas Press 1998, S. 211–231.
Nelson, Thomas Allen: Kubrick: Inside an Artist's Maze, Bloomington: Indiana University Press 1982.
Neuberg, A. (i. e. Hans Kippenberger): Der bewaffnete Aufstand. Versuch einer theoretischen Darstellung, Zürich: Otto Meyer 1928.
Neugarten, Michael: »Seeing and Noticing. An Optical Perspective on Competitive Intelligence«, in: Journal of Competitive Intelligence and Management, Vol. 1, Nr. 1, Spring 2003, S. 93–103.
Neuse, Steven M.: »Bureaucratic Malaise in the Modern Spy Novel: Deighton, Greene and Le Carré«, in: Public Administration, Bd. 60 (Herbst 1982), S. 293–306.

Neville, John F.: The Press, the Rosenbergs, and the Cold War, Westport/CT, London: Praeger 1995.
The New York Times, Tuesday, January 4, 1944.
Niehaus, Michael: Das Verhör. Geschichte – Theorie – Fiktion, München: Fink 2003.
Noetzel, Thomas: Die Faszination des Verrats. Eine Studie zur Dekadenz im Ost-West-Konflikt, Hamburg: Junius 1989.
Nollau, Günther: »Nichts ist authentisch«. Rezension zu John Le Carré: Der Spion, der aus der Kälte kam, in: Der Spiegel, Nr. 4, 1965.
Noya, José Liste: »Naming the Secret. Don DeLillo's Libra«, in: Contemporary Literature, Bd. 45, Nr. 2, 2004, S. 239–275.
Nutter, John Jacob: The CIA's Black Ops, Covert Action, Foreign Policy, and Democracy, Amherst: Prometheus Books 2000.
Ó Tuathail, Geraóid/Simon Dalby/Paul Routledge (Hg.): The Geopolitics Reader, London/New York: Routledge 1998.
Ocampo, Victoria: 338 171 T. E. (Lawrence d' Arabie), Paris: Gallimard 1947.
Okun, Rob A. (Hg.): The Rosenbergs. Collected Visions of Artists and Writers, New York: Universe Books 1988.
Orlov, Aleksandr: The Secret History of Stalin's Crimes, London: Jarrolds 1954.
Orne, Martin T.: »The Potential Uses of Hypnosis in Interrogation«, in: Albert Biderman/Herbert Zimmer (Hg.): The Manipulation of Human Behavior, New York: John Wiley&Sons 1961.
Packard, Vance: The Hidden Persuaders, New York: D. Mc Cay 1957.
Page, Bruce David Leitch, Phillip Knightley: Philby. The Spy Who Betrayed a Generation, London: Deutsch: 1968.
Panek, LeRoy L.: The Special Branch. The British Spy Novel, 1890–1980, Bowling Green, OH: Bowling Green University Popular Press 1981.
Parker, E. D.: An Outline of Reconnaissance, London: E. Stanford 1898.
Perry, James D.: Art. »Kennedy, John F., Assassination of«, in: Peter Knight (Hg.): Conspiracy Theories in America. An Encyclopedia, Santa Barbara: ABC-Clio 2003.
Pfaffenroth, Kim: Judas. Images of the Lost Disciple, Louisville/London: Westminster John Knox Press 2001.
Philby, Kim: My Silent War [1968], Frogmore: Panther Books 1973.
Pias, Claus: Computer Spiel Welten, München: Sequenzia 2002.
Piekalkiewics, Janusz: Weltgeschichte der Spionage, München: Südwestverlag 1988.

Poe, Edgar Allan: »The Purloined Letter«, in: The Works of the Late Edgar Allan Poe, Bd. I, ed. N. P. Willis, J. R. Lowell, R. W. Griswold, New York: J. S. Redfield 1850, S. 262–280.

Pollack, Sidney (Regie): Three Days of the Condor, Drehbuch: Lorenzo Semple/David Rayfiel nach einem Roman von James Grady, mit: Robert Redford, Faye Dunawaye, Max von Sydow, 117 Min., USA 1975.

Popplewell, Richard J.: Intelligence and Imperial Defense: British Intelligence and the Defense of the British Empire, 1904–1924, London: Frank Cass 1995.

Pöschl, Viktor: »Einleitung« zu Cornelius Tacitus: Historien, hg. und übs. von Walter Sontheimer, Stuttgart: Kröner 1968.

Posner, Gerald: Case Closed. Lee Harvey Oswald and the Assassination of JFK, New York: Random House 1993.

Poundstone, William: Prisoner's Dilemma, New York: Doubleday 1992.

Powers, Thomas: Intelligence Wars. American Secret History from Hitler to Al-Qaeda, New York: NYRB 2002.

Prouty, Fletcher: The Secret Team: The CIA and its Allies in Control of the United States and the World, Englewood Cliffs: Prentice Hall 1973.

Quist, Arvin S.: Security Classification of Information, 2 Bde. http://www.fas.org/sgp/library/quist/

Rabinbach, Anson: e-mail an EH, 19. 6. 2003.

Radosh, Ronald/Milton, Joyce: The Rosenberg File, 2., erweiterte Auflage, New Haven/London: Yale University Press 1997.

Rapoport, Anatol: »Prisoner's Dilemma – Recollections and Observations«, in: Game Theory as a Theory of Conflict Resolution, Boston/Dordrecht: Reidel 1974, S. 17–34.

Renouard, Michel: »L'odeur de l'Inde dans Kim«, in: QWERTY, Nr. 4, Oktober 1994, S. 197–201.

Report of the President's Commission to the Assassination of President John F. Kennedy, Washington, D. C.: United States Government Printing Office 1964.

Reynolds, Craig: »Flocks, Herds, and Schools: A Distributed Behavioral Model«, in: SIGGRAPH '87 Computer Graphics 21/4, Juli 1987, S. 25–37.

Richards, Thomas: The Imperial Archive. Knowledge and the Fantasy of Empire, London: Verso 1993.

Richer, Marthe: Ma vie d'espionne. Au service de la France, Paris: Editions de la France 1935.

Ritt, Martin (Regie): The Spy Who Came In from the Cold, Drehbuch: Paul Dehn, mit Richard Burton, Claire Bloom, Oskar Werner, USA 1965.
Robertson, John Mackinnon: Jesus and Judas. A Textual and Historical Investigation, London: Watts 1927.
Rosenberg, Ethel: »Offener Brief«, in: National Guardian, 16. Mai 1951.
Ross, Don: »Games Theory«, in: Stanford Encyclopedia of Philosophy, überarb. Eintrag vom 10. 3. 2006, im Netz unter http://plato.stanford.edu/entries/game-theory/
Roth, Jürgen/Sokolowsky, Kay: Wer steckt dahinter? Die 99 wichtigsten Verschwörungstheorien, Köln: Kiepenheuer und Witsch 1998.
Sageman, Mark: Understanding Terror Networks, Philadelphia: University of Pennsylvania Press 2004.
Said, Edward: Orientalism, New York: Vintage 1979.
Salter, Andrew: Conditioned Reflex Therapy. The Direct Approach to the Reconstruction of Personality, New York: Creative Age Press 1949.
Sander, Hans-Dietrich: »*Die Maßnahme*, rechtsphilosophisch betrachtet. Carl Schmitt – Karl Korsch – Bertolt Brecht«, in: Deutsche Studien, XVII. Jg., Juni 1979.
Sarasin, Philipp: »Anthrax«. Bioterror als Phantasma, Frankfurt am Main: Suhrkamp 2004.
Sarasin, Philipp: »*War of the Worlds*, Terrorism, and the Smallpox paradigm. Remarks on Liberalism after Foucault«, in: Eva Horn/Peter Krapp (Hg.): Defense. Models – Strategies – Media, Minneapolis: University of Minnesota Press 2007.
Sauerland, Karol: »Hebbel als Schlüsselfigur für Irzykowski und Lukácz zu Beginn des 20. Jahrhunderts«, in: Hebbeljahrbuch 1992.
Sauerland, Karol: Dreißig Silberlinge. Denunziation: Gegenwart und Geschichte, Berlin: Volk&Welt 2000.
Schaffner, Bertram (Hg.): Group Processes. Transactions of the Third Conference October 7,8,9, and 10, 1956, Princeton/New York 1957.
Schätzing, Frank: Der Schwarm, Köln: Kiepenheuer 2004.
Schirmann, Léon: L'affaire Mata Hari. Enquête sur une machination, Paris: Tallandier 1994.
Schlögel, Karl: Berlin Ostbahnhof Europas, Berlin: Siedler 1998.
Schmidt, Dietmar: Geschlecht unter Kontrolle. Prostitution und moderne Literatur, Freiburg: Rombach 1998.
Schmitt, Carl: »Legalität und Legitimität« und »Die staatsrechtliche Bedeu-

tung der Notverordnung« [1931], in: Ders.: Verfassungsrechtliche Aufsätze, Berlin: Duncker & Humblot 1985.
Schmitt, Carl: »Nomos, Name, Nahme« [1959], in: Ders.: Staat, Großraum, Nomos, hg. v. G. Maschke, Berlin: Duncker & Humblot 1995, S. 573–591.
Schmitt, Carl: Der Begriff des Politischen [1930], Berlin: Duncker&Humblot 1996.
Schmitt, Carl: Die Diktatur. Von den Anfängen des modernen Souveränitätsgedankens bis zum proletarischen Klassenkampf [1921], Berlin: Duncker&Humblot 1995.
Schmitt, Carl: Politische Theologie. Vier Kapitel zur Lehre von der Souveränität [1922], Berlin: Duncker&Humblot 1996.
Schmitt, Carl: Theorie des Partisanen. Zwischenbemerkung zum Begriff des Politischen [1963], Berlin: Duncker&Humblot 1995.
Schneider, Manfred: »Die Allegorie der Hysterie und das tête-à-tête der Wahrheit«, in: Sigrid Schade/Monika Wagner/Sigrid Weigel (Hg.): Allegorien und Geschlechterdifferenz, Köln: Böhlau 1994, S. 137–155.
Schneir, Walter und Miriam: Invitation to an Inquest, Garden City, New York: Doubleday, 1965.
Schragmüller, Elsbeth: »Aus dem deutschen Nachrichtendienst«, in: Friedrich Felger (Hg.): Was wir vom Weltkrieg nicht wissen [1920], Leipzig: Fikentscher 1936.
Schragmüller, Elsbeth: Die Bruderschaft der Borer und Balierer von Freiburg und Waldkirch, Karlsruhe: Braun 1914.
Schroers, Rolf: »Maschinist und Partisan«, in: Frankfurter Hefte, Jg. 16, 1961, S. 149–156.
Schroers, Rolf: Der Partisan. Köln/Berlin: Kiepenheuer&Witsch 1961.
Schürer, Ernst/Manfred Keune/Philipp Jenkins (Hg.): The Berlin Wall. Representations and Perspectives, New York u. a.: Peter Lang 1996.
Schwarz, Hans-Peter: Phantastische Wirklichkeit. Das 20. Jahrhundert im Spiegel des Polit-Thrillers, München: DVA 2006.
Schweitzer, Albert: Geschichte der Leben-Jesu-Forschung, 2. Aufl., Tübingen: JCB Mohr 1913.
Scorsese, Martin (Regie): The Last Temptation of Christ, Drehbuch: Paul Schrader, mit: Willem Dafoe, Harvey Keitel, Barbary Hershey, Harry Dean Stanton, David Bowie, 156 Min. Farbe, Universal Pictures/USA 1988.
Scott, Tony (Regie): Spy Game, Drehbuch: Michael Frost Beckner, mit Robert Redford, Brad Pitt, Catherine McCormack, Stephen Delane, Larry Bryggman, 126 Min., USA 2001.

Seed, David: »Erskine Childers and the German Peril«, in: German Life and Letters 45:1, Januar 1992.
Semprún, Jorge: La deuxième mort de Ramón Mercader, Paris: Gallimard 1969.
Serres, Michel: Der Parasit [1980], Frankfurt am Main: Suhrkamp 1987.
Seton-Watson, Hugh: Neither War nor Peace. The Struggle for Power in the Postwar World, New York: Praeger 1960.
Shakespeare, William: Macbeth, hg. von G.K. Hunter, Harmondsworth: Penguin 1967.
Shulsky, Abram/Gary Schmitt: Silent Warfare. Understanding the World of Intelligence, Washington, D. C.: Brassey's 1991.
Siegel, Don (Regie): Telefon, mit Charles Bronson, Lee Remick, 94 Min., USA 1977.
Silverman, Kaja: »White Skins, Brown Masks: The Double Mimesis, or With Lawrence in Arabia«, in: Male Subjectivity at the Margins, London/New York: Routledge 1992, S. 299–338.
Simmel, Georg: Der Krieg und die geistigen Entscheidungen, München/Leipzig: Duncker&Humblot 1917.
Simmel, Georg: Soziologie. Untersuchungen über die Formen der Vergesellschaftung, München/Leipzig: Duncker&Humblot ²1922.
Simpson, Philip L.: Art.: Stone, Oliver, in: Peter Knight (Hg.): Conspiracy Theories in America. An Encyclopedia, Santa Barbara: ABC-Clio 2003.
Sinclair, Patrick: Tacitus the Sententious Historian: A Sociology of Rhetoric in Annales 1–6, University Park/PA: The Pennsylvania State University Press 1995.
Sloterdijk, Peter: Kritik der zynischen Vernunft, 2 Bde., Frankfurt am Main: Suhrkamp 1983.
Smyth, Edmund: »Obituary: The Pundit Nain Singh«, in: Proceedings of the Royal Geographical Society of London, New Monthly Series, Vol. 4, No. 5, May 1882.
Sosnowski, Saúl: »The God's Script – A Kabbalistic Quest«, in: Modern Fiction Studies 19.3, 1973, S. 381–394.
Sperber, Manès: Der verbrannte Dornbusch, Mainz: Universum Verlag 1950.
Spielberg, Steven (Regie): War of the Worlds, Drehbuch: Josh Friedman/David Koepp nach dem Roman von H. G. Wells: War of the Worlds [1898], mit Tom Cruise, Dakota Fanning, Tim Robbins, USA 2005.

Stafford, David: The Silent Game. The Real World of Imaginary Spies, Toronto: Lester and Orpen Dennis 1988.
Steinweg, Reiner (Hg.): Brechts Modell der Lehrstücke. Zeugnisse, Diskussion, Erfahrungen, Frankfurt am Main: Suhrkamp 1976.
Steinweg, Reiner: Bertolt Brecht: Die Maßnahme. Kritische Ausgabe mit einer Spielanleitung von Reiner Steinweg, Frankfurt am Main: Suhrkamp 1972.
Steinweg, Reiner: Das Lehrstück. Brechts Theorie einer politisch-ästhetischen Erziehung, Stuttgart: Metzlersche Verlagsbuchhandlung 1972.
Stephenson, Anders: »Liberty or Death. The Cold War as US Ideology«, in: Odd Arne Westar (Hg.): Reviewing the Cold War. Approaches, Interpretations, Theory, London: Frank Cass 2000, S. 81–100.
Stolleis, Michael: Arcana imperii und ratio status. Bemerkungen zur politischen Theorie des frühen 17. Jahrhunderts, Göttingen: Vandenhoeck& Ruprecht 1980.
Stone, Oliver (Regie): JFK, Buch: Oliver Stone/Zachary Sklar, mit Kevin Costner, Tommy Lee Jones, Sissy Spacek, Gary Oldman, Jim Garrison u. a., 198 Min (Director's Cut), USA 1991.
Strafgesetzbuch und Nebengesetze, 51. Aufl., München: Beck 2003.
Sun, Tzu: The Art of War. Übs. und eingeleitet von Samuel B. Griffith, Vorwort von Basil H. Liddell Hart, Oxford: Clarendon Press 1963.
Tacitus, P. Cornelius: Annalen, Lat.-dt., hg. und übs. von Erich Heller, Düsseldorf/Zürich: Artemis&Winkler 1997.
Tacitus, P. Cornelius: Historien, Lat.-dt., hg. und übs. von Walter Sontheimer, Stuttgart: Kröner 1968.
Tanner, Jakob: »The Invisible Hand«, in: Eva Horn (Hg.): Dark Powers. Conspiracy in History and Fiction, New German Critique Nr. 103, Jan. 2008.
Tarkowski, Andrej (Regie): Stalker, Andrej, Drehbuch: Arkadij und Boris Strugatsky, mit: Alexander Kajdanowski, Alissa Frejndlich, Natascha Abramova, Anatoli Solonizyn, Nikolai Grinko, UdSSR 1979.
Thacker, Eugene: Networks, Swarms, Multitudes, 2 Teile, in: Ctheory, im Netz unter: www.ctheory.net/text_file?pick=422 (Teil 1) und =423 (Teil 2).
Thérive, André: Essai sur les trahisons, Vorwort von Raymond Aron, Paris: Calman-Lévy 1951.
Theweleit, Klaus: Männerphantasien. 2 Bde, [1977/78], München: dtv 1995.

Thom, René: Mathematical Models of Morphogenesis [1968], Chichester: Horwood 1983.

Tolstoi, Alexeij: »Die wunderschöne Dame«, in: Barbara und Alfred Antkowiak (Hg.): Die wunderschöne Dame. Spionagegeschichten, Berlin-Ost: Das Neue Berlin 1969.

Towers, Robert: »From the Grassy Knoll«, in: The New York Review of Books, Vol. 35, Nr. 13, 18. 8. 1988, im Netz unter http://www.nybooks.com/articles/article-preview?article_id=4350

Treverton, Gregory F.: Covert Action. The Limits of Intervention in the Postwar World, New York: Basic Books 1987.

Trevor-Roper, Hugh: The Philby Affair, London: William Kimbler 1968.

Trotter, David: »The Politics of Adventure in the Early British Spy Novel«, in: Wesley K. Wark (Hg.): Spy Fiction, Spy Film and Real Intelligence, London: Frank Cass 1991.

US Army Intelligence School: IMINT 101. Introduction to Imagery Intelligence, Februar 1996, ins Netz gestellt von der Federation of American Scientists unter http://www.fas.org/irp/imint/imint_101.htm

Vaihinger, Hans: Die Philosophie des Als Ob. System der theoretischen, praktischen und religiösen Fiktionen der Menschheit [1911], Aalen: Scientia 1986.

Virilio, Paul: »Die Schlagkraft eines Heeres bemißt sich nach seinem Täuschungsvermögen (Sun Tze)«, in: Krieg und Kino [1989], Frankfurt am Main: Fischer 1994, S. 9–18.

Virilio, Paul: »Traveling Shot«, in: Ders.: War and Cinema. The Logistics of Perception, übs. von Patrick Camiller, London: Verso 1989.

Vogt, Jochen: »Halb-Engel gegen Halb-Teufel. Der endlose Schattenkrieg des John Le Carré«, in: die horen, 2/1989, S. 49–59.

Wagner, Walter: Telefon, New York: Macmillan 1975.

Watlin, Alexander: Die Komintern 1919–1929. Historische Studien, Mainz: Decaton 1993.

Weber, Samuel: Targets of Opportunity. On the Militarization of Thinking, New York: Fordham University Press 2005.

Weingart, Brigitte/Meyer, Ruth (Hg.): Virus! Mutationen einer Metapher, Bielefeld: Transkript 2004.

Werber, Niels: »Technologien der Macht. System- und medientheoretische Überlegungen zu Schillers Dramatik«, in: Jahrbuch der deutschen Schillergesellschaft, Bd. XL/1996, S. 210–243.

West, Rebecca: The Meaning of Treason, New York: Viking 1947.

West, Rebecca: The New Meaning of Treason, New York: Viking 1964.
Wheeler, William Morton: Emergent Evolution and the Developement of Societies, New York: Norton 1928.
Wheelright, Julie: The Fatal Lover. Mata Hari and the Myth of Women in Espionage, London: Collins & Brown 1992.
White, Jack: »Evidence … or not? The Zapruder Film: Can It be Trusted?«, in: James H. Fetzer (Hg.): Assassination Science. Experts Speak Out On the Death of JFK, Chicago: Catfeet Press 1998.
Whymant, Robert: Richard Sorge. Der Mann mit den drei Gesichtern, übs. von Thomas Bertram, Hamburg: Europäische Verlags-Anstalt 1999.
Widmann, Carlos: »Der Che des Propheten«, in: Der Spiegel 43/2001, 22. Okt. 2001.
Wilds Craft, Brigitte: »Apprentice to the Empire, or ›What is Kim?‹«, in: Journal of Commonwealth and Postcolonial Studies, Vol. 5, Nr. 2 (Herbst 1998), S. 18–35.
Willman, Skip: »Traversing the Fantasies of the JFK Assassination: Conspiracy and Contingency in Don DeLillo's *Libra*«, in: Contemporary Literature XXXIX, 3, 1998, S. 405–433.
Willmann, Skip: »Art after Dealy Plaza: Don DeLillos *Libra*«, in: Modern Fiction Studies, Bd. 45, Nr. 3 (Herbst 1999), S. 621–640.
Wilson, Andrew: The Bomb and the Computer. Wargaming from Ancient Chinese Mapboard to Atomic Computer, New York: Delacore 1968.
Winnacker, Susanne: »Wer immer es ist, den ihr hier sucht, ich bin es nicht.« Zur Dramaturgie der Abwesenheit in Bertolt Brechts Lehrstück *Die Maßnahme*, Frankfurt am Main: Lang 1997.
Wise, David/Ross, Thomas B.: The Invisible Government, New York: Random House 1964.
Wolf, Markus: »L'arte della simulazione. Thesen für ein Podiumsgespräch der Accademia KOS in Mailand, März 1998«, in: Ders.: Die Kunst der Verstellung. Dokumente, Gespräche, Interviews, Berlin: Schwarzkopf & Schwarzkopf 1998.
Wolf, Markus: Spionagechef im geheimen Krieg. Erinnerungen, München: Econ & List 1998.
Wollenberg, Erich: Der Apparat, Bonn: Bundesministerium für gesamtdeutsche Fragen 1952.
Woodall, James: The Man in the Mirror of the Book: A Life of Jorge Luis Borges, London: Hodder&Stoughton 1996.
Žižek, Slavoj: »Symptom«, in: Elisabeth Wright/Dianne Chisholm/Juliet

Flower MacCannell/Margaret Whitford (Hg.): Feminism and Psychoanalysis. A Critical Dictionary, Oxford: Blackwell 1992.
Žižek, Slavoj: Enjoy Your Symptom. Jacques Lacan in Hollywood and Out, New York: Routledge 1992.
Žižek, Slavoj: Liebe dein Symptom wie dich selbst! Jacques Lacans Psychoanalyse und die Medien, Berlin: Merve 1991.
Žižek, Slavoj: Welcome to the Desert of the Real! Five Essays on September 11 and related Dates, London/New York: 2002, S. 16.
Zwick, Edward: Interview vom 19. Sept. 2001 mit Val Zavala, im Netz unter http://www.thescreamonline.com/commentary/comment2–1/